广州社科规划丛书

广州市
哲学社会科学规划课题
成果选编 （2011年度）

广州市社会科学规划领导小组办公室 编

CHENGGUO
XUANBIAN

中国出版集团

世界图书出版公司

图书在版编目（CIP）数据

广州市哲学社会科学规划课题成果选编. 2011年度 /
广州市社会科学规划领导小组办公室编. —广州：世界
图书出版广东有限公司，2013.12
　ISBN 978-7-5100-7274-1

　Ⅰ.①广… Ⅱ.①广… Ⅲ.①哲学社会科学—研究成
果—汇编—广州市—2011 Ⅳ.①C126.51

　中国版本图书馆 CIP 数据核字（2013）第298316号

广州市哲学社会科学规划课题成果选编（2011 年度）

策划编辑： 卢家彬　刘正武

责任编辑： 程　静　张东文

出版发行： 世界图书出版广东有限公司

　　　　　　（地址：广州市新港西路大江冲 25 号　邮编：510300

　　　　　　网址：http://www.gdst.com.cn）

联系方式： 020-84451969　84459539　　E-mail：pub@gdst.com.cn

经　　销： 各地新华书店

印　　刷： 广州市怡升印刷有限公司

版　　次： 2013 年 12 月第 1 版　2013 年 12 月第 1 次印刷

开　　本： 787 mm × 1092 mm　1/16

字　　数： 581 千

印　　张： 32

ISBN 978-7-5100-7274-1 / C·0031

定　　价： 58.00 元

目 录

Contents

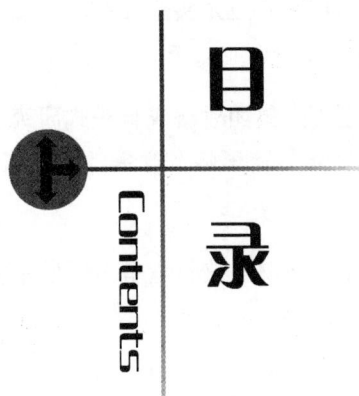

第一部分 经济、管理篇

第二部分　社会篇

第三部分 文化、艺术、新闻、教育、语言篇

·第一部分·
经济、管理篇

新型城市化下广州推进产业融合发展研究

李三虎（广州行政学院）

在全球化维度上，产业融合与城市化之间存在着复杂关系。在这一主题之下，目前城市学家提出的"世界城市"、"全球城市"等概念，其核心思想在于他们揭示了这样一种城市发展趋势："大量全球过程，包括日益增多的世界商品、精巧产品和金融市场集中以及通过通讯系统不断增加的相互连接，都能够导致经济结构融合；这反过来也在多种多样的世界城市中，产生类似的空间和社会影响。"[①] 这一趋势表明，全球化必然推动世界城市经济和产业融合，同时产业融合也促进城市结构转型。尽管全球化力量强烈地影响着一切世界城市的产业融合，但必须要强调的是，国家和地方政府力量同样也影响着各国城市与世界经济的关联程度，进而对产业融合过程、结果起着不可忽视的调整和建构作用。广州 2010 年三产比例为 1.75：37.24：61.01，服务业产值大大超过工业产值，同时城市化率达到 83%。广州经济发展已从工业化阶段步入后工业阶段，为此将广州置于世界先进城市的坐标体系中加以定位，适时地提出了新型城市化战略部署。100 多年前，广州曾经位列世界城市行列，后来逐步丧失其国际影响力，现在走新型城市化发展道路不过是为了逐步回归世界城市。其中，在全面提升经济质量方面，为了突出增强产业核心竞争力，广州强调"以发展壮大战略性新兴主导产业为突破口，加快建设现代产业体系，推进产业高端化、集群化、融合化发展"。这不仅是广州作为世界城市体系的一个节点城市对全球经济格局中的产业融合趋势的政策响应，也是将产业融合作为经济发展和城市转型的新引擎推动新型城市化发展的重要举措。

---

① Andre' Sorensen. Building World City Tokyo: Globalization and Conflict over Urban Space [J]. Ann Reg Sci, 37, 2003: 520 (519–531).

一、产业融合对新型城市化发展的效应和意义

在近 20 多年中，随着全球化、管制放松、竞争协同和技术转移加速，越来越多的产业结构得以根本改变，产业或部门边界变得日益模糊。为了应对这种状态，国际企业界和经济学界开出了"产业融合"的战略管理菜单。近年来，广州重点加快广州科学城（北区）产业带建设，推动广州国际生物岛、中新知识城、南沙新城等重点区域和一批创新型科技企业发展，积极采用高新技术、先进适用技术和现代管理技术改造提升传统优势产业，呈现出较好的产业融合态势：一是先进制造业的自主创新投入增加，2006—2010 年全市科技活动经费支出比 2001—2005 年增长 1.6 倍，重大产业项目带动了各种先进技术融合，如以自主品牌和自主技术为主的汽车产业集群不仅产生了汽车电子电控、发动机、变速器、传动系统等核心技术发展，而且也带动了动力传动、汽车模具、电子电器、电控集成系统等高端汽车零部件产业发展；二是现代服务业迅速发展，特别是交通运输仓储、会展业、金融业、信息技术服务业、物流业等更是发挥了巨大的渗透带动作用。毫无疑问，广州在步入后工业社会之后，产业融合条件已经成熟：一是第二产业或工业，特别是重型化产业项目受到省产业布局影响而或调整，其方向已经相对确定，它与服务业、文化产业的关联度强化已经成为产业结构升级的发展趋势；二是现代服务业发展速度迅猛，与诸如高新技术产业、先进制造业等进行高度融合也成为城市功能获得高端化提升的前提条件。在这些条件下，推动产业融合意味着广州地区企业战略行动的重大改变，也是城市结构转型的方向所在。当前广州正处于新型城市化进程中，致力于产业融合是广州融入世界城市体系和增强城市竞争力的必然选择。

（一）适应全球化发展要求，通过加快产业融合促进经济发展方式转变，将有利于增强广州国家中心城市的综合发展实力

一般来说，一个国家的首位城市或一线城市 GDP 占有较大比重，是该国次级城市或二线城市的两倍。[①] 2009 年，广州作为国家中心城市，继上海、北京之后成为 GDP 超万亿的特大城市，其在国家经济中的中心地位不断得到加强。但广州未来经济发展，毕竟要面临一种"前有标兵，后有追兵"的城市激烈竞争格局（参见表1）。为了强化国家中心城市地位、跨入世界先进城市行列，广州必须要继续保持经济平稳较快发展，综合实力再上新台阶，到 2016 年 GDP 突破 2 万亿元。在这种发展要求之

---

① H.V. Savitch and P. Kantor. Cities in the International Marketplace: The Political Economy of Urban Development in North America and Western Europe [M]. Princeton, NJ: Princeton University Press, 2002: 27.

下，必须把握目前信息革命引发的全球性产业融合发展趋势，打破传统产业或企业间的分工界线，形成一种新的分工链条，通过产业分工链条的重新组合，建立起一种有序的产业内或企业内部的分工链条网，加快建设高端化、集群化、融合化的现代产业体系，提高广州产业整体竞争力。从微观上讲，鼓励企业进行创新活动积累、创意组合、水平解决方案和标准设定并致力于商业策略变革和市场或产品定位，产生新的产业形态或新的增长点，以赢得广州城市经济增长优势。从宏观上讲，推动企业以及企业之间采取范围经济、规模经济等策略并实现产业之间的相互联系和互动发展，使传统产业创新、产业关联度、产业结构升级、产业组织形态、产业区域布局等获得提升，促进资源跨区域、跨行业整合，增加就业和推动人力资本发展，以推动广州城市人口和空间结构向高端化转型，从而进一步提升广州的国家中心城市地位。

表 1　中国城市 GDP 排行变化情况

排序	2009 年		2010 年		2011 年	
	城市	GDP（亿元）	城市	GDP（亿元）	城市	GDP（亿元）
1	上海	14901	上海	16872	上海	23500
2	北京	11866	北京	13778	北京	19000
3	广州	9119	广州	10604	广州	15000
4	深圳	8245	深圳	9511	深圳	14100
5	天津	7500	苏州	9168	天津	14000
6	苏州	7400	天津	9109	苏州	13600
7	重庆	5856	重庆	7894	重庆	12500
8	杭州	5099	杭州	5946	成都	9300
9	无锡	5000	无锡	5758	杭州	9000
10	青岛	4900	青岛	5666	武汉	8800

（二）以世界先进城市为标杆，通过加快产业融合集聚全球资源，将有利于提高广州国际商贸中心的城市服务功能地位和世界文化名城的国际吸引力

目前，全球经济的一个重要特征是金融交易取代传统世界贸易，经济资源成为国际流动的重要组成部分。就此而言，城市作为外国直接投资（FDI）的主要集聚地点，作为全球范围内重要的战略节点，在全球化经济中起着主要的支撑作用。自改革开放以来，广州领开放之先，成为外国直接投资的重要节点城市。FDI 不仅在广州"第一产业不断下降，第二产业比重稳中有升，第三产业比重大致缓慢上升"的城市产

业结构演进过程中"扮演了重要的角色",而且"对国内投资有着很强的引导带动作用"①。但同时也必须要看到,世界城市或全球城市,既要以一种开放姿态成就全球资本高度集聚的战略节点空间格局,又要使自身进入一种新型城市化的内生过程,拥有能够吸引资本流动的先进技术、高级基础设施和高端人力资本以及古老城市文明资源传承和本土文化特色保持,以支撑其持续吸收全球资本进入本国经济体系。产业融合既然是经济全球化的结果或产物,当然也有助于推动城市集聚全球资源。在后金融危机时代和后工业发展阶段,广州将自身置于世界先进城市的坐标体系中加以定位,提出了建设国际商贸中心和世界文化名城的战略重点。其意义在于,推动现代服务业、文化创意产业的空间融合发展,必将大大提高广州城市对来自不同经济类型的人力资本、高新技术等高端生产要素的国际吸引力,实现一种"外国直接投资与自主创新的双引擎"发展状态。②

(三)着眼于高端要素集聚,通过加快产业融合提高生产性服务业的渗透和延伸程度,将有利于升华低碳经济、智慧城市、幸福生活的新型城市化发展水平

在全球化过程中,专业性服务无疑构成了世界城市或全球城市的又一核心特征。在以往近50年的世界城市历史进程中,工业部门特别是制造业领域的就业率呈现出大幅度衰减趋势。诸如纽约、伦敦、巴黎等世界领先的特大城市,不得不通过重组或调整经济结构向后工业社会发展,由此来恢复其就业水平,其基本产业融合机理就在于充分发挥生产性服务业的延伸、渗透和融合效应。纽约、巴黎和东京等全球城市,其生产性服务业就业人数比例是其所在国家生产性服务业就业比例的两倍。③广州目前产业结构以服务业为主导,符合世界城市或全球城市的发展趋向。近年来,广州全面启用亚太地区最大的互联网数据中心——"亚太信息引擎",率先在国内实现无线宽带规模覆盖,实现"三网合一";启动了广州超级计算中心、国际云计算中心等智慧城市基础平台建设,实施"天云计划",大力推进智慧广州建设。目前,广州信息化综合发展指数为0.946,达到中等发达国家水平,信息技术的产业融合意义逐步呈现出来。要适应这种趋势,从制造业向提供面向世界、服务全国的专业化服务转变,倡

---

① 王建军,吕拉昌. FDI对广州产业优化的机理分析[J].山西师范大学学报:自然科学版,2006(3):97.

② 李耀尧,邱永华.双引擎推动:FDI与自主创新:对广州开发区产业结构演变与升级的考察[J].商场现代化,2010(27):129-130.

③ S. Sassen. The Global City: New York, London, and Tokyo (2nd Ed.) [M]. Princeton, NJ: Princeton University Press, 2001: 124-132.

导"新广州·新服务"，提高生产性服务对其他产业的渗透和延伸程度，产生出新的产业形态、就业形式和集约发展方式，进而增强低碳经济、智慧城市、幸福生活三位一体的城市持续发展能力。推动低碳技术的产业融合发展，促进产业高端化中低碳化和低碳化中高端化，夯实城市低碳经济的基础，保护城市生态环境，达到经济社会发展与生态环境保护双赢的新型城市经济发展形态。强化数字化、网络化和智能化的高级基础设施建设及其多维度渗透，打造高品质城市，构建以智慧元素、创新元素、知识元素推动发展的新型城市运行形态。把民生幸福当作最高追求，强化文化引领功能，打造以工促农的城乡融合，形成花城、绿城、水城一体的高雅空间品质，彰显城市地方风格，不断提升市民幸福感和城市吸引力。总体而言，只有通过产业融合促进城市产业结构多样化，找准创新驱动、内生发展轨道，才能真正推动现代化国际大都市建设迈上新台阶，使广州从国家中心城市逐步步入世界先进城市的行列。

二、新型城市化过程的产业融合发展方式选择

日前，产业经济理论表明，产业融合是两个或多个迄今为止还处于分离状态的产业之间的相互融合。产业融合不是原有不相干产业的简单相加，而是由于技术进步、管制放松与管理创新，在产业边界和交叉处发生技术融合，改变原有产业产品的特征和市场需求，导致产业之间或同一产业不同行业之间的相互渗透、相互交叉，从而呈现一种新型的竞合关系，逐步形成产业之间产品、业务与市场全面融合的动态发展过程。产业融合存在多种情况，如信息技术—通讯—传媒—娱乐融合（或称"数字融合"），化工—制药—食品融合（如药品—化妆品融合，食品—药品融合等），金融—保险融合等。但在新型城市化进程中，广州必须要着眼于城市结构的整体转换，宏观、系统地设计自身的产业融合发展方式。

（一）加强三次产业的宏观水平融合，重点推动生产性服务业—先进制造业—都市农业—文化创意产业融合发展，实现城市产业结构整体转型升级

目前，广州第三产业比重在 60% 以上，是一种"321"结构。这种结构并不说明非经济服务化越高越好，应该特别警惕超越第二、三产业的"非经济服务化陷阱"。广州产业融合发展的总体方向应该是"321"梯次延伸和渗透，包括第三产业与第二产业融合、第三产业与第一产业融合、第二产业与第一产业融合三种融合方式，重点是生产性服务业—先进制造业—文化创意产业—都市农业的融合及其具体融合方式。

第一，第三产业与第二产业融合，推动制造业服务化，重点是生产性服务业—先

进制造业融合，特别是要重视商贸会展、金融保险、现代物流、商务—科技服务等对先进制造业的渗透作用，并促进制造业分化产生新的服务业业态。广州的这种产业融合较早为人们所注意，目前主要表现为两个方面：一是制造业服务化，即制造业领域的服务性活动所占比重日益提高，不仅制造业领域原有的服务性活动（制造业的内生型服务化）大幅度增加，而且被并入制造业领域的外部服务性活动（制造业的外延型服务化）大幅度增加；二是硬件产品软件化，即制造业产品包含了越来越多的控制、操作和应用性软件系统，以至于这些软件系统价值在产品价值构成中所占比重超过物质部分，如汽车制造、精细化工、电子产品、重大装备等产业都表现出硬件产品软件化趋势。在推进制造业服务化方面，要特别重视商贸会展、金融保险、现代物流、商务—科技服务等向先进制造业的延伸和渗透，注意促进制造业分化产生新的服务业业态，如汽车—金融、汽车—保险、技术制造—研发服务外包、虚拟制造等。在这种意义上讲，应着眼于第二产业发展，大力加强现代服务业，特别是生产性服务业和流通性服务业发展，继续深入推进传统第二产业的高新技术改造，促进先进制造业通过产业融合寻找新的生存与发展空间。

第二，第三产业与第一产业融合，推进以城带乡发展，重点是都市农业—海洋产业—生态旅游业—文化创意产业融合。广州的郊区不仅具有丰富的自然资源和旅游资源，而且具有历史悠久的文化资源；广州不仅具有众多的风景名胜、自然景观、原生态保护区，而且具有多处历史文化遗产。广州的郊区山河纵横，南边临海，自然地理、地貌十分丰富，生物资源、农业资源、海洋资源在世界大都市中也是首屈一指。广州作为历史名城，其名山、秀水、森林、临海等各种自然景观、人文景观、休闲娱乐景观，使广州郊区对珠三角乃至海内外游客具有巨大的吸引力。把都市农业、海洋产业、生态旅游和文化创意产业结合起来发展文化旅游产业，不仅有利于开发就业潜力，生产高附加值农产品，实现农产品价值增值，而且有利于促进城乡生产功能、生活功能、生态功能、休闲功能集成，满足市民休闲需求、增加农民收入，提高都市农业和海洋产业品位。

第三，第二产业与第一产业融合，促进以工促农发展，加强高新技术产业—先进制造业—都市农业融合发展，具体是制药—食品融合，生物—能源融合，生物—材料融合，生物—海产融合等。就城乡统筹来说，必须要落实以工促农政策。具体到高新技术产业、先进制造业对都市农业和海洋产业的延伸和渗透，必须要推动制药—食品融合、生物—能源融合、生物—材料融合、生物—海洋融合等，促进保健营养品、绿色食品、绿色能源、绿色材料等业态发展，提高都市农业和海洋产业的技术含量。

（二）加强产业内部的微观垂直融合，立足上下游市场的技术融合与替代品和互补品的产品融合，重点沿着高新技术研发产业化—产业技术融合—战略性新兴产业培育的产业融合路线，推动城市产业结构高端化发展

宏观水平的产业融合落实到微观上来，就是要强化技术创新—技术融合—产业融合的垂直重组（参见表2）。高新技术及其相关产业向其他产业的垂直渗透和融合并产生新技术、新产品和新服务，在产业内部的融合发展过程中占据主导地位。例如，生物芯片、纳米电子、三网融合（即计算机、通讯和媒体融合），信息技术产业以及农业高新技术化、生物和信息技术对传统工业改造（如机械仿生、光机电一体化、机械电子、电子商务、网络型金融机构等）。这种产业融合不仅会使某些传统技术和产品消亡，而且也会改变某些传统产业的生产与服务方式，从而在总体上推动着城市产业结构高端化发展。

微观垂直的产业融合包含四种方式：一是上游市场的技术融合，即不同产品生产越来越依赖于同一技术，即通用技术和共同技术发展（如信息技术等）；二是下游市场的技术融合，即现有产业的技术资产用于开发新的产品或服务，如个人数码助理或掌上电脑就是从通讯、电脑、娱乐和计算器的技术融合发展而来的；三是替代品的产品融合，即一个产业提供的产品功能迅速对其他已有市场进行替代，如3G标准的产生使掌上电脑与移动电话在功能上得到融合等；四是互补品的产品融合，即各种产品或服务之间相互补充，如互联网标准和技术使得计算机和电讯服务相互补充等。[①] 前两者作为技术融合必然会推动企业技术创新，后两者作为市场融合则会对不同产业的需求方式起到变革作用。

目前，广州必须要在先进制造业、现代服务业（特别是生产性服务业）、文化创意产业和都市农业领域，将技术创新作为产业融合的推动力，沿着高新技术研发产业化—产业技术融合—战略性新兴产业培育的融合路线，推动传统产业升级和技术—市场融合，着力研发核心技术和共用技术，强化信息技术、生物技术、材料技术、能源技术、环保技术等向传统制造业、传统服务业、文化娱乐和传统农业渗透，促进电子商务、物流业、文化创意产业、生态农业、旅游农业、新材料新能源、低碳环保、海洋经济等新型业态生成。在此基础上，把握世界技术革命中"纳米—生物—信息—认知"（NBIC）的融合技术发展趋势，结合技术研发—市场需求，强化自主创新，力

---

① Nils Stieglitz. Industry Dynamics and Types of Market Convergence [Z]. Paper presented at the DRUID Summit Conference on "Industrial Dynamics of the New and Old Economy – Who is Embracing Whom", June, 2002: 1–36.

争在新一代信息技术、生物—健康产业、新材料与高端制造、时尚创意、新能源与节能环保、新能源汽车等战略性新兴产业方面有新的突破，形成集"广州价格—广州服务—广州制造—广州创造—广州标准—广州老字号"于一体的高端化产业发展格局。

表2　产业融合的垂直重组框架

融合驱动	融合类型	融合结果	企业效应
技术： 　加工技术 　技术平台 　互联网／网路 　标准 管制放松： 　电讯管制放松 　金融管制放松 商业策略： 　创新／新组合 　战略／多样化	定义： 　　两个或若干产业合并，这些产业的边界最初限于企业生产相邻替代品，迄今为止还相互处于分离状态 　　替代品融合，不同产品类型享有同样特征并为终端用户提供相同功能 　　互补品融合，以往不同产品现在捆绑在一起形成新的附加值级产品	产业方面： 　准入门槛降低 　竞争力增强 　市场扩大 垂直集成／水平结构 　价值量重组 　合作与联盟	不确定性： 　合作 　研发／创新 　多样化 　兼并与收购／垂直集成 资源缺口： 　权限破坏或模糊 　能力重组 　学习型组织 　动态能力培育

（三）着眼于城市空间设计，以战略性发展平台推动产业之间的空间融合，全面提升城市竞争力和城乡一体发展水平

第一，重点推进三大国家级开发区、六大现代服务业功能区、九大创新型产业发展区和九大功能性发展平台建设，使它们成为促进生产性服务业、先进制造业与战略性新兴产业的产业链高端化空间融合的新引擎。传统城市化衰减不是因为工业化退却，而是因为新兴产业尚未获得空间集聚。新型城市化就是要借新经济之势，以知识扩散填充创业之井，促进技术融合和创新集聚的经济发展。突出广州开发区、南沙开发区、增城开发区"三大国家级开发区"建设的示范带动作用，强化自主品牌创造和自主创新能力培养，推动汽车、造船、装备、数控、石化、钢铁等制造业集群发展及其跨区域产业链条延伸和技术高端化升级，使生产、研发和贸易相互融合。打造天河广州国际金融城、琶洲会展总部、白云新城商贸文化区、白鹅潭现代商贸区、城市新中轴线高端服务业区、黄埔广州临港商务区等六大现代服务业功能区，以此来承载金融保险、商贸会展、高端商务、文化旅游、现代物流等生产性服务业，促进现代服务业对先进制造业、文化创意产业等的渗透和服务。推动中新广州知识城、天河智慧城、广州国际创新城、空港经济区、广州南站商务区、广州文化产业基地、广州国际

健康产业城、越秀核心产业功能提升区、广东从化经济开发区等九大创新型产业发展区，促进大宗商品交易平台、产权交易平台、科技创新平台、人才交流培养平台、检验检测认证平台、商务服务平台、战略性新兴产业发展平台、先进制造业发展平台、现代农业发展平台等九大功能性发展平台，实现技术、资本、人才等高端要素的加速集聚和高度融合，使生产性服务业、先进制造业和战略性新兴产业获得对接和协调发展。

第二，加快建设中部中央商务及文化产业区、东部高新技术产业带、西部现代商贸和文化产业区、南部高端装备制造业基地和国际化临港经济区、北部临空产业集聚区和生态产业区，形成产业融合的区域合理分工格局。广州通过"东进、西联、南拓、北优、中调"的城市空间布局调整，已经基本上形成了"多中心、组团式、网络型"的城市结构。目前广州在这一构架基础上，推行提升一个都会区（已经建成的主城区，包含中心城区和西部老城区）、打造两个新城区（南沙滨海新城和以科学城、中新知识城为核心的东部山水新城）、建设三个副中心（把花都、增城、从化的县城作为整个广州的副中心，进行拓展、优化和提升）来优化城乡空间布局。按照这一布局，在产业融合方面，整个都会区要突显高端商贸服务和文化产业引领功能，保障和促进整个区域的产业发展活力，加快发展知识密集型服务业，为整个市域产业融合提供支撑。两个新城区的东部区域要形成高新技术产业带，南部区域形成高端装备制造业基地和国家化临港经济区，体现高新技术、先进制造业和现代物流业的融合发展，引领城市转型升级和创新融合。三个副中心建设涉及北部临空产业集聚区和生态产业区建设，一方面要通过临空产业集聚区集聚航空物流，以此为基础与其他区域产业对接，另一方面要通过中心市区边缘—郊区—镇村—田园空间整合，结合北部地区的区位优势、自然景观和人文主题，推动都市农业—生态旅游业—文化创意产业的融合与协调发展。

三、推进产业融合发展面临的传统城市化瓶颈

传统城市化在某种意义上是一种自然资源、资本、劳动力等要素的"硬输入"，新型城市化强调的是知识、技术、信息、创新创意等高端要素的"软输入"。与"硬输入"的外生增长不同，"软输入"更加强调内生增长。但在尚未完全步入创新驱动、内生增长的发展轨道之前，广州在新型城市化进程中推进产业融合发展，仍然面临着沿袭传统城市化的各种障碍。这包括技术瓶颈、人才障碍、需求局限等非制度性因素和管理、政策等制度性因素。其中，制度性因素是前提条件，影响到整个产业融合过

程；非制度性因素则是保障条件，直接影响到产业融合发展能力。

（一）非制度性障碍：自主创新驱动不强、金融业不健全、总部经济集聚不足和复合型人才缺乏，导致产业融合基础缺失和未能形成主动融合发展局面

第一，自主创新驱动不强，导致产业融合发展基础缺失。传统城市化的工业发展惯性在于关注招商引资，不注重自主创新。目前，广州技术创新投入资金不断加大，但比较国内其他城市，仍存在较大差距（参见表3）。2010年，广州研发投入占GDP比重为1.79%，比最高的北京低3.71个百分点，专利申请量2.08万件，比最高的苏州少5.64万件，在北京、上海、天津等六大城市中居末位；专利授权量1.51万件，比最高的苏州少3.1万件，在六大城市中也仅居第5位。这些数据表明广州科技资金投入仍然不足，其自主创新能力当然也不强。2010年，深圳R&D最大的前两位企业华为技术有限公司和中兴通讯股份有限公司，共投入R&D经费是同期广州R&D最大的前两位企业广汽本田汽车有限公司和东风日产乘用车公司的10.5倍。众所周知，技术创新在不同产业之间的扩散导致了技术融合，技术融合使不同产业形成了共同的技术基础。技术创新不仅通过开发替代性或关联性技术、工艺和产品，然后通过渗透扩散融合到其他产业之中，而且也能给原有产业的产品带来了新的市场需求，从而为产业融合提供市场空间。广州企业创新能力不足、产业创新能力弱、自主知识产权匮乏、核心技术依赖国外、高科技含量的关键设备基本上依赖进口等问题，使广州很难在技术创新驱动的产业融合方面与其他城市相竞争。

表3　2010年广州与国内五大城市科技指标比较

指标	北京	上海	天津	广州	深圳	苏州	广州位次
研发占GDP比重（%）	5.5	2.83	2.5	1.79	3.5	2.3	6
专利申请量（万件）	5.7	7.12	2.51	2.08	4.9	7.72	6
发明专利（万件）	3.3	2.62	0.73	0.65	2.4	1.29	6
专利授权量（万件）	3.4	4.82	1.10	1.51	3.5	4.61	5
发明专利（万件）	1.12	0.69	0.19	0.20	1.0	0.17	5

资料来源：梁文政：《广州新型城市化发展战略中"三大突破"的思考——基于广州市统计数据的分析》，载《探求》，2012年第3期。

第二，金融业发展不健全，导致产业融合机制无法建立。广州近年来金融业发展总量不断增大，但与国内主要城市比较仍有较大差距。这种差距既表现为地方金融机构实力相对较弱，也表现为银行业、保险业相对发达而证券市场发展相对滞后。金融

业在现代服务业中占据核心地位，金融业的相对落后意味着其他现代服务业也难以获得长足发展。目前，广州以交通运输、仓储和邮政业、批发和零售业、住宿和餐饮业、居民服务和其他服务业、公共管理和社会组织为代表的传统服务业增加值占较大比重，劳动密集型从业人员较多，资本密集型、知识密集型的现代服务业比重较低，2010年只占36.6%。特别是物流、金融、信息、科技和咨询服务等生产性服务业规模较小，知识密集型的高端服务业尤为薄弱。这表明广州服务业的内在结构层次不高，特别是金融与科技相结合的机制尚未建立起来，直接影响到高新技术产业、现代服务业和先进制造业之间的相互融合，其结果是产业结构优化升级任务艰巨。

第三，总部经济集聚不足，导致产业融合组织乏力。一般说来，只有超巨型的国际直接投资，才能形成并支持跨国生产经营的实力与能力。每一个跨国公司的产生和发展，实际上就是国际金融资本的融合、产业融合的发展史。广州先进制造业虽具有一定规模，但在国际分工中位置并不高，具有优势的产业集群尚未真正形成，劳动密集型产业和产品仍占相当比重，对现代服务业的需求层次和总量都相对不高。截至2011年6月，在广州投资的世界500强企业有53家，而上海有305家，北京有82家。这表明广州大部分行业产业集中度较低，知名龙头企业较少，缺乏具有国际影响力的大型创新型龙头企业。总部经济集聚不足，使广州难以参与国际市场竞争，难以在国际一体化经营中使产业划分转化为产业融合，也难以通过服务外包形成对与金融、市场销售、人力资源、外购信息技术等相关的现代服务业的拉动发展。

第四，跨行业复合型人才短缺，导致产业融合缺乏活力。与先进制造业、文化创意产业高度融合发展的知识密集型、智力密集型行业是典型的现代服务业。这种现代服务业能否健康发展，关键取决于人才竞争。由于未形成合理的人才培养和引进机制，人才结构与市场需求结构存在巨大矛盾。一方面一些人才供大于求，而另一方面市场对人才的需求得不到满足。产业融合发展需要兼备较强项目管理能力、良好技术背景、快速学习能力的复合型人才。这种人才既要掌握本行业前沿技术，并且对未来技术融合发展走势具有高度的敏感性，又要熟悉跨行业流程的理解和操控，具备高度的商业敏感性以及管理、沟通和合作能力，拥有较强的综合素质。这方面高级专业人才非常缺乏，直接制约着广州产业融合发展。

（二）制度性障碍：政策引导缺乏，制度壁垒，导致产业融合发展缺乏外部推动和缺乏活力

第一，产业融合发展的引导政策缺失。广州现代服务业、先进制造业和高新技术

产业甚至都市农业，基本已形成较为完整的产业政策体系，即使是战略性新兴产业和文化创意产业政策近年来也出台不少。但受传统城市化的行业分割体制影响，现有产业政策基本以引导自我增强型的产业内部循环发展为主，缺乏引导产业融合发展政策，没有明确的产业融合发展战略规划，以及在资金、技术、税收等方面的配套措施。

第二，产业管理体制的制度壁垒。不同产业之间存在着进入壁垒，这使不同产业之间存在着各自边界。广州在推进产业融合方面将面临两个重要问题：一是为避免产业融合的市场选择失灵，广州各区特别是老城区有可能以行政区为边界进行同质化资源争夺；二是由于产业融合在资金供给、人才、技术引进等方面存在信息不对称，且涉及多技术、多业务、多部门和多区域分工协作，广州全市会面临纷繁复杂的协调失灵问题。也就是说，在现有宏观经济体制条件下，受行业管理体制制约，包括城乡二元分割、制造与服务分割、高新技术与文化分割等，产业融合发展难以协调。即使是在同一大类行业中，如现代服务业，其管理也非常分散，涉及行政管理部门较多，职责分工交叉，条块分割，从而导致服务创新和竞争环境不理想，产业融合发展成本较高。不消除行业体制壁垒，产业融合发展会非常困难，产业结构升级优化也难以进行。

四、新型城市化中推进产业融合的对策与措施

相对于传统城市化，广州新型城市化发展必然是城市结构的整体转换。这种转换虽然并不在于要抛弃传统产业，但必须要通过产业融合促进传统产业创新升级。广州已经通过新型工业化实现了对传统产业的信息技术改造，现在推进新型城市化不仅要把产业融合看作是产业结构优化升级的重要途径，而且还要通过融合部门对相关产业的溢出和对生产性服务业外部化、专业化起到促进作用。进一步说，广州必须重视研发、设计、加工制造和销售等活动的产业空间价值链分布，逐步推动以传统产业为主导的发展模式顺利转换成以战略性新兴产业为主导的发展模式，实现产业结构的专业化互补和区域一体化，即：结合新型城市化的顶层战略设计和功能定位，促进重大战略性发展平台成为区域产业价值链的领导者和驱动者，更加注重以高强度的新城开发打造新的增长极，发展与自身原有制造业结构能为之提供产业配套或产品需求的现代服务业和战略性新兴产业，促进原有制造业结构转变成以战略性新兴产业为主导的产业结构，形成区域性生产性服务业、先进制造业、战略性新兴产业集群，达到范围经济、规模经济和集聚经济水平。在城市产业治理意义上，广州应当面对上述传统城市

化阻碍产业融合的制度和非制度瓶颈问题，根据当前产业融合发展特点，加强促进产业融合发展的制度建设。

（一）着眼于现代产业体系，强化战略筹划，形成符合新型城市化方向的产业融合发展思路

把握NBIC技术融合为代表的新技术革命发展趋势，适应以商流、物流、人流、资金流为主的基础性支撑向以知识流、信息流、资本流为主的基础性支撑转变的全球城市发展形势，着眼于解决土地集约利用、空气质量、水环境、垃圾处理、交通改善、食品安全等基本问题，广州应充分发挥国家中心城市的比较优势，不仅要成为先进制造业的集约性承载地，积极争取成为现代服务业转移的辐射性集聚地，更应成为战略性新兴产业的知识性集群地，推动战略新兴产业、高新技术产业、先进制造业、现代服务业和文化创意产业之间的相互融合、协调和可持续发展。在"321"产业融合总体框架下，根据低碳经济、智慧城市和幸福生活的新型城市化发展要求，以"新广州·新服务"为战略，重点以先进制造业为依托，提高科技服务、金融、高端商务、现代物流等生产性服务业在先进制造业延伸服务中的比重，促进电子产品、汽车、精细化工、重大装备、文化创意产业链延伸和集群发展，使新一代信息技术、生物与健康产业、新材料和高端制造、新能源和环保节能、新能源汽车、时尚创意等战略性新兴产业成为产业融合的发展方向。

（二）创新体制机制，优化产业发展环境，构建产业融合发展的保障措施

第一，加强组织协调，做好产业融合规划，构建融合型产业体系。在城市治理意义上，产业具有共同的技术基础是产业融合的前提条件，但技术融合要发展为产业融合，还须经历产品与业务融合、市场融合等阶段，并取决于市场需求、制度和政策环境等因素。创新的推动力、市场需求的拉动力、企业间竞争合作的压力以及政府的政策支撑等是产业融合发展的主要动力。在"十二五"规划基础上，进一步完善促进先进制造业和现代服务业融合的发展目标，确定合理的产业政策和产业重点，构建融合型产业体系。促进产业融合的组织协调机制，形成利益驱动的相互融合共识，前瞻性地做好产业融合规划，以促进不同产业在融合渗透中共同发展，并形成相互融合的新型产业体系。重点发展研发服务、创意产业、教育培训、生命健康、信息技术、生物技术、先进制造等，确立以知识密集型服务业为主导、高附加值制造业为支撑、宜居产业为配套的产业结构，坚持以高端产业集聚高端要素，形成现代服务业、高新技术产业和先进制造业有机融合、互动发展的新格局。

第二，放松管制，提高市场资源配置能力，形成有利于产业融合发展的制度环境。应最大限度地促进三大产业的融合发展，消除相关产业内部各行业和产业间进入的政策壁垒，完善融合型产业体系的制度环境。打破行政垄断和部门分割的利益格局，推动行政审批制度改革有新突破，取消和部分取消各种价格、准入、投资、服务等方面限制，特别是放松价格规制和准入规制，实施激励性规制，加强社会性规制，保护市场公平竞争。建立健全社会信用体系。由政府牵头、各有关部门参加制订社会信用体系建设的整体规划，支持非国有经济在更广泛的领域参与广州服务业发展，促进企业相互合作和竞争。统筹协调部门、地区、行业关系，形成产业融合所需的组织协调机制，形成实现融合的企业主体机制和为融合提供服务的中介机制，同时要避免部门被市场中的各方利益集团所俘获，确保消费者利益和企业员工利益不受损害。完善开放型城市创新体系，完善与国际接轨的办事规则和营商环境，积极吸收国内外优势资源，以外引、内联方式，引进全球高端项目、技术和人才，吸引世界品牌企业和品牌产品，培育一批企业集团，掌控产业融合发展的主导权。

第三，加大财政投入并拓宽融资渠道，提升城市创新服务功能，为产业融合发展奠定技术创新基础。加强政府资金引导、多渠道吸引社会资金、积极探索金融资本与产业资本相互融合的新途径。加大财政对科技研发经费投入，引导和带动全社会对科技的投入。建立基金制度，落实创新激励政策，强化产业融合发展的企业创新主体地位。补贴产业融合所需资金，加快形成自主知识产权，加大基础研究投入，加速科研成果转化。加大资金投向产业融合重点领域的力度，引导政府资金由支持单个企业向支持基地建设、优化产业投资环境转变。培育金融产业集群，增强以金融街为基地，强化金融机构的资金和资源配置功能。鼓励风险投资，提升金融对先进制造业的辐射渗透能力。

第四，注重开发、培育和提升城市综合服务功能，搭建产业和技术发展平台，为产业融合发展提供良好空间环境。着眼于国家中心城市的辐射效应和服务功能，整合国家、省及周边城市资源，努力将广州打造成为珠江三角洲地区最大的创新基地和全球创新中心。创造良好的融合型公共技术平台，重视和鼓励关联度高的产业技术创新，加快高科技产业对传统产业的融合与渗透。加强公共服务支撑体系建设，强化企业网络组织建设，支持企业拓展相关业务。完善投融资、市场调研、产权交易、信息、技术和法律等服务的支持体系，积极发展各类现代专业中介服务，形成为产业融合提供服务的中介机制。构筑国际创新人才高地，不断优化人才发展环境，加大复合型创新人才引进力度。健全完善人才培养、引进、使用的体制机制，开展"人才特区"试点，大力培养复合型创新人才。

（三）鼓励企业加强商业战略制定，促进技术融合与管理创新相结合，使产业融合成为实现新型城市化的经济竞争基础

技术进步和放松管制并不一定就导致产业融合，因为技术进步大多发生在本产业内部，而不是发生在产业边界。因此要在放松管制的同时，促进形成产业融合的企业主体机制，鼓励企业采取企业重组、业务流程重组、虚拟企业等管理方式，以技术融合为前提，把融合过程推进到各个运作层面。支持企业改造自身组织与管理，创新投资结构，充分运用资本市场促进资产组合，培育不同产业之间融合渗透的优势产业群。以市场为导向，促进不同分割市场的融合，鼓励企业开拓新市场，提高企业连接新价值网络的经营能力。鼓励企业改变营销方式，着眼于消费方向引导进行技术融合创新。支持企业跨领域并购，加强融合，提升产业整体的竞争能力。发挥产业协会等行业组织作用，促进企业间加强横向一体化发展，实施企业联盟战略，并通过这种联盟增强创新能力和管理弹性，使企业形成持续的竞争优势。

参考文献：

［1］Andre' Sorensen. Building World City Tokyo: Globalization and Conflict over Urban Space [J]. Ann Reg Sci, 37, 2003: 520 (519–531).

［2］H.V. Savitch and P. Kantor. Cities in the International Marketplace: The Political Economy of Urban Development in North America and Western Europe [M]. Princeton, NJ: Princeton University Press, 2002: 27.

［3］王建军，吕拉昌. FDI 对广州产业优化的机理分析［J］. 山西师范大学学报：自然科学版，2006（3）：97.

［4］李耀尧，邱永华. 双引擎推动：FDI 与自主创新：对广州开发区产业结构演变与升级的考察［J］. 商场现代化，2010（27）：129-130.

［5］S. Sassen. The Global City: New York, London, and Tokyo (2nd Ed.) [M]. Princeton, NJ: Princeton University Press, 2001: 124–132.

［6］Nils Stieglitz. Industry Dynamics and Types of Market Convergence [Z]. Paper presented at the DRUID Summit Conference on "Industrial Dynamics of the New and Old Economy – Who is Embracing Whom", June, 2002: 1–36.

　　（选自广州市哲学社会科学发展"十二五"规划 2011 年度课题"广州推进战略性新兴产业与先进制造业、现代服务业融合发展研究"。课题负责人：李三虎；成员：杨姝琴、周权雄、李秀凤等。）

国家中心城市的形成机制、发展模式与路径选择

姚　阳（广州市社会科学院）

一、国家中心城市的概念与内涵

（一）国家中心城市的概念

国家中心城市是指在经济、政治、文化、社会等领域具有全国性重要影响，并且能够代表国家参与国际分工合作和国际竞争的主体城市，国家中心城市是一个国家综合实力在空间形式上的集中体现，它起着配置国家资源、主导经济社会发展和连接国内外的重要作用，往往是一个国家中综合实力最强、辐射带动能力最大的城市代表，也是一个国家重要经济发展区和城市群中的核心城市。

（二）国家中心城市的特征与功能

根据对国家中心城市的概念认识，现代意义上的国家中心城市必须在国家区域范围内甚至更高层级的区域经济范围内具备以下几个方面的特征：

（1）经济实力强大，是国家或世界的经济中心；

（2）金融辐射影响大，是国家或世界金融中心；

（3）现代化综合交通设施完善，是国家综合性交通枢纽或综合性的门户城市；

（4）文化教育发达，是区域文化教育中心；

（5）科技发展迅速，是科学技术进步的策源地和区域创新基地；

（6）各种中介服务机构多，是国家或世界的综合性服务中心；

（7）决策控制和管理机构多，是国家管理和控制中心；

（8）国际化程度较高。

同时，国家中心城市还具有如下功能：

（1）强大的集聚功能

国家中心城市是区域经济社会网络的集结点和中间枢纽，具有自身区位特点和政治、经济等资源优势，通过规模效应、市场效应、支配效应、乘数效应、极化效应吸引区域的各种商品、经济要素和经济活动集聚，实现强大的集聚功能。

（2）强大的辐射功能

与集聚功能相对应，国家中心城市随着生产要素集聚发展，通过"涓滴效应"，向城市群及周围地区进行要素和经济能量输出，将商品、技术、信息、人才等经济要素，以及技术创新和先进的管理经验传递辐射到其他地区，引导周边区域的经济活动、社会文化结构、权力组织和聚落类型等转换，促进区域经济与社会发展。

（3）强大的带动（携领）功能

国家中心城市由于其在政治、经济、科技、文化等各方面的优势，在科技进步、区域创新、经济增长、产业结构升级转型等方面具有巨大的示范带动作用，会引起区域在经济和社会多方面的仿效，全方位、多层次影响着区域经济活动，最终携领整个区域经济发展。

（4）强大综合服务功能

国家中心城市是工业和服务业的聚集地，第三产业高度发达，生产、金融、交换、旅游、科技、教育、文化、交通、信息等城市职能优势突出，并通过中心城市与区域之间的产业投入产出关系、产业分工合作关系，服务和带动区域发展。

二、国家中心城市形成的驱动力量与外部环境

（一）国家中心城市形成的外部推力

经济资源在全球的分布并不是均匀的，而是在一些地区高密度聚集，形成世界经济增长重心区。世界经济增长重心是指世界经济中经济增长速度最快、经济动力最强、经济潜能最大、经济发展最具活力，对世界经济增长的贡献份额最大、最终需求和外贸出口增长最快、引进技术和吸引外资最多的某个区域。同时，世界经济重心的分布也不是一成不变的，它受到政治、经济、科技等多种因素的影响，会在全球范围内转移。一个多世纪以来的实践证明，世界各国之间的竞争已越来越集中表现为国家

中心城市之间的竞争，集聚在国家中心城市中的各种经济社会能量日益成为主宰世界及各个国家活动的主导力量。国家中心城市所集聚的高能量的辐射带动功能，不但能大大加强一个国家在世界中的地位，而且能有力地推动本国经济社会的发展。因此，世界经济增长重心转移是国家中心城市形成的重要外部推动力量。

（二）国家中心城市发展的内在动力因素

在一定区域范围内，由于某些城市具备最有利的条件，因而获得优越的发展机遇，不断吸引各种要素向其聚集，最终演变成为国家中心城市。国家中心城市发展的内在动力因素主要包括：

第一，产业在空间上的集中。产业集聚是国家中心城市发展的重要内在动力。随着工业化进程的推进，产业在空间上不断集中，一是有利于开展专业化生产与经营，提高企业劳动生产率。二是有利于企业获得新技术和新信息，做出正确的营销决策。三是有利于获得规模效益，在一定限度内，产业集中度越高，规模经济获利越大，经济实力越强。四是有利于形成新的区域优势。交通运输是影响中心城市形成的又一重要条件。它可以改变城市的区位条件，形成新的区位优势。城市规模的扩大和产业的集中，能够促进运输网络的完善，从而进一步增强中心城市的地位。

第二，市场的形成和扩大。纵观发展市场经济国家中心城市形成的历史，无不与市场的形成和扩大息息相关。中心城市的形成和发展，产生于国内市场形成与国际市场不断扩大的过程中。经过18世纪到19世纪的工业革命，资本主义的大工业生产越来越趋向专业化，国际分工及各国之间商品和货币的流通逐步发展起来，各个国家都被纳入统一的国际市场。大工业在空间上的集中与内外贸易的发展，是中心城市形成发展的基本条件。

第三，大规模的人口流动。农业生产技术变革使农业劳动生产率不断提高，一方面为城市提供大量的剩余产品，另一方面由于所需劳动力减少，向城市输送大量剩余劳动力，农村人口大量流入城市，城市人口大量增加。从城市经济看，中心城市的发展既需要大量人口集中，又能给居民提供较多的就业机会和较好的生活条件，因而人口流动一般是流向中心城市，特别是国家中心城市。

第四，城市之间分工发展。由于每个城市的形成发展条件都各不相同，各个城市都有各自的特征和具有比较优势的产业部门。城市中产业的分工必然表现为城市间的分工，即劳动地域分工。在此基础上，形成了不同规模的专业性、综合性、多功能性的各类大中小城市，国家中心城市集中了辐射力最强、影响范围最广的产业部门，成为城市体系的核心，与其他城市相互联系，相互依存。①

（三）国家中心城市发展的外部环境

随着经济与科技的发展，当今世界已迈入了以经济竞争为轴心的全球化时代，全球形成了一个由资本、金融、信息、技术构成的相互依赖、相互作用的网络。国家、区域和城市是这个网络上大小不等的结点，发达的大都市连绵区聚集了世界的先进技术、综合机构及科研力量，是全球化网络的支撑体系。处于这样一个网络中，国家、城市或主动或被动地日益走向开发化，与外界发展千丝万缕的联系，而资本、技术、资源则以这种相互联系为载体，在全球范围内流动。区域的概念在信息化高速公路上被无限延伸，在城市间全球化合作与竞争的关系中，大都市更多参与国际分工，其职能也趋向全球化。经济的全球化使市场经济的内在力量正在以全球市场的形式显示出来，外向型、多元化经济成为追求经济利益和经济增长的重要方式。而信息技术的发展、信息流动的全球化使人们的时空观发生巨大的变化，城市已很难保持在国家及地区局部地域优势中获得发展。国家中心城市发展的外部环境主要包括：

一是经济全球化。指生产要素等经济技术资源在全球范围内自由流动和优化配置。当今世界上已经有越来越多的国家和地区逐渐融入了全球化的经济浪潮中。经济全球化是一个历史过程：一方面在世界范围内各国、各地区的经济相互交织、相互影响、相互融合成统一整体，即形成"全球统一市场"；另一方面在世界范围内建立了规范经济行为的全球规则，并以此为基础建立经济运行的全球机制。

二是科技创新。科技创新是经济增长的内在动力；科技创新集群构成的科技革命，会促使新兴主导产业的形成，引发新的世界经济增长长波。对于企业而言，技术创新将新的发明创造应用于生产领域，使新产品、新工艺、新装备不断涌现，导致资源节约、成本降低、效率提高，企业利润大幅度上升。对区域或国家而言，无论是自主型技术创新还是引进型技术创新，都会导致新产业的诞生和发展，引起经济增长模式的变革，促进产业结构的调整和升级，拉动国民经济增长和发展，使经济规模扩大，收入水平提高，人均社会福利状况得到改善。

三是信息化。信息化造就了中心城市的信息中心功能，造就了信息产业和知识产业只能在大城市成长的条件。信息经济有别于传统经济的两个特征：一是信息载体之间的接触经济效益大，即接触的经济性大；二是信息产品及其服务品更新换代快，即速度的经济性大。最大限度地实现这两个经济性的最佳途径就是各种各样的信息载体

---

① 杨再高，等. 中心城市与区域合作发展理论和实践［M］. 广州：广东经济出版社，2007：8.

尽可能集聚在同一个空间，这样才可能便捷地进行相互交流，实现高速信息生产和传播。在信息经济时代，国家中心城市的高度集聚特点使其拥有了空间优势。

三、国家中心城市的形成机制

（一）国家中心城市形成的条件

1. 国家中心城市形成和发展的初始条件

一定区域内的某些城市或具有自然资源，或具有良好的交通、市场条件，而率先获得发展机遇，不断集聚各种发展要素，逐渐由一般城市演变成为区域中心城市。

2. 影响国家中心城市产生和发展的先天条件

一是有利的区位和良好的自然环境条件。其中，优越的地理位置条件更为重要。二是交通运输条件，铁路、公路、机场码头等交通设施，可以改变城市原有的区位劣势，形成新的区位优势。

3. 影响国家中心城市产生和发展的后天条件

政治、文化、安全、民族、历史、国际联系状况等社会条件使各城市发挥着特定功能，在功能合理分工的有机整体里，中心城市集中了那些辐射力强、影响范围广的产业部门，成为城市体系的核心要素。同时，企业中枢管理部门向中心城市集中起来，科学文化事业与信息产业等也向中心城市集中。这样，有的城市就演变为国家的政治、经济或文化中心。

（二）国家中心城市形成的导向机制

1. 国家中心城市形成的市场导向

（1）动态比较优势导向

生产要素诸如资本、技术、人才等在不同的区域和城市之间自由流动，从而形成要素在区域内的分布格局，也改变了不同城市在全国城市体系中的地位及城市之间的实力对比关系。具有动态比较优势的城市对生产要素具有强大的吸引力，成为生产要素流动的目的地。

（2）潜在市场容量导向

需求的扩大和市场容量的扩张是城市群、城市带形成的重要拉动力量，也是国家中心城市形成的先决条件。

（3）市场要素流动导向

市场通过价格机制、供求机制、竞争机制和风险机制这四大机制对企业这个微观主体的生产经营活动进行调节，从而影响企业与企业之间、行业与行业之间、城市与城市之间、区域与区域之间的利益分配关系，促使生产要素配置格局升级。

2. 国家中心城市形成的政策导向

中央政府主要负责经济运行的宏观调控和城市化战略的制定；城市政府则具体负责城市的规划、建设、管理与运营；发达国家大都市区政府也发挥重要的作用，其侧重协调区域内地方政府之间的关系，统筹大都市区地区的城市发展与规划。

四、广州国家中心城市发展的个案研究

（一）广州国家中心城市的形成

1. 广州的城市发展演变过程

作为中国主要的经济中心城市，广州有着与我国其他城市不同的发展轨迹。广州经历了 2200 多年的城市发展演变过程，首先是作为我国历史上重要的商贸中心，其次是全国改革开放的窗口，珠三角地区乃至华南地区的区域经济中心城市，然后逐渐向国家中心城市发展。

（1）历史上世界五大城市之一和国家南方商贸中心。秦汉以来，广州就是中国对外通商的重要口岸，是全国五大商贸中心之一。从 3 世纪 30 年代起，广州已成为海上丝绸之路的主港。唐宋时期，广州成为中国第一大港，是世界著名的贸易港口之一。明清时期，广州长期是全国唯一的对外通商口岸。由广州经南海、印度洋，到达波斯湾各国的航线，是当时世界上最长的远洋航线。在海上丝绸之路 2000 多年的历史中，相对其他沿海港口，广州被认为是唯一长期不衰的港口。[①] 广州是岭南文化中心地、中国近现代革命的策源地。

（2）改革开放窗口——区域经济中心城市。我国实行改革开放政策，东部地区加快发展，作为珠江三角洲地区的核心城市，广州也成为我国改革开放的前沿阵地，以广州开发区为载体，成为我国对外开放的重要口岸城市。外向型经济快速发展，综合经济实力显著提高，逐渐发展成为引领珠江三角洲地区，乃至华南地区的区域经济中心城市，城市综合规模经济实力稳居全国十大城市的第三位。

（3）由区域经济中心城市向国家中心城市迈进。进入新世纪，广州城市功能能级

---

① 丘传英，主编. 广州近代经济史 ［M］. 广东人民出版社，1998：5.

水平逐步提高，逐渐由区域经济中心城市向国家中心城市迈进，国际化大都市的特征逐渐显现，在全球化世界经济中，成为全国乃至世界的一个重要节点城市。

2. 广州国家中心城市的发展现状

（1）在全国经济地位稳步上升

改革开放以来，广州经济建设取得了令人瞩目的成绩。广州地区生产总值（GDP）由 1978 年的 43.1 亿元增加到 2010 年的 10748.28 亿元，按可比价格计算，增长了 66.54 倍，在全国主要城市中位居第三。人均 GDP 从 1978 年的 907 元增长到 2010 年的 87458 元，年均增长 11.3%，在全国主要城市中位居第二。广州经济总量占全国比重也由 1978 年的 1.2% 增加到 2010 年的 2.7%，人均 GDP 由是全国人均 GDP 的 2.4 倍增加到 3.6 倍。固定资产投资总额由 7.26 亿元增加到 3263.57 亿元，是 1978 年全社会固定资产投资总额的 449.55 倍，年均增长 22.1%。地方财政一般预算收入为 872.65 亿元，为 1978 年的 63.93 倍，年均增长 13.9%。经济影响力不断增强，对区域经济产生的影响由珠三角到泛珠三角乃至扩散到全国。

（2）华南地区制造业基地逐渐形成

近几年，广州在全国工业制造中心的地位不断上升，华南地区制造业基地逐渐形成。2010 年，广州工业总产值达到了 14438.99 亿元，按可比价格计算，是 1978 年工业总产值的 124.66 倍，1979 年到 2010 年的年均增长速度为 16.3%。2010 年广州工业增加值为 3593.34 亿元，按可比价格计算，是 1978 年工业增加值的 82.7 倍，1979 年到 2008 年的年均增长速度为 14.8%。2010 年重工业产值比例提高到近 68%，形成了汽车及机械装备、石化及精细化工、电子信息、钢铁、医药、轻纺、新材料等七大重点产业，规模占全市工业总产值超 70%，全市 35 个工业大类中有 10 个行业产值约占全省同行的 1/4 强。2010 年实现规模以上工业高新技术产品产值 5670.71 亿元，同比增长 28.9%，占全市规模以上工业总产值的比重为 38.5%。工业产品在全国市场规模不断扩大，产品服务输出功能具备国家化特征。

（3）全国性金融服务功能得到强化

广州确立了"金融强市"的发展战略，采取了一系列措施推动金融业发展，金融业规模不断扩大，效益稳步提高，对珠三角地区的集聚、辐射和带动功能逐步增强，形成了机构密集、市场完善、创新活跃、科技领先、服务高效的现代金融体系。广州区域金融管理中心、金融业务中心、资金调度中心的地位不断强化。2010 年金融机构存贷款规模进一步扩大。全年金融业实现增加值 615.54 亿元，增长 8.2%。年末，全市金融机构本外币各项存款余额为 23953.96 亿元，当年新增 3009.73 亿元，是 1978 年的 914.89 倍。本外币贷款余额为 16284.31 亿元，当年新增 2433.17 亿元，是 1978 年的 575.57 倍。资本市场在调整中发展。2010 年末，全市境内证券市场上市企业达 46 家，其中境内新发行股票 6 只。全年共有 12 家公司通过境内证券市场融资，融资额为 316.4 亿元。保险业快速发展。2010 年末，全市拥有保险机构 62 家，总部 2 家，市场主体 60 家。全年保费收入为 420.4 亿元，增长 28.4%。截至 2009 年 2 月末，广州地区有商业性金融机构及代表处 158 家，其中 76 家是银行类机构，62 家是保险类机构，20 家是证券类机构。广州地区共有金融机构总部 23 家，其中银行类金融机构总部 10 家，证券期货类机构总部 11 家，保险类机构总部 2 家。金融机构种类和网点密度居全国前列，平均每 2000 个居民拥有一个金融服务网点，金融网点密集程度接近香港。

（4）全国性贸易服务功能增强

对内对外贸易功能是扩大城市辐射影响力的重要体现。近年来，广州国内国外贸易总额大幅度增长。消费市场繁荣畅旺，2010 年实现社会消费品零售总额 4476.38 亿元，同比增长 24.2%，1979 年至 2010 年年均增长 18.7%。全年批发零售业商品销售总额 21204.27 亿元，同比增长 40.0%。商品进出口较快增长，2010 年全年商品进出口总额 1037.76 亿美元，增长 35.3%。其中，商品出口总额 483.8 亿美元，同比增长 29.3%；商品进口总额 553.96 亿美元，同比增长 41.0%。但从贸易指标占全国比例来看，国内贸易有稳步上升的趋势，进出口贸易略有下降趋势，这与我国对外开放的广度和深度有关。

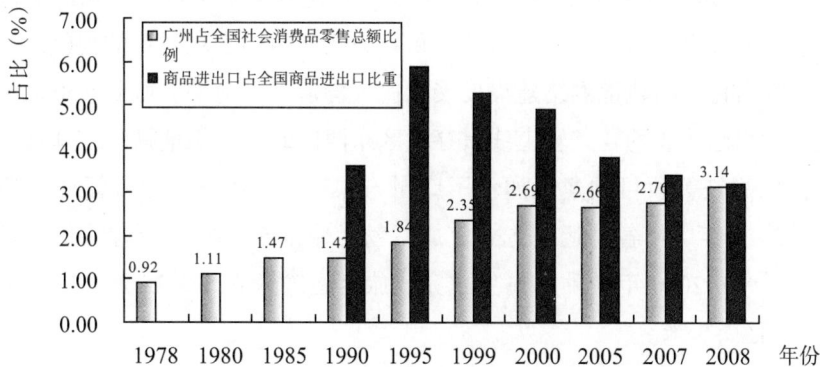

图 1　1978—2008 年广州社会消费品及商品进出口总额占全国比重

（5）全国性信息服务功能显著提升

改革开放30多年来，电话用户和互联网用户快速增长，1978年末全市固定电话尚不足4万户，到了2010年末，全市固定电话用户为601.81万户，移动电话用户为2329.19万户，国际互联网用户为288.68万户。2010年全年邮电业务收入282.99亿元，是1978年的1208倍。其中，全年完成邮政业务收入19.82亿元，同比增长24.6%。收寄函件2.19亿件，同比增长0.9%；特快专递2784.18万件，同比增长39.6%。全年完成电信业务收入263.17亿元，同比增长4.4%。随着广州信息化建设，广州已经成为全国三大信息枢纽港之一，对内对外信息服务水平得到显著提高。

（6）全国性交通枢纽功能日趋完善

广州全力构筑以机场、港口、铁路为龙头，以轨道交通和快速道路交通为骨干的大都市综合交通体系，中心城市的聚集和辐射功能进一步增强。在空港建设方面，广州白云国际机场客、货运输吞吐量逐年攀升，世界大型航空枢纽初显雏形。2010年广州白云国际机场起降航班达32.9万架次，同比增长30.9%；广州白云国际机场旅客吞吐量4096.4万人次，机场货邮吞吐量145.04万吨，分别增长10.6%和18.6%。在海港建设方面，以南沙港区为龙头，新沙、黄埔等港区为辅助的华南地区最大的综合性现代化枢纽港稳步发展。全年港口货物吞吐量42341.05万吨，增长12.8%。其中，广州港货物吞吐量40959.25万吨，增长12.5%。港口集装箱吞吐量1267.33万国际标准箱，增长12%。广州港成为我国第三个集装箱吞吐量上千万箱的港口，在全球集装箱港口排名从2007年的第12位上升到第7位。在道路交通建设方面，公路交通枢纽辐射功能形成。枢纽型、功能性、网络化的现代化城市基础设施建设加快推进，经济社会发展的承载能力增强。2010年末，市区（十区）城市道路总长度达5592千米；城市道路总面积9853万平方米，全市地铁通车里程达到236千米。广州已形成了以广州为中心、高等级道路为主干、连接珠三角各地区"四环十八射"的现代化路网；在体现国际大都市特征的轨道网络建设发展迅速，构建了以地铁、城际轨道为主的轨道交通枢纽。广州已建成的4条轨道线贯穿城区东西南北，广佛地铁、广珠城际线、武广高铁、南广高铁等项目的建设加强了广州与珠三角、环珠三角及泛珠三角地区的辐射联系。2010年广州各种运输方式完成货物运输量57368.75万吨，货物周转量达2450.9亿吨千米；2010年各种运输方式完成旅客运输量62595.25万人次，旅客周转量达1693.65亿人千米。

表 1　主要年份广州交通运输指标

主要指标	1985	1990	1995	2000	2005	2007	2008	2009	2010
全社会货物运输量（万吨）	18233	17842	26992	24585	38153	45852	49437.0	52525	57368.75
全社会货物周转量（亿吨千米）	1565.4	2141.8	3961.8	2189.3	2724.1	2470.7	2452.5	2176.2	2450.9
全社会旅客运输量（万人次）	11653	9461.0	16107	23430	40524	51180.0	55355.0	57053	62595.25
全社会旅客周转量（亿人千米）	101.7	134.1	222.7	328.9	975.1	1290.6	1375.2	1453.86	1693.65

数据来源：广州市统计局《广州五十年》、历年《广州统计年鉴》、《2010年广州市国民经济和社会发展统计公报》及《2011年广州市政府工作报告》。本节以下各图表同。

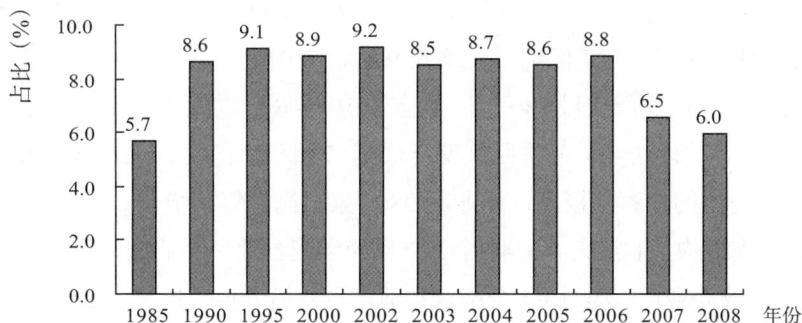

图 2　广州港货物吞吐量占沿海主要港口货物吞吐量比

数据来源：中国统计年鉴。

（7）国家化服务能力和水平逐步提高

改革开放以来，广州体现国家职能和服务全国的水平稳步提升。一是在具有国际水准的国家性和国际性的公共服务设施日益完善。广州国际会展中心、广州新体育馆、广州电视塔、博物馆、歌剧院、图书馆等一批高水准标志性建筑逐步建成，大都市魅力形象得到提升，城市特色更加突出。二是区域文化教育国际化服务功能得到强化。2010年，广州拥有普通高校77所，高等院校本专科招生25.87万人，占全省总数近1/3。尤其是广州大学城的建设，为高等教育迅速发展提供了平台。同时职业培训在全国处于领先地位，为珠三角甚至华南地区培养了大量的技能人才。三是医疗区域服务水平能级提升。目前广州地区有医疗卫生机构2387个（不含1070个村卫生室），其中医院 216 家，疾病预防控制中心 18 个，卫生监督所 15 个，妇幼保健院（所）13 个，专业卫生技术人员 9.55 万人，成为珠三角乃至全国服务的医疗中心。四是体育服务能力方面，2010 年成功举办亚（残）运会，同时还举办国际、国内各类单项体育大赛共 39 次，激发了群众对竞技体育的热情，进一步巩固了体育事业发展的成果。加强国家功能性的体育基础设施建设，为举办全国性、世界性的体育活动、文艺演出等提供了良好的载体设施。

（8）国际化水平不断增强

2010 年商品进出口总额 1037.76 亿美元，同比增长 35.3%。其中，商品出口总额 483.8 亿美元，增长 29.3%；商品进口总额 553.96 亿美元，增长 41%。外贸依存度由 1987 年的 45.4% 增加到 2008 年的 68.17%。实际利用外资实现增长，2010 年实际使用外商直接投资金额 39.79 亿美元，批准外商直接投资项目（企业）980 个，合同外商直接投资金额 49.74 亿美元，全年批准投资总额在 1000 万美元以上的外商投资项目 163 个，合同外资金额 41.27 亿美元，增长 9.8%。2010 年，广州市吸收来自 58 个国家和地区的外商直接投资项目 980 个。截至 2010 年底，世界 500 强大企业累计已有 174 家进入广州，共设立 411 个项目，投资总额 178 亿美元。截至 2010 年末，在广州市工商局注册登记的外商直接投资企业共 9869 家，比上年末增长 6.7%。外商投资企业在穗设立分支机构（非法人）6247 个，外国及港澳台地区企业在穗设立常驻代表机构 4230 个。广州企业已在全球 45 个国家和地区设立境外投资机构，累计投资超过 11 亿美元，完成对外承包工程和劳务合作营业额 18.7 亿美元，初步构建了国际营销网络和生产体系。海外旅游者达 814.8 万人次，同比增长 18.2%。从国际旅客出入境人数看，2007 年入境人数为 290.8 万人次，是 1989 年入境人数的 2 倍多，比 1989 年多 144.3 万人次；出境人数为 283.1 万人次，比 1989 年多 143.8 万人次。

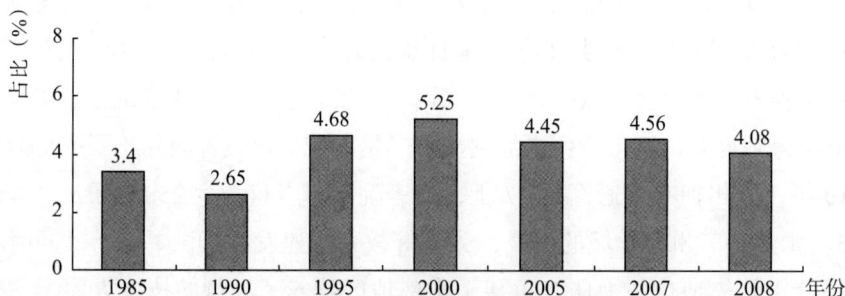

图 3　1985—2008 年广州实际利用外资数占全国比重

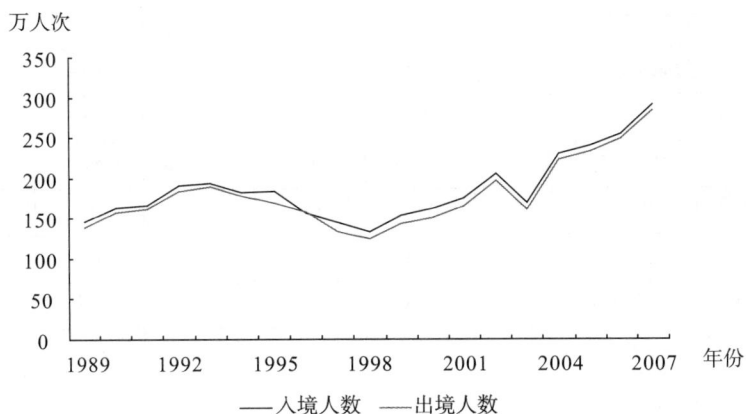

图4　1989—2007 年广州地区口岸国际旅客出入境人数变化曲线

（二）广州与国内其他国家中心城市比较

我们以上海、北京、天津、重庆等国家中心城市为比较对象，在综合经济实力、产业结构水平、对外贸易水平、交通及信息枢纽水平、科技创新能力、文化教育水平等方面与广州进行比较，找出广州的差距，为制定广州未来发展模式和战略路径提供依据。

1. 综合经济实力

对国家中心城市发展而言，综合经济实力是城市影响力和吸引力的基础，也是集聚能力和辐射力的核心。从经济实力总量看，上海在五大国家中心城市中处于领先的位置。2009 年，上海地区生产总值达 14901 亿元；位居第二位的是北京，达到 11866 亿元；广州位居第三，达到 9113 亿元；天津和重庆地区生产总值分别为 7501 亿元和 6520 亿元。但从发展速度上看，天津地区生产总值的增长速度最快，达到 18%，重庆和北京分别为 14.9% 和 13.1%，上海和广州近年来增长速度都呈现一定程度的放缓，分别为 8.8% 和 10.9%。从相对经济实力来看，广州人均 GDP 在五个城市中排名第一，达到 88834 元，而重庆排在第五（见表 2）。从财政实力看，2009 年各市地方财政一般预算收入稳步增长，其中天津地方财政一般预算收入增幅较大，由 2008 年的 675.6 亿元增长到 2009 年的 1805 亿元。从地方财政一般预算收入与 GDP 之比看，上海、北京、天津、重庆都是 10% 以上，而广州仅为 8%。

表2　2009年穗、沪、京、津、渝主要宏观经济指标比较

主要经济指标	广州	上海	北京	天津	重庆
GDP（亿元）	9113	14901	11866	7501	6529
人均GDP（元）	88834	78989	68788	62403	22916
工业总产值（亿元）	13481	24888	11039	13057	6707
全社会固定资产投资（亿元）	2660	5273	4858	5006	5318
地方财政一般预算收入（亿元）	703	2540	2027	1805	682
社会消费品零售总额（亿元）	3648	3827	5310	2431	2479

资料来源：2009年各市统计公报。

2．产业结构水平

产业发展是经济发展的核心基础，产业结构调整对于经济可持续发展具有至关重要的作用。从五大国家中心城市的产业结构水平来看，北京、广州、上海产业结构调整明显，2009年，北京第三产业产值占GDP的比重达75.8%，上海和广州分别为59.4%、60.97%，天津和重庆分别为43.5%、37.9%，发展水平大致可以划分三个层次。尤其从代表现代服务业发展重点的金融业来看，2009年，上海和北京的金融业增加值规模大，占地方生产总值比重较高，两市金融业增加值分别为1817.9亿元和1720.9亿元，占GDP的比重为12.2%和14.5%，金融业发展水平处于前列，其他国家中心城市金融业发展相对缓慢（见表3）。从工业总量和结构来看，2009年，上海工业增加值规模最大，达5940亿元，轻重工业比为31.7：68.3，形成了电子信息产品制造业、汽车制造业、石油化工及精细化工制造业、精品钢材制造业、成套设备制造业、生物医药制造业等六个支柱产业，且占上海规模以上的工业总产值比重达64.3%。天津市工业经济发展迅速，尤以重化工业拉动经济增长作用显著，2009年其轻重工业比为17.1：82.9。重庆轻重工业比为30.5：69.5，形成了汽车、摩托车行业和装备制造业等支柱产业。广州轻重工业比为34.8：65.2，汽车装备业、石化工业等密集型重化工业生产水平在全市居主导地位。

表3　2009年穗、沪、京、津、渝产业发展的比较

主要指标	广州	上海	北京	天津	重庆
三次产业结构比	1.89：37.14：60.97	7.6：40.0：59.4	1.0：23.2：75.8	1.7：54.8：43.5	1.3：52.8：37.9
工业增加值（亿元）	3349.7	5940.0	2191.0	4110.5	3447.5
轻重工业比	34.8：65.2	31.7：68.3	40：60	17.1：82.9	30.5：69.5

主要指标		广州	上海	北京	天津	重庆
第三产业增加值（亿元）		5545.6	8847.2	9004.5	3259.3	2474.4
金融业增加值	总量（亿元）	553.3	1817.9	1720.9	421.2	389.97
	占 GDP 比重（%）	6.1	12.2	14.5	5.6	2.4

资料来源：2009 年各市统计公报。

3. 对外贸易水平

对外贸易水平是衡量城市经济活力的重要指标。2009 年，受国际金融危机的影响，五大国家中心城市对外贸易均受到了不同程度的影响。从商品进出口总额看，2009 年上海商品进出口总额为 2777.31 亿美元，虽较上年下降 13.8%，仍在五大国家中心城市中排第一。排在第二位的是北京，商品进出口总额为 2147.6 亿美元，较 2008 年下降幅度达 21%。广州商品进出口总额不到上海的 1/3，天津稍落后于广州，而重庆的差距就非常大，不到上海的 1/30。比较五大国家中心城市的实际利用外资情况，上海仍排在第一位，实际利用外商直接投资 105.4 亿美元。天津排在第二位，实际利用外商直接投资为 90.2 亿美元，北京和重庆分别排在第三和第四位。

表 4　2009 年穗、沪、京、津、渝的对外贸易水平比较

经济指标	广州	上海	北京	天津	重庆
商品进出口总额（亿美元）	767.4	2777.31	2147.6	639.4	77.1
外贸依存度（%）	57.3	126.7	123.1	58.0	8.0
实际利用外资（亿美元）	37.7	105.4	61.2	90.2	40.2

资料来源：各市统计公报和统计年鉴。

4. 交通及信息枢纽水平

交通及信息枢纽功能是发挥全国区域性功能的重要设施载体。2009 年，广州交通运输、仓储和邮政业增加值达 784.9 亿元，在五大国家中心城市中排第一位。上海较 2008 年大幅度下降，落后到第二位。北京有小幅下降，排在第三位。天津在五大国家中心城市中增幅最快，接近北京。重庆有小幅增长，仍排在第五位。从港口货物吞吐量和集装箱吞吐量两个指标看，上海货运枢纽功能的优势仍非常明显，远远排在第一位。位居中间的是广州和天津两个城市，其货物吞吐量接近，但广州的集装箱吞吐量超过天津。重庆近十年来大力发展内河港口，其港口货物吞吐量和集装箱吞吐量两个指标稳步增长，发挥了其长江上游航运中心的重要作用，但由于内河港口的发展局限性，其货运能力无法与上海、广州、天津等优良港口相比。北京由于自然条件的限制，缺少港口航运的功能。从机场客运量比较，上海排在第一位，其次是北京，广州位居第三位，并且三个城市客运量近年来都保持 10% 左右的稳步增长。重庆机场客运量不到上海的 1/3，但 2009 年实现 34.2% 的增幅。天津机场客运量仅上海的 1/10 左右，但 2009 年也实现了 24.6% 的增幅。从机场货运吞吐量比较，上海具有绝对的优势，2009 年达到 298.25 万吨，是广州的 2.5 倍，北京的 3 倍，重庆的 16 倍，天津的 18 倍。但从增幅看，2009 年广州机场货运吞吐量大幅度增长，增长率为 31.7%，远远高于其他四大中心城市的增长速度。在信息枢纽方面，五大城市固定电话和移动电话普及率都较高。从互联网普及率比较，上海互联网用户与年均常住人口比为 65.1 户 / 百人，排在第一位，其次是北京和天津。上海、北京、天津 2009 年互联网用户较 2008 年均有大幅度增长。广州有一定差距，互联网用户与年均常住人口比为 27.1 户 / 百人。重庆排在最后，其互联网用户与年均常住人口比仅为 7.1 户 / 百人。

表5 2009 年穗、沪、京、津、渝的交通信息主要指标比较

主要指标	广州	上海	北京	天津	重庆
交通运输、仓储及邮政业增加值（亿元）	784.9	642.1	468.5	464.4	348.0
比上年增长	4.0%	−16.3%	−7.4%	8.0%	3.3%
港口货物吞吐量（亿吨）	3.7	5.92	—	3.8	0.86
比上年增长	0%	0.02%	—	0.06%	9.1%
集装箱吞吐量（万标箱）	1130.2	2500.2	—	870.4	57.6
比上年增长	−3.6%	−10.7%	—	1.2%	−2.8%
机场进出港旅客（万人次）	3704.7	5700.0	4339	578.0	1424.6
比上年增长	10.9%	11.68%	10.5%	24.6%	34.2%
机场货物吞吐量（万吨）	122.2	298.25	98.0	16.8	18.7
比上年增长	31.7%	−1.2%	0.3%	0.9%	16.5%
固定电话用户数（万户）	633.31	935.48	893.2	385.13	627.70
移动电话用户数（万户）	2099.44	2106.32	1817.6	966.81	1440.90
互联网用户（户 / 百人）	27.1	65.1	50.5	45.1	7.1

资料来源：2009 年各市统计公报和统计年鉴。

5. 科技创新能力

创新服务功能是衡量国家中心城市引领区域创新发展的主要指标。从 2009 年研发经费投入看，五大城市均加大了投入。其中，北京在五大城市中仍然位居第一，其

研发经费投入高达 700 亿元，占 GDP 的比重高达 5.9%，上海研发经费占 GDP 的比重为 2.7%，排在第二位。重庆研发经费投入仅占 GDP 的 1.2%，与其他国家中心城市相比差距较大。从高新技术产品产值看，2009 年由于受到金融危机的影响，上海、北京高新技术产品产值均出现一定程度的下滑，但上海的高新技术产品产值仍在五大城市排在第一位，2009 年达 6042 亿元，占规模以上工业总产值的比重达 23.3%，北京高新技术产品产值规模排在上海、广州、天津之后。

表6 2009 年穗、沪、京、津、渝科技创新能力比较

指标		广州	上海	北京	天津	重庆
研究与试验发展（R&D）经费	总量（亿元）	200	401	700.2	139.8	79.0
	占 GDP 比重（%）	2.2	2.7	5.9	2.2	1.2
高新技术产品产值	总量（亿元）	4103.9	6042.0	2764.6	3920.63	712.5
	占 GDP 比重（%）	30.44	24.27	25.44	30.03	10.62

6. 文化教育水平

五大国家中心城市都是全国或者区域性文化教育中心。无论从普通高校数量比较还是名校的数量来看，北京都排在第一位。广州作为华南地区的文化教育中心，目前拥有普通高校 76 所，仅次于北京，普通高校在校学生数和平均每万人在校大学生数在五大中心城市中都排在第一，但是从建设世界一流大学的目标看，中山大学、华南理工大学等高校仍有一定差距。博物馆是展现城市文化实力的重要方面。北京作为中国的政治文化中心，博物馆数量高达 151 座，并拥有北京故宫博物院、中国国家博物馆、中国地质博物馆等一流的博物馆。上海排在第二位，有 111 座博物馆，拥有上海博物馆、上海自然博物馆等著名博物馆。重庆、广州、天津在博物馆建设方面差距较大。从公共图书馆的数量看，广州的差距较大，仅有 15 座公共图书馆。从图书馆的藏书量看，上海和北京的藏书量较大。

表7 2009 年穗、沪、京、津、渝教育文化主要指标比较

主要指标	广州	上海	北京	天津	重庆
普通高校数（所）	76	66	88	55	60
普通高校在校学生数（万人）	79.6	51.3	57.7	40.6	52.33
平均每万人在校大学生数（人／万人）	771	267	641	326	183
博物馆数	31	111	151	18	37

（续表）

主要指标	广州	上海	北京	天津	重庆
公共图书馆数	15	28	25	32	43
公共图书馆总藏量（万册）	1686	6593.4	4368	1030	1046.7

7. 核心腹地实力

经济腹地是国家中心城市发展的重要支撑，经济腹地的经济实力是推动国家中心城市发展的依托。广州的区域经济核心腹地范围为珠三角地区，上海为长三角地区，北京为京津冀地区。从中心城市辐射的核心腹地范围来看，2008年，三大都市圈共实现国内生产总值（GDP）113551.65亿元，约占全国GDP总量的37.6%。其中，长三角实现GDP 53872.28亿元，约占全国GDP总量的17.39%；珠三角实现GDP 29622.46亿元，约占全国GDP总量的9.85%；京津冀实现GDP 29656.91亿元，约占全国GDP总量的9.86%。珠三角经济圈和京津冀经济圈经济总量相当，但落后于长三角经济圈。

表8　2008年珠三角、长三角和京津冀经济圈的相对实力比较[①]

		珠三角	长三角	京津冀
面积	总量（万平方千米）	5.48	36.74	17.01
	占全国比重（%）	0.57	3.83	1.77
年末常住人口*	总量（万人）	4752.62	9788.78	7641.93
	占全国比重（%）	3.60	7.41	5.78
地区生产总值	总量（亿元）	29622.46	53872.28	29656.91
	占全国比重（%）	9.85	17.39	9.86
人均GDP（元）		62329	55035	38808

注：年末常住人口为2007年数据。

（三）广州国家中心城市发展的路径

1. 经济路径

一是以产业高度化、就业充分化引导国家中心城市经济转型。积极引导制造业向产业链高端延伸和发展现代服务业。二是构建和形成高级劳动力国际流动模式。优化

---

① 长三角都市经济圈包括上海市、江苏省8地级市（南京、苏州、无锡、常州、扬州、镇江、南通、泰州）、浙江省7地级市（杭州、宁波、湖州、嘉兴、绍兴、舟山、台州），共16个城市。珠三角都市经济圈包括广州、深圳、珠海、佛山、惠州、肇庆、江门、中山、东莞9地市。京津冀都市经济圈包括北京、天津以及河北的石家庄、唐山、保定、秦皇岛、廊坊、沧州、承德、张家口8地市。

建设吸纳国际熟练劳动力的环境，从而吸引国际高级劳动力流入穗。进一步推进对外开放，积极改善投资环境，吸引跨国公司的 R&D 投资，创建国际产业研发基地，提升城市创新能力，吸引"跨国精英"。

2. 空间路径

一要以空间紧凑与混合实现精明增长。引导城市节约、集约型高效发展。通过提倡适度的功能混合来节约土地，以公共交通引导城市节点地区开发来促使城市空间的高强度开发，提高城市发展的集约性。二要进一步拓展经济发展的空间和腹地，使地缘优势更加突出。

3. 文化路径

一要发挥岭南文化中心的优势，加强对历史文化资源的挖掘、保护和开发利用工作，建设和完善一批城市标志性文化设施和惠民公共文化设施，建立覆盖城乡的公共文化服务体系，发展文化创意产业，创造具有岭南特色的优秀文化品牌。二要按照国际先进大学的办学模式，与国际知名大学合作及吸纳国际师资，建设国际一流大学，面向国内外培养高端人才。三要强化华南科技创新中心功能。

4. 环境路径

一是以丰富多彩的人文环境塑造城市形象，促使城市的无形资产增值，增强城市居民归宿感、自豪感，提高居民素质，增强凝聚力、向心力；强化城市的吸引力，提高城市的知名度，获取旅游、投资等方面的回报。二是以自然景观的保护与修复改善城市环境，建构城市生态安全体系，坚持保证城市生态基本生态控制线，增强城市居住适宜度。

5. 政策路径

一是争取与国家中心城市相对应的经济社会管理权限，增强发展动力。二是争取国家对重大战略项目建设的支持，增强发展实力。三是深化行政管理体制改革。

参考文献：

［1］国家计委国土开发与地区经济研究所课题组. 对区域性中心城市内涵的基本界定［J］. 经济研究参考，2002（52）：1–12.

［2］顾朝林. 中国城市经济区划分的初步研究［J］. 地理学报，1991（2）：129–141.

［3］周一星，张莉，武悦. 城市中心性与我国城市中心性的等级体系［J］. 地域研究与开发，2001（4）：1-5.

［4］武杨. 中心城市综合实力的主成分分析［J］. 统计与决策，2006（3）：90-93.

［5］俞勇军，陆玉麒. 省会城市中心性研究［J］. 经济地理，2005（3）：352-357.

［6］周春应，黄涛珍. 中心城市竞争力评价［J］. 决策参考，2004（9）：39-40.

［7］韦亚平. 国外城市空间研究发展态势的选择性综述：兼论我国城市区域研究的几个重点主题［J］. 国外城市规划，2006（2）：72-77.

［8］刘志广. 制度变迁下世界经济增长极的形成与国际经济中心城市的崛起［J］. 世界经济与政治，2004（11）：62-63.

［9］黄泽民. 我国多中心城市空间自组织过程分析：克鲁格曼模型借鉴与泉州地区城市演化例证［J］. 经济研究，2005（1）：50-57.

［10］李忠. 增强中心城市辐射带动功能，实现区域协调发展［J］. 经济研究参考，2006（82）：10-16.

［11］吴晓隽，高汝熹. 试析全球化时代都市圈中心城市极化效应的新模式及对中国的启示［J］. 世界经济研究，2006（11）：28-33.

［12］倪鹏飞，孙承平. 中国城市：金融中心的定位研究［J］. 财贸研究，2005（2）.

［13］戴昌钧，张楠. 我国中心城市知识发展水平的国际比较及差距研究［J］. 上海经济研究，2005（7）：3-10.

［14］王君. 我国区域性中心城市发展现状分析［J］. 经济研究参考，2002（81）：9-14.

［15］苗建军. 财政收支与中心城市发展［J］. 财政研究，2004（5）：51-53.

［16］杨再高，等. 中心城市与区域合作发展理论和实践［M］. 广州：广东经济出版社，2007.

［17］李丽萍. 国际城市的理论与实践［M］. 北京：新华出版社，2005.

（选自广州市哲学社会科学发展"十二五"规划2011年度课题"国家中心城市的形成机制、发展模式与路径选择"。课题负责人：姚阳；成员：张小英。）

穗港深三重螺旋创新体系构建研究

林学军（暨南大学）

广东创新能力不强的主要原因是官产学相互隔离，缺乏组织与协调，所以，加强官产学之间的联系，是提高创新能力迫切要解决的问题。而穗港深内有香港大学、中山大学等亚洲乃至世界排名较前的高等院校，有众多高新技术企业，因此，我们必须充分利用这些有利的条件，加速区内政府—大学—企业创新力量的整合，形成穗港深官产学一体化的创新体系。

一、三重螺旋的主要涵义

（一）三重螺旋的概念

1995 年，亨利·埃茨科维兹（Henry Etzkowitz）和雷德斯多夫（Loet Leydesdorff）两人合作编写了《大学和全球知识经济：大学—产业—政府关系的三重螺旋》的论文集，提出了三重螺旋创新体系的理论。该理论指在创新中官产学角色偏转，边界模糊，紧密结合在一起，形成创新的螺旋体，从而加强创新的动力，加速创新的传播，改善创新的生态环境，构成生机勃勃的创新体系。

我国王成军（2005）是国内研究三重螺旋模型论著最多的学者，他剖析了有关"产学研"的疏忽与纰漏，比较完整地论述了"官产学"协同模式。《基于三重螺旋创新理论模型的创新体系研究》（林学军，2010）在前人的基础上深化了三重螺旋的含义，力求以"官产学"的思想代替"产学研"的思想，提出了建设中国特色的创新体系的思路和对策。

1994 年，在一次关于"进化经济学和混沌理论：技术研究中的新方向"的专题讨论会上，雷德斯多夫（荷兰阿姆斯特丹大学科学和技术动力学系研究人员）提出了要构建一种新型的大学—产业—政府关系模式，以消除知识商品化过程中各种障碍性因素。1995 年亨利·埃茨科维兹（美国纽约州立大学普切斯分校社会科学部科学政策研究所研究员，英国纽卡斯尔大学创新创造创业管理中心主任）和雷德斯多夫两人合作编写了《大学和全球知识经济：大学—产业—政府关系的三重螺旋》的论文集，由阿姆斯特丹大学出版社出版。同年，他们又在欧洲科学和技术研究协会（European Association for the Study of Science and Technology，EASST）主办的《EASST Review》杂志第 14 期发表《三重螺旋——大学、产业、政府关系：以知识为基础的经济发展的实验室》一文，在学界引起了巨大反响。1996 年 1 月，以"大学—产业—政府关系"为主题的第一次三重螺旋国际会议在荷兰阿姆斯特丹成功召开，三重螺旋模型理论由此正式成为创新理论集群中的一个分支。

图 1 是三重螺旋模型通常所指的类型。在这个模型中，大学、产业部门、政府不仅两两互动，而且还有三方在职能的重叠，孕育出三边网络和混合组织。它们除履行自己的传统职能外，还承担了一些新的职能。比如说，大学除了传统的人力资源培训和开展基础研外，还可以扮演企业的角色，利用自己的研发成果组建新公司；政府也可以通过资助项目和改善经营环境来支持企业的发展；在一定条件下，企业也可以扮演大学的角色，常常开展具有和大学一样高水平的培训和研究。一些中层的代理机构和小型企业则更是后现代研究系统（The Post Modern Research System）的典型代表。例如，美国的斯坦福大学对硅谷的形成与崛起起了举足轻重的作用。硅谷内60%—70% 的企业是斯坦福大学的教师与学生创办的。斯坦福大学除了教学与理论研究，还承担了企业的角色，利用他们的成果进行商业化的活动，而那里的企业也担负了许多培养人才的任务，学生在硅谷的企业里学习、研究、成长。

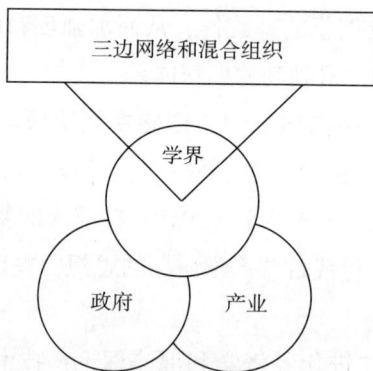

图 1　大学—产业—政府关系的三重螺旋模型

"三重螺旋"理论（triple helix）强调官产学三者紧密合作，共同创新。该理论通过引入生物学中的三重螺旋概念，着重探讨了以大学为代表的学术界、产业部门、政府等创新主体是如何借助市场需求这个纽带，围绕知识生产与转化这个主题，相互联接在一起，形成三种力量相互影响、抱成一团又螺旋上升的三重螺旋关系。

（二）三重螺旋的具体内容

我们可以从以下四个方面来理解三重螺旋的具体内容。

其一是官产学的传统角色在螺旋内部的进化，即发生在每条螺旋线上的角色转换。例如说，研究型大学在传统的教学与科研之外增加了第三个职能，除了教育培养学生和从事科学研究外，还承担起科学技术的传播与应用，利用其科研成果创办科技型公司。企业不仅仅是生产，它本身也可以和其他的企业合作开展研发活动，通过研发活动学习知识，培养人才。政府不只是制定政策和法律，还介入风险投资，提供创新的公共品，例如公共实验室、计算中心等，这也是政府自身角色的变化。

其二是官产学在螺旋体间的相互影响。埃茨科维兹指出，三条螺旋的相互影响并没有先后次序，而是三位一体的螺旋状发展。例如，大学以其知识影响政府的方针政策，又以其技术提高企业的生产力；而政府以其政策引导大学和企业的创新活动，激励科学家和企业创新的积极性和创造性；企业对市场信息最敏感，这些信息是大学创新研究的出发点和落脚点，也为政府的决策提供依据。

其三是官产学通过三条螺旋的相互作用产生新的重叠组织机构和网络，以此刺激组织的创造性和区域的创新活力。三重螺旋理论指出，大学、产业、政府的关系是平等的，在制度框架内可以进行角色互换。但是，由于制度变革总是落后于现实发展，现有的制度安排不能为三条螺旋的自身进化和协同进化提供活动空间。因此，需要一个更专门的组织，综合三方面的需求、利益和目标，进行跨边界的沟通和联系。这有利于创新要素，如人才、信息、资金等的顺畅流动，降低交易成本，协调各方利益，激励创新活动。例如官产学联合攻关小组、官产学联席会议以及其他类似有"重叠模式"三边合作的混生组织。

其四是三重螺旋模型存在于学术界、产业界和政府之间的递进的影响，既作用于各自的螺旋体系，也更广泛地作用于社会。官产学的紧密合作形成一股推动经济社会发展的力量，学术研究让政府的决策更加科学，科学技术提高整个社会的生产力，丰富了人们的物质和文化生活，全社会将更加文明、富足、和谐。

三重螺旋模型给参与创新者提供了全新的选择。每个参与者既有分工，又有合作，每条螺旋内的创新都产生于整个大螺旋体系内，因而会在第一时间内与其他螺旋发生联系并被选择利用。螺旋产生的经济效益和社会效益也会很快被子系统吸收。同时，三重螺旋这种富有弹性的开放结构，非常容易吸收、消化外来的能量，同时，也非常容易适应知识的变迁，很快就能再次形成新的特定组合，新组织、新结构形成不断创新的动力，推进创新由低级向高级发展。

三重螺旋理论较我国"产学研"的提法更加科学。中国是个发展中的国家，基础薄弱，资金缺乏，若要搞创新，没有政府的组织是不可能的。改革开放后，我国面临全球竞争，如果不加强政府的组织与调控，一盘散沙，与发达国家的竞争，也是难以取得有利的地位的。

中国官产学伙伴关系的最好体现是在军工产业，历史可以上溯到研制"两弹一星"时期，国家政府部门、学术界和军工企业联合攻关，取得突破性的进展。

日本二战后科技的腾飞、经济的振兴都离不开政府的组织。美国也在加强政府在创新中的作用，以保持它的世界霸权地位。例如，1993 年 11 月 23 日，克林顿总统成立了专门的国家科学技术委员会，以负责制定关于研究与发展的战略，统领美国的创新计划。没有政府的组织，创新是难以高效、快速发展的。因此，光提"产学研"而忽视政府的作用是不妥的。

二、穗港深的创新比较

（一）穗深创新能力比较

1. 穗深创新能力的量化对比

本文运用美国学者 L. A. Zadeh 提出的模糊隶属度函数的方法对穗深创新能力进行量化比较。公式如下：

$$A(X_i) = \begin{cases} 0, & X \leq X\min \\ \dfrac{Xi - X\min}{X\max - X\min}, & X\min < Xi < X\max \\ 1, & X \geq X\max \end{cases}$$

式中：A（Xi）——指标实际数值的隶属度值

Xi——指标的实际数值

Xmax——指标的上限值，也即最大值

Xmin——指标的下限值，也即最小值

根据以上模型及《中国火炬统计年鉴（2009）》的有关数据，得出广州、深圳市高新区创新能力指数，如表1所示。评价办法规定，创新指数越接近100%，表明创新能力越强。

表1 穗深高新区创新能力评价结果（单位：%）

指标	2009年广州高新区	2009年深圳高新区
创新环境指数	51.94	54.26
创新投入指数	48.42	46.62
创新产出指数	43.13	46.68
综合创新指数	47.71	49.89

由表1可见，2009年广州、深圳高新区综创新综合指数分别为47.71%，49.89%。其中深圳高于广州约2.2个百分点。总体而言，深圳的科技创新能力高于广州，主要从以下三方面分析。

（1）在创新环境方面，广州、深圳的创新环境较好，均高于50%，广州与深圳创新环境相差不大。差别主要体现在深圳的工业总产值比广州的高出约331亿元，表明了深圳的工业生产潜能高于广州。其次，虽然广州企业数量比深圳多出3倍，但是深圳的每个企业平均就业人数比广州要多，体现了深圳工业规模比广州的大。从创新意识方面，深圳的高新区科技经费投入占销售收入的比重高于广州，这说明深圳对科技创新能力的重视。

（2）从创新投入方面，广州的创新投入略低于深圳。广州、深圳高新区的创新综合指数分别为48.42%、46.62%，两者相差不大。从资金投入看，广州对R&D经费投入占GDP为2.66%，高于深圳0.6个百分点。深圳对科技经费的投入为188.27亿元，广州为142.06亿元。这表明了广州更注重研发投入。从人力投入看，深圳的人力投入高于广州。主要体现在深圳以较高的人均科技活动经费吸引人才，2009年深圳的科技活动人员占从业人员比重为24.82%。

（3）在创新产出方面，广州、深圳的科研产出指数均高于60%，深圳的产出高于广州的科技产出。以高新区作为创新统计区域来看，广州的专利授权比重低于深圳5个百分点。深圳在高新技术产业收入取得30%的利润率，且工业增加值率远远超过广州。

2.穗深创新能力差距的原因分析

由上述分析，深圳与广州的创新能力总体出现差距，且深圳的创新能力总体高于广州，主要从以下原因分析：

（1）研发投入和科研机构实力的差距

广州的全社会创新投入偏低。2010年广州R&D经费支出占GDP的比重为1.79%，远低于深圳3.64%。2010年两市的地方财政科技投入差距明显，广州为31.9亿元，深圳为116.7亿元。"十一五"期间，深圳的年均地方财政科技投入是广州的2.33倍，差距的缺口加大。

科研实力方面，深圳通过其与香港毗邻的地理优势，在深港技术交流、科技成果转化和产业化方面建立合作关系，通过建立虚拟大学城吸引了大量的人才；与香港科技园、香港生产力促进局的合作项目等推动两地技术转移，增强了深圳高新技术企业和高校的科研实力，从工业产值的增加值可见取得了成效。而广州的高等院校、科学研究机构和有研发能力的企业虽然数量不少，但缺乏有效率的科研合力。

（2）高新技术企业竞争力的差距

深圳拥有龙头企业，如华为、中兴等全国行业性领头羊的高新技术企业，而广州全国百强企业的拥有量极少。龙头企业拥有雄厚的资金和实力进行科技研发和制造，直接推动了深圳高新区的发展，更直接促进自主知识产权的创新，带动区域的外贸及发展，带动区域的经济效益。相比之下，广州大型的高新技术企业的缺乏，减缓了科技产业化的进程。

广州尚未形成科技创新的主体。除了企业研发投入不高之外，广州设立的研发机构的企业不多。2010年，广州市设有科技机构的大中型工业企业占全部大中型工业企业的比重为25.3%，低于深圳3.4个百分点。

（3）产业政策环境的差距

一是广州产业政策相对优势逐渐减弱，而深圳对科技产业的政策发挥重大效益。深圳政府对时势准确地把握，高度重视科技产业的发展，推出高新技术产业的优惠政策，着力于营造良好的综合环境。深圳先后颁布了310多个有关高新技术发展的地方性法规和条例，其中《无形资产评估管理办法》、《计算机软件著作权保护条例》等，均是在全国率先推出的。此外，为了培养研发实力，无偿性提供土地和资金建立高校和研究院，吸引了香港6所高校和北大、清华等重点学校入迁。并且以优惠的税收政策鼓励企业与高校合作，加强了产学研的合作，提高了科技产业化。而广州虽出台产业发展政策，但政策措施优势相对削弱。且虽然资金的投入有所增长，但产业化程度仍然较低。

二是广州政策稳定性不足。电子信息制造业的三资企业教育附加税和城建税两项税收优惠政策的取消，且税金在两个季度的变动，给企业的利润带来了较大的打击。不稳定的产业政策环境，必定降低了广州的人才和资金的吸引力、产出能力。

（二）香港创新能力与穗深的对比

1. 香港创新的投入情况

（1）香港的研发投资比重小，且增长缓慢。由表2可见，2009年本地研发总开支的整体研发活动开支达128.33亿港元，较2008年上升4%。而2009年本地研发总开支相对本地生产总值的比率亦由2008年的0.73%微升至2009年的0.79%。从2006年至2009年，香港四年的研发投资经费占GDP的比重低于1%。科技的创新投入，无法满足经济的增长。香港的国际竞争力虽然位于前十，研发投入远远低于其他新兴工业国家，2003年位于世界第39位，落后于韩国（第8位）、中国台湾（第16位）。

表2　香港2006—2009年R&D的投入

年份	R&D的总开支（百万港元）	占GDP比重（%）
2006	11946.90	0.81
2007	12407.3	0.77
2008	12293.2	0.73
2009	12833	0.79

资料来源：根据《香港创新活动统计（2009）》整理。

（2）香港研发人员人数少，专业化水平高。香港研发人员职业类别结构程度高，以分布在工商业和高等教育机构为主。在2009年，研发人员总数（以相当于全日制的人数计算）为23281人，较2008年上升6%。

研发人员教育程度高。工商业的科技研发开支为43%，占据重要的比重。在2009年10475名的工商业研发人员中，博士程度以上学位为9%，博士程度以下大学学位为69.7%。其中，72%是研究员、科学家、工程师，18%是技术员，其余10%是其他辅助人员。

2. 香港创新产出的情况

香港的科技创新能力产出化程度高。2009年香港授予专利的技术创新项目的数目为654项，申请技术创新项目专利为1422项，专利授权量比重为38.6%。其中有593项被开拓用作商业应用。而产品技术创新收入贡献了12.3%的业务收入。

香港的科技创新产出的国际竞争力较强，资讯及通讯业的科技创新取得明显的效益。由表3可见，按工商业机构划分，进出口贸易批发零售业所获专利的机构数目最多，其次是制造业。对比产品技术创新对各行业业务收入的贡献率，进出口贸易、批发及零售业以及住宿及膳食服务业的最高，其次是资讯及通讯业。

表3　2009年获批予专利的机构单位规模和创新收入

	机构单位数目	获批予专利的机构单位数目	获批专利机构比重	产品技术创新收入占业务收入总额百分比
制造业	11115	95	22.10%	13.60%
进出口贸易、批发及零售业以及住宿及膳食服务业	153075	250	58.30%	27.60%
资讯及通讯业	7927	16	3.80%	13.80%
金融、保险、地产、专业及商用服务业	50753	65	15.20%	9.50%
其他	47486	3	0.70%	3.80%

资料来源：根据《香港创新活动统计（2009）》整理。

3. 香港官产学合作的情况

香港政府在发展科技创新中起引导和提供资金职能。政府机构（主要是公共科技支持机构）所进行的研发活动占本地研发总开支的比重较小。2009年，政府机构的研发活动开支占本地研发总开支4%。但政府在研发、提升科技以及创新等方面一直担当辅助者的角色，通过提供研究设备、基础建设和拨款资助，推动工商机构及高等教育机构进行研发活动。按资金来源分析，在2009年的本地研发总开支中，政府提供了61.54亿港元，占研发总开支的48%。

工商机构为香港研发活动的重要参与者。内部创新活动投入大，2009年工商机构用于内部研发活动的总开支为54.74亿港元，相对本地生产总值的比率为0.34%。工商业资金来源形式以自筹资金为主。以2009年为例，78%的开支由进行研发活动的机构单位自行出资。其次是机构单位本身所属企业集团内（包括香港及海外）的非金融工商机构单位（14%）。

（三）穗港深三地创新能力的总体评价

根据上文对穗港深的创新能力的分析，总结出三地创新能力主要的差距及其各自的优势和不足。

1. 创新投入方面，内地的研发经费高于香港

相比广州、深圳，香港三年内平均研发经费的比重低于穗深两地，其中与深圳的差距较大，为 0.29 个百分点（见表 4）。这是由于香港具有国际金融都市的优势，注重金融业、旅游业等服务业的发展，对高新技术企业的培育和投入重视程度较低。香港研发投入的经费占 GDP 的比重三年内变动较小，且均低于 0.8%。2009 年，香港研发投入的经费占 GDP 的比重高于广州 0.03 个百分点，高于深圳 0.25 个百分点。而穗深两地研发经费投入变动较大，2008 年研发经费大幅度增加，2009 年急剧下降。其中深圳 2009 年的研发经费比 2008 年下降了 64.94%。

表 4　2007—2009 年穗港深研发经费占 GDP 比重

年份	广州	深圳	香港
2009	0.76%	0.54%	0.79%
2008	1.09%	1.54%	0.73%
2007	0.99%	1.08%	0.77%
平均	0.94%	1.05%	0.76%

说明：穗深研发投入经费按照以高新区为单位计算。
资料来源：根据《中国火炬统计年鉴（2009）》、《香港创新活动统计（2009）》整理。

2. 香港的科技人员虽然基数小，但科研人员的研发能力及专业化水平比穗深高

香港的研发人数基数小。2009 年香港的研发人数为 23281 人，而深圳、广州的高新区科技活动人数分别为 74094 人、73261 人。

从职业类别看，2009 年香港的研发人员中研究员占 83%，技术员为 11%，其他的辅助人员为 7%。工商业中有 71% 以上具有大学以上的学位。而深圳的研究员占研究活动人员的 35%，企业中具有大学以上学位的人数低于 58%。由此可见，香港科技人员的研发能力和专业化水平总体高于穗深的科技人员研究能力。

3. 穗深自主创新研发能力差

一是穗深的高新技术企业过度集中于制造业。穗深制造业的结构不合理，虽然穗深高新技术企业的产出能力很强，但在以科技创新为产品生命力的产业中，全部产业过于集中在生产制造环节。

二是穗深两地虽然研发人员总量大，但是具有高水平、高资历的研发人员和专家总数少，总体呈现研发人员结构偏低的现状。这就导致在创新源头上受到限制。

三是穗深的高新技术部分产业属于"引进后二次开发"或直接引进生产，原创性新技术、新产品比例偏低。由于穗深部分高新技术企业对外商依赖程度高，主要进行外商的组装加工的业务，而忽略了自主创新；此外，部分企业受到外商的垄断，只能从事生产加工类工作。以上扭曲了珠三角高新技术企业的发展，仍停留在"引进—生产"、"吸收—再创新"、"加工—制造"的局面上，导致穗深自主创新能力动力不足。

相比穗深两地，香港具有以服务业为主的产业结构优势，因此在培育高新技术企业时由于市场的需求更注重科技成果的研发。此外，高水平的科研团队和科研实力（如拥有香港大学、香港科技大学等国际高等教育机构）为研发提供了人才的保障。作为科技产品的生产者，香港工商业重视并加大对科技创新的投入。2009年，香港大中型企业有进行研发活动的数量为36.7%，其中工商业支出中约有70%的资金用于研发。由于具有较高的自主创新能力，香港的科技产业化程度高，其专利申请量中有41.2%的项目已被开拓用作商业应用。

三、穗港深的创新组织

（一）穗港深创新组织基本情况

1. 广州市创新组织现状

（1）重视不断加大创新投入

根据广州市科技与信息化局于2012年2月26日公布的数据，2011年，广州市市级财政科技投入达到9.4亿元（含科技事业费），比2010年增长了13.25%，预计到2011年，广州市全社会R&D经费投入达到250亿元，比2010年增长30%，约占广州市全年GDP的2.25%，比2010年提高约0.4个百分点。

（2）重视科技园区的硬件建设

广州启动了天河智慧城、白云国际健康城、中新知识城、国际生物岛、清华科技园等广州创新基地的建设，形成由"五园一岛"组成的国家级高新技术产业开发区，总面积达39.16平方千米，容纳了科技企业孵化器36家（其中国家级孵化器10家）、科技企业加速器1家，孵化面积达287万平方米，孵化科技型中小企业超过6000家。

（3）重视建设技术服务平台

广州市与中国科学院、北京航空航天大学、中山大学、中国电子科技集团、军事医学科学院等合作共建科技创新平台与基地，2011年新支持13家重点实验室建设。

目前，全市拥有国家级工程技术研究开发中心13家、国家工程实验室9家、国家重点实验室14家、省市级工程技术开发中心231家、省市级重点实验室195家。

2．深圳市的创新组织现状

（1）重视与香港科技园、香港高等院校的合作

深圳高新区始建于1996年9月，规划面积11.5平方千米，是"国家建设世界一流的高科技园区"的六家试点园区之一，是"国家知识产权试点园区"和"国家高新技术产业标准示范区"。深圳高新区充分利用毗邻香港的优势，在深港技术交流、科技成果转化和产业化方面取得较好的成绩。尤其是在《"深港创新圈"合作协议》签署以来，深圳高新区的深港合作进入了快车道。根据《珠江三角洲地区改革发展规划纲要（2008—2020年）》的要求，在深圳市委、市政府的领导下，深圳高新区全面提升与香港院校和香港科研机构的合作层次和水平，在加强两地人才培养、创新资源整合、公共服务体系建立以及加快两地科技项目合作等方面推出了一系列具体措施，六所香港高等学校依托深圳高新区虚拟大学园取得良好成效。

主要表现在：一是依托深圳虚拟大学园，吸引香港高校在深圳开展高层次人才培养，转化成果，建立产学研基地和研发机构，开展深港科教合作。二是与香港科技园结为战略伙伴，为"两地双园"驾起科技桥梁，通过两地共建"深港创新互动基地"，互设服务窗口，开通穿梭巴士，力促行业对接、仪器设备资源共享、测试样品快速通关等，探索区域合作新模式。三是利用深圳高新区国际科技商务平台，大力推动香港生产力促进局、香港应用科技研究院在深圳开展技术转移，为企业提供技术支持和技能培训。四是与香港数码港开展信息网络服务，为双方提供服务器及其他网络资源服务与支持。五是发挥深圳高新区"创业投资服务广场"平台的作用，整合深港投融资资源，构建较为完善的金融服务体系。

（2）努力引进国内知名大学的科研团队

深圳引进清华大学、北京大学、哈尔滨工业大学、武汉大学、中国地质大学、南京大学、华中科技大学、中山大学等国内著名大学的科研团队，市政府立项投资2亿元，建设6万平方米的重点实验室和综合产业化大楼。

（3）做好科技项目的引进、开发、产业化的系列服务

深圳虚拟大学城努力做好科技项目的引进，例如，从成立十年来，他们与香港高等学校合作，引进科研机构9家、研发项目400个，累计投资1.1亿港元。他们努力

做好项目的开发，做好科研成果产业化的工作，根据产业化的发展，注册企业16家，注册资金2.9亿港元。

3. 香港的创新组织现状

（1）香港采用市场主导组织创新。香港政府坚持实行积极不干预政策，政府不直接参与经济活动。他们主要通过三类拨款模式以及小企业创业培育计划等资助应用研究工作，注资额达50亿元。其中，第一类拨款模式是支持研发中心的运作和研发，第二类拨款模式是资助相关产业的研发项目，第三类拨款模式主要资助具有前瞻性的创新研发项目。另外，香港政府还通过创新及科技基金（资助金额按企业的投入以1元对1元的等额批出），引导产业界投放更多资源在科研活动上。香港的科技优惠政策主要体现在专项资助和金融扶持方面，如设立小企业研究资助计划，单个企业每年可获得不超过200万港元的资助金额。总之，香港政府主要通过拨款、资助等方式激发企业创新的积极性，引导和组织企业参与创新活动。

（2）香港没有高新区这样的创新平台。香港主要是通过应用科技研究院、生产力促进局和创新科技署三个机构提供技术成果转化的平台，为香港重要的创新领域，如汽车零部件、物流及供应链管理、纺织及成衣、纳米科技及先进材料和信息及通讯技术等五大领域，以及设计智优计划等服务。

（3）香港有良好的创新环境。香港有完备的基础设施、快捷的全球通讯网络、良好的公共服务和较完善的管理运作系统，能为高新技术产业发展提供稳定可靠的后勤保障。同时，香港是国际金融、信息和贸易中心，信息灵通，融资渠道多，能为科技型企业提供强大的金融支持。

（4）香港有国际知名的学者、较强的科研实力。香港引进了少量国际知名的科学家及学者，因而在某些专业有较强的科研实力，但科技人才较为短缺。在科技投入方面，香港2005年研究及发展（研发）总开支达109亿港元，占本地生产总值的百分比为0.79%，低于广东的249亿元和1.12%的比例。

（二）穗港深创新组织的问题分析

主要问题

（1）科研投入所占GDP比例较低

从广东全省来说，广东虽为经济大省，但是科技投入比较低。例如，根据国家统计局公布的数据，2009年，北京市的R&D经费为6686351万元，占其全年GDP的比重达5.50%，上海的R&D经费为4233774万元，占其全年GDP的2.81%。广东的 R&D 经费为 6529820 万元，虽然其绝对值较大，但是占其全年的 GDP 比重只有 1.65%，远低于北京，也低于上海。

从城市比较，2010 年，广州 R&D 经费支出占 GDP 的 1.79%，深圳 R&D 经费占 GDP 的 3.64%，北京 R&D 经费占 GDP 的 5.82%，上海 R&D 经费占 GDP 的 2.81%。2010 年，广州市财政科技投入为 31.9 亿元，深圳为 116.7 亿元，北京为 178.92 亿元，上海为 202.03 亿元。从"十一五"期间的年均地方财政科技投入来看，北京、上海、深圳三地的投入分别是广州的 3.81 倍、5.14 倍、2.33 倍，广州作为省会城市，珠江三角洲的领头羊，其科技投入是不足的。

（2）企业尚未形成创新主体

一是企业研发投入的热情不高。例如，2010 年，广州市大中型工业企业 R&D 经费支出占主营收入的比例仅为 1.01%，虽然比全国的平均水平 0.93% 高了 0.08%，但远低于国际 5% 的平均水平。二是设立研发机构的企业不多。2010 年，广州市设有科技机构的大中型企业占全部大中型企业的比例为 25.3%，比全国的平均水平 27.6% 低 2.3%。三是企业长期存在重视技术引进，忽视消化与吸收。近几年来，广州加大了引进成套技术和装备，但是，消化吸收有限，2010 年广州技术引进与消化吸收的资金比例为 1∶0.05，远低于 1∶10 的国际水平。

（3）创新能力不强

一是本土企业的高新技术产品生产和出口能力不强。2010 年广州生产高新技术产品的企业中，外商投资和港澳台商投资企业有 502 家，占广州市高新技术产品企业的 35.6%，但是，其生产的高新技术产品出口额却占全市高新技术产品出口额的 80.7%，而广州本市的高新技术产品出口额只占全市高新技术产品出口额的 16.5%。二是广州具有自主知识产权的产品比例不高。2010 年，广州具有自主知识产权的高新技术产品占全市高新技术产品产值的比重仅为 46%，远低于全省 73.6% 的平均水平。三是研发的产出不高。2010 年，广州市的企业专利授权数为 5065 件，仅为上海的 1/7，深圳的 1/5，不到北京的 1/3。

（4）官产学关系疏松，缺少长期合作机制

高校、科研机构、企业合作创新的机制尚未有效建立，虽然区域内有不少有实力的高等学校、科研机构，也有一些有科研能力的企业，但是由于缺乏组织，各行其是，无法形成创新的合力。不少区内的创新组织，舍近求远到外地寻找合作伙伴，区内创新资源不能得到高效利用。

另外，由于香港与穗深两地体制不同，也影响合作的成效，香港与内地间人员的往来、资金的流动、设备器材的通关，都有不同程度的障碍。香港政府与内地政府对创新不同的观点、不同的政策手段，也影响合作的意愿和力度。

（5）缺乏研究机构和领军人才，难担重大科研任务

广州有市属科研机构89个，远少于北京353个、上海134个。从投资经费看，北京的研究机构 R&D 经费为321.70亿元，西安的研究机构 R&D 经费为97.97亿元，上海的研究机构 R&D 经费为86.95亿元，成都的研究机构 R&D 经费45.38亿元，而广州的研究机构 R&D 经费仅为16.81亿元。

广州也缺乏科技的领军人物，优秀科学家的数量少。现落户于广州的两院院士，仅为上海的23%、北京的4%，广州入选国家千人计划海外高层次人才36人，是上海的28%、北京的12%。

由于人才的缺乏，"十一五"期间广州牵头的国家科技重大专项不足百项，国家支持的经费不到7亿元，2010年广州地区获得国家科技重大专项经费仅5967万元，2011年虽然比2010年有大幅度的增长，但是中海油深海开发有限公司就占了23122万元，占全部经费的53.1%。

（三）加强穗港深创新组织的主要措施

香港和广东在20世纪70年代末到90年代初的合作非常成功，香港和广东珠三角形成的"前店后厂"的发展模式，为推动广东特别是珠三角地区的工业化起到了十分积极的作用。然而这种模式今天已经不再适用，粤港两地都面对经济转型、寻找新的经济增长点的挑战。香港地区不能仅靠金融、房地产、旅游等产业来支撑，应当发展创新型科技产业，两地合作的战略重点的转移已刻不容缓。

1. 完善三市的科技合作协调机制

在进一步加强和完善三市合作联席会议机制、工作会议机制、联络工作机制、项目专责机制、检查督导机制的同时，协调科技发展的有关政策、法规，消除制度层面上的障碍，联合开展三市高新技术产业发展的政策研究，制定共同的科技合作计划，全方位构建粤港合作格局，力争把三市创新合作推向一个新的水平。只有大家齐心协力，目标一致，才能构建一个长期稳定的创新联盟，提高本区域的创新能力。

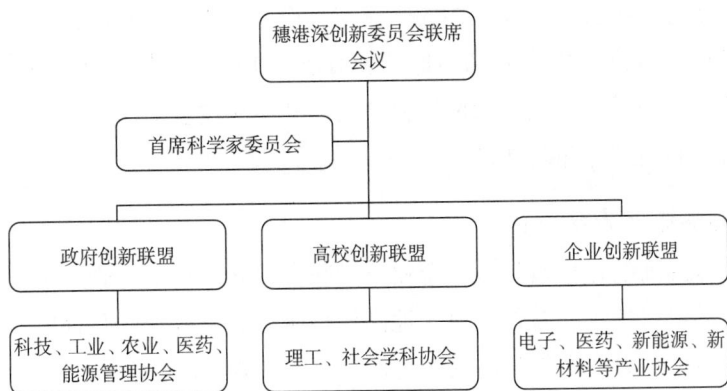

图 2　穗港深创新委员会组织架构

2.开展联合资助计划

穗港深应当扩大联合资助计划的范围和领域，吸引更多科研机构与企业参与创新活动。积极推广粤港联合资助计划支持下研发的高新技术产品及技术。例如，选择各方有共同兴趣及合作潜力的领域，如电子信息、生物技术、机电一体化、新材料和高效节能技术等，以自主创新为突破口，以产业化和市场化为目标，根据各方在资源、技术、产业、市场的优势进行紧密的合作，联合资助，合作攻关，共同开发，不断探索新的联合资助模式，广泛开展多领域、多层次的科技合作。还应当发挥香港金融中心的作用，探讨采取更多形式的科技创新融资，使粤港高新技术合作更加密切。

3.共建科技创新平台

广州、深圳在信息技术、生物医药、工业装备、化工材料及现代家电等领域已经（或正在）组建一批公共创新平台。香港根据产业发展的需要建立了汽车零部件、物流及供应链管理应用、纺织及成衣、纳米科技及先进材料和信息及通讯技术等5个技术研发中心，因此穗港深可以以加强自主创新为目标，研究制定公共研究开发平台的共建机制，合作建设若干个对粤港产业发展有直接推动作用的公共创新平台。对高新技术园区的进口研发设备、实验器材、自用原材料或样品实行进口税收优惠，简化通关手续等工作，从而建立持续、高效的合作机制。与香港政府部门、科研机构加强交流与沟通，探讨采取简易高效的方式，联合举办科技创新成果推介等活动。做到成果共享，运行管理模式灵活，跟踪考评指标合理，提供平台发展体系完善的创新资源环境。

4.实现科技人才交流与科技资源的共享

科技人才是创新中最活跃、最关键的因素。穗港深应组织和引导三地科技人员、科研机构、科技行业协会及中介机构的交流与合作，形成两地科研人员及机构的定期互访制度；鼓励香港高层次人才到内地开展科研、讲学。发挥专业技术协会的作用，推进相关专业技术资质的互认，为两地科技人员开展科技创新活动和智力资源合法有序的流动创造良好的环境和条件。

5. 加强穗港深官产学合作

鼓励穗港深的高校、科研院所和企业通过联合设立实验室、研发中心、战略联盟等方式，开展多形式的创新合作。以三地高校科研院所为依托，联合培养两地创新人才，为粤港两地生产力发展不断提供新力量，实现粤港的真正联合。

四、穗港深的创新制度与政策

本课题组认真研究了国家相关的产业政策 18 项，广东省的相关产业政策 21 项，深圳市自主创新政策 56 项。

主要问题有：系统性不强、约束性不强、可操作性不够、协调作用不大、实施效果不佳。

（一）穗港深建立创新制度和政策的分析与比较

1. 政治制度与合作机制方面的差异

改革开放 30 年来，广东凭借毗邻港澳的区位优势和先行一步的政策优势，在粤港澳跨行政区域经贸交流与技术合作等方面，取得了令人瞩目的成绩，充分体现了由粤港澳三地联手形成的"大珠三角"的"龙头"效应。WTO、《内地与香港关于建立更紧密经贸关系安排》（CEPA）协议和泛珠三角区域合作等战略构想的提出与实施，为粤港澳跨行政区域创新系统搭建了有利的制度性合作平台。这些合作平台的搭建，有利于最大限度地消除行政区划上的藩篱，在一国两制的背景之下，力促粤港澳三地"四个流动"，即人流、物流、资金流和信息流的自由流动，以保证跨行政区域科技创新与合作的有序进行。而穗港深创新体系的建立也必将循着粤港澳跨行政区域经贸交流与技术合作等方面。

但是由于香港和广东的政治制度不同，合作的效率确实受到影响。广州、深圳的科技发展政策，当地政府可以做出决策，执行力度大，速度快，阻力小，这是由于内地的行政体系在党的一元化领导下，强调集中与统一。而香港的科技政策却牵涉许多政党和团体，讨论时间长，执行缓慢，这是由于香港的行政体系强调民主，制约因素多。因此，内地与香港应当有一个磨合的过程，探讨有效的合作途径。

2. 经济体制与产业发展方面的差异

香港是以市场为主导的经济体制，在产业发展方面，比较重视金融业、旅游业、航运业等高端服务业。因此，香港政府对经济的发展奉行不干预的政策，对科技创新也是强调市场导向。香港直接面对国际市场，行政管理与法律体制相对健全，投资服务及保障体系比较完善；广东省仍处在不完全市场竞争状态，行业垄断、地区封锁、城乡分割等现象时有发生，容易造成运作方式、操作规则等方面的跨行政区域对接障碍。作为高度自治的特别行政区和相对独立的关税区，香港与广深在不同经济体制背景下进行跨行政区域创新系统的建设，不可避免地会出现摩擦和碰撞。如果不排除基于利益考虑的市场经济体制摩擦，这些构建过程中存在的制约因素将由原来的政治主权障碍转变为经济体制障碍。

尽管搭建跨行政创新系统制度性的合作平台为合作提供了客观条件的保证，但是香港与广州、深圳在对科技创新的观点、政策、法律上还是存在显著差异，在科技创新项目的执行上也就存在巨大差异，为合作创新制造了困难。

然而，正是因为广东和香港之间存在差异才需要加强创新合作方面的互补。若光依靠市场，创新带来的科技收益是不足弥补巨大投资风险和投入成本的，因为创新投资风险大，投入高，周期长。但加强政府的支持、引导以及宏观政策的指引，可为企业科技创新提供正的外部性，刺激其投资，提高其创新合作的积极性及动力。

（二）穗港深创新制度和政策的建议

政府在这其中起到了重要作用，通过财政政策、产业政策、人才政策等宏观方面起到促进作用。以下分别从这三个政策来分析政府作用：

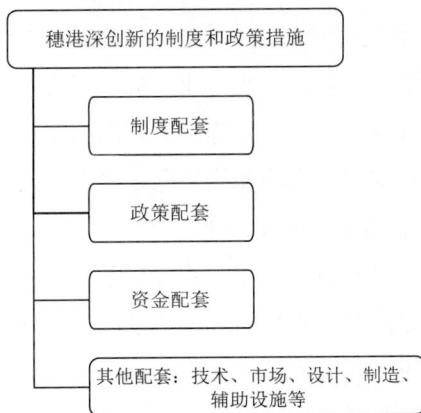

图 3　穗港深创新的制度和政策措施

1. 制定穗港深区域创新联盟总体方案

深入分析各地的创新优势，明确创新目标及各地的分工，开展合作创新。要把创新合作制度化、经常化，充分利用区域内的创新人才、资金、高等学校、科研机构等创新资源，提高创新的能力。

2. 制定穗港深官产学创新联盟章程

明确官产学的责权利、各自的分工，鼓励跨越边界的活动，例如，企业从事培养人才的工作，大学从事科研和生产的活动，政府支持大学及企业的研发等。对于大学与企业共同申报的研发项目，政府给予专项支持。也鼓励企业和大学联合办学，建设实验室。鼓励企业人员到大学任教，也鼓励大学教师到企业担任兼职。

3. 制定穗港深联合创新的财政政策

穗港深政府将筹集到的资金建立创新联合创新基金，以财政支出的形式投向重点部门和项目，作为一项直接促进科技进步与创新发展的公共政策，具体的方式主要包括财政拨款、财政补贴、政府采购、政府风险投资等。从财政政策的角度看，政府用于促进产、学、研的科技创新活动的政策工具主要有两个方面：一是通过财政拨款、技术采购、国家风险投资等方式支持创新投入；二是以税式支出的方式降低创新活动成本，提高创新活动的盈利水平。对于政府而言，直接的财政支持可以通过预算安排确定投入金额，在创新初期阶段的资金支持以及对创新产品需求拉动等方面有着其他政策工具所无法替代的作用。而间接的税式支出政策由于更倾向于利用企业和市场的力量，以税收的让渡来降低企业的成本，具有普遍性。

4. 制定穗港深联合创新的产业政策

穗港深政府应当联合制定产业政策。首先是要选择本区域内重点的产业发展方向。其次是要协调一致地引导企业向这些产业投资、聚集。高技术产业中的技术创新是复杂的系统工程，不仅涉及产、学、研等多个方面的实践主体，而且，由于其复杂性和高度的不确定性，单一主体的资源和优势已难以在足以获得竞争优势的时间内完成技术创新的任务，而高新技术的产业集群，能够汇集大批的专业人才、资金、信息，可以起到资源整合和优势互补的作用，使得技术创新取得明显的竞争优势，这优势既包括技术创新能力的提高及时间的缩短，还可以减少高技术产业的高风险性，从而刺激企业进行研究开发的更大热情。

5. 制定穗港深联合创新的人才政策

人才政策也是创新研究必不可少的一部分，政府应该加大优秀人才引进政策，为优秀人才提供就业、住房、社会福利等优惠政策。

以优秀大学的优势学科、技术创新团队为依托，利用其信息、实验设备、文化氛围等方面的综合优势，在政府政策引导和支持下，在大学附近区域建立起从事技术创新、促进大学科技成果转化和企业孵化活动的科技园区。为企业利用高校、科研院所的科技成果与人力资源发展壮大提供有效平台。另外，在一些核心企业附近集聚一批与之经营同一领域的众多中小企业，和从事企业上、下游研究与经营的配套企业。在政府引导下，搭建产学研联合创新平台。推进工业园区的重点企业联合高校与科研院所建立国家级、省级企业技术中心和区域技术创新中心，着力突破产品链的关键、共性技术，提高区域科技创新能力。

创立粤港区域统一的人才交流中心，通过电脑联网形成两地共享的网络人才市场，促进人才在区域间的合理流动与配置，解决在引进专才、优才和人才时因信息不对称而造成的效率低下问题。人才交流中心同时承担各种培训职能及两地的专业资格互认的功能，根据相关法规，对内地逐步放开的各种专业资格进行认证前的培训和考试，推动两地人才的流动。

6. 加强信息化建设，共建科研平台的政策

穗港深政府有关部门应加快信息化、网络化建设，完善科技项目库、科技成果库和产学研信息平台，为创新联盟各方及时提供供求信息。首先，将正在组建的创新平台网络向粤港两地开放，鼓励和支持不同类型的机构、企业和政府部门共同参与。在建设上与政府部门、科研机构、高等学校、大型企业合作共建，在运作上对相关联的单位开放，支持相关单位的密切合作。其次，建设开放而完善的科技成果转让体系。发挥香港擅长引进和推广技术及具有较强模仿和应用能力的特长。在实现广东现有的科技成果转让体系与香港对接后，通过搭建两地资源共享的科技信息网络平台、引进中介发展机构、举办各种定期的区域成果交易会的方式，形成良好的科技成果转让平台。

7. 促进穗港深科技交流的政策

进一步促进两地企业间的技术交流与合作，共同向高新技术企业发展。联合开展粤港高新技术发展的政策研究，营造良好的政策氛围，推进两地企业形成产业集群网络，增强产业的集聚力。此外，充分发掘粤港合作潜力，为各对口部门之间开展多领

域、多层次科技合作提供便利，举办专题科技展览和会议，发挥专业技术协会的作用，鼓励双方专业人士进行直接的交流沟通，推进相关专业技术资质的互认，为人员交往和智力资源合法有序的流动创造良好的环境和条件。

8. 完善相应的法规政策，加强知识产权保护力度

国家和地方政府应进一步制定和完善有关支持政策。包括科技计划、技术进步、技术创新、技术引进、科技成果转化与产业化政策等，对符合地方经济特色及有利于优势资源整合的产学研联盟项目给予重点支持。同时，完善知识产权保护制度及相应规定，为确定产学研联盟的知识产权归属权、使用权的划分提供法律依据。

9. 完善创新联盟融资体系，为联盟资源整合与利用提供资金保障

充分发挥政府资金的引导作用，充分发挥香港金融中心的作用，建立完善的风险投资机制，通过多元化融资方式，为创新联盟提供更多资金支持。

五、穗港深创新的重要方向分析

下面，我们从穗港深的创新实际出发，分析有关智慧城市、太阳能、电动汽车、生物制药等领域的创新，为穗港深提供创新决策参考。

第一，智慧城市是一个十分有前景的新兴产业，可以带来巨大的市场需求，穗港深应当抓住机遇，抢占市场先机。

建设智慧城市的建议如下：

（1）制定建设智慧城市的规划，明确目标，分工合作，分步骤实施；

（2）加速三地的互联网建设，提高普及率，增加带宽，提高网速；

（3）加快关键技术的攻关，如北斗卫星的导航定位应用、卫星图片的应用、卫星遥感遥测的应用等；

（4）鼓励企业与高校合作参与智慧城市软件、硬件的开发、应用。

第二，广东省全年日照时数为2200小时至3000小时，辐射量较大，属于太阳能资源较丰富的地区，具有发展太阳能产业的天然潜力和优势。加上全省能源匮乏，省内能源储蓄量仅占东部区域的3.5%，能源自给率仅为12.4%，而能耗巨大，这就使得发展替代能源成了珠三角地区的必然选择。

发展建议如下：

（1）扩展融资渠道，加大资金投入；

（2）完善优惠政策，促进产业发展；

（3）加强宣传教育，提倡节能环保；

（4）把握地区特点，推广太阳能空调及太阳能汽车，引导企业发展；

（5）搭建自主创新体系，提高企业技术水平；

（6）加强产学研联系，实现成果产业化；

（7）提高产品质量，增加消费信心；

（8）牵手建筑业界，促进产品建筑一体化；

（9）加快技术研发，推广多种产品。

第三，在全球各国纷纷积极部署低碳技术应对气候变化、走可持续发展的道路的国际大环境下，新能源汽车成了市场的新宠儿。并且，在国际油价不稳定的情况下，新能源汽车有着广阔的前景。广东应利用其产业和人才优势，大力发展电动汽车。

主要建议如下：

（1）政府补助扶持政策要到位；

（2）控制电动汽车行业整条产业链；

（3）整合各方资源，官产学三方结合，突破关键技术；

（4）做好电动汽车的配套基础设施建设，如充电设备、服务站等。

第四，广东省由于地理、气候等有利条件，有丰富的中药资源，是全国中药材主要产地之一，据20世纪80年代初期广东省中医药资源普查显示，广东已开发利用的中药资源已超过2000种，其中不少品种为广东特有品种。广药蜚声海内外，因此，广东省应加速推进广东中药现代化的发展。

主要建议如下：

（1）加强穗港深三地的官产学合作，加大生物制药产业的资金投入；

（2）加强穗港深三地的官产学合作，为生物制药的创新提供技术支持；

（3）加强穗港深三地的官产学合作，为生物制药创造高素质人才；

（4）加强穗港深三地的官产学合作，扩大生物制药的国际市场；

（5）充分发挥珠江三角洲的生物制药领域龙头企业的带动作用以及中小型企业的自主协同效应。

六、总结

广东创新的主要问题有：一是珠三角的三大城市广州、深圳、香港之间相互合作较少，难以形成创新的合力；二是本地区官产学三方关系较疏远，不能给创新提供一个良好的环境，人员难交流，信息不通畅，资金难筹集，资源难共享，成果难推广。

因此，必须加强区内穗港深三个城市的创新合作，共同构建官产学三重螺旋的创新体系，提高创新能力，增添经济增长的动力。

加强穗港深的合作，首先要从创新组织入手，政府应当做好创新的领导者、组织者，为创新建立良好的平台。这方面深圳虚拟大学城确实是一个不错的范例，值得区内城市学习。

其次，要做好合作，应当从制度做起，建立制度化的交流机制、合作机制、考核机制，以共同的政策、共同的组织机构、共同的基金、共同的目标、共同的努力，分工协调，构筑一个官产学的三重螺旋创新体系。

最后，穗港深的创新合作应当有重点突破的方向，发挥本地优势，重点搞好智慧城市建设、太阳能开发应用、发展电动汽车产业、扶植生物制药产业等。以重点产业带动其他产业的发展，形成有特色的区域产业体系。

参考文献：

［1］Loet Leydesdorff & Martin Meyer. Triple Helix indicators of knowledge-based innovation systems [J]. Research Policy, Vol.35, 2006: 154-176.

［2］李晓峰，徐玖平. 我国企业技术创新的现状、问题及对策［J］. 经济体制改革，2005（2）：51-54.

［3］毕德志. 国外会展行业协会运营模式初探［N］. 青岛日报，2011-09-15.

［4］广东省人民政府. 关于优先扶持产业转移重点区域重点园区重点产业发展的意见［EB/OL］.［2011-08-26］. http://zwgk.gd.gov.cn/006939748/201108/t20110831_274199.html.

［5］朱桂龙，彭有福. 产学研合作创新网络组织模式及其运作机制研究［J］. 中国软科学，2003（4）.

［6］王英俊，丁堃. "官产学研"型虚拟研发组织的结构模式及管理对策［J］. 科技管理，2003（12）.

［7］代明. 粤港合作框架下的区域创新体系［J］. 特区经济，2010（4）.

［8］以"一园多校、市校共建"模式建设产学研结合示范基地——深圳虚拟大学园［J］. 中国科技产业，2011（2）.

［9］邱宣. 构建产学研结合自主创新体系：深圳虚拟大学园发展模式与路径初探［J］. 中国高校科技，2007（8）.

［10］龚建文. 粤港科技政策的差异性及对粤港科技合作的思考［J］. 科技管理

研究，2008（5）.

[11] 代明. 粤港合作框架下的区域创新体系 [J]. 特区经济，2010（4）.

[12] 彭劲松，杜海东. 粤港澳区域科技创新：社会资本视角的研究现状与思考 [J]. 长春工业大学学报：社会科学版，2011（1）.

[13] 一线调研：献策粤港科技创新深度融合 [J]. 广东科技，2011（4）.

[14] 胡斌祥，余慧，王宇宁. 我国电动汽车产业共生模式研究 [J]. 武汉理工大学学报：信息与管理工程版，2007（4）.

[15] 深化粤港科技合作：增强核心竞争力 [J]. 广东科技，2011，3（5）.

[16] 林学军. 基于三重螺旋创新理论模型的创新体系研究 [M]. 暨南大学出版社，2010.

[17] 洪凯，朱珺. 日本电动汽车产业的发展与启示 [J]. 现代日本经济，2011（3）.

[18] 朱佳丽. 广东产业升级背景下科技服务业的发展 [J]. 企业研究，2011（4）.

[19] 李志生，张国强，李利新，李冬梅，李丽娟. 美国对太阳能的资助政策及对中国的启示 [J]. 节能经济，2006（10）.

（选自广州市哲学社会科学发展"十二五"规划 2011 年度课题"穗港深三重螺旋创新体系构建研究"。课题负责人：林学军；成员：郭葆春、杨廷钫、卓俏青、姜丽群等。）

第一部分 经济、管理篇

产业升级与人力资本密集型产业发展研究

陈　和（广东外语外贸大学）

一、引言

改革开放以来，特别自从入世以后，我国劳动密集型产业便以摧枯拉朽之势占领了世界各国市场，也成为我国经济增长的主要驱动力和吸纳农村剩余劳动力的主要源泉（陈和、甘天文，2011）。劳动密集型产业的大力发展也帮助我国工业化进程从工业化初期向工业化中后期发展过渡。2008 年国际金融危机爆发，2011 年以来欧洲经济二次探底的可能性不断增大，这些国际经济环境对我国现有产业结构提出了严峻挑战。在严峻的国际环境下，我国必须面对不可回避的新问题：劳动密集型产业还能否保持国际竞争力？高度依赖工业的经济发展模式能否维系？产业升级路在何方？本文尝试从人力资本密集型产业发展以及与物质资本密集型产业互动的新视角来回答我国产业升级这一现实问题。

本文实证研究分为两部分：第一部分是对人力资本密集型产业的全要素生产效率进行测算，以及在此基础上对影响人力资本密集型产业全要素生产率的因素进行实证分析；第二部分是关于人力资本密集型产业与物质资本密集型产业互动机制的实证研究，考察两者的互动对产业升级的作用。

二、人力资本密集型产业兴起与概念界定

产业发展离不开资本，传统的经济学观念认为，资本就是指资金、机器、设备、自然资源等实物，然而这种认识在知识经济的背景下便存在较大的片面性。实际上，资本有两种形态：其一是物质资本形态，即通常使用的主要体现在物质资料上的那些能够带来剩余价值的价值，这也是我们传统上对资本的认识；其二是人力资本形态，

即凝结在人身上的能够使价值迅速增值的知识、体力和技能的总和（刘迎秋，1997）。随着信息科技革命的推进，世界经济已经从农业经济、工业经济逐步进入一种新的经济形态——知识经济；与此同时，人力资本已经在一些新兴产业中占据核心地位，并成为产业价值和利润创造的主要源泉（陈和、隋广军，2008；2010）。

在这样的背景下，Rajan 和 Zingales（1998；2001）提出了关键性资源理论（Critical Resource Theory）。他们所指的"关键性资源"既可以是非人力资本（资金、自然资源、机器设备等物质资本），也可以是人力资本（天才、创意、核心技术、企业家才能等）。在对当今知识经济时代下不断涌现的以人力资本为关键性核心资源的新兴产业进行分析时，Rajan 和 Zingales 的理论显示出强大的解释力。本文参照陈和和隋广军（2008；2010）将企业划分为物质资本密集型企业与人力资本密集型企业的思路，提出物质资本密集型产业（Physical Capital Intensive Industry）与人力资本密集型产业（Human Capital Intensive Industry）的概念。而所谓"物质资本密集型产业"，是指关键性资源由物质资本构成的产业形态，产业的核心价值与利润主要由物质资本所创造。

本文认为，传统的农业、制造业、服务业三次产业分类方法存在一定的时代局限。在信息、科技革命带动新兴产业不断崛起的今天，这种划分方法并不能充分反映知识、技术和专业化人力资本密集化的新趋势。因此，本文主张从关键性资源的角度，根据产业价值创造的核心资源以及其密集程度对《国民经济行业分类》中的各个行业进行重新归类，具体如下：

（一）物质资本密集型产业

包括第一产业中的农、林、牧、渔业，第二产业中的采矿业、制造业、建筑业以及电力、燃气及水的生产和供应业，以及第三产业中的交通运输、仓储和邮政业、批发和零售业、住宿餐饮业等。

（二）人力资本密集型产业

人力资本密集型产业主要集中于第三产业，本文根据人力资本密集程度及其结合的要素，进一步划分为三种类型：（1）纯人力资本密集型产业，例如教育、科学研究、文化艺术、商务服务业（法律、会计、咨询、广告等）、公共管理与公共服务、卫生、社会保障和社会福利事业等；（2）人力资本与资金并重型产业，例如银行、证券、保险、租赁、房地产等；（3）人力资本与高科技并重型产业，例如技术服务、信息传输、计算机服务和软件行业、农林牧渔服务业等。

传统的产业结构理论将研究的重点集中在三次产业及其内部结构关系，但是从关键性资源角度来考虑，赋予了我国产业结构升级问题更为丰富的内涵。产业升级的方向应该更加强调产业价值创造的核心来源——知识、技术和专业化人力资本，本文尝试探讨人力资本密集型产业与产业结构升级之间的关系，系统地考察人力资本密集型产业与物质资本密集型产业互动在产业升级过程中的作用，无论从理论上还是实践上都具有重要意义。

三、人力资本密集型产业发展与产业升级

人力资本密集型产业在经济增长和产业升级中发挥着重要作用，但其发展也离不开一定环境因素。在众多影响因素中，本文认为，教育、知识产权保护以及资本市场的支持是促使人力资本密集型产业发展壮大最为重要的因素。因此，要研究人力资本密集型产业在产业升级中的作用，必须深入探讨这些条件的作用机理。

1. 教育：人力资本密集型产业促进产业升级的创新基础

根据内生增长理论，知识积累和技术创新是经济增长的主要动力，而知识和技术又内化于人力资本，因此，人力资本及其形成成为产业升级的创新基础。现代人力资本理论认为，教育是人力资本形成的重要先决条件。正如人力资本理论鼻祖舒尔茨（1990）所言，"教育是最重要的人力资本开发途径"，改变社会的人力资本结构离不开教育的支持。本文认为，教育促进人力资本密集型产业发展的作用机理可以概括为以下三个方面：增加人力资本存量、改善社会人力资本结构和促进创新，从而使教育投入与产业升级之间呈现出正相关关系，即教育投入越多，就越能促进人力资本存量的增加、人力资本结构的改善，进而提高产业体系的创新能力。因此，通过对教育的投入来提升我国人力资本的存量和质量，有利于促进以人力资本作为关键性资源的人力资本密集型产业的发展，进而为我国产业升级提供创新源泉。

2. 知识产权制度：人力资本密集型产业促进产业升级的创新保障

对于产业升级来说，技术创新起着极为重要的作用。人力资本是技术创新的主体，通过知识产权保护制度来激励不具备产权特性的人力资本积极参与到技术创新中，是人力资本密集型产业发展同时促进产业升级的重要保障。本文认为：知识产权保护对人力资本密集型产业发展、产业升级的促进作用可以理解为知识产权制度为技术创新提供了较好的收益保障机制，它通过改变人力资本所有者的回报预期，激励人力资本所有者不断优化自己的知识结构，并且更加努力地生产出智力产品或服务，技

术创新在这样的一种制度氛围下会不断强化，使得产业内部的创新潜力得以充分发挥，从而极大地促进了人力资本密集型产业自身的发展以及与物质资本密集型产业间形成良性互动（陈和、甘天文，2011）。

3. 资本市场：人力资本密集型产业促进产业升级的创新实现

资本市场发展与产业升级的关系一直都是国内外学者的研究热点（陈和、甘天文，2011）。适当的资本结构能随着实体经济的变化不断满足不同产业和企业的融资需求。本文认为，资本市场对不同规模的人力资本密集型企业的影响不同，对于大型人力资本密集型企业而言，其作为现代技术创新革命的主导力量，是产业结构升级的重要推动力，大型人力资本密集型企业在不断发展壮大的过程中，需要借助资本市场资源配置功能来调整企业组织结构（例如，上市融资、并购、国际化战略等）；而对于中小型人力资本密集型企业而言，资本市场中的风险投资恰恰与其高风险、高度不确定性的特征相适应，风险投资不仅满足了企业的融资需求，还为它们提供必要的管理支持，因此，风险投资在促进中小型人力资本密集型企业技术创新、优化内部治理、开拓市场等方面发挥着重要的作用。总而言之，人力资本密集型企业的高速成长，离不开资本市场的支持和参与。产业升级实际上就是经济资源在产业和部门间的重新配置，其本质之处就在于存量资本的重组和增量资本向新的产业注入（陈宝明，2008）。因此，通过资本市场创新来帮助人力资本密集型产业规模的发展壮大，使得资金在人力资本密集型产业与物质资本密集型产业之间的配置达到合适比例，是促进我国产业结构升级的重要途径。

图 1　产业升级的新模式

综上所述，本文提出以发展人力资本密集型产业、通过人力资本密集型产业与物质资本密集型产业的良性互动来推动我国产业升级的发展思路。人力资本密集型产业作为技术创新和专业化人才培育的承载体，它代表着未来产业发展的方向，其发展将会是我国产业升级的核心环节；人力资本密集型产业的发展为物质资本密集型产业不断注入高端技术、先进理念、高素质人才等创新性要素，两者从社会分工、价值链升级和产业融合等方面形成良性互动机制，能够推动我国产业结构逐步优化升级（见图1）（陈和、甘天文，2011）。以下将通过实证研究来验证这些思想。

四、人力资本密集型产业生产效率及影响因素的实证分析

（一）我国人力资本密集型产业的生产效率估算

1. 数据说明

本文所搜集的数据主要来源于《中国统计年鉴》、《中国固定资产投资统计年鉴》，样本的时间跨度为 1999 年到 2009 年，包括中国大陆 30 个省市自治区（重庆除外[①]）。

估计人力资本密集型产业的 TFP 所需要数据指标包括以下几项：（1）人力资本密集型产业的产出水平。本文按照《国民经济行业分类》标准，选出人力资本密集型行业包括：信息传输、计算机服务和软件业，金融业，房地产业，租赁和商务服务业，科学研究、技术服务和地质勘查业，教育，卫生、社会保障和社会福利业，文化、体育和娱乐业，公共设施管理，公共管理和社会组织，国际组织。将上述行业的增加值加总来表示人力资本密集型产业的产出水平，并按基期的不变价格指数进行缩减。（2）人力资本密集型产业资本存量。该指标可以根据上述行业有关资本形成以及每年固定资产投资的数据推算而得，本文采用国际通用的永续盘存法进行估算，即 $K_t = I_t + (1-\delta)K_{t-1}$，$I_t$ 为当年的固定资产投资额，δ 为折旧率[②]，所有的投资数值按照基期不变价格进行换算。（3）人力资本密集型产业的劳动投入。严格上说，劳动投入的衡量应该包括数量和质量两方面，但是考虑到数据的可获得性，本文采用行业年底从业人员数量加总来表示。

2. 实证分析

本文通过运用 Stata11 软件做极大似然估计（Maximum Likelihood Estimate），得

---

① 之所以未包括重庆的数据，主要是因为它缺少部分年份资本存量的数据。

② 受统计口径的限制，从 2004—2009 年的固定资产投资直接来源于《中国统计年鉴》中"各地区按主要行业分的全社会固定资产投资"的统计项目，而 1999—2003 年的固定资产投资则由基本建设投资和更新改造投资加总来代替。对于折旧率，由于不同产业的固定资产投资差异比较大，服务业与工业有着不同的折旧率，而按照本文的划分，人力资本密集型产业属于服务业范畴，因此，本文参照程大中（2003）、杨勇（2008）的研究，将现代服务业的固定资产折旧率定为 5%。对于资本存量的初始值，本文采用张军（2005：43）对我国省际资本存量的估计值，并按照人力资本密集型产业的产值占 GDP 的比例得出 2000 年该类产业的资本存量值。

出随机前沿生产函数模型各项参数的估计值，结果如下：

表1　随机前沿生产函数的回归结果

变量	系数（β）	标准差（se）	t值	P值
时间趋势 t	0.12★★★	0.008	14.42	0.00
资本存量对数 $\ln K$	0.168★★★	0.038	5.89	0.00
劳动投入对数 $\ln L$	0.11★★★	0.021	5.32	0.00
常数项	5.37★★★	0.282	19.00	0.00
Wald 统计量 =1413.35★★★				

注意：★表示变量通过10%的显著性水平检验；★★表示变量通过5%的显著性水平检验；★★★表示变量通过1%的显著性水平检验。

从各项统计指标可见，该模型的拟合程度非常理想，各个系数估计值都十分显著。因此，可以利用估计出来的模型对技术效率变化和技术进步进行测度。

根据 Coelli（1995），技术效率的测度为 $TE_{it} = E\left[\exp(-u_{it})/e_{it}\right]$，其中 $e_{it} = v_{it} - u_{it}$，它可以用来衡量两个时期之间的技术效率变化，即效率变化 $= TE_{it}/TE_{is}$；而技术进步的测度为技术进步 $= \exp\left[\frac{1}{2}\left(\frac{\partial \ln q_{is}}{\partial s} + \frac{\partial \ln q_{it}}{\partial t}\right)\right]$，就是两个时期的随机前沿生产函数时间趋势项的导数算术平均值的指数值。参照上述方法，本文运用 Frontier4.1 软件包算出从1999年至2009年30省市自治区人力资本密集型产业的技术效率变化指数[①]和技术进步指数 $TP = \exp\left[\frac{1}{2}(0.12 + 0.12)\right] = \exp(0.12) \approx 1.127$，并由此算出人力资本密集型产业的 Malmquist TFP 指数。

由于本文使用的是省际面板数据，因此，在分析全国人力资本密集型产业生产效率增长时，本文通过对各个省市自治区的技术效率变化指数、技术进步指数和 TFP 值取算术平均值，可以得出全国人力资本密集型产业的效率指标体系，结果如下：

表2　1999—2009年全国人力资本密集型产业的各项效率指标

年份	技术效率变化指数	技术进步指数	Malmquist TFP 指数
1999—2000	1.015	1.127	1.143905
2000—2001	1.007	1.127	1.134889
2001—2002	0.998	1.127	1.124746

第一部分　经济、管理篇

---

① 由于受篇幅限制，人力资本密集型产业的技术效率变化指数、Malmquist TFP 指数以及下文的人力资本密集型产业技术效率变化指数、技术进步指数以及物质资本密集型产业的 Malmquist TFP 指数均省略附表数值，有兴趣的读者可以联系作者。

年份	技术效率变化指数	技术进步指数	Malmquist TFP 指数
2002—2003	1.003	1.127	1.130381
2003—2004	0.997	1.127	1.123619
2004—2005	0.998	1.127	1.124746
2005—2006	0.996	1.127	1.122492
2006—2007	0.99	1.127	1.11573
2007—2008	1.004	1.127	1.131508
2008—2009	0.999	1.127	1.125873
平均	1.001	1.127	1.128127

上表列出了 1999—2009 年全国人力资本密集型产业全要素生产率 Malmquist 指数及其分解结果，可以发现：1999—2009 年间我国人力资本密集型产业的 Malmquist TFP 指数平均增长率为 12.8%，这主要来自该产业技术进步的贡献，其平均增长率为 12.7%，而同期的技术效率则变化不大，其平均增长率为 0.1%。从实际情况看来，1999 年到 2009 年之间，我国国内生产总值的平均增长率为 14.4%，而人力资本密集型产业增加值的平均增长率为 13.7%，人力资本密集型产业增加值的增长率与其全要素生产率的增长率大致吻合。

上述实证结果表明，技术进步是推动人力资本密集型产业全要素生产率增长的主要动力，这与人力资本密集型产业的大多数行业具有高技术和知识创新、高素质专业化人才等特征相吻合。进入 21 世纪以来，我国信息技术快速发展，使得信息传输、计算机服务和软件行业在人力资本密集型产业中的地位日益重要，而且对其他行业的渗透和影响也越来越大；除此之外，我国加入 WTO 后，国内市场进一步开放，金融、房地产和商务服务行业逐渐与国际接轨，培育出越来越多的高素质专业化人才。正是这些方面的因素，推动了我国人力资本密集型产业整体技术进步以及生产效率的快速提高。本文认为，如果人力资本密集型产业的全要素生产率能够持续保持较高的增长率，其增加值占国内生产总值的比重将会不断地提高。

（二）人力资本密集型产业 TFP 变化的影响因素分析

由前面的人力资本密集型产业全要素生产率 Malmquist TFP 指数的分解可知，技术进步是推动人力资本密集型产业全要素生产率增长的主要动力。根据 Wu（2000），技术效率对应的是"水平效应"，而技术进步则产生"增长效应"，前者会随着时间推移而消失，而后者不仅可以不断维持下去，甚至还可能扩大。本文认为，能够保证人力资本密集型产业技术进步不断持续的源泉，主要来自教育水平、科技投入、人均资本量以及对知识产权的保护程度等几方面。其中，教育水平和科技投入是人力资本密集型产业技术创新的基础，知识产权保护是人力资本密集型产业技术创新的有力保障，而通过资本市场来提高人力资本密集型产业的人均资本量，是人力资本密集型产业技术创新的实现机制。基于此，本文提出下列假设：

假设1：人力资本密集型产业的生产效率与教育水平、科技投入、人均资本以及知识产权保护程度呈正相关关系。

下面就运用面板数据模型来检验上述影响人力资本密集型产业全要素生产率（TFP）变化的因素。根据上面的理论分析，本文建立的面板数据模型如下：

$$TFP_{hcii\ it} = \beta_{0\ it} + \beta_{1\ it}Education_{it} + \beta_{2\ it}R\&D_{it} + \beta_{3\ it}Capital_{it} + \beta_{4\ it}Patent_{it} + \varepsilon_{it}$$

上式中，i、t代表省份和时期，TFP_{hcii}是指人力资本密集型产业的Malmquist TFP指数；Education代表受教育程度，用大专及以上教育程度的人数占总人口的比例（%）表示，R&D代表政府财政支出中对科技事业的人均投入（元），Capital代表资本密集程度，用人均资本存量（万元）来表示，Patent代表对知识产权的保护程度，用三种专利的授权数（项）来表示。根据本文所分析的问题，这里采用个体固定效应模型比较合适；而且为减少由于横截面数据的异方差所造成的影响，本文选用广义最小二乘法（GLS）进行加权估计。回归结果如下：

表3　面板数据模型的回归结果

变量	系数（β）	标准差（se）	t 值	P 值
常数项	1.124**	1.21E-05	89639.66	0.00
Education	−0.005***	0.000	−11.2	0.00
R&D	1.34E-06***	2.88E-07	4.41	0.00
Capital	−5.51E-05***	6.67E-06	−8.15	0.00
Patent	5.63E-09***	8.05E-10	7.12	0.00
R^2=1，F=1.31E+09*，DW=0.843				

注意：*表示变量通过10%的显著性水平检验；**表示变量通过5%的显著性水平检验；***表示变量通过1%的显著性水平检验。

由上述各项统计指标可以看出，面板数据模型的回归结果十分显著，假设1得到部分验证。从各项系数的估计值看来，变量R&D和Patent的回归系数为正数，表示随着政府对科技事业投入的增加以及对知识产权的保护力度的增强，能够促进人力资本密集型产业全要素生产率的增长。然而，变量 Education 和 Capital 的回归系数为负数，意味着现阶段我国的教育系统培养的创新型人才不足，还没有形成有利于人力资本密集型产业发展的条件；而人均资本存量则主要用于资本广化，而资本深化的程度较低，不利于高素质、专业化人才的培养以及人力资本水平的不断提高。

五、人力资本密集型产业与物质资本密集型产业的互动促进产业升级

（一）我国物质资本密集型产业的生产效率估算：基于数据包络分析

1. 数据说明

本文所搜集的数据主要来源于《中国统计年鉴》、《中国固定资产投资统计年鉴》，样本的时间跨度为 1999 年到 2009 年，包括中国大陆 30 个省市自治区（重庆除外[①]）。

估算物质资本密集型产业的全要素生产率所需要数据指标包括以下几项：（1）物质资本密集型产业的产出水平。本文按照《国民经济行业分类》标准，选出物质资本密集型行业包括：制造业、采矿业、电力、热力及水的生产和供应业、建筑业以及交通运输、仓储和邮政业等行业。将上述行业的增加值加总来表示物质资本密集型产业的产出水平，并按基期的不变价格指数进行缩减。（2）物质资本密集型产业的资本存量。该指标可以根据上述行业有关资本形成以及每年固定资产投资的数据推算而得，本文采用国际通用的永续盘存法进行估算，即 $K_t = I_t + (1-\delta)K_{t-1}$，$I_t$ 为当年的固定资产投资额，δ 为折旧率[②]，所有投资数值按照基期不变价格进行换算。（3）物质资本密集型产业的劳动投入。严格上说，劳动投入的衡量应该包括数量和质量两方面，但考虑到数据的可获得性，本文采用各行业的年底从业人员数量加总来表示。

---

① 之所以未包括重庆的数据，主要是因为它缺少部分年份资本存量的数据。

② 受统计口径的限制，从 2004—2009 年的固定资产投资直接来源于《中国统计年鉴》中"各地区按主要行业分的全社会固定资产投资"的统计项目，而 1999—2003 年的固定资产投资则由基本建设投资和更新改造投资加总来代替。对于折旧率，由于不同产业的固定资产投资差异比较大，服务业与工业有着不同的折旧率，而按照本文的划分，物质资本密集型产业大多数属于工业范畴，因此，本文参照龚六堂和谢丹阳（2004）的研究，将物质资本密集型产业的固定资产折旧率定为 10%。对于资本存量的初始值，本文采用张军（2005：43）对我国省际资本存量的估计值，并按照物质资本密集型产业的产值占 GDP 的比例得出 2000 年该类产业的资本存量值。

2. 实证分析

物质资本密集型产业主要包括制造业、采矿业、电力、热力及水的生产和供应业、建筑业以及交通运输、仓储和邮政业等行业，由于这些行业的产值比重较为稳定而且技术风险较低，所以本文运用确定性前沿方法——数据包络分析（Data Envelopment Analysis，DEA）来估算物质资本密集型产业 Malmquist TFP 指数。DEA 是一种典型的非参数估计生产前沿的方法，与随机前沿方法（Stochastic Frontier Approach，SFA）不同的是，它没有对无效率和随机误差项的特定分布做任何强假定，DEA 采用线性规划的方法，构建一个非参数逐段线性的包络面（或前沿面），通过衡量实际投入、产出与前沿面的差距，得出全要素生产率的各项效率指标值（Coelli，2009）。

本文通过运用 DEAP2.1 程序，可以算出从 1999 年至 2009 年 30 省市自治区人力资本密集型产业的技术效率变化指数和技术进步指数，以及物质资本密集型产业的 Malmquist TFP 指数。由于本文使用的是省际面板数据，因此，在分析全国物质资本密集型产业的生产效率增长时，DEAP 2.1 程序还可以计算出年度之间的技术效率变化指数、技术进步指数、纯技术效率变化指数、规模效率变化指数以及 Malmquist TFP 指数，结果如下[①]：

表 4　1999—2009 年全国物质资本密集型产业的各项效率指标

年份	技术效率变化指数	技术进步指数	纯技术效率变化指数	规模效率变化指数	Malmquist TFP 指数
1999—2000	1.196	0.843	1.013	1.181	1.008
2000—2001	1.005	1.002	1.008	0.998	1.007
2001—2002	1.009	1	1.007	1.002	1.009
2002—2003	0.985	1.094	0.988	0.997	1.078
2003—2004	1.009	1.003	1.011	0.998	1.012
2004—2005	1.003	0.986	1.003	1	0.989
2005—2006	1	1.004	0.997	1.003	1.004
2006—2007	1.001	1	0.999	1.002	1.001
2007—2008	0.996	1.006	0.997	0.999	1.002

---

① 在输入 DEAP 指令文件时，对于 CRS/VRS 的选项，本文选择的是 VRS。由于在 DEAP 指令文件中 CRS/VRS 的选项对于 Malmquist DEA 指数的估算结果是没有影响的，因此本文报出来的结果不受规模报酬不变/规模报酬可变的影响，即 CRS 与 VRS 估算出来的结果是一样的。

（续表）

年份	技术效率变化指数	技术进步指数	纯技术效率变化指数	规模效率变化指数	Malmquist TFP 指数
2008—2009	1.001	0.992	0.999	1.002	0.992
平均	1.019	0.991	1.002	1.017	1.01

上表列出了 1999—2009 年全国物质资本密集型产业全要素生产率 Malmquist 指数及其分解结果，可以发现：1999—2009 年间我国物质资本密集型产业的 Malmquist TFP 指数平均增长率为 0.01%，这主要来自该产业技术效率的贡献，其平均增长率为 0.019%，其中规模效率贡献最大，增长率为 0.017%，纯技术效率变化较小，增长率只有 0.002%，而同期的技术进步增长率为 -0.009%。[①] 由此可见，目前我国物质资本密集型产业的发展主要依靠扩大规模的粗放式增长，技术利用率和产品科技含量较低。物质资本密集型产业的技术进步在很大程度上依赖于与人力资本密集型产业的互动发展，因此，下文将对两类产业的互动关系进行实证研究。

（二）人力资本密集型产业与物质资本密集型产业的互动促进产业升级：基于协整和 Granger 因果检验分析

从发达国家近二三十年的发展经验看来，现代工业生产的投入要素逐渐由物质资本、体力劳动向知识、技术和高级人力资本转移升级，人力资本密集型产业与物质资本密集型产业的关系成了新的研究方向。结合上文分析，本文提出以下假设：

假设 2：人力资本密集型产业的诞生依赖于物质资本密集型产业的发达程度，即物质资本密集型产业高度发展是人力资本密集型产业出现的重要诱因。

假设 3：长期而言，物质资本密集型产业与人力资本密集型产业之间存在着相互促进的作用。

为研究人力资本密集型产业与物质资本密集型产业之间的互动关系，本文打算在对两类产业的 Malmquist TFP 指数进行平稳性检验的基础上，采用协整分析的方法以确定两个变量之间是否具有长期稳定关系，以及 Granger 因果检验分析的方法明确两个变量之间的因果关系，最后建立相应的误差修正模型对两个变量的短期关系和长期关系进行分析。

---

① 根据 Malmquist 全要素生产率指数的含义，"技术效率"是指实际经济所处的生产曲线与生产前沿之间的距离，"技术进步"就是指推动生产前沿曲线向外移动。而对于物质资本密集型产业的 Malmquist TFP 指数的分解指标来说，技术效率主要是指在既定技术水平下物质资本密集型产业内部的资源配置效率，技术进步则指生产技术上的创新和改进，这种技术进步主要来源于人力资本密集型产业的知识和技术支持。

1．时间序列平稳性检验

对时间序列数据进行平稳性检验比较常用的方法是 David Dickey 和 Wayne Fuller 提出的单位根检验（unit root test）。本文运用 eviews 软件提供的单位根检验 ADF 方法对两类产业的 Malmquist TFP 指数，即变量 TFP_{hcii} 和 TFP_{pcii} 进行平稳性检验，结果如下：

表5　时间序列 TFP_{hcii} 和 TFP_{pcii} 的单位根检验结果

变量	临界值			ADF 值	P 值	结论
	1%	5%	10%			
TFP_{hcii}	−2.937	−2.006	−1.598	−0.089	0.619	非平稳
ΔTFP_{hcii}	−5.119	−3.519	−2.898	−0.686	0.7739	非平稳
$\Delta^2 TFP_{hcii}$	−5.605	−3.695	−2.983	−3.586	0.055	平稳
TFP_{pcii}	−2.886	−1.996	−1.599	−0.251	0.5639	非平稳
ΔTFP_{pcii}	−2.937	−2.006	−1.598	−3.597	0.003	平稳

由上述检验结果可知，时间序列 TFP_{hcii} 和 TFP_{pcii} 均含有单位根，其中，TFP_{hcii} 经过二阶差分后平稳，即二阶单整 $I(2)$，TFP_{pcii} 经过一阶差分后平稳，即一阶单整 $I(1)$。根据协整的定义，可以认为两个变量之间不存在协整关系，然而现实运用中，对于一些变量是 $I(1)$，而另一些变量是 $I(2)$ 的情况，我们可能想确定变量之间是否存在多重协整。

2．TFP_{hcii} 和 TFP_{pcii} 的协整检验

本文采用 E-G 两部法进行协整检验。首先，运用最小二乘法（OLS）对物质资本密集型产业的全要素生产率 TFP_{pcii} 和人力资本密集型产业的全要素生产率 TFP_{hcii} 进行回归分析，其中，TFP_{hcii} 为自变量，TFP_{pcii} 为因变量，结果如下：

$$TFP_{pcii\ t} = 0.969 TFP_{hcii\ t} + e_t$$

（22.93）

下一步是对上述回归方程的残差 $e_t = TFP_{pcii\ t} - 0.969 TFP_{hcii\ t}$ 项进行平稳性检验。值得注意的是，E-G 两部法对残差 e_t 进行单位根检验时，选取的模型应该不包括截距项和时间趋势项。残差单位根检验结果如下：

表6　E-G 两部法的残差单位根检验结果

变量	临界值			ADF 值	P 值	结论
	1%	5%	10%			
e_t	−2.886	−1.996	−1.599	−2.779	0.012	平稳

上述检验结果表明，协整回归方程的残差不存在单位根，也就是说，物质资本密集型产业的全要素生产率与人力资本密集型产业的全要素生产率之间存在长期稳定的协整关系。

3. TFP_{hcii} 和 TFP_{pcii} 的 Granger 因果检验

虽然 TFP_{hcii} 和 TFP_{pcii} 两个时间序列非平稳，但是两者之间存在长期稳定的协整关系。为进一步确定两者之间是否存在因果关系，可以采用 Granger 因果检验的方法。所谓 Granger 因果检验，就是在考察序列 x 是否是序列 y 产生的原因时所采用的方法，其步骤是：先估计序列 y 被其自身滞后变量所能够解释的程度，然后通过引入变量 x 及其滞后变量，检验其是否可以提高序列 y 的被解释程度。如果是，则称序列 x 是序列 y 的 Granger 原因，此时，变量 x 及其滞后变量的系数具有统计显著性。本文运用 eviews 直接提供的 Granger 因果检验（Granger Causality Test）方式，选择滞后长度为 1，得出结果如下：

表7　Granger 因果检验结果

因果关系假定	F 值	P 值
TFP_{pcii} 不是 TFP_{hcii} 的 Granger 原因	0.000	0.976
TFP_{hcii} 不是 TFP_{pcii} 的 Granger 原因	0.375	0.567

上述检验结构表明，在滞后 1 期条件下，TFP_{pcii} 不是 TFP_{hcii} 的 Granger 原因的假定通过了显著性检验，而 TFP_{hcii} 不是 TFP_{pcii} 的 Granger 原因的假定则不能通过显著性检验。[①] 这表明：一方面，物质资本密集型产业的发展是拉动人力资本密集型产业全要素生产率增长的 Granger 原因；而另一方面，人力资本密集型产业的发展对物质资本密集型产业全要素生产率增长的作用不太明显。这就意味着，物质资本密集型产业的发展与人力资本密集型产业发展只存在单向的因果互动关系。

---

① 由于本文的样本容量较短，只能做出滞后 1 期的 Granger 因果检验，如果样本时期再扩长的话，检验出来的结果可能更为显著。

4. 误差修正模型（ECM）

误差修正模型（Error Correction Model，ECM）主要用于解释因变量的短期波动是如何决定的。一方面，它受自变量短期波动的影响；另一方面，也取决于因变量与自变量之间的长期均衡关系。本文中由上面协整分析可知，TFP_{hcii} 和 TFP_{pcii} 两个变量之间存在长期稳定的协整关系，因此，可以利用长期协整回归方程的残差 $e_t = TFP_{pcii\ t} - 0.969TFP_{hcii\ t}$ 来估计出误差修正模型。

本文建立的误差修正模型（ECM）如下：

$$TFP_{pcii\ t} = \beta_0 + \beta_1 TFP_{hcii\ t} + \beta_2 TFP_{pcii\ t-1} + \beta_3 TFP_{hcii\ t-1} + \varepsilon_t$$

移项整理后得

$$\Delta TFP_{pcii\ t} = \beta_0 + \beta_1 \Delta TFP_{hcii\ t} + (\beta_2 - 1)\left[TFP_{pcii\ t-1} - \frac{\beta_1 + \beta_3}{1 - \beta_2} TFP_{pcii\ t-1} \right] + \varepsilon_t$$

$$\Delta TFP_{pcii\ t} = \beta_0 + \beta_1 \Delta TFP_{hcii\ t} + (\beta_2 - 1)e_{t-1} + \varepsilon_t$$

对上式进行 OLS 回归，结果如下：

$$\Delta TFP_{pcii\ t} = 3.349 + 99991.41\Delta TFP_{hcii\ t} - 1.099e_{t-1}$$
$$\quad\ (0.594)\quad\ (0.593)\quad\quad\ (-2.499)$$

$$R^2 = 0.56，DW = 2.13$$

上面基于我国人力资本密集型产业和物质资本密集型产业的全要素生产率 1999—2009 年的时间序列数据，对两类产业的互动机制进行了实证研究。结果表明：（1）人力资本密集型产业的全要素生产率和物质资本密集型产业的全要素生产率之间存在着长期均衡的协整关系；（2）TFP_{pcii} 是 TFP_{hcii} 的 Granger 原因，意味着物质资本密集型产业的发展是拉动人力资本密集型产业全要素生产率增长的重要因素，假设 2 得到验证；（3）两者之间的互动因果关系不显著，原因在于我国人力资本密集型产业大多数还处于起步阶段，人力资本密集型产业的发展在很大程度上依赖于物质资本密集型产业的带动，而反向作用则不太明显；（4）ECM 模型的整体拟合程度一般，从各项估计结果看来，自变量短期波动 $\Delta TFP_{hcii\ t}$ 的回归系数为正数，而且相当大，但是没有通过显著性检验，说明人力资本密集型产业全要素生产率的短期波动对物质资本密集型产业全要素生产率的短期波动存在很大的正向推动作用，但影响不明显；协整回归方程的残差滞后项的回归系数为负数，符合误差修正模型的反向修正机制，并且回归系数通过了显著性检验，说明人力资本密集型产业与物质资本密集型产业的长期均衡关系对物质资本密集型产业的全要素生产率增长有比较明显的影响。由实证结果（3）和（4）可知，假设3没有得到验证，从我国目前的情况看来，人力资本密集型产业的发展对物质资本密集型产业的技术进步效应还不明显，但这一问题恰恰说明了人力资本密集型产业发展不够充分，阻碍了产业结构的调整，进一步验证了我国产业升级出现瓶颈的现象。因此本文认为，随着人力资本密集型产业的不断发展成熟，人力资本密集型产业与物质资本密集型产业的这种长期稳定的互动机制，将有利于促进我国产业结构升级的持续良性发展。

参考文献：

［1］Coelli, T. J. Estimators and Hypothesis Tests for A Stochastic Frontier Function: A Monte Carlo Analysis [J]. Journal of Productivity Analysis, 1995, 6 (1): 247–268.

［2］Rajan, R. G., and L. Zingales. Power in A Theory of the Firm [J]. Quarterly Journal of Economics, 1998, 113 (2): 387–432.

［3］Rajan, R. G., and L. Zingales. The Firm as A Dedicated Hierarchy: A Theory of the Origins and Growth of Firms [J]. Quarterly Journal of Economics, 2001, 116 (3): 805–851.

［4］Wu, Y. R. Is China's Economic Growth sustainable? A Productivity Analysis [J]. China Economic Review, 2000 (11): 278–296.

［5］Coelli T. J. 效率和生产率分析导论（第二版）［M］. 北京：清华大学出版社，2009.

［6］陈宝明. 资本市场与产业结构调整［M］. 北京：中国市场出版社，2008.

［7］陈和，甘天文. 产业升级的新视角：基于人力资本密集型产业发展的思路［D］. 工作论文，2011.

［8］陈和，隋广军. 产业结构演变与三次产业发展的关联度［J］. 改革，2010（3）.

［9］陈和，隋广军. 人力资本密集型企业研究：一个挑战传统理论的话题［J］. 中国工业经济，2008（7）.

［10］程大中. 中国服务业的增长与技术进步［J］. 世界经济，2003（7）.

［11］龚六堂，谢丹阳. 我国省份之间的要素流动和边际生产率的差异分析［J］.

经济研究，2004（1）.

［12］刘迎秋. 论人力资本投资及其对中国经济成长的意义［J］. 管理世界，1997（3）.

［13］西奥多·舒尔茨. 人力资本投资：教育和研究的作用［M］. 北京：商务印书馆，1990.

［14］杨勇. 中国服务业全要素生产率再测算［J］. 世界经济，2008（10）.

［15］张军. 资本形成、投资效率与中国的经济增长：实证研究［M］. 北京：清华大学出版社，2005.

（选自广州市哲学社会科学发展"十二五"规划 2011 年度课题"产业升级与人力资本密集型产业发展研究——基于广东省的实证研究"。课题负责人：陈和；成员：曾丽、陈仕鸿、林创伟、甘天文、陈林、蔡晓珊、蒲惠荧。）

广深金融服务业集群与产业结构的
空间关联研究

冯国强（广州大学松田学院）

一、绪论

利用产业集群推动产业发展成为现代金融服务业发展的重要举措，一方面区域金融服务业集群能够集聚周边地区对金融业发展的有利因素，进一步推进现代服务业发展来带动地区产业结构升级，另一方面，金融服务业集群也为金融业的长期持续增长和提升竞争优势提供了强劲的动力。这种跨越信息通讯技术带来的金融功能跨区域资源整合，在一定程度上推动着地区金融服务业对经济总量的贡献，成为当前城市金融服务业发展最主要的现代产业组织形式。

广州、深圳，作为华南地区最为重要的两大中心城市，随自身经济发展与政策支持，迅速成长为国内最为主要的金融服务业集群之地，成为继北京、上海之后，提出打造区域金融中心，进一步提升至国际金融中心的城市。两城市这种突破通信技术应用形成的金融服务业集群，使得本研究不得不将基于空间关联分析的集群机理及模式和两城市金融服务业集群之间的空间关联性纳入研究范围之列。

当然，广州、深圳两地由于各自的政策环境、资源分布等因素的不一致，导致两地的产业结构也具多样性和差别化，但两地都将产业结构调整与升级作为"十二五"规划的重要实施内容。如何利用金融服务业集群式发展推动产业结构优化、为区域产业结构升级创造良好的投融资环境，如何在考虑空间经济外部性的情况下，进一步加大两地产业结构彼此的空间依赖性，强化两地产业的分工与合作，加强产业结构调整的互助合作和关联机制作用发挥，都成为两大城市经济联动过程中制定和实施产业政策时必然考虑的因素。在考虑金融服务业集群外溢性引致的空间关联情形下，广深两地产业结构的空间依赖将逐渐突出，产业关联将进一步加强，互相间产业结构水平对彼此的产业结构变化所导致的影响也越来越显著。

理论上，产业结构的调整促使劳动力、资本等社会资源实现优化配置，由此产生的资源流动与市场需求变化对金融业的发展起到至关重要的带动作用；金融业的发展水平也在很大程度上影响了产业结构调整的速度和效率。因此，从空间的角度研究广深两地金融集群与产业结构的关联性，为两地政府部门统筹规划和制定合理的金融布局与产业发展政策提供科学参考依据就显得尤为重要。

二、广深金融服务业集群与产业结构调整的互动关联

产业集群是分工发展由专业化到一体化，再由一体化向柔性专业化转化的过程。金融服务业集群一方面享有专业化所引致的生产效率提升，另一方面又能基于柔性专业化的外部经济性（外部规模经济、外部范围经济），降低纯粹专业化较高的交易费用，节省一体化的组织费用。这种朝着柔性一体化分工方式演进的产业组织形式，成为当前金融服务业最主要的产业组织和发展模式，在一定程度上进一步推进金融服务业集群，成为广州、深圳两地发展现代金融业最主要的产业规划政策，也成为利用集群发展现代服务业、实现产业结构合理化和高级化的重要手段。

（一）金融服务业集群与产业结构调整的互动关联机理与模式

1. 金融服务业集群与产业发展互动机理

（1）金融服务业集群与产业规模扩张

金融服务业集群对于区域产业规模扩张的影响主要体现在利用集群内部各金融服务提供方的竞争环境，为区域产业规模扩张提供更好的投融资便利，并通过金融服务业的集群式发展推动其他相关产业的发展，进一步提升本区域内的产业结构中现代服务业所占的比重，实现产业结构升级。

首先，金融服务业集群为本区域提供了投融资便利。集群区域形成的资金集散地，能够通过发达的金融市场网络和体系，以包括风险投资、股票市场、银团贷款、企业债等多种方式的投融资形式为本地区企业提供资金支持，解除产业发展中的资金瓶颈。地区金融服务业集群式发展的程度越高、金融市场越发达，金融体系所能提供的产业投融资渠道也就更丰富。

其次，金融服务业集群式发展，能为本地区金融服务业的竞争优势提升提供持

久动力，金融服务业集群在一定程度上加深了集群区域内金融企业之间的交流与合作，节省同类金融企业之间因信息不对称而导致的交易费用上涨。同样集群式的金融服务业发展途径，由于集群内部企业的竞争格局有助于提升集群整体的竞争优势，增大集群区域金融服务业发展的内部和外部规模经济性，提升本地区金融服务业的竞争优势。

再次，金融服务业集群式发展，能够刺激相关产业发展。金融服务业的集群式发展，能够带动本地区金融市场和基础设施的发展，从而带动金融业务相关的法律咨询、财会通讯等行业的迅速发展。同时区域性金融中心的构建，又能够促进诸如交通运输业、房地产业、信息媒体产业等的发展，进一步促进本地区经济发展。

随着区域间经济交流的增加和劳动地域分工的形成，地区之间经济能否协同关键取决于金融服务业集群的凝聚力及其对周边区域经济发展的辐射作用。广州、深圳通过区域金融中心的打造，融入区域经济一体化的竞争与分工之中，并逐步代表经济协作区域参与世界一体化的竞争分工，这种逐步完善的金融服务业集群发展水平直接决定了区域经济发展的总体水平。

（2）金融服务业集群与金融创新

按照熊彼特的创新理论，创新能够引入一种新的生产函数，把一种从来没有过的关于生产要素和生产条件的新组合引入生产体系。金融创新作为创新中的一种，能为区域经济发展提供持久的动力。从历史发展的角度来看，一国或者一个地区的金融成长史，就是一部金融创新的演变史。如果没有一个自由而有序的鼓励金融创新的环境和制度基础，区域金融成长很难有可持续发展的动力。金融创新推动了产业结构升级和产业结构的高级化，而产业集聚能够有效地促进金融创新，从而推动区域金融产业结构的高级化。

（3）金融服务业集群与区域金融产业发展

在规模经济、较低交易费用和区域比较优势的驱使下，金融集聚区集聚了大量的金融资源，这种金融资源的聚集主要是通过极化效应和扩散效应来实现的。极化效应是指通过引力作用，各类要素和人口向城市的集聚现象；扩散效应是指城市金融要素集聚达到一定程度后要素及产业的辐射作用日益凸显。二者相辅相成，同时并存，辩证统一为区域金融发展的机制。

金融集聚区的极化效应。区域金融组织结构合理程度将直接影响区域金融资源的配置效率。在金融的发展过程中，由于市场因素的驱动，金融资源和金融组织会自发地向某些有着相对发展优势的中心城市聚集，即各类金融机构围绕中心迅速成长，并以此为基础形成区域金融中心。作为区域金融增长极，随着这些金融中心的发展，产生极化效应，从而使原有金融组织自身迅速发展，实现规模经济，区域金融的发展正以这种金融中心的建立与发展为核心。此外，金融中心在生产、商品流通、中枢管理职能及人口方面也会产生极化效应，由此带动整个城市群的集聚效应产生，促进城市群的成长。

金融集聚区的扩散效应。因资源不断向中心城市集聚导致金融集聚区域极化效应发挥，促成金融中心构建的同时，金融资源的集聚还存在着扩散效应。不过在城市发展的不同阶段，极化和扩散的主次有所不同。在资源向中心城市集聚、促成金融中心城市迅速成长的过程中，以极化效应为主的集聚效应促使中心城市获得更多的产业发展竞争力；而一旦集聚发展到一定程度，城市的扩散效应将占主要作用。区域金融中心的地位和作用也因金融集聚区域的扩散作用而得以加强，要素集聚的扩散作用使得集聚区域与其他区域之间互相作用、互相联系，带动整个城市群发展。这种金融要素集聚的扩散作用主要通过资本输出、技术、市场、信息等途径进行扩散。（a）资本输出。金融集聚区域可向周围地区输出大量资本，满足其经济发展对资金的需求。（b）技术的扩散。金融集聚区域集聚的大量研究与开发机构，以及有创新能力的企业，可将技术创新成果不断向周围地区扩散，提高周围地区的技术层次。（c）为周围地区发展提供服务。金融集聚区域拥有发达的交通网络、众多的信息机构，以及法律、中介、咨询等机构为周围提供各方面的服务。（d）产业的扩散。美国经济学家 N. S. B. Gras（1922）提出了都市发展阶段论，认为金融服务业要素集聚逐步形成产业集群是金融中心打造的必行途径，金融中心是都市发展的最高阶段，处于高的产业层次，在发展新产业和产业结构转换过程中，金融要素集聚形成的产业集群，以及进一步生成的金融中心，都将推动地区产业外移，推动其他关联地区及城市的工业化进程。

2. 金融产业发展与产业结构调整互动机理

随着经济货币化和金融化程度越来越高，金融在经济中的重要性也日益得到体现。金融资源的流向和配置决定着实体资源的流向和配置。从宏观层面来说，金融资源流向不同的企业或不同的行业，自然会导致该企业或该行业所属的产业产值发生变化，进而影响该产业产值在国民经济中的比重，产业结构就相应发生变化。这种作用过程可以简述为：金融服务业的发展影响国民经济发展中的投资和储蓄比例、改变资金流量结构，进而影响生产要素的分配结构，引致资金存量结构的变化，最终导致产业结构调整。

从金融结构与产出结构的关系来看，资金运用结构的变化决定了产出结构的变化，而产出结构则反映资金的分布状况。金融也正是通过资金形成机制、资金导向机制和信用催化机制，改变资金的供给水平和配置结构，推动产业结构的高级化。

（1）产业资本形成。资本问题是经济发展的中心问题，也是产业结构发展的中心问题。马克思指出："资本主义的商品生产——无论是社会地考察还是个别地考察，都要求货币形式的资本或货币资本作为每一个新开办企业的第一推动力。"著名的哈罗德－多马模型指出资本形成规模对于工业化进展具有重要意义。罗斯托认为，一国的工业化程度，可以用投资在国民收入中所占比重来衡量。刘易斯也认为，经济发展理论的中心问题，是一个由原先储蓄和投资占国民收入的比重不到 4% 或 5% 的社会，如何变为自愿储蓄增加到占国民收入 12%—25% 的社会。产业资本的形成机制有两种：一是促进储蓄形成；二是促进储蓄向投资转化。

在信用制度和金融体系不发达的情况下，储蓄形成主要表现为居民、企业和政府等各个部门的直接储蓄。储蓄水平由国民收入在三大部门之间的分配格局和各个部门的消费倾向决定。但因缺乏信用，且金融工具单一，储蓄一般通过直接的货币贮存进行，这就有可能因货币的时间价值原理而出现在未来某个时点上一定数量的名义货币的价值低于该货币现期价值的情况，从而降低其用于未来消费的效用，进而导致不可能有较高的储蓄水平。随着经济信用化和金融工具的大量演变，国民经济主体演变为政府、企业、居民和金融机构四大部门，单一、直接的货币储蓄格局也转变为以金融机构为中介的间接储蓄和以多种金融工具为载体的金融证券、储蓄并存的多元化结构。在此情况下，盈余单位可选择多种储蓄形式，持有多种金融资产，实现最理想的流动性、收益性和安全性的组合。由此可便利储蓄形成，又能使之保持良好的保值增值性，增加盈余主体的储蓄愿望，提高实际储蓄水平。

在传统计划经济体制下，国家财政扮演了储蓄主体与投资主体的双重角色。几十年的改革，我国已经成功完成投资主体和储蓄主体的分离，但由于资本市场只是在计划所允许的范围内发展，行政计划色彩明显，难以正常发挥资本市场调集资金并迅速为大量储蓄资金提供有效使用渠道的作用，再加上资本市场的区域分割，在一定程度上限制了企业的进入和对资本市场的有效利用。

（2）资金导向机制。资金导向机制主要是基于商业性金融机构的利益竞争机制和政策性金融机构的校正补缺与倡导机制，促进资源优化配置和产业结构不断升级与协调发展的。金融服务业发展将产生一个较为有效的资金导向机制，并据以评估和筛选各种投资机会。判断是否应当转移投资的标准是看该投资是否具备横向的比较优势和纵向的利益增长潜力，而资金导向机制是实现这种配置的市场竞争机制。由于市场的不完全性和自身缺陷，因此政策性金融是必不可少的。在不同的金融体制下，导向机制具有不同的绩效。

在商业性金融市场下，商业性金融机构以追求利益为目标，以比较利益原则指导其在资金配置中发挥作用，即在竞争市场上，将资金投向那些预期收益好、发展潜力较大的行业或部门。

商业性金融机构在实现资金导向和资源配置功能的过程中具有以下特征：首先，根据其自身利益要求的收益性、安全性和流动性原则对竞争行业的投资项目进行评估，将资金引向预期收益较高的项目上。这反映市场配置资源的利益取向；其次，根据金融市场资金供求关系所决定的利益水平和资金价格进行金融活动，促进资金从低效部门向高效部门转移，提高产出的水平和效益；再次，通过一定的组织制度对资金使用企业实行经济控制和监督，加强信息沟通，减少资金配置中的短期行为，提高投资收益。在我国当前金融体制下，利率尚不能反映资金的实际成本或收益，造成大量资金低效耗费，同时银行非市场化的资金引导机制依然存在。在资本市场上，有效的公司治理结构和产权约束机制尚未根本建立，使得资金的合理高效使用得不到有力的监督，资本市场亦难以为投资者提供对投资机会进行评估筛选的机会。

（3）信用催化机制。早在18、19世纪，人们就对信用的作用有较深刻的认识，当时流行的主要有两种观点：一种是信用媒介说；另一种是信用创造说。信用创造不仅仅简单地把闲置资源加以利用，还通过货币量的扩大，即信用创造，加速资本形成，促进高产出。因而适当的信用扩张将催化产业结构的调整与升级。信用催化机制实质是通过促进资源加速形成和资源的更有效利用来实现推动经济增长的目的。信用扩张本身创造出来的只是虚拟性的货币，但可用作资金投入到生产过程。信用创造的关键在于调动闲置资源以实现增值，有可能对无形技术资源加以利用，使之与实物资源相结合，最终形成资金。

在信用催化剂机制的作用下，资金形成机制得以突破对闲散资金集中利用的局限，可创造出金融良险运转所必需的资金。而资金导向机制将更强调技术资源对实物资源的替代，并以技术创新及其应用作为资金运用和资源配置的根本指向。这意味着，资金投向不应局限于已存在明显效益的产业或项目，而应以资金的增值返还为出发点，选择具有一定超前性以及有广泛的前向、后向和旁系扩散效应的产业项目进行投资，催化主导产业和相关产业的发展以及合理的产业结构体系的构建与调整更迭，在资金良性循环的基础上实现经济的发展和提高。

3. 金融产业集群与产业结构调整的互动关联机理及模式

（1）金融服务业集群与产业结构调整的关联机理

金融服务业集群是通过金融资源与地域条件彼此协调、配置、组合成的时空动态变化来促使金融产业发展，进一步在地域空间范围内生成的金融地域密集系统（黄解宇、杨再斌，2006）。集群过程的实质是金融效率在空间上调整和提高的过程，金融服务业集群通过集聚金融发展的各方面要素，进一步为地区经济增长和产业结构升级增加融资渠道、提供投融资便利，成为通过改变资金配置结构改变地区经济结构的重要政策措施。

（a）金融服务业集群有助于缓解产业结构调整过程中的资金约束。金融服务业集群过程是资金、金融工具、金融机构、金融市场以及整体金融资源时空动态运动的有机组合过程，通过发挥集群区域内金融机构强大的融资功能，能克服从单个不同储户储蓄集聚的交易成本和信息不对称问题，顺畅地将资金由储蓄转换为投资，这种储蓄与投资之间的转换，在一定的融资制度安排下，地方经济可以借助于制度创新对资金的导向作用，改变资金的供给水平和配置格局，提高区域整体的储蓄与投资水平，为产业结构调整提供大量资金。Kindle Berger（1974）指出，金融服务业集群区域高效的支付体系能够节约企业资金周转成本和余额，在一定程度上缓解产业结构升级中的资金约束。

（b）金融服务业集群有助于提升产业结构软化速度，推动技术升级。产业结构调整的目标在于实现结构的合理化和高级化，而提升产业结构软化速度，推动技术升级则是实现结构合理化与高级化的重要路径，金融服务业的集群式发展，为产业结构调整的实现路径提供了良好的基础和环境。首先，城市间基于金融服务业的功能化分工形成的集群及其深化，有利于各种克服传统投融资风险的风险投资机构，为高新技术产业的技术创新提供融资安排，从而推动技术创新。其次，金融服务业集群区域具有丰富的知识库和创新资源，形成了良好的区域创新环境，集群区内激励的产业内竞争也迫使各金融企业加快金融产品开发，提高金融产品技术水平和经营管理水平，从而有助于推动技术的进步。最后，金融服务业集群加快了技术进步和科技成果在区域间的传播速度，金融服务业集群通过其特有的涓流效应促进资金在不同区域间流动、重组，这种资金流动必然带动技术的空间转移，从而有助于技术成果在区域间的传播，提升区域产业结构的软化速度（Hirschman，1991）。

（c）金融服务业集群有利于提高产业结构调整中的资源配置效率。金融机构及资源通过空间上的集聚，有利于金融集群区域内部网络结构的形成和完善，以及实现集群区域内的信息共享，降低信息交易成本，进一步促进金融机构与企业之间的信誉机制构建。由于集群区域内信息的共享机制，使得金融机构对不同产业成长能力进行识别时能充分掌握相关信息，能够对投资收益率高、市场竞争潜力大的产业增加资金供给，促进这些产业部门的快速发展，而对投资收益较低、缺乏竞争潜力的产业则实施歧视性政策，从而在投资导向作用机制下，使得资金从低效率的产业部门向高效率的产业部门转移，进而调整资源配置状态，提高整体的投资效益和生产率，促成生产要素由衰退产业向新兴产业转移，推动结构升级。

（d）金融服务业集群有助于促进主导产业、新兴产业的整合与集聚。金融服务业集群的形成过程，是金融要素打破部门、地区和国界限制的资源重新组合和配置，本身加速了产业结构的调整。金融服务业集群催化下的主导产业能够有效地借助于金融业务和产品创新，在保障研发和创新资金的前提下迅速地吸收创新成果，为其他产业发展起到示范效应，并且还能通过产业链条带动中间以及相关产业发展，促进要素的优化配置，实现产业的功能化整合。同时，资本市场因金融业集群产生的资金和业务重组功能可以推动资源向优势企业或产业聚集，从而增强优势企业在产业结构中的份额、提高产业竞争力。

（e）金融服务业集群有助于产业结构调整中的风险防范。金融服务业集群具有很强的风险分散化服务能力，从而通过资金的配置来加速技术进步和经济增长。技术创新与研发能够提高企业在产业层面的核心竞争力，但因巨大的沉没成本使得企业的创新与研发面临投入的高风险。集群区域内的金融机构作为资金流通的媒介，能够将风险规避者存于银行的储蓄存款转换为创新活动的融资资金，通过对创新活动的证券融资进行分散化持有来降低技术创新与研发的风险，促进资本流向推动实体经济增长的创新活动中，进一步推动产业结构升级。同样，集群区域内的保险机构还能通过失业保险、养老保险、医疗保险等业务及产品的提供，以保证产业结构升级的稳步进行。

（2）金融服务业集群与产业结构调整的关联模式

地区间在产业调整的过程中，一方面依赖于发展包含金融服务业在内的现代服务业来提升产业结构，另一方面寄托于地区之间的产业关联，根据产业发展的生命周期，转移和吸收相关产业来调整本地区产业结构。金融业作为现代服务业最重要的组成部分，在为区域经济结构优化、满足结构调整中投融资资金需要提供了便利条件。

而金融服务业呈现的集群式发展，充分的产业集群优势发挥，又为金融服务业支持产业结构调整、实现投融资功能优化提供了便利的条件。一方面，金融服务业集群促进金融服务业从产业规模、产业创新能力和竞争力上得以提升；另一方面，金融服务业因集群优势发挥得到的长足发展又为产业结构优化提供投融资等的便利条件。关于金融服务业集群式发展与产业结构调整的互动关联，可以分为时间关联和空间关联两种模式。

（a）时间关联模式。根据产业生命周期理论，一个产业在不同的发展阶段具有不同的融资需求，大体表现为在产业新生到起步发展阶段的由于沉没成本较大，对资金的需求和供给往往不能匹配而出现强烈的融资需要；在产业步入繁荣阶段，对融资需求的方式发生重大变化，不再依赖于单一的融资渠道和方式，产业发展对金融产品的创新提出了更高的要求，以满足繁荣阶段对多种融资方式的需求；当产业步入萧条或衰退阶段，融资方式的多样性逐渐向单一的融资方式进行转换，随着产业由衰退步入夕阳阶段，产业融资的方式也跟着发生变化。产业生命阶段的更替演进，使得融资渠道和方式也跟着发生变化，从而促使金融服务业必须以多种金融服务产品供给以满足处于不同阶段的各类产业的融资需要。更进一步可以认为，产业的兴衰包括主导产业的选择与更替以及支柱产业的顺次演进，都通过对金融产品的需求来推动金融服务业发展，以更便捷的方式向处于不同发展阶段的产业及主导和支柱产业更替提供资金融通。在这其中，集群式产业组织形式，构成现代金融服务业最主要的产业发展模式，为满足日益更替变换的主导产业和处于不同生命周期发展阶段的产业提供良好的融资环境，为产业结构调整创造良好条件。

（b）空间关联模式。金融产业集群式发展与产业结构互动关联的另一种模式便是空间关联模式，即城市之间因地域范围的毗邻关系而彼此吸引更多金融产业发展的集聚要素，从而推动城市金融服务业中心—外围区域的集群式发展，并同时为推动中心—外围城市之间产业结构调整与协同提供便利的投融资环境。与此同时，产业结构也因地域之间的毗邻性而产生结构调整政策的配合协同，促使城市之间产业结构的关联性进一步提升，以提高产业结构调整优化的弹性空间。一方面，金融服务业基于空间关联的集群式发展，促使要素向区域的中心城市形成集聚之势，再通过金融集群的辐射作用带动外围城市的金融业发展，中心—外围城市在金融服务业集群式发展过程中，基于金融服务业产业链条的功能分区，形成区域间彼此的产业关联；另一方面，金融服务业的集群式发展，为中心—外围区域各城市产业结构调整提供了良好的投融资环境，中心城市寄托于依赖金融服务业的集群式发展调整产业结构，而外围城市则依赖于中心—外围的金融产业的功能分工、协同区域间的产业结构调整。如果是从全域角度来看，金融服务业的中心区域集群有利于中心城市产业结构优化，同时对外围城市的产业结构调整也提供良好条件。

在空间关联的方向上，也存在着三种类别：第一种为区域之间金融服务业集群因地理位置的关系而关联，往往表现为毗邻区域间金融产业的相关要素向区域中心城市流动聚集，从而使得区域之间的金融服务业集群在规模上表征出一种负向相关的空间关联。第二种为产业结构因地理关系而产生关联，着重表现为区域产业结构调整与规划中，一方面顾及城市之间基于产业链条的联动性，另一方面还必须将因地理位置产生的经济外溢性考虑在内，从而使得区域产业结构调整时，区域与区域之间、城市与城市之间彼此相互关联。如果说前两种空间关联的方向都仅仅是区域或城市之间集群存在的空间关联性、产业结构调整存在的空间关联性，那么第三种空间关联即为交叉的空间关联。城市间产业结构调整的过程中，往往都将同一产业作为产业结构调整的支柱产业或主导产业来加以大力发展，而集群式发展又往往是区域或城市在产业发展过程中的经常选择，于是便出现产业集群与产业结构之间的交叉的空间关联性。金融服务业作为现代服务业的重要产业之一，成为大多数区域产业结构调整的重要政策内容，而集群式发展又往往是区域在推动金融服务业发展的主要措施之一，这就使得区域间在布局金融服务业集群区域、集群模式的过程中，必然受到周边其他城市的产业结构影响，同样，在产业结构调整的过程中，也会因投融资需要而受到周边区域或城市金融服务业集群规模大小的制约。

（二）广深金融服务业集群与产业结构调整的互动关联

1. 广深金融服务业集群与产业结构调整的现状

（1）广深金融服务业集群发展现状

加入 WTO 以来，中国金融产业对外资开放步伐加快，金融体系逐步融入全球金融体系，各地对于金融服务业发展的配套措施和环境也渐趋齐全。在国内众多城市中，广州、深圳拥有完善程度仅次于上海、北京的金融市场体系。广州作为广东省政治、经济、文化、交通、贸易、物流中心，对珠三角的辐射带动能力强，吸引了众多金融机构到广州聚集发展，形成华南地区规模最大的金融服务业集群之一。而深圳依托其开放的经济政策、毗邻国际金融中心香港的区位优势，迅速发展成为珠江三角洲地区金融服务业集聚地。

——广州金融服务业集群发展现状

广州地处珠三角地区中心，具有联通港澳、辐射华南纵深腹地的独特区位优势。经过改革开放 30 多年的快速发展，广州综合经济实力不断提升，2010 年实现地区生产总值 10604.48 亿元，同比增长 13%，地区生产总值连续 22 年稳居全国大城市第三位，雄厚的经济实力为金融服务业集群式发展奠定了坚实的市场基础；以汽车、石化、电子信息为代表的先进制造业，以软件、生物医药为代表的高新技术产业，以商贸会展、现代物流、文化创意为代表的现代服务业快速崛起，强大的产业基础为金融服务业集群式发展带来了旺盛的金融需求；现代化枢纽性的陆海空立体交通体系基本形成，信息基础设施达到国际先进水平，完善的城市基础设施为金融服务业集群式发展提供了良好的物质条件；区域教育文化中心地位不断巩固，发达的教育科研体系为金融服务业集群式发展提供了良好的教育资讯和人力资源环境。依托强大的综合优势，广州积极加大力度，采取一系列有力措施促进金融业持续快速发展，形成了较为明显的比较优势。

2010 年，广州金融业实现增加值 615.54 亿元，占地区生产总值和第三产业增加值比重分别为 5.8% 和 9.52%，金融业已经发展成为国民经济的支柱产业。截至 2010 年末，广州地区金融机构存款余额 23953.96 亿元，贷款余额 16284.31 亿元，资金实力居全国大城市第三；2010 年，保险市场保费收入 420.4 亿元，居全国大城市第三；中国外汇交易中心广州分中心即期会员外汇交易累计成交额 2306.33 亿美元，证券基金交易累计成交额 46746 亿元，期货代理交易累计成交额 25.95 万亿元，产权市场交易累计成交额 743 亿元，均居全国大城市前列。全市共有各类金融机构及代表处 191 家，其中银行类机构 86 家、证券期货类机构 34 家、保险类机构 71 家，各类金融机构网点近 3000 家，金融机构数量和网点密度居全国大城市前列。全市金融从业人员 11.32 万人，其中银行业从业人员 5.92 万人、证券期货业从业人员 0.52 万人、保险业从业人员 4.88 万人。

珠江新城是广州金融服务业的主要集聚地，与沿江路、东风路、环市路和天河北商圈形成合理的金融服务业空间布局，并以广佛肇三地建立了金融同城化为金融服务业集群式发展的契机，重点规划发展珠江新城—员村金融商务区和广州金融创新服务区，探索建设南沙现代金融服务集群区域。截至 2010 年度共计有 35 家金融机构总部和地区总部纷纷选址落户珠江新城金融商务区。这种状态的一直持续，更多的金融机构将逐渐进驻广州，使得广州日益成为金融服务业的集聚地，通过珠江新城金融商务区这类集聚地的辐射效应逐步显现。

——深圳金融服务业集群发展现状

改革开放 30 年来，在市场机制不断演进的过程中，政府的强力推动和市场力量的有效选择使得深圳逐步成长为一个区域性金融中心。深圳，其持续稳定的经济增长态势、完善发达的基础设施、毗邻世界金融中心——香港的区位优势、活跃的创业和金融创新环境等因素共同构成其金融集群式发展的重要因素。经过 30 多年的快速发展，金融业已成为深圳市的四大支柱产业之一，金融竞争力在国内各大城市中稳居上游，已经具备了建设区域金融中心的基础和条件。

2010 年深圳年末全市国内金融机构人民币存款余额 22782.39 亿元，同比增长13.2%；国内金融机构人民币贷款余额 15714.96 亿元，同比增长 15.4%。全部金融机构本外币各项存款余额 25095.78 亿元，同比增长 14.8%；金融机构本外币各项贷款余额 19244.68 亿元，同比增长 15.1%。证券交易所上市公司 1411 家，比上年增加 242家。上市股票 1453 只，增加 242 只，总发行股本 6278.46 亿股，增长 24.4%；总流通股本 4506.06 亿股，增长 32.1%。上市公司市价总值高达 66381.87 亿元，全年证券市场总成交金额 193188.33 亿元。全年保险机构保费收入 359.90 亿元，比上年增长21%。

福田区是深圳的金融机构主要集聚地。除中国平安、招商证券、国信证券、第一创业证券等深圳本土机构外，太平保险、中国保险、太平人寿保险、民安保险、鼎和财产保险等外来机构，也纷纷在福田摆兵布阵。截至 2010 年末，福田区共有银行、证券、基金、保险、期货等金融机构总部 110 余家，占全市的 57.23%。同时，福田区也是本土创投机构的"总部基地"，全国 1/3 的创投机构集中在深圳，其中 80% 在福田，包括全国最大的创投机构——深圳创投集团。

在福田区作为深圳金融集群地的同时，罗湖蔡屋围金融中心、南山科技园金融创新服务基地、龙岗平湖金融等后台服务基地的逐期完成，以及南山后海金融商务区的规划筹建，都为福田金融服务业集群区域辐射作用提供了金融生态环境的持续支持。

（2）广深产业结构调整与升级现状

产业结构是各个产业部门之间及其内部构成比例和相互作用关系，产业结构的动态演化是随着工业化进程从一、二产业逐渐向第三产业演变，是由低端价值链向高端价值链、由传统产业向现代产业的梯度循次迈进。产业结构的目标是遵循演变的一般规律，逐步实现结构的合理化和高度化。伴随着工业化进程的推进和产业结构的调整，二、三产业所占比重及其对经济的贡献将逐步加大，因此本文选取二、三产业比重及其对经济总量的贡献来体现广深两地产业结构调整升级的动态演进过程。

——广州产业结构调整与升级

改革开放以来，广州市经济持续高速增长。GDP 由 1978 年 43.0947 亿元增长到 2010 年的 1074.8283 亿元，平均增长率高达 14%，三大产业产业结构比例由 1978 年的 1：5：2.6 变为 2010 年的 1：21.2：34.8，其中第三产业比重由 1978 年的 29.74% 上升至 2010 年的 61.01%，顺利实现了由"二、三、一"向"三、二、一"的产业结构转变（如表 1 所示）。可以判断，广州正处在工业化的快速发展阶段，并逐渐向工业化进程的重工业化阶段迈进。

表 1　广州市主要年份生产总值及产值结构比例

年份	地区生产总值（万元）	第一产业		第二产业		第三产业	
		产值（万元）	比例（%）	产值（万元）	比例（%）	产值（万元）	比例（%）
1979	487515	51561	10.57	269724	55.33	166230	34.10
1980	575497	62438	10.85	313734	54.51	199325	34.64
1981	634075	64519	10.17	362476	57.17	207080	32.66
1982	721533	88231	12.23	405410	56.19	227892	31.58
1983	796746	87162	10.94	456633	57.31	252951	31.75
1984	977350	99511	10.18	512713	52.46	365126	37.36
1985	1243623	120449	9.69	658130	52.92	465044	37.39
1986	1395466	132079	9.46	701074	50.24	562313	40.30
1987	1732050	156794	9.05	794127	45.85	781129	45.10
1988	2400818	227772	9.49	1141606	47.55	1031440	42.96
1989	2878733	243187	8.45	1296309	45.03	1339237	46.52
1990	3195952	257288	8.05	1362975	42.65	1575689	49.30
1991	3866741	281734	7.29	1799166	46.53	1785841	46.18
1992	5107027	356399	6.98	2413129	47.25	2337499	45.77
1993	7443455	475960	6.39	3512607	47.19	3454888	46.42
1994	9853082	606222	6.15	4556278	46.24	4690582	47.61
1995	12591974	734606	5.83	5780268	45.91	6077100	48.26
1996	14680643	811630	5.53	6719717	45.77	7149296	48.70
1997	16781156	857155	5.11	7612156	45.36	8311845	49.53

年份	地区生产总值（万元）	第一产业		第二产业		第三产业	
		产值（万元）	比例（%）	产值（万元）	比例（%）	产值（万元）	比例（%）
1998	18935177	888763	4.70	8201281	43.31	9845133	51.99
1999	21391758	928522	4.34	9310691	43.53	11152545	52.13
2000	24927434	943718	3.79	10216241	40.98	13767475	55.23
2001	28416511	972806	3.42	11122943	39.14	16320762	57.44
2002	32039616	1030721	3.22	12113416	37.81	18895479	58.97
2003	37586166	1099080	2.93	14859261	39.53	21627825	57.54
2004	44505503	1171452	2.63	17880638	40.18	25453413	57.19
2005	51542283	1302159	2.53	20452183	39.68	29787941	57.79
2006	60818614	1285029	2.10	24415160	40.20	35118425	57.70
2007	71403223	1498737	2.10	28257805	39.57	41646681	58.33
2008	82873816	1691849	2.04	32278717	38.95	48903250	59.01
2009	91382135	1722837	1.89	34051588	37.26	55607710	60.85
2010	107482828	1885645	1.75	40022658	37.24	65574525	61.01

资料来源：广州市统计年鉴。

产业结构的演变除了从比较静态上观测产业结构比例的变动情况，还可以从各个产业对经济总量的带动性上来进行考察。产业对区域经济增长的带动性通常用产业带动率来进行衡量：产业带动率＝产业贡献率×国民经济增长率，其中产业贡献率用于分析经济增长中各因素作用大小的程度：产业贡献率＝各产业增加值增量/GDP 增量之比。依据产业拉动率的大小，就可以判断各产业对经济总产出的增长的贡献大小，从中观测出产业结构的演进路径。

表2　1990—2010 年三大产业对广州生产总值增长的拉动率（单位：%）

年份	地区生产总值增长率	第一产业带动率	第二产业带动率	第三产业带动率
1990	11.3	0.2	4.2	6.9
1991	16.3	0.7	11.6	4.0
1992	23.3	1.4	13.1	8.8
1993	26.4	0.1	16.3	10.0
1994	18.8	0.7	11.8	6.3
1995	16.4	0.2	8.9	7.3

年份	地区生产总值增长率	第一产业带动率	第二产业带动率	第三产业带动率
1996	12.4	0.2	7.1	5.1
1997	13.4	0.2	6.9	6.3
1998	13.1	0.2	6.6	6.3
1999	13.2	0.4	8.2	4.6
2000	13.3	0.1	6.6	6.6
2001	12.7	0.1	4.5	8.1
2002	13.2	0.3	5.0	7.9
2003	15.2	0.1	8.6	6.5
2004	15.0	0.2	7.3	7.5
2005	12.9	0.2	5.6	7.1
2006	14.9	−0.1	6.6	8.4
2007	15.3	0.1	5.6	9.6
2008	12.5	0.1	4.4	8.0
2009	11.7	0.1	3.6	8.0
2010	13.2	0.1	5.0	8.1

注：1. 本表按可比价格计算。2. 三次产业拉动指 GDP 增长速度与各产业贡献率之乘积。
资料来源：广州市统计年鉴。

通过上表所测算的广州市 1990—2010 年 20 年间三大产业对经济总量的带动率，足以发现第一产业对广州的经济总量带动率在 1992 年达到峰值，但仅为 1.4%，2010 年第一产业 0.1% 的带动率足以说明第一产业对经济总量的贡献已经非常低；第二产业的拉动比率在 1993 年达到峰值，之后一直呈下降趋势。在 2009 年达到最低点的 3.6%。说明第二产业的拉动力在不断下降，对总产出增长的贡献也逐步降低；第三产业的拉动比率，除了 1991 年和 1999 年较低外，其余年份基本保持在 6 个百分点左右，总体呈现稳步上升趋势，这足以说明第三产业逐渐成为广州产业结构调整的重中之重，成为产业结构调整的最为主要的内容。

从 2000 年至 2010 年的 11 年间，广州金融服务业产值占据经济总量的 5.2%，对经济总体的带动率平均达到 9.58%，金融业成为继制造业之后，另一个提升地区经济增速和结构优化的重要产业。金融服务业对广州市经济整体的带动性测算结果如下表所示：

表3 广州市金融服务业产值比重及其对经济增长的带动率（单位：％）

年份	金融服务业产值比重		金融服务业的带动率
	在经济总量中的比重（金融服务业贡献率）	在第三产业中的比重	
2000	6.47	11.72	1.46
2001	6.13	10.67	0.92
2002	5.40	9.16	1.07
2003	4.33	7.53	0.86
2004	3.93	6.87	0.69
2005	3.87	6.69	0.75
2006	3.87	6.69	0.72
2007	5.35	9.18	0.61
2008	5.38	9.13	0.70
2009	6.03	9.92	0.93
2010	6.24	10.23	0.87

资料来源：广州市统计年鉴。

——深圳产业结构调整与升级

深圳作为我国最早的经济特区之一，经过30余年的发展，2010年本地生产总值达到95815101万元，年平均增长率高达13.2%，其中第一、二、三产业产值分别为64670万元、45233688万元和50516743万元，三大产业结构比例由1978年的1：0.55：1.15变为2010年的1：699.45：781.15，这种高速的经济增长速度和总量一方面得益于改革开放的政策优惠，另一方面受惠于毗邻香港的地缘优势，充分利用香港制造业的转移契机，通过三来一补的加工贸易逐渐带动服务业产值比重上升和产业结构软化升级。2010年全市第一产业增加值占全市总产值比重仅为0.07%，二、三产业比重分别提升至47.21%和52.72%。

表4 深圳市主要年份生产总值及产值结构比例

年份	地区生产总值（万元）	第一产业		第二产业		第三产业	
		产值（万元）	比例（%）	产值（万元）	比例（%）	产值（万元）	比例（%）
1979	19638	7273	37	4017	20.5	8348	42.5
1980	27012	7803	28.9	7036	26	12173	45.1

年份	地区生产总值（万元）	第一产业		第二产业		第三产业	
		产值（万元）	比例（%）	产值（万元）	比例（%）	产值（万元）	比例（%）
1981	49576	13343	26.9	16019	32.3	20214	40.8
1982	82573	18960	22.9	31439	38.1	32174	39
1983	131212	22614	17.2	55848	42.6	52750	40.2
1984	234161	25932	11.1	106606	45.5	101623	43.4
1985	390222	26111	6.7	163586	41.9	200525	51.4
1986	416451	32907	7.9	163185	39.2	220359	52.9
1987	559015	46519	8.3	220463	39.4	292033	52.3
1988	869807	57005	6.6	359230	41.3	453572	52.1
1989	1156565	68615	5.9	505361	43.7	582589	50.4
1990	1716665	70220	4.1	769319	44.8	877126	51.1
1991	2366630	80836	3.4	1126084	47.6	1159710	49
1992	3173194	105914	3.3	1522432	48	1544848	48.7
1993	4531445	108615	2.4	2420214	53.4	2002616	44.2
1994	6346711	134152	2.1	3357972	52.9	2854587	45
1995	8424833	124122	1.5	4221435	50.1	4079276	48.4
1996	10484421	148796	1.4	5065924	48.3	5269701	50.3
1997	12974208	147660	1.1	6174083	47.6	6652465	51.3
1998	15347272	151764	1	7434976	48.4	7760532	50.6
1999	18040176	150445	0.8	9005486	49.9	8884245	49.3
2000	21874515	155656	0.7	10860852	49.7	10858007	49.6
2001	24824874	160413	0.7	12297665	49.5	12366796	49.8
2002	29695184	166587	0.6	14647171	49.3	14881426	50.1
2003	35857235	142048	0.4	18174235	50.7	17540952	48.9
2004	42821428	123264	0.3	22112353	51.6	20585811	48.1
2005	49509078	97385	0.2	26425225	53.4	22986438	46.4
2006	58135624	69675	0.1	30600890	52.6	27465059	47.3
2007	68015706	69412	0.1	34165740	50.2	33780554	49.7
2008	77867920	82896	0.1	38604708	49.6	39180316	50.3
2009	82013176	66894	0.1	38270762	46.7	43675520	53.2

年份	地区生产总值（万元）	第一产业		第二产业		第三产业	
		产值（万元）	比例（%）	产值（万元）	比例（%）	产值（万元）	比例（%）
2010	95815101	64670	0.1	45233688	47.2	50516743	52.7

资料来源：深圳市统计年鉴。

在各产业对经济总量的带动作用上，通过测算各产业对经济总量的贡献率，进一步在贡献率的基础上测算出深圳市三大产业对经济总量的带动率如下表所示：

表5 1990—2010年三大产业对深圳生产总值增长的拉动率（单位：%）

年份	地区生产总值增长率	第一产业带动率	第二产业带动率	第三产业带动率
1990	32.5	0.3	20.7	11.5
1991	36	0.2	20.5	15.3
1992	33.2	—	15	18.2
1993	30.9	—	20.2	10.7
1994	30.9	−0.1	18.9	12.1
1995	23.8	—	12.1	11.7
1996	17.2	—	9	8.2
1997	16.9	—	8.8	8.1
1998	15.2	—	8.8	6.4
1999	14.7	—	8.6	6.1
2000	15.7	—	9.7	6
2001	14.3	—	7	7.3
2002	15.8	—	8.8	7
2003	19.2	−0.1	12.7	6.6
2004	17.3	−0.1	11	6.4
2005	15.1	−0.1	9.6	5.6
2006	16.6	−0.1	8.7	8
2007	14.8	—	7.5	7.3
2008	12.1	—	6.3	5.8
2009	10.7	—	4.8	5.9
2010	12.2	—	7.3	4.9

注：1.本表按可比价格计算。2.三次产业拉动指GDP增长速度与各产业贡献率之乘积。

资料来源：深圳市统计年鉴。

从上表可以看出，深圳市的产业结构演变过程中，第一产业对经济增长的带动作用逐渐变得微乎其微，而第二产业、第三产业对其经济增长的带动性逐步趋于稳定，其中第三产业所占比重逐步上升并超过第二产业，成为深圳市的支柱产业。深圳"十二五"规划纲要更是提出坚持结构优化、注重内生增长产业升级的经济发展方针，进一步推动高新技术产业、现代金融业、现代物流业和文化产业增长，促进第二产业不断向第三产业有序有效演进。

金融业作为深圳的支柱产业之一，市内已逐渐形成了以福田为首的辐射范围包括全市六区以及周边的东莞、惠州等地在内的金融服务业集群，作为集群式金融服务业发展的典型城市之一，其金融业产值比重以及对经济增长的总体带动作用也是不容忽视的，相应的测算结果如下表所示。

表6　深圳市金融服务业产值比重及其对经济增长的带动率（单位：%）

年份	金融服务业产值比重		金融服务业的带动率
	在经济总量中的比重（金融服务业贡献率）	在第三产业中的比重	
2000	7.25	14.60	1.54
2001	7.33	14.71	0.99
2002	7.91	15.78	1.55
2003	8.88	18.15	1.84
2004	9.60	19.97	1.86
2005	8.99	19.35	1.40
2006	8.95	18.94	1.56
2007	9.01	18.15	1.53
2008	6.29	12.51	0.91
2009	7.46	14.01	0.79
2010	6.56	12.43	1.10

资料来源：深圳市统计年鉴。

通过观察表3和表6可以发现，广州和深圳作为华南区的中心城市，都面临着淘汰落后产能、优化产业结构、实现产业结构合理化和高级化的经济结构调整任务，在产业结构调整过程中，都将促成地区金融服务业发展作为结构调整的重要措施之一，金融服务业的充足和长远发展对两地产业结构的顺利调整与优化至关重要，也成为两市经济增长新的制动点。

2．广深金融服务业集群与产业结构调整的互动关联机理及模式

广州、深圳作为华南地区的两大核心城市，二者的经济总量占据珠三角总量的63.45%，占全省经济总量的40%以上，在产业结构的调整过程中都寄托于利用地区之间的产业关联促进产业转移与升级，同时重点发展包含金融服务业在内的现代服务业来提升产业结构。在金融服务业的发展规模上，两大城市金融服务业集群已具有一定规模，日益在区域金融中显现带头作用，成为华南地区区域金融服务业的中心地带，并为珠三角地区其他城市产业结构升级提供了良好的投融资条件。在广州、深圳金融服务业集群式发展和产业结构调整的互动机制中，两大中心城市利用基于中心—外围的功能性金融服务业集群，为周边其他城市的产业结构调整提供良好的投融资支持，同时对周边城市的金融服务业发展起到良好的示范作用；其次在广州和深圳二者之间，彼此的产业结构相互影响和制约，金融服务业集群的模式也基本类似，产业结构调整过程中都共同地选择发展以金融服务业为首的现代服务业来优化结构。

在广州、深圳金融服务业集群式发展与产业结构调整互动关联的模式上，更多地呈现出一种基于空间因素的关联性。一方面广州和深圳作为核心城市，对周边城市的金融要素具有吸引和辐射作用，同时两大城市的产业结构调整又会对周边城市的产业布局和规划带来影响，并且两大城市之间也存在相互影响、互为关联的空间互动关系；另一方面，广州和深圳彼此的产业结构调整也受制于对方投融资环境的制约，两地规模显现的金融服务业集群，在促进广深两地产业结构调整与合作、实现彼此协同共赢的产业规划与布局具有很强的推动作用。

三、广深金融服务业集群空间关联分析

广州、深圳作为珠三角地区两大中心城市，随着自身经济发展与政策支持，迅速成长为国内重要的金融服务业集群之地，成为国内最重要的、发达程度最好的金融服务业集群之一。这种突破通信技术应用形成的金融产业集群，进一步地将金融产业的空间分析纳入研究范围之列。因此，本部分的目的就在于考虑空间经济外溢性的条件下，在珠三角地区的大区域范围内探讨广州、深圳金融服务业集群的空间相关性，并以珠三角地区各大城市的数据为基础，利用指标和图形分析，探析各大城市之间在金融集群上存在的关联性，以此进一步揭示出该区域中心城市（广州、深圳）金融服务业集群存在的空间异质性和依赖性，为区域内地方政府统筹规划和制定合理的金融布局及金融产业发展政策提供参考依据。

（一）产业集群空间关联的理论概述：空间外溢与空间关联

1. 集群的空间外溢

区域经济作为一个典型的开放系统，通过商品交换、要素流动、知识扩散等构成其内在复杂的经济联系纽带，并在此基础上，促使区域间互相影响、相互作用，形成区域经济增长的合力。集群的空间外溢性概念便来自区域互为联动的经济活动实践中，是外部性原理在集群经济现象中的具体化。该概念首先体现在 Marshall（1890）的外部规模经济思想中，Marshall 认为在其他条件相同的情况下，产业规模较大的地区比产业规模较小的地区生产更有效率，产业规模的扩大可以引起该区域厂商的规模效益递增。这种外部规模经济本质上属于空间外溢效应，是产业通过集群的技术外溢实现成本节约和生产规模扩大的外在收益形式。尽管 Marshall 本人并未提出空间外溢性的概念，但其关于外部规模经济的思想却引发了后续学者对空间外溢性的思考。Myrdal（1957），Hirschman（1958），Richardson（1973），Thirlwall（1975）等在探讨循环累积效应时提出了集群的空间外溢性观点，这些理论强调经济增长过程和空间集聚的关系以及区域经济收敛和发散。Krugman（1991）基于区域循环积累效应的思想，建立了新经济地理的基本理论模型，强调区域增长的地理因素，认为区域经济动态集群是促使区域经济协同增长的主要原因，集群的外溢性来源于区域之间的相互作用。Poot（2000）将区域经济增长的动态效应分解为相邻效应和整体效应，认为无论是宏观经济增长还是区域相邻效应，都对集群具有很好的解释力，正是由于经济增长效应和区域相邻的作用，集群和地区间差距的产生才成为必然。

2. 集群的空间关联

空间关联是指区域之间基于某种因素的相互作用、互相影响，是基于空间外溢的区域经济联动发展的一种形式。从计量经济学的角度看，是指空间数据之间缺乏独立性，违背了经典计量经济学的样本独立不相关假设。通常空间关联是指空间自相关（Anselin，1988）。

集群的空间关联是相同产业通过要素和产品聚集以实现成本节约、规模增加的跨区域互相影响、互为制约的关系，主要表现为空间异质和空间依赖。空间依赖最早由 Cliff 等在 1973 年提出，Anselin & Rey 在 1991 年做了进一步的完善，是事物和现象在空间上的相互依赖、相互制约、相互影响和相互作用，是地理空间现象和空间过程的本质特征。在数理特征上，空间依赖可以定义为观测值及区位之间的一致性（Anselin，2000），可以是观测值之间倾向的正自相关，也可以是负自相关。当相邻地区随机变量在空间上出现集聚倾向时为正自相关，当地理区域倾向于被相异值的相邻区域所包围时则为负的空间自相关。造成空间依赖性的主要原因有两个：空间要素在空间边界之间的流动（空间溢出效应），以及空间界限导致的区位、距离对空间特征的影响。

空间异质又叫空间差异，是指每一个空间区位上事物和现象都具有区别于其他区位上事物和现象的特点（Anselin，1988）。事物和现象在空间上是异质的，一方面在于各种事物和现象本身在空间上缺乏平稳的结构，另一方面在于空间整体的不均质性，在面积、形状上存在的差别所致。在数理特征上，空间异质性表现为研究对象在空间上的非平稳性。

（二）广深金融服务业集群的空间关联性结论

广州与深圳的金融服务业集群已经达到一定高度，与其他珠三角城市的金融服务业集群一样，具有一定的共性，这种共性表现为两地与周边地区具有很高的负相关性、空间依赖性强，但二者的集群发展过程、集群特征以及与周边城市间的空间关联状态又表现出空间异质性，并且二者自身突破地理距离的空间联系也更为紧密，因经济距离而不仅仅是区位距离产生的空间依赖和异质性逐步加强。

异质性之一：集群发展趋势不一。广州集群程度一直保持在较高水平，而且稳步推进，2009年之后推进的广佛同城，两地金融集群优势上的强强联手，更是加速了集群的总体发展。在与周边城市的空间关联上，广州金融服务业集群依托于广州—佛山产业互补的结构调整战略和毗邻珠中江、莞惠深两大区域的地缘优势，进一步地以服务产业转移和结构调整为方向推动自身金融服务业集群发展，为空间关联区域更好地承接转移产业提供优质金融服务。深圳集群程度从2004年上升至一个新台阶，近些年呈现逐步上升态势，并且集群规模一度领先于珠三角其他城市。集群发展速度快、规模大，依托于对外开放的经济政策优惠、毗邻国际金融中心——香港的地缘优势和资本市场的充足发展，吸引了大量金融机构总部进驻，金融机构总部与分支结构并存的集群模式较为明显，并将为国内外产业融资、贸易进出口提供更好的金融服务而加速集群规模。

异质性之二：与周边城市的空间关联程度不一。广州因地理位置的特殊性和作为珠三角地区经济、文化和物流中心，区域集群程度一直保持稳定，并且与周边地区的空间关联也保持平稳发展。关联形式基本为负向依赖，但关联程度存在巨大差别，与其毗邻的惠州、中山两城市的金融服务业发展，受空间关联的影响程度并不高，但佛山、东莞与广州间的空间依赖性却较强，金融服务业要素在此区域内的流动性也较快，一定程度上促成了广州集群优势的进一步发挥。相比之下，深圳与周边毗邻城市的空间关联一直较强，并且一度吸引惠州、东莞两地的金融要素向此汇集。

参考文献：

［1］Anselin L. Spatial Economics [M]. Bruton Center: School of Social Science, University of Texas at Dallas, 1999.

［2］Anselin L. Spatial Economics: Methods and Models [M]. Dordrecht: Kluwer Academic Publisher, 1998.

［3］Anselin, R. Florax and S. Rey. Advanced in Spatial Econometrics: Methodology Tools and Application [M]. Berlin: Springer Verlag, 2004.

［4］Poot J. Reflection on Local and Economy—Wide Effects of Territorial Competition [A]. P.W.J. Batey, P. friedrich, eds. Regional Competition: Springer-Verlag [M]. Springer, 2000: 205–230.

［5］Tschoegl, Adrain E. International Banking Centers, Geography, and Foreign Banks [J]. Financial Markets, Institutions&Instruments, 2000, 9 (1): 1–32.

［6］任英华，徐玲，游万海. 金融集聚影响因素空间计量模型及其应用 [J]. 数量经济技术经济研究，2010（5）.

［7］陆磊. 中国的区域金融中心模式：市场选择与金融创新——兼论广州深圳金融中心布局 [J]. 南方金融，2009（6）.

［8］张凤超. 金融地域运动：研究视角的创新 [J]. 经济地理，2003（9）.

［9］黄解宇，杨再斌. 金融集聚论：金融中心形成的理论与实践解析 [M]. 北京：中国社会科学出版社，2006.

［10］冯国强，瞿丽，赵昆. 基于空间关联性的广深金融服务业集群研究：珠三角经济区域背景下的考察 [J]. 财务与金融，2012（1）.

［11］周晓华，王伟光. 现代产业经济学导论 [M]. 北京：经济管理出版社，2011.

［12］周建军. 广州区域金融中心建设规划（2011—2020）[Z]. 广州市新闻中心网，2011.

［13］张广宁. 科学谋划扎实工作、加快推进广州区域性金融中心建设 [J]. 南方金融，2007（9）.

［14］广州市金融服务办公室. 加快广州区域性金融中心建设专家座谈会综述［J］. 南方金融，2007（9）.

［15］余凌曲，张建森. 我国发展专业金融中心的必要性与可行性探讨［J］. 开放导报，2009（8）.

［16］冯国强. 广深金融服务业集群特征、效应与策略研究［J］. 财务与金融，2011（1）.

［17］冯国强，赵昆，曹耘心. 基于空间关联的广深金融服务业集群研究：一个引力模型的扩展式实证应用［J］. 商业时代，2012（13）.

［18］沈体雁，冯等田，孙铁山. 空间计量经济学［M］. 北京：北京大学出版社，2010（10）.

［19］李红锦，李胜会. 基于引力模型的城市群经济空间联系研究［J］. 华南理工大学学报，2011（2）.

［20］周维，张斌，等. 基于引力模型的双核城市空间关系研究［J］. 资源开发与市场，2010（11）.

（选自广州市哲学社会科学发展"十二五"规划 2011 年度课题"广深金融服务业集群与产业结构的空间关联研究"。课题负责人：冯国强；成员：赵昆、曹耘心、黄国徽、瞿丽。）

第一部分　经济、管理篇

广州市区域产业品牌培育与产业结构调整的对策研究

李　镔（广东金融学院）

一、研究背景及意义

（一）研究背景

广州市面临产业结构调整的挑战，而产业集聚是产业结构调整的主要途径。区域产业品牌已日益成为产业集聚的重要推动力，因此研究区域产业品牌培育与产业结构调整的内生互动关系，就具有了重要的意义。

（1）产业结构调整的重要性和迫切性

中国经济经过30多年的高速发展，取得了举世瞩目的成就。然而也面临较多问题和挑战，其中最大的挑战在于如何通过中国产业结构调整与升级，以应对劳动力成本上升、非关税贸易壁垒加强、技术创新滞缓、环境污染、资源过度消耗以及区域经济协调发展等问题。就中国而言，中共十七届四中全会通过的《中共中央关于加强和改进新形势下党的建设若干重大问题的决定》把促进区域协调发展作为保持经济平稳较快发展作为经济工作的首要任务。报告中明确把调整产业结构、促进经济结构转变问题作为关系国民经济全局紧迫而重大的战略任务。

（2）产业集聚是产业结构调整的主要途径

根据广州市经济结构和区域产业的地理分布，产业集聚区域的产业结构调整是广州市产业结构调整的主要形式和途径，这是因为产业集聚是广州市产业地理分布的主要形式。实际上，产业集聚是世界各个发达国家经济发展的主要模式，因此广州市要实现经济的可持续增长，也需要采取产业集聚的发展模式。改革开放以来，部分地区特别是沿海地区，许多区域形成了产业集聚并得到快速发展。可见，产业集聚不再是特定区域的特殊产业现象，而是已成为广州市经济发展、产业布局的重要模式和发展趋势，越来越多的区域产业出现了集聚化趋势。产业集聚的总量扩张及其对区域经济的推动作用，已经越来越成为政府和学术界重要的关注对象。

（3）区域产业品牌是产业结构发展的新要素

区域产业结构既有经济主体的预期作用因素，也有历史的初始条件因素。预期、偶然因素以及历史都是产业结构的源头，而各种因素之间的相互强化所导致的乘积效应结果，导致产业长期集聚在某些特定的区域。通过何种方式和采取哪些政策措施，影响区域产业预期和自我实现机制可以使得产业结构变化或产生新的产业结构，以使得区域产业可持续地良性发展，从而实现广州市产业结构升级呢？而近些年来无论是国外还是中国，区域产业品牌都成了产业结构发展的新方向，区域产业品牌培育对产业结构具有重要的促进作用。

（4）本文主题：区域产业品牌培育与产业结构调整的内生互动关系

区域产业品牌可以通过影响产业集聚从而影响产业结构调整，因此探讨产业结构调整，就是探讨区域产业品牌如何有效影响产业集聚，以有助于产业结构的调整。因此，本文将分析区域产业品牌的性质及形成机理、基于微观主体博弈的形成路径、区域产业品牌效应的扩散和风险，在此基础上，分析区域产业品牌培育与产业结构调整的内生互动关系。

自我实现的预期机制可以使得产业集聚中心转移或产生新的中心，并由此引致的区域产业品牌崛起和衰落是区域经济学研究的一个新领域。区域产业品牌的培育特别是培育扩散路径导致产业集聚或转移的预期已经成为区域科学的新兴研究领域之一。据此，本文的思路必须进一步集中到区域产业品牌培育扩散对区域经济活动集聚或转移预期的事前安排而非传统的资源禀赋及产业集聚对于资源的整合的事后政策校正上。区域产业品牌培育是导致当前中国区域产业出现一系列宏观和结构性问题的重要原因。

一方面，区域产业品牌培育已经成为制约区域产业协调发展的重要因素。自1996年中国的短缺经济向过剩经济转型以来，区域经济非均衡发展性突出，区域经济中区域产业品牌的区位替代性越来越强，从而出现了诸如"地理的死亡"等产业品牌的衰落。伴随着某些区域产业品牌在"地理死亡"之后，是同类型产业品牌在另一些区域中某个区位新的崛起。随着培育区域产业品牌，更多的要素流入，使得区域产业产品在市场占有率方面上升，这有助于区域产业的竞争力上升，因此区域经济可通过区域产业竞争力的提高而得到快速发展。这也是各地方政府发展区域经济的普遍思路，因而有必要在技术上彻底解决区域经济发展中区域产业品牌培育问题。从当前情况看，区域产业品牌培育仅局限于一级市场即产业市场，区域产业市场的短暂繁荣，促使区域产业过分依赖于成本推动，一旦国内竞争发生停滞后，市场客户和供应商对区域产业品牌所带来的收益预期降低，区域自身市场客户和供应商的质量也开始低落。缺少下游的压力，上游的成本自然提高，无论技术、创新或营销渠道都会不进反退，这是导致整个区域产业的问题不断扩大深化的主要因素。

另一方面，区域产业品牌培育越来越成为影响一个地区产业竞争力的重要因素。区域产业品牌培育不仅仅是一个地区产业发展不协调问题，还是当前中国产业竞争力提升的宏观经济问题。初步研究已经发现，区域产业品牌培育是当前中国产业竞争力出现弱化的主要原因之一。通过前期对广州市区域产业的投入产出结构垂直联系的定量研究发现，上下游产业受到区域产业品牌效应影响而产生区位集聚，从而导致区域产业中的企业的向心力与区域产业生产中不可流动要素和最终消费需求之间成反向关系。

因此，从区域产业品牌培育的角度分析产业竞争力弱化的原因及程度，区域产业中下游企业对产业品牌溢价的敏感性，由此分析区域产业品牌效应的差异，并进一步提出在区域产业已经受制于较大的结构性转型的背景下，区域产业竞争力问题的解决是产业政策必须有效应对的主要难题。将在对区域产业品牌基本理论的基础上，考察区域产业品牌效应及其与产业集聚的关系。具体而言，将考察区域产业品牌的类型特征、形成机理，考察基于微观主体博弈的区域产业品牌形成路径选择、区域产业品牌的扩散效应及其风险形成，并同时考察区域产业品牌与产业集聚之间的内生互动关系以及动态均衡。在此基础上，也将通过经验研究考察本文得到的理论结论。

（二）选题意义

（1）理论意义

第一，扩展了区域产业品牌形成机理的研究。国内外有关区域产业品牌的研究，缺乏建立在微观博弈基础上的分析，而本文研究则基于微观主体的博弈，建立了严格的模型分析区域产业品牌的建设和形成机理，从而拓展和加深了对区域产业品牌的认识。

第二，对区域产业品牌效应的扩散和风险形成进行深入的分析，将有助于更好地理解区域产业品牌效应对区域产业发展、产业集聚和产业结构调整的影响，有助于加深对区域产业品牌与产业集聚的内生互动关系的理解和认识。

（2）现实意义

中国的产业结构急需调整和优化，区域产业集聚面临新的严峻挑战，采取什么措施应对这些调整和问题，是摆在政府和学者面前的紧迫问题。2007 年，中国国家发展改革委员会出台了《关于产业集聚发展的若干意见》，指出除土地、资金、人力、技术和人力资源之外，区域产业品牌已经成为可资利用的独特的发展要素，应将区域产业品牌作为区域产业协调发展的重要途径之一，并由此受到更多区域经济学者的关注。而国内区域产业集聚发展成效显著的广州市对于"区域产业品牌"的实践开全国之先风。2003 年，广州市工商局联合广东省经贸委、陶瓷协会、服装协会开展产业集聚调研，提出"区域品牌"概念。2004 年，创建"区域品牌"工作被纳入广州市名牌带动战略体系，成为其重要组成部分。2005 年，广州市经贸委出台了《关于创建区域品牌的指导意见》。但是，如果区域产业品牌培育具有盲目性，则会加剧区域间贸易壁垒，并导致国土资源流失风险，并且如何强化和扩大区域产业品牌的效应如今仍然没有系统的研究。虽然区域产业品牌已得到国内外的研究从而为未来研究打下坚实的理论基础，然而特定针对区域产业品牌效应扩散路径的研究处于滞后状态，对于该问题定性描述较多，实证偏少，更缺乏系统深入的定量分析，特别在区域产业品牌对于产业结构调整方面，大量集中于"产业升级"的宏观层面定性建议，对其产业结构调整缺乏深入研究，故而在相应的政策安排上缺乏理论和实证依据。因此，本报告的研究对全国层面和区域层面（如广州市）的产业集聚和产业结构调整、区域产业扶持（包括产业转移）政策的有效应性具有很强的现实意义。

二、国内外研究综述

（一）国外研究现状

由于最近几十年区域产业在世界范围内的扩展，该领域逐渐成为一个新的研究热点。尽管全球产业在经历了 20 世纪 90 年代的高潮以及 2007 年金融危机之后，一直处在徘徊、调整和恢复的阶段，国际学术界对于区域产业品牌的研究却没有停滞不前，而进入了更深的层次。在宏观层面上，由于意大利、澳大利亚的区域产业品牌的示范作用，各国逐渐意识到品牌战略对于国家经济转型和产业结构调整的战略意义，因此出现了引入品牌培育制度和经验的热潮，而学术界则主要对成功经验的适宜性进行了多角度的探讨。在微观层面，由于政府、企业和行业协会三方之间的双重依存关系的存在，以及产业发展未来预期的高度不确定性，使得这一领域的研究倍具特色并且引人入胜。

（1）区域产业品牌的效应研究

当前对区域产业品牌的研究多种多样，但总体而言主要有以下观点：

其一，区域产业品牌对区域经济有促进作用。Skuras & Dimara（2004）认为将食品和区域联系在一起形成区域产业品牌对消费者有特殊吸引力，有助于带动该区域食品销售，并带动前向后向产业的发展，从而带动该区域经济的发展。Thomas（2005）通过对比美国 napa 和 sonoma 地区葡萄酒品牌的例子，得出区域产业内合作的成功还可以通过价值链进行扩展的结论。区域产业品牌的力量越大，葡萄种植者和酿酒厂就可以在市场上占据更好的地位，区域经济获得更大发展，相反，缺乏区域产业品牌会导致该区域经济无法获得更大发展。Evans（2003）对文化娱乐业的区域产业品牌进行了研究，认为一个地区要使自己的文化、艺术娱乐特色发展成为全球性的文化娱乐业，必须充分利用政府、企业等各方面的力量使本地区的文化娱乐业特色形成其区域产业品牌，只有形成区域产业品牌后，该地区的文化娱乐业才能获得更大知名度，促进该区域在文化和经济利益方面获得最大利益。同样，澳大利亚 Connawarra 地区葡萄酒产业内的合作使得该地区形成强有力的品牌形象，从而使得所有该地区的葡萄酒企业都从中受益（Van Zanten et al.，2003）。

其二，区域产业品牌有助于产业集聚的形成。Levidow & Boschert（2008）对在欧洲建立"转基因自由区"这样一个区域产业品牌进行了研究，认为建立这样一个区域产业品牌有助于使欧洲形成代表绿色、具有地方特色、高质量的农产食品的产业集聚。Thode & Maskulka（1998）对美国加利福尼亚葡萄干、新墨西哥辣椒酱、法国毕雷矿泉水、比利时巧克力、肯塔基波旁皇族鸡尾酒、荷兰郁金香、法国波尔多葡萄酒和弗吉尼亚火腿等食品产业进行了实证研究，认为采用区域产业品牌使得这些品牌所在地区形成了产业集聚。Mitra（2007）对印度汽车业进行了研究，认为印度汽车业现在仍然停留在全球知名汽车品牌外部生产基地的阶段，并没有形成自身的区域特色品牌，从而无法形成行业间的水平合作的有效机制，使得印度汽车业在全球化背景下无法获得进一步发展的机会。因此，印度汽车业应该加强对自身汽车业区域产业品牌的建设，加强企业间的合作，通过产业集聚的形成来促进其发展。

综上，无论从发达的西方国家（如美国、法国等），还是发展中国家（如印度）的区域产业品牌发展的经验，各国政府和学术界均普遍认同区域产业品牌对于区域经济具有巨大的推动作用，目前已经有了一些探索性的研究，核心议题主要是基于不同地理区域产业品牌的演进，描述区域产业品牌推动产业集聚的潜在逻辑、结构以及效应。然而，尽管付出了大量的努力，在有关各种概论和分析的关键问题，尤其是对于一个特地区域产业中，区域产业品牌作为一个主体要素，与其他因素间相互作用的机制和强度上，学术界还未能达成一致的意见。

（2）产业集聚与区域产业品牌的理论研究

由 Marshall（1920）创立并由 Arrow（1962）、Kim（1995）和 Bottazzi（2001）所推进的长期竞争性供给理论，阐释了历史与预期在报酬递增和外部经济中起到的关键作用。意大利萨梭罗瓷砖产业（Krugman，1991）、美国多尔顿地毯产业（Porter，1997）等案例有力地证明了区域产业品牌在历史与预期中的重要地位。Porter（1998）首次使用"声誉（reputation）"一词概括产业集聚发展所累积的产业集聚的整体品牌形象优势，并从定性角度解析品牌效应（Brand Effects）与报酬递增之间的内在的逻辑关系（参见 Porter，2000），为区域产业的研究开启了一个新的视角。

另一导致区域产业集聚的重要原因，即历史与预期影响外部性的问题。Fujita 和 Mori（2005）认为，外部性应包括技术外部性（Technology Externality）和金融外部性（Pecuniary Externality）。基于西方发达国家背景，新经济地理学文献研究金融外部性的理论主要是基于以 D-S 框架和 OTT 框架展开的，从产业前后向关联、本地市场效应、要素空间流动、要素耗散（dissimulation）、要素积累、预竞争效应（pro-competitive effects）等多个方面，从而为区域产业品牌与金融外部性之间的互动关系提供了有效的解释。归结起来，沿着 D-S 框架和 OTT 框架，不同的模型有着相同之处：都是基于基本模型，通过改变诸如生产函数、消费者偏好等假设，而对模型进行拓展从而使模型的结论更符合现实；但都未深入解析偏好的产生机理，大多以规模经济笼统掩盖品牌此重要效应。把品牌效应融入理性预期与策略博弈也是国外目前学者研究关注的重要发展方向。与此同时，技术外部性（Technology Externality）的存在得到一致认可，但关于技术外部性的原因却存在两种争论，即所谓的 MAR（MarshaLl，1890；Arrow，1962；Romer，1986）外部性和 Jacobs（1969）的外部性。MAR 外部性指的是某个特定行业内的企业之间会出现技术和知识溢出，如果该行业的大量企业集中在某个空间；而 Jacobs 的外部性，则指的是具有差异化的企业之间的互补性技术和知识溢出。技术外部性与企业间是否存在经济交易没有关系，相反强调的是技术和知识的交流与扩散。无论是哪种外部性，从微观机理上都一致承认技术外溢和产业集聚之间的逻辑关系。知识与技术的外溢对产业集聚很重要，因为知识与技术的外溢会促进企业在某些特定的区位上进行集聚，这有助于企业利用相邻企业的知识和技术，因此将促使企业在空间上的集中。

综上所述，国外对区域产业品牌与产业集聚的研究主要集中在产业集聚的组织创新、技术创新、品牌预期与产业集聚的关系研究、基于产业集聚的产业政策和实证研究方面。国外学者虽然从多个不同的方面对区域产业品牌和产业集聚进行了研究，但系统的理论体系仍然没有形成，并且偏重于实证分析。因此，有关产业集聚与区域产业品牌之间关系的研究，目前的状态仍然是理论落后于实践。然而，这方面的少量研究结论依然是许多国家目前制定产业政策的重要依据，并且取得了较好的经济绩效。

（二）国内研究现状

国内经济学领域中区域产业品牌的研究尚属起步阶段，从目前掌握的文献研究范围来看，主要思路集中在以下三方面：

其一，区域产业品牌促进区域经济发展的功能效用及其带动机制的探讨（吴传清等，2008、2009；韦晓菡，2009；王秀海，2007；张艳兵，2007；周赵强，2007；严群英，2007；涂山峰、曹休宁，2005；蒋廉雄等，2005；胡大立等，2005；吴程彧、张光宇，2004；宋先道，2000）。上述学者从产业品牌的功能效应一般性、效应传导机制、区域营销效应、区域要素集聚的促进效应、区域经济发展的乘数效应等几方面，论证区域产业品牌对产业集聚和企业区位选择的影响，区域品牌效应最终体现为对区域经济的促进作用。产业集聚品牌对所在区域内的经济发展、核心竞争力、就业及生活水平都有很大的作用。

其二，区域产业品牌促进产业集聚发展升级的功能效用及机制的探讨（毛振福，2009；王殿华，2008；贺新峰，2007；梅述恩等，2006；徐灵枝、吴未，2005；李永刚，2005；吴子稳，2005；贾爱萍，2004）。上述学者认为区域产业品牌能够促进区域产业集聚进行升级和转型、强化产业集聚的区域根植性、提升产业集聚竞争力。产业集聚的升级效应即区域产业集聚品牌促进区域产业的技术密集度、资本密集度等提升。区域产业集聚品牌对集群具有较强的依赖性，而产业集聚又因产业集聚而得到较快的发展；强化效应是指产业集聚对特定区域环境要素（如文化观念、社会历史、制度规范、产业沿革、关系网络等）产生依赖。如果企业的根植性较弱，则将导致产业集聚的不稳定和流动，并造成对外部资源的严重依赖而削弱产业集聚的发展；提升效应是指与其他非集群的企业相比，本地区的产业集聚具有更有效地满足市场需求、获取更大价值收益的能力。

其三，区域产业品牌影响企业、企业品牌、企业产品的功能效用及其机制的探讨（李佛关，2009；赵心宪，2009；王哲、吴子稳，2007；梁文玲，2007；胡大立等，2006；胡大立、谌飞龙、吴群，2005；夏曾玉、谢健，2003）。上述学者认为区域产业品牌有助于降低企业的资产专用性（资产专用性是增加交易成本的重要原因之一），有效降低企业交易的搜寻成本，减少企业的机会主义行为，促使企业从根本和长远的观点来发展。

综上，国内的有关研究虽然为区域产业品牌提供了一定的理论基础，然而目前特定针对区域产业品牌效应扩散路径的研究仍然处于落后状态，对于区域产业品牌效应的定性描述较多，而实证偏少，更缺乏系统深入的定量分析；特别在区域产业品牌对于产业结构调整方面，大量集中于"产业升级"的宏观层面定性建议，对其产业结构调整缺乏深入研究，故而在相应的政策安排上缺乏理论和实证依据。

三、区域产业品牌的基本理论

（一）区域产业品牌的基本概念

区域产业品牌是指在特定的经济（行政）区域内，基于产业横向或纵向经济联系所形成的具有较强市场竞争力和影响力、较高市场知名度的集体品牌，通常与生产区位地址结合命名，以产业集聚为载体，以集体名称、集体商标、地理标志、原产地形象等为表现形式，是区域发展的独特资源。区域产业品牌的受载主体是区域内的企业集群，而不是单个企业。在国内研究中，王缉慈等（2001）、朱华晟和盖文启（2001）、魏守华等（2001，2002）等最早采用了"区位品牌"、"区域品牌"以及"企业群品牌"、"整体品牌"、"企业群共同品牌"等概念术语，但仅初步论及区域产业集聚品牌的特征及其效应。此后，众多学者对区域产业品牌相关的内涵和理论进行了分析和研究，提出了10多种相关术语，包括"地域品牌"、"原产地品牌"、"集体品牌"、"集群品牌"、"产业集聚品牌"、"区域产业集聚品牌"、"区享品牌"等。因此，本文用"区域产业品牌"来指代这些含义。

专业化产业在特定区域的持续发展，在达到一定程度后，会形成一定的区域产业品牌。一般而言，区域产业品牌的形成有其特定的历史、文化、地理或产业背景，需要具备一些基本条件，如优良的区域资源和环境、突出的区域产业优势等。当在某空间区域有一种产业形成了一定程度的专业化集聚发展态势，并且由于进一步专业分工的深化，则该产业就具备了（与先天资源禀赋无直接关联的）后天比较优势，从而就具备了较强的市场竞争力。因此，该产业就在该地区形成了区域产业品牌。大体而言，根据企业规模，可将区域产业发展路径分为三种情形：第一种是通过多家大企业组成的产业联盟而形成的区域产业，如珠三角的白色家电就是由几家大企业构成；第二种是大企业和中小企业共同构成，即以少数大企业为中心、众多中小企业环绕的轮轴式产业集聚，如浙江温州的电器产业；第三种是完全由中小企业构成的产业集聚（没有任何大企业），如福建石狮的服装产业、中山古镇的灯饰产业、浙江嵊州领带产业以及江苏宜兴紫砂壶产业。对于第一种类型的地方产业发展而言，（大）企业品牌的创立决定着地方产业竞争优势，企业品牌就是区域产业品牌的体现。对于第二种地方产业发展而言，它虽然不是完全由大企业决定，但是与大企业发展也有较为密切的关联，区域产业品牌与单个大企业的企业品牌都会对地方产业的发展起着重要作用，但单个大企业的企业品牌的影响不如前一种类型的大。而中小企业群落式衍生和扩展则是第三类地方产业发展的主要表现，在这类地方产业发展形式中，并不存在大企业和著名企业品牌，然而具有较大影响力的区域产业品牌。比如广东东莞、浙江义乌等地，虽然没有充分规模的大企业或闻名全国的企业品牌，然而，东莞电子、义乌小商品作为区域产业品牌却是名扬海内外。珠三角和浙江的许多地方产业集聚，大多数是第三类即众多中小企业构成的产业集群，因此，区域产业品牌的创立和形成，而不是企业品牌，才是这些地区的集聚产业的发展主要推动力。这些地区的市场竞争力主要来源于专业化企业集群整体优势，而不是单个企业的优势。这些地区的中小企业需要通过组成专业化企业集群，创建自己的区域产业品牌，以便能与大企业进行竞争，而不是单打独斗与国内外企业竞争。不同的地区有自己不同的发展战略和路径，有些地区在发展中小企业方面具有优势，形成了多个具有广泛市场影响力的中小企业产业集聚，而另一些地方在发展大企业方面具有优势，出现了许多著名品牌企业。

（二）区域产业品牌的主要类型及特征

根据区域产业品牌的来源或形成路径，可将区域产业品牌分为三种主要类型：

第一种类型的区域产业品牌由单个大企业品牌的转型而来。在有主导企业、呈轮轴型结构的地方产业集群中，比较容易形成第一种类型的区域产业品牌。因为主导企业在其企业品牌的建设方面达到一定的市场认可和影响力后，会吸引许多中小企进行冒仿。主导企业或许会通过各种方式（包括提起诉讼在内）维护自己的企业品牌，但主导企业可能需要付出高昂的成本或者无法有效阻止中小企业的冒仿行为，因此经过主导企业和这些中小企业的多次博弈，它们之间可能达成协议共享该企业品牌，那么该企业品牌会成为产业集聚企业共享的区域产业品牌。典型例子如温州"正泰电器"，该地区有几百多家中小电器公司以加入"品牌俱乐部"形式共同使用这一品牌，尽管它最初是正泰电器独占的企业品牌。作为主导企业的正泰电器，负责对所有使用这一品牌的中小企业的产品规格和服务进行规定和监督，如发现有不符合质量规格标准的，则终止该中小企业的品牌使用权。同时，这些中小企业支付一定的品牌使用费。

第二种类型是没有任何企业作为品牌主体，但具有企业品牌的形式的区域产业品牌。例如，温州苍南境内的食品企业共同使用"乡吧佬"这一区域产业品牌，然而并没有任何一家企业作为主体对此品牌进行过注册和管理。与第一种类型不同，第二种类型的区域产业品牌并没有一个特定企业作为品牌主体，也没有任何特定企业对品牌的建设、维护和推广进行负责，因此这种区域产业品牌完全是自发形成的。

第三种类型的区域产业品牌是既无主导企业亦非经注册登记的抽象品牌。大量区域产业品牌属于这种类型，如佛山陶瓷、清河羊绒、中山古镇灯饰、永康五金、东莞电子、义乌小商品、金华火腿以及嵊州领带等。这类区域产业品牌主要以地域名称加产业名称为名，它将该区域特定产业集聚所提供的产品和服务的质量等信息传递给买方（下游厂商或消费者）。这类区域产业品牌的形成是由众多中小型的专业化企业组成的区域特色产业发展而来的，而与特定的企业并没有直接关联。根据地区之间在制度、政策和环境等的差异，又可以将这类区域产业品牌分为两种类型：一种是在地方政府主导下形成的区域产业品牌。地方政府通过财政扶持、市场管理等措施，发展某些产业从而带来区域产业品牌快速成长，如广东深圳女装产业和浙江海宁的皮具产业等，就是在得到政府产业政策的强力扶持下形成发展起来的。另一种则是由市场各个主体相互作用而自发形成的区域产业品牌。即在给定政府政策的情形下，由市场上的各个企业进行互动形成的均衡状态，而不是政府、单个组织等任何主体理性设计和推动的结果，如广东虎门时装、中山古镇灯饰等，就属于自然演化形成的区域产业品牌。

（三）区域产业品牌的主要表现形式

（1）国家或行业认证的区域产业品牌

国家政府部门或行业组织通过认证颁发的形式对产业集聚进行正式的认证，这将保护和鼓励成熟的区域产业品牌，促进区域产业进一步发展。得到行业组织（协会等机构与组织）和政府部门认证颁发的区域产业品牌，通常都是一些比较成熟的、具有较长历史的和较大知名度的并且具有一定规模的区域产业集聚，如呼和浩特市被正式命名为"中国乳都"，福建晋江则被誉为"中国鞋都"，而浙江嵊州被授予"领带之乡"，温州荣获国家级行业协会等部门颁发的"中国鞋都"、"中国皮革之都"称号。

（2）尚未认证但得到市场高度认同的区域产业品牌

由于行业组织和国家部门的权威性和严格性，所以只有少数的区域产业品牌能获得国家和行业认证。中国众多的产业集聚虽然尚没有获得认证，然而这些产业集群在一定的区域内获得了较高的知名度和认可，已经形成了区域产业品牌并获得了一定的发展。随着这些产业集聚和区域产业品牌的进一步发展，这些产业集聚将获得更多的市场认可、市场知名度等。相比较国家或行业认证的区域产业品牌，这些产业集聚的竞争力还比较欠缺，知名度和认知度也没有完全建立起来，有待进一步完善。

（3）注册集体商标或地理标志形式存在的区域产业品牌

在产业集聚达到一定的规模后，当地地方政府为了保护和促进产业集聚的发展，可能会开始为产业集聚注册地理标志或集群商标。集体商标在该地区中是公共品，但不准许本区域产业以外的企业使用。由于企业搭便车问题和协调问题，区域产业中的众多企业通常难以采取集体行动去注册区域产业商标，因此地方政府申请注册集体商标的最大好处是解决了企业的集体行动问题，使得区域产业的众多企业共同使用统一的商标，从而把所有单个成员的生产经营能力有效组合起来，形成规模效应。如"安溪铁观音"、"西湖龙井"以及"顺德家电"等集体商标。地理标志向买者传递了该产品的具体生产地，而这一生产地具有自身独有的特征，并决定了产品的品质和声誉。

（4）以核心企业品牌为依托的区域产业品牌

在以知名企业品牌为核心的轮轴式产业集聚或多核式产业集聚中，主导企业的企业品牌的知名度往往高于产业集聚的知名度，因此在该产业集群中，区域产业品牌是以核心企业品牌为依托的。

（四）区域产业品牌的形成机理

（1）政府主导形成的区域产业品牌

出于区域经济发展或政绩目标的考虑，区域政府（地方政府）常常会发起和设立一些重大工程项目的建设，诸如产业园、产业圈和经济开发区等。这些重大工程项目的建设对区域经济有极大的推动作用，能吸引大量资金、资源、科技及人才等生产要素向区域集聚。因而，一方面可以提高该产业（或区域）的产品的市场份额（因有较大或较多的企业入驻），使得有充分多的客户或消费者知晓或购买使用该区域生产的产品，因而奠定了区域产业品牌形成的基础；另一方面，基于重大工程项目的区域品牌效应显著，将迫使单个企业品牌按照区域产业品牌的要求注重提高自身的产品质量、美誉度和消费者认知度、亲和力。区域产业品牌所给予的丰厚回报能吸引企业品牌自觉地服务于这一区域公共品的建设。地方政府将在各方面支持区域产业中的企业进行创新，帮助提高消费者对该区域产品的认可。同时，由地方政府或龙头企业牵头，进行区域产品（或产业）营销，如举办展销会、组团宣传、电视广告等方式。

区域产业品牌通过政府主导而形成时，根据区域产业品牌在品牌表现形式和产品结构方面的差异，一般有以下两种形成方式：其一是区域政府通过一系列运作将国家重大项目争取过来或者招商引资等方式，形成以大企业为轴心、众多中小企业环绕的轮轴式产业集聚特征的区域产业品牌；其二是区域政府在争取到国家政策支持的情况下，对其区域内进行基础设施的建设，并在区域进行产业规划，以吸引投资者和大中小企业进驻工业园区而形成的区域产业品牌。

（2）市场主导形成的区域产业品牌

由市场主体主导形成的区域产业品牌，则是指最初由市场自发形成的产业集聚，在占有一定的市场份额后，由区域产业内的企业通过协商或自发形成"区域产业创新文化"，并通过企业联合或单独地进行广告宣传、举办展销会等方式的区域营销，逐渐使区域产业产品得到市场的认可和赞誉，从而形成了区域产业品牌。在市场主导形成的区域产业品牌过程中，地方政府（或区域政府）会进行一定的扶持和帮助，但仍以区域内的企业为主导。

由于偶然和其他的原因，某个（某些）地区最初形成了一定的特色产业的集聚。由于市场需求的不断上升，该区域的产业不断得到成长和发展，且不断有企业迁入该地区，从而占有了一定的市场份额。在"羊群效应"下迅速形成了一批"成本推动型"的中小企业，随着市场结构的变迁，由卖方市场逐渐转变为买方市场。许多企业即使在产品质量和差异化方面具有独特的优势，但由于技术、资金、人才或综合实力等方面的限制，因而往往难以建造自身企业品牌，难以发挥应有的市场竞争力。为在竞争中保持领先和不被市场淘汰，区域内集聚的企业会形成联盟或协会，以形成和共同推进区域产业品牌的建设，提高区域内各企业在市场上的竞争力。如上文所述，区域产业品牌的形成，不但要具有市场份额的物质基础，还要有区域产业的创新文化和美誉度。为形成这种区域产业的创新文化和美誉度，区域内集聚的企业所形成的联盟和协会，一方面会通过共同举办博览会、展销会和广告等方式，宣传本区域的产品的质量、文化特征，即进行区域产业的整体营销；另一方面，市场主体如行业协会或企业联盟可能会寻求地方政府的帮助和扶持，建立各种激励机制，促使集聚的企业不断加强产品创新，形成区域创新文化。当上述三大要素具备时，区域产业品牌便得以形成。

综上所述，区域产业品牌不仅具有丰富的现实特征，也具有丰富的理论内涵，我国学者对区域产业品牌的关注和分析是一个不断深化、逐步发展的过程，目前业已得到了丰富的理论成果，提出了许多有实践指导意义的理论观点，但仍有待进行系统的梳理和整合。实际上，区域产业集聚品牌是一个跨学科的交叉领域，是融合经济学、管理学、传播学、知识产权学等诸多学科背景、由各种理论思想元素共同构建、相互支撑的综合体系。在考察区域产业品牌时，应该将产业组织理论、产业集聚理论、博弈论等结合在一起进行分析。进一步地，区域产业品牌效应是多方面的，对单个企业、地方政府和上下游产业等，都会产生相互影响。

四、区域产业品牌与产业集聚的相互影响

（一）产业集聚的形成机理

在过去 20 多年中，新经济地理学（New Economic Geography，NEG）得到经济学家的特别关注和大量研究投入。由 Krugman（1991）开创和在众多经济学家努力下，NEG 目前已成为空间经济学的主要分支之一。NEG 的分析基于一般均衡框架，能够为经济的空间集聚的来源或机制，提供有力的分析。同时，NEG 也能有效解释各个层次地理空间上的产业集聚现象。

在有些情况下，某些空间地理因为在自然资源禀赋方面具有比较优势，从而导致经济活动在该空间集聚。然而，许多经济的地理集聚并不能完全由自然禀赋决定论来解释，特别是不完全竞争情形下的空间集聚。大体而言，NEG 文献主要是在两个框架方面逐步深入研究的：一个是基于 D-S 框架（Dixit & Stiglitz，1977），另一个是基于 OTT 框架（Ottaviano et al.，2002）。本章将介绍和探讨这两种框架，阐述其内在机制和启示。

（1）基于垄断竞争优势演化机制的 D-S 模型：一个理论框架

新经济地理学得以创立、主流经济学得以接纳空间维度的主要原因在于新经济地

理学使用了合适的分析工具，即 D-S 分析框架（Dixit & Stiglitz，1977），它在一般均衡模型中整合了不完全竞争和收益递增（源自规模经济）。

新经济地理学最初采用的 D-S 框架，该框架采用的是垄断竞争环境下的一般均衡模型，并且假定运输成本是产品数量的一个比例（即冰山型运输成本），这一基于 D-S 框架的 NEG 能有效解释经济活动的空间集聚与金融外部性之间的内生互动关系。任何模型都是基于一定的假设的，因此 D-S 框架也同样如此。D-S 框架至少包括以下几个假设：有限个地区（两个地区）、工业和农业两个部门、两种不同的劳动（原始劳动与技能劳动）。同时假定制造业是不完全竞争部门，因而具有规模递增性质，而农业产品则是完全竞争的。在这些假定下，将同质的或代表性消费者的偏好表示为：

$$U = C_M^u C_A^{1-u}$$

其中，$C_M = \left(\int_0^{n+n^*} c_i^{1-\frac{1}{\sigma}} di \right)^{\frac{1}{1-\frac{1}{\sigma}}}$；$0 < \mu < 1 < \sigma$，$C_A$ 是消费者对农产品的消费量，而 C_M 则是代表性消费者对制造品消费量的综合指数。n 和 n^* 分别是北方和南方各自制造品的数量，μ 是消费者在消费制造品方面的支出份额，$\sigma > 1$ 是制造品在消费者效用函数中的不变替代弹性。

基于 D-S 这一框架下的模型有很多，不同的模型强调不同的集聚因素和机制，大体而言可分为三类：要素流动模型、垂直关联模型和资本创造模型。D-S 模型框架下的新经济地理学对于产业集聚现象给出了有力的解释和启示。要素流动模型意味着，如果一个国家或省区的资本和资源有限，而又要快速发展经济，那么就应该允许和鼓励劳动、资本和企业家等生产要素的自由流动，这将使得工业和服务业更多地集中在某些地区，以使得生产更好地利用规模经济，以更低的成本生产更多的产出，实现经济的快速发展。这意味着，一方面应取消限制要素流动的制度和政策障碍，比如取消户籍制度、交通收费等；另一方面可以通过财政补贴、建立社会保障等方式鼓励生产要素的流动，如低收入家庭的购房补贴、企业融资担保等方式。类似地，资本创造模型意味着，政策方面的差异会导致资本形成方面的差异。政府可以通过对某些地区的企业进行投资补贴和扶助，以降低该地区的资本成本，加快区域资本形成速度，从而导致投资和生产向该区域集聚。最后，垂直关联模型意味着，与前后向产业具有很大关联的中间品（产业中游）行业的集聚，将带动前向产业和后向产业集聚，因而政府可以将主要政策集中于吸引中间品行业集聚该区域，便能获得上中下产业的集聚。

（2）基于垄断竞争优势演化机制的 OTT 模型：一个理论框架

新经济地理学（NEG）自 Krugman（1991）年提出核心—边缘模型以来得到了很大的发展，然而也面临一种尴尬境地：一方面 NEG 的研究范围非常广泛，然而另一方面可使用的模型却十分有限，难以对相关问题做出有力的研究和解释。D-S 框架下的新经济地理学研究严重地依赖 D-S 垄断竞争的一般均衡分析框架、难以获得解析解，从而需要计算机模拟技术以及冰山型运输成本的假定。

D-S 框架存在三个主要问题：第一，该框架忽视了预期的作用。在 D-S 框架下，通常假定企业缺乏对未来的预期。在对 CP 模型及其相关模型的空间均衡进行稳定性分析时，那些流动要素的区位选择仅取决于它们当前的收益大小。显然，这种假设忽视了预期在区位决策中的作用。在贸易自由度较高的情况下，忽视预期的作用会导致错误的结论。第二，该框架下的许多模型只能通过数字模拟的方法得到模型的解。D-S 框架下的非线性关系使得许多新经济地理学模型的解析分析能力欠缺，因此不得不运用数学模拟的方法来寻求模型的解。虽然 FC（自由资本流动）模型具有较强的解析分析能力，但丧失了 CP 模型的许多关键特征。第三，D-S 垄断竞争模型与冰山交易成本在实际中缺乏充分的现实基础。在 D-S 框架的均衡状态下，自变量的个数少于外生变量的个数，因此，在进行比较静态时，就不能在逻辑上得出不同外生事件对内生变量产生的影响。另外，因为在 D-S 框架下，消费者对某种工业品需求的价格弹性为常数且等于替代弹性，因此比较静态分析就不能分析不同的价格弹性以及交叉价格弹性对企业区位选择的影响。冰山交易成本假设也表明工业品价格的任何变化都会使得运输成本发生相同比例的变化，这显然也不符合实际情形。

为了解决这些问题，Ottaviano 等（2002）提出了一种不同的分析框架：线性模型。该模型存在两个最关键的变化，一方面在该模型中效用函数不再是 C-D 型或 CES 型，而是准线性的二次型，另一方面该模型采用线性运输成本取代"冰山"交易成本。

D-S 垄断竞争一般均衡框架下的 NEG 模型虽然能对经济活动的集聚与金融外部性之间的互动机制给出清晰的说明和解释，但这些模型却基于许多与现实不符的假定。为了弥补 D-S 框架的不足，Ottaviano 等（2002）构建了一个新的垄断竞争模型：放弃冰山型运输成本而引入了线性运输成本，放弃 CES 形式的效用函数而采用二次型的拟线性效用函数（quasilinear utility with quadratic subutility），典型消费者的偏好可以表示为：

$$U = a \int_0^{n+n^*} c_i di - \frac{\beta - \delta}{2} \int_0^{n+n^*} c_i^2 di - \frac{\delta}{2} \left(\int_0^{n+n^*} c_i di \right)^2 + C_A$$

其中 $c_i = a - (b + cn^*) p_i + cP$，$\beta > \delta$ 表明消费者在制造品的消费方面偏向于多样化，δ 代表制造品的替代弹性，a 表示对差异产品的偏好密度。这类模型被称为 OTT 框架。

该模型实质上融入了预竞争效应（pro-competitive effects），从另一个角度对集聚与金融外部性之间的内生互动机制给出了解释和分析，并且其最终的均衡结果与 D-S 框架下的模型并不相同。

（二）区域产业品牌对产业集聚的促进作用

区域产业品牌与产业集聚能够相互影响。一般而言，区域产业品牌能够促进产业集聚，而产业集聚反过来对区域产业品牌会产生正反两方面的影响。

品牌从本质上来看，是通过如下两个方面提高消费者对该品牌的产品的需求：一是品牌可以作为该产品质量的信号发送机制，品牌强度越大，说明该品牌的产品质量越好；二是给定其他条件相同，品牌可以提高消费者或买方对该品牌产品的偏好。如果一个产业集聚区形成了区域产业品牌，那么由于它的公共品的性质，它能提高市场对该区域集聚产业所有企业的产品的需求。因而，区域产业品牌将吸引该产业中的企业选择在该地区进行投资建厂，因为这将给落户该地区的企业带来如下六个方面的好处：

第一，提高企业的产品需求。如果产业中的某个企业选择在具有区域产业品牌的地区投资和落户，那么这将提高其产品的需求。

第二，降低企业的生产成本。一方面，由于区域产业品牌带来产品需求的上升，那么由于存在固定成本（规模经济），企业的单位产品的成本将会下降，从而提高企业的利润。另一方面，区域产业品牌导致的相关配套产业（上游或下游）的集聚，可以降低企业原材料和投入品的搜寻成本与运输成本，或者降低企业产出品的运输成本。

第三，降低企业的营销成本。一方面，由于存在区域产业品牌，市场上已经有足够多的消费者知晓和认可该地区产业所生产的产品，因而单个企业可以在大幅度降低营销成本的情况下，同样可以到达"选择在其他地区落户时"的营销效果。换句话说，区域产业品牌就是单个企业的免费或低费用下的营销效果。另一方面，区域产业品牌的建设，即是区域产业内多个企业共同营销，这能发挥营销的规模经济优势，从而提高营销的边际产出（边际效果），所以每个企业可以承担营销支出。

第四，降低契约签订和执行成本。如果企业交易方也是在本地区，则由于处于相同的双方都较为熟悉的地区司法和执法环境，并由于交易双方都出于在地区内声誉的考虑，那么合同的签订和执行会更容易进行，更少出现机会主义，从而降低合同签订和执行成本。

第五，降低融资成本或更易进行融资。由于存在区域产业品牌，金融机构和投资者会更加关注该区域的企业，并对该区域的企业的市场发展前景、盈利能力有更高的认可，从而会更愿意以较低的资金价格将资金贷给该区域的企业。

第六，降低劳动成本。类似地，区域产业品牌也会吸引劳动者关注该地区的企业，吸引劳动者前来该地区工作，企业可能无需到外地去招聘工人，这显然也会降低企业的劳动成本。

由于以上六个原因，当存在区域产业品牌时，产业中的企业会更愿意选择该地区进行投资生产和落户，从而导致该产业向该地区集聚。因而，区域产业品牌能促进产业集聚。

然而，区域产业品牌对产业集聚的促进作用，并不一定会使得产业中的所有企业都向该地区集聚。这是因为，给定区域产业品牌的强度，随着产业的集聚，该地区的土地等成本会不断上升，从而可能终将超过或抵消区域产业品牌带来的好处，此时产业集聚就会停止，达到均衡。

五、区域产业品牌与产业结构优化的政策建议

产业结构调控政策主要包括投融资政策、财政税收政策、品牌培育政策及科技政策等，这些共同构成了产业结构调整与产业品牌发展的政策环境体系。虽然现在有大量文献分析产业结构调整所需的政策支持体系，但是到目前为止，关于政府政策或区域政府管理的区域产业品牌对产业结构调整的作用，以及政府干预应该通过怎样的机制来培育区域产业品牌的研究文献并不多。鉴于此，本研究认为，由于区域产业品牌可以为本区域的产业集群带来外部性，因此就区域政府而言，须通过结构性的区域政策导向与终端产品扶持政策，共同优化区域产业品牌的外部性，提升本区域产业品牌集聚发展质量。具体政策包括：

（一）建立完善的区域产业品牌的产业政策支撑体系

20世纪80年代，日本集成电路产业的崛起、美国半导体制造业霸主地位的巩固，都与国家政权最高层的产业扶持和投资支持分不开。定位区域产业品牌的市场服务体

系，是区域产业市场以竞争机制为主，以政府为辅导，贯通产业集群内各中介服务机构，建立起来的专业化、系列化、社会化和市场化的专门为群内企业服务的网络。

这个体系的主要职能是共同为群内企业提供知识产权保护服务，引导企业的创业行为、经营行为符合国家产业政策，改善和提高群内企业素质，减少交易风险，降低交易成本。政府加大对科学研究和创新活动的直接拨款；促进新兴产业发展和传统优势产业品牌改造的大型技术计划；设立鼓励创新活动的各种资金和奖励措施；通过宏观和微观经济管理为创新活动创造良好的环境，使区域产业品牌可持续发展，进而优化区域产业结构。

（二）强化市场机制对区域产业品牌的规划指导以及服务和管理

中国属于发展中国家，广州市大多数区域产业类型都同属出口加工型的柔性化产业集群，目前广州市各个地区的区域产业品牌很大比例都是属于此类，由区域政府推动形成的工业园区中的产业并不在此列。当市场达到均衡时，区域产业品牌的外部性覆盖面积扩大，则区域产业品牌占有的市场份额越大。因此，鼓励建立区域产业中的行业协会或行业自律组织，无论是松散自组织或是龙头企业牵头组织，制定产业相关的行业规准、规范区域产业品牌的利益主体行为，通过规模转化，进而提升区域产业整体产品水平，力图从产品市场出发，扩大本地区产业品牌的认知度和影响力。采取措施强化区域产业品牌，对不利于区域产业品牌建设的企业行为等机会主义（如假冒伪劣、欺骗消费者等）进行惩罚，而对区域产业品牌做出贡献的企业行为进行奖励。

区域经济竞争力来源于所属区域产业品牌的信誉、质量，同时也是影响投资与消费的重要无形资产。但区域产业品牌中形成寡头均衡，龙头企业的产品质量是品牌的基础，而良好的信誉更能有效维持该区域产业品牌的形象，获得终端消费者的认知和信任。针对此类情况，应尽量避免过多的区域政府干预，基于市场机制下，由行业协会或龙头企业牵头制订的系列相关行业标准，通过强制质量认证来执行，建立良好的相关行业发展秩序，保证区域产业品牌的可持续发展。

（三）建立地区政府间的区域协调机制

无论是对于中国整体而言，还是对于广州市地方政府而言，各地区间在产业政策和区域产业品牌方面的协调，必定优于各自相互竞争。地区间在区域产业品牌和产业政策之间的竞争，会造成浪费性的支出、地区间贸易壁垒、产业同构、产业难以集聚等问题，从而不利于区域产业品牌的建设和产业结构调整。因此，建立地区政府间的区域协调机制，将极大地有利于发展各自不同的区域产业品牌和集聚产业，这可以降低企业运作成本、劳动力成本和资本的流动成本，提高经济效率和产业分工，从而最终实现产业结构调整和优化升级。

总之，通过对区域产业品牌的建设，不同地区间实现产业分工，将能有效地实现产业集聚和产业结构的调整。政策措施千变万化，都不能离开围绕区域产业品牌建设，只有这样，才能顺利实现产业集聚的升级和转型，从而实现产业结构调整。

六、全文总结及主要结论

经过30多年的快速发展后，面临全球化竞争、资源过度开发、环境污染严重、区域发展不平衡等问题，中国产业结构急需进行调整和优化升级。然而，产业结构的调整和优化升级如何实现，通过何种途径和方式实现，仍然是摆在政府和学者面前最大的挑战和工作的重中之重。根据发达国家和中国现阶段经济发展模式可知，产业集聚是经济发展和增长的有效途径，因此产业结构调整需要通过产业集聚的调整和优化来完成，换言之，产业集聚区域的产业结构的调整和变化，是中国产业结构调整的主要途径和方式。然而，为进一步发展产业集聚并使得产业集聚调整和优化得以实现，区域产业品牌的建设应作为主要手段。产业集聚的成因有许多来源，而近些年来无论是国外还是国内，区域产业品牌都成了产业集聚发展的新方向，区域产业品牌效应对产业集聚具有重要的促进作用。因此，本报告围绕区域产业品牌、产业结构及两者间的内生互动关系进行了探索和分析，得到如下主要结论：

（1）区域产业品牌促进产业集聚

由于经济条件的变化，产业集聚地区的金融外部性可能会被弱化，那么，为了留住相关产业和强化产业的集聚，以及为了吸引新的企业进驻和集聚（即产业结构调整），该地区可以通过建立区域产业品牌，提高企业的销售或市场份额，降低企业的成本，从而吸引企业集聚。

品牌从本质上来看，是通过如下两个方面提高消费者对该品牌的产品的需求：一是品牌可以作为该产品质量的信号发送机制，品牌强度越大，说明该品牌的产品质量越好；二是给定其他条件相同，品牌可以提高消费者或买方对该品牌的产品的偏好。如果一个产业集聚区形成了区域产业品牌，那么由于它的公共品的性质，它能提高市场对该区域集聚产业所有企业的产品的需求。因而，区域产业品牌将吸引该产业中的企业选择在该地区进行投资建厂，因为这将给落户该地区的企业带来如下六个方面的好处：提高企业的产品需求，降低企业的生产成本，降低企业的营销成本，降低契约签订和执行成本，降低融资成本或更易进行融资，降低劳动成本。因此，当存在区域产业品牌时，产业中的企业会更愿意选择该地区进行投资生产和落户，从而导致该产业向该地区集聚。

然而，区域产业品牌对产业集聚的促进作用，并不一定会使得产业中的所有企业都向该地区集聚。这是因为，给定区域产业品牌的强度，随着产业的集聚，该地区的土地等成本会不断上升，从而可能终将超过或抵消区域产业品牌带来的好处，此时产业集聚就会停止，达到均衡。

（2）产业集聚对区域产业品牌的影响

反过来，产业集聚对区域产业品牌存在促进作用，但如果产业集聚过度，也可能带来不利影响。

一方面，产业集聚促进区域产业品牌的建设和强化。一个地方产业集聚的名气大了，影响广了，各地商客纷至沓来，产业集聚的所有企业都从中得益。根据前文所述的区域产业品牌的三个要素——"市场份额"、"区域创新文化"以及"共同营销"，产业集聚通过如下几个渠道促进区域产业品牌的强化：

第一，产业集聚意味着更多的企业集聚在同一个区域，这将提高该区域产业的市场份额，使得更多的买方知晓和使用该区域产业的产品，从而提高了区域产业品牌的强度。

第二，产业集聚因为使得更多的企业集聚在同一个地区，所以一个企业之间的产品质量、生产工艺等信息更容易被区域内其他企业获取，这将促进企业在创新之间的竞争，从而营造一个良好互动的区域创新文化，这无疑会强化区域产业品牌。

第三，更多的企业集聚，将使得区域产业共同营销能发挥更大的规模经济效应，即共同营销的边际营销效果将会增强，从而给定每家企业在共同营销方面的支出，区域产业将能获得更多的资金用于共同营销。因为区域产业品牌是公共品，具有正外部性。

第四，一个企业的技术创新、质量提高、服务改进等也会对区域产业品牌产生正的外部效应。这意味着，区域集聚的产业越多，就会有越多的企业对自身产品等方面进行改进和投入，会对区域产业品牌产生正外部性。

然而另一方面，产业集聚也会从另一方面弱化区域产业品牌。这是因为，区域产业集聚越多的企业，那么单个企业就越有动力采取"机会主义"经营行为，从而导致整个区域产业形象和认可度受损。现实经验显示，区域产业品牌不仅得不到像对企业品牌的那种有效管理与维护，而且比企业品牌更易遭受机会主义经营行为的损害。即产业集聚→企业数量 n 上升→企业越可能采取机会主义行为→弱化区域产业品牌。

所以，在产业集聚过程中，要强化区域产业品牌，就需要克服机会主义行为带来的不利影响。这不但需要市场的惩罚机制，也需要政府制定相关法律法规，对违法违规行为进行监督和惩罚，对促进区域产业品牌建设的企业则进行各种形式的奖励和扶持。

综上，本文有关区域产业品牌、产业集聚以及二者间的内生互动关系的研究，对广州的产业集聚和产业结构调整具有重要的指导意义。如果不同地区的地方政府能够协调和合作，各自发展自己独有的区域产业品牌，就能促进地区间的产业分工和产业集聚，实现产业结构的调整和优化升级。

参考文献：

［1］Dixit, A. K. and Stiglitz, J. E. Monopolistic Competition and Optimum Product Diversity [J]. American Economic Review, 1977, 67: 297–308.

［2］Evans. Hard-Branding the Cultural City from Prado to Prada [J]. International Journal of Urban and Regional Research, 2003, 27 (2).

［3］Fujita, M. and Krugman, P. The New Economic Geography: Past, Present and the Future [J]. Papers in Regional Science, 2004, 83: 139–164.

［4］Kotler, P. Gertner, David. Country as Brand, Product and Beyond: A Place Marketing and Brand Management [J]. Journal of Brand Management, 2002, 9 (4–5): 249–261.

［5］Krugman, P. Development, Geography, and Economic Theory [M], MA: MIT Press, 1995.

［6］Levidow & Boschert. Coexistence or contradiction? GM crops versus alternative agricultures in Europe [J]. Geoforum, 2008, 39, 174–190.

［7］Mitra. India as the Global Outsourcing Destination: A Critical View of the Future [J]. Global Business Review, 2007 (8): 69–78.

［8］Porter, Michael E. Clusters and the New Economics of Competitiveness [J]. Harvard Business Review, 1998 (6): 77–90.

［9］Skuras, D. and Dimara, E. Regional image and the consumption of regionally denominated products [J]. Urban Studies, 2004, 41 (4): 801–815.

［10］Thomas, R. Are we becoming awash in AVAs? [J]. Vineyard & Winery Management, 2005 (7–8): 93–95.

［11］吴传清，刘宏伟. 区域产业集聚整体品牌的名称术语规范研究［J］. 中国经济评论，2008（1）.

［12］吴传清. 区域产业集聚品牌理论研究进展：以广东学者的研究文献为考察对象［J］. 学习与实践，2009（2）.

［13］唐松. 区域产业集聚的金融外部性与品牌扩散效应研究［J］. 广东金融学院学报，2008（4）.

［14］唐松. 广东省区域产业金融外部性与品牌效应内生互动关系研究［R］. 广州：广东哲学社科一般项目报告，2009.

［15］王缉慈，谭文柱，等. 产业集聚概念理解的若干误区评析［J］. 地域研究与开发，2006，25（2）.

（选自广州市哲学社会科学发展"十二五"规划 2011 年度课题"广州市区域产业品牌培育与产业结构调整的对策研究"。课题负责人：李镔；成员：赵丹妮、祝佳、杨莉、唐松。）

第一部分 经济、管理篇

声誉机制、契约安排与会计稳健性研究

雷　宇（广东财经大学）

一、声誉理论概述及本课题的研究思路

（一）声誉与信任

近年来，我国社会中的诚信缺失事件层出不穷，中国社会正面临着严重的信任危机。党的十七届六中全会深刻指出了道德失范、诚信缺失的严重危害，并要求"把诚信建设摆在突出位置，大力推进政务诚信、商务诚信、社会诚信和司法公信建设，抓紧建立健全覆盖全社会的征信系统，加大对失信行为惩戒力度，在全社会广泛形成守信光荣、失信可耻的氛围"。重建信任，迫在眉睫。

重建信任需要多管齐下。既要加强法律制度等强制性正式制度的建设和实施，也要大力弘扬诚实守信的优良道德传统。同时，我们应当重视声誉机制等非正式制度对重建信任的重要作用，这也正是本课题的目的所在。

简单地说，某主体的声誉（reputation）就是其他主体对该主体过去表现的看法。声誉之所以重要，是因为它是信任的一种依据（Zucker，1986；Sztompka，1999；郑也夫，2001；张维迎，2003）。进一步地，如果一个主体知道它期望与之合作的对方会根据声誉来做出信任与否的决策，那该主体将会注重在每一次交易中表现得诚实守信，以建立和维护自身的声誉，这也就是声誉机制（reputation mechanism）的涵义。Kreps 和 Wilson（1982），Kreps 等（1982），Milgrom 和 Roberts（1982）等使用博弈论作为工具建立并发展了现代意义上的声誉理论，其基本思想是参与人基于长期利益的考虑会自觉遵守承诺、放弃欺诈行为带来的短期利益。这种自我实施的信任机制在张维迎（2003）的分类中被称为"基于信誉的信任"。声誉机制的作用已经获得了广

泛的重视。Fama（1980）最早指出声誉机制对经理人道德风险的治理作用。他认为即便没有显性激励契约，经理人也会出于对职业声誉和未来职业发展的考虑而努力工作。张维迎（2002）甚至将声誉和法律并列为维持市场有序运行的两个基本机制。与法律制度的外部强制性不同，声誉机制能够由参与者自我实施，从而具有更低的运行成本。

总的来说，声誉是信任的重要依据，声誉机制是市场参与者主动表现出诚信的重要激励机制。在重建信任的过程中，声誉机制显然有比法律制度等强制措施更大的成本优势。如果能够有效地发挥声誉机制的作用，必然会起到事半功倍的效果。因此，加强对声誉机制的理论研究十分必要。

本课题从会计稳健性角度为声誉机制的有效性提供了一个例证。我们认为，会计稳健性是为了缓解委托人对代理人的不信任而产生的一种治理机制，目的在于增进信任。而代理人的声誉同样是一种信任机制。因此，如果声誉机制能够增进信任，那么代理人良好的声誉将会降低对会计稳健性的需求。本课题从债务契约、薪酬契约、制度环境三个方面研究了声誉机制对会计稳健性的这种替代性，结果支持了上述判断。

（二）声誉和声誉机制的含义

在现代汉语中，声誉的一般性含义是"声望名誉"。进一步地，"声望"是"为众人所仰望的名声"；"名誉"即"名声"；而"名声"的含义是"在社会上流传的评价"。因此可以说，声誉的一般性含义就是"在社会上流传的评价"，即"公众评价"。这种定义在英语中同样适用。比如，美国传统字典中声誉（reputation）的定义是："公众对某人或某物的总体评价，是归属于某人或某物的独特的特征或特质"；牛津英语字典的定义为"公众对于某人性格或其他品质的总体评价，是对某人或某物的相对评价或尊重"（转引自李延喜等，2010）。这两个定义的主干均为"声誉是评价"。

除了"评价"这个中心词之外，词典中的定义也表明了评价是谁做出的。汉语中"在社会上流传的"以及英语定义中的主语"公众"都表明，声誉概念中所指的评价不是某一个人做出的，而是"公众"或者"社会"做出的。词典中的定义还传递了声誉概念在时间上的含义。汉语中，名声是在社会上流传的评价。既然已经在社会上"流传"，那这种评价必定不是当场做出的，而必然是经过一段时间"众口相传"的积累。这种时间特征包含了两层含义：首先，声誉是面向过去的。只有过去的表现才能够被评价并且被流传。其次，声誉体现了主体行为的一贯性。如果主体的行为反复无常，那么社会上流传的只能是他具有反复无常的"声誉"。而实际上，只有具有一贯性的行为，才能被广泛地流传。

在社会化分工的环境中，声誉可能是十分具体的，某主体的声誉往往局限于某些领域。Sztompka（1999）举出了一些例子：一个人在朋友中可能有高的职业声誉，但只有低的社会声誉；一个学生可能有作为运动员的声誉，但只有低的学术声誉；一个律师可能有为刑事案件而不是民事案件辩护的声誉。但是 Sztompka（1999）认为"也可能有一般化的声誉，从一个活动领域扩散到另一个活动领域，从一个角色扩散到另一个角色，从一个地位扩散到另一个地位"。他认为这种传递是建立在关于人的性格内隐理论（implicit theory）的基础上的："人们有一致的人格和特质，而且他们的行为是由这些人格和特质所驱动的。它们或者是确定的习惯（例如，诚实、公正、自私等），或者不是。我们也认为特质以某种特定的方式联系在一起。我们认为诚实的人将是慷慨的，并且拥有其他积极的特质；而坏人则彻头彻尾是坏的。"

仔细分析 Sztompka（1999）的上述论述可以发现，声誉的具体性往往体现在主体的技能层面，而声誉的一般性则体现在其道德层面。声誉包含道德和技能两个方面的这一观点是与信任理论一致的。Barber（1983）强调信任包含对他人"技术能力"和"信用责任"的信任两个方面，杨中芳和彭泗清（1999）指出信任包含对他人"能力"的信任和对他人"人品"的信任，都表达了同样的意思。针对某一个特定的行为主体，其声誉通常同时包含了道德和技能两个层面，这也正是声誉定义中所谓"总体评价"的含义。

根据以上分析，声誉可以理解为社会公众对某主体过去一贯表现的总体评价。

声誉的重要性在于，社会参与者会根据主体的声誉来决定是否给予信任并与之合作。因此，任何一个希望与他人合作的行为主体都必然会注重建立和维持良好的声誉。于是，声誉的建立和维持就成为一种不需要任何外在强制措施而能够自我实施的过程，这也就是声誉机制的基本内涵。

我们可以借鉴张维迎（2002）的博弈模型对声誉机制做一简单分析。这一模型有两个参与者——委托人与代理人；博弈有两个阶段，第一阶段委托人选择是否信任代理人，第二阶段代理人选择是否守信。博弈树见图 1，图中方框里第一个数字表示委托人的收入，第二个数字表示代理人的收入。

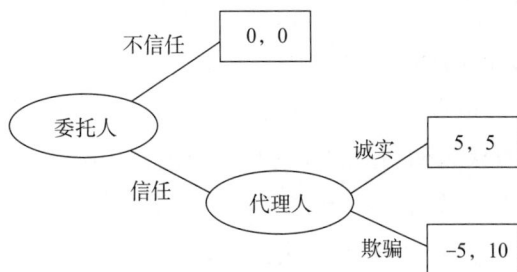

不信任　0, 0

委托人

信任　代理人　诚实　5, 5

欺骗　-5, 10

图1　博弈树

资料来源：张维迎. 法律制度的信誉基础［J］. 经济研究，2002（1）：6.

首先假定博弈是一次性的，此时纳什均衡为：委托人选择不信任，代理人选择欺骗，交易不会发生。接下来，假定在每一次博弈结束前，双方都预期有δ的可能性进行下一次交易，并且每次博弈的结构相同。假定委托人的触发战略如下：首先选择信任代理人，如果代理人诚实，则委托人继续信任；而一旦代理人欺骗，委托人将永远不信任代理人。此时如果代理人选择欺骗，那么他只能获得一次交易的收入10。如果代理人选择诚信，那么他本期将获得5的收入，并且有δ的概率在下期获得5，有$δ^2$的概率在下下期获得5，以此类推代理人的期望收入为5+5δ+5$δ^2$+5$δ^3$+…=5/（1-δ）。显然，如果δ大于或等于0.5，诚信就是代理人的最优选择。假定交易继续的概率δ大于或等于0.5，委托人的触发战略就确实是最优的，合作关系就可以建立。这就是重复博弈创造的声誉机制。

根据以上分析，张维迎（2002）将声誉机制发生作用的条件概括为四点：第一，博弈必须是重复的，也就是说交易关系必须有足够高的概率持续下去。第二，当事人必须有足够的耐心，更注重长远利益。一个只重眼前利益而不考虑长远的人是不值得信赖的。第三，当事人的不诚实行为能被及时观察到，高效率的信息传递系统对声誉机制的建立具有至关重要的意义。第四，当事人必须有足够的积极性和可能性对交易对手的欺骗行为进行惩罚。

（三）中国情境下的声誉机制

中华文化是一个特别注重声誉的文化，声誉机制在中国情境下有很多有趣的表现，"脸"和"面子"这两个词的使用就是典型代表。

胡先缙（1944）对中国人"脸"和"面子"的概念进行了详尽和生动的分析，现在读起来仍让人会心一笑。在她的论述中，"丢脸"是团体对不道德或社会所不同意的行为的责难。怕"丢脸"使个人对道德的界限保持自觉，它维系了道德价值，并且展现出社会制约的力量。个人不只是"丢自己的脸"，而且个人通常归属某一个密切整合而又与他荣辱与共的团体，因此又有"丢父母的脸"，甚至"丢他们国家的脸"。"不要脸"是一种严厉的指责，意思是自我不在乎社会对其品格有何想法，他甘冒违反道德标准之大不韪而获取私利。除非为环境所迫，否则很少有人愿意和这种人打交道。"没有脸"的意思甚至比"不要脸"还要严厉。当自我觉得由于本身的过错而令某人失望时，经常会使用"我没有脸去见某某人"这种说法。"脸皮厚"的意义和"不要脸"类似，不过却较为委婉。"脸皮薄"的人对外界的议论相当敏感，他们经常花费许多心思来维护良好的声誉。然而总的来说，社会还是喜欢脸皮薄的人，因为他们比较遵守社会规范。

"顾面子"是指自我要提高声誉。"面子上不好看"描述个人面对社会非议时的感觉。"给面子"是甲的行动在其他人面前增加了乙的声望。"给某人留面子"则是不要轻易揭发某人的错误。"要面子"是依靠卖弄或瞒骗来取得名声。"敷衍面子"表示甲也许并不怎么尊重乙，但是为了博取后者的好感，甲会表现出某种程度的敬意，恰好使后者不会感到不快。"没有面子"的意思是自我拥有的名声不足以达到某个目标。通常用"看我的面子"这类说法来劝解打架或争吵的两方。

而"脸"和"面子"却是不同的概念。体会"没有脸"和"没有面子"这两个词的差别，前者是最严重的侮辱，它涉及个人道德品格的完整性，后者则只是表示自我无法出人头地并获得声望而已。在胡先缙（1944）看来，"面子"代表在中国广受重视的社会声誉。而"脸"代表社会对于自我德性完整的信任，一旦失去它，个人便很难继续在社群中正常运作。"脸"不但是维护道德标准的一种社会约束力，也是一种内化的自我制约力量。

"脸"和"面子"就是中国人的声誉。我们可以体会到声誉机制对中国人的强大作用力。"无颜见江东父老"可以导致一个人自杀，"为国争光"则是强大的精神力量。在中国情境下声誉有时比直接的利益更能够起到激励和治理作用。

（四）从会计稳健性角度检验声誉机制的有效性

声誉机制的理论研究和实证检验已经积累了不少文献，但是将声誉机制引入财务会计领域的研究还很少。本课题的新意在于从会计稳健性角度检验声誉机制的有效性。

稳健性（conservatism）在财务会计理论中占有重要地位，也是会计准则制定机构经常讨论的概念之一。我国2006年颁布的《企业会计准则——基本准则》将稳健性（谨慎性）作为一项会计信息质量要求，规定"企业对交易或者事项进行会计确认、计量和报告应当保持应有的谨慎，不应高估资产或者收益、低估负债或者费用"。准则制定机构编著的《企业会计准则讲解》中进一步解释，"会计信息质量的谨慎性要求，需要企业在面临不确定性因素的情况下做出职业判断时，应当保持应有的谨慎，充分估计到各种风险和损失，既不高估资产或者收益，也不低估负债或者费用"。IASB 和 FASB 于 2010 年 9 月正式颁布了它们联合制定的财务会计概念框架的第一章和第三章。第三章"有用财务信息的质量特征"中对稳健性的定位与以往有所不同。联合概念框架用如实反映（faithful representation）替代了之前的可靠性，并且以前作为可靠性组成方面的实质重于形式（substance over form）、谨慎性（稳健性）和可验证性（verifiability）不再作为如实反映的组成方面。联合概念框架认为，一个描述（depiction）要做到如实反映，应当具备三个特征：完整（complete）、中立（neutral）、无误（free from error）。中立要求在选择或表述财务信息时应当是无偏的，因此稳健性不符合中立性的要求（SFAC No.8 BC3.27）。

概念框架的上述认识反映了准则制定者的态度，然而，稳健性不仅仅是会计准则所强制要求的一种质量特征，实务中它还有着广泛的市场需求。Watts（2003）深刻地揭示了会计稳健性的市场需求，他认为会计稳健性产生的原因包括契约、诉讼、税收和管制。在债务契约中，债权人关心其债权能否得到偿还，公司超出债权面值之上的净资产并不能给债权人带来额外收益，因此债权人关注公司收益和净资产的底线，这就产生了对稳健性的需求，稳健的会计信息能够降低债务契约潜在的代理成本。在薪酬契约中，稳健性可以抑制管理者高估收益而获得高报酬的机会主义行为，从而降低薪酬契约的代理成本。如果征税依赖会计信息，那么公司为了降低税负也会产生对稳健性的需求。由于管制而产生的政治成本也促使公司倾向于降低盈利或者采取稳健的会计政策。

在上述四个方面，契约需求是稳健性最重要的原因（Watts，2003；姜国华、张然，2007），这也为本课题从会计稳健性角度检验声誉机制的有效性提供了机会。债务契约和薪酬契约中对稳健性的需求在本质上都是为了解决代理问题，而代理问题本质上是信任问题。正是因为委托人对代理人不信任，才会通过签订债务契约和薪酬契约来约束代理人，才会在契约中对会计信息的稳健性做出要求。从这个意义上说，会计稳健性可以理解为一种信任机制。这样一来，会计稳健性和声誉机制就有了共同的理论基础，它们都会在增进信任方面发挥作用，这也正是本课题的逻辑起点。

本报告题为"声誉机制、契约安排与会计稳健性研究"，主要研究债务契约和薪酬契约中声誉机制对会计稳健性的影响，以及这一影响在不同制度环境中的差异。本报告由四部分组成：第一部分是声誉理论概述及本课题的研究思路；第二部分是"声誉机制、债务契约与会计稳健性"，研究债务契约中声誉机制对会计稳健性的影响；第三部分是"声誉机制与 CEO 薪酬—回报的非对称敏感性——基于 CEO 政治关系视角的实证研究"，考察声誉机制对薪酬契约设计的影响，可视为对薪酬契约中声誉机制对会计稳健性影响的间接检验；第四部分是"声誉机制、制度环境与会计稳健性"，研究声誉机制对会计稳健性的影响在不同制度环境中的差异，也体现了声誉机制对正式制度的替代作用。

本课题研究的意义体现在两个方面：第一，党的十七届六中全会深刻指出了诚信缺失的严重危害，并要求"把诚信建设摆在突出位置"。声誉机制在诚信建设中发挥着不可替代的重要作用。本课题以会计稳健性为例论证了声誉机制的有效性，这对于促进声誉机制在诚信建设中发挥作用具有理论指导意义。第二，从财务会计角度看，以往的财务会计研究很少涉及声誉机制等非正式制度，本课题研究了声誉机制对会计稳健性的影响，对于拓展财务会计研究的视野颇具启示。

二、声誉机制、债务契约与会计稳健性

（一）理论分析和研究假设

本节从信任的角度研究公司声誉如何影响债务契约对会计稳健性的要求。

债务契约是会计稳健性产生的最重要的原因（姜国华、张然，2007）。具体而言，债务契约中债务人超出债权面值之上的净资产并不能给债权人带来额外收益，因此债权人关注债务人收益和净资产的"底线"，这就产生了对稳健性的需求；另一方面，债务人为了缓解潜在的逆向选择问题，也可能会主动提供稳健的会计信息。所以，会计稳健性能够减轻债权人与债务人之间的代理冲突，从而是一种有效订约机制（an efficient contracting mechanism）。

如果换一种话语系统，从信任角度理解上述含义，我们可以将问题分为三个层次：首先，债权人和债务人为什么要签订债务契约？简单地说，债务契约存在的理由是债权人、债务人双方之间的不信任。债权人担心债务人无法还本付息，债务人担心债权人随意变更债务条款，因此双方需要将各自的权利义务以正式契约的形式确定下来，而债务契约的背后是法律制度的支撑。债务契约实际上是一种基于正式法律制度的信任机制。其次，债务契约中为什么会包含对会计稳健性的要求？会计信息是债务契约有效执行的关键。但会计信息是债务人提供的，债权人难免会担心债务人存在机

会主义行为，通过操纵会计信息损害债权人利益。诚信的债务人也会担心债权人的不信任所导致的逆向选择问题。按照 Watts（2003）的思路，对会计信息的不信任最终形成了稳健性的会计惯例。再次，什么因素能够减轻上述担心或者说不信任？如果债务契约和稳健性都是为了增进信任，那么其他能够增进信任的因素自然会对它们产生影响。在现代高度匿名的社会中，声誉是信任的一种重要来源。因此，在基于法律的债务契约既定的情况下，债务人良好的声誉将会降低债务契约对会计稳健性的要求，从而体现出声誉对法律有一定的替代作用。

根据上述思路，本节研究两个问题：

第一个问题是公司债务水平与会计稳健性的关系。如前所述，债务契约是稳健性产生的重要原因。然而，债务契约与债务多少是两回事。即便只有很少的债务，在现代法律环境下，债务契约也是必需的，而且契约中也可能包含对稳健性的要求。但是，如果债务人的债务水平较高，那么有两个原因导致其会计信息更加稳健。第一，债务水平高可能对应的债务契约数量也较多，那么契约中包含稳健性要求的概率和情形会增加。第二，债务人总体债务水平较高，使得单一债权人的风险增大，此时债权人不得不采取更加积极谨慎的风险控制措施，这些措施中的一个环节就是在债务契约中要求债务人提供更加稳健的会计信息，为债权人及时决策提供参考。当然，由于存在逆向选择的可能性，如果债权人不提出对稳健性的要求，债务人也可能主动提供稳健的会计信息。由此提出假设 1。

假设 1：限定其他条件，公司债务水平越高，会计稳健性越强。

第二个问题是公司声誉如何影响债务水平与会计稳健性的关系。如前所述，债务契约和会计稳健性都是为了解决信任问题而存在的。在债权债务关系中，如果债务人具有良好的声誉，债权人对他的信任就会增加。这种信任包含两个方面：对债务人按期还本付息的信任和对债务人所提供会计信息的信任。如果法律要求债务契约是必须签订的，那么债务人按期还本付息就得到了法律的一定保障，声誉则提供了法律之外的进一步保障。但相对而言，由于会计信息的产生过程具有相当的弹性，法律对会计信息的保障程度较弱。此时声誉会增进债权人对会计信息的信任，也就是更加相信债务人不会操纵会计信息来损害债权人的利益，从而降低债务契约中对会计稳健性的要求。进一步地，根据前文提出假设 1 时的理论分析，债务人的债务水平越高，债权人的风险和不信任也会增加，对会计稳健性的要求也随之提高。此时声誉再次发挥了增进信任的功能，债务人良好的声誉能够提高债权人对债务人还本付息前景和所提供的会计信息的信任，从而减少债权人对风险的担心和对会计稳健性的要求。因此总体来看，债务人的良好声誉会降低债务水平对会计稳健性的正向影响。由此提出假设 2。

假设 2：限定其他条件，声誉较低的债务人债务水平对会计稳健性的正向影响，要大于声誉较高债务人的这种影响。

（二）研究方法和研究结果

本节对假设的检验是以 Basu（1997）模型为基础展开的，见模型 1。该模型以公司股票年回报率（RET_{it}）的正负作为好坏消息的度量，将回报对盈余（EPS_{it}/P_{it-1}）进行"反向回归"，以表示盈余对好坏消息的反应程度。模型设置坏消息虚拟变量（D_{it}），系数 α_2 表示盈余对好消息的反应程度，$\alpha_2+\alpha_3$ 表示盈余对坏消息的反应程度，交乘项系数 α_3 即表示盈余对坏消息相对好消息的增量反应。如果盈余具有稳健性，则 α_3 应当为正，α_3 越大表示盈余越稳健。

$$EPS_{it} / P_{it\ 1} = \alpha_0 + \alpha_1 D_{it} + \alpha_2 RET_{it} + \alpha_3 D_{it} * RET_{it} + \varepsilon_{it} \qquad (1)$$

为了检验债务水平对会计稳健性的影响，在模型 1 中增加了债务变量（X）与原变量的交乘项，建立模型 2。模型 2 中系数 β_7 即反映了债务水平对会计稳健性的影响。根据前文的分析，公司债务负担越重，会计稳健性程度应该越高，因此 β_7 应当显著为正。公司债务水平（X）的替代变量有 3 个，分别是短期借款占总资产的比例（SLA）、长期借款占总资产的比例（LLA）以及长短期借款之和占总资产的比例（TLA）。

$$EPS_{it} / P_{it-1} = \beta_0 + \beta_1 D_{it} + \beta_2 RET_{it} + \beta_3 D_{it} * RET_{it} + \beta_4 X_{it}$$
$$+ \beta_5 X_{it} * D_{it} + \beta_6 X_{it} * RET_{it} + \beta_7 X_{it} * D_{it} * RET_{it} + \xi_{it} \qquad (2)$$

本节同时使用了三种公司声誉度量方法，分别是公司捐赠与营业收入之比、经行业中位数调整的营业收入和公司注册地的信任度评价得分。我们对声誉变量的使用方法是将样本公司按照声誉高低分组，考察债务水平对会计稳健性的影响在声誉高组和声誉低组的差异。

本节所使用变量的具体定义见表 1。

表 1　变量定义

变量名称	变量定义
EPS_{it}/P_{it-1}	公司 i 第 t 年每股收益除以第 t 年年初每股股价，再减去当年样本均值。

变量名称		变量定义
D_{it}		$RET_{it}<0$ 时，$D_{it}=1$；否则 $D_{it}=0$。
RET_{it}		公司 i 第 t 年 5 月至第 t+1 年 4 月各月回报率的乘积减 1，减去同期深市或沪市各月市场回报率的乘积减 1。用公式表示为：$$RET_{it}=[\prod_{j=(t,5)}^{j=(t+1,4)}(1+r_{ij})-1]-[\prod_{j=(t,5)}^{j=(t+1,4)}(1+r_{mj})-1]$$其中 r_{ij} 为月个股回报率，r_{mj} 为月市场回报率。
债务 X	SLA	平均短期借款 / 平均总资产。平均指年初和年末平均，下同。
	LLA	平均长期借款 / 平均总资产。
	TLA	（平均短期借款 + 平均长期借款）/ 平均总资产。
声誉	DONAREV	公司当年捐赠金额 / 当年营业收入（万元）。如果该指标大于当年样本公司的中位数，则为高声誉组，否则为低声誉组。
	REV	公司营业收入。如果公司当年营业收入大于当年行业中位数，则为高声誉组，否则为低声誉组。
	TRUST	各地区信任度评价得分，取自张维迎和柯荣住（2002）的调查数据。如果公司注册地的信任度评价得分大于中位数，则为高声誉组，否则为低声誉组。

本节的研究样本是 2004 年至 2008 年沪深两市的上市公司，剔除了金融保险行业、被 ST 等特别处理、净资产为负数、当年上市、同时发行除 A 股外其他股票以及数据缺失的公司，最终得到 4395 个观测值。除地区信任度评价得分之外，其余数据均取自 CSMAR 数据库。为了克服极端值的影响，本节对连续变量最大和最小的 1% 进行了缩尾处理。

表 2 报告了采用全样本对假设 1 的检验结果。表 2 的第二列首先报告了模型 1 的回归结果，D*RET 的系数不显著，说明总体上样本公司没有表现出明显的会计稳健性。在对模型 2 的回归中，三种债务变量的效果是不同的。短期借款比例的三项交乘项（D*RET*SLA）的系数为 0.129，在 1% 的水平显著；长期借款比例的该交乘项（D*RET*LLA）系数不显著；长短期借款比例的三项交乘项（D*RET*TLA）的系数为 0.094，在 1% 的水平显著。这些结果意味着，短期借款比例和长短期借款比例均对会计稳健性有正向影响，支持假设 1；但长期借款比例对会计稳健性没有显著影响。

表2 债务与会计稳健性的回归结果（全样本）

变量	全样本			
		X=SLA	X=LLA	X=TLA
Constant	0.022★★★ （13.985）	0.033★★★ （12.192）	0.017★★★ （9.210）	0.026★★★ （9.619）
D	−0.022★★★ （−10.419）	−0.013★★★ （−3.765）	−0.021★★★ （−8.207）	−0.012★★★ （−3.220）
RET	0.004 （1.452）	0.011★★ （2.573）	0.007★★ （2.264）	0.014★★★ （2.972）
D*RET	−0.002 （−0.436）	−0.022★★★ （−3.532）	−0.004 （−0.901）	−0.022★★★ （−3.342）
X		−0.069★★★ （−4.273）	0.086★★★ （4.566）	−0.022★ （−1.746）
D*X		−0.039★ （−1.788）	−0.029 （−1.054）	−0.037★★ （−2.084）
RET*X		−0.041 （−1.530）	−0.057 （−1.594）	−0.041★ （−1.941）
D*RET*X		0.129★★★ （3.098）	0.040 （0.667）	0.094★★★ （2.804）
Adj R^2	0.038	0.096	0.045	0.063
F	66.403	52.332	35.035	39.638
Prob>F	0.000	0.000	0.000	0.000
N	4395	4395	4395	4395

注：括号中为经 White 调整的 t 值；★★★、★★、★ 分别代表在 1%、5% 和 10% 的显著性水平显著。

为了检验假设 2，我们按照声誉变量将全样本划分为声誉高组和声誉低组，分别使用模型 2 进行回归，观察债务对稳健性的影响在声誉高低两组间的差异。表 3 报告了以"捐赠金额 / 营业收入"（DONAREV）作为声誉度量的回归结果（另外两种声誉度量的回归结果与表 3 类似，限于篇幅，没有列出）。

结果显示：在声誉高组，三种债务变量的三项交乘项（D*RET*X）的系数均为正数，但都没有达到 10% 的显著性水平，意味着三种债务变量对会计稳健性的正向影响不显著。而在声誉低组，短期借款比例的三项交乘项（D*RET*SLA）系数为 0.230、在 1% 的水平显著（与声誉高组系数差异的 Chow 检验 F=3.86、P=0.0496）；

长短期借款比例的三项交乘项（D*RET*TLA）的系数为 0.174、在 1% 的水平显著（与声誉高组系数差异的 Chow 检验 F=3.11、P=0.0780）；长期借款比例的该交乘项系数不显著（与声誉高组系数差异的 Chow 检验 F=0.74、P=0.3901）。显然，声誉低组债务水平对会计稳健性的正向影响大于声誉高组，支持了假设 2。

表 3 按声誉高低分组的回归结果（以 DONAREV 度量声誉）

变量	DONAREV 高组				DONAREV 低组			
		X=SLA	X=LLA	X=TLA		X=SLA	X=LLA	X=TLA
Constant	0.023*** (10.387)	0.034*** (9.553)	0.018*** (6.529)	0.026*** (7.207)	0.021*** (9.466)	0.031*** (7.671)	0.017*** (6.726)	0.026*** (6.350)
D	-0.022*** (-7.450)	-0.008 (-1.604)	-0.021*** (-5.785)	-0.008 (-1.518)	-0.022*** (-7.081)	-0.019*** (-3.667)	-0.021*** (-5.765)	-0.017*** (-2.988)
RET	0.003 (0.695)	0.013** (2.002)	0.005 (0.990)	0.015** (2.091)	0.006 (1.371)	0.011* (1.719)	0.010** (2.219)	0.014** (2.073)
D*RET	-0.007 (-1.269)	-0.018** (-2.226)	-0.007 (-1.031)	-0.019** (-2.172)	0.005 (0.744)	-0.029*** (-3.071)	-0.001 (-0.151)	-0.029*** (-2.782)
X		-0.073*** (-3.294)	0.089*** (3.525)	-0.017 (-1.089)		-0.064*** (-2.710)	0.081*** (2.682)	-0.027 (-1.377)
D*X		-0.068** (-2.248)	-0.024 (-0.714)	-0.053** (-2.325)		-0.004 (-0.111)	-0.030 (-0.616)	-0.014 (-0.501)
RET*X		-0.046 (-1.380)	-0.038 (-0.991)	-0.042 (-1.626)		-0.037 (-0.826)	-0.088 (-1.119)	-0.044 (-1.147)
D*RET*X		0.061 (1.342)	0.002 (0.022)	0.047 (1.309)		0.230*** (3.166)	0.121 (1.010)	0.174*** (2.777)
Adj R^2	0.030	0.090	0.041	0.050	0.047	0.110	0.049	0.084
F	27.643	26.485	16.587	17.496	41.200	26.586	20.241	22.870
Prob>F	0.000	0.000	0.000	0.000	0.000	0.000	0.000	0.000
N	2291	2291	2291	2291	2104	2104	2104	2104

注：括号中为经 White 调整的 t 值；***、**、* 分别代表在 1%、5% 和 10% 的显著性水平显著。

三、声誉机制与 CEO 薪酬—回报的非对称敏感性：基于 CEO 政治关系视角的实证研究

（一）理论分析和研究假设

本节从 CEO 政治关系的角度研究了 CEO 声誉对其薪酬契约设计的影响。

在各种公司治理机制中，薪酬契约是公司对高管进行激励的关键。然而，薪酬契约往往需要使用一些指标来评价高管的业绩，这些指标的使用将带来新的代理问题。比如，薪酬契约经常使用高管提供的会计数据，这些数据是否可靠就值得怀疑。如果不解决薪酬契约本身所带来的代理问题，薪酬激励将很难有效实行。会计稳健性正是缓解薪酬契约本身代理问题的一种手段。稳健性要求高管在提供会计数据时不得高估资产或者收益、不得低估负债或者费用，从而有助于克服高管的机会主义行为。因此，Watts（2003）指出薪酬契约是会计稳健性的重要来源之一。

虽然从理论上说薪酬契约是会计稳健性的一个原因，但是对这一观点进行实证检验却并不容易。Leone 等（2006）提供了一种间接检验薪酬契约导致会计稳健性的方法。他们并未直接检验薪酬与会计数据的关系，而是研究了 CEO 现金薪酬与公司股票回报的非对称敏感性。他们的逻辑是：股票回报是反映高管努力程度的一种度量指标；与会计盈余相比，股票回报既包含公司未实现的利得，也包含公司未实现的损失；在薪酬契约中，CEO 现金薪酬与未实现损失的相关性要高于和未实现利得的相关性；这是因为公司在设计薪酬契约时，要使得 CEO 为未实现损失承担责任，而不能因为未实现利得提前获得奖励。Leone 等（2006）的思路和薪酬契约导致会计稳健性的逻辑是一致的，本质上都是基于薪酬契约本身存在的代理问题。他们的方法也为本节的研究提供了基础。

本节研究声誉机制如何缓解薪酬契约本身存在的代理问题，可视为对声誉机制、薪酬契约与会计稳健性问题的间接检验。我们从 CEO 政治关系的角度展开研究，具有人大代表或者政协委员身份（一种政治关系）的 CEO 实际上具有较高的社会声誉，也就是说，CEO 的代表委员类政治关系是 CEO 声誉的一个替代变量。本节将 Leone 等（2006）的方法和 CEO 政治关系结合起来，依次研究两个问题：（1）CEO 现金薪酬与股票回报的非对称敏感性在我国是否存在；（2）CEO 政治关系对薪酬—回报的非对称敏感性有什么影响。

第一个问题涉及薪酬契约的设计。薪酬契约设计的关键问题是如何衡量 CEO 的努力程度和业绩。通常，薪酬契约依据会计业绩来评价 CEO 的业绩，但使用股票回报作为评价依据的做法也存在。Leone 等（2006）指出，回报和盈余都是有关管理者努力程度的信息，都可以用来设定 CEO 的现金薪酬。

如果薪酬契约使用会计数据作为 CEO 业绩评价指标，那么一个问题是这些数据是 CEO 负责提供的。CEO 会从自己的利益考虑来操纵会计数据。而另一方面，公司股东显然也十分清楚 CEO 的动机，对此他们不会无动于衷。稳健性作为一种重要的会计惯例就成为股东自我保护的一种手段。在稳健性惯例下，CEO 负责提供的会计数据不能高估公司当期的资产和收入，不能低估公司当期的负债和费用；要及时确认未实现的损失，不能确认未实现的利得；从而得到一个"实在"的会计业绩数据，减轻 CEO 操纵盈余给股东带来的伤害。在 Watts（2003）构建的会计稳健性理论框架中，薪酬契约是导致稳健性惯例形成的重要原因。

与会计盈余不同，股票回报反映的是市场对公司前景的看法，股票回报不是"稳健"的，它更加及时地同时包含了公司的未实现利得和未实现损失（Basu，1997；Leone 等，2006）。如果薪酬契约使用股票回报来评价 CEO 的业绩，一个需要解决的问题是如何设计 CEO 的薪酬与未实现利得和损失的关系。此时薪酬契约设计的原则应当是：要根据未实现损失及时对 CEO 进行惩罚；而不能因为未实现利得对其进行奖励（Leone 等，2006）。当期的未实现利得在未来是否能够实现具有不确定性，而 CEO 的任期一般是有限的。如果当期 CEO 因为未实现利得获得了奖励，而未实现利得最终未能实现，CEO 则可能在此之前就离开公司。也就是说，股东提前花费成本奖励了 CEO，最终却未能得到收益，又难以获得补偿，从而遭受了损失。因此，CEO 薪酬不能包含其因未实现利得而获得的奖励。相反，对于未实现损失，股东应当及时对 CEO 进行惩罚，让 CEO 及时对此承担责任。也就是 CEO 薪酬应当及时包含其因未实现损失而得到的惩罚。不难想象，这种"非对称"的薪酬契约设计，可以抑制 CEO 不顾风险、盲目投资的行为，促使他们合理管控经营风险，努力实现利得、避免损失，最终为股东创造财富。根据上述分析，Leone 等（2006）预测：CEO 现金薪酬对未实现损失的敏感性要大于对未实现利得的敏感性。他们用正的股票回报表示未实现利得，用负的股票回报表示未实现损失，提出如下假设，即假设 3。

假设 3：限定其他条件，CEO 现金薪酬对负的股票回报的敏感性要大于对正的股票回报的敏感性。

回想一下上述分析，当薪酬契约使用会计业绩对 CEO 进行业绩评价时，股东为什么会产生对会计稳健性的需求？当薪酬契约使用股票回报评价 CEO 时，为什么会形成薪酬—回报的非对称敏感性？这两个问题的答案是相同的，那就是股东不信任 CEO。可以想象，假设股东完全信任 CEO，上述所谓会计稳健性和薪酬—回报的非对称敏感性都没有存在的必要；不但如此，以激励为目的的薪酬契约本身也没有存在的必要。

将 CEO 薪酬—回报的非对称敏感性重新阐释为信任问题并非同义反复。这种阐释意味着，如果其他因素能够影响股东对 CEO 的信任，那么这些因素将影响 CEO 薪酬—回报的非对称敏感性。本节研究的 CEO 声誉（政治关系）正是这些因素之一。

CEO 的政治关系可以区分为政府官员和代表委员两种类型，前者指 CEO 有政府官员的任职经历，后者指 CEO 曾经或现在是人大代表或政协委员。对于民营企业来说，CEO 的政府官员类政治关系有三种来源：政府官员下海经商，退休政府官员被邀请或主动进入民营企业，政府指派官员进入民营企业；CEO 的代表委员类政治关系有两种来源：CEO 被选举进入人大或政协，人大代表或政协委员被邀请或主动进入民营企业，前者应当是主要的。

公司（股东）如何看待和对待具有政府官员类或代表委员类政治关系的 CEO？如何设计针对这些 CEO 的薪酬契约呢？对于代表委员类 CEO，股东知道这种政治关系主要是企业争取的结果，这类 CEO 是股东的"自己人"，从而更加信任他们。另一方面，CEO 人大代表或政协委员的职务往往是现任的，而人大和政协的组成人员通常都是各领域的杰出人士，能够入选人大代表或政协委员是 CEO 社会地位和声誉的体现，因此这一身份更加能够促进人们的信任。对于政府官员类 CEO，如果属于前述第一种来源，股东会将其看作"自己人"；而如果是后两种来源，为了规避风险，股东至少不会给予他们与前者同等的信任。因此，总体来看，CEO 的代表委员类政治关系将会增进股东对 CEO 的信任；而政府官员类政治关系能否增进股东对 CEO 的信任则具有不确定性。

根据前文的分析，在基于股票回报的薪酬契约设计中，因为股东对 CEO 的不信任，从而产生了 CEO 薪酬—回报的非对称敏感性。如果股东对 CEO 比较信任，那么在设计基于股票回报的薪酬契约时，股东就相对不太担心 CEO 不顾风险制造未实现利得、提前获得奖励之后就溜之大吉。因此，CEO 薪酬—回报的非对称敏感性程度会降低。反之，如果股东对 CEO 比较不信任，CEO 薪酬—回报的非对称敏感性程度就会提高。既然 CEO 的代表委员类政治关系能够增进股东对 CEO 的信任，那么可以预计这种政治关系会降低 CEO 薪酬—回报非对称敏感性的程度。政府官员类政治关系能否增进股东对 CEO 的信任则具有不确定性，因此这种政治关系对 CEO 薪酬—回报非对称敏感性的影响同样无法确定，我们对此不做预测。上述分析得出假设 4。

假设 4：限定其他条件，CEO 的代表委员类政治关系会降低 CEO 薪酬—回报非对称敏感性的程度。

（二）研究方法和研究结果

在研究方法上，本节主要借鉴 Leone 等（2006）的模型设定，见模型 3。

$$\Delta \ln COMP = \beta_0 + \beta_1 D + \beta_2 R + \beta_3 \Delta ROA + \beta_4 D*R + \beta_5 D*\Delta ROA + \beta_6 SALE + \beta_7 SALE^2 + \varepsilon \qquad (3)$$

该模型所体现的是公司业绩变动与 CEO 现金薪酬变动之间的关系。模型使用的公司业绩指标既包括股票回报（R），也包括会计业绩（ΔROA），但模型主要用于检验股票回报与薪酬的关系。股票回报同时包含了公司的未实现利得和损失。如果经市场调整的股票回报为正，则说明回报体现的是未实现净利得；反之则意味着回报体现了未实现净损失。模型 3 用虚拟变量 D 表示经市场调整的股票回报的正负。根据假设 3，CEO 现金薪酬对负的股票回报的敏感性要大于对正的股票回报的敏感性，也就是说 D*R 的系数 β4 应当显著为正。

为了检验 CEO 政治关系对这种非对称敏感性的影响，我们将模型 3 拓展为模型 4。

$$\Delta \ln COMP = \gamma_0 + \gamma_1 D + \gamma_2 R + \gamma_3 \Delta ROA + \gamma_4 D*R + \gamma_5 D*R*DBWY \qquad (4)$$
$$+ \gamma_6 D*R*GOV + \gamma_7 D*\Delta ROA + \gamma_8 SALE + \gamma_9 SALE^2 + \delta$$

模型 4 在模型 3 的基础上增加了 CEO 代表委员类政治关系和政府官员类政治关系分别与 D*R 的交乘项。根据假设 4，与没有任何政治关系的 CEO 相比，股东更加信任具有代表委员类政治关系的 CEO，因此其薪酬—回报的非对称敏感程度会降低，即 γ5 应当显著为负。我们无法判断股东是否更加信任或不信任具有政府官员类政治关系的 CEO，因此无法预测 γ6 的符号和显著性。

各变量的定义见表 4。

表 4　变量定义

变量名称	变量定义
$\Delta \ln COMP$	CEO 当年从公司领取的现金薪酬减去上一年现金薪酬，现金薪酬均取自然对数值。
D	如果公司当年经市场调整的累积月股票回报为负，D 取 1；否则 D 取 0。
R	公司当年累积月股票回报率。
ΔROA	公司当年总资产收益率减去上年总资产收益率。总资产收益率 = 净利润 / 期初总资产。
SALE	公司当年营业收入的自然对数。
FIRMAGE	公司自上市至研究当年的时间长度。
LEV	公司当年资产负债率。

变量名称	变量定义
MB	公司当年权益的市场价值与账面价值之比。
DBWY	如果 CEO 曾经或现在担任人大代表或政协委员，DBWY 取 1，否则取 0。
GOV	如果 CEO 曾经或现在担任政府官员，GOV 取 1，否则取 0。

本节的研究样本是沪深两市 2006—2008 年的民营上市公司，剔除了 CEO 不在公司领取薪酬的观测值、CEO 当年发生变更的观测值以及金融保险行业、被 ST 等特别处理、净资产为负数、当年上市、同时发行除 A 股外其他股票以及数据缺失的观测值。最终得到 690 个观测值，2006—2008 年分别为 177、212 和 301 个。CEO 是否在公司领取薪酬以及现金薪酬数据取自 CSMAR 数据库，政治关系信息根据 CSMAR 提供的高管简历判断并赋值，其他所需数据也均取自该数据库。为了克服极端值的影响，我们对连续变量最大和最小的 1% 进行了缩尾处理。

表 5 是 CEO 薪酬—回报非对称敏感性的回归结果。第（1）列中，R 的系数为 0.051、在 10% 的水平显著，说明 CEO 薪酬与正的股票回报正相关。D*R 的系数为 0.069、在 10% 的水平显著，这意味着 CEO 薪酬对负股票回报的敏感性要大于对正股票回报的敏感性，支持了假设 3。

表 5　CEO 薪酬—回报非对称敏感性回归结果

变量	（1）	（2）
	Δ lnCOMP	Δ lnCOMP
Constant	−0.315 （−0.117）	−0.850 （−0.318）
D	−0.033 （−0.786）	−0.038 （−0.910）
R	0.051* （1.839）	0.095 （1.411）
ΔROA	0.739* （1.911）	0.567 （1.378）
D*R	0.069* （1.682）	0.071* （1.676）
D*ΔROA	−1.052** （−2.109）	−0.959* （−1.897）
SALE	0.030 （0.116）	0.076 （0.296）

变量	（1）	（2）
	ΔlnCOMP	ΔlnCOMP
SALE²	−0.000 （−0.075）	−0.001 （−0.232）
FIRMAGE		0.007★ （1.659）
FIRMAGE★R		−0.001 （−0.333）
LEV		−0.100 （−0.818）
LEV★R		−0.044 （−0.488）
MB		−0.005 （−0.362）
MB★R		−0.002 （−0.309）
YEAR	控 制	控 制
Adj R²	0.046	0.044
F	4.112	3.042
Prob>F	0.000	0.000
N	690	690

注：括号中为经 White 调整的 t 值；★★★、★★、★分别表示在 1%、5% 和 10% 的显著性水平显著。

表 6 报告了 CEO 的两类政治关系对薪酬—回报的非对称敏感性的影响。根据模型 4，表 6 的（1）、（2）两列仅包含代表委员类政治关系（DBWY）与 D*R 的交乘项，（3）、（4）两列仅包含政府官员类政治关系（GOV）与 D*R 的交乘项，（5）、（6）两列同时包括了两类政治关系的交乘项。表 6 的六列回归结果中，D*R 的系数均显著为正，表明股东对没有任何政治关系的 CEO，仍然保持了薪酬—回报的非对称敏感性设计。（1）、（2）两列 D*R*DBWY 的系数分别为 −0.166 和 −0.157，均在 1% 的水平显著，说明如果 CEO 具有代表委员类政治关系，那么其薪酬—回报的非对称敏感程度会显著降低。这一结果支持了假设 4。（3）、（4）两列 D*R*GOV 均不显著，意味着 CEO 的政府官员类政治关系对薪酬—回报的非对称敏感性没有显著影响。在控制了 CEO 同时具有的两种政治关系之后，（5）、（6）两列 D*R*DBWY 的系数分别

为 –0.160 和 –0.158，均在 5% 的水平显著，这一结果同样支持了假设 4。

表 6 CEO 政治关系对薪酬—回报非对称敏感性的影响

变量	（1） ΔlnCOMP	（2） ΔlnCOMP	（3） ΔlnCOMP	（4） ΔlnCOMP	（5） ΔlnCOMP	（6） ΔlnCOMP
Constant	0.087 （0.033）	–0.531 （–0.200）	–0.113 （–0.043）	–0.724 （–0.273）	0.123 （0.047）	–0.534 （–0.202）
D	–0.033 （–0.780）	–0.039 （–0.923）	–0.032 （–0.753）	–0.038 （–0.883）	–0.032 （–0.767）	–0.039 （–0.916）
R	0.049★ （1.795）	0.088 （1.306）	0.051★ （1.859）	0.092 （1.372）	0.049★ （1.793）	0.088 （1.310）
ΔROA	0.736★ （1.898）	0.574 （1.393）	0.740★ （1.909）	0.575 （1.397）	0.736★ （1.897）	0.574 （1.393）
D★R	0.075★ （1.822）	0.077★ （1.803）	0.075★ （1.775）	0.075★ （1.724）	0.077★ （1.822）	0.077★ （1.768）
D★R★DBWY	–0.166★★★ （–3.137）	–0.157★★★ （–2.968）			–0.160★★ （–2.381）	–0.158★★ （–2.327）
D★R★GOV			–0.060 （–0.744）	–0.043 （–0.515）	–0.015 （–0.170）	0.002 （0.019）
D★ΔROA	–0.937★ （–1.892）	–0.855★ （–1.704）	–1.028★★ （–2.040）	–0.948★ （–1.859）	–0.935★ （–1.882）	–0.855★ （–1.703）
SALE	–0.011 （–0.043）	0.043 （0.171）	0.010 （0.041）	0.064 （0.251）	–0.014 （–0.056）	0.044 （0.173）
SALE^2	0.001 （0.092）	–0.001 （–0.099）	–0.000 （–0.000）	–0.001 （–0.187）	0.001 （0.106）	–0.001 （–0.101）
FIRMAGE		0.007 （1.643）		0.007 （1.629）		0.007★ （1.649）
FIRMAGE★R		–0.002 （–0.494）		–0.001 （–0.294）		–0.002 （–0.492）
LEV		–0.101 （–0.823）		–0.096 （–0.780）		–0.102 （–0.821）
LEV★R		–0.031 （–0.345）		–0.042 （–0.468）		–0.031 （–0.346）
MB		–0.004 （–0.310）		–0.004 （–0.316）		–0.004 （–0.309）
MB★R		–0.002 （–0.231）		–0.002 （–0.277）		–0.002 （–0.231）

变量	（1）	（2）	（3）	（4）	（5）	（6）
	ΔlnCOMP	ΔlnCOMP	ΔlnCOMP	ΔlnCOMP	ΔlnCOMP	ΔlnCOMP
YEAR	控制	控制	控制	控制	控制	控制
Adj R^2	0.050	0.046	0.046	0.043	0.048	0.045
F	4.109	3.182	3.741	2.871	3.743	2.995
Prob>F	0.000	0.000	0.000	0.000	0.000	0.000
N	690	690	690	690	690	690

注：括号中为经 White 调整的 t 值；★★★、★★、★分别表示在 1%、5% 和 10% 的显著性水平显著。

四、声誉机制、制度环境与会计稳健性

（一）理论分析和研究假设

本节以会计稳健性为基础，从信任角度理论分析并验证了声誉机制的有效性以及声誉机制对正式制度的替代作用。

本节的主要逻辑是：稳健性会计惯例产生的重要原因是委托代理关系下委托人对代理人的不信任；代理人良好的声誉能够增进委托人对其的信任，从而能够降低会计稳健性；制度环境较差的地区，委托人对代理人的不信任更严重，此时声誉促进信任的作用更加明显，换句话说，声誉对制度具有一定的替代作用。

在导致会计稳健性形成的各种原因中，契约（债务契约和薪酬契约）需求是最重要的因素（Watts，2003；姜国华、张然，2007）。债务契约和薪酬契约中委托人为什么会提出稳健性的要求呢？原因在于委托人认为代理人存在操纵会计信息的机会主义行为，也就是说委托人不信任代理人提供的会计信息是真实公允的。如果代理人诚实守信、委托人完全信任代理人提供的会计信息，那么也就不会产生稳健性惯例了。因此，信任问题是契约导致会计稳健性产生的本质。委托人对代理人越不信任，契约中对稳健性的要求就会越严厉；反之，如果委托人比较信任代理人，那么稳健性的要求就会放松。这也意味着，如果某些因素能够增进委托人对代理人的信任，那么这些因素将降低契约对会计稳健性的要求。代理人的声誉正是这些因素之一。Zucker（1986）、Sztompka（1999）、郑也夫（2001）和张维迎（2003）均指出声誉是信任的重要来源。显然，如果代理人具有良好的声誉，那么委托人将给予他较高程度的信任，这将降低契约中对会计稳健性的要求。由此提出假设 5：

假设 5：代理人声誉越高，会计稳健性越低。

会计稳健性是由于委托人对代理人不信任而产生的。代理人良好的声誉能够在微观层面增进委托人对代理人的信任程度，而制度则是宏观层面的重要信任机制。几乎所有理论家都认为制度是信任的重要来源（Luhmann，1979；Zucker，1986；张维迎，2003）。制度会限制代理人的行为动机，制度带来的潜在惩罚或制裁，使得代理人不得不按照值得信任的方式行动，从而增进委托人对代理人的信任程度。委托代理关系的建立、会计稳健性的产生以及委托人对代理人声誉的评估都是在一定的制度环境下进行的。因此，前文所分析的代理人良好的声誉会降低会计稳健性同样处于相应的制度背景之下。不同的制度环境，声誉对稳健性的影响应当有所不同。在制度环境较好的地区，代理人面临比较严厉的制裁威慑，这将降低他们操纵会计信息的机会主义行为。此时委托人依据制度的威慑就可以给予代理人相当程度的信任，从而对代理人声誉的依赖程度较低。反之，如果代理人所处的制度环境较差，委托人对代理人的信任程度普遍更低，此时委托人相对而言就要更加依赖对代理人声誉的评估来决定给予相应的信任。因此，延续假设5的分析，良好的制度环境会降低声誉对会计稳健性的影响程度，反之在制度环境较差的地区，代理人声誉对会计稳健性的影响更大。根据上述分析，提出假设6。

假设6：制度环境较差的地区，代理人声誉对会计稳健性的负向影响，要大于制度环境较好地区的这种影响。

（二）研究方法和研究结果

延续以往针对会计稳健性的诸多研究，本节采用 Basu（1997）模型为基础对假设进行检验，如模型5所示。与模型1相同，交乘项系数 α_3 即表示盈余对坏消息相对好消息的增量反应。如果盈余具有稳健性，则 α_3 应当为正，α_3 越大表示盈余越稳健。

$$EPS_{it} / P_{it-1} = \alpha_0 + \alpha_1 D_{it} + \alpha_2 R_{it} + \alpha_3 D_{it} * R_{it} + \varepsilon_{it} \qquad (5)$$

对假设5的检验是在模型5的基础上增加代理人声誉的替代变量（REPU）及其相应的交乘项，见模型6。其中 D*R*REPU 的系数 β_7 就表示代理人声誉对会计稳健性的影响。根据假设5，β_7 应当显著为负。

$$EPS_{it} / P_{it-1} = \beta_0 + \beta_1 D_{it} + \beta_2 R_{it} + \beta_3 D_{it} * R_{it} + \beta_4 REPU_{it}$$
$$+ \beta_5 D_{it} * REPU_{it} + \beta_6 R_{it} * REPU_{it} + \beta_7 D_{it} * R_{it} * REPU_{it} + \xi_{it} \qquad (6)$$

对假设6的检验是将全样本按照制度环境好坏分为两组，在两个子样本中分别应用模型 6 进行检验。根据假设 6，制度环境较差组回归系数 β_7 应当显著为负，并且其为负的程度要大于制度环境较好组的该系数。

模型中各变量的定义见表 7。

表 7　变量定义

变量名称		变量定义
EPS_{it}/P_{it-1}		公司 i 第 t 年每股收益除以第 t 年年初每股股价，再减去当年样本均值。
D_{it}		$R_{it}<0$ 时，$D_{it}=1$；否则 $D_{it}=0$。
R_{it}		公司 i 第 t 年 5 月至第 t+1 年 4 月各月回报率的乘积减 1，减去同期深市或沪市各月市场回报率的乘积减 1。
声誉 REPU	DONAREV	公司当年捐赠金额 / 当年营业收入（万元）。
	REVDUM	公司当年营业收入大于当年行业中位数时，REVDUM 取 1，否则取 0。
制度	INST	樊纲等（2010）计算的各地区 2004—2007 年市场化指数总体评分。

本节使用两种方法度量公司声誉：第一种是公司当年捐赠金额除以当年营业收入；第二种声誉度量是根据公司当年营业收入设定的虚拟变量，如果公司当年营业收入大于行业中位数，则为具有较高声誉，否则为具有较低声誉。本节的研究样本是 2004 年至 2007 年沪深两市的上市公司，剔除了金融保险行业、被 ST 等特别处理、净资产为负数、当年上市、同时发除 A 股外其他股票以及数据缺失的公司，最终得到 3309 个观测值。制度环境数据取自樊纲等（2010）计算的各地区 2004—2007 年市场化指数总体评分，其他数据均取自 CSMAR 数据库。为了克服极端值的影响，本节对连续变量最大和最小的 1% 进行了缩尾处理。

表 8 报告了全样本的回归结果。当使用捐赠与营业收入之比（DONAREV）作为声誉度量时，模型 4.2D*R*REPU 项的系数为 –0.002，在 1% 的水平显著。当使用营业收入在本行业中的位置虚拟变量（REVDUM）作为声誉度量时，D*R*REPU 项的系数为 –0.026，也在 1% 的水平显著。两种度量的回归结果是一致的，都说明较高声誉公司的会计稳健性较低，即良好的声誉会降低会计稳健性的程度，支持了假设 5。

表 8　全样本回归结果

变量	全样本	
	REPU=DONAREV	REPU=REVDUM
Constant	0.030★★★ （13.382）	0.015★★★ （4.480）

（续表）

变量	全样本	
	REPU=DONAREV	REPU=REVDUM
D	−0.031★★★ （−9.955）	−0.031★★★ （−7.100）
R	−0.002 （−0.558）	−0.007★ （−1.683）
D*R	0.006 （1.131）	0.015★★ （2.441）
REPU	−0.000 （−0.854）	0.025★★★ （6.015）
D*REPU	0.000 （0.201）	0.007 （1.252）
R*REPU	0.001★★★ （2.789）	0.014★★★ （2.656）
D*R*REPU	−0.002★★★ （−2.928）	−0.026★★★ （−3.055）
Adj R^2	0.044	0.106
F	28.653	58.934
Prob>F	0.000	0.000
N	3309	3309

注：括号中为经 White 调整的 t 值；★★★、★★、★分别代表在 1%、5% 和 10% 的显著性水平显著。

表 9 报告了根据制度变量分组的子样本回归结果。在 INST 较高组，两种声誉度量下 D*R*REPU 的系数均为负数，但都没有达到 10% 的显著性水平。这意味着在制度环境较好的地区，公司声誉对会计稳健性的负向影响不显著。在 INST 较低组，当使用捐赠与营业收入之比（DONAREV）作为声誉度量时，D*R*REPU 的系数为 −0.003、在 1% 的水平显著；当使用营业收入在本行业中的位置虚拟变量（REVDUM）作为声誉度量时，D*R*REPU 的系数为 −0.032、在 5% 的水平显著。这说明在制度环境较差的地区，公司良好的声誉会显著降低会计稳健性的程度。两个子样本回归结果的对比支持了假设 6，即在制度环境较差地区，代理人声誉对会计稳健性的负向影响要大于制度环境较好地区的这种影响。

制度环境较好的地区，公司声誉对会计稳健性没有显著影响。这可能意味着对于委托人来说，良好的制度环境已经为他们提供了某种程度的保证，因此他们在决定是否信任代理人时，对代理人声誉的依赖程度较低。反之，在制度环境较差的地区，声誉对会计稳健性具有显著的负向影响。也就是说，当制度无法为委托人提供充分的保证时，代理人的声誉开始发挥作用，成为委托人信任决策的依据。上述结果意味着声誉在制度无法发挥作用的地方起到了增进信任的作用，即声誉对制度具有一定的替代性，支持了张维迎（2002）的论断。

表 9　按照制度变量分组的回归结果

变量	INST 高组		INST 低组	
	REPU=DONAREV	REPU=REVDUM	REPU=DONAREV	REPU=REVDUM
Constant	0.033★★★ （11.077）	0.021★★★ （4.798）	0.027★★★ （8.418）	0.009★★ （2.017）
D	−0.029★★★ （−7.354）	−0.029★★★ （−5.011）	−0.031★★★ （−6.753）	−0.030★★★ （−4.796）
R	−0.004 （−0.714）	−0.007 （−0.971）	−0.001 （−0.251）	−0.006 （−1.208）
D★R	0.002 （0.292）	0.010 （1.101）	0.010 （1.297）	0.020★★ （2.195）
REPU	0.000 （0.557）	0.019★★★ （3.491）	−0.001★ （−1.961）	0.030★★★ （4.979）
D★REPU	−0.000 （−0.219）	0.001 （0.194）	0.001 （0.760）	0.009 （1.097）
R★REPU	0.001 （1.446）	0.009 （0.994）	0.002★★★ （2.945）	0.017★★ （2.551）
D★R★REPU	−0.001 （−1.175）	−0.017 （−1.568）	−0.003★★★ （−2.931）	−0.032★★ （−2.347）
Adj R^2	0.047	0.086	0.043	0.117
F	14.141	22.788	16.454	40.155
Prob>F	0.000	0.000	0.000	0.000
N	1508	1508	1801	1801

注：括号中为经 White 调整的 t 值；★★★、★★、★ 分别代表在 1%、5% 和 10% 的显著性水平显著。

附录：财务会计的信任功能

附录部分是本课题重要的理论基础，有助于读者从一个更广阔的视角理解本课题的研究思路。

附录初步论证了财务会计的信任功能。

首先，财务会计发挥作用的起因是委托人对代理人的不信任，财务会计信息能够增进委托人对代理人的信任。

其次，财务会计包括作为结果的财务会计信息和产生财务会计信息的过程两个方面。作为财务会计系统运行的结果，财务会计信息能够帮助委托人预测代理人的行为、判断代理人的能力、对代理人的行为进行有效的控制，从而在事前有助于委托人做出信任与否的决策，在事后有助于维持委托人对代理人的信任。而财务会计系统运行的过程（包括复式记账、会计准则和外部审计等）能够增进委托人对代理人提供的财务会计信息的信任。财务会计是一个自身构建十分完善的信任机制。

再次，解决委托人与代理人之间信任问题的机制不仅仅是财务会计，还有其他各种机制能够发挥作用，我们尝试建立一个信任机制的初步分析框架，以一个更加宏观的视野观察财务会计的作用，以及其他信任机制对财务会计的影响。信任机制至少包括四个方面：委托人与代理人所处的环境（包括文化氛围、制度环境和市场竞争）；财务会计和财务会计信息；委托人与代理人的关系；公司治理。这四类信任机制都可以在解决信任问题中发挥作用，因此除财务会计之外的其他机制就可能会对财务会计信息的有用性产生影响。

最后，我们将上述理论应用于分析制度对财务会计信息的影响。一方面，制度不是笼统的，而是有具体的针对性，针对财务会计信息的制度和针对代理人本身的制度，效果可能是不一样的。另一方面，财务会计信息的作用包括定价功能和治理功能两个方面。因此，不能笼统看待制度对财务会计信息的影响。经过分析，我们得出这样的结论：针对财务会计信息的制度会提高财务会计信息的定价功能，而针对代理人的制度则会降低财务会计信息的治理功能。以往相关研究为这一判断提供了证据。

参考文献：

［1］Barber B. The Logic and Limits of Trust [M]. Published by Rutgers University Press, 1983.

［2］Basu S. The Conservatism Principle and the Asymmetric Timeliness of Earnings [J]. Journal of Accounting and Economics, 1997, 24: 3-37.

［3］Fama, E. Agency Problems and the Theory of the Firm [J]. Journal of Political Economy, 1980, 88 (2): 288-307.

［4］Kreps D. and R. Wilson. Reputation and Imperfect Information [J]. Journal of Economic Theory, 1982, 27 (2): 253–279.

［5］Kreps D., P. Milgrom, J. Roberts and R. Wilson. Rational Cooperation in the Finitely Repeated Prisoners Dilemma [J]. Journal of Economic Theory, 1982, 27 (2): 245–252.

［6］Leone A. J., J. S. Wu and J. L. Zimmerman. Asymmetric Sensitivity of CEO Cash Compensation to Stock Returns [J]. Journal of Accounting and Economics, 2006, 42: 167–192.

［7］Milgrom, P., J. Roberts. Predation, Reputation, and Entry Deterrence [J]. Journal of Economic Theory, 1982, 27: 280–312.

［8］樊纲，王小鲁，朱恒鹏. 中国市场化指数：各地区市场化相对进程 2009 年报告［M］. 北京：经济科学出版社，2010.

［9］胡先缙. 中国人的面子观［A］. 载黄光国，胡先缙，等. 面子：中国人的权力游戏［M］. 北京：中国人民大学出版社，2004.

［10］姜国华，张然. 稳健性与公允价值：基于股票价格反应的规范性分析［J］. 会计研究，2007（6）：20–25.

［11］李延喜，吴笛，肖峰雷，姚宏. 声誉理论研究述评［J］. 管理评论，2010，22（10）：3–11.

［12］杨中芳，彭泗清. 中国人人际信任的概念化：一个人际关系的观点［J］. 社会学研究，1999（2）：1–21.

［13］张维迎，柯荣住. 信任及其解释：来自中国的跨省调查分析［J］. 经济研究，2002（10）：59–70.

［14］张维迎. 法律制度的信誉基础［J］. 经济研究，2002（1）：3–13.

［15］张维迎. 信息、信任与法律［M］. 北京：生活·读书·新知三联书店，2003.

［16］郑也夫. 信任论［M］. 北京：中国广播电视出版社，2001.

（选自广州市哲学社会科学发展“十二五”规划 2011 年度课题“声誉机制、契约安排与会计稳健性研究”。课题负责人：雷宇；成员：郭剑花、刘晓华、袁翠翠。）

环境污染责任保险补贴的政策需求
与制度供给

黄小敏（广东培正学院）

一、引言

面对严峻的环境污染形势，我国政府高度重视环境污染责任保险的发展。2011年10月颁布的《国务院关于加强环境保护重点工作的意见》提出要改革创新环境保护机制，健全环境污染责任保险制度，开展环境污染强制责任保险试点。2011年12月颁布的《国家环境保护"十二五"规划》提出要健全环境污染责任保险制度，研究建立重金属排放等高环境风险企业强制保险制度。我国目前已在广东、湖北、四川、江苏、上海等十多个省市试点环境污染责任保险，试点的几年来，取得了一些进展，然而，企业投保积极性不高、保险公司缺乏进一步开发市场的动力等现象在各试点地区普遍存在。我国环境污染责任保险发展面临"缺乏有效需求的同时缺乏有效供给"的困境，环境污染责任保险发展存在现实的供需矛盾。有效需求不足、供给短缺的双向限制严重阻碍了环境污染责任保险的持续发展和快速增长。

政府补贴是解决环境污染责任保险供需矛盾的有效途径。王哲（2009）研究了环境污染责任保险供给不足的问题，提出通过政府财政支持解决供给不足的问题。张晶和寇江华（2009）通过分析环境的外部性效应，提出通过政府税收政策支持和政府资金支持增加环境污染责任保险的供给，通过政府税收优惠和政府财政补贴提高环境污染责任保险的需求。游桂云（2009）认为环境污染责任保险与农业保险在正外部性、公益性、风险异质性与巨灾联系密切等方面存在相似性，提出环境污染责任保险的模式选择应当借鉴农业保险的经验教训。郑彬（2010）通过分析环境污染责任保险需求不足的原因，提出政府必须大力支持环境污染责任保险的发展。姜素红和陈彩霞（2010）通过分析政府在环境污染责任保险制度构建中的地位和作用，指出政府应发挥扶持环境污染责任保险发展的作用。张伟（2011）指出我国环境污染责任保险的发展必须依靠政府的引导，通过制度的完善来释放企业对环境风险管理的保险需求。陈冬梅和夏座蓉（2011）认为利用政府补贴固然可以增加企业的自主性，但政府补贴会增加财政负担，也会引发逆选择和道德风险问题。

环境污染责任保险的发展离不开政府的大力支持，政府应通过政策扶持和财政补贴支持环境污染责任保险的发展。研究环境污染责任保险补贴问题，健全我国环境污染责任保险补贴制度，对推动我国环境污染责任保险的快速发展具有重要的现实意义。

二、我国现行环境污染责任保险补贴支持体系

随着我国工业化进程的推进和经济的快速发展，环境污染问题日益突出。近年来，全国重大环境污染突发事件呈高发态势，全国环境污染治理投资总额也在逐年增加（见表1）。环境污染事故频发，不仅影响到企业正常的生产经营，增加政府财政压力，而且对老百姓的生活和权益造成严重影响，容易引发社会矛盾。环境污染责任保险制度通过及时补偿污染受害者的损失，有利于保障环境污染受害者的合法权益，缓解社会矛盾，促进企业与社会平稳发展。鉴于此，我国自2007年底正式启动环境污染责任保险试点以来，各试点地区陆续出台各种扶持政策与法规推动环境污染责任保险的发展，例如湖南省的"强制模式"、湖北省的"补贴模式"、河北省的"绿色信贷结合模式"。

表1　2006—2010年全国环境污染突发事件及环境污染治理投资情况

	2006年	2007年	2008年	2009年	2010年
全国环境污染突发事件发生数量（起）	161	110	135	171	156
全国环境污染治理投资总额（亿元）	2388	2568	3388	4490	6654
全国环境污染治理投资总额占当年GDP的比例（%）	1.23	1.36	1.49	1.33	1.66

资料来源：《中国环境状况公报》（2006—2010年）。

我国环境污染责任保险试点省市中有较多地区通过补贴措施推动环境污染责任保险的发展，例如武汉市、德阳市和无锡市的补贴模式（见表2）。政府补贴是扩大环境污染责任保险覆盖面的有效途径，部分试点地区通过补贴措施在一定程度上推动了

环境污染责任保险的发展。然而，在我国环境污染责任保险补贴实践中存在立法不完善、补贴方式单一、补贴效率保障机制缺失等问题；我国环境污染责任保险补贴制度在实践中尚处于探索阶段，在补贴资金来源的拓宽、补贴方式的完善、补贴效果的评价、补贴负面影响的减少等方面缺乏制度保障。完善环境污染责任保险补贴制度，可以促进我国环境污染责任保险补贴的规范化和制度化，保障环境污染责任保险补贴政策执行的有效性，推动我国环境污染责任保险快速发展，充分发挥环境污染责任保险在环境污染损失补偿中的主渠道作用。

表 2　部分试点地区的环境污染责任保险补贴概况

试点地区	湖北省武汉市	四川省德阳市	江苏省无锡市
补贴政策	（1）按保费 50% 进行补贴； （2）对高科技企业按保费 70% 进行补贴。	（1）对于 2009—2011 年积极参保的企业，财政给予 50% 的补贴； （2）根据企业投保的积极性，按 50%—20% 不同比例发放。	（1）按保费 10% 进行补贴； （2）根据是否发生环境污染事故，续保时费率按 10% 上下浮动。
发展概况	2010 年，武汉市 23 家企业投保环境污染责任保险，保险金额 8880 万元，保费近百万元。	2010 年，德阳市 10 家龙头化工企业续签了保险合同，累计赔偿限额上千万元。	至 2011 年底，参保企业 688 家，保费 1424 万元，保险责任限额 7.63 亿元。

资料来源：各试点地区环境保护网站。

三、环境污染责任保险补贴的政策需求

（一）健全的补贴法律法规体系

健全的补贴法律法规体系是实施环境污染责任保险补贴的前提和基础。环境污染责任保险补贴制度的构建与补贴政策的执行对相关法律法规具有很强的政策依赖性。目前，我国在环境污染责任保险方面的法律法规建设滞后，也没有制定专门的环境污染责任保险补贴法律法规，现行的补贴政策主要是以行政管理为特征。法律法规建设的缺位，极大地影响了我国环境污染责任保险补贴政策实施的规范化和制度化。环境污染责任保险补贴没有相应的制度框架，在补贴过程中容易造成地方政府、投保企业、保险公司三方的困惑，降低补贴效率。有了相应的制度安排，才能使补贴制度发挥积极作用并使政府补贴落到实处。环境污染责任保险补贴的组织制度是一种利益诱导机制，目的是提高环境污染责任保险的参保率，当前必须加快环境污染责任保险补贴的立法进程，发挥环境污染责任保险补贴政策的积极效应，不断提高环境污染责任

保险的参保率。

（二）持续稳定增长的财政投入

环境污染责任保险的发展速度在很大程度上取决于政府财政的支持力度。在环境污染责任保险补贴制度构建中，必须建立持续稳定增长的财政投入机制，确保补贴资金的充足性、补贴方式的完善性，发挥补贴长效机制的积极效应，防止补贴的不确定性和随意性。一方面，需要保障充足的补贴资金。政府必须通过财政资金支持建立环境污染责任保险补贴基金，并拓宽补贴资金的来源渠道（排污费、环境税、环境专项基金等）。另一方面，需要通过财政支持逐步完善环境污染责任保险补贴方式。随着环境污染责任保险的发展以及补贴制度的不断完善，需要逐步增加经营管理费用补贴和给予税收优惠，以及增加再保险补贴和建立财政支持下的环境巨灾风险基金。另外，需要加大省级财政和中央财政的支持力度。环境污染责任保险补贴资金受地方财政实力的影响，市级财政在保费补贴、经营管理费用补贴及税收优惠等方面需要省级财政的大力支持，而在再保险补贴及建立环境巨灾风险基金方面需要中央财政的大力支持。

（三）完善的补贴效率保障机制

政府补贴的目的是增加保险需求、激励保险供给进而扩大环境污染责任保险的覆盖面。为使环境污染责任保险补贴制度发挥积极效应和提高补贴效率，必须完善环境污染责任保险补贴效率的保障机制。一方面，需要建立统一协调机制。环境污染责任保险补贴制度的构建以及补贴政策的实施是一项复杂的系统工程，既涉及金融保险领域，也涉及法律领域；既需要政府部门的主导和推动，也需要金融、税收政策的激励；既需要保险公司的积极参与，又需要财政、环保等部门的配合和支持。因此，需要通过统一协调机制加强对环境污染责任保险补贴政策实施的组织和协调，确保补贴政策实施的协同有序和补贴制度的有效执行。另一方面，环境污染责任保险补贴政策的实施需要创造良好的外部环境。我国环境污染责任保险的有效需求明显不足，需要环保、保险公司、监管等部门加强环境污染责任保险及其补贴政策的宣传，营造良好的外部环境，发挥补贴政策促进环境污染责任保险发展的积极作用。另外，需要加强保险监管和补贴绩效评价，并通过补贴、环保、绿色信贷等政策的配合，有效防范逆选择和道德风险，降低财政补贴的负面影响，提高财政资金的使用效率。

四、环境污染责任保险补贴制度供给的路径选择

（一）健全环境污染责任保险补贴法律法规体系

我国目前应尽快研究、制定环境污染责任保险补贴配套的法律、法规，从各个方面对环境污染责任保险补贴予以规范，健全环境污染责任保险补贴法律法规体系，把环境污染责任保险补贴纳入法制的轨道，夯实环境污染责任保险补贴政策的执行基础。一方面，在立法层面明确发展环境污染责任保险以及建立环境污染责任保险补贴制度的法律地位，保障环境污染责任保险补贴政策的有效实施，化解环境污染责任保险本身的政策性目标与实践中经营者的商业性目标的矛盾。另一方面，通过立法保障补贴资金的充足性，明确补贴资金的来源（财政资金、排污费、环境税、环保专项基金等），明确补贴标准、补贴方式、补贴模式等，使补贴具有法律保障性、持续性和稳定性。另外，通过制定相关规定，从制度上规范财政补贴资金的拨付流程和拨付时点，规范环境污染责任保险补贴资金的监督管理，有效保障补贴资金的安全，提高补贴资金的流转效率。

（二）合理确定环境污染责任保险补贴标准

环境污染责任保险补贴金额与补贴率的确定既要依据纯费率的大小、保障程度的高低，又要考虑保险项目的重要程度。一般来说，补贴率与纯费率成正比，与保障水平成反比；政策目标高的重要项目宜补贴多，投保意愿强的一般项目宜补贴少。目前，我国部分试点地区对环境污染责任保险补贴的标准主要是保费的50%，例如湖北省武汉市和四川省德阳市。由于各地区的环境污染责任保险发展阶段、高环境风险行业布局等存在差异，因此，在实践中，应根据各地区具体情况合理确定环境污染责任保险补贴标准。从理论上看，环境风险越高的企业越愿意参加保险。但是，当参保率达到一定水平后，尚未参保的企业基本上是风险相对较小的企业。要想激励风险相对较小的企业参保，一般只能通过提高保费补贴比例来吸引这些企业参保。因此，应择机适当提高保费补贴比例，稳步提高环境污染责任保险参保率。为扶持高科技企业的发展，应加大对高科技企业投保环境污染责任保险的补贴标准。例如，武汉市对高科技企业投保环境污染责任保险给予高额保费补贴，近几年的保费补贴额度均在保费的70%以上。另外，为促进国家在危险废物处置、涉重金属排放等高环境风险行业的保险试点，对此类企业应适当提高补贴标准。

（三）完善环境污染责任保险补贴方式

目前，我国环境污染责任保险补贴方式比较单一，仅对投保企业提供保费补贴。随着环境污染责任保险的不断发展，应逐步完善环境污染责任保险的补贴方式。首先，环境污染责任保险经营的高风险、高成本影响了保险公司的承保积极性，对经营环境污染责任保险的保险公司提供经营管理费用补贴，可以降低环境污染责任保险的供给成本，增加环境污染责任保险的有效供给。提供经营管理费用补贴在环境污染责任保险补贴实践中是一个新课题，在实践中可以考虑由地方财政提供经营管理费用补贴。其次，对经营环境污染责任保险业务的保险公司给予税收优惠，实行减免税政策，并制定相应的管理办法，保证保险公司由优惠政策得到的收益能够充实其偿付能力。另外，环境污染的巨灾特性以及环境巨灾保障机制的缺失，对保险公司的稳定经营构成了严重威胁。应通过增加再保险补贴以及建立财政支持的环境巨灾风险基金，增强环境污染责任保险经营的稳定性，促进环境污染责任保险的可持续发展。

（四）加强补贴与非补贴措施的配合

环境污染责任保险的经营要求满足特定的投保率，然而，环境污染责任保险的投保率不仅取决于环境污染责任保险的补贴力度，还与投保企业对风险的偏好、环境污染责任保险是否具有强制性、信贷政策、环保政策等有关。首先，加强与强制投保措施的配合。在当前环境污染责任保险的有效需求明显不足的情况下，实施补贴政策的同时，在部分行业实行强制性投保，可以有效提高环境污染责任保险的投保率，从而化解因投保人不足所带来的"大数法则"困境。其次，充分发挥"绿色信贷"政策作用。商业银行在授信时，将企业是否投保环境污染责任保险作为是否获得贷款的重要条件和实施差别化信贷政策的重要依据，对应保未保企业强化"绿色信贷"作用。另外，实行投保企业优惠政策。环保部门与财政部门在污染治理、污染风险源整治等方面对投保企业给予一定的政策倾斜，将企业参与环境污染责任保险情况纳入企业环境行为信息公开评价体系，同时作为企业参与各类创先评优、ISO14000认证、上市融资等环保审核的重要内容。

（五）完善补贴效率保障机制

首先，建立统一协调机制。通过建立高效、顺畅、统一的协调机制，推进环境污染责任保险补贴政策的实施，提高环境污染责任保险补贴效率。环保、监管、保险公司、财政、银行等部门应在协调机制下，形成工作合力，并发挥各自的职能作用，共同推进补贴工作的有效开展。环保、监管、保险公司应加强配合，充分利用各自的行业优势，加强环境污染责任保险及其补贴制度的宣传，提升企业对补贴政策的认识和投保意识，为环境污染责任保险发展营造良好的外部环境。其次，通过制度建设有效防范逆选择和道德风险，降低财政补贴的副作用。一是加强补贴资金的监控和管理；二是加强补贴政策、环保政策和绿色信贷政策的配合；三是完善环境污染责任保险经营的微观制度，发挥保险的风险管理及费率调节杠杆作用，多方位防范逆选择和道德风险。另外，加强环境污染责任保险补贴绩效评价，不断完善补贴制度，促进补贴的科学化、合理化和可持续性，提高财政资金的使用效率。

五、结语

我国环境污染责任保险试点正处于关键时期，基于环境污染责任保险的准公共物品属性和公益性以及环境污染责任保险发展面临的现实困境，我国必须尽快建立与完善环境污染责任保险补贴制度，通过补贴政策推动环境污染责任保险快速发展。环境污染责任保险补贴制度的构建及补贴政策的实施具有很强的政策依赖性，政府应提供必要的法律、财政与行政支持。在国家层面的支持下，各试点地区应根据经济发展状况、产业结构、高环境风险行业布局等现实情况建立与健全环境污染责任保险补贴制度，通过制度建设有效推动绿色保险发展，推进环境保护，促进低碳经济发展。

参考文献：

［1］张晶，寇江华. 论环境责任保险中政府的作用［J］. 保险研究，2009（4）.

［2］王哲. 环境污染责任保险供需不足成因及解决策略［J］. 保险研究，2009（5）.

［3］游桂云. 环境责任保险模式选择与定价研究［D］. 中国海洋大学博士论文，2009.

［4］姜素红，陈彩霞. 论政府在环境责任保险制度构建中的地位和作用［J］. 中南林业科技大学学报：社会科学版，2010（2）.

［5］郑彬. 环境责任保险需求不足的成因及解决策略［J］. 沈阳师范大学学报：社会科学版，2010（4）.

［6］何燕. 实施环境污染责任保险的困境与出路［J］. 环境保护，2010（8）.

［7］陈冬梅，夏座蓉. 环境污染风险管理模式比较及环境责任保险的功能定位［J］. 复旦学报：社会科学版，2011（4）.

［8］张伟. 立法缺陷、承保约束与中国环境污染责任保险的制度供给［J］. 广东

金融学院学报，2011（5）.

［9］王超然，吴佳蔚，朱宁，黄璐，徐笑. 环境责任保险亟待创新突围：基于湘鄂冀三地环境责任保险试行现状调研的分析［J］. 环境经济，2011（8）.

［10］朱南军. 环境治理的经济学思维与环境责任保险［J］. 保险研究，2011（10）.

［11］蒋莉，刘维平. 建构我国环境保险制度的若干思考［J］. 生态经济，2011（12）.

［12］刘颖. 我国环境污染责任保险发展问题研究［J］. 经济纵横，2012（2）.

（选自广州市哲学社会科学发展"十二五"规划 2011 年度项目"环境污染责任保险补贴问题研究——以广州市为例"。课题负责人：黄小敏；成员：王丽兰。）

第一部分 经济、管理篇

扶持政策与广东农业龙头企业技术创新效率

于健南（华南农业大学）

一、前言

（一）国内、外研究现状及述评

现有国内外文献几乎没有涉及扶持政策对提高农业龙头企业技术创新效率的作用，而只有少量文献研究了政策扶持能否有助于提高龙头企业的经济绩效和创新能力，且对于这个问题目前也没有一致的结论。有研究表明，针对农业产业化的财税补贴优惠政策未能很好地实现政府的政策意图（王昌，2009）。税收优惠政策对农业上市公司产出无明显效应，直接财政补贴政策的作用是显著增加了企业的偿债能力，从而导致企业管理层的寻租和偷懒行为（邹彩芬等，2006）。技术创新对广东农业龙头企业核心竞争力培育的贡献不明显，这体现了我国现阶段农业龙头企业技术创新能力低（李大胜等，2009）。也有研究发现，外部资源对农业龙头企业的影响较大，其中税收减免占有较大的比重，因此对于农业龙头企业来讲外部资源是培育核心竞争力、获得竞争优势的重要途径之一（李大胜等，2009）。在影响龙头企业技术创新能力的诸因素中，政府的政策是影响企业创新能力的首要外部因素（高霞等，2009）。

国内也有学者从区域和产业角度对中国的创新效率进行了研究。从区域角度对我国创新效率问题进行研究的主要有：何枫等（2004）对改革开放以来我国各地区的技术效率变迁进行了测算，结果表明全国平均技术效率水平呈稳步上升趋势，但地区差异很大；岳书敬等（2005）运用超越对数生产函数SFA研究表明，技术进步是促进TFP增长的主要因素，但省际技术效率差距在扩大。在对特定产业的研究中，赖作卿等（2008）对广东省林业投入产出效率进行了研究；岳书敬（2008）对长三角高技术产业技术创新效率进行了分析。但是，这些研究都没有针对农业龙头企业，而且多数研究没有对创新效率的影响因素做进一步的分析。

国外有关研究也认为政府补贴兼有正面与负面效应。Beason 和 Weinstein（1996）研究了投资补贴效应，发现补贴导致企业低增长以及规模报酬递减。Van Tongeren（1998）对荷兰的投资补贴研究发现，投资补贴不恰当地改变了企业的投资决策，其带来的副效应是提高了企业的偿付能力。Bergstrom（2000）对瑞典企业 1987—1993年投资补贴效应进行分析，发现企业在获得补贴的第一年，补贴会带来正面效应，但从第二年开始，补贴带来的是负面影响。Tzelepis 和 Skuras（2004）对希腊 1982—1996 年的分析发现，投资补贴无助于企业效率与获利能力的提高，倒是大量自由现金的流入，提高了企业的偿债能力，投资补贴对企业的增长有正向影响。

综上所述，上述文献中有的涉及政府扶植政策，但没有研究政策对技术创新效率的影响；有的涉及技术创新效率，但没有针对农业龙头企业，且缺乏对创新效率的影响因素做进一步的分析。由于创新效率是联接扶持政策与经济增长的纽带，具有重要的理论和现实意义，为了制定正确的扶持政策非常有必要对两者间的关系进行深入研究。本项目从扶持政策角度，探讨广东农业龙头企业技术创新的现状，扶持政策对提高农业龙头企业技术创新效率的作用，现行扶持政策中的不足之处，以及优化广东省农业龙头企业扶持政策的措施，以期有助于解决广东农业龙头企业技术创新效率低下的问题。

（二）研究背景及意义

从国内、外经济背景来看，提高农业龙头企业技术创新效率、增加农产品供应，是因应农产品价格上涨和通货膨胀的有效手段。农产品价格成为推动我国此轮通货膨胀率上升的一个重要因素。由于农产品是人类生存的必需品，增加农产品供应无疑是控制物价水平的良方。农产品产量的增长取决于生产要素——土地、劳动力和资金的供给，以及潜在生产率的增速，后者则取决于发明和创新。而所有这些都受到税收等扶持政策的影响。农业龙头企业是农业生产中联系农户与市场的桥梁，是发展农业产业化经营、增加农产品供应的重要依托。因此，通胀背景下，通过技术创新有效增加农产品供给对稳定物价就显得尤为紧迫。然而，由于农业的弱质性，以及相关扶持政策不合理，在农产品生产中具有举足轻重作用的农业龙头企业相对其他行业普遍效益较低，缺乏技术创新的能力和动力，导致农业龙头企业技术创新效率不高，带动农户的作用有限，无法有效增加农产品供给。这已成为当前农业龙头企业研究中嗜待解决的一大课题。

从广东省内背景来看，一方面受自然灾害和国际大宗商品价格上涨等因素影响，2010 年下半年以来，农副产品价格上涨较快，农产品供应面临较大压力。另一方面，广东农业龙头企业技术创新能力的整体水平不高，大部分龙头企业的技术创新能力较弱，扶持政策还存在诸多不足之处。从 20 世纪 90 年代末以来，为扶持农业龙头企业发展，加快农业产业化进程，广东省逐步推出一系列扶持政策。先后制定了《广东省重点发展 100 家扶贫农业龙头企业实施方案》、《广东省重点农业龙头企业申报认定与监测管理办法》等政策，对农业龙头企业的扶持力度不断加大。自 2001 年开始，省财政每年安排 3000 万元，扶持农业龙头企业发展。省重点培育的扶贫农业龙头企业由原来的 48 家扩展为现在的 100 家。然而有研究表明，广东农业龙头企业技术创新对其核心竞争能力的贡献只有 6%，政府扶持和金融支持的贡献为 11.57%。技术创新是农业龙头企业的核心竞争力，是生存与发展的关键因素。广东农业龙头企业技术创新能力不足必将影响到龙头企业带动农户的能力。

政府扶持龙头企业进行技术创新的政策还有许多不足之处：一是资金相对较少，技术和信息来源渠道不畅，社会化服务滞后。二是现有的扶持政策在分配资源过程中存在一定的歧视。三是现有扶持政策把重心放在优惠和补贴的数量上面，忽视了企业如何使用这些优惠和补贴。四是现有的扶持政策存在重申报认定、轻后续管理的现象。这样下去，即使对龙头企业的扶持力度再大，农业龙头企业整体的技术创新依然缺乏效率，导致企业生产效率和绩效不高，带动农户的效果不显著，无法有效增加农产品供应。因此，农业龙头企业的扶持政策在政策资源的分配、运用、管理等多方面还需要进行改善。对各项政策应进行分类，并根据其效果和实施对象进行调整，以提高政策资源的使用效率。

二、农业龙头企业的制度分析

龙头企业是通过合同、合作、股份合作等利益联结机制，带动农户发展现代农业生产，实行农产品生产、加工、销售一体化经营的企业。目前，龙头企业提供的农产品及加工制品占农产品市场供应量的 1/3，占主要城市"菜篮子"产品供给的 2/3 以上，已成为保障农产品有效供给的骨干力量。龙头企业是一种具有准公益性质的特殊工商企业，是政府和农民的利益诉求体，负担着促进农业发展、带动农民增收的重任。从交易费用理论的角度来看，在不确定性环境下，决策必须是应变性和过程性的，交易各方要以灵活机动的"关系性缔约"代替死板僵硬的"古典缔约"方式，以节约交易费用；规制结构的确立和运行都是有成本的，这种成本的补偿取决于交易发生的频率，经常发生的交易比一次性发生的交易能更好地补偿这种成本。农业龙头企业通过与农户签订契约来获得稳定的原材料，可以避免与众多分散农户谈判的交易成本；同时，利用中介组织如合作社可以加强农户面临的道德约束，经过多重博弈来建立稳固的长期关系，克服农户的机会主义倾向。理论证明，经常性稳固的龙头企业与农户间的契约关系是促使企业良好发展的前提。

三、扶持农业龙头企业的理论依据

由于一般农户势单力薄，难以有效进入市场，依托农业龙头企业建立的"公司＋农户"的模式，打通了连接市场与生产的通道，是一种有效的农业经营制度的创新和变迁，也是目前农业产业化经营组织的主导模式。在这种新制度安排中，龙头企业具有一定的公共品特征。农业龙头企业在与农户的关系治理中不仅仅是为了实现企业自身的利益，还承担了社会责任，创造了正的外部性。它促进了农业发展，带动了农民增收，同时又担当着非常重要的引领地区性分工演进的社会责任。通过其辐射与联结作用使本地区与之相关联的产业陆续得到相应的发展，而且还为当地农民提供了大量的就业和创业机会。这就需要政府对龙头企业所提供的这部分公共产品带来的正外部性予以补贴，以加强企业运用关系治理机制的意愿和能力，促进该制度的发展和完善，间接协助政府实现扶持农业、农民的目标。

四、政府扶持政策的类型

按照"扶持农业产业化就是扶持农业，扶持龙头企业就是扶持农民"的政策理念，从 2000 年开始，中央和地方各级政府有选择地对一批农业产业化重点龙头企业进行扶持。到目前为止，政府对农业龙头企业的支持涉及科技、设施、税收、贴息补助、项目建设和品牌建设等方面。期望通过扶持对象的桥梁纽带作用，促使农业龙头企业改善和提高企业自身"绩效"，引导广大农户有效地进入市场，发展商品农业生产，促进农业增产，农民增收。

科技支持主要包括农业部和地方政府产业化专项用于农产品生产基地的农户技术培训、推广良种、引进新品种和防治疫病方面给予的资金补助；设施支持是国家对龙头企业在基础设施建设上的资金补助；税收、贴息和品牌支持是政府对龙头企业的税收减免（含进出口方面）、固定资产贷款贴息和企业实施品牌战略的资金支持。对符合企业所得税优惠政策的农产品初加工范围要求的龙头企业农产品初加工免征或减征企业所得税。从 2002 年起，增值税一般纳税人购进农业生产者销售的免税农业产品的进项税额扣除率由 10% 提高到 13%。财政部、国家税务总局在植物油、乳制品两个行业开展农产品加工增值税进项税额核定扣除试点。为促进蔬菜产业发展，保障市场供应，2011 年起，免征蔬菜流通环节增值税。贷款贴息是目前全国各地扶持农业产业化发展普遍采用的一种做法。广东省财政通过贷款贴息方式扶持农业产业化发展，对于符合贴息条件的龙头企业在上年度所发生的在贷款贴息范围内的贷款均可享受贴息。具体程序为：企业自行向当地农业和财政部门申报其贷款额，经当地农业局汇总并会同级财政局审核，由农业局和财政局联合行文逐级向省农业厅、省财政厅申报。省农业厅依据银行出具贷款合同和有效凭据确定企业的有效贷款额，按每个申报企业符合贴息条件的银行贷款额占全省符合贴息条件的全部企业贷款总额的比重，确定其占贴息资金总额的比重和额度，做出贴息资金安排计划并报送省财政厅，经省财政厅审核后下达贴息资金，每个企业年贴息总额不超过 100 万元。2010 年，156 家省重点农业龙头企业享受贷款贴息资金扶持。

项目支持指政府对龙头企业的基地建设和农产品加工项目的补助和投入。贷款贴息方式容易将那些周转资金较为充裕而不需申请银行贷款以及处于成长期发展潜力好但申请不到银行贷款的龙头企业排斥在财政扶持大门之外。而项目补贴方式可以弥补贷款贴息这一缺陷，如果说财政贴息是针对龙头企业，项目补贴则是针对具体的某个项目，对于农业产业化经营的重点项目，给予适当的财政直接支持以及奖励，可以引导农业产业化的发展方向，调动参与主体的积极性，发挥财政资金的示范效应。据统计，目前仅省级农业产业化专项资金就达到 25.7 亿元。

以奖代补。当前，"以奖代补"已经越来越多地成为各级财政的支出形式。所谓"以奖代补"方式扶持农业产业化经营是指从财政支农资金中安排一定的专项资金，奖励农业产业化经营中有突出贡献的社会团体、中介服务组织等集体和个人，以及带动农民增收、促进农业发展贡献突出的农业产业化龙头企业。如佛山就是采取直接奖励的方式扶持市级农业龙头企业的发展，采取"以奖代补"方式扶持农业产业化发展，与"项目直接支持"优势互补，所能起到的效果也远远好于简单的直接补贴。

投资参股。财政投资参股扶持农业产业化发展，是财政支农政策的一项制度创新，可以充分发挥政府引导和市场机制相结合的优势，财政以出资人的身份授权资产运营机构进行资本运营，对财务制度较健全、生产经营运行良好的农业产业化龙头企业实行财政投资参股扶持。一方面，通过财政投资参股，可以为龙头企业发展拓宽融资渠道；另一方面，通过引进国有资产运营机构的监管，对于规范和完善企业的经营管理机制也大有帮助。

财政担保。从公共经济学角度来看，"财政担保"是政府为解决信贷市场失灵而提供的准公共产品。采取"财政担保"方式扶持农业产业化发展，财政为符合条件的农业龙头企业、农业产业化特定项目以及参与产业化经营的农户的借款提供综合担保。湖北、江西、重庆、陕西、浙江等十多个省（区、市）积极探索建立信贷担保机构，缓解龙头企业融资难问题。

在金融方面，农业银行、农业发展银行、国家开发银行等金融机构把龙头企业作为信贷支持的重点，在资金安排上给予倾斜。据统计，到2010年末，龙头企业累计获得贷款余额达5404亿元。证监会积极支持符合条件的国家重点龙头企业上市融资，发行债券。

五、农业龙头企业是农业科技创新的重要主体

现代农业是一种科技型产业，要求有现代化的工具、科学化的手段和知识化的农民。目前，农业效益的提高、产量的增加、品质的提升越来越依靠于科技，农业已经由"靠天吃饭"向靠科技谋发展、靠科技求效益转变。农业科技是确保国家粮食安全的基础支撑，是突破资源环境约束的必然选择，是加快现代农业建设的决定力量。农业高新技术的发展重点在于解决当前农业发展中的重大技术问题。农业高新技术的最显著的特征是具有高度的创新性、综合性、渗透性，以及知识技术与人才的聚集性、资本密集性和增值性。其核心是创新，结果是创造效率更高的新的生产体系，获得更大的利润。

做大做强龙头企业，加快技术创新，是推进农业科技进步的客观要求。龙头企业作为农业科技创新最具活力的主体、农业科技推广应用最有效率的载体，在推动农业科技进步中发挥着不可或缺的作用。当前，在激烈的市场竞争中，科技进步已成为推动农业龙头企业持续发展的主要因素，其未来的进步和发展将更加依靠科技进步，而不再仅仅依赖于物质要素投入。

农业龙头企业强烈依赖农业生产环节。而在传统农业向现代农业转换过程中，农业生产环节面临着更高的技术创新要求和挑战。在这个过程中，加速高新技术向农业的全面渗透和促使先进适用技术及时充分地应用到农业生产中去，是大幅度提高农业生产整体水平相辅相成的两个方面。

相比较而言，在农业产业化经营的情况下，农业龙头企业对农业技术进步有更为巨大的需求，它们不仅是农业科技进步的创新主体，而且不断地对农业的科技进步提

出新的要求。这个要求通过终端产品，向原料提出来，向基地提出来，向农业生产的各个环节提出来，如此带动农业的科技进步，这对于农业科技进步是强大的推动力。龙头企业之所以要不断地进行科技创新，一方面是因为市场竞争如逆水行舟不进则退，另一方面，农业产业化经营的企业要带动农户，要为农民提供各种服务，须付出组织成本，企业多支出的组织成本的摊销，必然促进企业的科技进步，促进企业不断进行产品创新，通过产品的创新在市场上争得超额利润。实用性是农业龙头企业参与科技创新的最突出特点。

六、广东省农业龙头企业发展现状

国家重点龙头企业认定监测制度建立后，通过五批认定、四次监测，目前，全国形成了以1200多家国家重点龙头企业为核心，1万多家省级重点龙头企业为骨干，10万多家中小型龙头企业为基础的发展格局。广东作为经济大省，国家级、省级、市（县）级等各级农业龙头企业的数量一直居于全国前列。广东省以占全国1.5%的耕地，产出了全国6%以上的农业增加值，成为全国农业效益最高的省份之一。这一成绩的取得，农业龙头企业和农业园区化建设功不可没。广东省农业龙头企业在经营方式上普遍实行"龙头企业＋农户"或"公司＋基地＋农户"的模式，从经营范围和主要产品来看，主要可以分为4种类型：一是农产品收购、加工型企业，如水产、畜牧和果蔬等加工企业等；二是种养生产型企业，主要从事如种猪场、养鸡、养鸭、养鱼、种茶、种植水果、种植蔬菜等以畜禽养殖和果蔬种植为主的企业；三是生产资料提供型企业，如化肥、农药、饲料、兽药、种苗、种畜禽等以生产和经销为主的企业；四是功能型企业，指以高科技示范推广、成果转化为主，集现代科普、休闲观光、农产品产加销展示综合功能为一体的功能型龙头企业。

从20世纪90年代末以来，为扶持农业龙头企业发展，加快农业产业化进程，广东省逐步推出了一系列扶持政策。先后制定了《广东省重点发展100家扶贫农业龙头企业实施方案》、《广东省重点农业龙头企业申报认定与监测管理办法》等政策，对农业龙头企业的扶持力度不断加大。省重点培育的扶贫农业龙头企业由原来的48家扩展为现在的100家。自2001年开始，省财政每年安排3000万元，扶持农业龙头企业发展。2003年广东省财政厅印发了《广东省农业龙头企业项目贷款贴息资金管理办法》，规定从2003年起，省财政将连续5年每年安排4000万元用于广东省重点农业龙头企业和培育对象企业的贷款贴息。2006年又出台了《广东省关于扶持民营农产品加工企业发展的实施办法》，规定民营农产品加工企业（包括民营种植业、养殖业企业）从事种养业或农、林产品初加工所得，从 2004 年 1 月 1 日起，连续 5 年免征企业所得税等。

近年来，中央和省委、省政府进一步加大了对农业龙头企业的扶持力度。政策支持和投入力度显著增加，为推进农业龙头企业发展提供了良好的政策环境。"十一五"期间全省推进农业产业化"132 强龙工程"（每个县包括县级市或有农业的市辖区发展 10 家以上县级重点龙头企业，每个地级以上市发展 30 家市级重点龙头企业，省级重点农业龙头企业发展到 200 家），全省农业龙头企业呈现出加快发展的良好态势，生产经营效益不断提升。2012 年 3 月，国务院出台了《关于支持农业产业化龙头企业发展的意见》，这是第一个专门针对农业产业化的政策性文件。伴随着 2010 年新增省重点农业龙头企业 38 家，新增 1000 万元专项资金扶持省重点农业龙头企业，2010 年享受贷款贴息资金扶持的省重点农业龙头企业达 156 家。通过省重点农业龙头企业贷款贴息项目资金，支持龙头企业农产品生产基地或加工设备及社会化服务设施建设，畜牧、园艺、水产、蔬菜产品的包装、储藏、保鲜等关键技术的研发、引进和提高，以及省重点农业龙头企业到山区和东西两翼办农产品加工企业或农产品生产基地等，引导农业龙头企业，尤其是省重点农业龙头企业发展精深加工。

在广东省财政、税收和科研等相关部门的大力扶持以及企业的自身奋斗下，广东农业龙头企业不断做大做强，经济实力日益雄厚，呈现出了良好的发展势头。目前，全省农业龙头企业达到 2403 家，其中，省级以上龙头企业 304 家、国家级龙头企业 56 家；龙头企业销售收入 1991 亿元，其中销售收入超百亿的龙头企业 1 家，超 50 亿的 4 家，10 亿元以上的 22 家，超过亿元以上的近 300 家，其中广东温氏食品集团超过 200 亿元。上缴税金 33 亿元，出口创汇 32 亿美元，实现净利润 129 亿元，带动农户 403 万户，吸纳就业 51 万人，农户年户均增收超过 3000 元。省级重点龙头企业平均带动农户超过 5000 户，平均年产值或销售收入超过了 4 亿元。有效地促进了农村富余劳动力就地转移，增加农民的非农收入。

全省各类农业产业化组织固定资产总值达 654.6 亿元。各类产业化组织建有种植业基地面积 1909 万亩，水产养殖面积 264 万亩，牲畜饲养量 1961 万头，禽类饲养量 19.9 亿只，分别比上年增长 12.7%、6.6%、12.8% 和 10%。广东温氏食品集团有限公司等 20 家龙头企业被省政府授予广东省优秀农业龙头企业称号，广东新华海集团有限公司等 10 家龙头企业被授予省农产品出口创汇大户企业称号，广东湛大集团有限公司等 7 家省农业龙头企业被评为广东省民营企业 100 强。

目前，全省建成的省级现代农业园区 159 个，国家现代农业示范区 4 个，国家农业产业化示范基地 4 个，年产值达 85 亿元。通过龙头企业、农业园区和示范区组织生产或供应的农产品及加工制品占全省农产品市场供应量的 1/3，占主要城市菜篮子产品供给的 2/3 以上，全省绝大部分供港农产品由龙头企业承担。

当前，全省农业龙头企业呈现出良好的发展态势，从米、菜、油，到粮、经、饲，从肉、蛋、禽，到药材加工等领域，都有龙头企业的牵动，企业以订单的形式与基地农户建立了稳定的供求关系，形成了市场—企业—基地—农户的完整的产业化格局。然而，尽管广东农业龙头企业在规模和数量上有了长足发展，2008 年国际金融危机以来，复杂多变的国内外经济形势，给农业龙头企业生产经营活动带来了诸多不利的影响，企业面临生产成本快速增加、经营风险加大、融资困难加剧、规模小实力弱、创新能力不足等困难。广东省农业龙头企业的发展也面临不少的问题。农业龙头企业发展出现了"四个下降"：一是经营效益下降。受金融危机冲击，部分农业龙头企业经营状况还不够好，一些企业减产甚至停产，面临着为保市场开工生产，但生产越多亏损越大的两难困境，经营效益也在下降。二是出口订单的数量下降。受世界经济衰退、汇率变动等多因素综合影响，广东省主要农产品出口市场的消费需求减弱，加上国内农资价格比较高、劳动力成本持续攀升，导致广东省出口的农产品成本不断上升，龙头企业开拓国际市场困难加大，优势农产品出口面临比较大的压力。三是融资难度增加。受市场萎缩的影响，对投资回报没有很好的预期，企业难以得到银行的中长期贷款。资金短缺一直是制约龙头企业发展的突出问题，尤其在银根缩紧的形势下融资更加困难。据调查，目前龙头企业信贷资金需求与银行实际提供的资金缺口比例一般在 30%—40%。四是竞争能力下降。农业龙头企业生产经营普遍面临国内原料价格持续上扬、金融部门收紧放贷、为合作农户垫付生产资料的资金不能及时回笼等压力。外向型龙头企业还面临国际支付信用危机加剧、出口保险体制机制尚未健全的经营风险，影响市场竞争力的提升。实践证明，广东省农业龙头企业经过多年的发展已经取得了一定的成绩，但必须清醒地看到，与全国农业产业化的发展要求相比，广东农业产业化还存在管理水平不高、发展资金缺乏、经济效益不高、产品科技含量低等问题，这不仅阻碍了企业的正常发展，而且对科技创新产生了不利影响。

面对生产成本大幅度上升、经营效益不断下降的新形势，如何破解这一发展的难题？如何将传统产业的发展带出传统的成本利润模式？唯有选择走内涵发展的道路，加强自主创新，用科技创新形成新的成本模式，才能让龙头企业迈入新一轮产业升级和经济发展的前沿。例如，我国农产品流通环节存在大量浪费，物流成本已占农产品流通总成本的 18%，而发达国家仅为 5%—10%。要解决这些顽疾，龙头企业应积极引进连锁经营、电子商务等新型组织形态，并利用科技创新将智能农业生产与智能农产品流通对接，提高流通效率，节约物流成本，提高企业效益。

七、广东农业龙头企业科技创新现状

2000 年以来，广东高度重视农业产业化建设，把发展农业产业化作为农业和农村经济工作的一件带有全局性、方向性的大事来抓，促进了农副产品加工业的迅速发展，培育了温氏、恒兴、海大等一批全国知名龙头企业，这些龙头企业在广东农业科技创新中发挥了重要作用。广东农业龙头企业技术创新活动，主要围绕实用技术进行创新，农业技术创新的目标是提高产出数量，其次是保证产出品的质量。截至 2006 年底，全省省级重点农业龙头企业已有 63 家设立了专门研发机构，26 家被省部级认定为高新技术企业，其主营产品获省部级以上名牌产品或优质产品认证 155 个，获得绿色食品认证 51 个，创立了一批知名度高、市场竞争力强、独具特色的农产品品牌。近年来，广东农业龙头企业日益注重与科研院校的合作，加大科技投入和产品开发力度，不断开发或引进先进技术、工艺和设备，依靠科技创新和实施品牌战略，提高农产品质量安全水平，提升了企业的市场竞争力。2010 年，全省生产性农业科研支出 1.24 亿元。目前，全省已成立 5 家农产品加工技术研发专业分中心，近 90% 的国家级重点龙头企业已建立研发中心，广东温氏食品集团有限公司是广东省农业龙头企业技术创新发展的先进实践者，其技术创新的水平与能力在广东省众多的农业龙头企业中名列前茅。

技术创新是农业龙头企业的核心竞争力，是生存与发展的关键因素。尽管广东农业龙头企业有一定的科技创新能力，科技创新也成为广东农业龙头企业绩效增长的关键要素，但广东农业龙头企业科技创新仍然存在着诸多不容忽视的问题。总体上看，广东农业龙头企业技术水平仍相对较低，核心竞争力不强。大多数企业经营方式缺乏独特性，具有高新技术的龙头企业数量偏少，科技创新人才严重匮乏，主要还是模仿创新和引进创新，技术创新能力总体偏低。具体表现在农产品科技含量低，附加值低，具有自主知识产权的产品不多，名牌产品少，市场竞争力难以提高等方面。从 2010 年对重点龙头企业的监测情况来看，有 13.5% 的企业还没有建立专门的研发机构，有近 50% 的企业科研投入占销售收入比例还不足 1%，远远低于国际平均水平（5%），企业员工素质普遍不能适应农业技术创新的要求。地区和企业之间技术创新能力极不平衡，县级以下多数企业没有专门从事技术创新的机构，即便设置了技术部门，其任务也仅是推广常规技术。目前，广东农业科技创新普遍存在"三低"现象，即科技创新率低、转化率低、普及率低。广东农业龙头企业技术创新能力不足必将产生一系列的不良后果。有研究表明，广东农业龙头企业技术创新对其核心竞争能力的贡献只有6%。

八、广东农业龙头企业技术创新效率低下的成因分析

广东农业龙头企业技术创新效率低下的原因主要由以下几方面因素决定：

第一是龙头企业自身的原因。首先，企业科技创新理念落后。现代企业发展要靠品牌，而打出品牌首先要有科技创新。广东省大多数农业龙头企业缺乏技术创新意识，为数不少的企业至今还是"零专利"。许多龙头企业科技创新没有真正面向市场，技术项目缺乏可预见性。一些龙头企业面对市场需求呈现机会导向特点，偏离主业盲目追求多元化经营，创新动力功利化。还有少量坚持主业经营的龙头企业则期望通过引进成套设备和技术建立核心竞争力，忽视了对引进技术的消化、再创新和自主创新。其次，龙头企业科技创新投入不足。一般认为，衡量企业创新能力的主要指标是企业R&D投入占销售收入的百分比。国际上，企业的这一指标达到2%方可维持生存，达到5%才能在市场中具有一定的竞争力。据统计，发达国家科技企业的这一指标值一般在5%—15%。多年来，广东大部分农业龙头企业资金紧张，科技创新投入能力较低。最后，企业本身发展水平不高。广东省农业龙头企业多数处在企业成长的早期阶段，自我积累能力弱，企业规模小，经营实力差，很多企业几乎没有研发经费，这不仅阻碍了企业的正常发展，而且对科技创新产生了不利影响。

第二是企业外部环境方面的原因。优良的外部环境是培植科技创新的土壤。然而，现阶段广东农业龙头企业的外部生存环境存在许多不利于其科技创新的因素，表现在以下几个方面：首先是政府扶持政策不完善。例如，扶持资金不足，技术和信息来源渠道不畅，社会化服务滞后。在分配资源过程中存在一定的歧视。把重心放在优惠和补贴的数量上面，忽视了企业如何使用这些优惠和补贴，存在重申报认定、轻后续管理等现象。这样下去，即使对龙头企业的扶持力度再大，农业龙头企业整体的技术创新依然缺乏效率，导致企业生产效率和绩效不高，带动农户的效果不显著，无法有效增加农产品供应。其次是广东农业科研经费投入不足。足够的经费投入是开展农业科技工作的基础条件。农业科技的公益性决定了政府对农业科技投入强度（指农业研发经费占农业GDP的比例）要高于全部科技投入强度。2002年，美国农业科技投入强度为3%以上，而全部科技投入强度为2.6%；我国农业科技投入强度为0.37%，全部科技投入强度为1.23%，广东农业科技投入强度为0.24%，全省科技投入强度为

1.34%。联合国粮食组织认为在欠发达国家，农业科研占农业总产值的比重应达 1%—2%，而广东省农业科技投入强度不仅远低于发达国家，而且还低于全国平均水平。由于投入不足，广东省许多农业科研单位缺乏科技所需的基本物质条件和技术，创新后劲不足、技术推广经费的不足直接影响科技成果的转化。必须改变这种投入过低的局面，大幅度增加农业科研投入，使广东省农业科技投入要逐步增加到占农业产值的 1% 以上。以农业科技推广为例，由于推广经费缺乏，镇村两级农技队伍力量薄弱，除了人员工资以及有限的人头经费外，再无其他工作经费，一般只能推广一些基础和常规的技术，创新缺乏资金、技术支持。有的专业人员下乡指导农业生产连路费都报销不了。农业科研投入不足必然使农业科研工作缺乏最基本的物质条件和技术条件，科技创新无从谈起。再次是市场导向的科研主体没有真正形成。在农业产业化龙头企业中，有一批真正以市场为导向的高新技术企业，这些企业专门为农业龙头企业提供适应市场要求的项目，通过龙头企业自身的科研部门消化、吸收，运用到生产实践中。可以说，这是一种很值得推广的、有价值的科研协作方式。但是这一协作方式在实践中却被大打折扣。因为很多研究机构的科研工作不是面向市场，而是面向政府和上级，它们做科研的动机是向政府部门争取资金或者为自己的科研人员争取较高的技术职称，而科研成果有没有创新、能不能被市场接受则是次要的。这种情况在本可以作为科技创新重要阵地的高等院校中尤为突出。最后是农业科技创新人才供给不足。毋庸置疑，在龙头企业科技创新中最关键的因素是人才。现阶段我国农业科研人才普遍缺乏。在我国农业科研队伍中，具有学士学位的科研人员不到 30%，具有硕士学位的不到 3%，博士学位获得者仅占 0.5%。我国每万名农村人口中仅有 4 名农业科技人员，而美国、日本等发达国家则有 40 多名。此外，我国人才培养也不能适应科技创新对人才素质的基本要求，高校很多教学内容严重脱离实际，很多学生技艺不精，学无专长，更谈不上在科技创新方面有所作为。

制约农业龙头企业技术创新的另一个比较突出的问题是融资困难，金融机构的支持力度与龙头企业的融资需求相比还有很大差距。特别是对中小型农业龙头企业来说，问题更为严重。由于受农业企业生产周期长、投资回收期长、资金回笼慢、风险高等特点的影响，以及其他各种原因，中小型农业龙头企业在融资中存在很多困难，限制了企业的发展。一是信贷资源投放少。这类企业大多处于扩张发展阶段，所需资金量很大，但受农业企业风险大、投资回收期长、利润率低等因素的影响，金融机构投资这类企业的资金总量有限。同时，受自身规模限制，信贷资产抵押物不足，又缺乏相应融资担保机构，也难以从银行贷到足够资金。政府对这类企业的扶持力度相比大型农业龙头企业也不够，扶农专款资金量不大，且分头管理，难以形成合力。这些因素导致了中小型农业龙头企业获取的资金量不足。二是贷款期限结构不合理。由于农业生产投资周期长的特点，农业龙头企业对中长期贷款的需求远大于短期融资。但从农业龙头企业获得的贷款的期限结构看，短期贷款约占全部贷款的六成，约占中长期贷款比重的四成，不少龙头企业由于中长期贷款不足，不得不占用流动资金贷款，使得企业流动资金贷款更加紧张。三是金融服务成本高企。为补偿农业贷款较高的信贷风险，金融机构在发放涉农贷款时，利率大幅度上浮，涉农贷款的利率远高于其他贷款。可见，提高农业龙头企业技术创新的能力，支持农业龙头企业发展必须解决农业龙头企业融资困难的问题。

九、提高广东农业龙头企业技术创新效率的措施

（一）提高农业龙头企业自身的创新能力

龙头企业未来的发展方向应以技术创新为核心，以政策支持为牵引力，利用农户契约关系为联结纽带，树立质量第一的观念，加强自身在国际市场上的竞争能力。同时，建立完善的经营机制，提高管理层和员工的素质。

完善激励机制。对科技创新人才，建立以能力和业绩为重点的自主创新人才评价指标体系，完善收入分配制度，促进技术要素参与收益分配，采取期股、期权等方式激励科技创新人员。鼓励科技创新人员以智力支出作为技术开发费投入，通过合约明确投智者和投资者各自享有的专利发明权益。实行新的科技奖励制度，对具有重大贡献的科技创新项目和个人实行重奖。

技术创新方面，鼓励龙头企业加大科技投入，建立研发机构，加强与科研院所和大专院校合作，培育一批市场竞争力强的科技型龙头企业。实施由"制造"到"创造"的产品策略，推进农产品加工技术与发展。一是要加大新产品科研投入力度。推出一系列新的产品和新的加工生产工艺，真正做到销售一代、储备一代、研发一代、畅想一代。二是要加大与科研院所合作力度。广东省农业龙头企业应与华南农业大学、华南理工大学、广东省农科院等高校院所签订长期的校企合作协议，从事新产品的研发，逐步形成具有自主知识产权的拳头产品。

营销创新方面，通过由"做产品"到"做品牌"的转变，推进农产品营销方式变革与创新。充分利用已经获得的品牌荣誉，迅速整合资源，调整名牌战略规划，实施三个转变：由规模型向效益型转变，由同质化向差异化转变，由产品经营向品牌经营转变。通过在广州、深圳等大中城市的大型超市的广告宣传和促销，进一步打造品牌

的知名度，使品牌深入人心，为进军全国市场奠定坚实的基础。没有品牌荣誉的企业要积极申请广东省名牌产品，大力发展安全放心、营养健康的高附加值食品，培植企业及品牌的核心竞争力。

组织创新方面，龙头企业要完善法人治理结构，建立现代企业制度。通过组织和机制创新，培育出具有高度难以模仿性的组织文化和核心技术，通过和农民契约关系的深化，把农户真正融入到企业内部的利益链条中，真正实现农户与企业融为一体的风险均担、利益均沾的局面。

（二）完善农业龙头企业技术创新的扶持政策

广东农业龙头企业的扶持政策在政策资源的分配、运用、管理等多方面还需要进行改善。对各项政策应根据其效果和实施对象进行调整，以提高政策资源的使用效率。

1. 加大科技、财政支持力度

通过国家科技计划和专项，支持龙头企业开展农产品加工关键和共性技术研发。发挥龙头企业在现代农业产业技术体系、国家农产品加工技术研发体系中的主体作用，承担相应创新和推广项目。建议有关部门设立农业龙头企业科技创新基金或将重点龙头企业的科技创新列入发改、科技、农业等相关部门实施的重大项目。并结合财政支持（全额、贴息、补贴、资本金注入等）和各项税收优惠政策对农业龙头企业在以下方面加大投入：（1）农业科研原始创新投入，鼓励龙头企业开展新品种、新技术、新工艺研发。（2）农业和农产品加工技术技改投入和集成创新投入。扶持一批科技创新能力强、市场前景广阔、经济效益显著的科技型农业龙头企业，实施扶优扶强战略。有针对性地加大对这部分农业龙头企业技改投入的力度，在企业技改投入上，可从技改贴息、科技创新补助、减免有关税收等方面予以倾斜和扶持。（3）在引进的基础上，促进消化、吸收、再创新的投入。鼓励龙头企业引进国外先进技术和设备，消化吸收关键技术和核心工艺，开展集成创新。（4）加强农业龙头企业科研基础设施建设。选择有条件的龙头企业，在企业设立工程技术中心、重点实验室，以进一步加强广东省农业龙头企业科研基础设施建设。

同时要依法落实各项税收支持和优惠政策，加大对企业自主创新投入的所得税前抵扣力度；加速企业研究开发仪器设备折旧；科技计划项目资金重点向技术开发倾斜。积极探索政府资金支持自主创新的方式，鼓励和引导对龙头企业自主创新的支持。

2. 为农业龙头企业技术创新营造良好的外部环境

为农业龙头企业提供市场、培训、信息、检测、成果转化等公共服务，建立协同创新机制，以有效的制度和体制促进政府管理行为的规范，为农业龙头企业加快技术创新营造高效有序的外部环境。

健全农业技术市场，建立多元化的农业科技成果转化机制，为龙头企业搭建技术转让和推广应用平台。农业技术推广机构要积极为龙头企业开展技术服务，引导龙头企业为农民开展技术指导、技术培训等服务。各类农业技术推广项目要将龙头企业作为重要的实施主体。

不断充实和完善涉农技术推广服务组织。在做好技术引进和农业产业示范的同时，建立具有地方特色和地区优势的农业新技术、新品种、新设施和新体系。同时建立地方农技推广组织、企业员工教育培训中心和农业专家论坛、农资销售中心，为龙头企业提供农技物资供应、技术咨询、产品流通等方面的专业服务。

强化人才培养。落实《国家中长期人才发展规划纲要（2010—2020年）》的要求，培养一大批具有世界眼光、经营管理水平高、熟悉农业产业政策、热心服务"三农"的新型龙头企业家。加快引进和培养出一批适合于企业发展的不同类型的专业技术人才。通过建立新型的农业科技创新人才聘用制度，并实行技术人才柔性引进政策，以多种形式的"人才驿站"为载体，广泛吸引海内外农业科技人才来企业担任全职、兼职或短期工作。鼓励龙头企业采取多种形式培养业务骨干，积极引进高层次人才，并享受当地政府人才引进待遇。有关部门要加强对龙头企业经营管理和生产基地服务人员的培训，组织业务骨干到科研院所学习进修。鼓励和引导高校毕业生到龙头企业就业，对符合基层就业条件的，按规定享受学费补偿和国家助学贷款代偿等政策。积极依托省内高等院校、市县内职业技术院校，开展定向培养、合作培养，积极发展创新型和实用型科技人才队伍；鼓励企业建立高技术人才带头人制度，实施以能力、业绩为导向的高技能人才评选与表彰制度，不断激发高技能人才创新创优的热情与活力。

推动龙头企业集群发展。积极创建农业产业化示范基地，支持农业产业化示范基地开展物流信息、质量检验检测等公共服务平台建设。引导龙头企业向优势产区集中，推动企业集群集聚，培育壮大区域主导产业，增强区域经济发展实力。

完善农业科技创新体系。建立协同创新机制，充分发挥科研院所、高等院校和农业龙头企业在自主创新中的源头作用，组织推动高校、科研院所和农业龙头企业开展合作。加快构建农业科研机构、涉农院校、技术推广服务机构与农业龙头企业等科技创新平台。支持在粤农业科研院所和重点实验室建设。加强国家科研机构、大学与广东省科研院所、大专院校的合作，加快解决区域内重大农业技术瓶颈问题。加大国家现代农业产业技术体系与广东创新团队协同攻关和技术推广的力度。推动产学研、农科教企紧密结合，加快建立现代农业科技成果转化基地。建立以农业龙头企业为主体、高校和科研机构参与的产学研联合体、科技成果转化基地以及创新人才合作培养机制。筹办专家论坛，邀请专家开展咨询、诊断等活动。解决技术难题，实行合作攻关，建立紧密合作体。引导、支持高校和科研机构的广大科技人员进入农业龙头企业担任兼职，互利双赢，增强科技人员和龙头企业双方的技术创新能力和科技成果转化能力。

3. 构建多层次农业龙头企业技术创新金融扶持政策与制度

解决农业龙头企业技术创新资金短缺问题，最直接的办法就是给予农业龙头企业更多的金融政策与制度方面的扶持。第一，改革完善现行农村金融制度。进一步增加金融政策支持，努力拓宽农业龙头企业的融资渠道，建立与农业产业化发展相适应的市场主导型农村金融制度，放松对农村金融机构的进入管制，大力培育和扶持中小农村金融机构，使其能有效地为龙头企业提供资金支持。改善金融信贷服务，成立农业龙头企业信用担保机构，帮助金融机构降低贷款风险，解决龙头企业贷款担保难的问题。第二，拓宽资金筹集渠道。鼓励和支持符合条件的农业龙头企业上市融资、发行债券，在境外发行股票并上市，通过资本市场筹集企业发展所需的资金，增强企业技术创新的实力。第三，建立完善信用担保体系。应通过多种方式建立和完善农村信贷担保机制，提高担保能力，充分发挥担保机构在为农业融资中的放大助力作用，同时，建立农业补偿基金。第四，构建完善的金融扶持体系。如创立农业科技发展基金、农业科技投融资公司，鼓励农业高新技术企业进入资本市场等。第五，落实《国务院关于促进企业兼并重组的意见》（国发〔2010〕27号）的相关优惠政策，支持龙头企业通过兼并、重组、收购、控股等方式，组建大型企业集团。支持符合条件的国家重点龙头企业积极有效利用外资，在符合世贸组织规则前提下加强对外商投资的管理。

（三）保护知识产权

在过去的几十年里，科技被视为经济增长和生产率提升的引擎，其基本的因素一直是知识产权的力量，包括新发明出来的知识产权，以及对这些权利的尊重。投资者之所以会把他们的资源置于风险之下，正是依赖于尊重知识产权的力量。没有知识产权及对其的保护，无论是新企业还是增长型企业，都很难获得任何投资。这对包括农业龙头企业在内的所有企业都适用。

新增知识产权的创造存在着一种反馈机制。证据表明，创造知识产权的经济体，本身就能刺激新知识产权的出现。对于一个发展中国家来说，虽然不尊重知识产权能带来一些短期收益，但长期而言，这是自取其败的。如果知识产权受到侵犯，知识产权人将首先寻求让母国施加外交压力，如果外交压力不成功，制裁就可能随之而来。无论如何，其他知识产权的所有者会努力通过各种其他方法保护其权利。一个以侵犯知识产权来求发展的国家，只会阻碍其本土的知识产权发展。

另一个促进知识产权发展（从而带来更多风险资本）的因素是，普遍意义上的对知识产权的尊重。这种尊重既涉及文化因素，也涉及经济因素。这种尊重和保护对培育创新和扩展科技能起到至关重要的作用。

增强和扩展知识产权所有者的权利，为他们的企业增加价值。这又让风险投资者看到了更多的潜在投资利润，从而在市场上引发更多的创新与增长。

在一个区域性市场中，风险投资活动的增多，通常伴随着知识产权创造频率的巨大提升。风险投资与知识产权之间的关系也许不是直接的，但确实是整体系统中的重要因素之一。这个系统的运作一旦开启，自然的经济驱动力会催生更多的知识产权，并带来进一步的风险投资，以及对知识产权的尊重。

中国作为一个重要的全球经济引擎，已经开始采取更积极的措施保护知识产权。这些举措值得赞许。然而，虽然中国已经被视为全球经济增长的领导者之一，但要成为知识产权方面的领导者，中国还有很多努力要做。知识产权与经济增长相互作用的原理，不仅适用于发达国家，也适用于中国，这也呼唤着中国更好地利用自身发展知识产权的潜力。

农业龙头企业在整个国民经济中处于弱势地位，其有限的科技创新能力需要得到格外的保护，有些企业仅仅依靠一两个专利产品维持生存，因此保护知识产权不仅有利于保护农业龙头企业的创新动力，而且也是中小型龙头企业赖以生存的途径。

十、农业龙头企业技术创新扶持政策的作用机制及启示

有了各项扶持政策，农业龙头企业的技术创新水平就可以自然提升吗？答案是否定的。各项政策之间只有协调配合形成一个资源分配机制才会发挥出政策的效果。其次，企业获得了政策资源就必然会提高创新能力吗？也未必。资源获得多少，数字本身的意义不大。更重要的是，你是哪种类型的创新者，你如何使用这些资源。如果

使用研发经费最多的人就是最成功者的话，美国政府就不需要给通用汽车（General Motors）提供补贴了。有研究表明，从统计数据上看不出一家公司投入多少研发费用与其长期表现之间有什么关系。有一些企业一直都能把事情做得更好，这与经费无关。因此，对农业龙头企业来说，最大的问题是这些钱的使用效率。创新的关键在于人才、过程、执行和战略，正是这些因素使得尽管亚洲的研发支出虽然已经超过美国，但科技实力仍远不及美国。技术不等于创新。如果企业能对其一个客户群体产生一种新的洞见，其价值不逊于合成了一种新的分子，这种洞见就是创新。因此，下文将着重阐述如何建立一个有效的资源分配机制，将各项扶持政策整合起来，把有限的政策资源分配到最需要它、最能充分发挥其价值的企业中去，以及如何提高农业龙头企业运用政策资源提高创新的效率这两个问题上。

如上文所述，农业龙头企业的准公益性和弱质性决定了需要政府的扶持才能持续发展壮大。具体来看，政府对农业龙头企业的扶持政策涉及财政、税收、金融、人才、科技、产业和市场等7个方面。这些政策从不同方面作用于企业的技术创新能力。按照具体政策内容可以将其分为四个类型：一是资金支持类政策，包括财政、税收、金融类政策；二是人才支持类政策，包括人才政策；三是技术支持类政策，包括科技政策；四是外部支持类政策，包括产业、市场政策。按照政策内容与企业技术创新的关系可以将其分为三个类型：一是直接扶持政策，包括财政、金融、人才、科技政策。这类政策直接为企业技术创新提供资金、人才和技术支持，其对龙头企业的技术创新具有直接促进的效果。二是间接扶持政策，包括财政、税收、金融、产业和市场政策。这类政策的特点是通过提供资金或优化外部环境壮大龙头企业的经济实力，从而间接帮助农业龙头企业提高技术创新能力。这类政策还可以用来刺激企业的研发投资，从而强化其摄取和利用研究成果的能力。例如，政府可以通过制定适当的优惠政策帮助企业推销产品，提供供、产、销方面的信息引导企业及时采购、生产和销售，以及制定一些产业政策，适当集中某一类型的龙头企业，使龙头企业实现区域化布局，提高企业的外部经济性和专业化配套化生产，从而降低企业运用成本。三是兼有直接和间接效果的政策。包括财政、金融政策，这类政策提供的资金即可直接用技术创新又可间接用于提高企业经营绩效。上述政策分类如下所示：

表 1　扶持政策的四分类法

政策类型	具体政策	提供资源
资金支持类政策	财政、税收、金融政策	资金

政策类型	具体政策	提供资源
人才支持类政策	人才政策	人才
技术支持类政策	科技政策	技术
外部支持类政策	产业、市场政策	营销渠道等

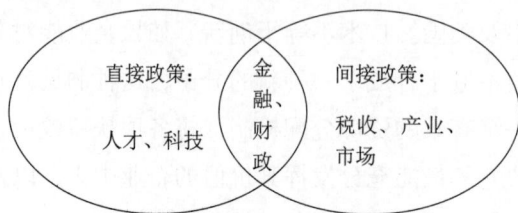

直接政策：人才、科技　金融、财政　间接政策：税收、产业、市场

图 1　扶持政策的三分类法

政府通过扶持政策为农业龙头企业提供的资源只有按照一定的分配机制才能合理分配到最能够充分利用这些资源的企业手中。这种机制就类似于资本市场的资源配置功能，资源配置的错位或带来资源使用效率的下降，或产生逆向选择。可见，政策资源的分配机制是提高龙头企业技术创新的一个关键。当前使用的分配机制主要是企业申报和行政审批的评审机制。这种机制有很多弊端，比如规模大的企业和政府部门关系密切的企业更容易获得审批，中小型龙头企业由于成立的时间较短，关系网络不够广，往往不能够及时获得信息，因此也无法充分利用一些政策优势来展开研发工作。此外，中小型龙头企业相对于大型龙头企业而言，资源、人才和信息上的瓶颈使其竞争能力不够，使得它们往往难以申请成功。即便申请成功，由于自身资源有限，在进行新产品和项目开发时往往成功率不高，这也就进一步促使它们很少进行研发活动。这不仅不利于企业之间的公平竞争，而且抑制了中小型龙头企业技术创新的内在动力。更为重要的是，由于缺少有效的考评技术创新和政府扶持力度的指标，特别是间接扶持政策力度的指标，政府有关部门缺少农业龙头企业的经营业绩、技术创新等相关信息，导致扶持政策的后续管理工作极不到位，政府对扶持资金的使用效果缺乏有效的监督，一些大型龙头企业并没有有效利用扶持资金进行产品研发，而是直接用于弥补亏损或者挪作他用，这进一步加剧了政策资源分配机制的失误。

如何才能优化扶持政策的资源分配机制，提高政策资源的使用效益？我们认为在政策资源分配环节应当引入市场竞争机制并加强政策的后续管理工作，以及利用中介服务组织。首先，对财政扶持类项目实行招标制，建立一个公平竞争的平台。同时对中小型龙头企业成立专项扶持资金。要有一套符合实际的科学、合理的招标办法，而且一切要严格按招标办法执行，确保招标过程公平、公开、公正。获得财政资金的多少要与企业有没有研发的实力和好的研发项目挂钩。研发项目必须按照一定的程序进行项目评估。其次，在政策的后续管理工作中，考虑利用外部审计机构，专项审计和内部审计相结合，对获得财政补贴、税收优惠、贴息贷款资金等资源的数量、使用方向及效益进行审计监督。要制定一套科学合理的技术创新和政府扶持力度的指标体系，定期收集企业经营信息，并对各项扶持政策及其提供的资源进行定期监测考核。考核企业从政府的扶持政策中受益多少，即政策对企业的贡献，包括企业获得的财政补贴、贴息贷款、引进人才和技术等的数量，以及企业盈利能力和技术创新能力的提升，前者可用企业利税等指标来反映，后者可使用企业新产品产值、申请专利数量等指标反映。但由于农业生产的季节性，支持政策很难产生"立竿见影"的效果，在政策实施到产生实际作用之间，一般有一个周期。因此，在具体的评价过程中，需要考虑一定的周期关系。考核要与激励制度集合起来，建立有效的激励机制，提高企业管理人员、科技人员的技术创新的内在动力。此外，在后续管理工作中，还要大力发挥龙头企业内部的群众监督作用，让政策资源的浪费无处容身。

最后一项措施是充分培育和利用中介服务组织为农业龙头企业技术创新提供支持。服务性中介组织指的是专业的服务机构，它们为企业提供诸如会计金融、人才搜索、法律和技术服务（例如技术商业化和技术经纪）等领域的支持，即（1）技术服务机构，（2）会计和金融服务机构，（3）法律服务机构，（4）人才搜寻机构。我们认为可以从以下几方面发挥中介机构的作用：第一，帮助农业龙头企业理解国家相关研发领域的最新优惠政策。中小型农业龙头企业由于成立的时间较短，关系网络不够广，往往不能够及时获得信息，因此也无法充分利用一些政策优势来展开研发工作。第二，帮助获得政府资助的研发项目。目前，我国各级政府有许多针对农业科技研究和转化的中央和地方的财政拨款项目，但中小农业龙头企业相对于大企业和专业研究机构而言，资源、人才和信息上的瓶颈竞争能力不够，使得它们往往难以申请成功。中国科技发展战略研究院2006年一项调查报告称，2006年政府给企业研发拨款的79.1%流入了大中型企业的创新经费，相较而言小型企业只有20.9%。农业领域这一倾向则更为严重。中央和地方投入的农业技术引进和改造项目绝大多数是由大企业承接的。因此，在获得公共资源方面，中小农业龙头企业通常缺少与大企业博弈的能力。第三，在企业自身新产品开发过程中给予支持。农业龙头企业由于自身资源有限，在进行新产品和项目开发时往往成功率不高，这也就进一步促使它们很少进行研发活动。这往往是由于它们无力进行人才引进，无力进行专业咨询，无法与专业机构建立紧密关系导致的。为解决这样的问题，很多发达国家都设有为中小企业提供服务的专门机构，例如美国的小企业管理局（SBA）和日本的公立顾问机构。

综上可见，只有引入市场竞争机制、加强政策的后续管理工作，并充分利用中介服务组织才能优化政府资源的分配机制，将有限的政策资源分配到最需要和最有创新效率的农业龙头企业中去。同时，充分利用政府提供的外部支持政策。在此基础上，改革企业内部的创新管理机制，通过加强内部审计和外部审计，完善激励和考核机制，依法建立规范的公司治理机制。内外兼治，提高广东省农业龙头企业的创新能力和动力，最终才能发挥政策优势，提高广东省农业龙头企业的技术创新效率。

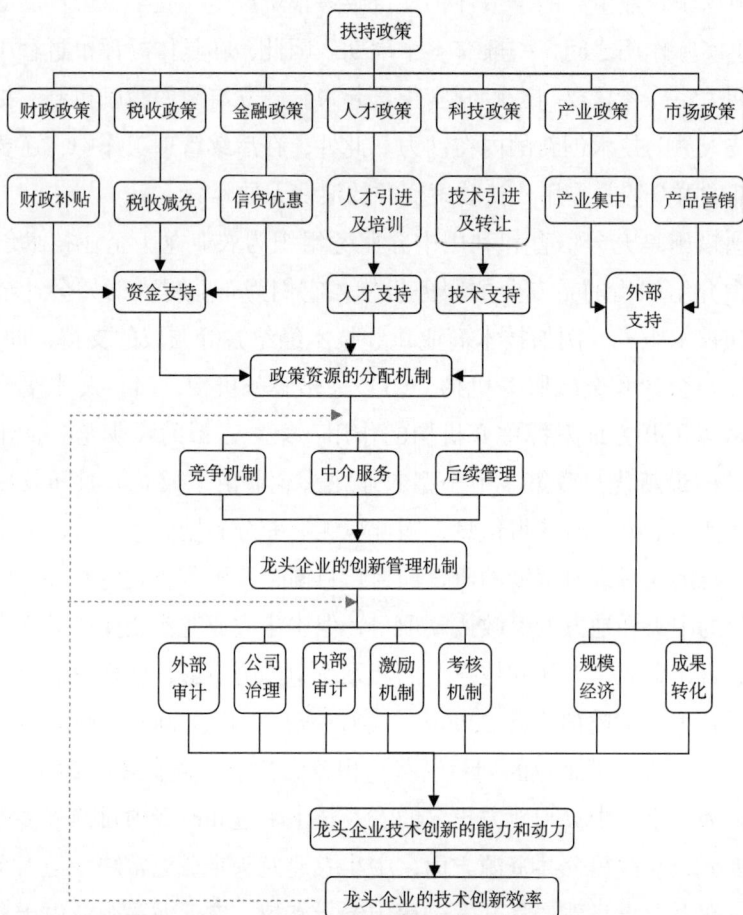

图 2　扶持政策与农业龙头企业的创新机制

（选自广州市哲学社会科学发展"十二五"规划 2011 年度课题"广东农业龙头企业技术创新效率的政策因子及其作用机制研究"。课题负责人：于健南。）

政府重组型国企集团战略成长模式研究

——以广州岭南国际企业集团有限公司为例

朱仁宏（中山大学）

一、引言

企业集团是企业发展的一种高级形式，也是推动一个国家和地区经济社会发展的重要力量。相比较而言，受计划经济影响，我国建立企业集团还是改革开放以后的事情，而国有企业集团化改革还是近 20 年左右的事情。党的十五届四中全会做出的《关于国有企业改革和发展若干重大问题的决定》中明确将"培育大企业和企业集团"作为国有企业制度创新的主导方向。在有关国家政策指引下，中央和地方的国有企业被政府通过行政力量组合成企业集团，蓝海林（2007）将之称为"政府重组型企业集团"。[①]

当然，方向明确并不意味着路径的顺畅，国企集团化也并不必然意味着企业经营绩效的提高。至今，国有企业集团化发展已走过了 20 余个年头，国企集团绩效良莠不齐的现象却依然存在。由于缺乏大型企业和企业集团管理经验，这些"政府重组型"国企集团普遍存在组织松散、统一配置资源能力弱、上下级机构的从属关系含糊、集团内各机构管理目标南辕北辙、职权定位不准、集团总部功能定位模糊等现象。理论界也缺乏对国有企业集团化发展的经验总结。

从国外发达国家大型企业集团成功经验来看，企业集团作为各种复杂要素的聚合体，其绩效的提升依赖于核心能力的形成、依赖于合适的治理及管控模式、依赖于特定的企业文化，即依赖于能否形成既符合企业发展规律又独具特色的战略成长模式。

---

① 蓝海林. 中国企业集团概念的演化：背离与回归 [J]. 管理学报，2007 (3)：306–311.

因此，探索国企集团的战略成长模式就成为一个具有理论意义和现实意义的话题。在有关理论和文献的基础上，本文将从资源控制、资源识别以及资源增值三个方面来构建我国政府重组型国有企业集团的战略成长模式，并用该模式对广州岭南国际企业集团有限公司（下称"岭南集团"）的成长过程进行分析。这既是对现有理论研究的一个有益补充，同时也能够对现实中的企业给予指导，帮助政府正确决策。

二、政府重组型企业集团的概念与现存问题

（一）政府重组型企业集团的概念

企业集团（business group）是介于市场和企业之间的一种中间组织，是通过股权、资产、社会、血缘等手段将企业连接在一起（蓝海林，2007），是为了降低交易成本和代理成本的一种折中式制度安排。

所谓政府重组型国企集团是指：政府通过行政力量将原有具有独立法人地位的国有企业组合成新的企业集团，并以行政手段将原有国有企业的产权划拨给母公司，以借助现代企业制度提升国有资产的经营管理效率和绩效产出。

（二）政府重组型国企集团的成长困境

（1）战略制定困境

钱德勒认为战略是统领企业发展的主线，缺乏战略的企业犹如没有航向的船舰。企业集团作为法人企业联合体，制定统一的战略是其成败的关键。政府重组型国企集团是将隶属于各行业的独立的国有企业聚合在一起。行业的多元化、原有企业管理的复杂性、集团管理者的战略眼光等因素使得重组后的国企集团很难制定一个清晰的发展战略，进而导致整个国企集团长时间处于分散、割据、低效的状态，无法真正形成企业集团的聚合竞争优势。

（2）公司治理困境

现代公司制度是保证企业规范发展、保护投资人权益、实现决策权和执行权有效分离的主要治理手段。受传统体制制约，我国国有企业在公司治理方面存在很大缺陷，包括：治理结构不完善，不少国企集团的母公司和子公司没有进行公司化改制，依然依靠行政权力进行管理；考核体系不规范，很多国企集团只是简单下达任务指标，没有从行业环境和市场竞争的角度建立经理人考核评价体系；缺乏有效的经营者激励约束机制，责权利不统一。

（3）权力配置困境

科学合理的权力配置是集中与灵活的辩证统一。但政府重组型企业集团常常会陷入过度集权或过度分权两极化的境地。一些国企集团将权力高度集中于母公司，导致子公司丧失灵活性，进而丧失市场机会；或者权力过于分散于子公司，母公司在战略、资产、财务、人事上缺乏管控能力，整个集团出现"集而不团"的尴尬局面。

（4）企业文化困境

文化是企业获得可持续发展的精神灵魂。将原来独立的法人企业整合成一个企业集团，这首先在心理层面就会遭到抵制。并且，企业历史不同、行业不同，其所形成的文化就存在很大差异。所以，即使政府重组型国企集团统一了战略、建立了治理结构，但依然会在政策执行过程中遇到来自企业文化层面潜在的阻力，导致企业集团出现"形聚神不聚"的状况。

（5）国际化困境

发达国家经济的发展主要体现在企业特别是大公司和大企业集团的发展与强大上。一个国家没有一批世界级的企业集团（跨国公司），就不能发挥其对整个世界经济的积极影响，也无法参与国际经济的竞争。要使一批大企业集团成为技术创新能力强、市场开拓能力强、经营管理能力强、规模经济效益好，具有持续盈利能力和抗风险能力的"国家队"，就必须进一步推动有条件的企业组成集团，特别是国有及国有控股企业集团的重组、整体或主营业务部分在境内外上市。目前，国有及国有控股企业集团进入国际市场的形式主要靠产品出口，能够到海外生产的极少，能够建立全球性销售网络的更少，企业拥有的跨国人才数量也不多。我国进入世界500强的企业集团与主要靠市场打造的国外企业500强相比，在整体素质上存在着明显的差距。

三、企业集团的理论解释

（一）经济学解释

企业和市场是两种可以替代的资源配置方式。企业的本质是市场价格机制的替代物，它通过内部行政管理来代替市场契约来组织生产，由此降低市场交易成本，提高管理和生产效率。[①] 但受代理成本的影响，企业的规模不可能无限扩大，当代理成本等于交易成本时，企业的边界或规模就确定了，或者说达到了最优边界。因此，市场和企业是组织形式的两极，其间存在着各种中间形式。威廉姆森认为组织形式有三

---

① Coase, R.H. The Nature of the firm [J]. Economica, 1937, 4 (4).

种，即企业、市场以及存在于这两种组织形式之间的各种契约安排（中间组织）。① 中间组织兼具市场机制和行政管理的优势，既能够在企业内部实施行政管理，又能够在企业之间采取市场机制，保持了管理效率和灵活性。譬如威廉姆森就指出，中间组织能够降低市场风险，把不确定的市场交易转化为组织内部的协调管理，从而降低交易费用和获取信息成本，提高资源的有效配置。作为一种典型的中间组织，企业集团在加强对各法人单位管理的同时，又形成了法人单位之间的合作，提高了整体的运行效率，降低代理成本以及交易成本。

（二）母合优势理论的解释

所谓"母合优势"（parenting advantage）是指以母公司为主导的价值创造能力及效果的总称，具备母合优势的企业集团，其属下的业务单位不仅应比其作为独立实体时表现更好，而且还应比在任何其他母公司属下表现更好。② 否则，改变某些业务或所有业务的所有权就可以实现价值创造。这是英国伦敦战略研究中心的古尔德、坎贝尔和亚历山大等人于 1995 年提出的。③

建立企业集团的目的就是要通过形成母子公司之间的合作关系来形成母合优势。首先，通过基于价值创造洞见来确定集团的业务资产范围，确定核心业务与非核心业务，进而为形成母合优势形成业务基础。其次，建立符合市场竞争需要和业务资产特征的组织结构，形成母子公司之间良好的组织分工和管理体系，确保有关职能部门、业务部门之间的有机合作与协调，确保信息的无障碍、无截留、无偏差的流动，形成集团一体化的良性运转。最后，通过战略规划、财务控制、战略控制等手段形成母子公司在权力上的有效配置，在集权和分权之间形成良好格局，在母公司和子公司之间形成各有侧重的角色分工，从而在确保集团总体目标实现和整体利益的基础上充分调动子公司的积极性，最终形成合力，形成母合优势。

（三）资源理论的解释

资源理论（The Resource-based View，RBV）将企业看作是人力资源和物质资源的结合体，④ 认为企业之间的绩效差异来自其所拥有的资源的独特性（uniqueness），

---

① ［美］威廉姆森. 资本主义经济制度［M］. 段毅才，王伟，译. 北京：商务印书馆，2002.

② 黄咏梅. 从母合优势理论看中国企业集团发展［J］. 宏观经济研究，2007（11）：59-63.

③ Andrew Campbell, Michael Goold, Marcus Alexander. Corporate Strategy: The Quest for Parenting Advantage [J]. Harvard Business Review, 1995, March/April, pp.120-132.

④ Penrose, Edith T. The Theory of Growth of the Firm [M]. Oxford: Basil Blackwell Publisher, 1959. Barney, J.B. Firm Resource and Sustained Competitive Advantage [J]. Journal of Management, 1991, 1: 99-120.

即"有价值、稀少、难以模仿"的特征。[①] 企业可以利用这些独特资源建立或实施自己的战略，如低成本或差异化战略，从而为企业带来"理查德租金"（Ricardian rents）[②]。

战略性资源是企业获得竞争优势的基础，但由于战略性资源的难以模仿或不可移动，当企业想扩张发展的时候，就很难通过自身学习或积累来获取自己所需要的战略性资源，因此就必须借助市场手段来实现，这就为企业集团的产生提供了资源理论的解释。

为弥补自身资源不足，企业之间可以通过市场交易方式来建立实现共赢的合作关系，实现企业间的资源共享和互补。企业集团作为企业联合体刚好满足了企业间的资源需求和供给，一方面可以帮助企业获取核心资源，另一方面又可以提高资源的使用效率。

四、政府重组型国企集团战略成长模式

Collis 等（2000，2008a，2008b）认为，在动态、超强竞争环境下，企业的成功取决于能否比竞争对手更有效、更快速地培育、积累和更新资源，即企业资源如何识别、资源如何控制以及资源怎样增值。[③] 遵循该逻辑，本文构建了一个理论框架来解释我国政府重组型国企集团的成长问题，并将该框架界定为"战略成长模式"。

（一）资源识别

Barney（1991）认为，企业的竞争优势虽然取决于其资源的价值、稀缺性和可模仿性，但要完全认识和挖掘到这些资源的潜力还必须对其进行组织。资源理论的 VRIO 理论框架与企业可持续竞争优势之间的关系如图 1。

---

① Barney, J.B. Firm Resource and Sustained Competitive Advantage [J]. Journal of Management, 1991, 17: 99-120.

② 理查德租金（Ricardian rents）是由于有价值的资源的稀少性所产生的租金。这些资源包括有价值土地的占有、位置优势、专利等。

③ ［美］科利斯（David J. Collis），等. 公司战略：企业的资源与范围 ［M］. 王永贵，等，译. 大连：东北财经大学出版社，2000：34. David J. Collis, Cynthia A. Montgomery. Competing on Resources [J]. Harvard Business Review, 2008a, Jul/Aug, pp:140-150. David J. Collis, Michael G. Rukstad. Can You Say What Your Strategy Is? [J]. Harvard Business Review, 2008b, Apr, pp: 82-90.

资源1 → 资源2 …… → 资源n →

有价值 V | 稀缺性 R | 可模仿性 I

→ 战略资源 A → 战略资源 B …… → 战略资源 M →

组织问题 O →

可持续竞争优势

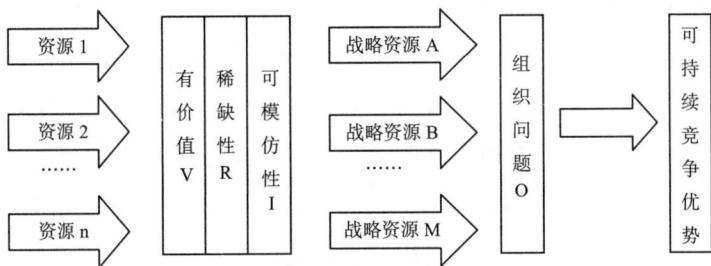

图1 资源理论的 VRIO 框架

图 1 显示，一个企业会拥有各种有形及无形的资源，但并不是所有的资源都与企业获得竞争力有关，只有具备 VRI 属性的资源才是战略性资源，才有可能被企业组织起来以获得可持续的竞争优势。因此，对于一个企业而言，能否根据资源理论的 VRI 框架来鉴定、识别自身所拥有资源的类别，就显得尤为重要。

由于历史原因，我国国企掌握着众多有价值的资源，包括有利的地理位置、悠久的历史、知名的品牌（如中华老字号）、良好的消费者认知、与政府银行等机构密切的网络关系等等，但在市场经济的竞争中，由于体制、经营者个人水平及道德因素等多方面原因，很多老国有企业的资源价值或者没有得到应有的发挥，或者成为不法之徒的牟利平台，导致这些国有企业逐渐丧失了与国外及民营企业竞争的优势。2002年，国家经贸委等部门出台了《关于发展具有国际竞争力的大型企业集团的指导意见》，用于指导国有企业集团化重组工作。一些曾经在计划经济年代以及改革开放早期叱咤风云但后期效益低迷的老国企被重新整合，其所拥有的各种资源也纳入到新的集团公司范围之内。这种新组建的政府主导型国企集团公司首先面临的问题就是对如何在良莠不齐的众多资源中鉴定和识别出能够支撑企业日后发展的战略性资源。因此，对于政府主导型国企集团而言，其组建初期的主要工作应该是清产核资，对资源进行归类划分，确定优质或潜在优质资源，剥离劣质资源，确定影响企业获得可持续竞争优势的战略性资源。

（二）资源控制

资源识别为企业成长提供基础，决定企业可以做什么，但只有对这些资源进行有效的组织、控制与配置才能够发挥出资源的潜在价值，决定企业怎么做（Collis，2000）。这实际上就是企业管理控制系统（Management Control System，MCS）问题。概括地讲，MCS 就是组织所采取的、能够引导员工正确实现组织战略目标的各种方法和手段。通过 MCS，生产性资源（包括人力、资本、无形资产等）都能被有效地组织起来，并以正确的方式做事。

MCS 包括多个维度或子系统。基于现有文献，^①本文将 MCS 的一级子系统分为管控模式、组织结构、内控手段和企业文化四个部分。其中内控手段又包括治理、财务、激励、信息化等二级子系统。如图 2。

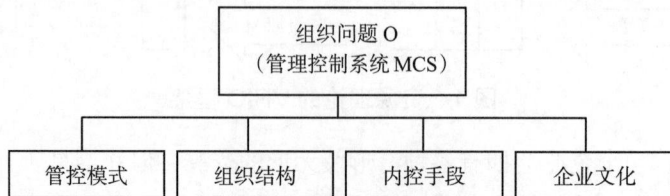

图 2　资源控制系统

脱胎于计划经济的国有企业，除了具备简单的组织架构和财务制度外，企业资源控制基本上是一个空白，远不是一个真正的市场化的现代企业。这也决定了由这些国企所组建的企业集团公司所肩负建章立制、规范管理、充当"资源监护人"（Collis，2000）的重任。由于资源控制是保证企业正常稳定运营的关键，因此，政府重组型国企集团在资源识别的同时以及随后的主要任务就是通过建章立制来对资源实施组织控制，规范企业运行，不断提升母公司在整个集团中的控制性地位。

（三）资源增值

资源控制是"正确地做事"，资源增值则是"做正确的事"。企业资源只有实现不断地增值，其竞争优势才可以得到持续，同时也是企业战略的最终目的（Collis，2008a）。熊彼特（1934）提出，要实现增长，就必须"建立一种新的生产函数"，即把一种从来没有过的关于生产要素和生产条件的"新组合"引入生产体系，如引进新产品、引用新的生产方法、开辟新市场、控制原材料的新供应来源以及实现企业的新组织。^②也就是说，实现资源增值必须依靠创新以及与之相对应的组织学习。

计划经济下的国有企业仅是一个生产单位，没有盈利目标，因此缺乏资源增值动力，也缺乏创新和学习动机。市场经济的转型激发了人们的致富欲望，但国有企业激

---

① David Otley. Performance Management: A Framework for Management Control Systems Research [J]. Management Accounting Research, 1999, 10: 363–382. K. A. Merchant, W. A. Vander Stede (Eds.). Management Control Systems [M]. 2nd edition. FT Prentice Hall, 2007. 池国华. 内部管理业绩评价系统设计的整合机制［J］. 会计研究，2005（7）：61–64. 池国华. 基于组织背景的管理控制系统设计：一个理论框架［M］. 预测，2004（3）：7–11.

② ［美］约瑟夫·熊彼特. 经济发展理论［M］. 北京：商务印书馆，1997.

励机制不足束缚了国企经营者的企业家精神，并成为国有资本增值的瓶颈。当然，一些经营者也充分发挥了扭曲的企业家精神，利用制度漏洞，在国资改革过程中大肆投机以饱私囊。总体而言，国企的资源增值动力不尽如人意。而当实施国企集团化重组以后，树立国资增值意识、培育创新和学习能力，就成为政府主导型国企集团公司的一项重要工作。资源增值是企业的主要目的。具备良好的创新意识和组织学习能力是实现政府主导型国企集团公司资源增值的必然手段。

在上述分析的基础上，本文构建了政府主导型国企集团公司战略成长模式。如图3。

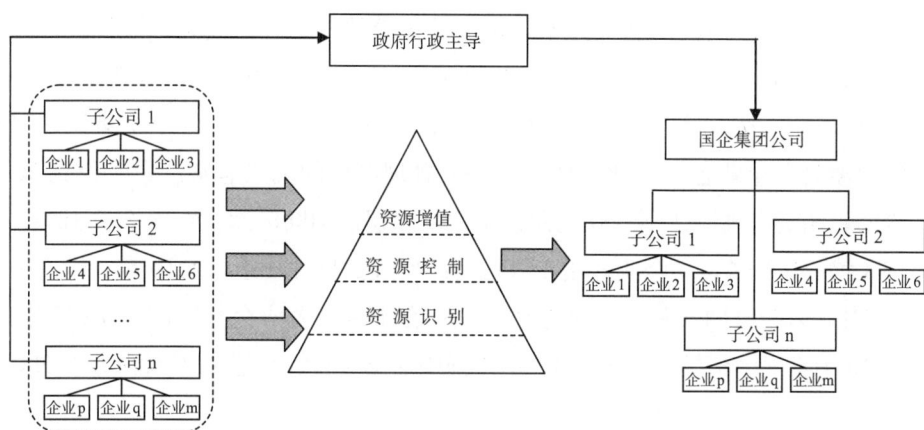

图3 政府重组型国企集团战略成长模式

图3表示，国有资产存量（子公司1、子公司2到子公司n）在政府行政主导的外力作用下，通过资产行政划拨打包进入某个国企集团公司，形成母子公司体制形式。但这种行政主导下的母子公司体制即使形成了资产链接关系，由于受历史原因、复杂的政企关系的影响，依然缺乏凝聚力，子公司各自为政、彼此疏离的现象较为严重。母公司由于缺乏对子公司的孵化和培育，母子公司之间的感情淡漠；子公司对于母公司也是貌合神离、阳奉阴违。在这种状态下，整个集团公司的绩效很难提升。因此，在集团公司成立之后，就必须从资源识别、控制、增值上着手推进。

五、模式应用：岭南集团案例

（一）案例选择

之所以选择岭南集团作为研究案例，是因为岭南集团的状况符合前述所提到的案例选择的五个标准：（1）是广州市国资委监管的27家国有企业之一；（2）涵盖酒店、旅行社、汽车服务、主副食品、商贸和会展等业务，都是竞争非常激烈的行业；（3）成立于2005年3月，至今已有6年多的历史；（4）组建初期主营业务整体处于亏损状态，然而到2010年底，集团盈利超过3亿元，绩效发生显著改变；（5）从成立至今，岭南集团总部的人数规模虽然成倍增长，但职业经理人队伍（高层和中层）变化不大，表现出一定的稳定性。

（二）岭南集团基本情况

岭南集团在国企重组改革大背景下，由广州市委、市政府推动，于2005年成立。成立之初，下辖200多家企业，覆盖酒店、旅游、商贸等多个行业，资产总值虽达到70多亿元，但整体状况并不理想，总体效益差，亏损面大，效益较好的企业不到10%，亏损企业达64%，主营业务亏损额2亿多元，债务负担接近14亿元，年债务利息高达8000万元。虽然在产权上已经重组为一个集团，但整个集团还只是企业的行政凑合。企业各自为政、各行其是、管理滞后的现象非常严重。但到2011年底，岭南集团资产规模达到200亿元，主营收入超过100亿元，年均增长18%，净利润保持年均6%的增长。企业开始步入可持续发展的良性轨道。2010年，岭南集团成为第16届亚运会赞助商和重要服务供应商；在中国旅游协会与中国旅游研究院联合发布的2011年度中国旅游集团营业额20强中居第8位，并进入国家服务业500强第190位。

（三）岭南集团的战略成长模式

1．识别资源，优化资源结构

岭南集团组建时，就处于下属企业良莠不齐、资源边界混乱不堪、资源质量高低不均、经营效益普遍低下、历史负担沉重、遗留问题复杂的境地。因此，识别资源类别、发现优势资源、淘汰劣质资源、优化资源结构就成为岭南集团成立初期的主要工作。具体包括：（1）清产核资、摸清家底。岭南集团根据组织结构、产权结构、工商登记状况，对下属企业的资产进行全面清查，建立资产明细表，确定各下属企业的资源范围。（2）制定指标、鉴别资源。根据改革重组的需要，集团总部制定并下发了《改革重组指导意见》，按照盈利能力、品牌声誉、市场地位、可控性等标准划分资源类型，确定优质资产和劣质资产。（3）有序退出劣质资产。经过各企业自报、集团平衡筛选、董事会讨论确定等步骤，确定了64家首批退出企业。通过退出这些企业，止住了可能继续发生的亏损，实现企业减亏止血，企业效益和资源结构得到改善，有效地防止了国有资产的流失。（4）确定优质资源，厘清主业，蓄势待发。经过资源清理，集团下辖企业由最初的 200 多家减少到 130 家左右，并紧紧围绕旅游和商贸这两大主业，资产质量大幅度提高，为下一步资源战略整合奠定了基础。图 4 显示了岭南集团资源识别过程。

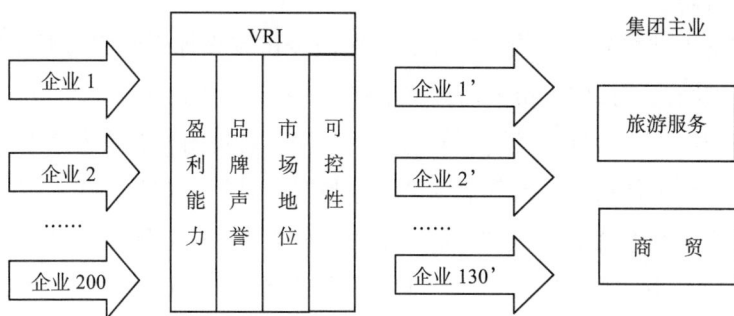

图 4　岭南集团资源识别过程

2．实施资源控制，理顺内部关系

在识别资源类别、清理低效资产的同时，岭南集团开始建章立制，并逐步将其作为核心工作。通过构建公司资源控制系统，理顺了内部关系，确保集团行动的统一，提升集团决策的执行力，增强子公司对母公司的认知度，增强全集团的凝聚力。

（1）战略控制。岭南集团的战略控制包括三个方面：（a）战略制定。在经历了"战略摸索—战略调整—战略创新"三个阶段后，岭南集团最终确定"一体化发展战略"（一个主体，两翼起飞），即明确集团对实体业务实施一体化战略管控，通过改革创新和资本运作两大发展引擎促进实体业务的发展。（b）战略推进。通过各种沟通交流途径和集团总部对具体项目的切入及跟进，增强全集团对战略的理解和认同，提高战略转化能力。（c）战略审查。在战略明晰之后，为增强战略的执行力，集团总部建立了战略符合性审查制度，对下属企业的投资行为进行战略性审查，明确业务方向和边界范围，杜绝一切不符合集团主业发展需求的投资。

（2）组织结构控制。在确定一体化战略之后，岭南集团对组织结构进行调整。（a）调整总部结构。组建初期，为优化资源结构，集团总部建立了以职能部门为主的组织结构，包括财务部、资产部、法律部、人资部、监察审计、综合办公室等。随着资源类型的理清和战略的清晰，集团总部开始将侧重点转移到业务部门的构建，分别针对旅游酒店、主副食品等业务建立了对口的运营管理部门或战略业务单元，专门负责对下属行业企业的归口管理，形成"集团公司—战略业务单元—子公司—工厂"的分层管理体制。（b）注册成立新公司，重新整合下属企业资源。岭南集团下属企业中拥有非常优质的品牌资源，①但这些品牌资源在原有的管理平台上并没有产生很好的效力。在优质资源向优质品牌倾斜原则指导下，集团以优质品牌为主体，注册成立新公司，将原有企业内的相关资源组合到优质品牌的平台上，充分发挥优质品牌的资源带动力和价值创造力。

（3）实施内部控制。岭南集团充分利用内控机制来加强和完善对全集团的管理。(a)完善治理结构。按照上市公司规范来建立和完善集团及下属企业的治理结构，推行外部董事制度，全面修订及制定下属企业章程，对集团下派董事监事组织开展系列培训，制定监事工作指引、内幕信息管理等制度，对下属企业实现董事、监事、财务总监委派的百分百覆盖，形成"战略—章程—董监事—高管团队—财务总监"一体化治理管控格局。(b)加强财务控制。推行"阳光财务"的管理理念，强化预算管理与控制，建立集团财务结算中心，加强集团一体化资金管理；建立财务快报、现金流量周报制度，定期召开财务和经营活动分析会；组织开展财务大检查，查摆纠正各种问题，对下属企业进行财务纠偏。(c)充分发挥监察审计的监督功能。实施"纪检、监察、审计"合署办公，发挥监督合力，着力抓好反腐倡廉宣传教育、内部监督机制建设和惩治腐败工作。(d)实施绩效激励与控制。根据"业绩优先、结构合理、激励有效"的原则，采取一企一策的办法，将工资薪酬放在盈利模式中进行评估，为经营管理人才在下属企业的合理流动和配置奠定基础；同时，加大管控力度，对部分企业存在的"自定薪酬、自我激励"以及由企业代支个人所得税等不规范现象进行纠正。

（4）发挥文化引导作用。岭南集团在树立积极向上的企业文化方面做了很多卓有成效的工作。(a)建立企业愿景和使命。集团愿景为：发展成为国际知名、国内一流、广东省第一的民生服务集团，营业收入超过300亿元，进入中国企业200强、中国服务业企业50强，打造中国旅游、食品行业的百年企业。使命为：为顾客提供差异化的价值，为社会提升生活品质，为员工营造广阔的发展平台，为股东创造持续的利润。愿景和使命的提出及贯彻增强了集团的凝聚力，明晰了下属企业的奋斗目标。(b)树立正确的价值观。提出并贯彻"专业精神、团队合作、职业操守"的职业经理人三项基本要求，倡导"追求价值认同、强化战略意识、推动管理创新、提升业界地位、凝聚团队力量、实现保值增值"的优秀经理人六要素。(c)树立正确的国企企业观。岭南集团发展过程中，认真承担"三种责任"，追求"三个满意"，即履行信托责任让投资人满意、履行人本责任让员工满意、履行社会责任让百姓满意。

---

① 岭南集团拥有众多优质资源，如花园酒店（国内首批白金五星级酒店）、中国大酒店（中国首批五星级酒店）、广之旅国际旅行社（中国驰名商标、中国第三大旅行社）、多个中华老字号（皇上皇、致美斋）。

图 5 显示了岭南集团的资源控制过程。

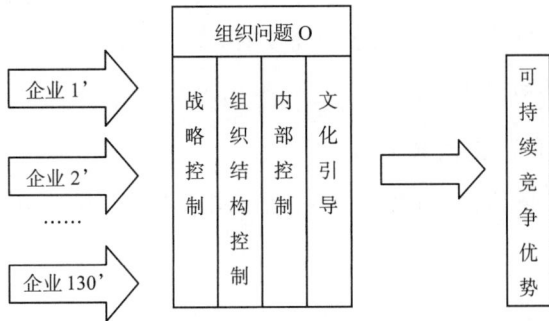

图 5　岭南集团资源控制过程

3．创新学习与资源增值

在岭南集团成长的过程中，"创新"一直得到高度重视。（1）利用自身在酒店管理方面的资源优势，改组岭南花园酒店管理有限公司，将集团 4 家高星级酒店纳入统一管理，向本地及外省酒店输出管理，开辟新市场，扩大市场份额。（2）对集团旗下约 60 家酒店的品牌进行研究梳理，确定 LN 六大品牌系列，明确市场定位和市场覆盖层次，扩大市场覆盖面。（3）以酒店和旅行社业务为基础，沿产业链向景区、会展业务拓展。（4）推进相关业务整合营销、研发新产品、深化营销主题，在销售价格和渠道、品牌宣传和推广、采购和配送等方面实现一体化。（5）编制集团 VIS 企业形象视觉识别系统手册，构建集团一体化企业形象统领下的多品牌经营格局。

作为一个新组建的集团，岭南集团从成立伊始就面临着资源重组、市场竞争、技术更新等问题。为了适应这些变化，岭南集团采取各种措施提高组织学习能力。（1）企业内部交流。岭南集团涉及多个行业，每一行业中又分布着多个企业，行业间以及同行业内不同企业之间存在着管理能力和业绩差异性，这为集团系统内部提供了管理知识和经验的交流学习基础。（a）利用年度工作会议机会，集团安排管理上有独特心得、业绩有大幅度改善的下属企业做经验介绍，供集团内其他企业学习；（b）在一些典型的法律案件胜诉后，聘请有关专家对集团及下属公司管理人员进行案例讲解和法律教育。（2）加强员工培训。根据企业发展需要，加强对员工的岗位技能培训；选派能力强、素质高的管理人员进入知名大学在职深造，提高职业经理综合素质。（3）开展解放思想学习大讨论活动，推动全集团成员思想认识和价值观上的高度统一。（4）在岭南系统内进行较大力度的干部交流，并从外部引进专业性强、实操经验丰富和年富力强的经营管理人才，推动先进知识和经验在集团内部的传播转化。（5）充分发挥党组织在企业发展中的政治核心作用，通过党委中心组学习，专题调研活动，举办辅导讲座、头脑风暴、企业沙龙等形式，深刻研究、分析和探讨集团战略部署、改革重组发展与稳定等热点问题。(6) 加强和高校的合作，通过共建培训基地、聘请管理顾问等方式提高员工的知识能力。

4. 倡导信托责任，提高领导力

在提高职业经理队伍信托责任上，岭南集团从理念构建、制度保障和领导人示范三个方面予以推进：

（1）树立职业经理人信托理念

（a）利用各种会议场合讲解委托人—代理人之间的关系，帮助经理人理解委托—代理关系的信托本质；（b）帮助经理人正确理解和处理与投资人（国家所有者和国资代表）之间的关系；（c）利用内部刊物等媒介在经理人队伍中宣传"代理人"意识，否定和杜绝"老板意识"，强化经理人的受托角色，帮助其找准角色定位；（d）树立并倡导合格的职业经理人标准，帮助经理向职业化转型，将信托责任根植于每一个经理人的职业信仰之中，祛除内部人控制的思想和舆论基础。

（2）依靠制度保障信托责任履行

（a）建立和规范自身治理结构，通过实现外部董事过半，引入境外董事来增强董事会、监事会对公司决策和运营行为的领导和监督，维护投资人权益；（b）针对下属公司制企业，集团强化对其委托代理关系，通过企业章程、制度供应、董监高任免、委派财务总监、预算与考核等，实现集团对全系统的战略话语权和资源配置权；（c）对于未完成公司制改造的企业，则通过建立企业管理委员会行使董事会职权来作为公司制改造前的过渡，以解决出资人缺位、治理不规范等问题。

（3）高层领导带头示范

高层领导团队是职业经理人队伍的核心，高层领导的行为会对下属产生明显的示范作用。(a) 个人承诺。集团领导在集团会议等多个公开场合，明确表明自己的经理人身份，并要求所有经理人（包括自己）要对国有资产保值增值负责。(b) 重视制度约束。集团领导坚持实行"三重一大"事项（重大问题决策、重要干部任免、重大项目投资决策、大额资金使用）集体决策制度，摒弃"独权"管理。(c) 积极接受上级部门监督。集团领导定期向上级主管部门（市国资委）汇报企业经营情况，保证信息的全透明。

通过理念灌输、制度保障和高层示范，岭南集团职业经理人将信托责任融入到自身思想当中，并通过扎实有效的行动来提升业绩。6年来，岭南集团的国有资产保值增值率一直保持在105%左右，履行了国有资产保值增值的信托责任。

5. 岭南集团的战略成长价值模式

从上面的分析可看出岭南集团的成长特征：在组建初期，整个集团的工作以鉴别资源类型、清理劣质资产、优化资源结构为主。资源识别及优化减轻了企业发展的包袱，凸显集团主业地位，资源之间的关系也日渐清楚，并为确立整个集团的发展战略奠定了基础。与此同时，集团还通过建章立制增强资源控制能力，分别从战略、组织、内控及文化等多个方面对全集团进行改造，理顺母子公司之间的关系，增强下属企业管理规范性，提高母公司对子公司的管控能力。在上述工作开展的过程中，集团提倡创新和学习，积极开拓市场、创建系列品牌、增强企业内外部信息交流和知识管理，实现资源增值。当然，这些工作的顺利开展还得益于职业经理人信托责任的建立。岭南集团的成长案例检验了本研究所提出的以4个命题为支撑的"战略成长价值模式"，也展示了该模式在企业中的具体运用。图6对岭南集团的战略成长价值模式进行了归纳。

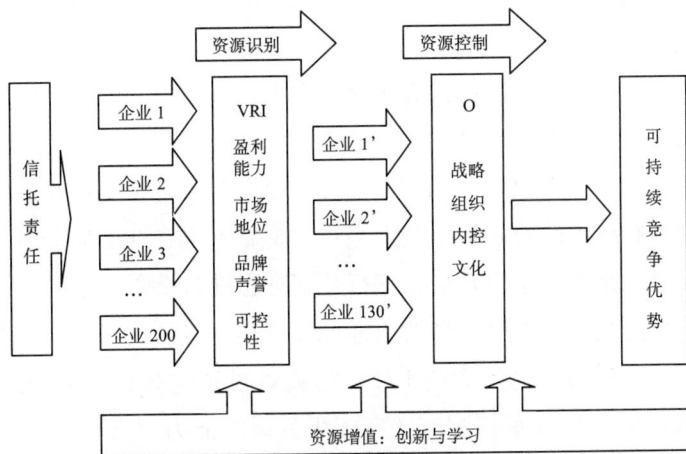

图6　岭南集团战略成长价值模式

六、启示

1. 政府角色转变是国企集团化改革的关键

我国国有企业改革一直是一个较为棘手的问题。在20世纪90年代的市场化过程中，各级政府通过市场化的手段或非市场化手段将大量的国有企业转变为股份公司甚至私人公司，并由此提高了企业绩效。于是一些观点认为国有企业若想改变经营绩效就应该民营化，这种观点在20世纪和21世纪初甚至成为一种主流观点。但随着民营化过程中所显露出的一系列问题（如国有资产流失）又引发对国有企业民营化的批判。政府当初的政策也受到质疑。随后，各级政府开始以集团化的方式来将一些行业相关或近似相关的国有企业进行重组，希望由此来提升国有企业效率。由此看来，各级政府在推动国有企业改革方面一直在进行积极的探索和纠正。从现有国有企业集团化的效果来看，这种改革思路应该是正确的，说明政府的重组行为应该是有效的。但在国有企业集团化组建之后，政府是否还应该继续以行政力量来插手国有企业集团的发展，这就成为一个需要厘清的问题。尽管从资产所有权归属角度而言，国有企业归全体公民所有，但这种所有权是虚化的，必须通过实实在在的政府来进行经营管理，政府实际上扮演着投资人或资产所有者的角色。但政府作为公共服务的提供者又掌握着各种行政权力，一旦这些行政权力和投资者相结合，就有可能出现政府利用行政权力支持国有企业发展、破坏市场竞争的行为，由此通过提供行政保护伞而限制了竞争，从长期来看，这对国有企业效率的提高是弊大于利的。因此，在国有企业集团发展过程中，政府必须要将行政权力和投资者角色分开，不能借助行政权力来扩充投资者权力。否则，中国的市场经济永远不会成为真正的市场经济，国有企业也不可能成为真正的市场主体。

因此，当政府通过行政手段将国有企业重组为企业集团之后，应该立即将国有资产的管理委托给相应的资产管理部门（国有资产管理委员会）或资产经营公司，委托这些部门和公司行使投资人权力，利用股权等手段来介入企业集团的管理，通过财务绩效或经营绩效等指标来衡量企业绩效。当然，要做到这一点还是有很大难度的。这首先需要政府在思想意识上予以转变，变行政管理思维为投资人思维，变行政手段为股权管理手段，变行政评价为财务经营指标评价。其次需要政府行政管理人员能真正懂得企业运作规律，懂得公司治理的本质，这就对政府提出了较高的学习能力要求。最后，还需要政府能够具有承担国有资产损失的风险能力。市场竞争意味着优胜劣汰，意味着绩效下降、利润亏损、破产倒闭。如果政府无法接受这一点，那么必然会用行政手段来保护国有资产，造成不公平竞争，进而影响国有企业竞争力的提升。

2. 构建成长模式是政府重组型企业集团获得竞争力的关键

国有企业能否在不依靠政府保护的前提下构建自己的竞争力，这一直是一个饱受质疑的话题。产权理论认为，国有企业之所以效率低下，在于产权不清晰。然而超产权理论则认为，产权并不是国有企业经营绩效低下的原因。本研究的分析则指出，国有企业（集团）绩效的好坏关键在于能否建立一个符合企业运行规律的战略成长价值模式，在于能否识别优质资产、设定正确战略、构建良好的组织结构、建立有效的制度、树立有责任的企业文化。如果这些方面做不到或做不好，产权再清晰也是没有用的。一个简单的对比可以说明这个问题。家族企业或民营企业的产权是非常清晰的，但每年破产倒闭的家族企业和民营企业也是多如牛毛的。正是出于对产权重要性的批判性思考，本研究才从资源能力理论角度提出政府重组型国有企业集团战略成长价值模式，从资源识别、控制以及增值三个方面来探讨国有企业集团成长问题。

可以说，岭南集团的成长案例为政府重组型国企集团的发展提供一个很值得借鉴的经验。在短短的 6 年时间里，岭南集团从组建初期的亏损企业一举成为行业中的领先者，其原因就在于深刻理解和遵循了企业成长的规律，通过制度构建、战略引导、文化提升、环境扫描来将优质资源投入到增值或具有增值潜力的环节或机会中，进而不断提升国有资产的价值以及企业自身的行业竞争力。

3. 职业经理人信托责任是政府重组型国企集团成长的基本保证

国企改革历来都围绕着产权来进行争辩，似乎产权是解决国有企业绩效的根本。众多文献从民企产权清晰、激励充分来分析产权的重要性。但一个不能回避或忽视的问题是，随着民企的规模扩大，当由职业经理人代替创业者来掌管企业的时候，民企同样也会遭遇职业经理人的道德风险、信托责任问题。国外企业成为公众公司之后，并没有像中国企业这样普遍遭遇职业经理的机会主义行为，这与严刑峻法和信托责任有很大关系。这说明产权实际上并不是解决企业竞争优势的根本。由此是否可以推断，当我们不断围绕产权进行争论的时候，是不是忽视了企业制度的完善、职业经理人信托责任的倡导？纵观中国企业，不论国有企业还是民企，在企业管理制度和运营方法上都还与发达国家存在很大的差距，也许我们不应该过度纠结于产权问题，而更应该将精力放在管理思维的提升、内部制度的建立、科学方法的学习、信托责任的构建上。如果缺乏这些方面的创新和改进，产权即使再清晰，构建大公司大集团提高国企竞争优势的思路也只不过是一厢情愿，最终事与愿违。为何一些国企会具有竞争优势，为何有的国企会步履蹒跚？归根到底，是掌管国有资产的职业经理们是否真正以国资信托责任来发挥自己的聪明才智，是否真正去探索企业战略成长的价值规律。因而可以说，产权也许只是借口，管理和责任才是根本。不过，应该看到的是，在一些杰出经理人的领导下，一些国有企业集团已逐渐焕发出生命力，并日渐在市场竞争和国际化舞台上崭露头角。由此我们也相信，随着国企管理制度的完善、成长模式的清晰，其运营效率必然会大幅度提高，也必然能形成可持续的竞争优势。

（选自广州市哲学社会科学发展"十二五"规划 2011 年度课题"国企集团化重组的战略成长价值模式与竞争力研究——以广州岭南国际企业集团有限公司重组为例"。课题负责人：朱仁宏；成员：冯劲、张竹筠、代吉林、傅慧、何斌。）

广州市中小企业财务核心竞争力
评价指标研究

刘会敏（广州大学松田学院）

一、理论基础：企业财务核心竞争力理论

1.财务核心竞争力内涵

本课题认为企业财务核心竞争力是一种以知识、创新为基本内核的，以培育企业可持续盈利能力和可持续价值增值为目的，企业财务系统所专有的、优异与其他企业的对财务战略、财务创新、财务执行能力和财务运营能力高效耦合的综合财务竞争力。

2.财务核心竞争力特征

（1）价值增值性。财务核心竞争力是企业在有限的财务资源内，不断提高企业财务执行效率，提升财务运营能力和运营效率，优化财务结构从而保持企业长期盈利能力的一种综合财务能力。它可以合理配置企业财务资源和人力资本、提升企业财务抗风险能力，在创造价值和降低成本等方面具有举足轻重的地位。

（2）异质性。不同企业其可控的财务资源具有不同禀赋性，其组织结构不同，财务人员素质不同，主要领导财务战略意识和财务战略管理能力不同，财务执行能力不同，财务运营资金能力不同，财务创新和学习能力不同，这些差异造成各企业的财务核心竞争能力存在很大的差异。这些差异尤其是软性差异是竞争对手难以模仿和替代的。只有针对自身的实际资源、环境技能和知识才能为企业创造价值，才能形成财务核心能力。

（3）内隐综合性。财务核心竞争力是提供企业财务竞争力能力和竞争优势基础的多方面资源、技术、技能和知识的有机整体，是企业财务战略、财务执行能力、财务

195

运营能力和创新能力高效耦合的结果。财务核心竞争力渗透于各项财务能力之中，是企业长期发展过程中培植和形成的具有自身特色的一种竞争力，具有很强的内隐性。

（4）协同性。财务核心竞争力是由多项因素组成，不仅仅包括企业财务资源、各项财务能力，还包括企业财务执行力和创新能力等，它是企业财务战略、财务能力、财务执行力和财务学习创新能力的高效耦合，会产生 1+1 > 2 的协同效应。

（5）知识积累性。财务核心竞争力以知识和创新为基本内核。如果理财系统每位成员都能意识到并倡导相互学习的理念，就能促使企业的财务管理氛围、行为规则等文化因素的开放性，保证财务管理理念、方法的先进性，进而才能形成持久的财务核心竞争力。

（6）战略支持性。财务核心能力的战略支持性是指其服务于企业发展战略，为企业获得可持续竞争优势提供财务上的支持。

3. 财务核心竞争力构成要素

（1）财务战略。财务战略是企业财务核心竞争力的首要构成要素。财务战略是指为谋求企业资金均衡有效的流动和实现企业整体战略，为增强企业财务竞争优势，在分析企业内外环境因素对资金流动影响的基础上，对企业资金流动进行全局性、长期性与创造性的谋划，并确保其执行的过程。

（2）财务执行力。财务执行力是指企业财务人员利用各种资源，实现企业财务目标的综合能力。财务执行力的强弱关系到财务战略目标的实现程度，关系到企业财务核心竞争力的强弱，它们成正比关系。只有使执行意愿与执行力紧密结合，才能提高执行主体的能动积极性。员工执行力充分执行到位才能使企业目标得以实现，从而为企业做大、做强、快速可持续发展奠定坚实的基础。

（3）财务运营能力。财务运营能力是企业再生过程资金运动的作用力，它是企业财务核心竞争力的重要组成因素，包括偿债能力、资本营运能力、获利能力和发展能力。其中偿债能力是企业偿还到期债务的能力；资本营运能力是企业基于外部环境的约束，通过内部人力资源和生产资料的配置组合而对财务目标实现所产生的作用大小；获利能力是企业资金增值的能力；财务发展能力是指企业在生存的基础上，扩大规模、壮大实力的潜在能力，是保证财务核心竞争力持久长远的内在因素。这四方面能力整体反映企业筹资、投资、资本运营和利润分配状况的优劣。

（4）企业学习创新能力。学习能力是系统自主学习、积累知识进而进行产品服务、技术和管理创新的能力，它是保证理财系统可持续发展和良好竞争状态的源泉，是系统的一种"以变创变"的能力，是指组织不断学习、开拓创新、持续整合内外资源以应对财务环境变化和因果模糊性挑战的一种能力。创新能力是系统不断采用新行为、新举措，来影响外部环境和改变内部系统内部条件以主动引导和改善理财环境不确定的一种能力，使系统保持可持续性竞争能力的一种动力源泉。在其他条件不变的情况下，系统学习创新能力越强，对系统的财务核心竞争力的贡献率就越高。

4.中小企业财务核心竞争力形成机理

首先，在企业战略目标和企业环境的基础上，企业制定自身的财务战略；在财务战略目标的指导下，企业通过财务执行力，开展实施财务战略活动，形成独特的财务战略资源，这是财务核心竞争力形成的基础。

其次，企业实施各项财务活动，优化配置企业独特的财务战略资源使其形成现实财务竞争力——财务运营能力，这是财务核心竞争力得以形成的深层次原因。财务战略和财务执行力、财务运营能力是形成企业财务核心竞争力的客观和主观方面。如果企业拥有财务战略尤其是独特的财务战略资源而缺少运用财务战略资源的能力，那么财务战略资源就不能维持财务核心竞争力；同样，企业拥有超常的财务营运能力，而不能得到所需的财务战略资源，或者不能把财务营运能力在企业中实施执行，那超常的财务营运能力也是"无本之源"。

再次，通过持续积累企业财务学习创新能力，形成企业财务核心竞争力。通过不断学习创新而形成新知识和技术的能力就是企业学习创新能力。企业通过不断的学习和创新，实现知识共享、知识交换、知识更新，将隐性知识转化为显性知识，最终实现知识整合和内部升华，为企业创造新的独特的知识资源和技术资源，新知识和技术资源的产生过程就是企业财务核心竞争力的生成、发展和更新的过程，也是企业获得持续不断财务竞争力和盈利能力的过程。

二、广州市中小企业财务核心竞争力问卷调查分析

（一）广州市中小企业财务核心竞争力调查结果

本课题组对广州市中小企业财务状况进行一次随机式抽样调查，共发放调查问卷67份，收回有效问卷19份，占28%。参与有效问卷调查的对象包括1家中小板上市公司、5家创业板上市公司和13家小型微型非上市公司。调查行业包括：工业、交通运输仓储及邮政业、信息技术服务业、商品零售业、传播与文化业和农业。调查结果具有一定的代表性，本文对调查数据进行基本分析。

主要调查结果如下：

（1）财务核心竞争力构成因素重要性情况。通过调查得知：认为财务战略比较重要及以上层次共16家，占整体的84%；认为财务执行力处于比较重要及以上层次的企业共13家，占整体的68%；认为企业财务运营能力处于比较重要及以上层次的企业共17家，占整体的90%；认为企业学习创新能力比较重要的共13家，占整体68%。这四个因素按照1—9级分层打分，各因素的平均值从高到低依次是：财务战略、财务运营能力、学习创新能力和财务执行能力。

（2）财务战略状况。通过调查得知：认为企业主要领导人战略意识比较强及以上层次的共12家，占有效调查整体的63%。这表明广州大部分中小企业主要领导人认识到财务战略的重要性。但是通过调查表2得知：认为员工对财务战略认知程度比较强及以上的企业仅2家，占整体的11%；认为企业主要领导人财务战略能力比较强及以上层次的有9家，占整体的47%；认为企业财务战略与市场环境比较适应及以上层次的共8家，占整体的42%；认为企业财务战略与投资环境比较适应及以上层次的共6家，占整体的32%；认为企业财务战略与融资环境比较适应及以上层次的共7家，占整体的37%。

（3）企业财务执行力状况。根据调查情况整理得知：在有效调查的19份样本企业中，认为企业财务管理制度可行性比较好及以上层次的企业共13家，占68%；认为企业管理制度优良性比较好及以上层次的企业共4家，仅占整体21%；认为员工参与意愿比较好及以上层次的共8家，占整体42%；认为员工职业道德比较好及以上层次共14家，占整体74%；认为员工专业技能比较好及以上层次共8家，占42%；认为员工技能与岗位匹配度比较好及以上层次共8家，占42%；认为企业财务组织责权利关系明晰性比较好及以上的共6家，占32%；认为企业财务部门与其他部分之间的协调性比较好的共8家，占42%；认为企业高层领导对财务工作的认可和支持度比较好的共15家，占整体79%。

（4）财务运营能力状况。根据调查结果整理得知：（a）盈利能力方面，19家广州市中小企业资本收益率平均值为7.55%，净资产收益率5.26%。（b）融资能力方面，剔除6家上市公司短期市场融资造成速动比率高于600%以外，其余13家企业速动比率平均为83.40%；剔除3家创业板上市公司短期市场筹集现金流造成现金流动负债比率60%以上，其余16家企业现金流动比率平均2.8%；剔除经营状况良好得到政策支持力度较大的6家上市公司资产负债率低于13%外，其余13家企业资产负债率74.22%。（c）资本营运能力方面，19家广州市中小企业资产周转率平均值为0.64

次，存货周转率平均值为 4.89 次，应收账款周转率平均值为 4.95 次，劳动效率平均为 25.22 万元 / 人。(d) 财务成长能力方面，19 家广州市中小企业主营业务收入增长率平均值 12.04%，净利润增长率平均值 5.50%，总资产增长率平均值 22.62%。

(5) 学习创新能力方面状况。通过调查资料整理得知：19 家企业中员工知识水平（大专及以上员工人数 / 企业员工人数）平均为 42.65%，其中包括对员工知识水平需求较高且规模比较大型的计算机服务与软件业（广东安居宝数码科技股份有限公司、广州中海达卫星导航技术股份有限公司）、医疗仪器设备制造业（广东冠昊生物科技股份有限公司）、通信设备制造业（广东高新兴通信股份有限公司、广州市银讯通信科技有限公司）；19 家企业中员工培训率（员工培训费用 / 营业收入）平均值为 0.13%，其中有 5 家企业员工培训率为 0；19 家企业中研发投入比例（全年性研发投入合计 / 营业收入）平均值为 4.76%，其中有 8 家企业研发投入比例为 0。

（二）广州市中小企业财务核心竞争力存在问题

1. 财务战略的认知度和适应度不高

根据调查资料综合分析：虽然大部分广州市中小企业主要领导者认识到财务战略的重要性，但是过半数参与调查的企业认为企业领导人的财务战略能力、员工对财务战略的认知程度、财务战略与市场环境的适应度、财务战略与投资环境的适应度和财务战略与投资环境的适应度在比较适应（或比较强）层次以下。广州市大多数中小企业对财务战略的实施力度不够，忽视财务战略在企业管理中的作用，长期以来一味追求利润最大化，片面追求成本最低策略，较少有明确科学的财务战略。只是把财务战略当作口号或规章制定，使财务战略形同虚设，不能发挥其实质作用。

2. 财务执行力度不强

通过调查资料综合分析：尽管将近 70% 的广州市中小企业认为财务执行力处于比较重要及以上层次，并且过半数广州市中小企业对自身管理制度和员工职业道德处于比较认可状态。但是根据调查资料发现，大部分广州市中小企业对于企业管理制度的优良性、员工的参与意愿、员工的专业技能、员工技能与岗位的匹配度、财务组织责权利关系的明晰性以及财务部门与其部门之间的协调性认可程度不容乐观。这反映出广州市中小企业普遍认为缺乏素质较高的管理人才和专业技能人才。财务执行力不强直接影响财务战略和财务活动的实施效果，制约财务核心竞争力的形成和维持。

3. 财务营运能力整体状况不容乐观

（1）盈利能力一般。根据调查统计得知：比照 2011 年企业绩效评价标准值，广州市中小企业的资本收益率和净资产收益率，均处于全国同行业中小企业平均水平。

（2）融资能力较差。根据调查资料可知：广州市中小企业融资能力尤其是长期融资能力较差，负债状况严重。广州市中小企业投融资公共服务网络平台的一项"中小企业融资现状调查"显示，针对"企业发展的首要制约因素"这个问题，有五成的投票者选择"资金"，其次是人才。目前，广州市担保机构的担保能力还比较有限，担保费用偏高，融资能力不足且担保机构本身担保资金不足，抵御风险能力差，难以满足广州市中小企业的资金需求。

（3）资本营运能力偏下。根据调查资料整理分析，除了人均劳动效率较高之外，其他指标比照我国 2011 年企业绩效评价标准值均处于全国同行业中等偏下水平。广州市中小企业为抵御大企业的压力，会采取更多的商业信用促销。但由于应收账款管理水平不高，没有建立严格的赊销政策，缺乏有力的催收措施，造成大量应收账款沉淀，资金周转不灵，并隐含着较大的坏账风险。同时大部分广州市中小企业存货控制薄弱，造成资金呆滞。对存货缺乏有效管理，无存货计划，无存货定期监督和检查制度，对日常存货的控制不到位，致使存货周转失灵，造成资金呆滞。

（4）财务成长能力发展不平衡。根据调查资料整理分析，比照我国 2011 年企业绩效评价标准值，尽管广州市中小企业主营业务收入增长率处于中上水平，总资产增长率处于全国优秀水平，但是净利润增长率却处于中低水平。这主要是由于广州市中小企业市场需求不足和市场开拓能力以及成本费用增加引起的。一方面这种需求不足本质上是一种结构性不足，其根本症结在于产品结构层次比较低、竞争力不强。同时由于原材料价格上涨、人工成本的大幅度上涨、外贸需求的缩减，中小企业尤其是劳动密集型中小企业利润空间大幅度下降。

4. 学习创新能力不强

根据调查资料整理分析：如果剔除对员工知识水平需求较高且规模比较大的 5 家上市公司（广东安居宝数码科技股份有限公司、广州中海达卫星导航技术股份有限公司、广东冠昊生物科技股份有限公司、广东高新兴通信股份有限公司、广州市银讯通信科技有限公司），其余广州市中小企业尤其是传统行业的员工知识水平（大专以上员工人数/企业员工总人数）平均值为 31.14%；19 家企业中员工培训率（员工培训费用/销售收入）为 0 占 27%，其余企业该比率平均值仅为 0.13%；19 家企业中研发投入比例（全年性科技型支出合计 / 销售收入）为 0 的占 43%，其余各企业该比率平均值仅为 4.76%。

由此可见，一方面，广州市中小企业尤其是劳动密集型的小型微型企业员工知识水平普遍不高，不重视员工后期培训、培养和学习。在小规模、低层次的企业里，财务人员由企业高层信得过但是素质不高的人员担任，缺乏具有较强财务分析能力和预测能力、决策能力的高素质财务管理人员，难以为管理高层提供有效的财务信息，并且财务组织可持续学习能力和可持续创新能力匮乏。另一方面，广州市中小企业尤其是劳动密集型的小型微型企业普遍研发投入不高，不重视研发投入。许多广州中小企业宁愿赚取微薄的代工收入也不愿去进行技术创新。学习创新能力不足，尤其是技术创新不足制约着广州中小企业财务可持续发展和产业层次的提升，严重束缚着企业的财务核心竞争力。

三、构建广州市中小企业财务核心竞争力评价指标体系

（一）广州市中小企业财务核心竞争力评价指标选取

经过反复比较、验证筛选，本课题最终确定 8 个准则层和 30 个具体评价指标（15 项定性指标和 15 性定量指标）体系，综合评价广州市中小企业财务核心竞争力（见表 1），设计思路如下：

表 1　广州市中小企业财务核心竞争力评价指标体系

序号	准则层	指标层	备注
1	X_1 企业财务战略状况	X_{11} 企业主要领导人的财务战略意识	定性评价指标
2		X_{12} 员工对财务战略的认知程度	定性评价指标
3		X_{13} 企业主要领导人的财务战略能力	定性评价指标
4		X_{14} 财务战略与市场环境的适应度	定性评价指标
5		X_{15} 财务战略与投资环境的适应度	定性评价指标
6		X_{16} 财务战略与融资环境的适应度	定性评价指标
7	X_2 企业财务执行力	X_{21} 企业财务管理制度的可行性	定性评价指标
8		X_{22} 员工的参与意愿	定性评价指标
9		X_{23} 企业财务管理制度的优良性	定性评价指标
10		X_{24} 员工的专业技能	定性评价指标
11		X_{25} 员工的职业道德	定性评价指标

序号	准则层	指标层	备注
12		X_{26} 员工技能与岗位的匹配度	定性评价指标
13		X_{27} 财务组织责权利关系明确性	定性评价指标
14		X_{28} 财务各部门以及其他部门之间的协调性	定性评价指标
15		X_{29} 企业高层领导对财务工作的认可和支持度	定性评价指标

序号	准则层	二级准则层	指标层
16		X_{31} 盈利能力指标	X_{311} 资本收益率（%）（定量评价指标）
17			X_{312} 净资产收益率（%）（定量评价指标）
18		X_{32} 偿债能力指标	X_{321} 速动比率（%）（定量评价指标）
19			X_{322} 现金流动负债比率（%）（定量评价指标）
20			X_{323} 资产负债率（%）（定量评价指标）
21	X_3 企业财务运营能力	X_{33} 资本营运能力指标	X_{331} 资产周转率（次）（定量评价指标）
22			X_{332} 存货周转率（次）（定量评价指标）
23			X_{333} 应收账款周转率（次）（定量评价指标）
24			X_{334} 劳动效率（万元／人）（定量评价指标）
25		X_{34} 成长能力指标	X_{341} 主营业务收入增长率（%）（定量评价指标）
26			X_{342} 净利润增长率（%）（定量评价指标）
27			X_{343} 总资产增长率（%）（定量评价指标）
28	X_4 财务学习能力与创新能力	／	X_{41} 员工培训费用率（%）（定量评价指标）
29			X_{42} 员工知识水平（%）（定量评价指标）
30			X_{43} 研发投入比例（%）（定量评价指标）

（二）广州市中小企业财务核心竞争力各评价指标解释

1. 财务核心竞争力整体状况评价指标

从广州市中小企业财务核心竞争力构成要素出发，广州市中小企业财务核心竞争力整体状况评价包括财务战略、财务执行能力、财务营运能力和企业学习创新能力四方面维度。

2. 企业财务战略评价指标

广州市中小企业财务战略状况评价由企业主要领导的财务战略意识、企业主要领导的财务战略能力、员工对财务战略的认知程度、财务战略与市场环境的适应度、财务战略与投资环境的适应度和财务战略与融资环境的适应度共6个方面构成。按照各要素对应程度不同，本课题组将分别按照各企业各要素实际情况，从极其不适应到极其适应划分9级标准，各标准从低到高依次是：极其不适应、非常不适应、比较不适应、有点不适应、不确定、有点适应、比较适应、非常适应和极其适应。各层次越高表明财务战略各要素的程度越好，赋值越高。

3. 企业财务执行力评价指标

广州市中小企业财务执行力评价指标包括企业财务管理制度的可行性、企业财务管理制度的优良性、员工的参与意愿、员工的专业技能、员工的职业道德、员工技能与岗位的匹配度、财务组织责权利关系的明确性、财务各部门以及其他部门之间的协调性、企业高层领导对财务管理工作的认可和支持度共9个方面。按照各要素对应程度不同，本课题组将从极其不好到极其好依次划分9级评价标准进行测度，各标准从低到高依次是：极其不好、非常不好、比较不好、有点不好、不确定、有点好、比较好、非常好和极其好。各标准分别反映企业财务执行力要素的优良程度，各层次越高表明财务执行力各要素的程度越好，赋值越高。

4. 财务运营能力评价指标

（1）盈利能力指标

本课题主要采用资本收益率和净资产收益率两个指标进行衡量。

资本收益率 = 净利润 ÷ 平均资本 ×100%。其中，平均资本 = [（实收资本年初数 + 资本公积年初数）+（实收资本年末数 + 资本公积年末数）] ÷2。资本收益率是企业一定时期净利润与平均资本的比率，反映企业实际获取投资额的回报水平。该指标为正向指标，该指标越高，企业盈利能力越强。

净资产收益率 = 净利润 ÷ 平均净资产。其中，平均净资产 =（所有者权益年初余额 + 所有者权益年末余额）÷2。净资产收益率是企业一定时期净利润和平均净资产的比率。净资产收益率是评价企业自有资本及其积累获取报酬水平的最具综合性与代表性的指标，反映企业运营的综合效率。该指标为正向指标，其值越大，企业盈利能力越强。

（2）偿债能力指标

偿债能力是企业偿还到期债务（包括本息）的能力。本课题主要采用速动比率、现金流动负债率和资产负债率三个指标进行衡量。

速动比率＝速动资产÷流动负债×100%。其中，速动资产＝流动资产—存货—预付账款——一年内到期的非流动资产—其他流动资产。速动比率是企业速动资产与流动负债的比值。由于剔除了变现能力较弱且不稳定的存货等资产，速动比率能够更加准确、可靠地评价企业资产的流动性以及偿还短期负债的能力。一般而言，速动比率越高越好，表明企业偿还流动负债的能力越强。国际上通常认为，速动比率等于100%比较合适。

现金流动负债率＝年经营现金净流量÷年末流动负债×100%。其中，年经营现金净流量是指一定时期内，企业经营活动所产生的现金及现金等价物流入量与流出量的差额。该指标从现金流入和流出的动态角度对企业的实际偿债能力进行考察。该指标能充分体现企业经营活动所产生的现金净流量可以在多大程度上保证当期流动负债的偿还，直观地反映企业偿还流动负债的实际能力。一般该指标大于1，表示企业流动负债的偿还有可靠保证；该指标越大，表明企业经营活动所产生的现金净流量越多，越能保障企业按期偿还到期债务。但是，该指标也不是越大越好，指标过大表明企业流动资金利用不充分，获利能力不强。

资产负债率＝负债总额÷资产总额×100%。资产负债率表明企业资产总额中，债权人提供资金所占的比重，以及企业资产对债权人权益的保证程度。一般而言，该指标越小，表明企业长期偿债能力比较强，但是该指标过小，则表明企业财务杠杆的利用不够。一般国际上公认50%—60%较好。

（3）资本营运能力指标

资本营运能力反映企业资产管理的效率。分析资金营运能力是了解广州市中小企业财务状况稳定与否和获利能力强弱的关键环节。

本课题组主要采用资产周转率、存货周转率、应收账款周转率和劳动效率四个指标进行衡量。

资产周转率＝营业收入÷平均资产总额。其中，平均资产总额＝（资产总额年初数＋资产总额年末数）÷2，营业收入是其企业当期销售产品或提供劳务、出售材料、经营性出租等活动取得的收入。该指标反映企业全部资产的利用效率。该指标越高，表明企业全部资产的使用效率越高；反之，该指标越低，表明企业利用全部资产进行经营的效率较差，最终会影响企业的获利能力。

存货周转率＝营业成本÷平均存货余额。其中，平均存货余额＝（年初存货余额年初数＋存货余额年末数）÷2。该指标是衡量企业采购、储存、生产和销售各环节管理状况的综合指标，对企业的偿债能力及获利能力也产生决定性影响。一般该指标越高越好，存货周转率越高，表明其变现速度越快，周转额越大，资金占用水平越低。

应收账款周转率＝营业收入÷平均应收账款余额。其中，平均应收账款余额＝（应收账款余额年初数＋应收账款余额年末数）÷2。该指标说明一定期间内公司应收账款转为现金的平均次数，它反映企业应收账款变现速度的快慢及管理效率的高低。一般情况下，应收账款周转率越高越好，周转率高，表明收账迅速，账龄较短；资产流动性强，短期偿债能力强；可以减少坏账损失等。

劳动效率＝营业收入÷职工人数。其中，职工人数指全部在职员工。该指标主要分析和评价人力资源运营能力，主要反映单位劳动投入的产出水平以及一定量劳动投入所得的有效成果数量。一般而言，该指标越大，表明企业调动劳动者的积极性、能动性越高。

（4）成长能力指标

企业成长能力是保持企业长期可持续发展，形成长期财务核心竞争力的关键。

本课题主要采用主营业务收入增长率、净利润增长率、总资产增长率三个指标进行衡量。

主营业务收入增长率＝本年主营业务收入增长额÷上年主营业务收入×100%。其中，本年主营业务收入增长额＝本年主营业务收入－上年度主营业务收入。该指标衡量企业主要经营状况和市场占有能力、预测企业经营业务拓展趋势。若该指标大于0，且该指标越高，表明增长速度越快，市场发展前景较好；若小于0，则表明产品或服务不适销对路、质次价高或者售后服务等方面存在问题，市场份额萎缩。

净利润增长率＝本年净利润增长额÷上年净利润×100%。其中，净利润是指利润总额减去所得税后的余额。该指标反映企业获利水平的增长情况，该指标越高，表明企业的业务突出且持续发展，有较强的增值能力。

总资产增长率＝本年总资产增长额÷年初资产总额×100%。其中，本年总资产增长额＝资产总额年末数－资产总额年初数。该指标从企业资产总量扩张方面衡量企业的发展能力，表明企业规模增长水平对企业发展后劲的影响。该指标越高，表明企业在一定时期内资产经营规模扩张的速度越快，有充足的发展后劲。但是分析该指标时，应考虑规模扩张的质量，避免盲目的规模扩张。

5.财务学习能力与创新能力评价指标

本课题从反映企业学习能力评价指标和反映企业创新能力评价指标两方面进行衡

量。本课题主要通过员工知识水平、员工培训率、企业研发投入比率三个指标进行反映。

员工知识水平＝大专及以上员工人数÷企业员工总数×100%。该指标反映企业员工单位时间内获取并繁衍有效知识信息量的大小，该指标越大，表明企业员工受教育水平越高，单位时间内获取并繁衍有效知识信息的水平越高，员工的首创精神和首创能力越高。

员工培训率＝员工培训费用÷营业收入×100%。其中，员工培训费指职工教育经费，包括上岗和转岗培训、各类岗位适应性培训、岗位培训、职业技术等级培训、高技能人才培训、专业技术人员继续教育、特种作业人员培训、企业组织的职工外送培训的经费支出、职工参加的职业技能鉴定、职业资格认证等经费支出、职工岗位自学成才奖励费用、职工教育培训管理费用、有关职工教育的其他开支。该指标反映企业对员工综合素质提高的重视程度。该指标为正向指标，一般而言，该指标越高，企业越重视对员工的培养和教育，越重视人力资本，企业整体的学习能力越强。

研发投入比率＝全年性研发投入合计÷营业收入×100%。其中，全年性研发投入（R&D投入）包括企业研发人工费用，为进行基础研究、应用研究、试验发展而购入的原材料等相关支出费用，仪器及实（试）验设备的折旧、摊销、长期待摊、设备调试等费用。一般而言，该指标越高，企业越重视研究开发，注重核心知识产权的培育，企业的核心自主创新能力就越强。

（三）构建指标模型

1. 评价指标模型的选择

在问卷调查中，本课题组对广州市中小型企业进行调研时仅获取了19个样本数据，样本数据较少，数据波动较大，而且既有定性因素，又有定量因素。这使得整个评价过程处于"部分已知，部分未知的状态"，这是一种典型的灰色系统。因此，本课题采用灰色关联分析方法对样本数据的财务核心竞争力进行评价。

本课题采用灰色关联分析的方法，设置一个在多层次综合评价指标体系下财务核心竞争力最理想的虚拟企业，通过计算各样本企业与此理想企业的灰色关联度，灰色关联度越趋近于1的样本企业就是财务核心竞争力最强的企业。

2. 评价指标权重计算方法的选择

本课题借助信息工程学中"熵"的概念引入一种新的方法解决指标赋权问题。熵值法即根据各指标的信息载量的大小来确定指标权重。熵值法的最大优点是其计算得到的权重完全是依据属性矩阵所带的信息，没有任何主观判断，能够得出较为客观的综合评价结果。

3. 基于熵权的灰色关联评价计算过程

（1）指标规范化处理

设原始指标属性矩阵 D=（z_{ij}）$_{m \times n}$，则

对效益型指标规范化处理，有：

$$x_{ij} = \frac{z_{ij} - \min_i(z_{ij})}{\max_i(z_{ij}) - \min_i(z_{ij})}, \quad (i=1, 2, \cdots\cdots, m; \ j=1, 2, \cdots\cdots, n) \qquad (1)$$

对成本型指标规范化处理，有

$$x_{ij} = \frac{\max_i(z_{ij}) - z_{ij}}{\max_i(z_{ij}) - \min_i(z_{ij})}, \quad (i=1, 2, \cdots\cdots, m; \ j=1, 2, \cdots\cdots, n) \qquad (2)$$

评价指标规范化处理后就可以计算各工业行业与理想行业的灰色关联度。

（2）各指标灰色关联系数的计算

设 $x_j^* = \max_i(x_{ij})$，（j=1, 2, ……, n）表示各属性值中的最优解，取 x_j^* 组成的最优方案 $x_0(j)=\{ x_j^* \mid j=1, 2, \cdots\cdots, n\}$ 作为参考序列，以第 i 方案属性值 $x_i(j)=\{x_{ij} \mid j=1, 2, \cdots\cdots, n\}$，（i=1, 2, ……, m）作为比较序列，则 x_0 与 x_i 在第 j 项指标下的关联系数计算公式为：

$$\xi_i(j) = \frac{\Delta_{\min} + \rho \Delta_{\max}}{\Delta_{i0}(j) + \rho \Delta_{\max}}, \quad (i=1, 2, \cdots\cdots, m; \ j=1, 2, \cdots\cdots, n) \qquad (3)$$

式中，$\Delta_{\min} = \min_i \min_j |x_0(j) - x_i(j)|$、$\Delta_{\max} = \max_i \max_j |x(j) \ x(j)|$ 分别为比较序列绝对差中的最小值和最大值，$\Delta_{i0}(j) = |x_0(j) - x_i(j)|$ 为比较序列的绝对差，ρ 为分辨系数，其作用是为削弱最大绝对差数太大而导致失真的影响，提高关联系数之间的差异显著性，取值范围为 $0 < \rho < 1$，通常取 $\rho = 0.5$。

关联系数 $\xi_i(j)$ 描述了第 i 个方案 x_i 与理想 x_0 在第 j 个指标下的接近程度，该值越大，表明两方案在该指标下越接近。但灰色关联系数无法体现出各指标重要性程度，需要通过熵值法计算各指标的权重。

（3）熵值法计算权重的步骤

A. 设有 m 个评估方案，n 个评价指标，各评估方案的评价指标值组成矩阵 X，x_{ij}

表示第 i 个评估方案的第 j 个指标值。因为各指标通常具有不同的量纲，无法直接进行比较，所以必须对指标值矩阵进行规范化，本文采用最常用的标准化方法：

$$p_{ij} = z_{ij} / \sum_{i=1}^{m} z_{ij} , \quad (i=1, 2, \cdots\cdots, m; j=1, 2, \cdots\cdots, n) \tag{4}$$

进行规范化处理后的 p_{ij} 为第 i 个方案对第 j 个指标属性的贡献度。

B. 对于此贡献度所包含的信息内容，可以用熵 E_j 来表示所有方案对第 j 个指标的贡献总量：

$$E_j = -k \sum_{i=1}^{m} p_{ij} \ln p_{ij} , \quad (j=1, 2, \cdots\cdots, n) \tag{5}$$

其中 k>0，取 $k = \dfrac{1}{\ln m}$，$E_i \in [0, 1]$，如果在第 j 指标下各方案的贡献度趋于一致，即 E_j 趋于 1，则说明该指标在决策时不起作用，可将该指标的权重定为 0；相反，若在第 j 指标下各方案的贡献度相差较大，表明该指标传递的信息较多，作用也就较大，其权值也应该较大。

C. 定义第 j 个指标下各方案贡献度的差异系数：

$$g_j = 1 - E_j, \quad (j=1, 2, \cdots\cdots, n) \tag{6}$$

则当 g_j 越大时，指标越重要。

D. 将其指标权重归一化就得到各评价指标的权重：

$$w_j = g_j / \sum_{j=1}^{n} g_j , \quad (j=1, 2, 3, \cdots\cdots, n) \tag{7}$$

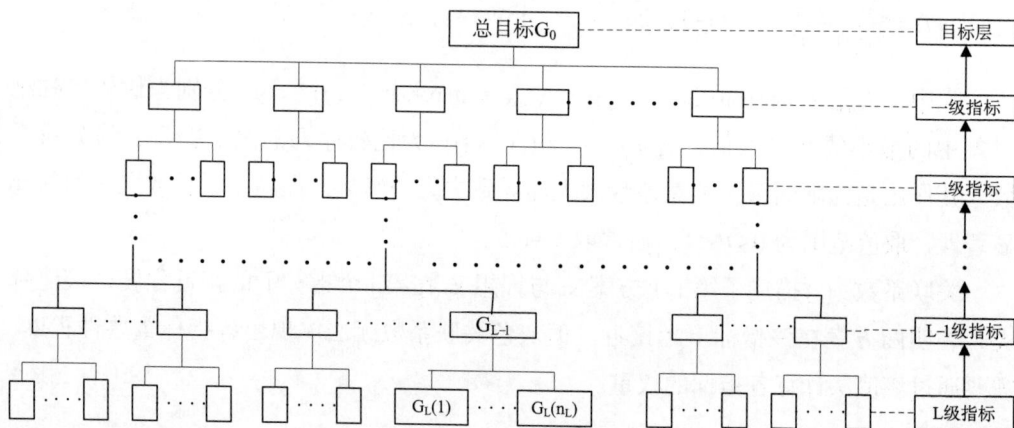

图1　多层次评估结构图

E. 计算 L 级指标的权重：

如图 1，某个 L-1 级评价指标 G_{L-1} 下有 n_L 个 L 级评价指标 G_L（j）（j=1，2…，n_L），通过熵值法的计算权重的步骤求出其 L 级评价指标 G_L（j）（j=1，2…，n_L）的权重 $w(L)_j$（j=1，2…，n_L，$\sum_{j=1}^{nL} w(L)_j =1$），将其指标评价值和权重的积 $V_{L-1}=\sum_{j=1}^{nL} w(L)_j \times G_L(j)$ 作为 L-1 级评价指标 G_{L-1} 的综合值。

F. 计算 L-1 级指标的权重：

根据"（1）指标规范化处理"中步骤可以计算出所有 L-1 级评价指标的综合值 V_{L-1}（j）（j=1，2…，n_{L-1}），重复熵值法计算权重的步骤，求出 L-1 级评价指标的权重 $w(L-1)_j$（j=1，2…，n_{L-1}，$\sum_{j=1}^{n_{L-1}} w(L-1)_j =1$）。

重复以上步骤，可以求出一级评价指标的综合值 V_1（j）（j=1，2，…，n_1）和权重 $w(1)_j$（j=1，2…，n_1，$\sum_{j=1}^{n_1} w(1)_j =1$）。以此方法求出的各一级评价指标权重能充分体现出各一级评价指标权重的差异性，而且避免了 AHP 法中要求指标体系是一个内部独立的递阶层次结构的苛刻要求，以及权重分配时带有的较多主观因素。

（4）计算综合评价值

$$D_i = \sum_{j=1}^{n} w_j \xi_i(j), \quad (i=1, 2, \cdots\cdots, m; j=1, 2, \cdots\cdots, n) \tag{8}$$

D_i 值越大说明方案 i 与最优方案的接近程度越高，因此可根据 D_i 值的大小对各方案进行优劣决策分析。

四、广州市中小企业财务核心竞争力指标评价案例研究

（一）企业样本的选取

本课题选择参与广州市中小企业财务核心竞争力调查，并且以 19 家广州市中小企业为例进行研究。

（二）广州市中小企业财务核心竞争力评价指标权重计算及分析

1. 指标权重计算结果

运用基于熵权的灰色关联评价模型计算方法，本文计算出定性评价指标体系各层次指标的权重，如下表 2 所示：

表2 评价指标体系各指标权重计算结果

准则层	准则层权重	指标层	指标层权重
X_1 企业财务战略	0.30	X_{11} 企业主要领导人的财务战略意识	0.11
		X_{12} 员工对财务战略的认知程度	0.22
		X_{13} 企业主要领导人的财务战略能力	0.13
		X_{14} 财务战略与市场环境的适应度	0.08
		X_{15} 财务战略与投资环境的适应度	0.07
		X_{16} 财务战略与融资环境的适应度	0.39
X_2 企业财务执行力	0.17	X_{21} 企业财务管理制度的可行性	0.12
		X_{22} 员工的参与意愿	0.14
		X_{23} 企业财务管理制度的优良性	0.14
		X_{24} 员工的专业技能	0.13
		X_{25} 员工的职业道德	0.08
		X_{26} 员工技能与岗位的匹配度	0.06
		X_{27} 财务组织责权利关系明确性	0.11
		X_{28} 财务各部门以及其他部门之间的协调性	0.14
		X_{29} 企业高层领导对财务工作的认可和支持度	0.09

准则层	准则层权重	二级准则层	二级准则层权重	指标层	指标层权重
X_3 企业财务运营能力	0.17	X_{31} 盈利能力指标	0.33	X_{311} 资本收益率（%）	0.72
				X_{312} 净资产收益率（%）	0.28
		X_{32} 偿债能力指标	0.31	X_{321} 速动比率（%）	0.28
				X_{322} 现金流动负债比率（%）	0.64
				X_{323} 资产负债率（%）	0.09
		X_{33} 资本营运能力指标	0.14	X_{331} 资产周转率（次）	0.25
				X_{332} 存货周转率（次）	0.32
				X_{333} 应收账款周转率（次）	0.23
				X_{334} 劳动效率（万元/人）	0.20
		X_{34} 成长能力指标	0.23	X_{341} 主营业务收入增长率（%）	0.15
				X_{342} 净利润增长率（%）	0.41
				X_{343} 总资产增长率（%）	0.44

准则层	准则层权重	二级准则层	二级准则层权重	指标层	指标层权重
X_4 学习能力与创新能力	0.36	\		X_{41} 员工培训费用率（%）	0.38
				X_{42} 员工知识水平（%）	0.11
				X_{43} 研发投入比例（%）	0.51

2．指标权重计算结果分析

根据表 2 的计算结果，可以看出，广州市中小企业财务核心竞争力评价指标体系中权重较大的准则层分别为企业的财务学习与创新能力和企业财务战略，这两个准则层构成评价广州市中小企业财务核心竞争力的重要因素；财务执行力和财务运营能力准则层权重较低。

根据各评价指标的权重计算结果可知，准则层 X_1 企业财务战略状况中较为重要的指标为：X_{16} 财务战略与融资环境的适应度、X_{12} 员工对财务战略的认知程度。准则层 X_2 企业财务执行力中比较重要的指标为：X_{22} 员工的参与意愿、X_{23} 企业财务管理制度的优良性、X_{28} 财务各部门以及其他部门之间的协调性。准则层 X_3 企业财务运营能力含有四个二级准则层，这四个二级准则层中 X_{31} 盈利能力指标和 X_{32} 偿债能力指标的权重较大，是比较重要的二级准则层。在这四个二级准则层下面的指标层中，二级准则层 X_{31} 盈利能力指标中的 X_{311} 资本收益率（%）权重较大，是该二级准则层中较为重要的指标；二级准则层 X_{32} 偿债能力指标中的 X_{322} 现金流动负债比率（%）的权重较大，是该二级准则层中较为重要的指标；二级准则层 X_{33} 资本营运能力指标中的 X_{332} 存货周转率（次）、X_{331} 资产周转率（次）权重较大，是该二级准则层中较为重要的指标；二级准则层 X_{34} 成长能力指标中的 X_{343} 总资产增长率（%）、X_{342} 净利润增长率（%）的权重较大，是该二级准则层中较为重要的指标。准则层 X_4 学习能力与创新能力中的 X_{43} 研发投入比例（%）、X_{41} 员工培训费用率（%）的权重较大，是该准则层中较为重要的指标。根据各指标权重内涵，可以得知，以上重要指标是评价广州市中小企业财务核心竞争力的重要指标。

3．广州市中小企业财务核心竞争力综合评价结果及分析

（1）广州市中小企业财务核心竞争力综合评价结果

根据表 2 各指标权重的计算结果，可以算出调研样本在各准则层下的等分以及综合评价等分，具体结果如下表 3 所示：

表3　基于熵权法的灰色关联度评价指标体系计算结果

企业名称	X₁企业财务战略	排名	X₂企业财务执行力	排名	X₃企业财务运营能力	排名	X₄学习能力与创新能力	排名	综合评价值	综合排名
广东冠昊生物科技股份有限公司	1.0000	1	0.8176	2	0.7007	2	0.6734	2	0.8006	1
广州中海达卫星导航技术股份有限公司	0.7448	6	0.7503	4	0.7042	1	0.4779	9	0.6433	2
广州阳普医疗科技股份有限公司	0.7869	4	0.7252	6	0.5091	3	0.5433	7	0.6417	3
广东安居宝数码科技股份有限公司	0.9214	2	0.7810	3	0.4414	5	0.4154	10	0.6343	4
广州市元成精密过滤科技有限公司	0.4766	15	0.6079	13	0.4146	8	0.8653	1	0.6280	5
广东高新兴通信股份有限公司	0.7943	3	0.6788	9	0.3817	13	0.5703	6	0.6240	6
广州市诺鼎仪器有限公司	0.6840	9	0.6378	11	0.3917	9	0.6579	3	0.6170	7
广东九州阳光传媒股份有限公司	0.7593	5	0.6136	12	0.3799	15	0.5900	5	0.6090	8
广州市银讯通信科技有限公司	0.4829	13	0.7152	7	0.4234	7	0.6315	4	0.5662	9
广州一信国际货运代理有限公司	0.7028	7	0.7313	5	0.4258	6	0.3807	11	0.5453	10
广州旭升机电设备有限公司	0.5827	11	0.6743	10	0.3837	12	0.4911	8	0.5320	11
广州晶纳金属材料科技有限公司	0.6954	8	0.6970	8	0.4514	4	0.3498	13	0.5304	12
广州市宏跃光源电子科技有限公司	0.6540	10	0.5958	14	0.3718	17	0.3351	17	0.4817	13
广州医之肽企业管理有限公司	0.4478	17	0.8525	1	0.3675	18	0.3509	12	0.4695	14
广州长圣贸易有限公司	0.5576	12	0.5335	15	0.3799	14	0.3345	18	0.4433	15
广州市大江饲料有限公司	0.4776	14	0.4951	16	0.3627	19	0.3355	16	0.4102	16
广州安吉莉娜鞋行	0.4216	18	0.4714	17	0.3753	16	0.3371	15	0.3921	17

企业名称	X₁ 企业财务战略	排名	X₂ 企业财务执行力	排名	X₃ 企业财务运营能力	排名	X₄ 学习能力与创新能力	排名	综合评价值	综合排名
广州市冠和运输有限公司	0.4501	16	0.4025	18	0.3852	11	0.3333	19	0.3890	18
广州市白云区竹料镇红旗水泥制件厂	0.3153	19	0.3504	19	0.3874	10	0.3386	14	0.3420	19

（2）广州市中小企业财务核心竞争力综合评价结果分析

（a）广州市中小企业财务核心竞争力准则层排名结果分析

根据表3的计算结果，在"企业财务战略状况"这个准则层的排名中，排在前五位的企业依次是：广东冠昊生物科技股份有限公司、广东安居宝数码科技股份有限公司、广东高新兴通信股份有限公司、广州阳普医疗科技股份有限公司、广东九州阳光传媒股份有限公司。表明财务战略在这5家企业的财务核心竞争力构成因素中比较重要。

在"企业财务执行力"这个准则层的排名，排在前五位的企业依次是：广州医之肽企业管理有限公司、广东冠昊生物科技股份有限公司、广东安居宝数码科技股份有限公司、广州中海达卫星导航技术股份有限公司、广州一信国际货运代理有限公司。表明企业财务执行力在这5家企业的财务核心竞争力构成因素中比较重要。

根据"企业财务营运能力"这个准则层的排名，排在前五位的企业依次是：广州中海达卫星导航技术股份有限公司、广东冠昊生物科技股份有限公司、广州阳普医疗科技股份有限公司、广州晶纳金属材料科技有限公司、广东安居宝数码科技股份有限公司，说明在财务核心竞争力定量评价指标体系中，上述5家企业的财务运营能力较强。

根据"学习能力与创新能力"的排名，排在前五位的企业依次是：广州市元成精密过滤科技有限公司、广东冠昊生物科技股份有限公司、广州市诺鼎仪器有限公司、广州市银讯通信科技有限公司、广东九州阳光传媒股份有限公司，表明在财务核心竞争力定量指标评价体系中，上述5家企业的财务学习能力及创新能力较强。

（b）广州市中小企业财务核心竞争力综合排名结果分析

根据灰色关联度的综合评价值排名，排在前五位的企业依次是：广东冠昊生物科技股份有限公司、广州中海达卫星导航技术股份有限公司、广州阳普医疗科技股份有限公司、广东安居宝数码科技股份有限公司、广州市元成精密过滤科技有限公司，说明这5家企业的财务核心竞争力较强。而这5家中有4家是代表广州市中小企业经营状况、发展能力和创新能力较好的上市公司，其他非上市广州市中小企业则整体表现一般。

从灰色关联度的综合评价值排名还可以看出，在广州市中小企业财务核心竞争力评价指标体系分析中，综合排名第一的广东冠昊生物科技股份有限公司，构成其财务核心竞争力的因素按照重要性程度依次是财务战略、财务执行力、学习创新能力和财务运营能力。综合排名第二的广州中海达卫星导航技术股份有限公司的财务核心竞争力构成中则是企业财务运营能力和财务执行力表现突出，但是学习与创新能力指标则表现一般。综合排名第三的广州阳普医疗科技股份有限公司财务核心竞争力的因素按照重要性程度则依次是企业财务运营能力、企业财务战略、企业财务执行力和学习创新能力。

同样，从灰色关联度的综合评价值排名可以看出，综合排名排在后五位的企业依次是：广州长圣贸易有限公司、广州市大江饲料有限公司、广州安吉莉娜鞋行、广州市冠和运输有限公司、广州市白云区竹料镇红旗水泥制件厂。综合排名后五位企业中有5家企业的财务执行力（广州长圣贸易有限公司、广州市大江饲料有限公司、广州安吉莉娜鞋行、广州市冠和运输有限公司、广州市白云区竹料镇红旗水泥制件厂）、4家企业的学习创新能力（广州长圣贸易有限公司、广州市大江饲料有限公司、广州安吉莉娜鞋行、广州市冠和运输有限公司）和3家企业的财务战略（广州安吉莉娜鞋行、广州市冠和运输有限公司、广州市白云区竹料镇红旗水泥制件厂）同属各准则层指标评价值的后5名之列，这说明财务核心竞争力比较弱的广州市中小企业大都缺乏有效的财务战略、学习创新能力和财务执行能力，财务核心竞争力较弱或匮乏的广州市小型微型企业尤其如此。

总之，通过基于熵权法的灰色关联度模型分析可以判别广州市中小企业财务核心竞争力评价中各指标的影响重要程度，也可以判别各企业财务核心竞争力综合评价值的高低；可以找出企业的弱势在哪里，从而有利于更有针对性提出提升广州市中小企业财务核心竞争力的对策。

参考文献：

［1］尼古莱. J. 福斯，克里斯第安. 企业万能：面向企业能力理论［M］. 李东红，译. 大连：东北财经大学出版社，1998.

［2］Andrew Campbell, KathleenSommersLuchs. Core Competency—Based Strategy [M]. International Thomson Business Press, 1980: 43–327.

［3］朱开悉. 企业财务核心能力及其报告 [J]. 会计研究，2001（2）.

［4］郭晓明. 企业财务核心竞争力最大化：企业财务管理目标新论 [J]. 内蒙古科技与经济，2004（9）.

［5］周普，陈兴述. 企业财务核心竞争力评价指标权重设计 [J]. 财会通讯，2007（3）.

［6］杨双鸽. 浅谈企业财务核心竞争能力 [J]. 时代经贸，2010（12）.

［7］王小明. 企业财务核心能力的会计属性与定量评价研究 [D]. 长沙：南华大学经济管理学院，2005：16-18.

［8］郝成林，项志芬. 财务竞争力及其构成要素解析 [J]. 财会月刊，2006（3）.

［9］陈爱早. 企业财务核心竞争力探析 [J]. 通讯，2008（3）.

［10］王艳辉，郭晓明. 企业财务核心竞争力和财务核心竞争力研究 [D]. 山西财经大学学报，2005（4）.

［11］杨传勇，周普. 财务管理目标的重新审视 [J]. 中国管理信息化，2007（10）.

［12］佟如意. 企业核心竞争能力研究 [D]. 成都：西南财经大学，2007：21-22.

［13］李泽红，杨宏伟. 企业财务核心竞争能力评价 [J]. 中国管理信息化，2008（4）.

［14］方琳琳，陈兴述. 上市公司财务核心竞争力实证分析 [J]. 中国管理信息化，2008（6）.

［15］严钰婕. 汽车制造行业上市公司财务核心竞争力研究 [J]. 工会博览，2009（3）.

［16］陈烜，吴春雷. 辽宁省上市公司财务竞争力评价模型构建的研究 [J]. 企业管理，2010（4）.

［17］陈宏明，孙文川. 基于财务视角的企业财务核心竞争力评价模型 [J]. 财务与会计，2009（10）.

［18］于之倩. 西部地区上市公司财务核心竞争力研究 [J]. 现代商贸工业，2010（12）.

（选自广州市哲学社会科学发展"十二五"规划2011年度课题"广州市中小企业财务核心竞争力评价指标研究"。课题负责人：刘会敏；成员：郭松克、庹兰芳、蔡旺清、王永贵、何红丹、朱洪。）

知识产权融资担保风险机制研究

——以广州市中小企业融资为视角

宋跃晋（广东药学院）

一、知识产权担保融资的研究背景

随着知识经济时代的到来，知识产权的战略性资源地位日益凸显，以知识产权为核心资产的高新技术产业对我国经济增长的贡献越来越大。据统计，当前我国高新技术产业总产值占 GDP 的比重已达 18%，并且对其他经济部门还有间接的推动作用。高新技术的产业化需要资本的支持，然而，我国高新技术中小企业握有大量知识产权资产的同时，面临严重的资金缺口困境。知识产权质押融资作为一种新型的融资模式，对缓解中小企业资金困难，推动企业技术创新具有现实的意义。知识产权不仅仅是私权，而作为资产可能成为企业担保财产。知识产权融资担保作为一种较新的融资方式，它不仅为中小型企业的发展提供了外部长期资金来源，同时也对我国信用机制的建立、储蓄存款的利用、增强企业知识产权的保护意识及提高我国的综合国力等方面都有一定的促进作用。

知识产权担保融资对于我国来说是一个舶来物，它产生于 1995 年日本政策投资银行创立、培育和支持创业企业的过程。我国引进知识产权担保融资符合我国的实际情况。长期以来，我国的经济担保结构较为传统，缺乏创新，企业的融资渠道狭窄。要调整改善担保的结构和扩大企业的融资渠道必须大力推进知识产权质押。当其他国家正在积极探索知识产权的担保资源时，我国的经济担保还处于落后阶段，不动产仍是主要的担保物。无论是对知识产权担保融资的认识还是运作的积极程度都是不足的。目前，由于人们对知识产权本身所包含的巨大资本价值有了逐步的认识和承认，知识产权不仅能够迈入商业流通领域，知识产权担保融资这一融资方式也开始进入金融领域。然而，任何经济活动背后都存在着各种各样的风险，如何在合法利益最大化的目标之下，将风险控制在可以接受的范围，为发展知识产权市场化扫除重大的障碍，丰富资本运作的手段，这将是一个值得研究的课题。知识产权担保融资的健康发展对于提升我国企业的核心竞争力，解决知识产权企业资金紧张尤为重要。

2009 年 1 月，国家知识产权局确定了北京海淀区、广东佛山市等 6 地的知识产权局作为国内首批知识产权质押融资试点单位，要求试点单位运用知识产权质押贴息、扶持中介服务等手段，积极促进企业的知识产权融资。从 2009 年到 2011 年，全国中小企业知识产权质押贷款金额累计超过 200 亿元，其中 2011 年的专利权质押贷款融资达 90 亿元。

2008 年金融危机以来，我国出现了中小企业倒闭潮，这其中原因众多，但其中企业如何通过知识产权担保来融资获得更进一步的发展的问题凸显了出来。尽管地方上有些民间融资方式的出现，但融资途径的匮乏和政府法规政策方面的不足，导致了整个融资市场的不规范，加上作为无形资产的知识产权的种种特点使得融资更是难上加难。

我国目前仍面临着知识产权本身价值难以准确估计、变现困难、企业本身原因及银行的严格要求等阻碍成功融资的问题。我国对知识产权担保融资及其风险的分析和研究不够，知识产权担保融资在发展的过程中遇到了主要瓶颈——风险过高和由高风险导致的交易成本过高。由此看来，加强知识产权担保融资及其风险的研究，对我国知识产权担保融资的发展意义重大。课题组从知识产权担保融资的相关理论入手，分析我国知识产权担保融资的现状，结合相关案例，着重研究知识产权担保融资的风险及其防范与控制，提出有效分散风险的对策，以达到促进知识产权担保融资活动的有效健康发展。

二、国外知识产权融资担保制度考察

（一）国外知识产权融资担保的发展

国外资本市场出现的新型融资方式——知识产权融资担保，开始于日本。20 世纪 90 年代，亚洲金融危机使得用以担保的土地、建筑物等不动产的价值大幅度缩水，日本金融机构积极寻求新的担保资源，利用知识产权作担保的观念就是在这个时候提出来的。通产省委托财团法人知识产权研究所于 1995 年 10 月公布了《知识产权担保价值评估方法研究会报告》，该报告指出：知识产权是一种新型的可用来融资的有潜力的资产。从此,日本的知识产权担保发展很快。日本住友银行在 1995 年中首开先例,推出以知识产权为担保的新型融资方式,担保的对象从以往的有形资产扩充到知识产权。如今,日本利用知识产权作担保进行资金筹措,已经进入从摇篮期向成长期的过渡阶段。作为代表性的办法,一是制度融资,即以专利权为担保的日本政策投资银行的融资;二是证券化,其中有利于组合形式与信托形式的游戏基金、以动漫的著作权为基础资产的动漫基金等文化产业的基金化,还有将企业拥有的著作权、专利权等作为信托财产运用,建立起新型的融资框架。

韩国于 2000 年通过《技术转移促进法》,以此推进科技成果的转化,为了使中小企业更容易获得所需的运用资金,由产业资源部与韩国技术评价院来评价中小企业所拥有的知识产权,将其知识产权的价值当作担保而融资给中小企业。从 1997 年 5 月实施以来,韩国广大中小企业已获益颇多。

德国的金融体系十分健全,其综合银行本身就具有风险投资的能力。德国经济当中,中小企业占的比例有 90%,甚至已经成了德国经济的推动力,同时中小企业也从事于高科技研发,对这些发展中的具有知识产权的中小企业来说,政府补助或贷款仍是企业发展知识产权相当重要的资金来源。由于德国的研发体系完整,研发机构分工明确,在长久建立起来的合作机制下,企业技术转移往往是政府大计划下的小计划,从而可获得补助或贷款。另外,政府领导与合作机制也应用于金融体系,在德国不论是综合银行或专业银行均会积极参与政策方向融资辅导(如中小企业研发融资),使得以知识产权作为融资担保的企业融资管道更畅通。

美国的知识产权融资机制由证券化、信托、融资担保等机制构成,具有以市场化为主导、政府积极扶持、配套机制完善等特点。美国是资产证券化最发达的国家,也是知识产权证券化理论和实践的发源地。活跃的风险投资事业及新金融产品的开发是美国金融市场支持知识产权融资的重要手段。特别是在文学音乐美术、表演艺术、商标权、专利权等方面,出现了大量的知识产权证券化的成功案例。另外,政府还联合民间力量成立信用保证基金,如知识产权创新金融服务公司(IPInnovations Financial Services,Inc.,简称 IPI)等,以提供直接资助或全额担保的方式,评定知识型企业的知识产权处分价值,进而提升知识型企业的债信能力,为其发展提供信用保证。

(二)美国的知识产权融资机制

在美国的法律体系中有联邦法和州法,对融资担保的法律不是一体,融资担保是属于州法范畴的。但无论怎样,任何一种融资担保都会面临一个相同的风险,那就是有朝一日，债务人无法偿还债权人的债务时，债权人如何处理知识产权担保物是一个大难题，也是知识产权担保融资难的原因之一。

美国业界并没有因此受困，他们发展出了知识产权融资保证资产收购价格机制（即 Certified Asset Purchasing Price，简称 CAPP）。它是美国的 M-CAM Inc. 在 2000 年发展出来的融资保障机制。而这一保障机制的核心精神是为寻求知识产权融资机会的企业提供信用保证，即类似于保险行业和中介行业的结合体，先是通过 CAPP 机制允许提供贷款的金融机构在行使担保权的时候，以作为担保物的知识产权按照预定的价格出售给 M-CAM 公司，从而使得当企业不能偿还贷款时，金融机构可以免受处理知识产权难题的困扰。

美国金融在全球遥遥领先，加上美国注重市场调节这只无形的手甚于政府调节，所以其在知识产权质押融资上面也带有这些特点，而其完善的融资机制更是值得我们去研究分析。

美国的知识产权融资机制有如下特征：

第一，以市场为主导，根据市场发展建立多元化融资机制。

美国的资本主义市场已经发展到相当完善的程度，从经济角度来看，通过资本市场这只无形的手，可以减少融资成本，提高融资效率。于是，美国的知识产权融资机制主要以市场为基础，结合多种融资机制，相辅相成，灵活配合。三种机制既可以单独发挥作用，又可以相互辅助，从而达到融资效用最优化。拥有不同知识产权、不同经营能力、不同利润追求的公司可以灵活选择不同的融资机制，最大限度地发挥三种机制的功能。

第二，政府积极介入引导，为知识产权融资提供财政、政策和法律支持。

大公司由于资本雄厚，信用度高，其在资本市场的融资能力也相对强大，较容易通过资本市场运作获得资金。而中小企业则不同，它们大多数拥有自己的知识产权，但由于信用度不高，较难通过资本市场融资。因此，美国政府的财政政策支持多是面向中小型企业的。

美国政府针对中小企业设立了小型企业局（Small Business Administration，简称 SBA）。这是一个为了鼓励和扶持中小型企业发展而设立的机构。这个机构涉及知识产权融资的服务有：（1）贷款担保，政府为小企业提供信用保证，借此提供创业公司的信用度。（2）小企业投资公司计划，即是通过发行政府信用担保债券来筹集资金提供给投资者，让投资者为小企业贷款。（3）小企业创新研究计划。即从政府研发基金中留下一定比例的资金提供给小企业，从而保护其能够在同一平台上与大企业竞争。

（4）小企业技术研究计划，通过让小企业与联邦科研机构合作，为其提供技术支持。

第三，配套融资机制完善，降低投资者的融资风险和成本。

知识产权作为一种无形资产，对其风险控制程度比起有形资产更低。而美国业界发展出一种较有特色的解决办法，那就是设立知识产权保险。其中包括知识产权侵权保险和知识产权执行保险，从外围更大程度地去保护知识产权所有者和投资者。

（三）欧洲的知识产权融资机制

欧洲是美国以外的第二大知识产权证券化市场。欧洲资产证券化发行总量增加很快，从1996年的327亿欧元增长到2004年的2435亿欧元。仅2005年前三季度就共发行1962亿欧元。欧洲的公司早已将知识产权视为一项资产，是投资回报（ROI）的一个部分，而不是业务运营的一项成本。在某些领域里，比如音乐、体育和医药科技，已经将知识产权视为一个源源不断的利润源泉。目前，欧洲资产证券化的步伐正在大大加快。下面以德国的金融体系略做分析：

德国的金融体系十分健全。其综合银行本身就具有风险投资的能力，近年来也推动创业投资事业的发展。虽然如此，政府补助或贷款仍是企业发展知识产权相当重要的资金来源，主要由于德国的研发体系完整，研发机构分工明确，在长久建立起来的合作机制下，企业技术转移往往是政府大计划下的小计划，从而获得补助贷款。另外，政府领导与合作机制也应用于金融体系，在德国不论是综合银行或专业银行均会积极参与政策方向融资辅导（如中小企业研发融资），使企业的融资管道畅通。

德国本身倾向于社会主义体制，在国家主导的国有研发体系与民间研究机构合作下，对企业的技术转移往往源出于大型计划的子计划，因此委托研究机构进行研究及来自联邦或地方政府的补助款是研究机构重要的技术与资金来源，但就研究机构的知识产权商品化交易转移方面，他们认为这是必然的结果。政府的角色就是拟定计划的政策方向，让企业能够有所引导，并在融资方面鼓励创投发展以及辅以金融协作措施，如对中小企业提供金融协助，以及对从事国家鼓励的技术研发企业提供研发补助款等，政府的介入程度高于美国。

德国无具体成形的技术交易市场，但十分重视技术转移同时致力于技术合理化应用。德国技术的转移与交易主要以不同阶段的、庞大的研究机构体系作为中介（包括各层级的研究机构），整体运作机制建立在组织内的内部管理，以及不同层级的研究机构之间的合作机制上（包括不同层级研究机构之间的合作，以及产、学或产、研之间的合作机制）。虽然在德国看不到自由交易的市场架构，但在体系内却已能达到竞争与市场机制本质，特别是为了使技术发展具有市场性，研究机构与企业的合作机制亦扮演重要角色。

（四）日本的知识产权融资机制

日本在90年代经历了经济泡沫后，元气一直没有恢复，国家经济一直萎靡不振。而周围的中国、韩国等国家却在经济腾飞，在这个国内外压力下，日本政府日益意识到改变自身产业模式的重要性。于是，日本政府于2002年7月制定出《知识产权法发展战略纲要》，同年又出台了《知识产权基本法》。目的就是要将其建设成拥有高新产业的知识产权大国。要达到这个目标，就必须加强知识产权的制度建设，因此，作为知识产权制度建设的一个重要环节"知识产权融资制度建设"也就逐步得到日本社会重视。为此日本政府也积极采取了措施，推进了知识产权质押融资担保机制的建设。

日本的知识产权质押融资主要是以日本政策投资银行和地方银行为主导，而其他商业银行为辅助。其主要原因是商业银行在知识产权的价值评估方面经验不足，存在较大困难。

而政策投资银行相对于传统融资模式采取了一种全新的模式，那就是"形式看担保，实质看经营"的模式。这种模式是针对其国内没有相关的知识产权流通市场而形成的无奈却行之有效的解决之道。

日本相对美国在知识产权质押上面更偏重于政府金融协助。日本的知识产权主要是由政府内部控制的金融机构、产业扶持发展基金及信托保障协会等提供协助。为了推动日本国内的知识创新、扶植中小科技型企业，从1995年开始，日本开发银行对"年销售收入在20亿—30亿日元，从业人员达到100人左右的企业和技术倾向性较高的企业"提供知识产权质押贷款。为了将知识产权评估和贷后管理工作中的相关风险降到最低程度，日本开发银行还与美国高登兄弟集团合作，建立了高登兄弟日本公司，专职负责日本开发银行的相关担保资产的评估和管理工作，包括对于知识产权质押贷款业务中出质知识产权标的的评估、筛选，以及贷后该知识产权的管理工作。这使得日本开发银行的知识产权质押贷款业务至今依然开展得如火如荼。这一模式也被日本的其他商业银行所广为借鉴。

在金融市场运作上，日本经济产业省从2002年4月开始对信息科技和生物领域等企业拥有的专利权实行证券化经营。2003年又进一步对此进行改进，希望能够建立一个自由将专利转化为资金的机制。改变其国内大部分专利目前的休眠状态。具体做法是由政府策划设立特定的公司，这种做法类似于美国 M–CAM 公司的 CAAP 机制，政府将专利权交给这家公司经营，该公司以证券的形式将专利权投入市场供企业投资者买卖，然后该公司将收取的专利使用费作为发行证券的担保资产支付投资人利息，将发行专利证券所募集的资金支付给专利权所有者。

（五）韩国的知识产权融资机制

1. 银行机构与技术集团合作提高评估价值信用

2006 年 5 月 24 日，KIPO 与韩国 Woori 银行、工业银行和 Shinhan 银行（以下统称"银行机构"）以及 KIBO、KIST、KISTI、KTTC、KIPA、KDB 和 ETRI（以下统称"技术财务支持集团"）签订一项协议，向持有优秀专利但无融资能力的中小型企业提供资金支持，鼓励其实施专利，企业可通过专利质押或自身信用担保获得所需资金。此举希望通过为中小企业提供贷款便利，形成"技术财务支持集团"的合作基础，从而在韩国国内形成"技术融资"（即以技术为基础的商业融资模式），实现金融贷款制度由依赖既有财务状况向重视技术实力的转变。

根据协议，为使"银行机构"能尽快提供技术融资服务，"技术财务支持集团"的管理工作将由 KIPO 负责；KIPO 同时将承担维系技术资产的费用，帮助中小型企业有机会利用技术进行融资。"技术财务支持集团"将客观地评估中小型企业所持技术的价值，为"银行机构"的贷款决策提供依据；"银行机构"则根据"技术财务支持集团"的评估结果决定是否向中小型企业提供资金，经评估合格的企业无需提供实物担保即可获得贷款。

中小企业还可以向韩国信用保证基金会下的技术估价中心申请评估，取得该中心发给的技术担保价值评估证书后，可持之向银行申请担保设定与融资，由此该信用保证基金会不仅是资金供应的一种渠道而已，对于技术专利认可与商标形象，也具有加分作用。

2. 建立基金针对性地提供融资

韩国是政府金融协助最深而且最广的国家，为帮助中小企业，政府设立创投基金、技术保证基金、知识产权基金等金融机构，为中小企业提供低利率融资、信用保证及技术保证等各种协助。

从资金关系来看，基金是指专门用于某种特定目的并进行独立核算的资金。

成立知识产权基金，一方面为中小企业提供资金支持，为合作伙伴提供管理、法律架构和市场支持。另一方面可与拥有全球战略的公司一起合作，引进并商业化知识产权和成熟技术。

在知识产权方面，韩国通过建立专项基金，针对企业初创、成长、成熟等不同发展阶段、企业的投资领域、企业规模以及企业特色等特点，给予不同的资金支持。为中小企业提供的资金支持大致可分为三个时期：

创业初期：通过优化原始基金投资比率（最多50%）等，组成专利产业化专业基金，加强创业初期的先期投资。例如韩国政府在2007年支持成立专利技术产业化理事会，设立3734亿韩元产业化基金。创业初期，缺乏资金往往是企业碰到的最大难关。专项资金针对性强，资金支持力度也相对较大。政府专项基金，突破了原有国家在技术方面的经费支出的模式，也成了政府支持以知识产权为重心的企业发展的主要渠道。专项资金有效地支持培育了拥有知识产权的企业，并且有政府的扶持、资金的支持，使原处于研发阶段的项目能更快进入中试或批量生产阶段，使原处于中试阶段的项目能更快进入批量生产阶段，实现销售、进入市场的比例也有所提高。有专项基金对企业的支持，提高了企业的生产效率。

研发初期：政府与大企业共同组成研发合作基金，针对资金需求大、研发难度高的技术进行投资。例如2009年韩国政府出资50亿韩元，由韩国三星电子以及LG电子等企业筹集的民间资金150亿韩元，设立了200亿韩元规模的专利基金。2010年，韩国建立了国家基金以购买和保护本土知识产权。据韩国《中央日报》报道，韩国知识产权局（KIPO）宣布韩国政府将在年内设立200亿韩元（约合1600万美元）的发明基金，其中政府出资50亿韩元，私营机构出资150亿韩元。基金旨在购买韩国大学试验室、研究机构和小企业研发的技术和创意方面的知识产权，保护韩国国内企业避免与外国公司发生知识产权及许可费方面的争端。此外，韩国政府计划在韩国私营公司的帮助下于2011年建立一家智慧财产权管理公司，并到2016年将基金规模扩至5000亿韩元。该基金将被用来投资或购买对新产品制造至关重要的技术。成立官民合营的知识产权管理经营公司，通过"创意资本"实现研发人员创意的知识产权化。利用官民合营的模式，通过扩大投、融资规模，扩大资金供应量，完善知识产权担保制度，以此促进针对知识产权的投资，为知识产权产业化提供融资保证。

成长阶段：利用新成长动力基金，培养出以知识产权为基础的全球企业。政府提供研发资金融资费用补偿，即利息补偿。补偿总金额将从目前的150亿韩元增长到500亿韩元。

3．完善评估制度有利企业获得担保

利用知识产权融资，评估是最重要也是最难的一个环节。韩国于 2000 年通过《技术转移促进法》，以此推进科技成果的转化。为了使中小企业更容易获得担保从而得到所需运用资金，由产业资源部与韩国技术评价院来评价中小企业所拥有的知识产权，将其知识产权的价值当作担保而融资给中小企业。从 1997 年 5 月实施以来，韩国广大中小企业已获益颇多。

据韩国知识产权局（KIPO）网站报道，KIPO 自 2007 年 2 月 27 日起开始实施"2007 年公共技术评估支持项目"（以下简称"项目 2007"），旨在通过对公共研究机构和高校所持有的技术进行评估，帮助其战略性管理专利，促进其优秀技术的转移和商业化。

该项目由"评估选择"和"具体评估"两个程序组成。"评估选择"程序主要选择可实现商业化的技术；"具体评估"程序则分析技术转移的可能性。分析结果可作为技术转移时的支持性资料。

以国家政府为支撑的专业评估机构，其评估结果说服力更强，有利于企业利用自身的知识产权技术得到担保进行融资。

4．推行项目提高知识产权融资可能性

韩国政府于 2006 年推行"专利技术价值评估与担保项目"，由韩国科学技术研究院等机构对中小企业所持的技术进行价值评估，经评估合格的企业无需固定资产担保即可从金融机构获得贷款。无需固定资产担保，可以减轻企业融资时的手续和负担。该项目为企业创新提供了动力，坚定了依靠专利技术创新求生存、求发展的信心；并为专利技术市场化提供了便捷通道。

5．政企合作的模式扩大知识产权产业化的资金供给

建立由民间金融资金和政府政策资金共同支持的联合融资（Co-Finance）模式，扩大知识产权产业化的资金供给。2009 年 12 月，中小企业振兴公团与商业银行间签署业务合约，从 2010 年开始实施该类示范项目。

（六）国外知识产权融资机制的比较

知识产权融资作为一种现代融资工具，能有效拓宽中小企业的融资渠道，对促进企业自主创新能力有重要意义。知识产权融资担保是一种较新但对象性较强的融资方式，利用知识产权作为担保财产为企业筹集资金是当前发展的趋势。通过对具有代表

性国家在知识产权融资的比较分析，可对我国知识产权融资担保研究提供值得借鉴的经验。（见表1）

表1　美、德、日、韩有关知识产权融资制度比较

	美国	德国	日本	韩国
发展年代	20世纪80年代	20世纪50—70年代	20世纪90年代后期	20世纪90年代末期
运作机制	市场机制	内部管理与机构间的合作机制	政府推动与培育机制	政府管制并主导交易机制
交易市场	松散的交易集市，具体成形的不多，有个别NTTC（国家技术移转中心），但技术推广网络绵密	无具体成形的交易市场，主要由研究机构扮演技术转移与交易	以电子资料库、展览会及培育技术交易者等方式运作	建立具体成形的技术交易市场
融资机构	金融体制健全，可发挥市场机制，创投扮演重要角色，金融商品多样化	金融机构为综合银行，具有风险投资能力，也在积极推动创投事业发展，政府补助是重要资金来源	知识产权融资仍依赖政府协助，包括政府体系金融机构、产业基盘准备基金及信保协会。民间金融机构发展知识产权担保融资、金融资产证券化等方式	由政府设立的国家银行、投资公司、创投基金、技保基金等金融机构进行融资，鼓励创投发展，公营的金融机构、鉴价机构与技术保证机构相连，融资效率高
政府角色	建立环境，包括法治环境、资讯环境和金融环境	以科技政策协助研发，但对知识产权商业化甚少协助	积极介入、培育辅导及建立环境多管齐下，提供金融、资讯、人才等协助	积极介入干预，运用法令、金融、租税、设立机构等方式多管齐下

三、我国知识产权融资担保的发展现状

随着知识经济时代的到来，知识产权的战略性资源地位日益凸显，以知识产权为核心资产的高新技术产业对我国经济增长的贡献越来越大。据统计，当前我国高新技术产业总产值占GDP的比重已达18%，并且对其他经济部门还有间接的推动作用。高新技术的产业化需要资本的支持，然而，我国高新技术中小企业握有大量知识产权资产的同时，面临严重的资金缺口困境。知识产权质押融资作为一种新型的融资模式，对缓解中小企业资金困难，推动企业技术创新具有现实的意义。

（一）知识产权融资担保的适用范围

知识产权担保是知识产权运用的重要方式，我国《担保法》和《物权法》先后肯定了知识产权中的财产权是可以出质的权利之一。2008年的《国家知识产权战略纲

要》在"战略重点"部分明确提出，"促进自主创新成果的知识产权化、商品化、产业化，引导企业采取知识产权转让、许可、质押等方式实现知识产权的市场价值"。知识产权融资担保成为知识产权从创新成果转化为经济利益的有效路径。

知识产权融资担保是一种债权融资方式，知识产权的未来收益在很大程度上决定了其本金和利息的回收。知识产权融资担保的适用范围有：

（1）创新先进的技术能为企业带来经济利益，该技术才不至于迅速贬值和遭到市场淘汰，企业才能还本付息，使得银行的风险减小。因此，包含新颖先进、能为企业带来竞争力的技术的知识产权才能作为担保物。

（2）采用知识产权担保融资的企业一般拥有高新技术，但缺乏土地、不动产等作为抵押物。

（3）萌芽期和成长期的中小型高新技术企业可以采用知识产权担保融资。前提是知识产权的技术成果的可行性在产业化过程中能够得到验证，基本排除了试生产阶段的技术转化风险，而且产品市场前景明朗。

（4）明确界定作为担保融资中担保物的知识产权。没有申请专利的知识产权就没有法律的保护，就容易遭到一些恶性竞争者的盗窃、仿制，不仅未来的收益大大打折，甚至无法给企业带来未来的经济利益。企业的知识产权没有申请专利，将使银行难以提供担保融资，还会降低企业技术创新的积极性。因此，企业要为其知识产权申请专利才能得到法律的保护。

（5）作为融资担保的知识产权必须归债务人本人所有。归债务人本人所有的知识产权才可以作为担保，债务人的担保物不能是第三人的知识产权。知识产权的归属问题可能会在执行过程中产生各种不便，使得融资难以顺利进行。

（6）如果企业要利用知识产权来担保融资，那么企业的管理者应具备较高的企业经营和管理能力，能够将企业发展中的风险控制在可以接受的范围内，对企业未来的发展蓝图、财务计划都有清晰的思路，才能提高企业的竞争力，促进企业成长，赢得银行对需要融资企业的信任。

（7）在知识产权担保融资过程中，银行在面对一些如担保品的价值评估和担保融资的运作流程的问题时要有较好的业务处理能力。一些银行比较重视传统抵押物，因此如果要开展知识产权担保融资业务就必须转换过去的经营思路，才能更好地开展知识产权担保融资业务。

近年来，中小企业融资难的问题日显突出，其主要问题在于中小企业，尤其是高科技型、成长型民营中小企业，只能运用土地、房产等不动产进行质押取得银行贷款。若不动产已用尽，即使拥有自主知识产权也无法投入使用。

在知识产权制度方面，国家知识产权局在 2010 年工作要点中，明确将"推进建立园区知识产权资产评估与质押融资服务机制"，作为推进专利运用与产业化工作的要点之一。

（二）知识产权融资担保的供需状况

1. 知识产权申请增加

国家知识产权局有关信息表明，近年来我国知识产权事业总体上发展迅速，2005 年中国的专利申请数量首次超越意大利、加拿大和澳大利亚，并跻身全球十强。专利申请量 2007 年已经超过 70 万件，2011 年申请自主知识产权的数量比 2010 年上升了 33.4%，申请总量位列世界第三。但是中国每百万人的知识产权拥有数量、专利申请、商标申请的质量、专利申请的有效期，特别是专利技术、交易服务还处在一个低水平，急需大力发展。

第一，专利申请数量逐年增加。来自中国知识产权局发布的消息显示，2011 年 1—10 月，3 种专利的申请量和授权量分别达到 123.8 万多件和 76.9 万多件，同比增长 37.8% 和 14.8%。

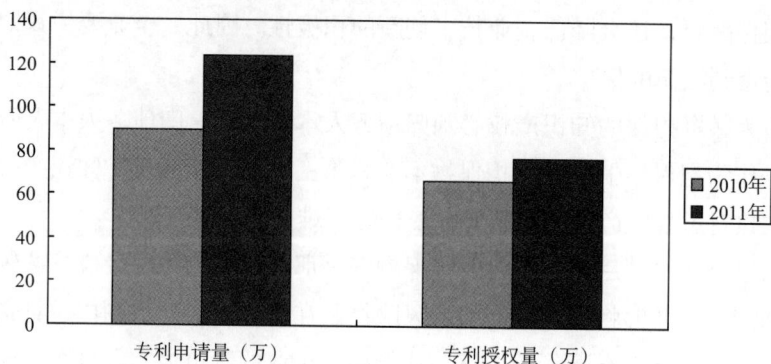

图 1　我国 2010—2011 年每年 1—10 月专利申请授权数量

由图 1 可以知道，每一年专利申请的数量都在增加，且增长幅度大。企业积极申请专利，不仅说明现代企业专利保护意识强，即企业通过法定程序确定发明创造的权利归属关系，从而有效保护发明创造成果；也看出企业为了在市场竞争中争取主动，努力争取确保自身产品生产与销售的安全可靠性，以便自己的产品占领市场，得到最大的经济利益。

第二，将知识产权投入生产的需求大。企业对于将其拥有的知识产权投入生产，转变成产品占领市场的需求很大。企业从拥有知识产权到将其转变成产品，再到商品，如果不能克服技术产品化、产品商品化、商品品牌化等诸多环节中的难题，许多知识产权成果，往往会销声匿迹，或是就此"长眠"。

企业也只有将其拥有的知识产权成果变现，才能真正实现知识产权获利的价值。

第三，知产变资产的需求大。资金，是企业的"生命线"，企业在创办之处，可能厂房、土地、设备都是租的，这些企业通常无法落实担保或不能满足抵押，银行拒贷率很高，融资贷款非常艰难。所以，一些中小型企业尤其是科技型企业在创业初期时常面临"有专利却借不到钱"的局面，资金不足成为束缚企业进一步创新发展的瓶颈。因而对于大多数企业来说，将知产变现为资产的需求非常大。

第四，科技经费支出多。我国每年科技经费支出与国家财政科技拨款之间存在一定的差额（见图2），也需要通过融资来解决。

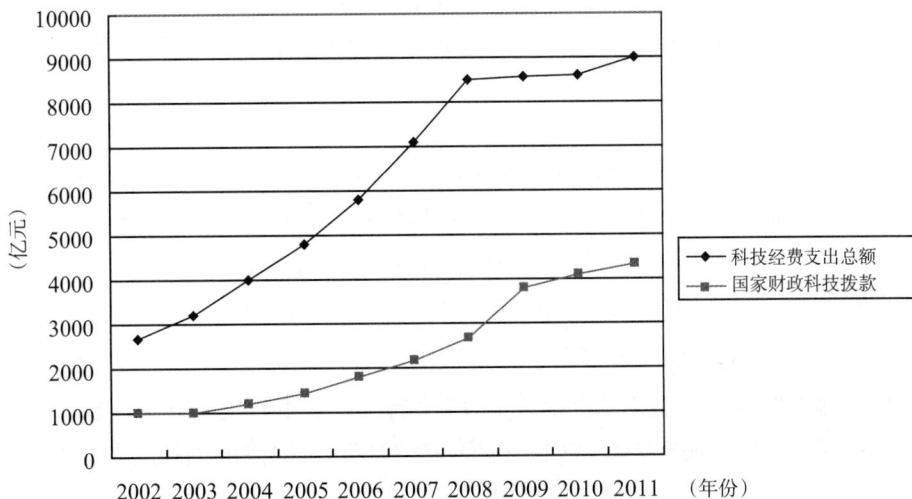

图2　2002—2011年每年科技经费支出与国家财政科技拨款情况

2.知识产权融资担保的供求

第一，专利授权量少于专利申请量。从图1可知，专利申请量和授权量都在逐年增长，但授权量的增长率远远低于申请量的增长率，2011年专利授权量只占专利申请量的一半左右。

第二，专利转化率低。科技成果转化难是我国长期以来的老大难问题。其中最为核心的问题是把知识产权转化成产品的资金瓶颈，显得尤为突出。

《中国高校知识产权报告（2010）》相关数据显示 1985 年至 2010 年期间我国高校累计专利申请和授权的情况。2010 年，我国高校工提交 79332 件专利申请，是 1985 年的 52 倍，获得的专利授权量为 43153 件，是 1985 年至 1986 年期间专利授权总量的 113 倍。虽然我国高校专利申请、授权量数十甚至上百倍地增长，但是，专利质量不升反降，平均寿命只有 3 年多，专利转化率也普遍低于 5%。这状况有资金支持少、专利技术融资体系单一等原因。让实验室里小规模的技术成果形成产业，其中每一个环节都需要足够的资金支持。

国家知识产权局公布的数据显示，2009 年上海专利申请量为 62241 件，比 2008 年增长 17.8%，位居全国第五位。从申请数量上看，上海已成为全国专利大市，但令人遗憾的是，上海的专利转化率只有 10% 左右。究其原因，知识产权质押融资的广度和作用有限，影响企业进行专利转化。早在 2006 年底，交通银行北京分行就在全国率先开办了知识产权质押融资这一全新的金融服务模式。但直到现在，开设此项业务的银行和担保公司为规避风险，仍然把知识产权质押融资贷款资金的"水龙头"开得很小。可见，知识产权融资担保的供给不足严重制约拥有知识产权企业的发展。

（三）知识产权融资担保状况

知识产权担保融资将会越来越受到企业和银行的欢迎，它为中小型高新技术企业提供一种新型融资途径的同时，又符合现阶段间接融资在我国银行中占主导地位的实际情况。为实现《国家知识产权战略纲要》提出的"引导企业采取知识产权转让、许可、质押等方式实现知识产权的市场价值"的目标，自 2008 年以来，国家知识产权局先后在全国近 20 个地区开展了知识产权质押融资试点工作，在 16 个省（区、市）推广中小企业知识产权金融服务，支持 17 个省（区、市）建立知识产权价值评估专家辅导团队。各试点城市相关部门积极构建融资平台，以制度创新的方式推动知识产权质押融资，并先后推出相应的贷款贴息、风险补偿等优惠政策，部分地区针对具体情况还成立了专门的科技服务机构。从国家知识产权局公布的统计数据来看，2011 年，全国专利权质押融资金额达 90 亿元（较 2010 年增加 28%），3 年来中小企业知识产权质押贷款金额累计超过 200 亿元，有力地支持了部分高新技术中小企业的经营发展。

从另一个角度来看，2011 年，我国共有 21665 项专利获得实施许可，1953 项专利成功办理了质押融资，仅占获实施许可专利数的 9%，较 2008 年增加了 5.44%。由此可见，尽管知识产权主管行政部门、中国人民银行及众多商业金融机构都做了诸多努力，知识产权质押融资在我国的推进仍然较为缓慢。

制约知识产权质押融资开展的最主要因素在于知识产权价值的不确定性，知识产权的价值是决定金融机构是否放贷以及放贷规模大小的关键因素，然而，由于知识产权本身所具有的"无形"特性以及外部环境的不完善，其价值评估面临着诸多风险。

从全国范围看，知识产权质押贷款进展仍很缓慢。主要是因为知识产权估值制约着银行相关业务的开展。因此，知识产权质押融资关键是政府引入权威评估机构，因为银行需要对无形资产获取权威信息。但目前社会信用体系相对滞后，对于银行而言，目前更需要研究知识产权质押贷款在法律上的依据，以及合同和具体操作的可行性。

根据国家知识产权局公布的年报数据和国家知识产权局网站公布的统计信息，2000 年至 2009 年的 10 年间，全国专利权质押合同登记数仅为 622 份。

根据国家知识产权局规划发展司的《专利统计简报》，对 2010 年我国专利权质押登记情况为例进行分析。

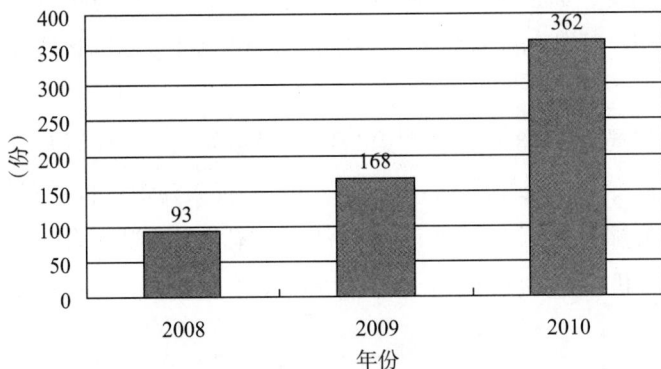

图 3　我国专利质押登记数量

2010 年我国共进行专利质押登记 362 份，比 2009 年的 168 份增长了 115.5%，是 2008 年的 3.89 倍。2010 年涉及国内出质人的专利权质押登记份数为 361 份，较 2009 年的 166 份增长了 117.5%，其中涉及国内出质人的专利权质押登记份数占全部质押登记份数的 99.7%，可以看出国内专利权人是利用专利权质押获取资金融通的主体。

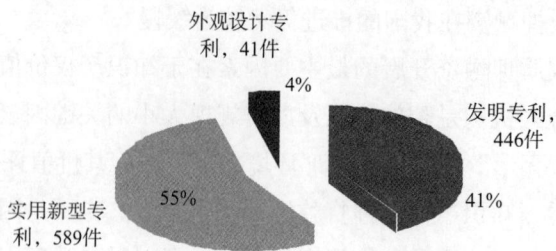

图 4　2010 年三种专利权质押登记所占比例

　　法律虽然并未限定专利权质押所担保的债权类别，但从实践来看，专利权质押主要还是发生在融资贷款活动中。在 2010 年登记的 1076 份专利权质押合同中，从质权人的名称上判断，56% 的专利权质押合同与银行等金融机构签订，40% 的专利权质押合同与担保公司签订，将两者相加，有 96% 的专利权质押行为与融资贷款有关。因此，要构建能够促进专利权质押发展的制度环境，除了完善有关担保制度外，还需要知识产权制度以及金融政策的配合。

　　在知识产权制度方面，国家知识产权局在 2010 年工作要点中，明确将"推进建立园区知识产权资产评估与质押融资服务机制"，作为推进专利运用与产业化工作的要点之一。

　　国家知识产权局自 2008 年开展知识产权质押融资试点工作以来，一直保持谨慎而积极的态度推进专利权质押活动。2010 年，为了扩大知识产权质押融资试点范围，批复了上海市浦东新区、天津市、江苏省镇江市、湖北省武汉市为第三批试点地区。

　　除了专利主管机关的关注外，金融主管部门对专利权质押也明确表达了扶持和引导的态度。

　　2010 年专利权质押登记共涉及专利 1076 件，其中发明专利 446 件，占 41.4%；实用新型专利 589 件，占 54.7%；外观设计专利 41 件，占 3.8%。2010 年平均每份专利权质押登记涉及的专利量为 2.97 件。

表 2　2009 年及 2010 年我国专利权质押金额分布（单位：份）

年份	超过 1 亿	1000 万至 1 亿	100 万至 1000 万	小于 100 万	总计
2009	8	62	80	18	168
2010	15	124	198	25	362

　　2010 年专利权质押金额总计人民币 70.66 亿元，相比较 2009 年的 74.59 亿元，小幅降低了 5.3%。但其中 2010 年涉及国内出质人的专利权质押金额为 70.32 亿元，比

2009 年的 40.09 亿元增长 75.4%，占全部质押金额的 99.5%，涉及国内出质人的专利权质押金额增长幅度明显。每份专利权质押登记平均涉及金额为 1951.9 万元，小于 2009 年的 4439.7 万元，从表 2 来看，专利权质押登记涉及金额仍主要集中在 100 万元至 1 亿元之间，为 322 份，占总量的 89.95%，而质押金额超过 1 亿元的仅 15 份，占总量的 4.14%。

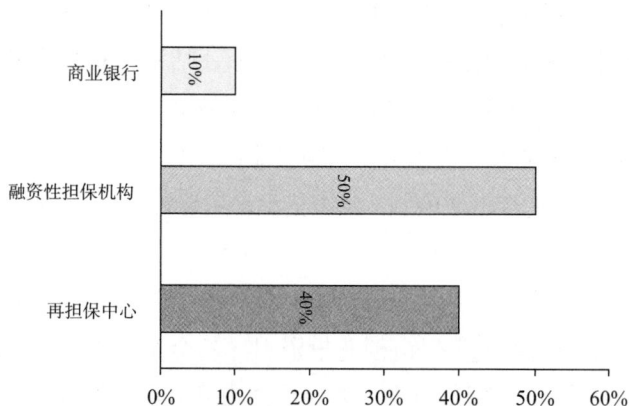

图 5　各机构承担贷款风险的比例

近年来，中小企业融资难的问题日显突出，其主要问题在于中小企业，尤其是高科技型、成长型民营中小企业，只能运用土地、房产等不动产进行质押取得银行贷款。若不动产已用尽，即使拥有自主知识产权也无法投入使用。

课题组调查的电子、通讯、计算机、光电一体化、化工等 25 个中小型企业中，75% 的单位企业都表示本公司或者本企业有知识产权担保融资需求，但只有 33.3% 的企业已有银行认可的有型资产可以用于融资担保。

知识产权作为一种无形资产，具有信息不对称性、难估值性、易贬值性和缺乏流通性。所以导致出现一种局面，那就是虽然知识产权质押融资业务潜力巨大，但是银行普遍持谨慎态度。据统计，2009 年，国家知识产权局共受理专利申请 97.67 万件，同比增长 17.9%：专利授权 58.20 万件，同比增长 41.2%；而专利权质押合同登记数却只有 162 例。从这个例子就可以看出，我国知识产权质押融资现状虽取得一定进步，但并不乐观。

四、广州市知识产权融资担保现状考察

（一）广州市知识产权融资担保已取得的成绩

自 2009 年 9 月 25 日广州"国家知识产权质押融资试点"工作全面启动至 2009

年11月24日，已有广州市鹿山化工材料有限公司等11家企业与5家银行签订了知识产权质押融资协议，协议金额2.08亿元，其中有5家企业已经拿到质押贷款1.23亿元；广州万宝集团有限公司等8家企业与5家银行签订了11亿元的知识产权质押贷款意向书。广州市知识产权局联合市金融办等政府部门召集了广州地区金融担保机构、部分中介评估机构召开座谈会，在对知识产权质押融资统一认识基础上，与建设银行、工商银行、招商银行、光大银行、广州银行签订《促进知识产权质押融资合作协议》，并确定引进北京优质评估机构和培养本地评估机构相结合的思路。广州市的知识产权融资担保工作所取得的这些成绩无疑令人鼓舞。

2011年广州市被确定为首批国家促进科技金融结合试点城市。通过市区联动，设立了7只创业投资引导基金，政府投入2.1亿元，引导社会资金20亿元，财政资金产生了近10倍的放大效应。

政府投入2.1亿元资金产生了近10倍的放大效应，也有赖于多项支持科技型中小企业政策的出台。据了解，《广州市创业投资引导基金实施方案》、《广州市科技型中小企业贷款担保专项资金管理试行办法》、《广州市开展科技保险试点工作方案》等政策的出台，有力地扶持了广大科技型中小企业，使它们在发展中获得了资金支持，另外，政府能够以高效利用政府资金为导向，利用杠杆效应撬动更多的社会资本投入到科技企业，进一步缓解了科技型中小企业融资难的问题。

2012年8月，广州市科技和信息化局与中行广东省分行签署了《科技与金融结合战略合作协议》，成立了广州地区首家科技支行（中国银行广州番禺天安科技支行），同时中行还为该科技支行设立配套推出了针对科技型企业的"科技通宝"授信产品。该产品准入条件简便，只要依法合规经营超过了2年，企业主或者实际控制人主业从业经验在4年以上。对于一般能提供抵押物的科技型企业，贷款金额最高可以达到抵押物评估值的九成，如果采取组合担保的方式，辅助一些担保条件，贷款金额最高可以去到抵押物评估价的1.5倍。"科技通宝"最大的创新在于可以用科技型企业的知识产权质押来贷款。这些将进一步扶持广大科技型中小企业，缓解科技型中小企业融资难的问题。

（二）知识产权融资担保存在的问题

广州市2007年就出台了《广州市知识产权专项资金管理办法》和《广州市促进专利技术实施与运用暂行规定》，在这两个规范性文件中，把专利权质押列为扶持项目。知识产权局和各类科技主管机关纷纷出台各类政策、采取各种措施，明确对专利权质押的扶持态度，鼓励金融机构向拥有自主知识产权的企业提供专利权质押贷款。但毕竟知识产权融资担保作为一个新生事物，它存在的许多不足还需要一个成长的过程去完善。目前存在主要问题并不是广州特有的，而是在我国各地的知识产权融资担保都普遍存在的。

1. 知识产权融资条件较为严苛

由于贷款投资风险补偿机制没有建立起来，在广州市的各商业银行等金融机构开展知识产权质押信贷业务时都非常谨慎，知识产权质押融资对申请企业的要求较为严苛，如企业要有2年以上的经营业绩和盈利记录，且要求提供企业最近3年财务报表。可见，申请知识产权质押融资的企业必须成立3年以上，且须有2年以上的盈利记录，即直接将那些手里攒着优质的发明专利，但碍于资金的限制，而无法实施专利亦未盈利的企业，或拥有发明专利但无资金成立企业实施发明专利的个人排除在外，这样，知识产权质押融资的受惠面则非常有限，该融资服务亦只能起到"锦上添花"而非"雪中送炭"的作用，在此模式下很难体现"知识产权"的融资效应。

2. 运作程序缺乏规范

广州市知识产权局发布了《广州市申请知识产权质押融资指引》，对知识产权融资担保的程序规范化给予了指导性意见，但在实际融资过程中，金融机构和企业存在意见分歧，相互排斥，只按照自己的意愿去做而不考虑对方是否能够接受，往往导致企业无法成功筹集资金或者企业融资成本过高，又或者企业无法按时还款使金融机构蒙受巨大的经济损失。导致上述情况发生的原因，一方面是知识产权担保融资在运作的过程中，一些环节的处理上，往往存在几种可选的方式，而且方式不同导致的结果往往也有很大差异，在差异的处理上也有不同。在将知识产权合理地转化为资金来源的过程中，知识产权的评估是一个重要的环节。目前有三种主要的知识产权价值的评估方法：市场法、重置成本法和收益法。评估方法不同往往导致评估结果相差很大。另一方面由于评估师所从事专业的局限性，技术上的原因也会影响评估的结果。一些评估机构的权威性不高也会降低评估结果的可信性，还会影响金融机构开展知识产权担保融资业务的热情。上述种种因素容易造成知识产权担保融资运作程序的混乱，甚至使金融机构质疑评估结果，也不愿意为知识产权企业提供担保融资。因此，必须认真完善知识产权担保融资的运作程序，从而促进知识产权担保融资规范有序地运作。

3. 企业和金融机构的责任没有明确的规定

企业和金融机构在整个知识产权担保融资活动中涉及很多的事项，如对知识产权的价值评估，又例如企业无法按期偿还债务时，金融机构对知识产权采取的措施。没有明确规定出企业和金融机构各自的责任和权利、对违约做出哪些处理等，倘若融资过程中风险来临，企业和金融机构相互扯皮推诿的现象就会出现，使得知识产权担保融资难以进行。一套完整可行的合同作为企业和金融机构双方的约束是必需的。

4. 没有健全的法律规范

虽然我国出台了《商标法》、《专利法》、《著作权法》，初步建立了关于知识产权保护的法律体系，但仍然缺乏保护力度。《中华人民共和国担保法》第75条第3款规定："依法可以转让的商标专用权、专利权、著作权中的财产权可以质押。"由此看出知识产权可以为融资作担保物，但是只有可转让的商标专用权、专利权和著作权中的财产权可以质押。同时，与风险投资相适应的政策法律尚不完善，还没有形成一套有效的风险资金管理办法。高水平的风险投资不仅需要高强度的投资管理，还需要高水平的法律法规的规范。就我国现有的法律法规来看，还不能很好地适应知识产权担保融资的发展。

5. 没有完备的查核程序

知识产权担保融资活动中对知识产权的查核工作要做到认真仔细。主要查核的是作为担保物的知识产权的合法性和归属问题，了解这项申请知识产权的程序是否完备等重要事项。由于我国至今没有完善的知识产权的查核制度，增加了知识产权担保融资中的风险。因此必须尽快建立完善知识产权查核制度，提高知识产权担保融资的安全性。

6. 没有完善的风险防控体系

知识产权担保融资是一项高风险的活动，知识产权担保物可能遭受贬值的风险以及企业违约造成无法按时偿本付息是主要的风险来源。金融机构一般在贷款前进行审查，对担保物提取准备金等来进行风险防范。然而，金融机构并没有切实地做到积极的风险防控。这样的结果往往是金融机构不仅没有得到收益，反而蒙受巨大损失，使得金融机构对知识产权担保融资存有怀疑和顾虑，难以积极开展知识产权担保融资。

（三）积极开展广州市知识产权融资担保的建议

我国各级政府正在通过完善政策支持，引导企业加大知识产权自主创新的开发投入。以深圳市为例，深圳市在全国率先制定并实施了《无形资产评估管理办法》、《技术成果入股管理办法》等地方法规。2011年4月20日，深圳市召开的市政府常务会议审议并通过了《深圳市促进知识产权质押融资若干措施》。知识产权质押融资是切实解决中小企业融资难、激发企业创新活力的重要手段。《深圳市促进知识产权质押融资若干措施》提出建立知识产权质押融资协作机制、依托再担保平台开展知识产权质押融资、建立公平可信任的知识产权评估体系、支持金融机构开展知识产权质押融资业务、鼓励担保机构为知识产权质押融资提供担保等措施，从机制、平台、评估、放贷、担保、交易、配套服务、推进保障等八个方面促进知识产权质押融资工作。

广州市作为国家促进科技金融结合试点，出台知识产权融资担保措施势在必行，将极大推动创新型企业通过科技和金融资本的结合，用无形资产融资获得进一步发展的能力，有利于促进企业创新和技术成果转化，特别是在当前复杂的经济形势下，有利于中小企业缓解融资难题，加快发展步伐。

广州市目前开展知识产权质押融资试点，坚持"政府引导，企业参与，市场化运作"的原则，政府通过搭建知识产权质押融资平台，帮助银行、中介评估机构、企业进行对接，而不直接参与和干预银行、中介评估机构的业务。但通过试点工作，政府应出台相关政策，降低企业融资成本和银行信贷风险，推进知识产权质押融资工作。

（1）银行对申请知识产权质押贷款的企业要求有 2 年以上的经营业绩和盈利记录，同时对出质的自主知识产权要求企业有处置权和一定年限的独占使用权。这是银行在信贷风险较高的情况下采取的降低风险的策略，希望通过试点，银行积累一定经验后，能把知识产权质押贷款业务规模化，为更多拥有自主知识产权的中小企业开辟新的融资渠道。知识产权质押融资在我国还处于萌芽起步状态，为了贯彻落实《国家知识产权战略纲要》，国家知识产权局在 2008 年底开展了知识产权质押融资试点工作，认定了北京市海淀区、广州市等 12 个地区作为试点单位，开展知识产权质押融资试点工作。由于知识产权质押融资存在的估值风险、法律风险和处置风险，许多银行、担保机构对开发知识产权质押贷款业务还保持观望态度。试点虽然取得了一定的进展，但还没有形成规模化。广州市政府可以积极与银行探索知识产权质押融资，建立促进知识产权质押融资的协同推进机制。建议放宽对知识产权质押融资申请企业的限制，发明专利人及其企业，不论是否有盈利记录，或者是否已成立企业，均应鼓励银行根据发明专利的价值为发明专利权人（企业或个人）办理质押融资业务。市、区知识产权局和银行应将审查的重点放在对该发明专利的转化、应用价值的评估上，而非申请主体的有形资产。

（2）广州市在萝岗区设立了广州凯得投资担保有限公司，设立了 3 亿元的科技担保基金，可为科技企业知识产权质押融资提供担保。该公司成立的宗旨在于支持高新技术成果转化和高新技术企业发展。广州市政府应每年对于新技术、新发明的扶持制定工作计划和指标，同时可以制定优惠政策引导和鼓励投资担保参与知识产权质押融资业务。广州市政府可以成立专门机构要求其统筹知识产权质押融资工作，并为企业质押融资创造便利，必要时可以参与为企业提供融资担保，以调动银行的积极性。

（3）知识产权交易市场不完善，知识产权变现能力弱，是目前阻碍知识产权质押贷款大规模发展的一道屏障。国家知识产权局已在全国40多个城市（包括广州）认定了40多个国家专利技术展示交易中心。针对目前知识产权评估、交易中介发展缓慢，机构数量少，专业能力不足，使得知识产权价值评估和处置难度大，知识产权质押信贷市场的中间环节和退出环节薄弱，未能很好地支持银行大规模开展知识产权质押信贷业务的现状，广州市可采取措施，通过引进优质的资产评估机构和培养本地资产评估机构相结合的方式，解决知识产权评估难问题。引进优质评估机构方面已有进展，目前，广州市已从北京引进了连城资产评估有限公司在广州开展知识产权评估业务，另外，北京还有几家评估机构看到广州的评估市场，也有意来穗开展知识产权评估业务。国家专利技术（广州）展示交易中心已落户广州科学城，并已认定了越秀分中心，结合广州技术产权交易所，开始了广州的布局，力争改变目前知识产权转让、变现难困境。本地培养方面推进力度还需加速，可采取各种形式加快本地知识产权评估机构建设，譬如，由知识产权局、科技局、大学、研究所、行业协会和银行共同参与项目的技术评估工作，以保证评估结果的客观、科学。同时，应制定政策鼓励专门从事知识产权评估的机构的成立、发展和壮大，大力培养知识产权评估人才。

（4）广州市萝岗区政府已由区财政出资10亿元设立了创业投资引导资金，2009年引导设立三只子基金，包括中科白云基金（总规模达50亿元，首期注册资本8亿元）、德同凯得基金（注册资本2亿元）和力鼎凯得基金（注册资本2亿元）。创业投资引导资金均可为萝岗区企业知识产权产业化提供融资服务。广州市设立10亿元的创业投资引导基金，旨在鼓励和引导社会资金来广州市设立创业投资资金，为投资于电子信息、软件和信息网络、生物医药、新材料等战略性新兴创业服务。广州市扶持中小企业发展专项资金也对为市中小企业融资贷款进行担保的担保机构给予扶持。但是具体措施还未出台，一直在探索建立知识产权质押融资进行风险补偿的政策，完善知识产权质押融资风险管理机制。建议广州市可以参考上海的做法，明确知识产权质押融资风险损失由银行和担保机构分别按10%、90%的比例承担。同时设立中小企业融资担保专项资金，主要用于支持各担保、再担保平台和机构的运作。

五、结论

我们应该在完善传统的融资方式的同时，不断拓宽新的融资渠道。为了解决中小高新技术企业发展过程中融资难的问题，应该尽快建立能够符合中小高新技术企业的融资特点的融资渠道体系。现阶段中小高科技企业融资的需求日益增大，贷款时间长、信息不完善不对称及没有传统抵押物担保等因素不仅导致了过高的融资风险，还制约风险投资的开展。

在当前情况下，我国的商业银行掌握着大量的社会资金，如果能为这样的金融中介机构提供相对安全的环境，商业银行就能为具有竞争力的中小高科技企业提供信贷资金的支持，就可以为亟需资金的中小高新技术企业解决燃眉之急。因此，引进和推动知识产权担保融资具有重大意义。虽然目前我国的知识产权担保融资还不成熟，在发展的过程中可能有很多坎坷，但我们秉承"路漫漫其修远兮，吾将上下而求索"的精神，坚信知识产权担保融资最终会取得成功。实践会证明发展知识产权担保融资是当今知识经济时代的要求，它的成功开展将为企业和银行带来双赢，在发展壮大我国高新技术产业，提升我国的综合国力过程中发挥举足轻重的作用。

参考文献：

[1] 陈倩. 西方发达国家政府促进中小企业融资的主要经验及其启示探求 [J]. 探求，2007（5）：59-67.

[2] 陆萱. 中小企业的信贷支持研究 [D]. 南京：南京航空航天大学，2006.

[3] 朱国军，杨晨. 企业专利运营能力的演化轨迹研究 [J]. 科学与科学技术管理，2008（7）：37-39.

[4] 本书编委会. 《国家知识产权战略纲要》辅导读本 [M]. 第1版. 北京：知识产权出版社，2008.

[5] 刘瑞娟. 中小企业知识产权融资的国际经验和启示 [J]. 济南职业学院学报，2010（2）.

[6] 陈爽. 欧洲知识产权制度对完善我国企业知识产权保护制度的启示 [J]. 商场现代化，2008（35）：274-275.

[7] 陈见丽. 中小型科技企业知识产权质押融资的障碍分析 [J]. 学术交流，2011（7）：91-94.

[8] 宋文娟. 对我国知识产权质押融资中政府定位的思考 [J]. 商品与质量：理

论研究，2011（9）：130.

［9］华荷峰，杨晨. 知识产权融资服务体系构建研究［J］. 科技进步与对策，2011（28）：21-23.

［10］中国人民银行湘潭市中心支行. 全国知识产权质押融资研讨会综述［J］. 武汉金融，2006（12）：7.

［11］赵又力，陈逸君. 科技型企业知识产权质押融资问题初探［J］. 江南论坛，2010（12）：25-26.

［12］胡竹枝，邹帆，李明月. 市场失灵、政府失效与第三种力量缺失：中小企业融资困境辨析［J］. 广东金融学院学报，2007（1）：78-83.

［13］James Gibson. Risk Aversion and Rights Accretion in Intellectual Property Law［Z］. Bepress Legal Series. Working Paper 1487.

［14］王雄伟. 风险投资对中小高新技术企业的影响［J］. 财会月刊（理论），2006（5）.

［15］李扬. 知识产权法基本原理［M］. 中国社会科学出版社，2010.

［16］戴淑庚. 高科技产业融资理论·模式·创新［M］. 北京：中国发展出版社，2005.

（选自广州市哲学社会科学发展"十二五"规划2011年度课题"知识产权融资担保风险机制研究——以广州市中小企业融资为视角"。课题负责人：宋跃晋；成员：黄珈琳、黄春春、陈莹、吴庆艳、李重炜、刘敏、郑莉、郑若云。）

网络创新、创业与广州中新知识城建设契合度研究

张向阳（华南师范大学增城学院）

一、产业契合度研究理论概述

产业结构是解释经济增长的核心因素，产业结构转变是经济发展过程中的重要特征，也是解释区域经济增长速度、模式与持续性的本质因素，研究产业结构及其转变已经成为一项重要学科，产业结构理论包括：产业融合理论、产业集群理论与产业契合度研究等多种方法。[①]（1）产业融合作为一种经济现象，最早源于数字技术的出现而导致的信息产业内部各行业之间的相互交叉。随着信息技术在各个行业广泛得到应用，产业融合趋势开始在不同产业或同一产业内的不同行业之间出现，在技术创新与放松管制的基础上相互交叉、相互渗透，逐渐融为一体，形成一种新型产业形态的发展过程，产业融合类型可分为产业渗透、产业交叉和产业重组三类。（2）产业集群是一种经济理论，也是一种产业结构与组织理论，产业集群现象是指在一个特定区域内，集聚着大量相互关联的企业、供应商、合作伙伴与关联公司，从而形成一个巨大的区域产业实体。通过产业集群能够构建专业化的生产要素聚集洼地，使企业能够共享区域内的公共设施、市场环境和外部经济资源，从而降低信息交流和物流成本，促进科技创新、产品创新与模式创新。[②]产业集群理论包括：亚当·斯密的分工协作理论、马歇尔的规模经济理论、韦伯的产业区位理论等等。（3）契合度是指两个或多个

---

① 高怡冰，林平凡．产业集群创新与升级：以广东产业集群发展为例［M］．广州：华南理工大学出版社，2010：16–18．

② 刘友金，叶文忠．集群创新网络与区域国际竞争力［M］．北京：中国经济出版社，2011：20–25．

相关要素之间匹配关系状况的描述，而产业契合度指在一个产业区域内资源禀赋要素（例如人力资源、资金、技术、知识）关联与匹配程度，并由此产生产业关联效益，以推动产业聚集发展。产业契合度是研究区域产业结构调整与优化的一种新型方法，我国正处于经济结构转型时期，而广州产业结构正由出口加工产业向资本密集型和技术密集型产业不断转变，知识经济与网络科技将会成为广州未来十年重点发展的战略产业。

二、广州地区网络创新与网上创业概况

网络是信息传输、接收、共享的虚拟平台，通过网络把各个点、面、体的信息联系到一起，从而实现这些资源的共享，网络还是人们交流、交互与交易的虚拟空间，也是实现电子商务的载体。网络创新是指随着网络、信息技术快速发展，而诞生的以互联网应用模式创新与 IT 技术创新为核心的新型创新方式，其主要包括：原创型的网络科技发明与创造、利用互联网技术对传统行业进行模式创新等。[①] 网络创新发展方向包括：电子商务与移动商务、网络营销与网上零售、"云计算"与"云服务"、"物联网"与"泛在网"、三网融合与 3D 数字技术、信息安全与数字城市及 Web2.0 创新应用等多个方面。网上创业和现实生活中一样，有独立的公司（即网站站点），有经营项目、网店，有客户，有特定的工作（例如发帖、网店进货、销售等）。我国的李志刚（2010）等归纳研究了"网上创业的环境、创业模式、创业项目评价、创业的工作流程、风险管理"，并且对网上开店的行业选择、商品选择、网上店铺的经营管理，以及物流支付和客户服务等进行了思考和介绍。[②] 网上创业具有成本低、回报快、风险小、易操作、灵活性等特征，受到广大创业者的青睐。广东省拥有网民 5000 多万人，中小企业 76 万多家，其中从事电子商务创业的企业过万家，其产业集群规模和产值均居全国前列。在"十一五"规划期间，广州市高新技术产品产值年均增长 30% 以上，经认定的高新技术企业达 1151 家。在网络经济大潮中，广州网络相关产业获得了快速发展，现有多个高新产业园区，包括：广州科学城、天河科技园、黄花岗科技园、南沙资讯园等等。广东省高等教育发达，其中广州地区及其周边高校已接近 100 所，广州大学城、广州科学城和正在建设的中新知识城是高新技术、互联网产业的重要聚集地，广州地区已初步形成网络创新与网上创业聚集发展的新局面。

① 刘友金，叶文忠. 集群创新网络与区域国际竞争力［M］. 北京：中国经济出版社，2011：20-25.
② 李志刚. 网上创业理论与实践［M］. 北京：机械工业出版社，2010：12-15.

三、广州中新知识城建设概况

随着经济发展与产业转型的需要，广州市未来十年将重点发展知识性服务产业，其中中新知识城将成为知识产业发展的核心。广州中新知识城是继苏州工业园区和天津生态城后，新加坡与中国合作的第三个大型项目，其选址位于广州东北部的萝岗区九龙镇，规划总人口54万人，其中就业人口27万人，规划范围123平方千米，建设用地60平方千米。广州知识城总体战略定位是：立足珠三角，辐射华南，面向全球，服务全国，影响东南亚，努力建设成为中国自主创新的先行区、知识经济的新高地。广州知识城于2009年7月完成可行性研究，并形成总体规划初步方案。2010年6月，首批33个项目落地。2010年12月12日，知识城开发园区建设启动。知识城分成南、中、北三个区域：南起步区定位为"知识经济示范区"，南起步区包括"一心、两轴、多廊、多组团"，其中包括高科技产业、科研机构与高等学校。中部区是知识城的区域性服务中心，提供居住、商务、休闲等高端服务及完善的公共服务。北起步区定位为"九龙工业园产业升级区"，北起步区主要发展先进制造业，主要包括"一轴、两廊、三组团"。中新知识城产业定位于研发服务、创意产业、教育培训、生命健康、信息技术、生物技术、能源与环保、先进制造八大支柱产业，初步形成以知识密集型服务业为主导，高附加值制造业为支撑，宜居产业为配套的产业结构。根据《南方日报》的报道，2011年3月22日，在"新广州新商机"推介会上，知识城获得14个签约项目，总投资额超过110亿元人民币。[①] 中新知识城未来将谋划建设国家级重点实验室、工业设计谷、中国节能环保产业研究院、未来体验中心、中新工业技术研究院、珠江创新论坛、中国—东盟创新中心、世界百名领军型华人科学家创新园、世界研究型大学分支机构、国际健康医疗中心、中新知识城知识产权交易中心众多大型项目。

四、网络创新、创业与广州中新知识城建设契合度分析

快速发展的IT科技与网络技术，为知识创造、创新与传播提供了广阔的发展空间，在信息技术推动下，高科技产业、传统产业与服务产业之间不断进行交叉、渗透与融合，并创造出大量知识产品与服务，网络创新与网上创业将极大地推动广州中新知识城产业发展，下面将针对网络创新、创业与中新知识建设契合度进行分析。

---

① 孙莹，田霜月. 中新知识城签约19个项目 [N]. 南方都市报，2011-06-30（A2）.

1. 契合度评价模型与指标选择

中新知识城的建设与发展关键体现在知识产业的聚集与协同效应，其关键在于科技人才的引进与培养，同时创新能力、创业条件与资本投资都是影响其发展的核心因素，因此本契合度研究主要从人才、创新、创业、资本（R&D）四个要素方面进行分析，并构建基于人才、创新、创业、资本四个变量的契合度评价模型，如下所示：

$$
\begin{cases}
\theta = f(h,i,p,r) = \alpha h + \gamma p + \eta r + \beta i \\
\alpha + \beta + \gamma + \eta = 1
\end{cases}
\tag{1}
$$

公式（1）中 θ 是本模型的契合度水平，而其他变量分别是：h 代表"人才"，p 代表"创新"，r 代表"创业"，i 代表"资本"，其中 α、γ、η、β 为参数。而以上四个维度变量的计算方法是根据广州市近 6 年的统计数据，计算其变化趋势，从而判断其整体契合度水平。

$$
h = \sum_{i=1}^{n} \frac{H_i}{H_t}
\tag{2}
$$

"人才"变量采用公式（2）计算方法，主要计算近 6 年来广州市网络创新人才在高科技人才中的变化比例。

$$
p = \sum_{i=1}^{n} \frac{P_i}{P_t}
\tag{3}
$$

"创新"变量采用公式（3）计算方法，主要计算近 6 年来广州市专利申请数量变化比例。

$$
r = \sum_{i=1}^{n} \frac{R_i}{R_t}
\tag{4}
$$

"创业"变量采用公式（4）计算方法，主要计算近 6 年来广州市互联网创业企业数量在整体创新企业中的变化比例。

$$
i = \sum_{i=1}^{n} \frac{I_i}{I_t}
\tag{5}
$$

"资本"变量采用公式（5）计算方法，主要计算近 6 年来广州市企业 R&D 投入在投资总额中的变化比例。

同时本项目针对广州市网络创新现状进行调查，收到有效问卷 120 份，根据调查数据显示，四个维度因素中，人才与创新所占权重相对较高，而创业与资本所占权重相对较低，其权重系数如下：$\alpha = 3.5x$、$\gamma = 3x$、$\eta = 2x$、$\beta = 1.5x$，由于

$\alpha + \beta + \gamma + \eta = 1$，则可以计算出：$\alpha = 0.35$、$\gamma = 0.3$、$\eta = 0.2$、$\beta = 0.15$，因此可以得到契合度效果计算公式如下：

$$\theta = 0.35\sum_{i=1}^{n}\frac{H_i}{H_t} + 0.3\sum_{i=1}^{n}\frac{P_i}{P_t} + 0.2\sum_{i=1}^{n}\frac{R_i}{R_t} + 0.15\sum_{i=1}^{n}\frac{I_i}{I_t} \tag{6}$$

2. 网络创新、创业与中新知识城建设契合度计算

契合度计算与衡量的关键在于数据的真实有效性，为了保证数据的可靠性，本研究采用公开的广州市 2005—2010 年广州市经济发展统计报告和广州市统计年鉴数据，如下表所示：

表 1　广州 2005—2010 年创新、创业与高科技产业发展情况表

变量	人才（H）		创新（P）		创业（R）		资本（R&D）（I）	
	H_i	H_t	P_i	P_t	R_i	R_t	I_i	I_t
2010 年	16.9	23.1	130	191	161	981	181	256
2009 年	16.1	22.1	110	165	129	748	121	196
2008 年	14.6	21.2	80	139	138	672	80	148
2007 年	13.7	20.3	85	120	113	748	65	109
2006 年	12.3	19.6	63	121	92	672	22	61
2005 年	12.6	19	57	110	91	606	17	36
均值	14.4	20.9	87.5	141	120.7	737.8	81	134.3

数据来源：根据广州市 2005—2010 年广州市经济发展统计报告和广州市统计年鉴整理。

根据公式（6）可以计算如下：

$$\theta = 0.35\frac{14.4}{20.9} + 0.3\frac{87.5}{141} + 0.2\frac{120.7}{737.8} + 0.15\frac{81}{134.3} = 0.549 \tag{7}$$

3. 网络创新、创业与中新知识城建设契合度评价

广州市地区网络创新、创业与中新知识城建设具有一定的产业聚集与协同效应，契合度 θ 值高低，是衡量契合度水平的一个重要参数，契合度情况可分为以下三种：（1）$0.00 < \theta \leq 0.30$：表示新型产业契合度很低，两个或多个产业相互独立发展，是自发性产业增长行为，各产业之间没有明显的协同与共享资源因素，该产业不适宜在当地发展，产业转型没有针对性，产业转型效果一般。（2）$0.30 < \theta \leq 0.75$：表示新型产业与传统产业具有中等的契合度，新型产业能够利用传统产业的各类要素禀赋发展起

来，新型产业转型具有一定的针对性，产业转型的效果较好，但也存在制约新型产业发展的各类影响因素。（3）0.75< θ ≤1.00：表示新型产业与传统优势产业具有极强契合度，新型产业能够利用传统优势产业的资源快速发展，并融入当地的产业体系，未来将形成新型主导优势，产业转型与产业契合度效果非常好。

根据计算结果可知：θ = 0.549，因此网络创新、创业与中新知识城建设属于中等程度契合水平。其主要问题体现在以下几个方面：（1）广州科技人才已经形成了一定规模效应，人才引进政策已发挥作用，但本土人才培养存在较多问题。（2）专利数量与科技创新水平，特别是网络创新能力，与先进国家和地区相比还有较大差距。（3）网络创新与创业企业数量增长较慢，创新与创业环境有待改善。（4）企业研发资金R&D 与政府科研投入还存在明显不足。广州市大部分企业研发资金占其收益比率低于 5%，而国外高科技企业研发资金比例高达 20%—30%，据广州市科技和信息化局数据，2010 年广州市科研经费占 GDP 的比重为 2.2%，投入金额在 200 亿元左右，科研经费投入明显不足。

五、推进广州地区网络创新、创业与中新知识城建设的对策与建议

广州地区网络创新、创业正在快速发展，而广州中新知识城的建设为基于网络经济的知识性服务产业快速聚合提供了良好的平台，广州传统行业能够运用现代 IT 信息科技与网络创新技术，进行知识性产品与服务创新，这正是网络创新、创业与中新知识城的产业协同与吻合的关键之处，为了推进广州地区知识性服务产业快速发展，需要做好以下几点：

（1）利用网络聚合能力，加强科技人才的培养与聚集，推动中新知识城"智力资本"快速成长。互联网的快速发展正是源于其巨大的"聚合"力量，网络聚合是指在将互联网上的海量信息与资源（如博客、论坛、影视、音乐、供求信息、人才等）利用人工或机器进行内容挑选、分析与分类，并运用推送技术为用户提供有价值的、更具针对性的信息与资源服务。[①] 网络聚合不是简单的信息与资源堆积，而是对海量信息进行深度挖掘分析之后的分类、挑选，是根据用户需要个性化的定制。利用网络聚合的能力，能够为中新知识城建设聚集一大批网络科技创新人才群体，因此中新知识城完全可以借鉴"人人网"的人脉聚合模式，通过虚拟网络进行"智力才人"的交流、协作与聚合，从而构建起知识城的高端智力聚集平台。

[①] 杨选留，司训练. 基于网络环境的科技产业知识生产行为研究［J］. 技术与创新管理，2008，29（6）：564.

（2）加大"原创型"知识性项目资源投入，推动知识创新与创造，构建中新知识城强大的"知识内容"开发平台。所谓"原创型"产品是指具有自主知识产权，能够引领知识产业发展方向，具有较强竞争优势的产品与服务。广州中新知识城定位于知识产业，因此知识产品与服务创新、开发与推广能力，将是决定其核心竞争力的关键。[①] 知识城正在加大对国际一流知识性服务产业龙头企业的引进，特别是创意产业的引进（例如迪士尼、马莎罗），同时更需要培养起一大批能够引领产业创新发展的本土化龙头企业，这些创新企业需要具备全球视野，加强跟国际龙头知识性服务企业的交流与合作，同时更需要根植于我国本土传统优秀文化，不断加强自主创新能力，加大"原创型"知识性项目资源投入，开发符合中华优秀文化传统的产品与服务，并树立自己的品牌特色，这样才能构建中新知识城强大、持久的"知识内容"开发平台。

（3）利用网络创新沟通方式，构建中新知识城"知识传播"平台。信息科技与互联网技术具有强大的传播能力，能够打破时间与空间的限制，实现365天24小时全天候的交流与互动，为知识的传播打造了一个无限广阔的平台。[②] 广州中新知识城的知识产业发展，知识产品与服务传送，都需要着眼于互联网与电子商务平台，并需要充分考虑移动商务、智能家庭与下一代互联网应用的发展前景，打破传统知识传播手段与方式，实现虚拟网络上"点对点，点对多点，多点对多点"之间的无缝、适时、全通道、可视化、个性化的知识性产品与服务的高效传送，从而打造中新知识城知识产业强大的内容传播平台。

（4）搭建中新知识城网络创业平台，加强制度创新，推动知识产业快速、健康、高效地发展。网络创新与网上创业受到内、外多方面的条件与因素影响，广州需要加强创新、创业人才的引进与培养，更需要完善创业平台软件的建设，例如创业制度创新与创业政策支持等，这是促进知识城中小创业企业快速成长的关键。广州是改革发展的领头羊，知识城需要在企业制度领域大胆创新，在公司注册、治理制度、股权结构、产权转让与土地租用等方面进行改革尝试，为"知识性"服务产业发展与聚合提供良好的外部保障条件。同时知识城需要利用创业政策与优惠（例如创业资金扶持奖、科技领军人物奖、优秀总部企业奖等）吸引高新知识项目进驻，并利用"制度财

① 杨选留，司训练. 基于网络环境的科技产业知识生产行为研究［J］. 技术与创新管理，2008，29（6）：564.

② 刘召栋，夏西平. 基于产业集群网络创新的信息服务研究［J］. 情报探索，2010（1）：21.

富"、"政策红利"等外部因素，吸引大批优秀企业进驻。^①另外，需要搭建知识城网络创业服务平台，为初创型企业提供创业培训、商业计划书指导、软硬件支持、场地租用、办理各种公司注册手续、子女与家庭安置、养老与保险等各类配套服务。

（5）搭建中新知识城融资平台，促进"创投资本"的发展，为中小创业型知识企业提供强大的资金保障。资金是企业的血液，是保证创业企业持续发展的根本，知识城的产业发展必需依赖"创投资本"的力量，创投资本具有一套成熟的市场运作与风险分担机制，将极大地促进创新型网络科技公司以股权融资方式获得资金，同时通过资本市场（例如创业板）进行上市，从而获得巨大的资本升值过程，这一点在美国"硅谷"发展模式早已得到验证。创投资本可分为：天使资本、风险资本与PE资本，这些资本分别着眼于投资不同创业时段的公司，其中天使资本是投资于初创型企业的早期阶段，这时企业刚刚起步，风险很大，天使资本在北京、上海与深圳等地已获得了快速发展，例如李开复先生的天使基金——"创新工厂"已经投资了多个项目，并具有一定规模。知识城应当加大此类基金引进与创建，搭建知识城融资平台，并利用深圳的创业板市场，为知识型创新企业发展，提供一流、高效与可靠的创业融资服务。

六、结论

随着中新知识城的规划、招商与产业导入的逐步推进，广州市将重点整合区域内的优势资源，大力发展以信息技术、科教服务、文化创意、软件、动漫、工业设计、金融服务与总部经济为核心的八大主导产业，并采用近期、中期与远期的分期产业导引发展方式，推出知识城相关产业的快速发展，而网络创新、创业与中新知识城产业发展存在极强的契合关联度，利用互联网、移动网与电子商务技术，能为中新知识城产业发展与聚合，搭建强大的知识内容开发平台、知识产品（服务）传播平台、智力人才聚合平台及创业企业融资平台，这将极大地推动中新知识城快速、健康地发展。

参考文献：

［1］高怡冰，林平凡. 产业集群创新与升级：以广东产业集群发展为例［M］. 广州：华南理工大学出版社，2010.

［2］刘友金，叶文忠. 集群创新网络与区域国际竞争力［M］. 北京：中国经济

---

① 周立军. 区域创新网络的系统结构与创新能力研究［J］. 科技管理研究，2010，30（2）：11.

出版社，2011.

［3］李志刚. 网上创业理论与实践［M］. 北京：机械工业出版社，2010.

［4］张团结，王志宏. 基于产业契合度的资源型城市产业转型效果评价模型研究［J］. 资源与产业，2008，10（1）：2-3.

［5］杨选留，司训练. 基于网络环境的科技产业知识生产行为研究［J］. 技术与创新管理，2008，29（6）：564.

［6］刘召栋，夏西平. 基于产业集群网络创新的信息服务研究［J］. 情报探索，2010（1）：21.

［7］周立军. 区域创新网络的系统结构与创新能力研究［J］. 科技管理研究，2010，30（2）：11.

［8］孙莹，田霜月. 中新知识城签约 19 个项目［N］. 南方都市报，2011-06-30（A2）.

（选自广州市哲学社会科学发展"十二五"规划 2011 年度课题"广州地区网络创新现状与大学生网上创业实证研究"。课题负责人：张向阳；成员：白丽、陈迅知。）

第一部分 经济、管理篇

· 第二部分 ·
社会篇

广州市基本公共服务均等化实现机制研究

董建新（广东培正学院）

第一章 基本公共服务均等化的理论基础

胡锦涛同志在党的"十七大报告"中指出"缩小区域发展差距，必须注重实现基本公共服务均等化，引导生产要素跨区域流动"，并提出"围绕推进基本公共服务均等化和主体功能区建设，完善公共财政体系"。从政府应该提供"公共服务"到"公共服务均等化"，再到"基本公共服务均等化"，表明中央和地方各级政府对政府公共服务职能的定位日益清晰准确。然而，不同地区经济发展水平存在差异，供给公共服务的财政实力不均，且地区社会发展进程不同，相应其基本公共服务的具体内容也应当各有特点，那么厘定"基本公共服务均等化"的概念内涵和理论基础则是问题分析的首要前提。

一、基本公共服务均等化概念与内涵

（一）公共服务

公共物品包括实物形态的公共物品，也包括非物质形态的公共物品，即"公共服务"，因而公共服务属于公共物品的范畴。现代社会中的公共服务主要指政府使用公共权力和公共资源向公民提供的各项服务，也是现代政府的主要职能之一。

首先需要加以区别的是各项专业服务与公共服务的范围。诸如"教育服务"，本身只是指特定的专业性服务称谓。作为公共服务的教育服务，是指政府等公共机构，利用公共权力和公共资源向居民提供的服务。利用私人资源所进行的以营利为目的的教育服务就不是公共服务。所以，不应将各类专业性服务笼统地看作公共服务，而应

区别其本质特征。公共服务体现的是公民权利与国家责任之间的公共关系；私人服务体现的是以货币可支付能力为前提的私人营利性追求与消费者之间的市场关系。

可以明确的是，公共服务是 21 世纪公共行政和政府改革的核心理念，它具体体现为城乡公共设施建设，教育、科技、文化、卫生、体育等公共事业，以及为社会公众参与社会经济、政治、文化活动等提供保障。公共服务以合作为基础，强调公民的权利和政府的服务属性。

（二）基本公共服务

公共服务的范围比较大，可以分为基本公共服务和一般公共服务。所谓基本公共服务是指建立在一定社会共识基础上，根据一国经济社会发展阶段和总体水平，为维持本国经济社会的稳定、基本的社会正义和凝聚力，保护个人最基本的生存权和发展权，为实现人的全面发展所需要的基本社会条件。基本公共服务包括三个基本点：一是保障人类的基本生存权（或生存的基本需要），为了实现这个目标，需要政府及社会为每个人都提供基本就业保障、基本养老保障、基本生活保障等；二是满足基本尊严（或体面）和基本能力的需要，需要政府及社会为每个人都提供基本的教育和文化服务；三是满足基本健康的需要，需要政府及社会为每个人提供基本的健康保障。随着经济的发展和人民生活水平的提高，社会基本公共服务的范围会逐步扩展，水平也会逐步提高。

从我国的现实看，可以运用基础性、广泛性、迫切性和可行性四个标准来界定。所谓基础性，是指那些对人的发展有着重要影响的公共服务，是人所必需的公共服务，它们的缺失将严重影响人的发展。所谓广泛性，是指那些影响到全社会每一个家庭和个人的公共服务供给。所谓迫切性，是指事关广大社会最直接、最现实、最迫切利益的公共服务。所谓可行性，是指公共服务的提供要与一定的经济发展水平和公共财政能力相适应。

基本公共服务与各个地区的实际经济社会发展状况密切相关，因此，各个地区政府对辖区的基本公共服务界定也会有所差异。广东省政府颁布的《广东省基本公共服务均等化规划纲要（2009—2020 年）》综合考虑广东经济社会发展水平和社会对公共服务的需求，将基本公共服务的范围确定为两大类八项内容。第一类是基础服务类，包括公共教育、公共卫生、公共文化体育、公共交通等四项内容。第二类是基本保障类，包括生活保障（含养老保险、最低生活保障、五保）、住房保障、就业保障、医疗保障等四项。

（三）均等化的内涵

"均等化"本身包含均衡、相等之意，而均衡意味着经过调节、平衡的过程，最后达到相等。刘尚希（2007）指出均等化的本质是要通过某一层面的结果平等来实现机会均等，公民不因性别、年龄、民族、地域、户籍等因素的影响而受到不同的公共服务待遇。

需要提及的是，均等化的"相等"从制度安排的技术效果而言，只能是大体相等而不能达到绝对相等。均等化实施的方向有两个：一是确保公民享受公共服务的机会均等，让每个公民都平等享有基本公共服务的权利；二是公民享受公共服务的效果相等，让每个公民无论在什么地方，城市或者乡村，享受的基本公共服务在数量和质量上大体相当。这样看来，均等化的实现以效果来衡量则更易评估。

就基本公共服务而言的"均等化"，其设定标准有三种理解：一是最低标准，即要保底。二是平均标准，即政府提供的基本公共服务水平要达到中等平均水平。三是相等标准，即效果相等。这三个标准是一个动态的衡量过程，在经济发展水平较低时期，或经济不发达地区，政府对基本公共服务的提供要能到达最低水平。随着经济发展，基本公共服务供给要逐步提高达到中等水平，最后实现不同人群享有的基本公共服务效果相当。

对于基本公共服务均等化，应当是政府"无条件"对所有公民提供，在一个国家范围内，每个公民均有权利平等享受。政府针对基本公共服务应当制定一个底线标准，而各级政府应当尽其能力通过地区之间、城乡之间的再分配实现基本公共服务的效果均等化，而并非仅仅保持各地人均财力的均等，这是"均等化"的题中之意。

二、基本公共服务均等化国内外研究综述

从国内学界目前的研究现状来看，关于基本公共服务内涵范围的界定并没有一个统一的认识，但一些学者的研究具有某种程度的代表性。陈昌盛、蔡跃洲（2006）认为，基本公共服务是指建立在一定社会共识基础上，根据一国经济社会发展阶段和总体水平，为维持本国经济社会的稳定、基本的社会正义和凝聚力，保护个人最基本的生存权和发展权，所必须提供的公共服务，其规定的是一定阶段上公共服务应覆盖的最小范围和边界。比如基本的公共教育、公共卫生、社会保障、基础设施、公共安全等等。常修泽（2006）等认为，在当前我国社会主义初级阶段，公共服务均等化的范围要适中，既不能过宽也不能过窄，他认为应该纳入均等化范围的公共服务主要包括四类：一是就业服务和基本社会保障等"基本民生性服务"。二是义务教育、公共卫

生和基本医疗、公共文化等"公共事业性服务"。三是公益性基础设施和生态环境保护等"公益基础性服务"。四是生产安全、消费安全、社会安全、国防安全等"公共安全性服务"。陈海威（2007）认为，基本公共服务包括四方面：一是底线生存服务，包括就业服务、社会保障、社会福利和社会救助，主要目标是保障公民的生存权；二是公众发展服务，包括义务教育、公共卫生和基本医疗、公共文化体育，主要目标是保障公民的发展权；三是基本环境服务，包括居住服务、公共交通、公共通信、公用设施和环境保护，主要目标是保障公民起码的日常生活和自由；四是公共安全服务，包括食品药品安全、消费安全、社会治安和国防安全等领域，主要目标是保障公民的生命财产安全。

　　从已有的研究看，基本能够认同基本公共服务均等化不等于绝对平均，而是在承认地区、城乡、人群存在差别的前提下，保障所有国民都享有一定标准之上的基本公共服务。我国当前最突出的问题是地区之间、城乡之间以及各阶层之间的"群体性不均等"问题，因此均等化的主要目标是要弥补这种群体间的不均等现状。

　　我国财政支出政策重经济建设而轻基本公共服务，政府没有充分担负起提供基本公共服务的责任，同时，基本公共服务以满足城镇居民需求为主，农村居民分享财政提供的公共服务水平偏低（马海涛，2009）。特别是我国实行的城市优先发展战略，在公共服务供给上采取的是"城市偏向型"体制，广大农村地区的大部分公共产品是由集体或农户自筹资金解决（杨永，2007），这种制度安排显然加剧了公共服务的非均等化现象。

　　现有的财政管理体制也使得我国各级政府间权责交叉，事权不清，且基本公共服务事项基本由基层财政负担，在财力向上收紧的背景下，下级政府提供基本公共服务的能力受到限制（王家永，2007）。王雍君（2007）认为，现行的转移支付制度税收返还比重过大，一般性转移支付比重太低，结构不合理，难以解决财力分配不均和基本公共服务水平差距拉大的问题。

　　对于政府绩效评估制度，高培勇（2007）认为目前服务型政府绩效评估体系仍不健全，未将基本公共服务绩效评估与干部选拔任用和内部激励联系起来，没有建立起以基本公共服务为导向的干部考核制度。政绩考核中过分看重经济绩效而轻公共服务绩效，影响了公共服务提供的动力（迟福林，2005）。

　　Nagel（2006）认为，美国、加拿大在教育、失业、医疗、养老和住房等方面已经实现均等化，主要体现在以下几个方面：一是每个小孩均可以享受义务教育；二是每位失业人员可以维持基本生活标准；三是每个公民可以享受最基本的医疗服务；四是每位老人可以享有比较稳定的基本经济来源；五是每个公民可以享有基本住房保障。Carney（2002）指出，澳大利亚等国通过了 3 部《公共服务法》，确立了澳教育、失业、医疗、养老等公共服务体系。也有学者认为，20 世纪 90 年代以来，发达国家普遍采取了第三条道路理论，将人力资本投资、就业公共服务摆在政府职能的首位。

Monisilan（2006）认为，政府提供公共服务和财政转移支付的层面越高，支持力度就越大。Borins 认为，加拿大的均等化转移支付是联邦政府和省政府财政关系的重要组成部分。实施均等的财政支付，促进了全国公共服务的均等化。Rosenfeld 认为，德国通过以公共服务为重点的财政转移支付，基本上实现了公共服务的均等化。Hart（2004）认为，澳大利亚财政转移支付制度推行财政均等化原则，拨款分支付具有客观、公开、规范的特征。联邦拨款委员会拨款时严格依照支出需求和收入能力测算，较为客观、公正地评估各州的支出需求和收入能力，以实现财政均等化目标。

第二章 广州基本公共服务均等化实证分析

广州作为我国的国家中心城市、珠三角的核心城市，国民经济和财政收入一直保持稳定快速增长。然而，引起我们注意的是，广州公共服务水平和基本公共服务均等化水平，并没有取得与其强大经济实力相对应的提升。广州虽然整体经济实力和政府财力强大，但广州所辖十区两市，其经济和社会发展状况也存在较大差异，那么本章主要借助经验数据验证广州 12 个区域的基本公共服务均等化现状，由此揭示广州基本公共服务均等化机制的现存问题，为机制完善和制度建设提供有力依据。

一、广州市基本公共服务范围

基本公共服务均等化的阶段性划分，主要是依据人类需求层次理论，可以把公共服务分为九大类，结合国际经验，可以根据需求的层次性将这些公共服务分三个层次（见图 1）：第一层次包括基础教育、公共卫生和社会保障三类，主要确保人的基本的生存权和发展权得到满足；第二层次主要包括公共安全、基础设施和环境保护三类，主要为了改善人们生存的软硬环境，提高生存的安全性、舒适性和可持续性；第三层次主要包括一般公共服务、科学技术和文化娱体三类，主要为了确保政府有效履行职能和更高层次的公共利益的实现。因此，在各种约束条件下，对这九类公共服务均等化的推进中，优先顺序也应按照需求层次推进。

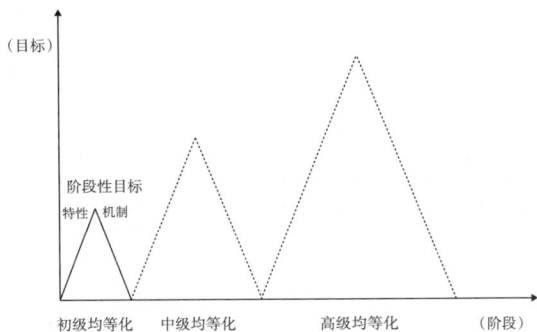

图 1　基本公共服务均等化层次划分

依据上述分析，基础教育、公共卫生和基本社会保障可以视作广州公共服务供给中的"基本"要件，所以本章对广州基本公共服务均等化的分析，主要以基础教育、公共卫生和基本社会保障为对象。

二、广州基本公共服务供给差异

（一）基础教育

广州基础教育在近 20 年间稳步推进，教育改革也不断深化。全市省、市一级学校普通高中（优质学位）在校学生占全市普通高中在校学生的 90.61%。截至 2010年，全市共有小学 1004 所，在校学生 82.48 万人。普通中学 475 所，在校学生 57.23万人；其中普通高中在校学生 17.79 万人。全市适龄儿童入学率达 100%，初中毕业生升学率 88.47%，普通高中毕业生升大学率 89.74%。作为一个沿海发达城市，近年广州也积极发展多元化办学，民办教育得到了良好发展，全市共有 29 所民办高校，在校学生 25.4 万人；161 所民办普通中学，在校学生 10.21 万人；159 所民办小学，在校学生 26.28 万人。

表 1　1990—2010 年部分年份广州中小学基本状况

年份	普通中学数	小学数	普通中学专任教师人数	小学专任教师人数	普通中学在校人数	小学在校人数
2010	475	1004	38226	43698	572280	824807
2009	471	1022	37105	42275	575252	828889
2008	465	1035	36221	42200	582051	862859
2007	465	1076	35225	41855	576845	888965
2006	456	1112	33602	40904	567619	893575

（续表）

年份	普通中学数	小学数	普通中学专任教师人数	小学专任教师人数	普通中学在校人数	小学在校人数
2005	448	1283	32209	41018	550320	903353
2004	437	1429	30711	39983	530776	874749
2003	434	1533	39304	38954	511800	847500
2000	388	1626	34379	34157	425300	757000
1995	354	1604	28899	29056	290250	696400
1990	345	1575	25869	25112	265400	572300

资料来源：1991—2011 年的《广州统计年鉴》。

随着广州经济的发展和作为珠三角中心城市的集聚作用加强，越来越多的外来人口流入广州，因而也对广州的基础教育资源的配置带来了不同程度的影响。20 世纪 90 年代，广州每万人口中学生为 446.65 人，其后人口的大量流入使得该指标增长至 2006 年的 726 人；那么生师比也逐年跃升，从 1990 年的 10.26 增长至 2010 年的 16.89，显然这段时间师资配置水平出现较大幅度的降低。然而，1990 年至 2005 年广州小学教育却呈现了不太一样的发展状况。1990 年，每万人口小学生为 963 人，至 2005 年达到 1200 人。小学生师比维持了一个相对稳定的状态，1990 年为 22.79，2005 年为 22.02，说明这段时间虽然人口增多，全市小学生数量增加，但政府加大投入使得小学师资配置水平没有降低反而有所改善。然而，我们需要看到广州小学教育资源仍比较紧张，从 1990 年起，小学生师比就比中学生师比要高。

2005 年至 2010 年间，广州中学生人数稳中有所下降，中学生在校人数年均基本为 57 万人；该段时间的小学生在校人数却有明显下降，由 2005 年最多 90 万人降低至 2010 年 82 万人左右。单从"生师比"看广州基础教育师资配置情况，中小学均经历师资配置紧张后都有改善。2010 年小学生师比为 18.88，略好于全国 19.98 的平均水平。普通中学生师比 2010 年为 14.97，明显低于全国 18.6 的平均水平。

广州整体中小学教育资源配置比较充裕，但整体情况难以说明教育资源"均等化"的现状。从 2010 年广州中小学在校人数的绝对数来看，小学在校人数最多的白云区超过 14 万人，而该区的小学数量在广州市也最多，为 186 所。该区小学专任教师接近 7000 人，小学"生师比"为 21.20，高于全国平均水平。中学在校人数最多的是番禺区，近 9 万人，中学"生师比"为 16.11，优于全国水平。小学"生师比"最优的是从化和增城两市，分别为 13.40 和 14.05；中学"生师比"最优的是越秀区和萝岗区，分别是 13.26 和 13.29，大大优于全国水平。

表 2　2010 年广州各区县中小学基本状况数据表

广州区县	小学数量	中学数量	小学在校人数	中学在校人数	小学专任教师人数	中学专任教师人数	小学生师比	中学生师比
白云区	186	70	146587	69391	6916	4619	21.20	15.02
荔湾区	54	38	50616	41334	2967	2986	17.06	13.84
越秀区	57	26	57299	40869	3247	3083	17.65	13.26
海珠区	86	39	82476	50120	3655	3023	22.57	16.58
天河区	80	52	95213	52228	4348	2983	21.90	17.51
黄埔区	26	19	30664	14389	1397	961	21.95	14.97
番禺区	165	64	128561	87915	6240	5458	20.60	16.11
花都区	93	56	82700	53200	4101	3456	20.17	15.39
南沙区	28	10	14414	12498	808	816	17.84	15.32
萝岗区	26	19	19125	13926	1094	1048	17.48	13.29
增城市	139	48	76211	73816	5424	5199	14.05	14.20
从化市	64	25	43793	43788	3269	3071	13.40	14.26

数据来源：由《广州统计年鉴（2011）》和作者相关调查数据整理所得。

　　从广州中小学在各区县的分布情况来看，其数量基本符合人口的分布状况。人口超过 100 万的区县如白云区、番禺区、海珠区、天河区、越秀区和增城市，中小学数量也居于前位。但具体到"每万人拥有中小学校数量"这个指标，增城、从化和花都居于前三名。

　　另外，从优质学位（省级和市级学校）的分布情况来看，越秀区和番禺区拥有绝对优势。越秀区拥有省市级中学 31 所，省市级小学 47 所；番禺区拥有省市级中学 34 所，省市级小学 43 所。相比之下，优质学位最少的萝岗区，省市级中学仅 3 所，省市级小学 5 所。所以，广州整体基础教育水平基本符合人口分布规律，均等化水平较高，但优质学位的分布极不平衡，这必然造成一些社会问题。

　　对广州基础教育的总体评价和区域差异分析可以看出，广州由于地区经济社会较为发达，政府对基础教育的发展比较重视，所以该地区基础教育发展比较迅速。由于基础教育中的小学教育和初中教育属于我国"义务教育"范畴，一般依据户籍进行属地管理，所以基础教育服务的提供能够实现基本的均等化要求，主要表现出学校数量随人口数量而分布，优质学位的分布上则表现出不均衡的特征。

259

第二部分　社会篇

表3 2010年天河区与从化市地区经济与基础教育数据对比

区县	人口（万人）	地区生产总值（亿元）	一般预算收入（亿元）	省市级中学数量	省市级小学数量	万人拥有中小学数	中学生师比	小学生师比
天河区	143.37	1872.29	38.14	13	22	0.92	17.51	21.9
从化市	59.39	187.27	19.34	14	12	1.5	14.26	13.4

资料来源：2011年广州天河区、从化市国民经济与社会发展统计公报。

通过上述分析也可以看出，就基础教育服务而言，其发展与多重因素相关。政府财力和经济发展水平只是一方面因素，政府对教育支持的态度，以及本区域的人口基础状况也是基础教育服务提供的重要影响因素。从天河区和从化市的经济发展和基础教育状况对比中可以看到，天河区地区生产总值和人口都是从化市的三倍，即使其一般预算收入是从化的两倍，由于人口的拉平作用，天河区的基础教育指标如"生师比"和"每万人拥有中小学校数量"均落后于不发达的从化市。从这一典型对比来看，基本公共服务供给的均等化，需要综合考虑地区人口、经济发展等多重因素，做到依据人口分布进行基本公共服务安排，才能有利于提升地区基本公共服务均等化水平。

（二）社会保障

广州的多层次社会保障体系基本建设成型。截至2010年，广州全市医疗保险参保人数678.4万人，其中退休人员医疗保险参保人数80.9万人。养老（市属及区属）、失业、工伤（市属及区属）、生育保险参保人数分别达到484.5万人、336万人、375万人和208万人。全市享受养老保险待遇的离退休人员（市属及区属）达65.8万人，领取失业保险金的失业人员2.2万人。享受城镇居民最低生活保障人员4.74万人，享受农村居民最低生活保障人员7.32万人。

从时间发展来看，2008年后广州养老保险、医疗保险和失业保险的参保人数出现了较为明显的增长。三大基本社会保险的参保人数分别由2008年的254万、366万和282万，跃升至2010年的484万、678万和336万。可以明显看到，在三大保险中，医疗保险的参保人数增长最快，这也反映了居民对"因病致贫"的担忧最大。从三大基本社会保险的参保比例来看，医疗保险的参保比例已由2004年的20%增长至2010年的50%以上，养老保险由2004年的19%跃升至2010年的38%，失业保险参保比例增长较小，2004年至2010年仅从23%增长至26%。

表 4　2004—2010 年广州基本社会保障参保人数（单位：人）

年份	常住人口数	参加养老保险人数	参加医疗保险人数	参加失业保险人数
2010	12709600	4844970	6783667	3360018
2009	11869700	4153402	6080318	3121036
2008	11153400	2541211	3666357	2826627
2007	10530100	2298405	3325624	2564598
2006	9966600	2150204	3072698	2418218
2005	9496800	2049661	2085840	2340657
2004	9487500	1867627	1904536	2211997

资料来源：由 2005—2011 年《广州统计年鉴》和作者相关调查数据整理所得。

由于基本社会保险是社会保障的主要内容，参与社会保险的比例与人口基数密切相关。人口超过 200 万的白云区三大基本社会保险的参保比例都明显低于其他地区，三大参保比例分别为养老保险 25.24%、医疗保险 14.66% 和失业保险 0.76%。从 2010 年广州各区县基本社会保障参保比例可知，增城和从化市医疗保险参保率明显高于其他区县，分别达到 74.59% 和 74.52%，这显然与当地外来流动人口相对较少、本地户籍人口占据绝对比例有关。养老保险参保率最高的是萝岗区，达到 45.79%，这与萝岗区的地区经济以第三产业和高新技术产业有一定关系，区域内的"白领"是区域的主要阶层，居民良好的工作收入和福利是该区养老保险参保率高的主要原因。

（三）医疗卫生

医疗卫生状况与城市的经济社会发展以及所取得的区域地位紧密相关。目前，广州共有各类卫生机构 2387 个（不含 1070 个村卫生室），其中，医院 216 个，疾病预防控制中心 18 个，卫生监督所 15 个，妇幼保健院（所）13 个。全市各类卫生机构共拥有床位 6.26 万张，其中医院拥有床位 5.32 万张。全市共有各类专业卫生技术人员 9.55 万人，其中，执业医师（含执业助理医师）3.36 万人，注册护士 3.91 万人。全市各类医疗卫生机构向社会提供诊疗服务 1.08 亿人次，提供出院服务 176.43 万人次，分别增长 6.58% 和 9.29%。

从 1978—2010 年广州基本医疗卫生条件（见表 5）可以清楚地看到，自改革开放以来，广州医疗卫生条件的改善十分明显。虽然，广州是外来人口的集聚地，城市人口的膨胀对医疗卫生条件带来了挑战，但广州的基本医疗卫生条件随着人口的增多仍然在不断优化。无论是"卫生机构数量"、"卫生技术人员"、"卫生机构床位"几个指标所表征的绝对数量，还是"每万人口医生数"和"每万人口床位数"所代表的相对数值，都有明显的增长。1978 年，每万人口医生数为 24.88 人，每万人口床位数为 29.78 张，2010 年此两数值分别跃升为 41.65 和 66.03。

表 5　1978—2010 年广州基本医疗卫生条件

年份	卫生机构个数	医院	卫生技术人员数	医生	卫生机构床位数	医院	每万人口医生数	每万人口床位数
1978	1589	140	31547	12014	17109	14382	24.88	29.78
1979	1657	140	33239	13049	17530	14725	26.45	29.84
1980	1802	141	35792	14566	17673	14747	29.02	29.38
1981	1883	148	37914	15012	19228	16335	29.41	32
1982	2032	152	40213	16510	20896	17162	31.82	33.08
1983	2118	156	41436	17770	21671	17592	33.74	33.4
1984	2194	164	42279	17912	22280	18040	33.44	33.68
1985	2098	163	42522	18079	23830	19439	33.17	35.67
1986	2319	165	44666	19152	25031	20020	34.48	36.05
1987	2173	174	45818	19557	26599	21544	34.61	38.13
1988	2387	182	46957	20094	27981	22663	34.83	39.28
1989	2409	186	47988	20913	28988	23458	35.72	40.07
1990	2353	190	48276	21015	29930	24395	35.36	41.05
1991	2347	194	48618	21026	31293	25286	34.91	41.99
1992	2323	200	49052	21304	32646	26901	34.8	43.94
1993	2094	210	50097	22153	32399	27339	35.52	43.84
1994	2131	216	50819	22401	33086	27871	35.17	43.75
1995	2238	221	52851	23321	34139	28721	36.06	44.41
1996	1987	222	52450	22384	34338	29728	34.12	45.31
1997	1989	224	53654	22829	35301	30067	34.25	45.11
1998	2013	224	54053	22817	35306	30791	33.85	45.67
1999	1670	250	54480	23068	36431	31284	33.68	45.67
2000	1703	252	55677	23503	38758	33716	33.54	48.12
2001	2257	253	56262	23949	39417	34558	33.61	48.5
2002	2265	196	54652	22169	40430	32736	30.76	45.43

年份	卫生机构个数	医院	卫生技术人员数	医生	卫生机构床位数	医院	每万人口医生数	每万人口床位数
2003	2349	183	57274	23464	42210	34140	32.36	47.08
2004	2443	188	59943	24493	45687	35979	33.2	48.77
2005	2517	211	64182	25852	47888	39359	34.44	52.44
2006	2603	223	69091	27338	50500	42821	35.94	56.29
2007	2543	225	76791	29056	52640	45209	37.57	58.45
2008	2388	218	80687	29953	54973	47128	38.2	60.1
2009	2341	224	89179	32926	59038	50367	41.44	63.39
2010	2387	216	95546	33575	62552	53227	41.65	66.03

资料来源：《广州统计年鉴（2011）》。

表6　2010年广州各区县医疗卫生机构指标

区县	人口（万人）	医疗卫生机构数	医疗卫生技术人员数	卫生机构床位数
白云区	222.48	551	11275	9118
荔湾区	89.82	174	6321	4474
越秀区	115.73	318	29757	18806
海珠区	155.92	270	13961	7301
天河区	143.37	404	11000	5833
黄埔区	45.83	20	1897	1783
番禺区	176.65	494	10994	6024
花都区	94.59	327	6663	3765
南沙区	26.01	97	1229	793
萝岗区	37.41	120	1501	670
增城市	103.67	108	5447	2734
从化市	59.39	77	3772	1941

资料来源：《广州统计年鉴（2011）》。

广州整体医疗卫生状况已在全国处于先进行列，但2010年广州各区县卫生机构状况指标（见表6）显示，广州各区县医疗卫生状况"非均等化"特征十分明显。白云区集中了广州最多的医疗机构，数值为551家，越秀区集中了广州最多的卫生技术人员，多达3万人。但结合人口因素，每万人口卫生机构状况指标显示，各项指标居于明显优势的是越秀区。2010年广州越秀区每万人口拥有卫生机构2.74家，每万人口拥有卫生技术人员 257.12 人，每万人口拥有卫生机构床位 162.50 张。相比之下，黄埔区每万人仅拥有卫生机构 0.44 家，而萝岗区每万人口拥有卫生机构床位数和卫生技术人员分别为 17.91 张和 40.12 人。

以此分析，广州医疗卫生服务"非均等化"状态特征十分显著。白云区医疗卫生基础设施绝对数量较大，但超过 200 万的常住人口降低了医疗卫生设施的相对配置水平，越秀区拥有最为丰富的医疗卫生服务设施，其他几区县卫生设施分配状况也高低不平。

三、基本公共服务均等化及其影响因素测度

（一）基本公共服务均等化测度

公共服务均等化很难直接度量，通常用地区间财政均等化程度表示公共服务均等化程度。此时的公共服务均等化更接近于财力均等化的概念，因为各个地区的居民所享受的公共产品主要由两部分构成：一部分是由中央政府提供的全国性公共产品，从理论上讲地域差别不大；一部分是各个地方政府提供的地方性公共产品，其供给水平由地方政府的财政能力决定。各地区政府财政能力的差异是导致不同地区公共服务水平均等化实现程度差异的根本原因。

基本公共服务均等化指数计算

鉴于公共服务均等化是指政府在不同阶段按照不同标准为社会公众提供基本的、最终大致均等的公共服务，本文不采取基本公共服务平均化值作为测定社会稳定度的经济指标，而以可以直接反映基本公共服务均等化程度的新指标：基本公共服务均等化指数（Coefficient of Basic Public Service Equalization），本文用 Y 表示，各分项基本公共服务均等化指数分别为 Ye（基础教育均等化指数）、Yh（医疗卫生均等化指数）和 Ys（社会保障均等化指数）。

基础教育均等化主要有两方面：一是指现有的基础教育入学机会在区域之间的分配是否均衡；二是指教育资源在区域之间的分配是否均衡。通过设置三个衡量指标：每万人口教育机构数、中学生师比例数和小学生师比例数。这些指标可以从整体上反映各区域之间教育入学机会和教育资源的分配情况和发展的现状。

首先，对广州市各区域每万人拥有教育机构的平均值进行计算，根据表 7 的基本数据进行如下计算：

$$\frac{1.15+1.02+0.72+0.80+0.92+0.98+1.30+1.58+1.46+1.20+1.80+1.50+1.20}{12}=1.20$$

由于平均数值反映的只是教育资源的分配程度，其含义是广州市 2010 年全市平均每万人拥有义务教育机构数为 1.2 个，它并不能从本质上反映和衡量该指标的均等程度。

在数学计算中标准差（Standard Deviation）能反映一个数据集的离散程度。拥有相同的平均数并不意味着有相同的标准差。因此，为观察各数值偏离平均值的程度，即各项数值的均衡程度，可运用标准差来进行计算。

由标准差公式：

$$S = \sqrt{\frac{\sum_{i=1}^{n}\left(x_i - \overline{x}\right)^2}{n-1}}$$

将数据代入公式中，计算得到该组数据的标准差为 0.333367，该数值反映了所选取的指标各个数值相互偏离的程度。

根据数学定义，我们知道由于"标准差与平均值之比"代表了数据的不均等程度，最后，我们用数字"1"减去标准差与平均值的比值，就可以得到这些数据的均等化程度，也即：

$$\text{均等化指数} = 1 - \frac{\text{选取指标的标准差}}{\text{指标平均值}} \times 100\%$$

依此，Ye 分项指数 $= 1 - \frac{0.333367}{1.20} = 0.722853$

所得数据"0.722853"或者"72.29%"，即为广州市每万人教育机构的均等化指数。以同样的方法求出其他两个 Ye 分项指数，可得"0.83716337"和"0.912795"。最后取这三项分项均等化指数的平均值可得"0.82427"，此即为广州市各区县基础教育服务的均等程度。

根据均等化指数的计算公式我们可以知道，均等化指数值应介于 0—1 之间，它的大小基本反映了该地区基本公共服务均等化的程度，其值越大，代表该地区基本公共服务均等化水平越高，相反，其值越小则代表该地区基本公共服务均等化水平相对较低。

那么，通过经验数据的计算可以算出广州在基础教育服务的供给上，是比较"均等"的，其均等化程度超过 80%。这与教育机构分布基本符合人口在各区的分布规律相契合。

表7　2010年广州各区县基础教育基本数据及均等化指数

区县	人口	小学数量	中学数量	小学在校人数	中学在校人数	小学专任教师人数	中学专任教师人数	小学生师比	中学生师比	万人拥有中小学校数
白云区	2224800	186	70	146587	69391	6916	4619	21.20	15.02	1.15
荔湾区	898200	54	38	50616	41334	2967	2986	17.06	13.84	1.02
越秀区	1157300	57	26	57299	40869	3247	3083	17.65	13.26	0.72
海珠区	1559200	86	39	82476	50120	3655	3023	22.57	16.58	0.80
天河区	1433700	80	52	95213	52228	4348	2983	21.90	17.51	0.92
黄埔区	458300	26	19	30664	14389	1397	961	21.95	14.97	0.98
番禺区	1766500	165	64	128561	87915	6240	5458	20.60	16.11	1.30
花都区	945900	93	56	82700	53200	4101	3456	20.17	15.39	1.58
南沙区	260100	28	10	14414	12498	808	816	17.84	15.32	1.46
萝岗区	374100	26	19	19125	13926	1094	1048	17.48	13.29	1.20
增城市	1036700	139	48	76211	73816	5424	5199	14.05	14.20	1.80
从化市	593900	64	25	43793	43788	3269	3071	13.40	14.26	1.50
平均值								18.82	14.98	1.20
方差								9.392642399	1.706231	0.111133
标准差								3.064741816	1.306228	0.333367
分项 Ye								0.83716337	0.912795	0.722853
均等化指数 Ye								0.82427		

依据同样的方法可以对广州市医疗卫生服务和基本社会保障服务的均等化程度进行测度。医疗卫生服务均等化主要是对"每万人拥有卫生机构数"、"每万人拥有卫生技术人员数"、"每万人拥有卫生机构床位数"三个指标进行测度，并以这三个分项 Yh 均等化指数的均值评估广州市医疗卫生服务均等化程度，数值越大代表均等化程度越高，数值越小则代表均等化程度越低。

从表8可以看到，广州市医疗卫生服务中的"每万人拥有卫生机构数"均等化指数为0.557264，"每万人拥有卫生技术人员数"均等化指数为0.23606，"每万人拥有卫生机构床位数"均等化指数为0.198274531，而由三者平均值所得广州市医疗卫生服务均等化指数为0.330533。33.05%的均等化程度展示了广州基本医疗卫生服务的非均等化状况比较严重。从单项数据"每万人拥有卫生技术人员数"和"每万人拥有卫生机构床位数"的均等化指数来看，仅显示了20%程度的均等化现状。2010年广州各区县医疗卫生数据也可以看出，越秀区和白云区集中较多的医疗卫生资源。

表8　2010年广州各区县医疗卫生基本数据及均等化指数

区县	人口	医疗卫生机构数	医疗卫生技术人员	卫生机构床位数	每万人拥有卫生机构数（个）	每万人拥有卫生技术人员数（人）	每万人拥有卫生机构床位数（张）
白云区	2224800	551	11275	9118	2.476627	50.67871	40.98345919
荔湾区	898200	174	6321	4474	1.937208	70.37408	49.81073258
越秀区	1157300	318	29757	18806	2.747775	257.1243	162.4989199
海珠区	1559200	270	13961	7301	1.731657	89.53951	46.82529502
天河区	1433700	404	11000	5833	2.817884	76.72456	40.68494106
黄埔区	458300	20	1897	1783	0.436395	41.3921	38.90464761
番禺区	1766500	494	10994	6024	2.79649	62.23606	34.10133031
花都区	945900	327	6663	3765	3.457025	70.44085	39.80336188
南沙区	260100	97	1229	793	3.729335	47.25106	30.48827374
萝岗区	374100	120	1501	670	3.207698	40.12296	17.90964983
增城市	1036700	108	5447	2734	1.041767	52.54172	26.37214237
从化市	593900	77	3772	1941	1.296515	63.51238	32.68226974
平均值					2.306365	76.82819	46.7554186
方差					1.042666	3444.765	1405.125966
标准差					1.02111	58.69212	37.48500989
分项 Yh					0.557264	0.23606	0.198274531
均等化指数 Yh						0.330533	

对广州社会保障服务均等化程度的测量，也可采用同样的计算方法。本文主要选取养老、医疗和失业保险三项基本社会保障的参保比例来测度社会保障服务的均等程度。三项基本社会保险参保比例均等化指数分别为0.7111、0.4793、0.3848。可以看到，医疗保险和失业保险服务均等化程度均未超过50%。计算后的2010年广州社会保障服务均等化指数为0.5251，处于中等均衡状态。

表9　2010年广州各区县社会保障基本数据及均等化指数

区县	人口	养老保险参保人数	医疗保险参保人数	失业保险参保人数	养老保险参保比例	医疗保险参保比例	失业保险参保比例
白云区	2224800	561626	326225	16882	0.25	0.15	0.01

区县	人口	养老保险参保人数	医疗保险参保人数	失业保险参保人数	养老保险参保比例	医疗保险参保比例	失业保险参保比例
荔湾区	898200	249700	292400	259900	0.28	0.33	0.29
越秀区	1157300	338900	341900	162000	0.29	0.30	0.14
海珠区	1559200	269000	640200	283800	0.17	0.41	0.18
天河区	1433700	579000	406000	712000	0.40	0.28	0.50
黄埔区	458300	174978	115340	66268	0.38	0.25	0.14
番禺区	1766500	475400	1136900	305680	0.27	0.64	0.17
花都区	945900	169500	146000	167500	0.18	0.15	0.18
南沙区	260100	82108	95974	85417	0.32	0.37	0.33
萝岗区	374100	171300	159500	171900	0.46	0.43	0.46
增城市	1036700	295100	773300	137700	0.28	0.75	0.13
从化市	593900	236809	442600	246344	0.40	0.75	0.41
平均值					0.307227	0.399792	0.245483021
方差					0.007873	0.04333	0.022807941
标准差					0.088731	0.208158	0.151022982
分项 Ys					0.711186	0.479334	0.384792555
均等化指数 Ys					0.525104		

（二）基本公共服务均等化影响因素分析

基本公共服务供给是一项涉及社会经济政治等多方面的综合政策体系，因此，影响基本公共服务均等化程度的因素也多种多样。那么，作为一种理论分析，特别是通过数量测度手段检验对基本公共服务均等化的影响因素，势必要对复杂的现实体系做简化处理。本文通过计量经济学方法分析该问题，主要将基本公共服务范围、地方经济发展水平、地方政府财政实力以及财政分权程度作为影响基本公共服务均等化的主要因素。换言之，将基本公共服务均等化看作一个函数，那么该函数包含的解释变量如下：

基本公共服务均等化程度 = F（基本公共服务范围、政府财政实力、政府管理水平、地方经济发展水平、财政分权体制）

为验证影响基本公共服务均等化的因素，对上文分析的各种影响因素进行指标选择，并建立计量检验模型。

被解释变量"基本公共服务均等化程度"可利用前文所计算的广州市基础教育、医疗卫生和社会保障均等化指数的均值来表征，记为"PSE"。五个解释变量中"基本公共服务供给范围"已经在表征"基本公共服务均等化程度"的基础教育、医疗卫生和社会保障均等化指数的均值中得到体现。"地方政府财政实力"以"人均一般预算收入"表征，并表示为"PBA"。"政府管理水平"以"财政自给能力系数"表征，记为"GM"。"地方经济发展水平"以"人均国民生产总值"表示，记为"PGDP"。"财政分权体制"的衡量，以"各区预算内人均财政支出/广州市人均预算支出"表示，并记为"FD"。

此外，由于本文采用的数据为时间序列数据，故通过取自然对数的方法，在保持原序列协整关系的前提下，消除序列中可能存在的异方差。取自然对数后的数列表示为：LNPSE、LNPBA、LNGM、LNPGDP、LNFD。

依据前文的分析，建立基本公共服务均等化程度与各解释变量的回归方程如下：

$$LNPSE = c + a_1LNPBA + a_2LNGM + a_3LNPGDP + a_4LNFD + \xi \qquad （1）$$

通过 ADF 检验对变量 LNPSE、LNPBA、LNGM、LNPGDP、LNFD 进行平稳性检验，结果如下表：

表 10　模型中各变量 ADF 检验结果

变量	检验类型 （C，T，K）	ADF 检验值	Prob.	临界值	结论
LNPSE	（C，N，2）	0.336	0.967	−2.748★★★	非平稳
ΔLNPSE	（C，N，2）	−3.884	0.018	−3.213★★	平稳
LNPBA	（N，N，2）	−0.377	0.525	−1.978★★★	非平稳
ΔLNPBA	（N，N，2）	−1.957	0.049	−1.952★★	平稳
LNGM	（C，T，2）	−2.109	0.414	−3.515★★★	非平稳
ΔLNGM	（N，N，2）	−1.834	0.066	−1.601★★★	平稳
LNPGDP	（C，N，2）	0.336	0.968	−2.729★★★	非平稳
ΔLNPGDP	（C，N，2）	−4.665	0.007	−3.260★	平稳
LNFD	（C，N，2）	0.286	0.767	−2.339★★★	非平稳
ΔLNFD	（C，N，2）	−3.685	0.008	−3.350★	平稳

注：（1）检验类型（C，T，K）分别表示 ADF 检验中是否有常数项、时间趋势项以及滞后的

阶数，N 指不含 C 或 T；（2）滞后阶数按照 AIC 最小原则确定；（3）Prob. 表示 ADF 检验值对应的概率；（4）ΔLNPSE= LNPSE$_t$ − LNPSE$_{t-1}$，ΔLNPBA、Δ LNGM、ΔLNGDP、ΔLNFD 定义同 ΔLNPSE；（5）★、★★、★★★ 分别表示显著性水平为 1%、5%、10%。

由 ADF 检验结果可以得到如下结论：（1）对 LNPSE、LNPBA、LNGM、LNPGDP、LNFD 原变量进行 ADF 检验，其 ADF 值均大于 10% 显著水平下的临界值，说明原数据都存在单位根，为非平稳变量。（2）对 LNPSE 的一阶差分进行 ADF 检验，ADF 检验值为 -3.884，小于 5% 显著水平下的临界值 -3.213，因此在 5% 显著水平拒绝零假设，说明经过一阶差分后序列 ΔLNPSE 是平稳的，含有一个单位根，序列 LNPSE 是一阶单整的。依次，对 LNPBA、LNGM、LNPGDP、LNFD 的一阶差分进行 ADF 检验，ΔLNPBA 的 ADF 检验值为 -1.957，小于 5% 显著水平下的临界值 -1.952；ΔLNGM 的 ADF 检验值为 -1.834，小于 10% 显著水平下的临界值 -1.601；ΔLNPGDP 的 ADF 检验值为 -4.665，小于 1% 显著水平下的临界值 -3.260；ΔLNFD 的 ADF 检验值为 -3.685，小于 1% 显著水平下的临界值 -3.350。综上所述，序列 LNPSE、LNPBA、LNGM、LNPGDP、LNFD 为非平稳序列，但其一阶差分序列为平稳序列，即为一阶单整序列。因此，可以进一步对其进行协整检验。

协整检验

对上文所构建的回归方程

$$LNPSE = c + a_1 LNPBA + a_2 LNGM + a_3 LNPGDP + a_4 LNFD + \xi$$

进行回归估计，结果如表所示：

表 11　多元线性回归结果

变量	系数	标准差	t 检验值	Prob.
c	4.611471	1.307359	3.527318	0.0096
LNPBA	0.901489	0.172347	5.230678	0.0008
LNGM	0.589282	0.517818	3.069191	0.0181
LNPGDP	1.416872	0.189121	2.204265	0.0633
LNFD	−0.555178	0.149231	3.720253	0.0075
test	R^2=0.99　Adjusted R^2=0.98　D.W.= 1.800　F=98.60　Prob.=0.000003			

由此可得回归方程为：

$$LNPSE = 4.611 + 0.901LNPBA + 0.589LNGM + 1.417LNPGDP − 0.555LNFD + \xi$$

从而残差序列为：ξ = LNPSE − 4.611 − 0.901LNPBA − 0.589LNGM − 1.417LNPGDP + 0.555LNFD

对回归方程的残差进行 ADF 检验，结果为：

表 12 残差 ADF 检验结果

	t 检验值	概率
ADF 检验	−2.416669	0.0212
1% 显著水平下的临界值	−2.792154	
5% 显著水平下的临界值	−1.977738	
10% 显著水平下的临界值	−1.602074	

观察表 12 知，残差序列 ξ 的 ADF 检验值为 −2.417，小于 5% 水平下的临界值 −2.792，因此残差在 5% 的显著水平下平稳，LNPSE、LNPBA、LNGM、LNPGDP、LNFD 是多元协整的。上述方程长期关系存在，避免了伪回归，方程具有现实意义。

由表 11 知 F 检验值为 98.60，对应的概率为 0.000003，方程线性关系在 1% 水平下显著。方程的 R^2 和调整 R^2 分别为 0.99 和 0.98，说明方程的拟合优度很高。对各变量系数的 t 检验结果显示，变量 LNPSE、LNPBA、LNGM、LNPGDP 和 LNFD 的系数分别在 1%、5% 和 10% 的水平下显著不为零。方程 D.W. 值为 1.800，通过查询 D.W. 检验表知：在 5% 显著水平下残差序列无自相关的区间为 1.79—2.21，因此可知本回归方程残差序列无自相关。综合以上检验结论可知，方程通过了 F 检验、t 检验和 D.W. 检验，基本公共服务均等化程度和地方政府财政实力、政府管理水平、地方经济发展水平、财政分权体制相互关系的回归方程成立，即：

LNPSE = 4.611 + 0.901LNPBA + 0.589LNGM + 1.417LNPGDP − 0.555LNFD　　（2）

方程（2）含义为，在其他变量保持不变的前提下，人均预算收入较上一年提高 1%，公共服务均等化水平相应提高 0.9%；财政自给系数较上一年提高 1%，公共服务均等化水平相应提高 0.59%；人均 GDP 较上一年提高 1%，公共服务均等化水平相应提高 1.42%；财政分权程度提高 1%，公共服务均等化水平相应降低 0.56%。

方程解释了区域基本公共服务均等化程度与地区经济发展水平、政府财政收入水平、政府管理能力、财政分权体制均有重要的关系。从计量检验结果可以看出，地方政府财政收入、地区经济发展水平和政府管理水平都对基本公共服务均等化有着正向影响作用，特别是人均 GDP 的增长对基本公共服务均等化有着更为明显的正向影响作用。但是，需要注意的是 1994 年基本落定的财政分权体制却对基本公共服务均等化产生了负向影响，这是政策层面需要注意的因素。

误差修正模型（ECM）

回归方程（2）的误差修正项为：

$$ECM_t = \xi_t = LNPSE - 4.611 - 0.901LNPBA - 0.589LNGM - 1.417LNPGDP + 0.555LNFD \quad (3)$$

建立误差修正模型为：

$$\Delta LNPSE_t = c + a_1\Delta LNPBA_t + a_2\Delta LNGM_t + a_3\Delta LNPGDP_t + a_4\Delta LNFD_t + a_5 ECM_{t-1} \quad (4)$$

回归得：

$$\Delta LNPS = -0.145 + 0.596\Delta LNPBA + 0.488\Delta LNGM + 1.667\Delta LNPGDP + 0.445\Delta LNFD - 1.611 ECM_{t-1} \quad (5)$$

(t) (−1.161***) (2.104***) (1.391***) (2.204***) (5.653*) (−3.463**)

R^2=0.966   Adj. R^2=0.933   D.W.= 1.771

（注：括号内为各变量系数的 t 值，*、**、*** 分别表示显著水平为 1%、5%、10%。）

由上述误差修正结果可知，均衡误差的 t 统计量显著，均衡误差系数为 −1.611，符合反向修正原则，即上一期均衡误差对基本公共服务均等化水平短期变动有显著影响，如果上一期基本公共服务均等化水平变化偏大，本期就会相应减小；反之本期就会调高，从而保证基本公共服务均等化水平与所构建的回归方程保持长期均衡状态。

$\Delta LNPBA$ 的系数为 0.596，说明人均一般预算收入的短期变化对基本公共服务均等化水平的短期变化具有正向影响，与实际情况中地方政府财力增长后将加大一般预算支出的行为相符，而一般预算支出主要是公共服务支出，因此所验证结果与实践逻辑比较一致。此外，财政自给系数（$\Delta LNGM$）和人均 GDP（$\Delta LNPGDP$）系数均为正，说明短期二者变化对基本公共服务均等化水平变化也有正向影响作用，但可以看到，短期地方政府人均 GDP 的正向影响作用要大于其他两项因素对基本公共服务均等化的影响。值得注意的是，与回归方程中长期协整关系不同的是，财政分权系数

（ΔLNFD）在短期对基本公共服务均等化却有着正向影响作用。一个可能的解释是，财政分权体制确实对地方经济总量增长和财政收入增多有着正向激励，因而，短期对基本公共服务均等化不像长期来看有抑制作用，反而有所促进。

第三章 广州基本公共服务均等化机制重构

一、推进广州基本公共服务均等化的原则体系

（一）经济发展与基本公共服务均等化制度建设结合原则

繁荣的经济发展和充足的政府财力显然是实现充分的公共服务供给的先天条件。任何国家和地区的政府，提升公共服务水平继而实现公共服务均等化的重要保证都是地区经济的发展。但是，也必须看到公共服务投入并不是经济发展的必然结果，甚至有充分的公共服务投入也并非公共服务均等化的前提。因此，从广州的经济社会发展实践来看，良好的经济条件下，要保证对公共服务的投入，同时加强基本公共服务均等化的制度建设，才能使得经济发展的成果通过"均等化"机制让全民共享。广州经济总量排在全省前列，但公共服务均等化程度却排名靠后，充分说明经济总量并非一定促使政府供给充足的公共服务并实现"均等"，因此重视通过制度设计来促进经济增长，同时保证公共服务投入，建设均等化机制才能实现基本公共服务均等化。

（二）重点突出与渐进改革结合原则

基本公共服务均等化是一个系统、长期和复杂的工程，基本公共服务在均等化的过程中要逐步实现，但基本公共服务范围随着经济社会的发展会进行拓展与演变。因此，从现实情况来看，实现基本公共服务均等化的过程中，每一个具体公共服务项目在均等化过程里并不可能实现齐头并进，必须按照实际需求情况，同时结合地区发展情况，有重点地按轻、重、缓、急程度，分项逐步实现公共服务均等化。本文对广州基本公共服务均等化的实施划分了三个阶段，目前是实现基本公共服务的"初级均等化"，同时，在这一阶段中的基础教育、社会保障和医疗卫生三项基本公共服务，也应该根据发展状况，安排政府重点实施项目。比如社会保障的均等化程度最低，同时又是缓和社会矛盾和阶层紧张的重要屏障，那么政府在对基本公共服务均等化规划中，应当优先对社会保障服务进行大力投入，重点推进。

（三）底线保障与水平渐增结合原则

理论上对基本公共服务均等化的理解主要基于"最低标准"、"平均标准"和"相等标准"。最低标准主要是"保底"，使得一个国家或地区公民不论其居住区域而享受国家最低标准的基本公共服务权利。平均标准则要求政府提供全国或区域平均水平的基本公共服务。相等标准主要指"结果均等"状态的基本公共服务。广州虽然经济发达，但作为一个本地人口基数巨大、外来流动人口庞大的人口聚集地，推进基本公共服务均等化需要明确广州市的政府最低基本公共服务标准，并以这个"保底"标准为依托，在实现最低层面公共服务均等化目标后，结合经济社会发展与政府财力提升的实际状况，逐步提高基本公共服务供给水平，促进均等化状况的持续改善。

（四）转变政府职能与理顺政府间关系结合原则

基本公共服务均等化要求政府强化社会管理和公共服务职能，着力建设服务型政府。理论上而言，服务型政府要求各级政府消除对 GDP 的盲目崇拜和追求，应以满足社会公共需要、提供与民众切身利益相关的公共服务项目为执政目标。从广州发展的实践来看，推进基本公共服务均等化的机制建设，要以转变各级政府职能为重点，打造服务型政府，同时对各级政府间的关系进行梳理。政府职能转向"服务"，那么广州市与各个区政府的关系，广州市与县级市及其镇级政府的关系，就必须由"追求经济总量"为重点，转向"以基本公共服务供给及其均等化"为核心。

（五）统筹城乡与户籍统一结合原则

政府公共服务均等化实质上是要保证基本公共资源对不同阶层的居民的均衡供给，那么政府公共政策应当体现正义原则中的差异原则和矫正原则，即对社会群体中的弱者应当有足够的考虑。从我国现实情况来看，城市基本公共服务远比农村基本公共服务要完善和充分，那么推进基本公共服务均等化，必然要进一步加大对农村地区的基本公共服务投入资金，提高农村基本公共服务均等化水平。此外，需要注意的是，随着经济的快速发展，我国已经步入了城市化的快速发展期。特别像广州作为珠三角地区的核心城市和国家中心城市，这个区域核心的集聚作用越来越强，那么不可忽视的是大量外来人口的涌入，给城市经济社会的发展带来了充足的动力并形成了严峻的挑战。如何处理"外来人口融入"问题，一方面关系到城市化是否能持续推进，另一方面则关系到城市社会的稳定性。在此背景下，广州基本公共服务均等化机制必须考虑对外来人口的基本公共服务供给问题，如何打破户籍限制，对本地与外来人口提供均等化的基本公共服务，这是"均等化"实践中不可绕避的重要内容。因此，在实施基本公共服务均等化进程中，必须统筹考虑城乡户籍人口、本地与外地户籍人口的基本公共服务差距，才能真正提高广州的基本公共服务均等化水平。

二、广州重构基本公共服务均等化机制的措施

（一）构建基本公共服务均等化绩效评价与考核体系

广州可对辖区区县政府适当降低经济指标的考核权重，纳入基本公共服务供给和社会管理绩效的复合考核机制，形成对区县政府全面建设服务型政府的激励效应。在具体操作上，可由市级财政部门组成基本公共服务均等化评价考核小组，负责全市基本公共服务均等化的评估和考核工作，并依托财政部门所掌控的数据，构建评价体系。基本公共服务均等化评价体系，不仅要制定各级政府所应当完成的基本公共服务均等化的考核指标，而且要细化指标划分，对各类基本公共服务通过大、中、小指标划定服务标准，使得评价工作客观、科学，具有可操作性。除建立政府内部的评价与考核体系之外，还应当纳入基本公共服务使用者和第三方科研机构的评估。

（二）建设基本公共服务均等化转移支付体系

从西方发达国家推行基本公共服务均等化实践情况看，均等化转移支付是实现基本公共服务均等化的主要手段和措施。从广州的具体情况而言，可以逐步尝试建立"均等化转移支付体系"作为基本公共服务均等化的制度基础。均等化的转移支付是指以客观、科学地评估收入能力和支出需求为基础，以各地政府能够提供基本均等的公共服务为目标所实行的转移支付。在分税制框架之下，由于政府之间既定的职责、支出责任和税收划分，在上下级政府、同级政府之间普遍存在着财政收入能力与支出责任不对称的情况。为平衡各级政府之间的财政能力差异，实现各地公共服务水平的均等化，就必须建立均等化的转移支付制度。这种转移支付实际是为达成公共服务均等而形成的政府间财政资金的再分配体系。

（三）调试财政分权体制，强化市级政府"均等化"职能

从 1978 年开始试行并持续调整，直至 1994 年正式落定的中国财政分权体制改革，对地方各级政府特别是县级政府的经济发展激励作用得到了学术界普遍的认同。然而在当前大力提倡建设服务型政府的背景下，财政分权体制对地方政府公共服务供给的负面影响开始受到持续关注。就广州市而言，可以在现有制度框架内实行市级财

政的适度集权，将改善基础教育、医疗卫生和社会保障等基本公共服务供给的财政支出责任，适当向市级集中，因为市级政府可以站在统筹区域发展的高度协调全局，并对辖区内除经济发展外的社会公共事务投以更多关注。在此背景下，减少区县和更低层次政府在基本公共服务方面的支出责任，而配合以完善的专项转移支付体系，则可改善基本公共服务供给及其均等化状况。

（四）构建基本公共服务多元化供给与特定人群"补贴"制度

在多元化基本公共服务供给主体形成的前提下，政府可以通过"补贴人头"方式对不同群体进行资助。例如，基础教育可以通过"教育券"的方式，将义务教育经费以"教育券"或"义务教育卡"的方式发到学生手中，由学生凭卡选择自己喜欢的任何学校。不论是公立还是私立，只要接收学生均可到有关部门兑付现金。这实际上是一种义务教育投入由"暗补"（对学校进行补贴）向"明补"（对学生进行补贴）或由补生产者向消费者的转变。此种方式不仅有利于使学生及不同的学校公平地获得政府的财政支持，而且由于教育质量高的学校也可因此获得高入学率，进而获得高收入，可以对学校建设及教学质量有激励作用。与此类似的是，医疗卫生服务也可以通过向消费者补助的方式，由消费者直接凭证选择就医和服务单位。因此，在基本公共服务供给范围，鼓励多元化的供给主体参与提供基本公共服务，并非政府对自身责任的逃离，通过对符合特定规定的居民以"教育券"、"医疗券"形式提供享有基本公共服务的权利，相反可以大大推进基本公共服务均等化水平和居民享受的基本公共服务质量。

（五）完善常住居民对基本公共服务需求的表达机制

政府作为公共服务的供给主体具有自身偏好，许多政府提供的大量服务并非基于公共需求，这同服务型政府要求公共供给的需求导向原则相违背。基本公共服务均等化的前提，是政府能够提供相对均衡的且满足公众基本需要的公共服务，在此语境下，让公众通过参与表达民意，并让民意进入政府公共决策的议程，成为重要环节。广州市常住居民是基本公共服务的主要受众和评价者，完善常住居民基本公共需求表达机制是基本公共服务均等化机制的重要一环。截至2011年，广州有817万户籍人口、780万有登记流动人口、超过200万未登记异地务工人员，人口构成成分复杂、阶层多样、价值、理念、追求、个人素质千差万别，其基本公共服务需求显然也存在巨大差异。在此背景下，政府需要变现有的"自上而下"的公共服务供给机制为"自下而上"的公共服务需求机制，充分注意公众公共服务需求变化对政府公共服务职能的影响。基本公共服务均等化目标的设定，也必须考虑这些差异与变化，适时调整基本公共服务供给内容，才能确保基本公共服务均等化机制的现实效果。

（六）制定基本公共服务均等化法规，约束各级政府行为

基本公共服务供给及其均等化，在我国并没有明确规定为政府的特定职责，因此，我国服务型政府建设也在实践中遭遇执行困境。实际上，国外诸如加拿大等发达国家，依托明确的立法，将公共服务均等化标准及实施体系作为政府的职责明示公众，由此形成对政府的约束，促进了当地公共服务均等化效果的显著提升。立法层面破解我国基本公共服务均等化难题，应当成为我国各级政府推进基本公共服务均等化的重要途径。广州作为国家政治经济领域改革的先行先试之区，可以在地方性法规层面对基本公共服务均等化立法问题进行尝试，为国家层面的立法积累经验。基本公共服务均等化地方法规体系，应当包含三个部分：一是各项基本公共服务如基础教育等各类实体性地方法规；二是平衡市、县、乡镇三级政府财政能力的具体标准和操作规范，主要体现为纵向与横向均等化转移支付相关法规；三是基本公共服务均等化绩效考核条例，形成对各级政府规范和科学的考核体系。

参考文献：

［1］王伟同. 基本公共服务均等化的一般分析框架研究［J］. 东北财经大学学报，2008（5）.

［2］安体富. 完善公共财政制度逐步实现公共服务均等化［J］. 东北师大学报：哲学社会科学版，2007（3）.

［3］尹恒，康琳琳，王丽娟. 政府间转移支付的财力均等化效应：基于中国县级数据的研究［J］. 管理世界，2007（1）.

［4］张文礼，王达梅. 公共服务型政府建设与缩小贫富差距［J］. 甘肃社会科学，2007（6）.

［5］臧乃康. 基本公共服务均等化的政府绩效评估障碍与消解［J］. 江苏社会科学，2009（3）.

［6］赵怡虹，李峰. 基本公共服务地区间均等化：基于政府主导的多元政策协调［J］. 经济学家，2009（5）.

［7］汤学兵. 论中国区际基本公共服务均等化的路径选择和保障机制［J］. 财贸

经济，2009（7）.

［8］冯海波，陈旭佳. 公共医疗卫生支出财政均等化水平的实证考察：以广东省为样本的双变量泰尔指数分析［J］. 财贸经济，2009（11）.

［9］丁焕峰，曾宝富. 中国区域公共服务水平均等化差异演变：1997—2007［J］. 城市观察，2010（5）.

［10］黄新华，刘祺. 城市公共服务供给状况的实际测度与综合评价：基于河南省18地市的量化分析［J］. 城市观察，2010（5）.

［11］傅勇，张晏. 中国式分权与财政支出结构偏向：为增长而竞争的代价［J］. 管理世界，2007（3）.

［12］傅勇. 中国的分权为何不同：一个考虑政治激励与财政激励的分析框架［J］. 世界经济，2008（11）.

［13］陈抗，Arye L. Hillman，顾清扬. 财政集权与地方政府行为变化：从援助之手到攫取之手［J］. 经济学（季刊），2002（4）.

［14］周黎安. 晋升博弈中政府官员的激励与合作：兼论我国地方保护主义和重复建设问题长期存在的原因［J］. 经济研究，2004（6）.

［15］王红领，李稻葵，雷鼎鸣. 政府为什么会放弃国有企业的产权［J］. 经济研究，2001（8）.

［16］张军，高远，傅勇，张弘. 中国为什么拥有了良好的基础设施？［J］. 经济研究，2007（3）.

［17］杜方，朱军. 地方政府间财政支出竞争与民生财政的主动性：基于公共教育支出的实证研究［J］. 安徽大学学报：哲学社会科学版，2009（3）.

［18］邓可斌，丁菊红. 转型中的分权与公共品供给：基于中国经验的实证研究［J］. 财经研究，2009（3）.

［19］丁菊红，邓可斌. 政府偏好、公共品供给与转型中的财政分权［J］. 经济研究，2008（7）.

［20］平新乔，白洁. 中国财政分权与地方公共品的供给［J］. 财贸经济，2006（2）.

（选自广州市哲学社会科学发展"十二五"规划2011年度课题"广州市基本公共服务均等化实现机制研究"。课题负责人：董建新；成员：刘锦、李珠、何华兵、李猷。）

创新社会管理与服务新广州人
融入城市模式研究

谢建社（广州大学）

一、创新社会管理与服务新广州人的研究意义

本文所说的新广州人特指离开户籍所在地到广州工作和居住的农民工。国际上，类似的群体被称为"国内移民"，也称之为"农民工流动"。流动与迁移是两种相似但又有区别的现象，新广州人与迁移农民工虽然都进行空间的位移，但迁移是在永久变更居住地意向指导下的一种活动。

（一）新广州人的服务与管理创新是广州社会发展的重大课题

新广州人对广州经济社会发展产生了深远的积极影响，这已是一种共识。然而，严重滞后的新广州人社会服务与管理体制不仅不能适应这种变迁，反而有损"新广州人管理新政"的政策绩效。当来自五湖四海、口音南腔北调的人们，由一个熟人的乡村社会闯入一个陌生人的城镇社会时，缓解因城乡异俗、观念有别造成的矛盾与冲突，变得更加现实；当不同地域、不同阶层的人们为生存与利益产生矛盾时，更好地兼顾各方利益，尤其是让弱势群体的利益诉求能够有效表达、正当权益得到维护，变得更为紧迫。

（二）新广州人的服务与管理创新将成为全社会的重要责任

2011 年 6 月广州增城某村聚众滋事事件让我们经历了一场严峻的考验。这起群体性事件折射出当前新广州人与本地农民工"倒挂"的现实，以及福利差距的鸿沟。其根本的原因在于社会管理与服务工作滞后，这就要切实转变重经济建设、轻社会管

理，重户籍农民工服务、轻新广州人服务的思想观念。地方政府在反思这些问题时往往是从"维稳"的角度考虑，而问题的关键在于创新新广州人社会管理，且加强对新广州人的服务与管理是社会管理的重点，同时也是政府与社会的责任。

（三）新广州人的服务与管理创新的现实意义与科学价值

1. 具有重要的现实意义

第一，创新新广州人管理服务，能使大规模的新广州人增强归属感和认同感。

第二，创新新广州人管理服务，能够满足新广州人的工作和生活需求，能够改善新广州人的生存质量，有利于使之尽快地融入城市社会，减少违法犯罪事件的发生，促进社会和谐稳定。

第三，创新新广州人管理服务，能够改善新广州人的民生状况。融合则和谐，排斥则俱伤。加强新广州人和特殊人群服务管理，具有很强的现实性和针对性。

2. 具有一定的示范意义

新广州人在全国大城市中占有一定的比例，新广州人管理服务模式的创新，将对全国产生典型示范作用。

3. 具有科学的理论意义

第一，城市社会发展理论认为，农民工流动是社会发展的推动力，农民工流动导致了社会阶层结构的变化，从而影响着社会的发展。第二，社会结构理论认为，新广州人的流动不仅仅是经济状况的变化，更是一种社会（地位）流动，一种社会结构的改变。第三，社会管理理论认为，新广州人管理服务重点是引导城市社会对新广州人由集体排他向集体融入转变，这就迫切需要加强管理创新，转变不合时宜的管理观念、管理方式、管理手段。

二、新广州人融入城市状况调查与分析

2011 年 6 月至 2012 年 10 月，本课题组成员先后多次深入广州区街各企业、工会、社区居委会对相关人员进行问卷调研，所采用的抽样方法，系非随机抽样法，即根据研究人员的便利与可接近性，有意地从中抽取新广州人进行问卷调查。共发放问卷 1500 份，获得有效问卷 1415 份，占 94.33%。

（一）新广州人文化与就业状况

1. 新广州人的文化程度有所提高

对照我们 2006 年的调查显示，老一代新广州人中，文盲、小学文化、初中文化的人员较多，初中及其以下占了 82.6%，由于文化水平低，导致职业技能差，就业能力弱，这些新广州人大多集中在对职业技能没什么要求的服务业和主要依靠卖苦力的建筑业两大领域。而本次调查发现，新广州人高中及其以上文化达 62.5%。

2. 新广州人就业于非正规渠道

新广州人在广州就业大多数是通过非正规渠道就业，他们多数通过亲友或老乡介绍，这种就业比例占我们被访问对象的 42%。择业更注重工作环境和职业发展空间是新广州人择业的一个重要方面。这说明新广州人就业仍然是以自发的就业方式为主。自发的就业方式是新广州人个人或数人在没有他人和组织的帮助下，自己确定和前往输入地寻找就业机会的过程和形式。

（二）新广州人收入与消费状况

1. 新广州人经济收入

根据本调查，有 94.6% 的新广州人月平均工资在 1200 元以上，而只有 2.1% 的新广州人月平均工资是在 1000 元以下。而根据资料显示，2010 年广州市职工月平均工资有 3750 元，这说明新广州人的收入状况仍与城镇居民有较大的差距。

2. 新广州人消费出现新变化

新生代农民和老一代新广州人每月的主要消费方面都是集中在日常生活消费，分别为 76.9% 和 88.9%，但是，有部分新广州人与老一代新广州人相比，每月主要消费在娱乐和学习方面，这反映了新广州人比老一代的新广州人更加重视生活质量和自身能力的提升。

3. 新广州人对住房的选择

新广州人的住房选择倾向，客观地展示了他们的真实住房需求，这是解决新广州人住房问题的基础条件。调查显示，新广州人的住房类型选择主要是租房，达到被调查者的 74.12%，而选择购房的仅为 1.05%；而老一代新广州人的住房类型选择单位宿舍则高于新广州人。这说明新广州人住宿环境和生存空间发生了改变。

（三）新广州人的社会生活与社会适应状况

1. 新广州人对公共政策的满意度

大多数入穗新广州人在进入城市生活一段时间后，其社会适应都会有不同程度的改变，总体感受是由最初的"不太适应"，发展到目前的"一般"或"比较适应"的状态。一方面，在对广州公共政策、城市建设满意度方面都有比较好的认同感。87.6%的新广州人对目前广州公共政策感到满意，79.9%的新广州人对广州社会工作感到满意，83.6%的新广州人对广州社会服务感到满意，98%的新广州人对目前广州城市建设感到满意。但另一方面，他们也明显感受到了与城里人在社会生活各个方面的巨大差距，特别是对找工作、出租房等方面具有一定的不满意情绪。

2. 新广州人对社会工作与社会服务的满意度

调查显示，新广州人在广州社会工作与社会服务方面，满意度均超过80%以上，这让人们感到欣慰。目前，广州在加大社会工作与社会服务购买力度，其内容都涉及新广州人，包括新广州人的城市工作适应、生活适应、心理适应及其子女教育等。

3. 新广州人对城市建设的满意度

新广州人对广州城市建设满意度较高，特别是经历亚运会之后，向往广州城市生活，期盼成为广州市民。

4. 新广州人对出租屋的满意度

出租屋是新广州人在打工地的主要居住方式，我们调查发现，74.12%的新广州人选择租房。新广州人对广州出租屋的满意度只有63.4%。可见，政府对出租屋的规划管理具有滞后性，对出租屋中的新广州人管理与服务有待于进一步加强。

5. 新广州人对生活消费的满意度

新广州人既是城市现代化的建设者，又是城市生活的消费者。新广州人特别是新广州人把辛苦赚来的工资，越来越多地留在了城镇，他们日渐成为城市消费的一大新生力量，新广州人的消费正在改变着城市消费的格局。与此同时，这些消费如同一座座大山压得他们喘不过气来。

6. 新广州人的交往关系显现差距

新广州人在外务工的过程之中，往往需要处理好与同事和老板两个方面的关系。对于前者而言，由于新广州人相互之间的基本利益一致，所以他们之间的共同语言较多，比较容易找到共同的话题，从而更好地交流。相对于老板而言，新广州人之间由于学历、经历差异较小，他们在与同事的交往中能够更好地实现自我满足。调查发现，有97.1%的新广州人认为同事关系满意，只有87%的新广州人认为与老板关系满意，比前者少了10个百分点。

7．新广州人休闲生活状况

新广州人对未来的收入甚至生活状况都有良好的乐观预期，这对他们当前的生活满意度和幸福感产生了积极影响。在娱乐消遣方式方面。新广州人最主要的娱乐消遣模式是上网、听音乐，其次是逛街买东西，再次是看电视、影片等，他们比老一代新广州人更加注重生活的质量和乐趣，更加向往时尚的生活方式，对城市新鲜的生活娱乐方式有较为强烈的认同感。调查发现，有79.6%的新广州人认为休闲生活是丰富的，认为很不丰富的比例仅为8.1%，当然，这部分新广州人的娱乐生活值得关注。

（四）新广州人的社会保障状况

1．新广州人面临各种社会风险

新广州人正处于中国城市化进程加速时期，既面临着一种融入城镇的大好机遇，同时也面临着一种被城镇淘汰的社会风险。由于新广州人大多数是非正规就业，工作极不稳定，因此面临着许多社会风险。调查发现，新广州人遇到的主要问题是工资偏低（60.2%），其次是消费太高（16.8%）和住房太贵（14.2%），再次是看病难、看病贵（8.6%）。

2．新广州人劳动权益难以保障

新广州人的劳动权益受到侵犯的问题由来已久，它暴露出我国在经济建设中一直以低劳动力成本作为发展战略的弊端，同时也集中暴露出我国在劳动法制建设中存在的一系列问题。调查发现，只有18.9%的新广州人认为劳动合同能够保护他们的劳动权利，40.1%的新广州人持否定态度。

3．新广州人的社会保险

《社会保险法》于2011年7月1日实施，职工对社会保险权益的关注升温。调查发现，新广州人参加各种保险的积极性还不高，23.7%的新广州人没有购买任何保险，而生育保险最低，如何推动企业将新广州人纳入社会保险，达到社会保险体系"广覆盖"的要求，将是任重而道远。

三、创新社会管理与服务新广州人的融入模式

让新广州人建设在广州、生活在广州、贡献在广州，同时享受在广州、幸福在广州。新广州人的幸福就是他们对广州工作和生活满意程度的一种主观感受，是一种精神上的愉悦。衡量新广州人的幸福感，一是让新广州人在广州工作具有较好的满意度，二是让新广州人在广州生活能体验到一定的快乐感，三是让新广州人从自己潜能的发挥中获得深厚的荣誉感。创新新广州人管理服务，能够满足新广州人的工作和生活需求，能够改善新广州人的生存质量，有利于使之尽快地融入广州，促进广州社会和谐稳定。广州的城市化需要走出传统，即由低城市化率向高城市化率转变，创新新广州人融入城市的七大工程十九项举措。

一盘棋管理与服务模式

（一）推进"均等化服务"工程建设，提升新广州人融入城市的认同感

从广州的实际出发，坚持以人为本的科学发展观，明确一批均等化项目，并将公共服务内容分成"底线均等"、"基本均等"，确保新广州人"底线均等"，并在全省率先实现新广州人与本地居民"基本均等"，从而提升新广州人融入广州的认同感。

举措之一：率先做到出台新的政策时不再与户籍挂钩

2012年2月23日，《国务院办公厅关于积极稳妥推进户籍管理制度改革的通知》发布。《通知》要求，进一步放开地级市户籍，清理造成暂住农民工学习、工作、生活不便的有关政策措施；今后出台有关就业、义务教育、技能培训等政策措施，不再与户口挂钩。我们调查发现，新广州人融入广州的最大障碍是户籍制度，占受访者的34.3%。广州是广东改革的先行先试地区，可以尝试户籍制度的改革。对异地务工人才，即具有特殊贡献、重点专业的专科毕业生、全日制本科毕业生和研究生以上学历、高级职称人员，采取不同类型、灵活入户方式的审批流程，从而形成具有广州改革特色的异地务工人才入户政策体系。

举措之二：建构公共文化服务合理供给机制

调查发现，新广州人的文化需求是不一致的，即便是最基本的公共文化需求也由于年龄、生长的环境的不同，以及来自不同的地方、从事不同的职业而存在差异。为了向新广州人提供令其满意的公共文化服务，切实改变公共文化服务的刚性供给问题，建构公共文化服务的合理供给机制。

政府在进一步改善现有的以公益文化事业单位为主体的公共文化服务模式的基础

上，要针对新广州人差异化的公共文化需求，不断加大公共文化服务项目的"购买"、资助、奖励与扶持。因此可以根据服务重心的变化提供有针对性的公共文化服务，除了国家提供的地方性公共文化服务项目以外，地方政府也应根据新广州人的文化需求鼓励发展面向市场自主经营、自我发展的艺术表演团体、艺术表演场所和演出中介机构，提供地方性公共文化服务项目。

举措之三：建构新广州人政府购买公共服务机制

政府购买服务就是采用政府出资，社会组织介入，运用社会工作专业的方法与技巧，为广州的新广州人提供的助人自助的服务。新广州人融入广州需要社会工作的介入，帮助新广州人解决问题也是社会工作者新的历史时期的光荣使命。一方面，新广州人融入问题的解决需要社会工作的介入；另一方面，社会工作在为新广州人服务的广阔空间展示威力。可见，新广州人与社会工作者在助人自助、责任共担互动中共赢。通过政府购买、社工服务，让新广州人在享有服务过程中深知自己的责任，自觉、主动地融入广州经济社会建设的热潮中。

举措之四：建构新广州人的工资正常增长机制

如今，内地经济发展较快，发达的沿海地区依靠农民工红利受到威胁，建立新广州人工资正常增长机制，完善新广州人工资支付监控制度，势在必行。天津滨海新区的经验值得我们借鉴，就是政府对企业员工工资涨幅部分给予1∶1.5的奖励。

第一，确立劳动力市场工资指导线。政府人保部门科学制定劳动力市场工资指导价位和确定工资增长指导线，引导用人单位工资合理增长。

第二，推进工资集体协商工作。积极推进工资集体制度在规模企业实现全建制，逐步探索以劳资共决为核心的工资正常增长机制，有步骤地开展行业性工资集体协商，促进新广州人工资收入实现合理增长，共享经济发展成果。

第三，规范企业工资支付制度，建构欠薪保障机制。人保部门对用人单位工资支付实行分类监控，并加强重点监控，有效预防和化解欠薪事件。对发生过拖欠新广州人工资的用人单位，强制其在开户银行按期预存工资保证金，实行专户专账管理，用人单位有发生克扣、拖欠工资、低于最低工资标准支付的，可先从工资保证金支付，再进行调查处理或劳动仲裁处理。

（二）推进"第二故乡"工程建设，提升新广州人融入城市的归属感

新广州人背井离乡，到广州务工，广州就是他们的"第二故乡"。

举措之五：为新广州人融入广州营造梦境

新广州人一个明显特征是以青、壮年为主体，20 世纪 80、90 年代出生的新广州人占 63.3%。他们将是广州转型发展的重要力量。要让每一个新生代新广州人实现"广州梦"，实现共建共享幸福广州，破题关键在于营造新生代新广州人梦境，关注新生代新广州人在广州的成长、成才、成家（"三成"）问题，提升其优越感。

举措之六：为新广州人提供丰盛的营养大餐

推进"第二故乡"工程建设，通过"亲情化服务"（精神食粮），增强新广州人对第二故乡的感情，培养他们遵守法律法规和社会道德规范的意识，从感情上减少新广州人走上犯罪的比率。

为新广州人提供文化大餐，切实将区属文化馆、图书馆、博物馆等公共文化设施免费向新广州人开放，让他们享受与本地市民的同等待遇。要号召社区、村居在公共文化场所开展的活动中为新广州人提供更多参与的机会，增强与居民的沟通，特别是一些公益性文化活动要增加新广州人参与的比重，逐步实现公共文化服务均等化。

举措之七：为新广州人开展健康的文艺活动

（1）打造广州企业文化。优秀的企业具有优秀的文化氛围，企业为了留住员工，除了提升工资标准之外，还要不断打造企业文化，好的企业都有员工娱乐中心，具有温馨的住宿环境（宿舍供热水，有电视、网络），有员工生日晚会，有读书活动。丰富新广州人的业余生活，积极开展有益于新广州人身心的社区文化活动十分必要，如举办新广州人文化节，组织歌咏比赛、书画雅集、摄影展览等群体性活动，吸引更多的新广州人参与，帮助他们融入广州的生活。企业、基层村（居）可组织开展一些健康的娱乐性活动，营造一种良好的生活、工作氛围。

（2）打造广州特色文化。以"文化心做广州人"的岭南文化品牌活动为抓手，在广州广泛开展关注新广州人身心健康的娱乐活动，不断扩大活动的覆盖面。进一步发挥企业作用，努力促进政企共建文艺培训基地，成立广州区文艺培训师团，组织文艺活动进企业、进车间。

（三）推进"素质教育"工程建设，提升新广州人融入广州的使命感

为什么新广州人选择留在广州、融入广州？因为有梦！新广州人只有努力提高自身素质，缩小与城市居民之间的经济差距；打破文化隔阂，更好地融入当地社交圈子之后，才能实现梦想。

举措之八：塑造广州新市民

第一，拓宽新广州人职业技能培训渠道。政府职能部门坚持以镇街职业技术学校和成人文化学校为依托，采用"职成一体"办学模式，通过实施"蓝领工程师"培育计划，以提高劳动技能为主的新广州人职业培训和以提高文明素质为主的"新市民"教育，从而增强新广州人对广州社会的适应能力。第二，校企合作，职教联盟，储备用工人才。学校是人才培养的摇篮，企业是人才成长的基地。校企紧密结合，共同培养用工单位专业对口的通用、适用的技术人才，让学校进企业，让教育进住宅，只有这样才能整体提高用工品质。第三，发挥培训机构培训新广州人的重要作用。坚持以"政府主导、机构参与、市场运作、注重实效"的模式，实行定点培训机构在不脱离国家职业标准的前提下，由培训机构自主联系企业、自主确定培训内容、自主培训管理、自主跟踪就业的"四自主"原则。第四，促进新广州人技能培训与本区产业需求相结合。根据广州区产业发展对劳动者技能提升的需求情况，每年组织区内外、市内外和省内外相关专业学校以及合作培训机构开发具有地方特色，既能满足地区产业工人技能提升需要，又能适合本区产业发展需求的新职业标准及教材，以提升新广州人技能素质。第五，创新新广州人的融入性教育。新广州人融入广州需要一个长期的社会化过程，新广州人自身教育素质和能力素质的提高，需要融入性教育。

举措之九：建构新广州人融入城市的"接纳机制"

新广州人融入广州的关键在于建构"接纳机制"。接纳是推进新广州人向"新市民"转变的重要步骤，促进新广州人向"新市民"转变的最主要目标是城市普遍接纳。"接纳机制"包括公平就业机制、社会管理服务机制、"融城"能力机制和社会保障机制等，最终实现"来穗有工作，上岗有培训，劳动有合同，报酬有标准，管理有参与，维权有渠道，住宿有改善，子女有教育，生活有尊严，养老有保障"的十有"接纳目标"。

契约化管理与服务模式

（四）推进"居住证"工程建设，提升新广州人融入城市的自豪感

以居住证制度建设为载体，以信息化建设的深度开发和应用为引领，充分运用社会化、规范化、精细化等工作手段，破解服务管理难题。

举措之十：赋予居住证的特有功能

将居住证视为新广州人拥有定居权的合法证明，发挥好居住证制度在农民工调

控、农民工管理等方面的功能与作用。以大力推行"居住证"制度为契机，整合各职能部门对新广州人核发的各种证照功能，在全区推行"居住证"制度，使新广州人凭"居住证"在劳动就业、生活居住、社会保障、卫生保健、子女教育、社会参与、法律援助等方面，享有与本地居民一样的平等权利。

积分制管理与服务模式

近年来，广州在推进新广州人融入城市过程中做出了积极探索。新广州人持居住证，根据参与广州建设、义工服务贡献大小，按积分多少，申请入户。

举措之十一：实施与积分捆绑的"安居"战略

广州要在提高城市品质、城市管理现代化、城市空间生态化、新广州人市民化等方面采取有效政策。提供以租金补贴的政府保障房的安排，将优秀的新广州人纳入广州社会福利体系，包括住房保障、失业保险、社区养老等社会福利。进一步完善新广州人住房保障体系。各镇（街）做好城镇住房保障建设规划，加大住房保障投入力度，加快以公共租赁住房为主的保障性住房建设，将有稳定职业并在城镇居住的新广州人纳入住房保障体系。

大统筹管理与服务模式

（五）推进"人文关怀"工程建设，提升新广州人融入城市的幸福感

新广州人融入广州，充分显现他们的价值理念，为了实现他们的价值，需要政府给予组织关怀、激励关怀、分层关怀和信息关怀等，保障新广州人顺利融入城市。

举措之十二：建构新广州人融入广州的"组织关怀机制"

实践证明，培育新广州人的社会组织，对于提升公益服务水平具有重要的现实意义。发挥社会组织的枢纽型作用，积极培育发展、扶持孵化各类新广州人群体的社会组织，参与提供公共服务，满足新广州人多层次的需求。通过社团式参与，打破固有的以户籍、乡土、宗亲为标志的社交沟通模式，为培养融入当地的观念提供观念基础。

1. 探索新广州人党建新路

逐步探索出一条"流动有序、管理有章、异地有家、建功立业"的新广州人党建工作新路子。及时解决新广州人入党难的问题，使新广州人中的优秀分子"流动不流失"，新广州人工作在哪里，党组织就建立到哪里。以劳务输入地和新广州人工作点

为依托，及时建立健全党的组织，确保把每名新广州人纳入党组织教育管理的视线之内。

2.组建新广州人新型工会

由于社会转型时期，社会结构多元化，新广州人流动性大，就业市场十分灵活，因此，组建工会的形式也必须灵活。根据广州的实际，重点突破用工形式和单位建会的限制，创建适应和方便新广州人入会的楼宇工会、园区工会、流动人员联合工会、一条街工会，以及建筑、旅游、化工、服务等行业工会，灵活地把新广州人吸收到工会中来。这样，在不触动现行体制、不触动既得利益人的利益的前提下，提高新广州人自组织能力与自我维权能力。

3.培育新广州人社会组织

采取竞争性资金扶持的形式，扎根企业园区、大型社区，重点培育一批文化、娱乐、体育、艺术、青年情感交流类的新广州人社会组织，以自我管理为模式、以群体需求为导向，提供贴近职工的文化服务项目，满足新广州人日益增长的精神文化需求和情感需求。

举措之十三：建构新广州人融入广州的"激励关怀机制"

需求层次理论认为，人的需求是有多层次的，即生理的需求（如衣、食、睡、住、水、行、性）、安全的需求（如保障自身安全、摆脱失业和丧失财产）、社交的需求（如情感、交往、归属要求）、被尊重的需求（如自尊、受人尊重）、自我实现的需求。在某一阶段上，人的多种需求并存，但只有一种需求取得主导地位。在不同时期，需求结构在动态变化，大致是逐步从低到高、从外部向内部满足。因此，满足新广州人的需求，必须采取激励机制。

举措之十四：建构新广州人融入广州的"分层关怀机制"

融入不是一蹴而就的，要实现真正意义上的融入可能需要几十年的沉淀、几代人的努力，在这方面我们应该有足够的心理准备。由于中国制度、公共政策、城市资源、经济文化、新广州人素质等因素，决定新广州人融入城市需要一个过程，而且只能是分步解决，分层融入。目前，推行的积分入户政策就是新广州人分期分批融入广州的一个激励效应，建议在0分和"入户分"之间，设定若干个档次，分数每提高一个档次，能够享受的待遇也相应提高一些，让更多的新广州人有"奔头"。

举措之十五：建构新广州人融入广州的"信息关怀机制"

由于人们所获得的信息与事实之间的不同而产生信息认识差异。信息传递不均衡，是因为职务和地位的层次不同，人们占有的信息量也是不同的；又由于人们所处的工作岗位的不同、工作特点不同，所以人们针对同一信息的认识也是有差距的。第一，信息来源不同。有正式渠道和非正式渠道的信息，有从上而下与从下而上的信息，加之传播渠道不畅，或在传播过程中，复杂因素的干扰，受众人误解，于是产生信息的冲突。第二，信息内容不对称。一个组织内不同的人有不同的信息沟通渠道（正式的或非正式的），若彼此之间互不通气，则很容易产生信息冲突。其实，广州已经出台了很多有利于新广州人的政策，但是他们的知晓度并不高，对其实质了解并不深。

（六）推进"济困解难"工程建设，提升新广州人融入城市的安全感

调查发现，当新广州人遇到一定困难之时，而公力救助又常常难以到位，从而导致新广州人选择自救。合法自救荆棘满途，自损自救又不划算，犯罪自救由此而生。他们在选择自救的过程中，不是没有考虑合法自救，自损自救也在他们的心里徘徊过，而犯罪自救只是他们最后的无奈选择。调查显示，新广州人在其维护自身权益时，绝大多数选择公力救济，他们首选"找基层政府或相关组织"（72.2%）和"亲人和老乡"（63.1%），其次是"老板"（26.6%），再是"通过法律途径"（14.5%）和"本地居民"（14.5%）等。

举措之十六：健全救助体系，加大救助力度

1. 对困难新广州人实施临时救助

目前，广州已有政策，对非本区户籍的居民，因重大疾病或突发意外造成困难的，按照人道主义救助原则进行救助。

2. 对困难新广州人实施过路救助

对因被偷、被抢等原因造成经济损失，对于无法生活的新广州人给予一定数额的即时救助，对于无钱回家的新广州人给予一定数量的过路救助。

3. 构建多层次职工互助济难基金体系

以工会组织为依托，通过各级新广州人服务中心（站），把工会"六送"服务（"春送岗位、夏送清凉、秋送助学、冬送温暖、一年四季送健康、送保障"），进一步覆盖新广州人，落实"春风送暖"、"金秋助学"、工伤探视、医疗救助、临时生活

救助等帮扶制度，切实帮扶救助困难新广州人；积极发动和吸纳新广州人参加职工医疗互助保障计划，使其成为新广州人社会保障的重要补充。加强工会帮扶中心和基层帮扶站、点建设，努力构建党政主导、工会运作、部门配合、社会参与的困难职工帮扶工作新格局。

举措之十七：实行房屋水电指导价，减轻新广州人生活之困

广东省物价局近日出台政策，出租屋公用电须房东与租户分摊。但由于实行梯度水电费收取政策执行后，无形中增加了消费者的成本。新广州人难以享受一级水电价格标准。原因是，房东的水表租者共用，业主借机实行梯价抬高房价等等。调查发现，在广州生活每天吃住消费在 10 元以下的新广州人，租房及水电消费占其日常消费的 40.8%，在 11—20 元消费区间中，租房消费仅次于食品消费达到 37.7%，尤其是实行水电梯度收费后，他们的租房消费明显提高。

（七）推进"经社保障"工程建设，提升新广州人融入城市的着陆感

新广州人融入广州必须解决经费保障与社会保障两大保障问题。

举措之十八：建构新广州人融入广州的"社会保障机制"

社会保障的缺失是新广州人向新市民转变的难点所在。因此，建构社会保障机制迫在眉睫。第一，建构医疗保障机制。医疗保障正成为关怀新广州人健康不可或缺的制度，建立社会统筹与个人账户相结合的医疗保险制度，使新广州人的基本医疗得到保障。第二，建构子女教育保障机制。解决好新广州人子女的教育问题，是帮助新广州人在城镇稳定就业、推动广州社会建设的具体体现。第三，建构社会福利保障机制。社会福利保障是新广州人融入广州城市的一张安全网，"社会福利"是"社会保障"的高级形式。保障新广州人在任何情况下都能体面地生活，享有教育、健康、居住和城市环境等诸多方面的福利，满足生活的需要。第四，建构社会养老保障机制。建立健全养老保障制度是保障和改善新广州人融入广州城市的基础工程，是调节社会收入分配的重要手段。通过养老保障制度建设，可以把公共资源更多地向他们倾斜，更好地促进发展成果全民共享，是新广州人向新市民迈进的重要保证。

举措之十九：建构新广州人融入广州的"经费保障机制"

通过以上 18 项举措解决新广州人融入城市的基本问题，还必须建构一个经费保障机制。

经济学理论认为，各个利益相关者都有各自的利益诉求，都会将自身的利益最大

化。各个利益相关者将自身利益最大化的行为，会对新广州人融入城镇的财政负担政策及其效果产生重要的影响。新广州人大规模进入广州，是推动广州经济增长的关键因素，也是广州经济社会持续发展的必然要求，政府为新广州人的生存与发展及其子女教育承担管理和服务经费，既符合经济发展、社会和谐的目标，又可以让新广州人融入城市，是一种大效益小成本的选择。

（选自广州市哲学社会科学发展"十二五"规划重点课题"创新社会管理与服务新广州人融入城市模式研究"。课题负责人：谢建社；成员：朱明、谢宇、刘念、刘阳、赖建锋、万春灵、郑文芳、姜露兹、丁海燕、卜献忠、谢棋君等。）

新生代农民工发展与广州城镇化水平提升和谐互动研究

赵庆年（华南理工大学）

一、新生代农民工特点与广州市现阶段城镇化发展水平

（一）新生代农民工特点

目前学界对新生代农民工这一概念并没有一个权威的公认的科学界定。全国总工会的界定为：新生代农民工主要是指出生于 20 世纪 80 年代后，年龄在 16 周岁以上，在异地以非农就业为主的农业户籍人口。[①] 本研究中新生代农民工指相对于第一代农民工而言的，出生于 20 世纪 80 年代后，16 周岁以上，具有相对较高的受教育程度，进城务工的农村人口。

考察发现，新生代农民工具有以下特点：

1. 基本丧失了从事传统农业生产的能力

新生代农民工虽然从户籍上看仍然归属于农民，但是他们大多数人是直接从中学一毕业就走上了外出务工的道路，部分新生代农民工甚至没有完成中学学业就中途辍学外出务工了。还有部分新生代农民工是在城里跟着打工的父母成长起来的，对于现代城市生产和生活规律的熟悉程度远远高于传统的农业和农村。这就意味着，这些农民工基本不再具有农业生产的基本技能和经验。

2. 乡土观念淡化，对城市具有较强的认同和向往

与上一代农民工相比，随着生产、生活条件的改善和提高，新生代农民工与土地

---

① 全国总工会关于新生代农民工研究调查总报告［N］. 工人日报，2010-06-21.

之间朴素的情感已经不如他们父辈那样强烈了，他们即便是出生并生活在农村，但是随着科技的进步，他们也较少有机会参与到农业生产的具体过程之中，而且加上农村土地制度以及税制方面的改革，使得他们对传统的农村乡土社会的认同和对土地的依恋感情都在减弱。同时，由于城市方便、快捷的生活方式，深深地吸引着他们，他们极力谋求对城市社会的认同，在经历了城市生活和文化氛围的熏陶之后，新生代农民工的思想观念、生活习惯、行为方式已经日趋城市化了，更感觉到城乡社会之间的巨大差距，从而表现出对城市更强烈的向往。

3. 受教育程度普遍提高

与上一代农民工相比，新生代农民工的受教育程度普遍较高，有的甚至受过高等教育。他们一般具有初中以上文化教育程度，超过40%以上的具有高中（含中专）文化程度，有的具有大专甚至本科以上文化程度，仅仅出于家庭困难或是就业困难等方面的原因，才走上了外出务工的道路。较高的文化教育程度，使得他们知识面比较宽、信息来源也比较广泛，学习的愿望也比较强烈，在工作的过程中，对新知识、新事物的理解和接受能力较强，也比较认同知识可以改变命运这样的观念，对学习具有比较强的热情。同时他们不仅仅关注自身的学习追求，还比较关心下一代的受教育问题。

4. 事业心和创业意识比较强

新生代农民工对职业的期望值比较高，与上一代农民工相比，他们进城务工的目的不再仅仅满足于单纯的生存，他们更多地希望能通过自身的努力，获得留在城市发展的机会。他们在务工的过程中，表现出较强的拼搏和进取精神，不仅仅满足于打工挣钱养家糊口，改善家庭生活水平，他们更看重个人能力和发展的机会，希望能有所发展，简单地相信通过个人拼搏就能获得成功，在争取待遇、谋求更大发展空间上，与上一代农民工相比，他们的要求更加直接，一些新生代农民工通过学习专业技术，提升就业竞争力，部分人甚至把务工当作学习、提高、适应的过程，希望通过自身努力，实现从农民到工人到更高社会层次的生存方式的转变。

5. 流动性强，流动范围、流动行业广泛

新生代农民工一般年纪比较轻，随着农村生产和生活条件的改善，在其个人成长过程中受到家人的千般呵护，万般宠爱，思想一般都很单纯，辨别是非和自我控制能力相对较差，加上社会阅历浅，缺乏个人职业生涯的整体规划，外出务工的主要渠道是依靠亲戚朋友们的介绍，在工作上，缺乏应对压力和挫折的能力，遇到稍不顺心的

事情，就会凭感情或意气用事，随便做出更换工作的决定。因此，新生代农民工工作的流动性强，流动范围和流动行业较广泛。

（二）广州市现阶段城镇化发展水平

城镇化水平通常用城镇人口占总人口的比重来表示。城镇化进程主要是指城镇在国民经济与社会发展过程中占主导作用的过程。从人口学上讲，城镇化是指农业人口转化为城市人口的过程，即以农村人口不断向城市迁移和聚集为特征的一种历史过程；从地理学上讲，城镇化是指农村地貌不断转化为城市景观的过程；从社会学上讲，城镇化是指城市文明不断覆盖农村，农村生活方式不断向城市生活方式转化的过程；从经济学上讲，城镇化是指由传统的农村自然经济不断地转化为城市现代化大生产的过程。[①] 为此，我们从人口、经济发展、社会和环境三个方面来描述广州的城镇化进程。

1．广州市现阶段人口方面的情况

本研究选择广州市非农产业中从业人员占从业人员的比重、城镇人口比重、人口自然增长率、婴儿死亡率、初中毕业升学率、居民中受高中以上教育人口的比例等指标来考察广州市人口情况，具体见表1。

表1　广州市人口方面情况及其与广东省、全国平均水平情况比较

项目名称	广州市		广东省		全国平均		标准
	2000	2010	2000	2010	2000	2010	
非农从业人员占从业人员比重（％）	86.38	93.01	60	73.4	50.0	63.3	≥ 70
城镇人口占常住人口数的比重（％）	83.79	83.78	55.00	66.18	36.22	49.68	≥ 50
人口自然增长率（‰）	2.95	6.52	8.14	6.19	7.58	4.79	≥ 6
婴儿死亡率（‰）	11.82	4.04	16.8	4.83	32.2	13.1	≥ 10
初中升学率（％）	90.66	88.47	38.7	86.2	51.2	87.5	≥ 95
受高中以上教育人口比例（％）	29.75	42.15	16.44	25.29	11.15	14.03	≥ 90

2．广州市现阶段经济发展方面的情况

本研究选择人均国内生产总值、各产业增加值占GDP的比重、科技人员占就业

[①] 姜爱林. 城镇化水平的五种测算方法分析 [J]. 中央财经大学学报, 2002 (8)：76-80；肖万春. 论中国城镇化水度量标准的合理化 [J]. 社会科学辑刊, 2006 (1)：112-117.

人口的比例[①]等指标来考察广州市现阶段经济发展方面的情况，具体见表2。

表2　广州市经济方面情况及其与广东省、全国平均水平情况比较

项目名称	广州		广东		全国		标准
	2000	2010	2000	2010	2000	2010	
人均GDP（美元）	3096	12882	1538	6608	949	4430	≥6000
非农产业增加值占GDP比重（%）	96.14	98.25	89.58	94.97	85.68	90.9	≥80
第三产业增加值占GDP比重（%）	52.35	61.01	38.53	44.57	30.24	43.14	≥45
科技人员占从业人员比重（%）	8.75	6.95	1.85	2.95	2.84	3.80	≥65

3.广州市现阶段社会与环境方面的情况

本研究选取社会保障覆盖率、恩格尔系数、基尼系数、平均预期寿命、人均生活用电量、自来水普及率、每百人中拥有电话数、人均拥有市区公共道路面积、人均拥有市区绿化面积、电视综合人口覆盖率、平均每个医生服务人数、每千人拥有图书册数等指标来考察广州市现阶段社会与环境方面的情况，具体见表3。

表3　广州市社会与环境方面情况及其与广东省、全国平均水平情况比较

项目名称	广州		广东		全国		标准
	2000	2010	2000	2010	2000	2010	
社会保障覆盖率（%）	15.29	29.51	9.33	25.32	10.70	19.14	≥90
恩格尔系数	0.426	0.33	0.386	0.365	0.44	0.38	≤0.30
基尼系数（城乡居民收入比）	2.29	2.42	2.67	3.03	2.79	3.23	≤0.355
平均寿命（岁）	74.69	79.04	73.27	76.1	71.0	73.0	≥72
人均居住面积（m²）	13.32	21.4	24.60	34.13	10.3	31.6	≥20
人均生活用电量（度·年）	603	971	239.09	536.60	132.4	365.9	≥60
自来水普及率（%）	99.01	99.56	83.9	99.96	63.9	96.7	≥95
百人拥有电话数（部/百人）	117	262	57.94	222.12	20.01	64.36	≥30
人均拥有公共道路面积（m²）	8.16	11.20	10.86	12.69	6.1	13.2	≥10
人均绿化面积（m²）	7.87	11.87	9.86	13.29	3.7	11.2	≥10
电视综合人口覆盖率（%）	99.47	100	96.4	98.0	93.7	97.62	≥95

---

① 由于数据可得性以及数据口径方面的原因，广州市2000年该项指标是全社会年末各类科技人员与全部从业人员之比，2010年该项指标为城镇就业人口中科技人员的比例；广东省和全国的该项指标均为公有制经济单位中科技人员占全部就业人员数的比例。

项目名称	广州		广东		全国		标准
	2000	2010	2000	2010	2000	2010	
平均每个医生服务人数（人）	298	240	778	619	595	559	≤ 300
图书馆人均占有图书量（册/千人）	655	1955	310	442	323	460	≥ 2000

4. 广州市现阶段城镇化发展特点

目前，国际上判断一个国家或地区城镇化发展水平是超前还是滞后的一个判断标准——用非农化率 N（第二、三产业就业人员占总劳动力的比重）与城镇化率 U（城镇人口占总人口的比重）的比值 NU 来衡量非农化与城镇化之间的合理发展关系。因为在市场经济条件下，劳动力就业结构的非农化，总是伴随着人口地域的城市化，并带动人们生活的城市化发展。一方面，随着经济的发展，劳动力不断地由传统的农业向第二、三产业转移，使就业结构不断非农化；另一方面，农村地域人口不断向城镇迁移，使人口地域分布不断城市化。劳动力就业结构的非农化与人口的地域城市化之间是相互伴生、耦合联动、共同发展的关系。[①]

根据国际上经济和城市化发展的历程和经验，一般来讲，当城市化进程与非农化的发展比较适度，二者之间呈现出耦合联动协调发展状态时，NU 的值大致为 1.2 左右。NU 值若明显小于 1.2 时，表明城市中不仅集中了从事非农产业的人口，而且还集中了相当数量的农业人口，这反映了城镇化进程的超前，而且 NU 值越低，城镇化进程超前水平越明显。NU 值若明显大于 1.2 时，则反映了大量从事非农产业的劳动力仍然分散在农村地区，说明城镇化发展滞后，而且 NU 值越大，城镇化发展滞后水平越明显。

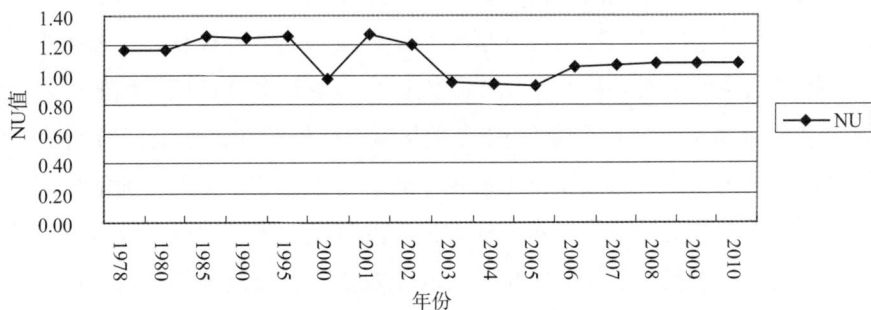

图 1 广州市 1978—2010 年部分年份城镇化合理发展水平度量指标 NU 变化情况

---

① 彭启鹏，曾文棣. 广东城镇化进程分析 [J]. 南方人口，2003（2）：36-44.

如图1所示，广州市城镇化发展水平已经由以往发展的相对滞后阶段向发展相对超前阶段过渡，其明显的分界点出现在2002年，2002年广州市城镇化率与非农化发展之间处在耦合联动协调发展的状态，随后NU值开始逐步偏离1.2的正常水平，2006—2010年间广州市的NU值一直维持在1.07这样的水平，与1.2正常的NU值之间还存在一定的距离。这就表明目前广州市的城镇化进程相对超前了，也即现阶段广州市城镇化发展的质量是存在问题的。

此外，通过比较广州市的非农业人口增长速度和建成区土地面积的增长速度两个指标（前者反映的是人口意义上的城镇化进程，后者反映的是地域即土地意义上的城镇化进程）发现，2000年广州市非农业人口为36.1055万人，建成区面积为431平方千米。截至2010年底，广州市非农业人口达到722.1540万人，年均增长速度为6.56%；建成区面积达到921平方千米，年均增长速度为12.09%。这表明2000—2010年间，广州市城市的面积扩大了，然而，广州市人口的增长速度却落后于土地的扩张速度，在这个过程中，土地的利用效益其实是在下降的。

（三）广州市城镇化发展方向

综上所述，从总体上讲，目前广州市的城镇化发展进程已经处在较高的水平，尤其是在人口的城市化率、经济的发展水平、产业结构的优化以及城市基础设施建设和居民物质生活水平方面表现得尤为显著。广州市现阶段的城镇化主要是人口的城镇化、地域（土地）的城镇化和生产方式的城镇化，其中人口的城镇化进程还滞后于地域（土地）的城镇化进程；城市中还存在着大量的农业人口，主要是来自省内外的农民工群体，他们在广州城镇化进程中发挥了并将继续发挥着不可替代的作用，虽然他们已经工作和生活在令他们向往已久的城市，然而他们却无法真正从根本上融入到城市中去，无法与城市居民一样享有分享城市发展成果的平等权利。未来制约广州市城镇化水平提升的主要因素是社会文化以及人口素质等社会软环境，比如，社会保障建设、居民文化素质提高、社会文化建设等方面。此外，在这些诸多方面的制约因素中，新生代农民工作为广州市城镇化进程中的一支独特的生力军，如何根据广州市未来产业发展的重点和关键性行业对劳动力素质的现实要求，通过继续教育及培训，从整体上提升新生代农民工群体的文化素质和职业技能，提高他们在就业市场上的竞争力，使他们可以具有像城市居民一样的思维和文化生活方式，经过他们个人的努力获得在城市长期、稳定发展的平等机会，并最终享有分享城市发展成果方面的平等权利，显得尤为迫切。

二、广州市城镇化发展与农民工之间关系分析

（一）广州市城镇化进程的推进为农民工进城创造了条件

1. 经济高速发展，产业结构不断优化

1979—2010 年间广州市 GDP 年均增长速度一直保持在 14% 的高水平，截至 2010 年底，广州市 GDP 达到了 10748 亿元，占全省的 23.36%，人均 GDP 按照年平均的汇价计算达到了 12882 美元，是广州市 2000 年 3096 美元的 4 倍。

伴随着经济的迅速发展，广州市的产业结构不断得以优化，1978—2010 年间广州市第一产业和第二产业的产值在地区生产总值中的比重一直处于下降的趋势，第一产业和第二产业产值所占比重分别由 1978 年的 11.67% 和 58.59% 下降到 2010 年的 1.75% 和 37.24%；第三产业产值在地区生产总值中的比重一直处于上升的趋势，由 1978 年的 29.24% 提高到 2010 年的 61.01%。

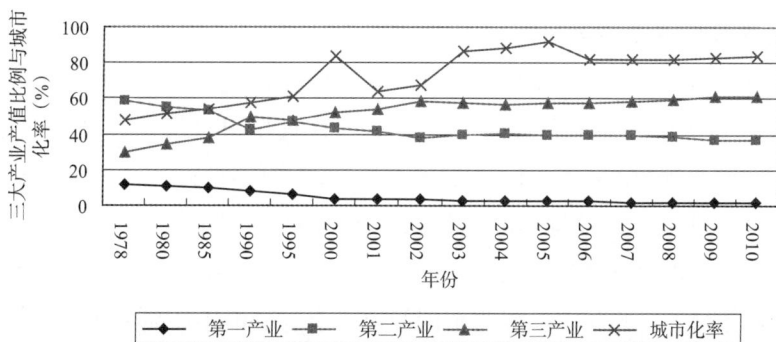

图 2　1978—2010 年广州市城镇化率与三大产业产值所占比例变化情况

如图 2 所示，1978—2010 年间广州市第一产业就业人员在全部就业人员中的比重一直处于下降的趋势，第一产业就业人员所占比重由 1978 年的 43.69% 下降到 2010 年的 9.95%；第二产业和第三产业就业人员在全市总就业人员中的比重一直处于上升的趋势，第二产业和第三产业就业人员在全部就业人员中的比重分别由 1978 年的 32.13% 和 24.18% 提高到 2010 年的 39.65% 和 50.4%。但是第二产业就业人员在全部就业人员中的比重没有第三产业人员所占比重提高的幅度大。

截至 2010 年底，广州市第三产业产值在地区生产总值中的比重和就业人员占全部就业人员的比重均已超过了 50%，这充分说明第三产业的发展对广州市经济社会发展所起到的重要作用。如图 3 所示，广州市 1978—2010 年间城镇化率的变化与同期广州市第三产业产值占地区生产总值比重和第三产业就业人员占全部就业人员的比

重的变化趋势基本上是一致的。这表明广州市第三产业的发展是有效地推动广州市城镇化进程的基本力量，第三产业的发展，一方面可以有效地吸纳外来农民工就业，另一方面，大量农民工进城工作，可以方便市民的生活，为城市的经济社会建设贡献力量。

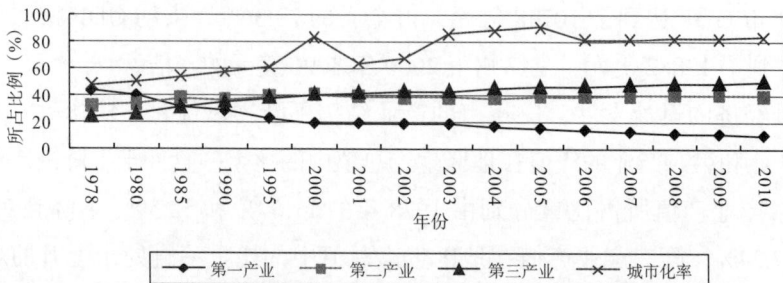

图3　1978—2010年广州市城镇化率与三大产业从业人员所占比例变化情况

2. 外向型经济发展模式

改革开放30多年来，广州市利用独特的地理位置优势，大力发展外向型经济，对外经济贸易蓬勃发展。截至2010年底，广州市进出口贸易总额已经由1999年的191.85亿美元增加到2010年的1037亿美元，年均增长速度达到40%以上。同时利用外资的领域不断拓宽，结构不断优化，1978—2010年期间累计利用外资560.54亿美元，利用外资的投向已经逐步拓展到基础产业、城市基础设施、高新技术产业以及其他第三产业领域，广州目前已成为全国乃至全世界的电子产品、纺织服装、建筑材料、汽车制造及零部件的生产基地。

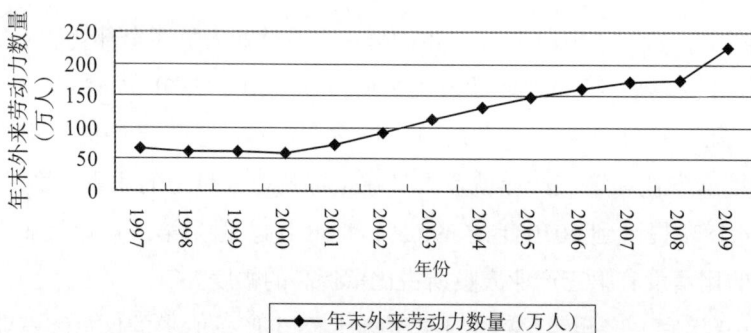

图4　广州市1997—2009年间年末实有外来劳动力情况

外向型经济发展模式，不但部分地解决了经济发展的建设资金，而且推动了广州工业体系的逐步形成和不断发展完善，加速了农村人口向城镇的集聚，从而加快了广州市的城镇化进程。一方面，外向型经济发展给工业发展提供了更广阔的国际市场，同时也在一定程度上完善了广州市的现代工业体系；另一方面，现代工业的发展，不但可以为农村劳动力提供更多的工作机会，而且从根本上可以改变广州市整体的产业结构和劳动力就业结构，进一步提高人口就业的非农化程度，加速推动广州市的城镇化进程。如图4所示，广州市年末外来劳动力数由1997年底的67.23万人，提高到2009年的225.23万人，年均增长速度为19.58%。

3. 乡镇企业蓬勃发展

如图5所示，从广州市年末外来劳动力的来源构成上看，虽然来自省内的外来劳动力在外来劳动力总数中所占的比例由1997年底的46.56%下降到2009年底的26.95%，但是，从绝对数量上来看广州市来自省内的外来劳动力仍然由1997年底的31.3万人提高到2009年底的60.71万人，这主要是因为在80年代后期，广州市的乡镇企业有了更为迅猛的发展，区域内的劳动力供给出现了较大的缺口，单靠来自广东省内的外来劳动力的增加已不足以满足广州市乡镇企业蓬勃发展对劳动力的需要，需要更多的省外劳动力来补充，从绝对数上看，广州市年末外来劳动力中来自外省的劳动力由1997年底的35.93万人提高到2009年底的164.52万人，从相对数上看，来自外省的劳动力在广州市外来劳动力总数中所占的比例由53.44%提高到2009年底的73.05%，广州市来自外省的劳动力无论是从绝对量上还是相对量上均多于来自广东省内的劳动力数，这表明广州市外来劳动力是以来自广东省以外的地区为主。在市场经济的作用下，大量的外来人口集聚在广州，新的小城镇不断地在广州市的周边发展起来，广州市主城区也由2000年以前的8个区，扩大为目前的10个区。显然乡镇企业的发展在推动广州市工业化进程，促进产业结构升级的同时，也推动了广州市城镇化进程的发展。

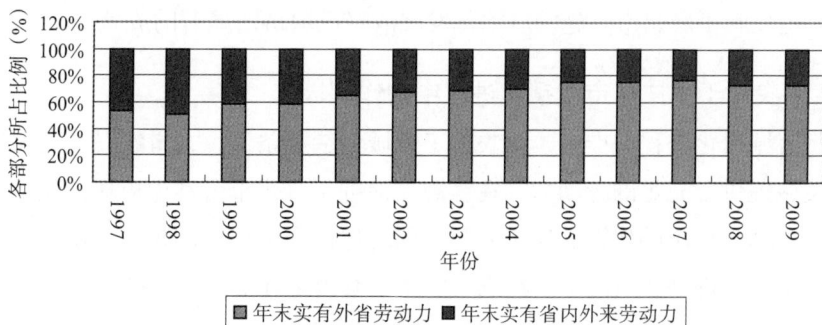

图5 广州市1997—2009年间年末实有外来劳动力的来源构成情况

4. 基础设施建设不断完善

如图 6 所示，1978—2010 年间广州市城市市政公共设施建设固定资产投资总额由 1978 年的 3150 万元提高到了 2010 年的 6463223 万元，其中用于公共交通、桥梁、给排水管道、污水处理及再生、园林绿化、市容环境卫生、垃圾处理等方面的公用设施投资额由 1978 年的 2296 万元提高到 2010 年的 5983926 万元。

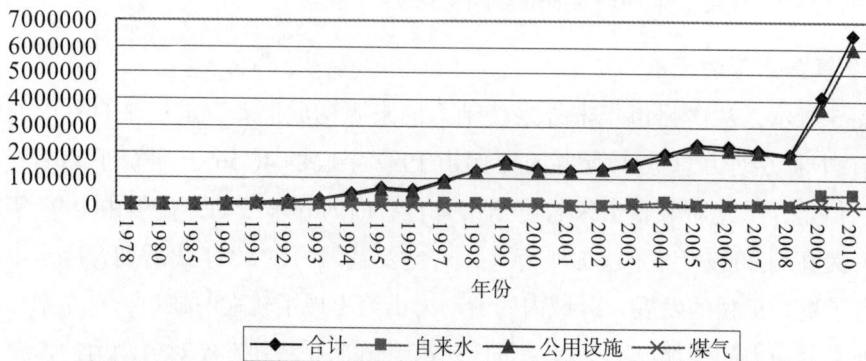

图 6　1978—2010 年部分年份广州市城市固定资产投资情况

基础设施和基础工业的迅速发展，基本上解除了对经济发展的制约，也有效地确保了城市长远发展的后劲和动力，同时也促进了不同城区之间、城乡之间人流、物流、信息流的交换，使不同城区之间、城乡之间的联系更加紧密，也使得初具现代特色的城市体系在发展中不断得到完善。① 截至 2010 年底，根据广州市第六次人口普查结果，广州市常住人口数达到了 1270.08 万人，其中，中心城区为 772.7163 万人，占 60.84%；新城区为 334.3491 万人，占 26.33%；县级市为 163.0146 万人，占 12.84%。与 2000 年广州市第五次人口普查结果中的 994.30 万人相比，10 年间增加了 275.78 万人。城市人口数量的增多和中心城区面积的扩大，反映了广州市城镇化进程的不断加速发展，也反映了广州市实施的城镇化发展战略已取得了显著的成就。

（二）农民工在广州市城镇化进程中的作用

广州市城镇化进程的推进，为农民工进城创造了条件，大量农民工涌入城市，为城市的发展提供了充足的劳动力，在客观上促进了广州市劳动力市场的完善，加快了广州市城市基础设施的建设和完善。与此同时他们通过消费的拉动作用促进了广州市整体消费水平的提高。农民工已经成为广州市城镇化进城的主力军。

---

① 彭启鹏，曾文棣. 广东城镇化进程分析 [J]. 南方人口，2003（2）：36-44.

1. 农民工进城促进了广州市劳动力市场的完善

农民工进城务工，冲破了城乡分割的二元社会结构体制，打破了城市人才市场中人才和劳动力计划配置的传统，在数量上弥补了城市劳动力的结构性不足，同时推动了城市劳动力市场上的职业竞争。一方面，农民工进城弥补了城市劳动力市场的结构性不足，进城农民工与城市居民相比，由于在文化素质、技术水平等方面的不足，从总体上讲，他们所能选择的职业大多是城市居民不愿做的比如建筑、采矿、纺织、化工、餐饮、批零、缝纫、理发、修理、家政、搬运、环卫等方面的脏、险、难或收入偏低的工作。另一方面，农民工进城，也只能在工资低、缺乏保障的次要的劳动力市场上就业，无法进入主流劳动力市场，但是在市场经济条件下，农民工主要是在体制外实现就业的，他们进入和退出工作岗位完全由市场需求来调节。这样一来，劳动力要素的配置机制就主要由市场来实现，农民工是作为市场化的劳动力进入城市的，是自由流动的，他们与用工单位之间是双向选择的结果。农民工大量进城，必然会刺激城市劳动力市场的不断完善，资源配置效益的不断提高。

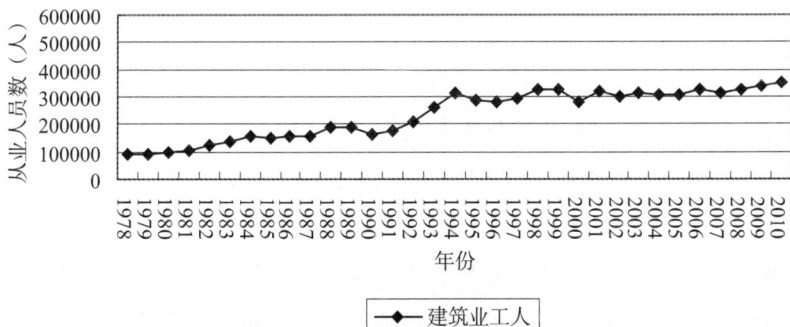

图 7　1978—2010 年间广州市具有资质以上建筑企业从业人员情况

2. 农民工进城有效地推动了广州市城市基础设施的建设和完善

农民工进城对城市基础设施的建设和完善具有重要意义。一方面，农民工进城为城市基础设施建设和完善提供了劳动力，在诸如城市道路、建筑、环境、卫生等领域，基层操作工人大多都是进城农民工，而这些基本上都是城里人不愿做的工作，以建筑行业为例，如图 7 所示，广州市具有资质以上建筑企业从业人员在 1978—2010年间一直处于上升的趋势，从绝对数量上看，由 1978 年的 90214 人增加到 2010 年的 351232 人，在 30 多年间年均增长率保持在 9.09%，他们中的大部分人是来自省内外的农民工。另一方面，农民工大规模进城，同样会对城市的基础设施等公共产品的需求造成一定的压力。为了缓解城市公共产品供给不足，各级政府就会重点扩大对道路、公交、供水、供电、环境、卫生等方面基础设施的投资力度，进而推动城市整体公共基础设施的建设和完善。

3. 农民工通过消费的拉动作用提升广州市整体消费水平

农民工通过消费的拉动作用提升广州市整体消费水平主要表现在两个方面：一方面，农民工通过进城务工或经商，由于文化素质、资金、行业准入门槛等方面的限制，他们中的大部分人主要从事小商品生产、零售、餐饮、理发、家政等行业，开拓和发展了广州市相关生产经营服务领域，进一步丰富了城市居民的日常生活消费服务的选择，扩大了以城市居民为主的消费市场；另一方面，农民工进城后，不仅要在城市进行生产劳动，更重要的是他们还要生活在城市，同样需要在住房、餐饮、水电、交通、文娱等方面进行消费，尽管进城农民工都很节俭，但是在城市中即便是维持最基本的生活消费，全部费用也是相当可观的，加上他们数量庞大，这就意味着他们是城市中一个不容忽视的消费群体，通过消费，农民工部分地拉动了城市经济社会的发展。

（三）广东省及广州市实施的有关保障农民工权益的政策

1. 农民工继续教育及随迁子女教育政策

2011年，广东省团省委推出了新生代农民工骨干培养发展计划（下称"圆梦计划"），争取从2011年下半年起，每年资助1万名新生代农民工接受2—2.5年的本科或是专科网络教育，力争每年打造100个"圆梦100"，圆新生代农民工的读书梦、大学梦，每年为党培养万名骨干，夯实党在农民工群体中的群众基础。

2010年3月，广州市发展和改革委员会、市教育局、市人力资源和社会保障局、市公安局联合印发了《关于进一步做好优秀外来工入户好农民工子女义务教育工作的意见》，要求各级政府把来穗务工就业农民子女义务教育纳入经济社会发展规划。凡在广州市居住半年以上，有固定住址、固定工作和收入来源的来穗务工就业农民，可为其6—15周岁、有学习能力的同住子女，申请在广州市接受义务教育。凡被广州市及各区（县级市）政府授予优秀称号的外来工，其子女可优先申请公办义务教育学校就读。享受本市户籍学生义务教育免学杂费和课本费的政策，就读学校不得收取借读费，其他需交费标准与本市户籍学生相同。

2. 农民工医疗与社会保险政策

2008年12月，广州市出台了《广州市农民工基本医疗保险试行办法》，灵活就业人员，每月缴纳40元，除不具有个人账户外，其他待遇与基本医疗待遇一样，可以享受门诊特定项目和门诊慢性病医疗待遇。

2009年，广州市人力资源和社会保障局就《农民工参加基本养老保险办法》和《城镇企业职工基本养老保险关系转移接续暂行办法》公开征求意见。两办法实施后，农民工参加基本养老保险，只要履行了同样的参保缴费义务，就与城镇职工享有同等养老保险权益，农民工参加基本养老保险缴费年限累计满15年以上（含15年）将可按月领取基本养老金。

2011年7月1日，针对矿山和建筑施工企业农民工流动性比较强的特点，而参加社保需要同时捆绑参加养老、工伤、事业三类社会保险，由于农民工本身及企业共缴费率接近缴费基数的40%，许多农民工以及企业不参加社会保险，并导致了一些工伤纠纷。广州市实施了广州市矿山和建筑施工企业的农民工先行办理工伤保险的办法，这使得农民工可以先行参加工伤保险。

3. 农民工积分入户政策

2010年6月份，广东省政府出台了《关于开展农民工积分制入户城镇工作的指导意见（试行）》，农民工及随迁人员可以通过积分制入户城镇。截至2010年7月底，全省就有1.7万名农民工通过积分制入户城镇。截至2011年8月份，全省共有14.4万农民工通过积分制入户城镇。

4. 农民工公务员招考政策

2009年，东莞试水农民工公务员考试。2010年9月14日，广东省委组织部、广东省人力资源和社会保证厅发出《广东省2010年从优秀外来务工人员中考试录用基层公务员公告》，开外来务工人员考试的先河。当年，珠江三角洲九市的外来务工人员对50个岗位进行了角逐。

三、广州市城镇化进程中新生代农民工发展障碍

（一）受户籍的限制，新生代农民工无法平等地分享城镇化发展的成果

由于我国长期存在的城乡二元结构的经济社会格局，以及政治经济制度改革的滞后性，在计划经济体制下形成的既得利益格局短时间内难以打破，在这种情况下，教育、医疗和社会保障等方面的社会福利措施均依附于户籍体制之上，而在我国现阶段

的条件下，不同社会阶层之间缺乏流动性，处于社会底层的农村孩子只有通过高考这条单一的渠道实现向上的流动。但是不同区域之间高考录取率的差异是非常大的，加上我国人才市场建设的不完善和人事制度改革的滞后性，各类企、事业单位之间在社会保障方面实行的并不是统一的标准，农村的孩子即便是顺利通过了高考，也未必能顺利地纳入到完善的社会保障体系之下，享受到全面的社会福利。新生代农民工处于社会的最底层，缺少向社会上层流动的渠道，无法在教育、医疗和社会保障方面享有与城市居民同样的平等权利。

农民工随迁子女入学难问题相当突出。据教育部 2008 年发布的报告称，农民工随迁子女在公办学校就读的比例，北京为 63%，上海为 49%，广州仅为 34.6%；学龄儿童未上学的比例，北京为 3.81%，上海为 3.56%，广州高达 7.19%。

目前，新生代农民工中享有基本养老、医疗和失业保险的比例分别为 21.3%、34.8% 和 8.5%，而且即便是这些享受了这三方面保障的农民工中，企业为他们缴纳的保险金也基本上是按各地区缴费标准的下限来执行的，而城市最低生活保障的对象仅为当地城市户籍人口，农民工基本上无法享有这项保障。

（二）缺少接受继续教育及职业技能培训的机会

根据我们对广东省新生代农民工继续教育及培训情况的问卷调查收集的数据资料来看，目前广东省新生代农民工普遍学历不高，具有高中（含中专）以上教育程度的占 54.8%，初中及以下教育程度的占 22.7%，虽然从总体上来看，广东省新生代农民工的受教育程度普遍高于第一代农民工，但是与广州市城市居民的受教育程度相比还存在着很大的差距。虽然广东省及广州市也相继出台了一系列的农民工继续教育及培训方面的政策以及支持农民工接受网络学历教育的"圆梦计划"等，但是这些措施不是普适性的，受益人群非常有限，无法有效地满足广大新生代农民工对接受继续教育和职业技能培训的强烈需求，所取得的效果也非常有限。

1. 农民工对接受继续教育及培训的需求分析

广东省农民工年龄段主要集中在 20—30 岁，这部分人群正在接受继续教育及培训的人数占 44.5%，而有接受继续教育及培训需求意愿的人数所占的比例在 90% 以上，处在这一年龄段的人是农民工的主体，对接受继续教育及培训的需求比较高，他们不再仅仅满足于作为停留在流水生产线上的简单操作工人，希望通过接受继续教育及培训，学习技术知识改变自己目前的工作和生活处境，他们需要知识提高个人的自身素质和工作能力，来获得社会的认可，争取更好的就业和发展机会。

在 30—35 岁这一年龄段中正在接受继续教育及培训的人数占 39.9%，而处在 35—40 岁这一年龄组中的人正在接受继续教育及培训的人数占 27%，从中不难看出，正在接受继续教育及培训的人数是随着年龄的增长而逐渐降低的，35 岁以后的人群正在接受继续教育及培训的人数较处在 20—25 岁年龄组和 25—30 岁年龄组下降很多，这部分农民工已步入中年，工作负担较重加上家庭负担的拖累，他们主要是没有时间来接受继续教育及培训。但是，年龄在 35 岁以上的农民工却具有较强的接受继续教育及培训的意愿，处在 35—40 岁、40—45 岁和 45 岁以上年龄组的人群具有接受继续教育及培训意愿的比例分别为 82.24%、60.27% 和 54.55%。由此可见，多数已经步入中年的农民工目前虽然没有参加继续教育及培训，但是他们也希望有机会能再学习一些新技术，提高个人的工作能力。

40 岁以上的农民工正在接受继续教育及培训的人数不多，部分原因是有的原来曾参加过一些继续教育及培训，他们中的大多数人认为自己只要在目前的工作岗位上做好本职工作就可以了，因为他们已不能像年轻人那样有更大的发展空间。在 40—45 岁（含 45 岁以上）打算接受继续教育及培训的人数所占的比例超过了 50%，这部分农民工主要是进城较早，已经在城市生活多年，原来没有机会接受继续教育及培训，在个人文化素质上与城里人之间存在较大的差距，为此一直受到多方面的歧视，希望能有机会接受继续教育及培训的机会来提升个人素质，更好地融入城市生活。在实地调查和访谈中我们也了解到这部分人基本上要照顾老人及小孩，时间和经济能力是制约他们接受继续教育及培训的最大障碍。

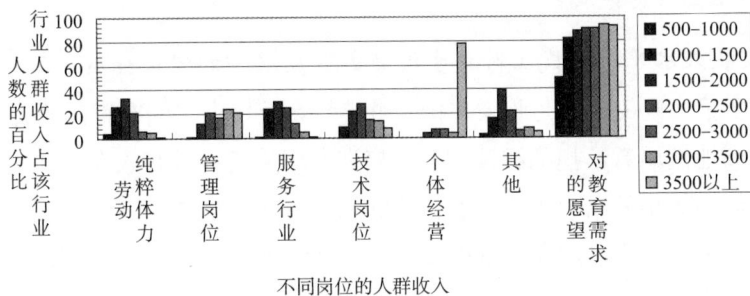

图 8　农民工接受教育培训需求与其收入水平的关系比较

2．不同工作岗位上农民工对接受继续教育及培训的需求分析

如图 8 所示，对于有接受继续教育及培训需求意愿的农民工，从事纯粹体力劳动的人占 70.52%，从事管理岗位工作的占 94.09%，从事服务行业工作的占 93.33%，从

事技术岗位工作的占90.2%，从事个体经营工作的占85.19%。纯粹体力劳动人群对接受继续教育及培训需求的意愿在上述工作岗位中是最低的，这是因为纯粹体力劳动对农民工的职业技能要求不高，而且工资收入相比其他行业也要低得多，使得在这一岗位工作的农民工群体对接受继续教育及培训的需求意愿不高，而有需求意愿的那部分农民工群体是在相同岗位里收入较高的人群。

处在管理岗位的农民工对接受继续教育及培训的意愿最强烈，有接受继续教育及培训意愿的农民工达到了94.09%。这是因为这些农民工通过个人的努力从底层务工人员奋斗到初级的管理岗位，他们自身的能力还不能完全达到所在职位的要求，渴望通过继续教育及培训，学到更多与岗位相关的知识，获得职业资格证书，而这些农民工的收入相对较高，大部分人月收入达到2000元以上。

服务行业工作岗位的农民工对接受继续教育及培训的需求意愿与管理岗位上的农民工之间只差1%，分布在各个服务行业的农民工希望通过接受继续教育及培训，提高个人素质和工作技能，更好地在服务领域发展。

技术岗位大部分农民工都来自技工学校，随着信息化产业化的加速发展，使得他们原有的技能不能满足社会发展的需要，他们渴求通过接受更多的继续教育及培训，拥有更加熟练的操作技能。

个体经营者由于个人经营的业务不同，对教育的需求也不同。从事其他行业的农民工，部分是个人学历不高，工作不稳定，经常性地更换工作，缺乏个人发展的长期规划，这部分人希望接受继续教育及职业技能培训，在接受继续教育及培训中寻找个人努力和奋斗的方向。

3．不同收入水平下农民工对接受继续教育及培训的需求分析

如图9所示，农民工的月收入与接受继续教育及培训之间有直接的关系，农民工的月收入越高他们愿意承担的继续教育及培训费用越高，月收入在500—1000元的农民工群体，他们每年可以承担的学费在500元以下的人员占20.83%，可以承担500—1000元、1000—2000元的均占8.33%；月收入在1000—1500元的人员，每年可承担1000—2000元继续教育及培训学费的人数上升到18.14%，每年可承担2000—3000元学费的人数占12.24%；月收入在1500—2000元的农民工的人数是最多的，他们能够承担的高学费比例相对前两者略有提高；月收入在2000元以上的农民工，每年可承担500—1000元的学费有所下降，承担学费在1000元以上的比率有所上升。这表明农民工收入与接受继续教育及培训的意愿呈正相关，收入高则有能力支付学费，也情

愿支付高额学费接受继续教育及培训，也说明继续教育及培训所获得的知识技能让农民工的收入提高，导致农民工有接受继续教育及培训的需求，以获得更好的工作和发展机会，实现他们在城市长远发展的愿望。

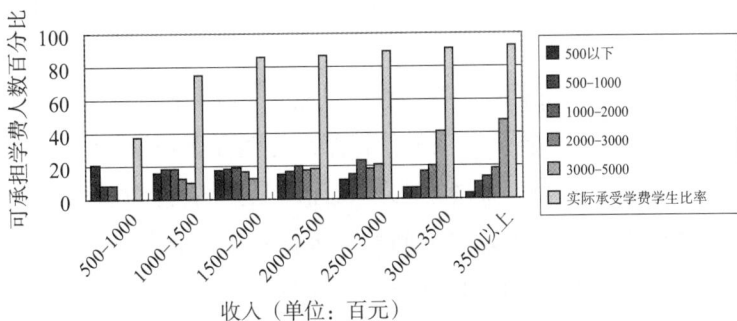

图9　工资收入与承担学费的能力

4.不同年龄组农民工对接受继续教育及培训模式之间的关系分析

如图10所示，年龄在20岁以下的农民工选择接受全日制教育的占57.1%，高于其他年龄组，他们更渴望进入校园生活；年龄在20—30岁这部分农民工，在各种学习模式的选择中，所占人数比例都很高，这部分年龄段是农民工中接受继续教育及培训的主要人群，也是新生代农民工的主力军，他们对接受继续教育及培训在模式上有更多的需求，希望通过多种形式的继续教育及培训模式获得自身素质的提高；而处在35—45岁年龄组中的这部分农民工大多选择成人业余教育和短期培训教育这样的教育形式作为他们接受继续教育及培训的模式，都是根据个人的不同实际情况，具体问题具体分析，最终选择实际适合各自需要的继续教育及培训模式。

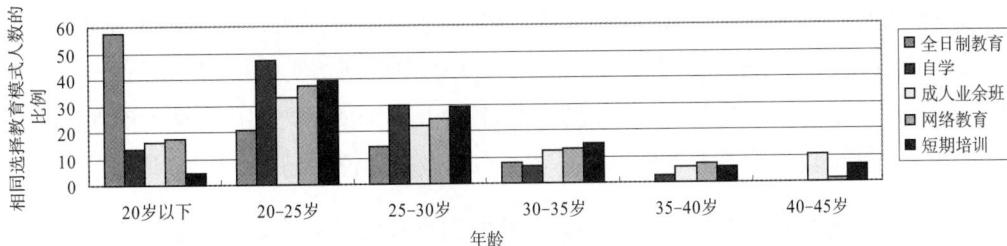

图10　农民工年龄对继续教育学习模式的需求

（三）正当的劳动保障权益得不到保护

一方面，新生代农民工大多年龄小，他们中的大多数人是一离开校门就外出务工的，心智尚未完全成熟、思想尚未稳定、身份认同也不十分清晰、确定职业发展的能力不强，他们寻求工作的渠道主要是依靠亲戚和朋友的介绍，加上他们在成长过程中较少有机会去独自承担责任，在工作和生活上的抗挫折能力较差，对工作缺乏长远的职业发展规划，工作的流动性和流动范围都很大，自身的合法权益不能得到有效的保障。

另一方面，在目前的经济社会条件下，虽然新生代农民工在基本的劳动权益的保障上与传统农民工相比有所提高，但是他们的总体境况还是相似的，仍面临着一些共同的、亟待解决的基本问题，表现得尤其明显的是劳动合同签订率低、欠薪时有发生、职业卫生健康保障不够等方面的问题。根据在广东省范围内的一项调查，2009年，新生代农民工的劳动合同签订率只有61.6%，遭遇拖欠工资的人所占的比率为7.1%，人均拖欠工资为1538元，差不多相当于农民工一个半月的工资。另据国家计生委发布的流动人口监测报告显示，2009年60%的农业流动人口就业于工作条件差、职业发病率高和工伤事故频发的低薪、高危险行业。同时，新生代农民工发生工伤事故时，仅有60%的用工单位为其支付医疗费用，其中，服务性行业表现得最差，这一比例只有47.3%。

四、提升广州市城镇化水平与新生代农民工发展和谐互动的对策

（一）通过对新生代农民工实施继续教育及培训提升广州的城镇化水平

1. 建立适合我国国情的新生代农民工继续教育及培训体系

（1）政府是农民工继续教育的主要责任者，应对新生代农民工继续教育及培训进行统筹规划

一方面，各级政府应该不断完善新生代农民工继续教育及培训的政策和制度建设，成立专门性的关于新生代农民工继续教育及培训的研究或是组织实施机构，制定配套的政策和制度，推动这些政策和制度在实践中得到切实的贯彻和落实。另一方面，政府应该加大对新生代农民工接受继续教育及培训的财政支持力度，确保新生代农民工接受继续教育及培训工作各个环节经费的及时到位和畅通。

（2）高等院校及社会中介性机构有责任发挥自身优势提供全面的教育及培训服务

高等院校以及社会中介性教育培训机构应根据新生代农民工人力资源的现状，动态地调整教育培训的内容，根据就业市场对各行业、劳动力的工种、岗位和从业人员的素质要求，详细分类用工市场，有针对性地制定教育内容，开设培训课程，编制教

育培训教材并建立统一的考核标准，在教学内容和教育层次上，应以学习实用技术为主，并将生活技能培训纳入为新生代农民工提供的培训和服务中；加强引导性培训，如开展公德教育、法律教育、卫生教育、安全教育、信息技术教育、环境保护教育、城市生活教育和语言社交能力教育等，让他们的思想观念、道德水准不断跟上现代城市发展步伐。

（3）用工单位不仅是农民工继续教育的利益获得者，也是责任承担者，应该为新生代农民工接受继续教育及培训创造条件

企事业单位应该积极创造条件鼓励单位内的新生代农民工参加继续教育及培训，为接受继续教育及培训的农民工提供奖励、激励政策。企事业单位应考虑从年度净收入中提取一定的比例，用作资助单位内新生代农民工参加继续教育及培训的专项费用，在企事业单位的会计账簿中可以通过提取职工福利的形式来反映。企事业单位内部可以通过定期举办岗位技能考核、岗位知识能力竞赛，让新生代农民工将培训所学知识应用到考核竞赛中，切实灵活掌握所学知识，对于在竞赛中获胜的新生代农民工给予薪金补助等奖励。同时，对于参加继续教育及培训的新生代农民工给予一定的经济补助，对经过培训后获得职业资格证书的新生代农民工，应给予他们一定的岗位晋升机会和增加工资福利。

（4）农民工自身是其继续教育的最大受益者，应根据自身的实际选择合适的继续教育及培训模式

农民工可以因接受继续教育而带来诸如薪酬的提高、向社会上层流动的机会、使子女受到更好的家庭教育等实惠，应该说，农民工自身是其接受继续教育的最大受益者。对于有志于提升自己学历的新生代农民工，可以通过努力学习文化知识，重新参加高考或是通过参加自学考试以及网络教育和成人教育等形式，接受系统的学历教育；对于希望通过接受继续教育及培训，提升自身职业技能并最终获得职业技术资格，争取更好的发展机会的人员，可以选择参加由政府或是企业机构组织的公益性的短期培训项目，或是自费参加由高等院校及中介性的教育培训机构组织的培训项目。

2. 新生代农民工继续教育及培训过程中应该坚持的基本原则

（1）继续教育及培训要坚持强化精神层面教育的原则

农民工的继续教育首要任务是强化其心理适应能力。在本研究的调研中，年龄在18—27岁的新生代农民工大约占农民工人数的85%以上，他们日常工作量大，精神层面的需求得不到满足，多数人心理压抑，长期处于焦虑、烦躁郁闷的状态，有的

心理健康出现严重危机。还有一些人从农村来到城市谋求职业，他们住在城乡结合部，城市的思想道德文化教育还没有很好地覆盖到这些地区，而这部分区域的人们正是需要接受道德和思想教育的，否则不仅会影响整个城市精神文明的建设，还会危及城市社会的安全稳定。为此，各级政府和社会心理健康教育机构有责任加强农民工的文化心理素质、道德价值观念、行为方式等方面的教育，有义务保障农民工对正常的精神文化方面的需求，开展各种活动增强农民工心理适应能力的建设，消除心理上的自卑感、紧张感，让健康的文化活动走进农民工群体的生活中，丰富他们的精神文化世界。

（2）继续教育及培训要坚持文化素质和职业技能并重的原则

农民工的继续教育及培训需要从两方面开展：一是文化知识和职业技能；二是思想观念和思维方式。前者属于职业能力范畴，也是农民工接受继续教育及培训的基础，农民工参加继续教育是为了提高自身的职业技能，在城市获得更大的发展空间，通过教育让他们获得社会的认可，切实体会到教育给他们的发展带来的好处；农民工要想适应城镇化发展的需要，仅仅在职业技能方面获得提高是不够的，还必须提高自身的综合素质，尤其是思想观念和思维方式方面的教育对进城务工的农民工们来说显得尤为重要，不仅要实现生活和工作在城市，还需要学会像城市居民一样思考和规划自己的职业生涯以及人生安排，这也是农民工继续教育及培训的应有之义。

（3）继续教育及培训要坚持培训模式的灵活性原则

农民工的人数众多，不仅相互之间的文化基础、工作能力大相径庭，更是涵盖了18—50岁各个年龄段，职业分布在第二、三产业的几十种行业之中，他们的工作时间、工作强度与城市"朝九晚五"的上班族相比，往往是难以想象的。而根据农民工的文化层次、技术水平、年龄结构及行业分布不均的特点，需要对他们采用多元灵活的教育管理模式开展继续教育及培训。既要有适合众多人同时参加的大课堂教育模式，又要有适合少数人参加的小班教育及培训模式；既有在业余时间可以参加的教育及培训模式，又要有在上班时即便是在工地上时也同样可以参加的继续教育及培训模式，同时也要确保教学过程贯穿始终。

（4）继续教育及培训要坚持性价比上的低费高效原则

据调查，要掌握一技之长实现稳定就业，农民工需培训约3个月的时间，培训学费一般在500—1000元，这对于收入微薄的农民工来说，只能对参加教育及培训望而却步。同时，农民工担心交完学费无法学到一技之长。解决此问题的方法之一是实行低费培训。政府财政部门拨款用于农民工培训的资金，对需要参加培训的农民工学员登记，然后发放免费的教育培训券，培训机构通过培训券去财政部门申领教育培训资金，确保农民工的培训资金切实应用到农民工教育培训中。农民工培训不能单单依靠政府财政部门的拨款，同时更需要社会各界、群众团体能够积极地参与到农民工培训工作中来，提供人力、资金等方面的支持。免去学费是一方面，还要抓好教学质量，教育及培训的效果至关重要，学习技术就能应用，通过技术获得就业岗位，从而提高农民工的经济收入，这样农民工自己交学费也愿意学习。

（5）继续教育及培训要坚持知识的连续性原则

要确保农民工参加继续教育的连续性，要确保学习知识的连续性，及时更新农民工陈旧落后的知识理念。根据农民工的教育层次，按照他们所掌握的知识情况，制定相应的教学计划和讲课方法，设定明确的教学目标，保证农民工所掌握的知识技能与课堂讲授的知识衔接。让农民工有目标地学习，让他们的知识技能不断地完善；同时要让农民工了解城市现代化、多元化的发展方式，塑造他们适应城市生活节奏的心理。通过给他们进行各种素质的训练，不单单只进行职业技能的培训，农民工的教育要与我国高等教育的发展相互联系，通过技术实践、政治思想辅导、文化活动参与，使他们的教育和多方面的教育活动形式相联系，建立各种不同的模式，通过这样的培训过程，农民工各方面行为和志向都将受到进一步的尊重。农民工的继续教育及培训育包括在职的学历教育、非学历教育、职业技能培训等，让教育方式向多方面延伸。[①]

3. 落实新生代农民工继续教育及培训的具体对策

（1）完善继续教育及培训的补贴政策，增加资金投入

要完善农民工继续教育及培训的补贴政策，在全市县级以上城市依托人力资源保障部门的公共就业服务信息系统，建立针对农民工继续教育及培训信息管理平台。根据各地区的产业经济发展规划、行业就业情况、用工企业的招工人数、招工岗位的需求，合理确定培训人数，在当地政府网站公布政府对这些工种培训的财政补贴。根据每个地区的实际情况，用工种类的难易程度，继续教育及培训时间长短和培训成本，及农民工自身实际情况，制定统一的补贴标准；按照劳动力市场需要，随时调整农民工继续教育及培训补贴标准。

---

① 孙学敏. 从"返乡潮"到"用工荒"看农民工继续教育的缺失：兼论如何加强农民工继续教育 [J]. 长江工业大学学报：高教研究版，2010（6）：17-19.

（2）建立多元化的新生代农民工继续教育及培训投入机制，拓宽筹资渠道

制定有效的、完善的农民工培训激励政策。各地方要将每年培训农民工的人数上报到中央财政部门，根据培训人数予以财政拨款，中央财政部门要安排专项经费来扶持农民工的教育及培训工作。设立专门负责农民工教育培训的管理机构，加强对地方教育机构的审核与管理，加大教育信息指导服务工作，为农村劳动力有序地向城市转移提供详细的信息咨询平台[①]；整合城市和农村现有教育资源，加强城市和农村现有的职业技术学校建设，同时建设农村劳动力转移培训基地，逐步建立以村为基础、乡镇为主阵地、县为补充的教育培训体系；建立以政府财政投入为主，用人单位、农民工个人以及其他社会力量共同负担的合理的、多元化投入机制；建议政府设立专项资金，用于农民工的继续教育及培训工作，对接受职业技能培训和学历教育的农民工给予财政支持。企业要投入农民工教育及培训专门资金，农民工个人承担参加教育培训的生活费用，从而在经济上解决农民工的培训问题。

（3）建立规范的新生代农民工继续教育及培训资金管理制度，提高资金使用效益

各级政府，按照每年计划培训农民工的人数，将教育资金列入财政预算，进一步加大农民工继续教育及培训补贴资金的投入力度，统筹使用中央和省级用于农民工继续教育及培训的各项财政拨款，将教育拨款切实有效地落到实处，强化各教育部门的职责和任务，认真做好农民工相关教育及培训工作，杜绝教育资金分散安排、分散下达、资金落实不到位的情况。

严格落实教育培训资金款项，各级政府要加强教育培训资金的监管，明确资金用途、申领拨付程序。要采取切实措施，对补贴对象、财政拨款等重点环节公开透明。强化财务管理和审计监督，建立健全教育资金管理的财务制度，以完善教育资金补贴审批为重点，加强农民工教育财政补贴的基础工作，建立完整的资金补贴数据库，将享受政策补贴的企业和农民工人员的信息录入到数据库，严格审核申请补贴人员资料的真实性，防止挪用、骗取补贴等问题的发生，确保资金安全。

（4）重视整合社会资源，构建新生代农民工继续教育及培训的新机制

通过政府政策引导、项目带动、市场运作等手段，整合农村、城市各类教育资源，以市、区县劳动职业培训中心为依托，充分发挥职业院校、技工学校、社会力量办学等各类职业教育培训学校的作用，政府要在政策上加以引导，让培训学校积极承担农民工的职业教育培训，并以此建立农民工公共职业培训基地和以农民工为主体的

---

① 甄月桥. 农民工就业心理透视［M］. 北京：科学出版社，2009.

人力资源市场，公共职业培训基地享受财政专项资金，专门用于包括外省籍在内的农民工的职业培训。农民工人力资源市场用于农民工的劳务输出，登记所有招聘农民工企业的用工信息，由用工单位向农民工人力资源市场提供技能需求信息，包括所需工种、人数、薪金和技术要求等，人力资源市场把这些信息加以整合后，提供给教育培训机构，教育培训机构根据订单要求适时调整专业设置和培训方向并进行培训，然后将经过培训的人员通过农民工人力资源市场整体输送给用工单位。

（5）建立有效的新生代农民工继续教育及培训工作的评估监管机制

政府要设立农民工继续教育及培训的监管部门，针对培训机构的各个环节制定一整套标准化的农民工继续教育及培训监测和评估指标，比如培训机构要将报名参加培训的农民工学员名单上交到监管部门，监督部门要定期去教育培训机构核实参加教育培训人员的上课情况及学员在课后对所学知识的掌握情况；建立农民工教育培训的电子系统，用于记录农民工的培训情况，每一个参加培训的农民工都有自己参加教育培训的电子档案，农民工可以将个人的学习需求发布在电子系统上，借助这个电子系统分析农民工教育培训的形式、内容、走向、学习需求以及学习能力等，把监测和评估的结果作为重要的反馈信息来相应调整以后培训的计划，提高教育培训效果。

（6）健全就业服务体系，提高新生代农民工参加继续教育及培训的积极性

健全农民工就业的组织管理机构，建立和完善职业介绍机构，加强劳务中介市场的监管，加强对转移出去的农民工的跟踪服务，通过建立健全良好的就业服务体系为农民工提供充足的用工信息，广播、报纸、电视台、网络等媒体定期为农民工就业做跟踪报道，及时准确地将企业对劳动力的需求情况、掌握技能的要求通知给农民工，积极地做好农民工就业信息的联络工作，充分帮助农民工实现就业。

（二）广州城镇化水平的提升可以为新生代农民工分享广州城镇化发展成果提供全面的保障

1. 改革不合理的户籍制度

（1）改革目前不合理的户籍制度，降低农民工入户广州的门槛

各级政府应该在认真贯彻和落实广州市关于农民工通过积分入户这一政策的基础上，根据实际情况，具体问题具体分析，深入研究、积极稳妥地开展户籍制度方面的创新和改革，降低农民工入户广州各城镇的门槛，在稳定就业的前提下，可以考虑通过鼓励农民工在城镇购房、稳定居住、提升学历和技术职称、缴纳社会保险、为社会

做出突出贡献等方面的途径扩大农民工入户广州的渠道，有秩序、分步骤地把符合条件的已经完全放弃农村土地并在广州市实现稳定就业或是创业的新生代农民工纳入到广州市的户籍体系中来。

（2）解决农民工随迁子女就学问题

随迁子女的受教育问题不仅关系着广州市居民整体文化素质的提升，而且关系到广州市经济社会发展的质量和远景目标的实现。应取消基础教育阶段重点校和非重点校之分，实现城区之间以及城乡之间公立学校的均衡发展，同时通过多种途径和渠道对民办学校的办学进行指导和监督，确保民办学校的办学条件和教育质量达到较高水平，对于非营利性的民办教育机构，政府应该给予必要的经费资助。坚决制止学校的乱收费、乱摊派等违规收费行为，从根本上解决新生代农民工随迁子女的就学问题，最终实现新生代农民工随迁子女按照居住所在片区就近入学，与城市居民子女一样享受平等接受优质基础教育的权利，避免新生代农民工的子女成为第三代农民工。

（3）把农民工纳入基本医疗和社会保障体系

各级政府以及企事业单位应尽快落实各自的责任把农民工纳入到基本医疗和社会保证体系之下，使农民工享有与城市居民一样的基本医疗和社会保障方面的福利。各级政府应该进一步加大财政统筹的力度，完善基本医疗和社会保障方面的规章和制度，同时保证必要的财政投入力度；各企事业单位也应该明确各自的责任，为自己的员工提供完善的医疗及社会保障服务，既是各企事业单位本身应尽的义务，也是各企事业单位履行社会责任的表现。

2．建立和完善法律体系，确保农民工的合法权益得到切实保护

（1）进一步规范企事业单位的用工行为，维护农民工的合法权益

督促各类企事业单位严格贯彻执行《劳动合同法》，积极指导新生代农民工与用工单位签订劳动合同，严禁各类企事业单位采取临时性的经济性裁员行为。采取强制性措施，确保用工单位必须为签订劳动合同的农民工依法缴纳工伤保险和必要的医疗、养老、失业保险。以中小劳动密集型企业、城乡结合部、服务性行业以及乡镇企业为重点，定期或不定期地开展打击非法用工专项检查行动。鼓励企事业单位建立有效的农民工工资正常增长机制、完善工资指导线、劳动力市场工资指导价位和行业人工成本信息指导制度，推动企事业单位内部农民工与其他各类工人之间实现同工同酬。建立企业诚信档案和社会责任制度，对于"恶意拖欠"农民工工资的企事业单位

依法应该给予严格的行政处分和经济处罚，依法将其纳入企业诚信黑名单。

（2）建立农民工法律援助体系，为新生代农民工依法维权提供全面的咨询和代理服务

鼓励社会中介组织依法组建新生代农民工法律援助体系，可以考虑依托各级政府或是工会组织设立新生代农民工法律援助中心，由政府相关部门提供必要的经费资助和办公条件，以法律援助中心的名义向社会各界募集援助资金，用于开展向新生代农民工提供法律援助方面的公益性活动。

（3）建立完善企事业单位职工代表大会制度，提高农民工参与企事业单位内部事务管理的积极性

鼓励企事业单位依法成立完善的职工代表大会制度，企事业单位内部的重大事务必须经由单位职工代表大会决定的议事机制。扩大新生代农民工代表在企事业单位职工代表大会中的代表席位，鼓励他们依法参与企事业单位内部事务管理过程的积极性与主动性。引导企事业单位依法履行社会责任，积极营造尊重和关心新生代农民工的良好工作氛围，畅通农民工利益诉求渠道，切实保障新生代农民工依法参与企事业单位内部事务管理的民主权利。

（4）建立和完善企事业单位内部工会制度，拓宽农民工依法维权的渠道

各级工会应该以新生代农民工为重点对象，创新农民工组织形式和入会方式，通过源头入会、劳务市场入会和先入会再组织成建制劳务输出、加强劳务派遣工入会等措施，推进工会组建和发展会员工作。加强农民工会籍管理工作，推广完善农民工"一次入会、持证接转、全国通用、进出登记"的工会会员会籍制度，健全城乡一体的农民工流动会员管理服务工作制度。[1]

（选自广州市哲学社会科学发展"十二五"规划2011年度课题"新生代农民工发展与广州城镇化水平提升和谐互动研究"。课题负责人：赵庆年；成员：祁晓、赵妍、张坚雄、王娜娜、刘金程。）

---

[1] 全国总工会关于新生代农民工研究调查总报告［N］. 工人日报，2010-06-21.

从市场治理到社会治理：企业社会责任的演进与启示

杨春方（广东第二师范学院）

一、研究背景

企业社会责任的发生实际上涵盖了三个领域：市场、社会和国家，包括了三个主体：企业、社会和政府。企业的内在自觉，以及政府和社会力量的外在约束与激励，共同推动企业社会责任行为向着良性的方向发展。在不同历史时期，不同社会背景下，企业、社会和政府三者力量对比的差异与社会结构的不同决定了企业社会责任问题治理模式的差异。

国内对企业社会责任理论的介绍和研究是 20 世纪 90 年代随着各跨国公司对中国的供应链企业实施社会责任认证而开始的（如刘俊海，1999）[①]，并在 2000 年以后达到一个高潮（如卢代富，2002；常凯，2004）[②]。然而从现实来看，引入西方成熟有效的企业社会责任理论和实践并没有很好地解决我国企业的社会责任问题，究其原因，就在于忽略了企业社会责任理论据以依存的中西社会结构的巨大差异。

西方社会在长期的历史发展中，逐步形成了今天"大社会，小政府"的社会结构，以及政府居中调节、企业与社会对等博弈的社会责任问题化解机制。有强烈社会责任意识的公民，强有力的社会组织，此起彼伏的社会责任运动，形成了对企业生死

---

① 刘俊海. 公司的社会责任 [M]. 北京：法律出版社，1999.

② 卢代富. 企业社会责任的经济学与法学分析 [M]. 北京：法律出版社，2002；常凯. 经济全球化与企业社会责任运动 [M]. 北京：人民出版社，2004.

攸关的社会责任社会治理机制，国家在企业社会责任的治理中则相对来说居于后台。[①]深入了解西方这种特定的社会结构及其历史演进规律，对中国企业社会责任问题的治理具有积极的意义。

因此，本文试图从社会结构的独特视角，从企业、社会、国家三者的相互关系及其历史演进中来分析西方企业社会责任问题的演化轨迹，探讨当代西方企业社会责任问题的历史发展、现实成因及未来走向，为中国企业社会责任问题的治理提供参考和借鉴。这与西方学者对企业社会责任问题琐屑的实证研究及国内学者对西方企业社会责任理论的简单借鉴相比，更有利于我们从宏观上把握企业社会责任问题的本质。

二、企业社会责任治理模式的历史演进

企业社会责任是个新理念，要求企业在追求利润的同时，承担起对利益相关者和社会的责任，追求经济与社会、环境的协调发展。但如果抛开企业社会责任的时代特色，仅从"遵法度、重伦理、行公益"的普遍意义上来讲，这一理念可谓源远流长，最早可以追溯到古代商人的社会责任观。

在古希腊，国家完全支配社会，社会从属于国家，二者共同服务于少数统治者。商人社会地位极其低下，"比奴隶的地位高不了多少"[②]。商人对社会的责任主要是绝对遵循统治阶级的意志，服从政治国家或社会的利益，开展社会公益性活动，为社区提供服务。

中世纪时期，教会势力异常强大，甚至凌驾于国家之上。根据教会的教义，营利动机是反基督教的，商人和商业体系都是不可信赖的，商人存在的目的就是要服务于公共利益。包括绝对诚实、遵从商业伦理、关心社区福利等。教会的教义在中世纪文化中的渗透是如此的全面深入，以至于商人对自身存在的道德性也产生了怀疑。[③]

进入重商主义时代后，几千年来鄙视商人和商业的传统理念被一种全新的经济学说和政策体系——重商主义所取代。在重商主义和国家本位的双重作用下，商人对社会或国家的责任即是不断地帮助政府增加国库的金银储备，[④]企业实际上成了主要服务于政府从国外获取财富的准公共企业。然而，在国家保护下工商业的发展为市民社会脱离政治国家的控制提供了条件，也促成了正式意义上的企业社会责任问题的

319

① 景云祥. 回应挑战：全球企业社会责任运动中中国的对策选择 [J]. 甘肃社会科学，2005（1）：195.

② Eberstadt N. What History Tells Us about Corporate Responsibilities [J]. Business and Society Review, 1978: 18.

③ Sheikh S. Corporat Social Responsibility: Law and Practice [M]. Cavendish Publishing Limited, 1996: 26–27.

④ Walton C C. Corporate Social Responsibility [M]. Wadsworth Publishing Company, 1967: 26.

第二部分 社会篇

出现。

根据不同时期社会结构的差异及社会责任治理模式的不同，我们将企业社会责任问题的治理依次划分市场治理、国家治理和社会治理三个阶段。

1. 企业社会责任的市场治理模式

在西方，16世纪以后，随着民族国家的建立和重商主义的出现，国家开始保护私人工商业的发展。因为，如果国家继续严格控制社会，限制私人工商业的发展，并由国家控制的官僚系统直接从事生产贸易活动，必然会因为官僚经济的低效率导致国家财政收入的危机。这样，财富的占有者和政治上的掌权者开始分离并各自独立发展。双方在相互分离的基础上逐步形成了一种契约性的交易关系，即国家承担对社会的责任，提供私人经济所不愿承担或无力承担的公共产品或服务，包括国防、治安、外交、消防、基础设施、仲裁服务等，私人经济必须遵守法律，交纳税收。然而，双方权力并不平等，单方违约甚至毁约现象时有发生。法国大革命和美国革命，最终为市民社会与政治国家的分离提供了一种立宪基础，并形成了一种双方互惠交易关系的制度性安排，如分权制衡、法治替代人治、司法独立等。它标志着市民社会最终从政治国家的控制中解放出来，完成了政治国家和市民社会的分离过程，从而为现代意义企业社会责任问题的出现提供了依据。

随着工业化时代的到来和市场经济的发展，国家对社会的强制为一种新的强制——市场强制所替代。根据当时西方各国所遵奉的亚当·斯密古典自由主义市场经济理论的观点，经济主体的责任就是追求利润的最大化，因为追求个人私利的主观动机能够自动实现个人利益与社会利益的协调，产生促进社会共同利益增加和社会繁荣的客观结果。"我们每天所需要的食料和饮料，不是出自屠户、酿酒家或烙面师的恩惠，而是出于他们自利的打算。我们不说唤起他们利他心的话，而说唤起他们利己的话。我们不说自己有需要，而说对他们有利。"[1] 新自由主义的弗里德曼对企业社会责任做了进一步的阐释，他指出在自由主义的市场经济条件下，"企业有且仅有一种社会责任——在法律许可的范围之内，利用他的资源从事旨在于增加其利润的活动。这就是说，从事公开的和自由的竞争，而没有欺骗或虚假之处。"[2]

从企业、政府、社会三者关系的视角，我们可以对自由主义市场经济条件下的企业社会责任做出如下界定：（1）企业只要在符合法律、伦理的最低要求下追求利润最

---

① 亚当·斯密. 国民财富的性质和原因的研究·上卷 [M]. 北京：商务印书馆，1997：14.

② Friedman M. Capitalism and Freedom [M]. Chicago: Chicago University Press, 1962.

大化，即算尽到了社会责任。（2）承担社会责任是政府的事，因为征收税款和承担社会责任是政府的基本职能。企业的管理者承担社会责任是越俎代庖。事实上，企业管理者也没有能力去促进社会福利，即便他们以此作为自己的目标也未必就能做好，因为他们并非这方面的专家。[①]（3）国家对企业和市场的干预越少越好，否则会损害自由社会的根基。政府的职责尽可能减少到只提供必要的"公共产品"和扮演"守夜人"的角色。

这种企业社会责任的市场治理模式或自由放任模式，事实上将利润最大化在观念上异化为经济主体的社会责任。至于本来意义上的社会责任所关注的伦理及公益等事项，虽然没有被抛弃，但被全部界定为政府的责任。产业革命以及经济竞争中资本家的成功与衰微，个体的贫困与财富分配的两极分化，则被社会达尔文主义者解释为一种物竞天择、适者生存的市场选择结果。这种市场治理模式将个人自由地追求私利与全社会普遍福利相等同，将个体最大限度谋求利润与其承担社会责任相等同，使企业的社会责任变得虚无缥缈。与其说是对社会责任的张扬，毋宁说是对社会责任的拒绝。

尽管当时一些企业开始参与社区建设、向穷人捐款、兴办教育的慈善活动，但这些都是个人行为，而不是企业行为。也就是说，企业主完全可以支配他个人的财富来"行善事"，但企业是不用承担社会责任的。这种观念一直延续到20世纪初，从而为近代社会危机的凸现埋下祸根，也迫使人们开始重新审视企业社会责任问题。

2. 企业社会责任的国家治理模式

不负责任的自由主义市场模式虽然带来了资本主义的繁荣，但随着资本主义的迅速发展及企业规模的不断扩张，企业的社会责任问题也日益突出。主要表现为：失业人口的增加；日益严重的垄断问题；企业财富的积累伴随着贫困问题的加剧和社会财富分配的两极分化；企业对资源的掠夺性开采和不合理利用，肆意排放污染物，加剧了资源的耗竭与生态环境的危机；企业对政治国家的渗透日益深入，一些大型企业通过与政府"联合"或向政府当局施加压力等多种方式，为企业谋取私利。资本与政权的结合成了20世纪世界生活中的一道奇特的景观。这些矛盾最集中、最突出的表现就是资本主义持续不断的经济危机。

严重的企业社会责任问题引发了企业与社会的尖锐对立与对抗，对企业社会责任

---

① Friedman M. Social Responsibility of Business [M]. In "An Economist's Protest: Columns in Political Economy". New Jersey: Thomas Horton and Company, 1970.

问题的反抗从罢工、破坏机器，发展到非理性、极端的阶级斗争和暴力革命。作为社会主体的无产阶级把斗争的矛头从指向企业，转而指向政治国家。对自由放任的市场模式的严重质疑演化为是计划还是市场，是资本主义还是社会主义的两种制度的抉择。

对自由主义的市场治理模式的质疑越来越多。福利经济学创始人庇古在1920年出版的《福利经济学》一书中，提出了市场外部性理论，指出在存在市场外部性的条件下，企业利益与社会利益就不会自动协调。^① 20世纪30年代的经济大萧条及其后西方资本主义的经济危机，导致了企业社会责任的国家干预模式——凯恩斯主义理论的出现。

经济学家凯恩斯提出通过国家扩张性的经济政策来刺激需求，以促进经济增长和增加就业，舒缓日益严重的社会责任问题。^② 从1932年到1942年的十年间，美国罗斯福"新政"对自由主义经济的大量干预，使人们开始将对企业所期望的社会责任转而寄希望于政治国家。^③ 这一模式逐渐为西方发达资本主义国家所普遍采用。其后西方国家出现的福利国家模式及其更进一步的新社团主义模式，都强调通过国家的政治干预和政府调控，来实现对企业社会责任问题的治理。如西欧各国社会民主党（包括社会党）一直把争取工人阶级福利的改善作为自己的奋斗目标。他们上台执政后，依靠国家政权提高企业税收，通过政府投入解决企业社会责任问题，增进社会福利。这种国家治理模式实质上是将企业社会责任定位于国家，要求国家实施积极的干预政策和社会福利政策，在保证就业、弥补市场失灵、消除企业的外部不经济性、提供垄断性的公共物品等方面承担起重要角色。

这种企业社会责任国家治理的极端形式就是苏联、东欧和中国等社会主义国家所实行的斯大林社会主义模式，即由国家或政府通过计划经济等手段直接控制企业生产，并由国家承担对全体社会成员"从摇篮到坟墓"的全部社会责任。此外，二战后许多第三世界国家先后走上了权威主义政权的发展道路，即由一个官僚或军人权威主义政权通过国家力量制定经济计划、兴办国有企业，并在承担社会责任与提供社会福利方面承担主要责任。

在国家社会责任边界不断扩张的同时，人们对企业的社会责任问题也展开了争论

---

① 庇古. 福利经济学 [M]. 朱泱，张胜纪，吴良健，译. 北京：商务印书馆，2006.

② Keynes J M. The General Theory of Employment Interest and Money [M]. London: Macmillan, 1936.

③ Dodd E M. For Whom Are Corporate Managers Trustees? [J]. Massachusetts, U.S.: Harvard Business Review, 1932, 45 (7): 1145-1163.

与探讨。1924年美国学者谢尔顿在其著作"管理哲学"中正式提出企业社会责任的概念，要求企业在追求利润的同时必须兼顾社会的利益。[①]这无疑是对资本主义奉为绝对的自由企业制度和利润最大化原则的根本动摇和颠覆，从而引致了企业社会责任问题的激烈论争。

1931年，贝利发文指出公司管理者只能服务于全体股东的利益，[②]这一观点立即遭到了哈佛大学法学院多德教授的批判，从而开始了长达二十多年的关于公司控制权的争论。1962年，梅恩对贝利关于现代公司要承担社会责任的观点进行了激烈的驳斥，[③]从而揭开了基于自由市场合理性的企业社会责任的争论。20世纪70年代以后，自由主义的经济学家、两位诺贝尔经济学奖的得主弗里德曼与哈耶克也先后对企业社会责任理论展开了批判。就争论的结果来看，从贝利的自认失败，到弗里德曼最终接受社会责任，都表明了个体利益对公众利益的服从、企业利益对社会利益的服从。这些论争促进了企业社会责任理论的传播，推动了企业社会责任实践的展开。

3. 企业社会责任的社会治理模式

西方国家对企业社会责任的国家治理模式在20世纪70年代后期开始出现一系列问题。这些国家普遍出现了经济停滞与通货膨胀并存的局面，加上欧洲人口的老龄化趋势及对福利需求的不断增长，从而带来了财政预算的巨大压力，一些高福利国政府背上了越来越重的财政包袱而难以为继。与此同时，国家治理模式导致了行政权力和官僚机构的膨胀，一些利益集团经常控制和左右国家政策，使普通民众的个人自由和权利受到损害。实证研究也表明，企业社会责任的国家治理模式由于信息不对称及官僚主义带来了治理与谈判的高昂成本，并容易导致"天花板效应"，即企业可能会将政府标准看成是要达到的最高标准，从而降低一些企业的社会责任水平。[④]

苏联和东欧等前社会主义国家所实行的斯大林模式的弊端也日益显露。这种模式否定了市场的作用，国家成了经济活动和社会责任的唯一主体，结果导致国家职能的增加和官僚机构的膨胀，各级官员中的腐败现象也愈演愈烈。此外，普通民众也日益养成了对国家的依赖感和懒惰思想，来自民间的积极性和首创精神受到窒息。此外，

① Sheldon O. The Social Responsibility of Management [M]. London: Sir Isaac Pitman and Sons, 1924.

② Berle A A. For Whom Corporate Managers Are Trustees: A Note [J]. Harvard Law Review, 1932, 45 (7): 1145–1163.

③ Manne H G. The "Higher Criticism" of the Modern Corporation [J]. Columbia Law Review, 1962, 62 (3): 399–432.

④ Baden D A, Harwood I A, Woodward D G. The Effect of Buyer Pressure on Suppliers in SMEs to Demonstrate CSR Practices: An Added Incentive or Counter Productive? [J]. European Management Journal, 2009 (1): 1–13.

第三世界国家由权威主义政权实施的"政府主导型"现代化模式，除了韩国、中国台湾等东亚个别国家或地区获得成功外，其他绝大多数国家均在政治上和经济上陷入困境。政治腐败，民众反抗，高压政策，民众更大的反抗，政权更迭，这已成为许多第三世界国家不断上演的一出政治悲剧。

各种事实使人们认识到，高度自主的、不负责任的国家权力的危害并不亚于高度自由的、不负责任的企业所带来的危害。人们开始转而思考如何约束日益膨胀的国家权力对个人自由及权利的威胁。因此，从20世纪80年代开始，新自由主义思潮再度兴起，行政改革的浪潮波及全球。20世纪70年代末和80年代初里根和撒切尔夫人都是新自由主义的实践者，他们在美国和英国大力推行市场导向的经济和社会改革政策，并进行了一系列被称为"新公民管理"或"重塑政府"的行政改革，主要内容包括压缩公共部门的规模，解除政府管制，国有企业私有化，经济贸易自由化，转变政府职能，权力下放或分散化，等等。与此同时，苏联、东欧等社会主义国家也开始通过改革向自由市场资本主义转变。中国、越南等社会主义国家也进行了建立社会主义市场经济体制的改革。许多第三世界也在通过结构性改革来实现经济自由化，解除国家对企业或市场的过度干预。

然而，新自由主义的理论和实践依然暴露出其局限性。如过分强调市场机制和企业的作用，加剧了社会不平等，弱势群体和贫困人口的需要得不到应有的重视。周期性经济危机依然难以解决。一些企业出现严重的社会责任问题引起了全球社会的高度关注。如20世纪80年代，在印度博帕尔邦发生了历史上最为不幸的工业事故：美国联合碳化物公司在印度的一家农药厂发生有毒气体泄漏，先后导致3500人死亡，20多万人受伤害。这起事故震惊了全世界。更有甚者，一些企业还直接参与推翻他国政府、犯罪和其他反人类、反社会的活动。

实践表明，以市场为中心的模式和以国家为中心的模式都不能有效地解决企业社会责任问题。随着国家从企业社会责任治理领域的逐步退出和新自由主义弊端的显现，人们开始寻找"中间道路"或"第三条道路"，并寻求实现它们的"第三种力量"。各种社会组织和社会责任运动开始进入人们的视野。

20世纪60年代，各种社会责任运动蓬勃兴起并成为推动企业社会责任问题解决的重要力量。这些社会责任运动也被称为"新社会运动"，因为相对于社会主义政党所领导的工人运动而言是新的。这些运动所关注的问题空前广泛，包括人权问题、生态问题、和平问题、妇女权利问题、黑人和少数民族问题等，并由此形成了不同的社会运动。这些运动的参与者是跨阶级的，不仅有工人阶级、资产阶级，还有中间阶级、政府官员、企业家、政府机构、非政府组织。这些运动也跨越了国界，不仅得到了发展中国家的社会公众的支持，也得到了发达国家社会公众的强烈支持。在传统的工人运动走向衰落之际，各种新社会运动的出现使人们看到制约国家权力和治理企业社会责任问题的依靠力量，有人把各种新社会运动称为"市民社会的复兴"。

这种社会组织和社会责任运动的蓬勃兴起，有其特定的社会历史条件。对社会成员或社会活动家而言，他们希望通过这些组织和运动来加强对企业和政府的监督，实现和保障自己的权利，或施展自己的理念抱负。对企业而言，他们希望通过与社会组织和社会运动的合作，通过承担更多的社会责任来换取社会公众和消费者的支持，以达到维护企业品牌形象与商业声誉，提升企业竞争优势，进而提升企业利润的最终目的。对政府而言，则希望通过社会组织和社会责任运动的兴起，来填补国家退出企业社会责任治理领域后所留下的空白，并为减少政府职能、削减政府开支提供依据。

这样，一种新的企业社会责任治理模式开始出现，我们暂且称之为企业社会责任的社会治理模式。这种治理模式一方面高度关注日益严重的企业社会责任问题，另一方面，它对企业社会责任问题的解决又主要依赖于市民社会的成长及其对企业社会责任问题的广泛参与和关注。如劳工组织、环保组织、消费者组织的广泛成立，社会责任投资基金的迅速增长，社会对企业品牌声誉和社会责任绩效的评估排名，针对企业环境与社会问题的社会运动等。这种对企业社会责任缺失行为的治理将过去极端的社会反抗运动逐渐转变为更为灵活的、对话的、理性的社会责任治理方式，即通过市民社会的压力将企业的社会责任问题内化于企业的市场交易行为之中，既避免了自由主义模式下企业追逐利润最大化而导致的严重的社会责任问题，也避免了福利国家模式下国家治理的高昂成本，及国家权力膨胀对个人自由和权利的侵害，实现了企业社会责任问题的"社会治理"和企业社会责任的"社会化"。

4. 三种企业社会责任治理模式的比较

综上所述，随着企业、社会和国家之间相互关系的变化及演进，西方企业的社会责任问题依次经历了自由主义的市场治理、福利国家的国家治理、当前的社会治理这样几个阶段。尽管在不同的时期企业、社会和政府三者的权力和边界在不断地演化，企业社会责任治理的模式在不断地变更，但总的来看，企业社会责任治理的水平在不断地提升，三者的关系也由对立、对抗不断地走向合作与共赢。企业社会责任治理模式的不断演进必将为人类社会赢得一个更加和谐、更加美好的未来。

为了更好地比较这几种模式的异同，我们试着从时间阶段，治理主体，治理方式，促进力量，社会责任治理的对象、目标，企业、社会与国家的关系，治理有效性，治理成本等方面对以上三种模式进行比较，具体见表1。

表1　三种企业社会责任治理模式的比较

	企业社会责任市场治理	企业社会责任国家治理	企业社会责任社会治理
存在时间	18世纪至20世纪30年代	20世纪30—70年代	20世纪70年代至今
治理主体	市场或企业	国家或政府	社会组织
治理方式	市场竞争	政治选举或政府政策	新社会运动
促进力量	无产阶级	中间阶级	全体社会成员
社会责任的对象	企业	利益相关者	全社会或全人类
社会责任的目标	企业利润	工人阶级福利	经济、社会、环境等广泛问题
社会、国家与企业关系	契约型交易关系	国家干预企业、社会	社会制约国家与企业
治理有效性	低	高	高
治理成本	低	高	低

在以上几种治理模式中，自由主义的市场治理实际上是企业的自我治理，强调企业社会责任问题在市场领域内的自动解决，强调企业对利润的追求就是企业的社会责任。从企业的角度来看，这种方式是最具弹性，成本最低，却是最不可靠与最不可信的形式。自由主义的市场治理带来的严重社会责任问题，甚至社会危机和社会革命，使其最终为国家治理的模式所代替。国家治理强调社会责任问题的政府监管与国家治理，这种国家或政府治理是一种"硬约束"，从企业的角度来看，它最缺少弹性却也是最有效的方式，也可能是社会公众和政府最倾向的方式。在这一方式下，企业必须不计成本地加以遵从。但信息不对称及官僚主义带来了治理与谈判的高昂成本。同时，这一模式还导致了国家权力的膨胀及其对个人自由与权利的侵害，巨额的财政负担，以及腐败等问题。企业社会责任的社会治理模式刚好弥补了市场治理与国家治理的明显缺陷。社会治理模型强调对企业社会责任问题的广泛关注，这与国家治理模型相一致。同时，它对企业与市场的肯定和强调，又与市场治理模型相一致。但是，与这两种模型不同的是，社会治理是一种"软约束"（介于市场"自愿约束"与国家"硬约束"之间），即主张采用更多的市民社会的直接干预及自愿的企业社会责任行为选择。这种治理模式不仅有效，而且成本更低，所以就成了以上两种方式之外的最佳选择，也是未来企业社会责任治理的发展方向。

三、研究启示

从企业社会责任的历史演进与比较分析中，我们可以得出以下几点启示：

第一，企业社会责任是国家、企业、社会三者利益博弈的结果。社会和政府的态度表达及其博弈能力的高低是企业承担社会责任的重要因素，特别是公众的社会责任意识及社会责任运动是驱动企业社会责任行为的最直接因素。这就是为什么在400多年的资本主义历史发展中，只是在20世纪企业社会责任才开始真正进入法律范畴和公众视野的原因。可以说，一部分企业社会责任运动史就是一部企业、社会与政府三者的利益博弈史。

第二，企业社会责任的边界呈现出不断扩大的趋势。随着企业社会责任运动的全球性扩张，及人们对企业承担社会责任期望的不断提升，企业从只追逐利润，不承担任何社会责任，到承担对利益相关者的社会责任，到致力于更加广泛的人类社会的发展目标，企业社会责任的边界正呈现出不断扩大的趋势。贫穷、疾病、气候变化和环境恶化，甚至腐败、人权、公众参与、政治民主与地区冲突等都被纳入企业社会责任的范畴。如威尔克所说的一样，"社会想获取的一切东西几乎都被包括在企业社会责任之中"（Wilcke，2004）。

第三，企业社会责任的社会治理是未来企业社会责任治理的发展方向。企业社会责任的社会治理是企业社会责任历史演进的必然结果。这种模式强调通过社会公众的压力将企业的社会责任问题内化于企业的市场交易行为之中，既避免了自由主义模式下企业追逐利润最大化而导致的严重的社会责任问题，也避免了福利国家模式下国家治理的高昂成本。与市场治理和国家治理模式相比，社会治理不仅有效，而且成本更低，是未来企业社会责任治理的发展方向和最佳选择。

第四，中国企业社会责任问题的根本治理有赖于中国市民社会的成长。中国"强政府、弱社会"社会结构决定了当前中国企业社会责任的治理更多地表现为政府的干预与监管。但从西方社会的历史与现实来看，政府治理并不是解决企业社会责任问题的最佳选择。这一点在中国特定的社会背景下更加明显。中国地方政府担负着发展地方经济的重要职责，成了典型的理性经济人与投资型政府。这种职能定位的失误导致中国地方政府所追求的更多是GDP和财政收入的增长，而不是社会责任。在很多情况下地方政府甚至与企业结盟，以低社会责任成本为条件招商引资，损害社会的利益。所以说，中国企业社会责任问题的根本治理最终有赖于中国市民社会的成长发育。

（选自广州市哲学社会科学发展"十二五"规划 2011 年度课题"用工荒的长效破解：企业社会责任的社会治理机制研究"。课题负责人：杨春方；成员：蒋冬梅、陈俊成、赵湘军、彭斌、梁伟真、艾展刚。）

市场经济条件下的女性非正规就业问题研究

——以广州市为个案

段　艳（广州铁路职业技术学院）

党的十七大报告在提到就业问题时指出："要实施扩大就业的发展战略，促进以创业带动就业。就业是民生之本。要坚持实施积极的就业政策，加强政府引导，完善市场就业机制，扩大就业规模，改善就业结构。完善支持自主创业、自谋职业政策，加强就业观念教育，使更多劳动者成为创业者。规范和协调劳动关系，完善和落实国家对农民工的政策，依法维护劳动者权益。"由此可见，非正规就业不仅是解决我国失业问题的必由之路，也是符合未来人们选择就业模式的发展趋势。

2011 年是"十二五"的开局之年。在实现金融危机冲突的 V 形恢复后，中国经济发展也进入了一个特殊重要的时期。保持经济的持续增长，系统地解决人口、就业和收入分配等社会经济问题，将有助于中国平稳地过渡到高收入经济水平（蔡昉，2011）。广东是非公有制经济发达地区，各种形式的非公有制企业分布全省城乡各地，非公有制经济在 GDP 总量中占有举足轻重的地位，成为国民经济的重要组成部分。2009 年，广州非公有制企业数量 125611 家，广州地区生产总值 9138.21 亿元，其中第一产业 172.28 亿元，第二产业 3405.16 亿元，第三产业 5560.77 亿元，人均地区生产总值 89082 元，随着私营企业的发展，第三产业在国民经济中所占比重不断提高，广东妇女也迎来了千载难逢的女性就业、创业时代。与此相对应，广东非正规就业发达，非正规就业对于促进社会经济发展和社会稳定，特别是解决城镇下岗失业女性和进城务工女性的就业问题发挥了重要作用。但是，在政策缺失状态下，女性非正规就业的低稳定、低收入、低社会保障以及低组织化程度不可避免地导致了女性非正规就业的经济脆弱性。为了更好地研究女性非正规就业，笔者选择对广州市白云区、黄埔区、海珠区 3 个中心城区，女性非正规就业积聚的部分行业、单位进行抽样调查，调查的具体内容包括女性非正规就业者的基本特征、劳动合同、劳动工资、劳动时间和强度、社会保障、组织化程度以及自主创业方面。该研究为我们从总体上把握广州市弱势女性群体创业的状况和问题提供了较为翔实的数据资料。本研究分析女性创业的现状及存在的主要问题，并在此基础上提出推进广州市女性创业发展的一些建议，以期能为我国就业、创业问题的研究有所帮助，为领导的决策提供可行性见解。

本课题研究具有以下几方面的意义：

第一，唤起全社会对女性就业，特别是女性非正规就业问题的认识和关注。非正规就业对解决城市下岗失业女性以及女性农村剩余劳动力的就业问题产生了重要作用，但是，女性非正规就业的低稳定、低收入、低社会保障以及低组织化程度不可避免地导致了女性非正规就业者在劳动力市场的弱势地位。怎样才能坚持经济与社会和谐、可持续的发展？这是一个值得深思的问题。本成果期望能够唤起全社会对女性非正规就业问题的关注和重视。

第二，为政府、劳动和社会保障部门化解我国就业难题、保障女性平等就业提供决策参考，为解决我国妇女就业问题提供新的契机。

第三，对促进广州经济发展，构建和谐广州具有现实意义，并可以为其他城市所借鉴。女性就业和创业对广州经济发展和社会和谐具有积极的促进作用，不仅增加了社会财富，创造出新的经济增长点，还为推动产业升级，减轻就业压力，稳定和提高妇女的经济地位做出了贡献。能"率先加快转型升级，建设幸福广州"，并推动广州市扶持创业和促进就业及创建国家级创业型城市工作有序开展。

一、相关概念的定义及理论研究

1. 非正规就业的概念

（1）国际劳工组织对非正规就业的定义

"非正规就业"一词源于国际劳工组织。20 世纪 60 年代后期，国际劳工组织推行就业计划（WEP），向一些发展中国家派出就业使团，帮助它们研究和制定国家和区域的就业发展计划，使团的专家发现，在发展中国家的大城市中许多失业者为了生计，从事一些未经政府承认、登记，也得不到政府保护和管理的经济活动。1972 年就业使团在肯尼亚完成了一份题为《就业、收入与平等：肯尼亚增加生产性就业的战略》的研究报告，首次把这类经济活动命名为"非正规部门"（ILO，1972）。国际劳工组织当时并没有给非正规部门下严格的定义，而是代之以特征的归纳：（1）市场容易进入；（2）依赖于当地资源；（3）家庭所有制；（4）小规模经营；（5）劳动密集，技术含量低；（6）从正规教育以外获得技能；（7）不规范的、竞争的市场（Bangasser，2000）。从事非正规经济活动并取得收入的行为就称为非正规部门就业或非正规就业。

由于上述描述具有一定的片面性，未将发达国家的非全日制就业、兼职就业等考虑在内，因此，在1992年1月，国际劳工统计大会对非正规部门的定义及其国际标准进行了扩充修正："从广义上说，非正规部门是由以创造就业和提供收入为根本目的，从事产品生产和劳务的单位构成。其基本特点是：组织水平低，作为生产要素的劳动和资本之间基本没有或较少有分工，生产规模小。"在《世界就业报告（1998—1999）》中，国际劳动组织将非正规部门进一步细分为三类：第一类是小型企业或微型企业，这一类在经济上非常活跃，通常通过承包或分包协议与正规部门联系在一起，可视为正规部门的延续，主要面对低收入者市场。第二类为家庭型企业，其活动大多由家庭成员承担。第三类为独立的服务者，包括家庭帮手、街头小贩、清洁工等。

（2）非正规就业概念在我国的移植和发展

上海市再就业工程领导小组办公室最早使用了"非正规就业"这一术语，并针对当时当地的情况给予了初步界定，接着便是胡鞍钢、陈淮、刘燕斌等专家与学者提出的内涵，但是直到今天，我国非正规就业的概念尚未统一，这也为研究带来了一定的困难。

概括我国学界对"非正规就业"的理解，主要有以下几种：（a）非正规就业主要是指广泛存在于正规部门和非正规部门中的，有别于传统典型的就业形式。主要包括两部分：一是非正规部门里的各种就业门类；二是正规部门里的短期临时性就业、非全日制就业、劳务派遣就业、分包生产或服务项目的外部工人等，即正规部门里的非正规就业（胡鞍钢，2001）。（b）非正规就业主要是指以个体经济或私人经济的形式从事社会经济活动的就业形式，还有为数众多的从业人员，以季节工、临时工等多种多样的形式从事社会经济活动（刘燕斌，2004）。（c）非正规就业在我国是从国际劳工组织引进的一种就业概念，它在英文里有 nonstandard work 和 informal employment 两种表述，其概念在不同的国家也是有不同的届定：非正规就业在西方发达国家主要是一种灵活、弹性的就业方式，是对正规就业的补充；而在我国和其他的一些发展中国家，非正规就业主要是指一些低收入、临时性、季节性、工作环境比较差的职业类别，在我国则更主要是面对流动人口农民工和城市下岗失业人员的职业供给。（王志凯，2005）

虽然上述学者定义的视角各不相同，但在非正规就业是有别于传统就业模式这一点上是一致的。目前在我国被广泛接受的概念是，非正规就业主要包括两部分：一是非正规部门里的各种就业门类；二是正规部门里的非正规就业。

（3）本文对女性非正规就业的理解与界定

为了本文研究的需要，特别在此加以说明，本文所研究的非正规经济以及非正规就业不包括制假售假、坑蒙拐骗、经营黄赌毒等违法经济；在人员构成方面，我国非正规就业的主要人群是国有、集体企业下岗失业人员和自由职业者、农民工，以及知识阶层和新就业群体。本文主要针对女性非正规就业人群中数量最大的两部分：女性农民工和下岗女工进行研究。

2.非正规就业理论渊源

（1）贫困就业理论

贫困就业理论是一种关于非正规就业产生和发展的内动力学说，它强调城市的内部结构分化，特别是由城市失业和贫困化而引起的社会阶层分化，有力地促进了非正规就业的产生和发展。国际劳工组织创立了非正规就业的概念，并在全球范围内尤其是发展中国家广泛推行非正规就业模式。国际劳工组织、世界银行以及许多经济学家都一致认为，非正规就业是他们必须对待的一类事，至少应作为第三世界国家城市平民生活的一个特征来对待，是城市贫困群体的一种就业模式。在阐述非正规就业时，国际劳工组织指出，那些没有能力进入现代经济部门的劳动力只有退而求其次，进入非正规部门就业。而对于非正规部门，国际劳工组织更是在1972年肯尼亚就业与收入报告中将其视为国家自力更生的一种重要源泉。

（2）二元经济理论

哈特和国际劳工组织的研究较多关注的是城市内部结构的分化，特别是因城市失业和贫困化而引起的社会阶层分化。而另一些经济学者则跳出城市自身，从城乡关系和城市化的宏观视角解释非正规就业的发育过程。如刘易斯的"二元经济模型"和托达罗的城乡二元结构理论。刘易斯将发展中国家的经济结构分为两个部分：以传统生产方法生产的、劳动生产率极低的、自给自足的农业经济体系和以现代方法进行生产的、劳动生产率和工资水平较高的现代工业体系。前者以农业部门为代表，后者以工业部门为代表。刘易斯认为，经济发展依赖现代工业部门的扩张，而现代工业部门的扩张需要农业部门提供丰富的廉价劳动力。刘易斯认为，无限的劳动力供给还应包括城市非现代工业部门的劳动者，如临时工、小商贩、家庭仆人等。而发展中国家的妇女作为一支重要的后备军，只要提供更多的就业机会，就会加入就业行列。但由于农业外的劳动力供给相对较少，因此刘易斯把农业部门作为工业劳动力供给的源泉。托达罗则认为，由于发展中国家城市存在大量失业，一个农业劳动力是否迁入城市不仅决定于城乡实际收入差异，而且还决定于城市就业率。托达罗把城市部门划分为现代部门和传统部门，并指出农村过剩劳动力并非由农业部门直接进入城市现代工业部门，而是先进入城市传统经济部门即非正规部门，由此产生大量非正规就业。

（3）劳动力市场分割理论

在对非正规劳动力市场的研究中，劳动力市场分割学派独树一帜，他们放弃了居于主流地位的竞争式分析方法，转而强调制度和社会性因素对劳动报酬和就业产生的影响。在以"两分法"疏理劳动力时，帕雷（Piore）指出，市场有一级市场和二级市场的区分：一级市场（或正规劳动力市场）的就业具有以下几个特征：工资较高，工作条件优越，就业稳定，安全性好，作业的管理过程规范，升迁机会多。

二级市场（或非正规劳动力市场）的工作则大为逊色：工资低，工作条件差，就业不稳定，管理武断且粗暴，毫无个人升迁机会。二级市场的就业者多为穷人，由于从业人员难以向上一级劳动力市场流动，因此，良好的教育和培训无助于提高劳动报酬。由于一级市场的工作要求高，同时雇主存在"统计歧视"，假定妇女的平均生产力低于男性，那么雇主偏好教育水平比较高、工作经验比较丰富的男性。这就使得大量女性"拥挤"在二级市场中相对较少的"女性"职业中，工资必然比较低。

在我国现阶段，通过多重分割劳动力市场的研究来剖析非正规就业的状况更与实际贴切。相比其他国家，我国劳动力市场更多地受制度性因素的影响，同时市场性分割的作用也在逐步增强。因此，借鉴劳动力市场分割理论并将之运用于我国现实劳动力市场的研究具有非常意义。

（4）人力资本理论

人力资本理论是由舒尔茨和贝克尔于 20 世纪 60 年代提出的，认为男人和女人之所以对自己的时间和收入采取不同的分配方式，是因为他们不仅仅考虑到当前的就业，而且还为了将来能持续的就业以及更多的报酬。后来的学者运用该理论来解释男女在职业和收入方面的差异时，拓展了舒尔茨和贝克尔模型中的一个假定：男人和女人在生活方式上是不同的，这将会对他们在人力资本上的投资产生极大的影响。由于妇女在家庭中的特别作用（如生育等），使得他们在劳动力市场上的就业和人力资本投资上是阶段性的。与此相反，男人就业上总是希望不间断的，所以必须对自己进行持续的人力投资。生活方式的不同造成了男女的人力资本投资量的差异。在劳动力市场上，雇主也会对这种差异做出反映，他们更愿意选择男性劳动者，因为男人的人力资本更高。

二、广州市女性非正规就业产生的背景

1. 广州市个体经济、私营企业的发展

在我国，非正规就业早就存在了，但在改革开放以前，非正规就业的发展受到计划经济体制的强力制约。非正规就业只存在于计划经济的体制缝隙中，发展非常缓慢。改革开放以来，随着个体经济、私营企业的发展，广州市非正规就业有了较大的突破。（见表1和表2）

表1　2000—2010年广州市城镇私营个体经济年末从业人员数（单位：万人）

年份	2000	2001	2002	2003	2004	2005	2006	2007	2008	2009	2010
人数	56.27	64.79	71.14	89.44	114.99	133.04	151.52	175.36	194.44	200.88	225.68

表2　2000—2010年广州市私营企业投资者人数和雇工人数（单位：人）

年份	2000	2001	2002	2003	2004	2005	2006	2007	2008	2009	2010
投资者人数	99282	434158	146683	150481	288822	353297	428770	482858	519985	477730	370456
雇工人数	289355	111389	377456	485921	589655	632248	702679	727000	795415	831601	969181

2. 农村剩余劳动力进入非正规劳动力市场

十一届三中全会以后，我国农村开始实行家庭联产承包责任制，涌现出剩余劳动力，农民开始进城务工经商。1979年以后广东省先后建立了深圳、珠海、汕头经济特区和一批经济开发区及高新技术产业区。为加快这些地区的发展，从省外调进了一大批经济管理人员和专业技术人员。同时，省内山区、经济欠发达地区的人口也逐步向珠江三角洲地区迁移流动。20世纪80年代中期开始，由于坚持以经济建设为中心，在改革开放的进程中先走一步，广东的经济获得了快速发展，劳动力的聚集和城市化

进入了快速发展阶段。农村剩余劳动力向城市转移，突破了传统的城乡封闭、区域间劳动力不能流动的僵硬格局，对改变城镇居民传统的就业观念，提高劳动生产率，构建成熟的劳动力市场起到了推动作用。并且，由于进城农民工大多数从事城市人所不愿从事的脏、乱、差工作，收入低、工作无保障，他们是城镇非正规就业的重要生力军。

较之国内一批大型城市，广州市对外来流动劳动力的吸引力有较大增长，每年大概增长 10%。截至 2010 年 12 月底，广州市实有外省劳动力 206.84 万人（见表 3）。

表 3　近几年广州市城镇累计外来劳动力数据（单位：万人）

年份	2000	2001	2002	2003	2004	2005	2006	2007	2008	2009	2010
外来劳动力	34.24	46.79	61.84	77.63	92.56	110.64	120.48	131.07	127.27	164.52	206.84

数据来源：2001—2011 年《广州统计年鉴》。此处的外来劳动力是指到劳动部门办理了劳动就业证，纳入了劳动部门管理的劳动力。

3．产业结构调整和国有企业大量改制的背景

根据配第 - 克拉克定理，伴随经济水平、资本有机构成的提高，必然会导致劳动力在各产业之间发生规律性转移，当第一产业发展到一定程度后，随着资本有机构成、生产集约化程度和劳动生产率的提高，必然会出现劳动力的绝对剩余。在第二产业内部，当资本有机构成的提高速度慢于工业扩大再生产的速度时，第二产业的就业人数增加，但在第二产业内部会发生转移。如装备制造业中的精密仪表、通讯设施、半导体等行业逐渐成为吸收大量的就业人员的部分。当资本有机构成提高的速度快于工业扩大再生产的速度时，第二产业的就业人数将迅速减少，就业人员由第二产业转出。资本有机构成越高，第三产业越发达，越能吸收从第一、二产业转出的过剩劳动力。第三产业就业人员在社会中趋于上升，并将在未来占据绝对的优势。

对比 20 世纪 80 年代以来广州市三次产业发展的变化趋势（见表 4），可以发现：改革开放以来，广州市三次产业结构和劳动力就业结构都发生了深刻的变化。以服务业为主的第三产业的发展，为女性非正规就业者带来了就业岗位。

表 4　1978—2010 年广州市三次产业从业人员及构成（单位：人，%）

年份	从业人员	第一产业	第二产业	第三产业	构成（从业人员 =100）		
					第一产业	第二产业	第三产业
1978	2668989	1165987	857527	645475	43.69	32.13	24.18
1980	2750467	1106432	922756	721279	40.23	33.55	26.22

（续表）

年份	从业人员	第一产业	第二产业	第三产业	构成（从业人员=100）		
					第一产业	第二产业	第三产业
1985	3134739	979869	1180526	974344	31.26	37.66	31.08
1990	3411513	963548	1241813	1206152	28.24	36.4	35.36
1995	4077775	924969	1583686	1569120	22.68	38.84	38.48
2000	4962579	956596	1982905	2023078	19.27	39.96	40.77
2005	5744550	869141	2222177	2653232	15.12	38.69	46.19
2010	7386999	797878	2972944	3616177	10.80	40.25	48.95

随着国有企业改革的逐步深化，国有经济单位职工比重在逐步减小。

表5 1995—2010 年广州市国有经济单位职工人数及比重

年份	国有经济单位职工人数（万人）	职工总数（万人）	占职工人数的比重（%）
1995	132.9	208.24	63.82
1996	130.05	202.88	64.10
1997	125.94	199.81	63.03
1998	120.71	197.02	61.27
1999	103.91	187.94	55.29
2000	98.11	180.36	54.40
2001	89.17	172.29	51.76
2002	87.79	177.73	49.40
2003	86.99	188.79	46.08
2004	86.04	193.03	44.57
2005	86.14	197.83	43.54
2006	81.64	203.91	40.04
2007	79.97	219.04	36.51
2008	80.69	220.53	36.58
2009	81.91	228.40	35.86
2010	83.77	238.79	35.08

1998 年，国有经济单位从业人员突破性地下降，相应地，国有单位下岗失业人数迅猛攀升。（见表6）

表6 1996—2010年广州市城镇下岗失业状况

年份	城镇从业人数（万人）	失业人数（万人）	城镇登记失业率（％）
1996	237.70	5.60	2.30
1997	239.53	6.53	2.66
1998	242.60	5.74	2.31
1999	239.8	6.46	2.53
2000	239.25	8.51	3.15
2001	240.62	9.16	3.76
2002	253.77	9.36	3.56
2003	277.46	7.28	2.70
2004	309.39	6.77	2.42
2005	332.80	5.41	2.08
2006	358.67	5.84	2.06
2007	399.04	6.75	2.23
2008	419.98	7.64	2.32
2009	436.03	7.51	2.25
2010	472.05	7.25	2.20

城镇下岗失业人员为非正规就业提供了劳动力，是城镇非正规劳动力供给的重要来源。

4．女性多种角色的需求

随着社会竞争的日益激烈，家庭生活水平期望的提高以及传统社会、文化观念的影响，女性所肩负的工作和家庭两副担子更加沉重。一方面，社会要求女性自立、自强，胜任职业，跟上社会潮流，成为事业型女性；另一方面，社会又期待女性在家庭中履行职责，成为贤妻良母。因此，妇女在社会与家庭的双重期待中常会陷入两难境地。特别是下岗、失业女性所面临的压力更大，在这种情况下，下岗、失业妇女从事非正规就业就为缓解这种冲突提供了新的途径。

三、广州市女性非正规就业的现状和特点

1．年龄分布特点

统计结果表明，广州市外来女性务工人员的年龄主要分布在18—24岁以及30—

39岁。18—24岁的女性家庭负担较小，外出务工比较自由；24—30岁是女性的生育高峰年龄，这在一定程度上限制了她们的流动性；30—39岁这一龄段的女性也成为外出务工的主体，她们通常随配偶一起进城打工，家中子女由爷爷奶奶照顾；而39岁以上的女性承担着抚养子女、赡养老人的义务，她们因为家庭的束缚而难以外出打工挣钱。广州市外来男性务工人员的年龄主要分布在30—44岁。由于此年龄段男性通常为家庭经济支柱，且需要体力劳动力的企业也倾向于招聘这一年龄段的男性劳动力，因此，30—44岁男性劳动力的供求数量都比较大（见图1）。

调查数据显示，失业、下岗人员大多数集中在35—45岁年龄段，所占比例超过70%。其中，男性在此年龄段的比例为71.2%，女性比例为75.2%，下岗、失业女性在此年龄段的比例高于男性。在45岁以上年龄段，下岗、失业男性的比例为23.7%，女性比例为18.6%，下岗、失业男性在此年龄段的比例高于下岗、失业女性。

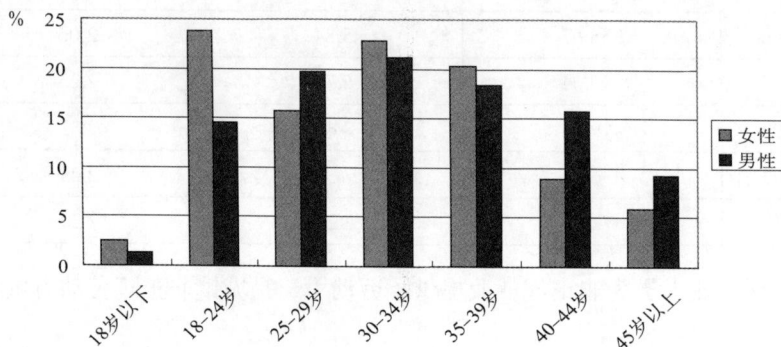

图1　城市外来务工人员的年龄分布构成统计

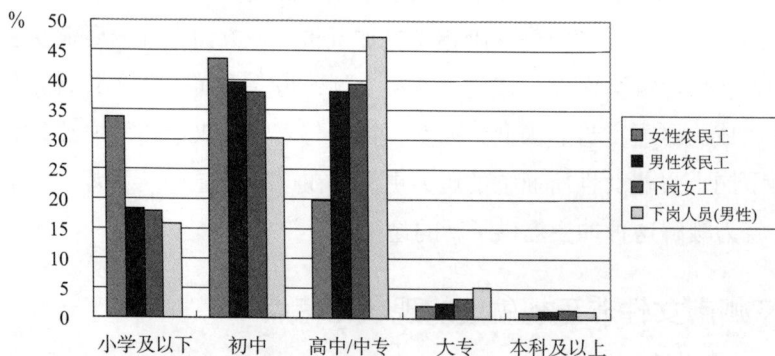

图2　广州市分性别非正规就业者文化构成

2．文化程度

在女性非正规就业者中，只受过初中及以下教育程度的人口比例高达77.2%，其中，受过小学及以下教育程度的人口比例为33.7%；而受过大专及本科以上学历的人口仅占3%（见图2）。文化程度的低下、技能的缺乏和单一成了女性非正规就业者难以进入正规部门就业的主要障碍。

3．劳动合同方面

调查数据显示，只有52.4%的女性非正规就业者持有劳动合同（见图3）。劳动合同期限越来越短，用人单位与劳动者签订超过一年劳动期限的合同越来越少，而签订一年期（25.6%）甚至半年期（16.1%）劳动合同的却越来越多。即使签订了劳动合同，合同的内容也不平等、不合理，用人单位与劳动者的权利、义务严重不对等，20%以上的劳动合同条款基本上是老板定的。

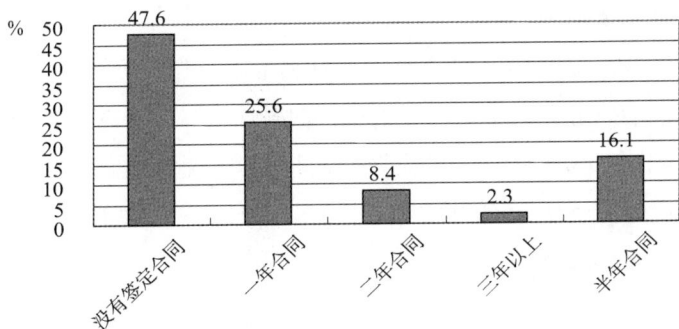

图3　女性非正规就业者的劳动合同签订情况

4．劳动工资方面

数据显示，女性非正规就业者个人月收入偏低，其中500—800元占11.5%，801—1000元占13.5%，39.5%的女性非正规就业者月工资水平处于1001—1500元的幅度；月收入在1500元以上的男性占总数的63%，而女性只占35.5%（见图4和图5）。2010年广州市城镇单位在岗职工年平均工资为54807元，女性非正规就业者的收入仅为正规就业者收入的一半左右。广东各地城市最低工资标准定得过低，成了一些企业过度压榨工人的"保护线"，竞相紧靠着最低标准为工人开工资。

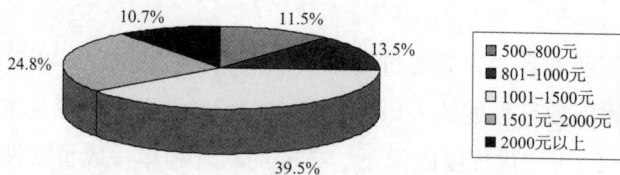

图4　女性非正规就业者的劳动工资水平

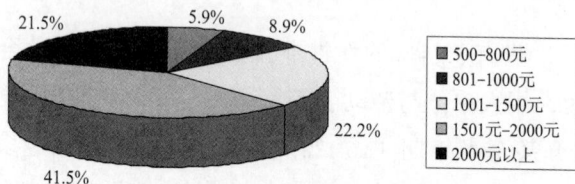

图5　男性非正规就业者的劳动工资水平

5. 劳动时间与强度方面

工人劳动时间长、超时加班加点是非公有制企业的普遍现象。根据本课题的调查显示，73.8%的女性非正规就业者劳动时间超过8小时。其中9—11小时者占63.9%，12小时及以上者占9.9%（见图6）。虽然女性非正规就业者要经常加班，但是她们当中的很多就业者却得不到应有的补偿。过长的劳动时间和过大的劳动强度严重损害了女性非正规就业者的身心健康。

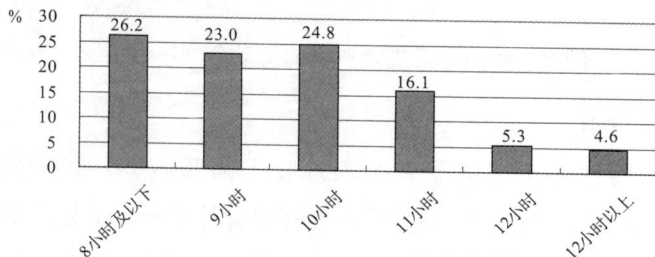

图6　女性非正规就业者的劳动时间与强度

6. 社会保障方面

女性非正规就业者很少能够享受社会保障，本课题调查数据显示，无论男女，非正规就业者的社会保障水平都远低于正规就业（见图7）。而且一般情况下，非正规就业女性的保障水平比非正规就业男性还要更低。如覆盖面最大的养老保险，男性只有18%，女性则更少，只有14.2%。生育作为社会劳动的一部分，无论是由社会还是用人单位给予价值承认，在正规就业体制中都已基本得到解决，但在非正规就业中，80%的女性非正规就业者不能享受产假和孕期保健工资。

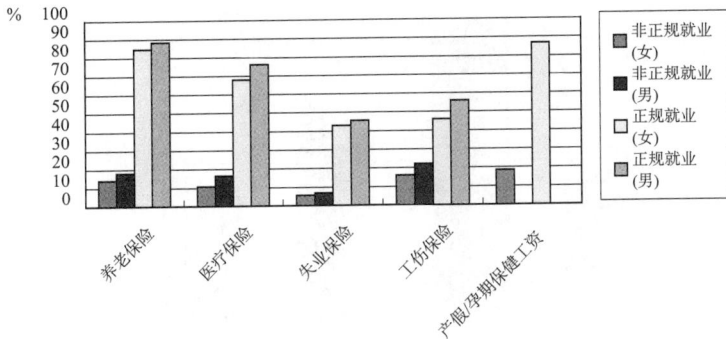

图7 非正规就业者的社会保障

7. 组织化程度

我国非公有制企业工人组织程度不高，组织力量弱。调查显示，非正规就业男性加入工会的只有25.9%，不足正规就业男性的一半；而女性非正规就业者加入工会的比例更低，仅为20.7%（见图8）。以上表明非正规就业者的组织化程度相对偏低，组织资源的匮乏使她们很难利用组织的渠道维护自己的权益。这也是非正规就业者的基本劳动权利得不到有效保障的一个重要原因。

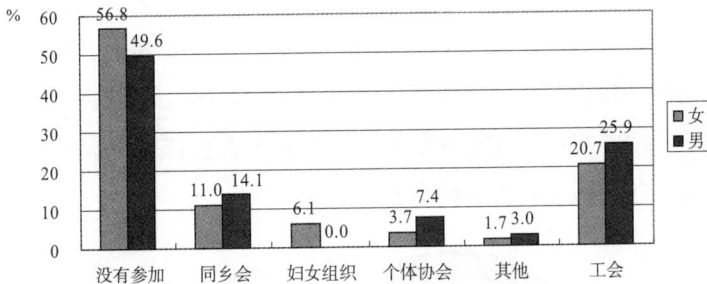

图8 非正规就业者的劳动组织化程度

8. 女性非正规就业者自主创业方面

（1）创业意愿

经由样本统计发现，广州市弱势女性群体创业意愿较高，其中失业下岗女性创业意愿强烈的人数最多，占37.3%，创业意愿非常强烈的人数占21.4%，二者合计为58.7%；女性农民工创业意愿强烈的人数占36.1%，创业意愿非常强烈的人数占 17.8%，二者合计为 53.9%（见图 9）。中青年女性成为创业的主体，是创业的生力军。

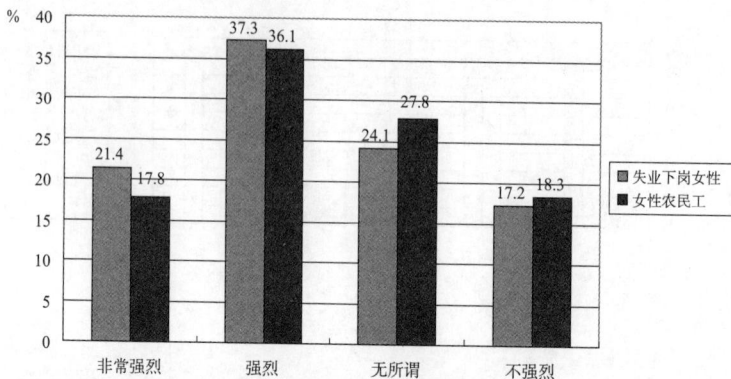

图 9　广州市弱势女性群体创业意愿

（2）女性创业动机

GEM（Global Entrepreneurship Monitor）类型分为机会型创业和生存型创业。属于机会型创业的创业者，将创业视为其职业生涯中的一种选择；而属于生存型创业的创业者，把创业视为不得不做出的选择。调查数据显示弱势女性群体大多属于生存型创业，占 87%，而机会型创业较少，仅占 13%（见图 10）。她们当中有被迫下岗为了"生存"而走上创业之路的，有"因家境贫困或收入微薄，希望通过创业来改变个人与家庭经济状况"的，这部分女性大多不是主动、积极地寻求创业机会，而是为了生存而创业，以个体经营为主，她们所受的教育相对较低。在被调查的女性非正规就业者中，只受过初中及以下教育程度的人口比例高达 77.2%，而受过大专及本科以上学历的人口仅占 3%，整体文化层次不高。广州市弱势女性群体创业者的学历层次相对较低，与女性以生存型创业为主的特点有关。

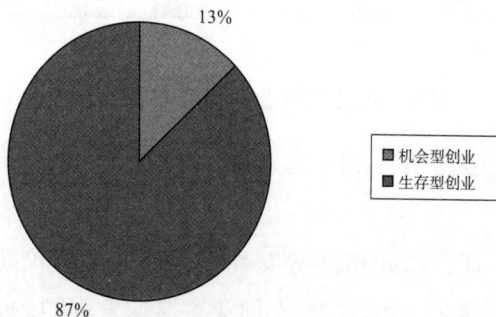

图 10　广州市弱势女性群体创业动机类别

（3）服务业是女性创业的重要领域

失业下岗女性和女性农民工在期望创业的领域中主要是商业服务、社区服务和餐饮服务（见图11）。在城市产业结构调整和城市服务功能不断拓展的背景下，我国城市第三产业的发展还具有很大的潜力，而各类服务业则是第三产业的主题和基础。随着弹性工作时间的推行、家务劳动日益社会化，商业服务、餐饮服务业、现代服务业、社区便民利民服务业等服务行业都能为女性提供广阔的创业和就业空间。女性创业者之所以选择这些行业，是因为这些行业比较容易进入，而且这些行业往往以家庭为基础，有利于妇女在事业与家庭之间取得平衡。除此以外，妇女创业较多选择上述行业，是因为其所需资金较少，科技含量低。

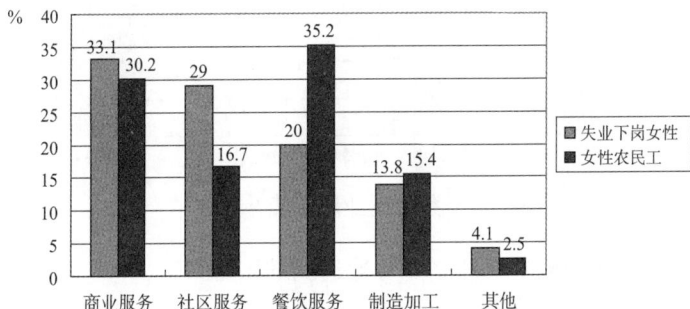

图11　广州市弱势女性群体最希望创业的领域

（4）创业伙伴的选择

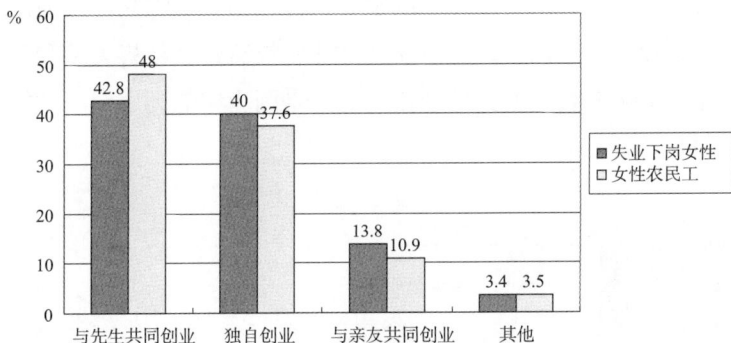

图12　女性创业伙伴的选择

数据显示（见图12），在创业伙伴的选择中，希望与先生共同创业的女性最多，失业下岗女性占42.8%，女性农民工占48%；独自创业者，失业下岗女性占40%，女性农民工占37.6%；与亲友共同创业者，失业下岗女性占13.8%，女性农民工占

10.9%。

（5）女性创业起始资本来源

调查数据显示，35%的弱势女性群体认为创业资金靠个人储蓄，38%认为靠家庭和朋友的支持，认为创业主要靠外部支持（政府支持和银行贷款）的仅占27%（见图13）。资金不足被认为是创业进程中最大的困难。

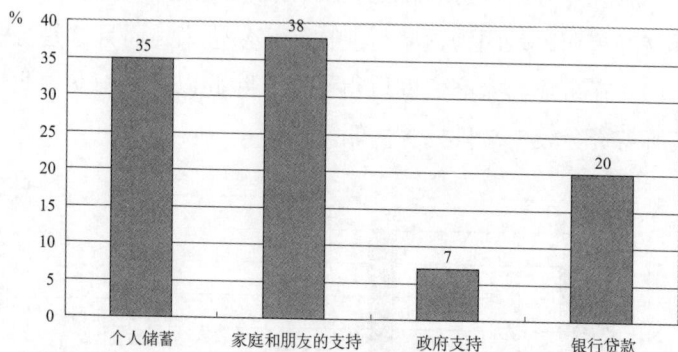

图 13　女性创业起始资本来源

（6）资金、市场和场地是女性创业普遍遇到的困难

不同的女性群体都认为资金缺乏是创业中的第一个难题。女性非正规就业者通常处于弱势地位，家庭缺乏比较稳定的经济来源，只能维持基本的日常生活开支，缺乏创业资金是普遍现象。自筹资金和向亲友借贷的数额相当有限，对于创业投入实在是杯水车薪。现有的商业银行信贷担保制度设置条件较高，女性往往因为没有资金或者资金不足而放弃创业计划。同时，多数女性群体并没有什么销售关系和背景，对市场的适应能力较差，被调查者中不少计划创业者正是因为考虑到她们产品的销售和市场因素而放弃了创业（见图14）。

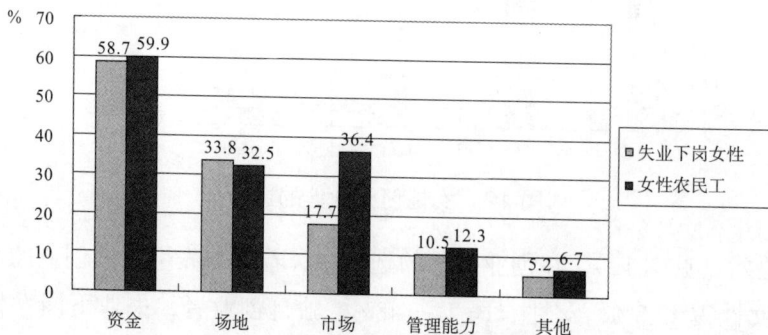

图 14　女性创业的最主要困难

（7）在创业的政策扶助方面，女性群体对资金贷款、市场信息和销售渠道、投资失败的风险保护有较高的需求

调查数据显示，弱势女性群体对创业的政策扶持有强烈的需求，在失业下岗女性中对资金贷款、场地、投资失败的风险保护、市场信息和销售渠道的需求分别为50%、41.9%、30.5%、31%。女性农民工在这方面的需求比例分别为52.2%、30.5%、34.3%、28.6%（见图15）。

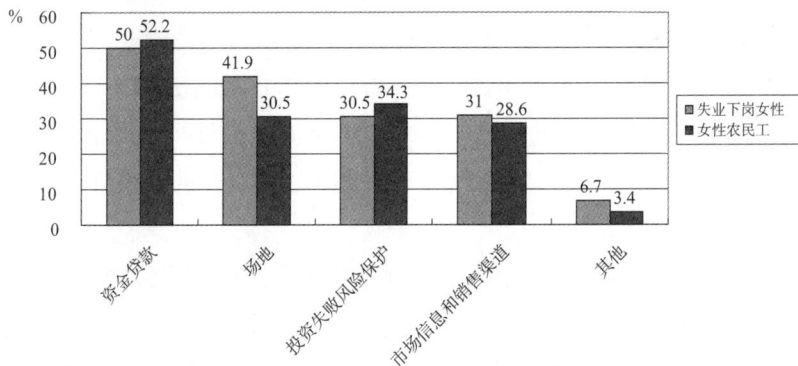

图 15　女性创业者最希望得到的创业扶持

四、制约广州市女性非正规就业发展的主要问题

1. 保护难点

（1）女性非正规就业者劳动保护

第一，劳动雇佣关系不规范。规范的劳动用工需要签署劳动合同，这可以使企业与就业双方获得法律的保护。但是，非正规就业者的劳动合同的签订率要远远低于城市的正规就业者。非正规就业者尤其是非正规部门的劳动雇佣关系不规范主要表现在以下三个方面：一是不签劳动合同的现象严重。本课题组的调查数据显示，只有52.4%的女性非正规就业者持有劳动合同，47.6%的私营企业没有依法与职工签订劳动合同。在非正规就业中尤其是非正规部门中，很多存在雇佣关系的双方不签订劳动合同，当雇主需要人手时，一般通过两个途径来获得：到职业介绍中心去找，或托亲戚朋友介绍。需要工作的女性非正规就业者也主要通过这两条途经来找，当双方达成口头协议之后，就开始工作，没有正式的书面合同，当双方出现纠纷时，难以通过法律手段来解决。二是劳动合同管理存在很多问题。即使是劳动双方签订了合同，其内容、形式也不完备。例如，合同的必要条款不全，甚至部分条款违法等。同时，劳动

合同签订、变更、解除、终止的行为也很不规范。例如，在非正规部门中，经常出现一些企业不与职工协商就随意解除劳动合同，企业不按规定支付经济补偿金，也不认真履行劳动合同和各项义务，甚至侵害劳动者合法权益等现象。三是很多个体工商户在雇佣员工时向员工收取押金。

第二，劳动条件恶劣。女性非正规就业者一般文化素质较低，且法律意识、权利意识和主体意识不足。目前，劳动力市场的显著特点是供过于求。在这样的供求关系下，雇主通常采取不利于劳动者的行为，致使女性非正规就业者劳动条件恶劣。例如，对广东省农村转移劳动力调查发现，农村转移劳动力认为噪音严重的占50.1%，认为工作场所通风状况不好的占39.0%，认为粉尘严重的占38.0%，认为高温情况严重的占33.7%，认为潮湿严重的占17.9%，认为工作毒性严重的占17.9%，认为照明条件不好的占22.6%，认为防火设施不好的占15.7%，认为作业空间狭窄的占35.8%。

第三，工资报酬低，拖欠、克扣女性非正规就业者工资的现象在个体、私营企业中大量存在。一些企业主要通过制订一些不合理的"厂纪厂规"或以各种理由克扣和拖欠个人工资，本课题组的调查数据显示，女性非正规就业者中有23.4%的就业者被拖欠或克扣工资。

第四，劳动时间超长。国家规定的标准工时制度是指：劳动者每天工作8小时，每周工作不应超过40小时。正常情况下的加班加点，一般每天不超过1小时。因特殊原因需要延长工作时间的，在保证就业者身体健康的条件下延长工作时间每天不得超过3小时，每月不得超过36小时。然而，本课题组的调查数据显示，女性非正规就业者一天工作10—12小时是相当普遍的情况，每天工作时间在10小时以上的女性非正规就业者占调查总数的26%。

（2）女性非正规就业者社会保障

社会保险的筹资原则是政府、企业、个人共同负担，雇主需为单位职工按工资总额的一定比例缴纳保险。而大多数私人、个体企业生产规模小，市场不稳定，本小利微，难以确保按时足额缴纳保险。而在这类企业就业的女性非正规者多来自农村，她们的工资本来就不高且缺乏稳定性，除去房租、水电以及寄回家中养老抚小费外，已是所剩无几。倘若还要参加社保缴费，显然力所不能及。这也是社会保障工作难以推进的一个重要原因，即企业、个人两方面都缺乏参保积极性。再加之非正规就业者松散的劳动关系和流动性大的特点，加大了社会保险管理工作的困难和管理成本。

2. 支持难点

（1）资金扶持

总体上说，虽然全国和各地已出台了一些优惠政策，但是，目前开办小企业和从事个体经营者缺乏完善、有利的政策环境。政策歧视现象仍然存在，如政府采购项目、优惠贷款、关键资源的分配等，非正规部门和非正规就业者很难得到。尤其缺乏针对小型企业和个人的信贷和担保制度，使得小型、微型企业得不到贷款。这使小型企业开办难，也难以抓住市场机会，难以发展壮大。地方政府出台的给自谋职业和从事个体经营者以贷款支持的政策，因受到许多现实因素的制约，多是形同纸上空文。根据本课题组的调查表明，有 61.8% 的非正规就业者明确回答在创业前向他人借过钱，有 53.3% 是从亲戚朋友处借到的；从金融机构得到贷款的只有 1 人，占 5.60%，这说明创办微型企业或个体工商户的融资渠道相当窄，尤其是银行系统的作用没有发挥出来。

（2）经营场所

缺乏经营场所，这是大中城市开办小型、微型企业和个体经营面临的又一个普遍问题。大中城市正规的经营场地租金太高，小型和微型企业的小规模经营难以承受；而那些简易经营场所往往又影响市容和环境卫生，容易招致政府管理部门的取缔和禁止。因此，政府应为非正规就业创造良好的基础设施和合理的配置（如为小货摊提供特定的经营区域等），这不但解决了缺乏经营场所的难题，还有助于减轻非正规部门发展所带来的环境问题和加强管理。

（3）女性非正规就业的服务机制

缺乏完善、有效的女性非正规就业的服务机制。非正规就业最突出的特点是"灵活"，这就需要一个能够适应这种灵活性的就业服务保障机制，包括就业信息服务、就业咨询服务等，要求各种服务要及时、有效，且有针对性，要满足不同层次的求职群体的要求。目前，我国在非正规就业的服务管理中，还没有建立起相应的、完善的服务机制，在就业岗位信息提供方面，存在着信息缺乏、更新慢、信息不准确，甚至是提供错误信息的现象。就业培训服务和咨询服务也存在一些不足，如就业培训针对性不强，培训与重新上岗之间存在脱节现象；培训科目有待进一步向多样化、实用性发展，以满足不同层次、不同水平的求职者的需求；就业咨询服务的内容和手段也要进一步多样化，并加强针对性和指导性。

3．与非正规就业发展相适应的法律法规有待完善

缺乏专门的针对女性非正规就业的法律法规体系。在国家现行的法律法规体系中，对非正规就业方式没有专门的规定，已有的一些涉及非正规就业的法律法规不够系统和全面。因此要健全和完善劳动法制法规的建设，在法律上赋予非正规从业人员应有的地位；加强劳动监察和执法力度，为非正规从业人员提供法律咨询等。

五、促进女性非正规就业发展的对策建议

以上调查数据表明，在政策缺失状态下，女性非正规就业的低稳定、低收入、低社会保障以及低组织化程度等主要问题导致了女性非正规就业者在劳动力市场的弱势地位。因此，政府应加大对女性非正规就业的支持力度，具体表现为以下几个方面：

1．规范对女性非正规就业的劳动用工管理

（1）规范劳动关系，加强劳动用工管理

劳动用工必须以契约为依据，得到法律承认并明确双方的权利与责任关系，女性非正规就业者，无论是从事生产性服务还是家政服务、社区服务等工作，都必须订立书面劳动合同，合同的内容要按照劳动法有关规定，从实际出发，灵活确定，通过合同，用工者和劳动者双方共同商定工作时间、工作要求、劳动报酬、安全保障等权利和义务。

（2）有最低工资、小时工资保障

广州市人民政府《关于调整我市企业职工最低工资标准的通知》（穗人社发〔2011〕17号）中有如下规定：本市（花都区、番禺区、南沙区、从化市、增城市除外）企业职工最低工资标准调整为1300元/月，小时最低工资标准为7.47元/小时；非全日制职工小时最低工资标准调整为12.50元/小时；生产经营正常、经济效益持续增长的用人单位，原则上不得以最低工资标准支付劳动者在法定工作时间内提供正常劳动的工资；因生产经营困难确须以最低工资标准支付全体劳动者或部分岗位劳动者正常工作时间工资的用人单位，应当经工会或职工代表大会（或全体职工大会）讨论同意。明确规定女性非正规就业者的最低工资标准，使女性非正规就业者在维护自身权益时有法可依，使政府等有关部门在执法与监督时做到违法必究、执法必严。

2．加快对女性非正规就业社会保障制度的创新

将女性非正规就业人员纳入基本社会保险范围。从现实情况看，由于劳动关系的不确定性，在非正规就业状态下，雇主与就业者很难比照工资总额缴纳各种社保费

用。现行城乡社保制度不对接，保险基金的区域统筹与外来工的跨省流动之间存在冲突，非正规就业者工资普遍不高，针对这些情况，广东省应扩大社会保险的统筹层次，可建立全省统筹，并降低社会统筹部分的缴费标准，个人账户可以自由转移。非正规就业者流动性大，她们的缴费年限可以适当缩短一些，不必累计15年，以调动她们参保的积极性。由于非公有制企业劳动安全卫生难以保障，工伤事故、环境污染事件经常发生，应将非正规就业者完全纳入工伤保险保护网。此外，针对女性生理特点，应尽快把女性非正规就业者生育保险纳入并适当降低缴费比例。完善女性非正规就业社会保障制度，必须在就业与保障、生存与发展、效率与公平之间寻找一个平衡点，兼顾各方关系与需要。因此，各方应当努力，积极探索，切实解决女性非正规就业中社会保障制度面临的实际问题。

3. 促进构建女性非正规就业的支持体系

（1）为女性非正规就业的发展提供必要基础设施和优惠政策

女性非正规就业者中有相当一部分从事个体经营或合作创办小企业，政府在城乡结合部街道、社区建设规划中，可考虑为下岗女性、女性农民工群体、已存在或将成立的非正规组织提供必要的经营场地；在税收、信贷等方面提出政策倾斜和优惠办法，放宽融资渠道，建立有效的以政府为主体的非正规部门信用担保体系；为创业者免费提供培训和指导，让她们在市场定位和创业领域的选择上有比较清晰的认识，降低创业失败的风险。

（2）提高妇女参与非正规就业的能力

文化素质的低下和技能的缺乏是女性非正规就业者在劳动力市场竞争中处于弱势地位的主要原因之一。在市场经济条件下，提高女性非正规就业者的综合素质，增强她们的就业竞争力和适应能力，能够有效地促进女性非正规就业者的发展。目前，面向女性非正规就业者的培训体系还很不完善。这部分培训主要由一些社会力量来承担，不仅费用昂贵，而且缺乏系统规划，培训内容也比较单一。政府在制定实施职工教育和培训的政策时，应将女性非正规就业者的培训纳入各级公共财政的支持范围，并加大女性非正规就业者的职业培训力度，增强培训的针对性、实用性和有效性。与此同时，要加强对劳动者维权知识的宣传教育，提高劳动者维权意识，增强其自我维护能力。

4.建立健全劳动保障法律法规体系并加强执法

建议制定《广东省外来人员权益保护条例》、《广东省最低工资保障条例》、《广东省劳动争议仲裁法》，积极呼吁政府出台保护妇女权益的法规、政策（如《广东省实施〈女职工劳动保护规定〉办法》、《广东省实施〈妇女权益保障法〉规定》等），通过法律手段来保护女性非正规就业者的权利。

各级劳动保障部门要贯彻实施《广东省工资支付条例》、《劳动保障监察条例》，加强对非正规就业的劳动关系，特别是劳动工资方面的管理，加大对恶意拖欠、克扣工人工资等严重侵害女性非正规就业者合法权益的经营者的打击力度并创新管理手段。同时，执法要严格有效，以确保我国女性非正规就业者在实际生活中获得与之相配套的法律保障，避免由于是女性非正规就业者而在就业机会、劳动时间与报酬、劳动安全、劳动保护、社会保险等方面受到歧视和其他不公正待遇。

参考文献：

［1］广州市统计局. 2010年广州市城镇单位职工年平均工资主要情况［EB/OL］.（2011-05-06）［2011-08-06］. http://www.gzstats.gov.cn/tjgb/qtgb/201105/t20110509_25148.htm.

［2］社会学与人口研究所. 广东社会与人口发展蓝皮书［M］. 广州：广东经济出版社，2006.

［3］国务院办公厅. 国务院办公厅转发人力资源社会保障部等部门关于促进以创业带动就业工作指导意见的通知［Z］. 国办发〔2008〕111号.

［4］广州市创业促就业工作网. 广州市创业扶持政策指南［EB/OL］.（2011-09-23）［2012-03-12］. http://gzcy.gzlm.net/view_doc.php?id=1251.

［5］广州市地方税务局. 广州市地方税务局关于印发促进就业创业地方税（费）优惠政策指引的通知［Z］. 穗地税发〔2009〕135号.

［6］广东省人民政府. 关于进一步做好促进就业工作的通知［Z］. 粤府〔2008〕55号.

［7］广州市创业促就业工作网. 广州市创业（孵化）基地展示［EB/OL］.（2011-09-23）［2012-03-12］. http://gzcy.gzlm.net/view_doc.php?id=1249.

［8］张圣兵. 全球化进程中的就业变迁［M］. 北京：中国财经经济出版社，2002.

［9］刘燕斌. 面向新世纪的全球就业［M］. 北京：中国劳动社会保障出版社，2000.

［10］蔡昉. 中国劳动力市场转型与发育［M］. 北京：商务印书馆，2005.

［11］陈月新. 欧盟国家妇女非正规就业的发展及其对我国妇女就业的启示［J］. 妇女研究论丛，2001（1）.

［12］杨雪. 欧盟共同就业政策研究［M］. 北京：中国社会科学出版社，2004.

［13］游钧. 中国就业报告：统筹城乡就业［M］. 北京：中国劳动社会保障出版社，2005.

［14］谭琳，刘伯红. 中国妇女研究十年（1995—2005）［M］. 北京：社会科学文献出版社，2005.

［15］王红芳. 非正规就业对女性利益的影响及对策［J］. 浙江学刊，2006（3）.

［16］蔡昉. 2002年：中国人口与劳动问题报告——城乡就业问题与对策［M］. 北京：社会科学文献出版社，2002.

［17］胡鞍钢，杨韵新. 就业模式转变：从正规化到非正规化［J］. 管理世界，2001（2）.

［18］马连敏，任远. 欧盟国家非正规就业管理制度建设及对我国的借鉴［J］. 上海综合经济，2002（3）.

［19］胡鞍钢，赵黎. 我国转型期城镇非正规就业与非正规经济（1990—2004）［J］. 清华大学学报：哲学社会科学版，2006（3）.

［20］丁金宏，冷熙亮. 中国对非正规就业概念的移植与发展［J］. 中国人口科学 2001（6）.

（选自广州市哲学社会科学发展"十二五"规划2011年度课题"市场经济条件下的女性非正规就业问题研究——以广州市为个案"。课题负责人：段艳；成员：阮彩霞、苏丹、王向岭、江帆、王喜苗。）

人口老龄化对广州市养老保险的影响及对策研究

刘　娟（华南农业大学）

一、引言

（一）问题的提出及研究意义

1. 问题的提出

人口老龄化是全球性问题，也是今后整个人类社会不得不面对的新问题。老年人口在总人口中的比例不断增加，带来的直接影响是劳动力人口的比例降低，对社会经济的影响是巨大的。人口老龄化对养老保险体系的威胁也是显而易见的。养老金危机率先从西方发达的福利国家开始，对传统的福利国家模式造成的冲击引发众多社会矛盾和冲突；养老金问题，将是西方政治中最直接、影响最深远、人民最关心的问题，如果解决不好，这些矛盾和冲突随着人口老龄化程度加重将会带来政治问题。对中国来说，随着人口红利的消失，人口老龄化问题和养老金问题也摆在了政府和公众的现实面前，养老金的筹集、增值保值、养老金缺口、退休年龄等都成为社会热点，涉及各方利益，牵一发而动全身。当我们还未来得及为中国"人口红利"带来的经济高速增长喝彩，却尴尬地发现陷入一个两难的困境：人口结构快速转变带来的"未富先老"。老龄化给经济增长带来许多挑战和冲击，老龄人口数量不断增多，将导致国民收入分配格局以及经济资源配置格局发生变化，社会资源向养老资源转化、增加相关养老的财政支出、提高企业养老金的支付水平和配置更多与养老有关的公共服务和支出。

人口老龄化对养老保险制度有着至关重要的影响。人口结构的变化决定着社会保障的项目及内容结构，不是经济的因素也不是政治的因素，而是人口的自身发展需求决定养老保险制度的结构与内容。由于中国养老保险目前是省级统筹，因此区域性研究是十分必要的，我们选取广东的广州作为研究对象，基于以下几点："六普"数据显示，到 2010 年 11 月 1 日零时，广州常住人口 1270.19 万人；加上登记的流动人口实际人口超过 1400 万，广州的实际管理人口是广东省的 1/5；对于一个千万人口的城市，广州市目前关于养老保险相关研究还十分匮乏，这对养老保险相关政策的科学决策来说是不利的，也是危险的；"北上广"三个城市虽然经常被人们拿来进行各种比较，但无论和北京还是上海相比，广州有关人口老龄化的影响及相关研究以及社会保险的研究无论是规模还是影响都有很大的差距，这不能不说是广州学术界的一个很大的遗憾。

2. 研究的意义

根据 2005 年全国 1% 人口抽样调查资料（广东省）数据显示广州市人口老龄化问题呈现两个显著特征：老年人口的增长速度快、规模大；人口结构呈现高龄老龄化特征。"养儿防老"逐步转变为依靠养老金防老，"养命钱"的养老保险如今在人口老龄化大趋势下，面临越来越大的支付压力，支付高峰大约在 2030 年左右。面对一个千万人口的大城市、面对辖区内转轨时期留下的养老包袱，一方面人口老龄化导致退休人员节节攀升，另一方面养老金缺口渐渐拉大，面对这种让人窒息的逆向断裂，我们不得不为未来担心：当我们垂垂老矣，谁来为我们养老？因此，对人口老龄化下广州不同模式下养老保险金长期精算估计是十分必要的。在这个背景下，选择研究不同制度、不同保险模式下广州养老保险的长期精算，具有重要理论价值和现实意义。

（二）相关概念及研究综述

1. 相关概念

（1）社会统筹：筹集社会保险资金的基本方式。一般指按照法律规定，由政府和社会组织出面，按照统一的原则和标准，从用人单位和个人收入中筹集费用，形成专项社会保障基金，在规定的范围内统筹使用，主要是按照规定的标准，向符合条件的个人或家庭支付社会保险待遇。社会统筹打破了家庭或单位各自分散抵御风险的局限，在共御风险的同时，提高了社会的融合度。

（2）现收现付制：是指当期社会养老保险缴费或纳税负担当期退休人员养老金支出，根据以支定收的原则，测算每年养老金支付的实际需要，然后确定雇主和雇员应缴纳当期社会保障费的比例。当期征收的资金主要满足当期支付的需求，一般无积累或只有少量结余，无需为未来的支付预做储备。

现收现付制的实质上依靠同一时期正在工作的一代人的缴费来支付已经退休的一代人养老金的制度安排，涉及代际的收入分配。它是一种以短期资金收支平衡为原则的社会保障方式。

2．研究综述

养老保险制度作为一项经济社会和谐发展的经济制度，当遭遇人口结构变动时，就需要对原有的养老制度进行结构性调整或制度性变革。人口老龄化是人口出生率、死亡率下降及人口预期寿命延长的结果。作为一种必须面对的客观趋势，人口的老化在任何国家和地区都概莫能外，差别只是出现时间的早晚和进程的快慢。面对日趋严重的人口老龄化趋势，如何为老年人口提供有保障的养老保险，同时又不影响经济的持续稳定发展，成为人们关注的焦点。在政府层面还进一步关心当期是否可以顺利支付养老金，什么状态下（如退休年龄的推迟）可以延缓养老基金的缺口等这些具体的实际问题。遗憾的是这方面的研究，特别是对现有政策、制度有极强应用价值的研究成果还比较欠缺。已有的相关研究大致反映在以下三个方面：

（1）人口增长率和养老金增长的关系

Aaron 在 Samuelson 迭代模型中加入生产和投资，得出养老金的增长决定于人口的增长率和劳动生产率的增长率。袁志刚利用两期迭代模型支持了 Aaron 的结论。而索洛增长模型推导出的经济增长的黄金定律表明，完全累积制下的养老金增长也取决于人口的增长率和劳动生产率的增长率。肖严华通过两期迭代模型的敏感性分析指出人口增长率越低，越难证明一个养老保险基金为零的完全现收现付制是合理的；人口增长率越低，要达到修正黄金规律所需要的最优养老保险基金就越大，在此情形下，政府通过管理最优保险基金，才可有效地应对人口老龄化对养老保险制度的冲击。

（2）人口老龄化与养老保险制度的选择

一些学者认为人口老龄化是现收现付制的罪魁祸首。但程永宏反驳了人口老龄化使得现收现付养老金制度难以为继的观点，他构造了一个以人口老龄化程度和经济增长关系来反映在职者养老金负担率的模型，实证检验表明在未来几十年里只要人均产出增长率不低于 3%，或总产出率增长率不低于 4%，现收现付制就不会发生危机。Barro 论证了基金制不能解决人口变化带来的冲击，因为人口变化带来的根本问题是整个产出的下降。Feldstein 假定把美国当前的现收现付型社会养老保障制度变为完全累积的缴费确定型制度，会在 50 年或更长时间里给 GDP 带来年均 0.1% 的增长。Kotlikoff 等则认为这种变化将使美国资本总量在 70 年后增加 37%，GDP 增加 11%，实际工资水平增长 317%。

（3）退休年龄对养老保险基金支出的影响

在当今老龄化不断加深的背景下，未来养老保险基金甚至会出现赤字运行，如李扬的模型计算结果，说明人口老龄化背景下中国现行的养老保险制度是缺乏长期偿付能力的。因此在国内外文献中，绝大多数学者都主张抑制提前退休，鼓励推迟退休。提高法定退休年龄，有助于消减养老保险隐性债务规模。姜永宏估计，如果我国男女平均退休年龄提高到 60 岁，隐性债务规模将缩减 18%，提高到 63 岁，债务规模将缩减 40%，退休年龄每延长一年可以为养老保险基金减少 200 亿元的缺口。在养老金筹集和给付模型中，在支出方面，主要是人口老龄化和预期寿命的增加导致养老金替代率上升；在筹集方面，主要是覆盖率与遵缴率不高以及退休年龄过低导致基金筹集不足。Samwick 通过一个简单的代际模型，分析了养老金计划对退休决策的影响，他认为可以通过经济激励来遏制提前退休，鼓励推迟退休。

从本质上讲，中国乃至全球人口结构的老化在相当长的时期内都是不可逆转的，因而只能在该背景下合理规避其给经济社会发展带来的各种风险，这无疑使制度与政策调节成为必须。

（三）研究目的和研究方法

1．研究目的

中国的养老保险改革推进实际上由地区政府主导，由下至上推进，改革决策通常建立在地区政府改革实践的基础上。广州市是全国一线城市也是广东省第一大城市，辖区内 1400 多万人口，人口问题复杂，对养老保险的影响也是多方面的，把广州作为研究对象，将对广州人口的发展规划、养老保险制度的整合、养老保险基金的收支等提供全方位的解释和系统解决问题的方案。

2．研究方法

本研究在文献综述分析基础上，采用定性研究和定量研究相结合的方法。对养老保险的收支平衡等进行研究；用比较分析方法分析各种因素对养老保险支付能力的影响等。

二、人口老龄化与社会养老保障：世界性的问题

（一）人口老龄化：人类社会不得不面对的新问题

1. 人口老龄化带来的挑战

人口老龄化现在似乎是社会上每个人都知道的人口学术语，人们或多或少从这个术语中感到恐慌。人口老龄化本身并不代表任何特殊的含义，只是人口学的一种现象，是现代人口转变的必然结果，也是人类社会进步和文明的标志之一。它指的是老年人口在整个社会人口中的比例不断上升的过程。衡量指标一般用60岁以上老年人口占总人口的10%或者65岁及以上人口占总人口的7%以上来衡量。一般发达国家采用65岁及以上为老龄人口划分，而发展中国家采用60岁及以上的划分标准。这个划分是和劳动力年龄人口相对应的，按照劳动经济学劳动力人口的划分标准，65岁开始退出劳动力市场。随着人口出生率、死亡率下降和预期寿命的延长，人口的平均年龄和年龄中位数会不断增加，和之前的任何社会相比，人口趋于老龄化。但随着人类寿命的延长和科技发展，也许未来社会65岁也可以很好地工作，是人类社会的"中年"。因此，不必过度地渲染人口老龄化的悲观情绪。

按照现在的衡量标准，人口老龄化的进程势不可挡。1851年，法国第一个迈进老年型国家，此后19世纪末期的瑞典和20世纪20年代以后的英国和德国相继成为老年型人口国家。20世纪40年代，美国、比利时、加拿大、意大利、苏联和日本等国也先后进入老年型国家。到目前为止，除了非洲外，其他洲都基本进入老龄化社会。人们对老龄化到来的恐慌是因为人口老龄化所带来的一系列变化和影响，主要是对经济社会的影响。

2. 人口老龄化对养老保险制度的影响

"人口老龄化"意味着劳动力人口变少，老年人口变多，也就是较少的在职人口负担较多的老年人口。老龄化趋势严重，如果养老保险制度不能适应这种变化，则可能带来养老制度的崩溃。养老保险制度在现代社会发挥着巨大的作用，当前世界上大约40%的工人、30%以上的老年人是有正规的社会保障方式提供老年保障的。[①]因此，人口老龄化社会，人们更关心和担心将来养老金的发放问题。人口老龄化的趋势，对社会养老保险体系的制度性影响体现在收入和支出上。收入主要体现在：缴纳养老保险的人数变少，如果缴纳的水平不变，意味着领取养老金的老人收入水平下降，如果提高缴纳标准，则对企业和个人的负担变重，应不利于经济的发展，因此变

---

① 叶响裙. 中国社会养老保障：困境与抉择［M］. 北京：社会科学文献出版社，2004：1.

成一个两难的选择；支出主要体现在：由于社会平均预期寿命的延长，退休人员领取养老金的年限增加；此外由于进入老年人口的比重越来越多，也意味着领取养老金的人数也越来越多。在如此人口老龄化背景假设下，西方大多数国家流行的养老保险现收现付制度有可能会面临破产。

3.人口老龄化对我国养老保险体系的影响

人口老龄化是 21 世纪全球性难题，我国面临的形势更为严峻，主要有 3 个特征：一是来得早。西方国家都是完成工业化后进入老龄化，而我国是"未富先老"。二是来得快。西方国家老龄化从 5% 上升为 10%，普遍用了 40 多年时间，而我国只用了 18 年。2008 年末，我国 60 岁以上人口近 1.6 亿人，占总人口的 12%，而且每年以 0.4% 以上的速度增长。三是持续时间长。由于人口基数大，预计我国在 21 世纪 30 年代进入老龄化高峰后，将高位保持 30—40 年时间。初步测算，到 2050 年我国每 4 个人中就有一个老年人。人口老龄化对养老保险和医疗保险影响重大。经验数据表明：老年人的平均医疗费是中青年的 3 倍以上。值得注意的是，一方面我国人口预期寿命不断增长，部分大城市居民已接近 80 岁；另一方面提前退休的现象仍然比较普遍。长此下去，必然导致社会保险基金"生之者寡，食之者众"的局面，收支缺口逐步扩大，制度运行隐藏着重大危机。

当我们还未来得及为"人口红利"带来的经济高速增长喝彩，却尴尬地发现陷入一个两难的困境，人口结构快速转变带来的"未富先老"。人口老龄化的同时伴随家庭的小型化和多代户家庭的减少，传统的家庭养老功能正在降低。越来越多的老年人依靠退休金养老，但随着人口结构的快速转变，青年劳动人口的减少，领取退休津贴的老年人口的增多，以及高龄老龄化的显现，即使参加了城镇职工养老保险的老人们，也面临着社保养老金缺口扩大的压力，如上海已出现这种情况。不仅上海一个城市，事实上我国养老保险金的缺口越来越大，按照世界银行的测算，中国养老保险形成债务约 3 万亿元。中央财政用于养老保险的拨款与 5 年前相比增加了 10 倍多。人口老龄化给经济增长带来许多挑战和冲击，老龄人口数量不断增多，将导致国民收入分配格局以及经济资源配置格局发生变化，社会资源向养老资源转化、增加相关养老的财政支出、提高企业养老金的支付水平和配置更多与养老有关的公共服务和支出。

（二）人口老龄化趋势下的各国养老保险制度改革与发展趋势

当前社会保障发展趋势主要分为两支：发展中国家主要是建立健全社会保障制度，扩大覆盖面，逐步提高保障水平；而许多发达国家的社会保障主要是应对老龄人口迅猛增长、福利刚性、政府负担过重以及利益多元化的挑战。

1. 发达国家养老保险制度的改革与发展趋势

近年来，一些发达国家开始实施一系列改革。各国社会保障制度发展具有代表性的趋势是：

（1）单一模式向混合模式演进。英国和澳大利亚，以国家保障为基本制度，将公共附加养老金计划转变为储蓄积累式的企业年金；就连高福利的瑞典，也开始引进与收入关联的名义个人账户制度。而实行储蓄积累的智利，规定对因积累过少而待遇水平太低的老年人给予最低养老金，实际带有国家保障的因素。如今，已经很难用单一模式界定一个国家的社会保障制度，各国普遍向多层次、多支柱的混合模式发展。

（2）分散责任，引入市场化运作。许多国家建立了企业年金、储蓄性保险等养老保险的第二、三"支柱"，也需要投资收益的支撑。这就为市场因素更多地介入社会保障领域开拓了空间。对社会保障积累资金，有的国家实行政府机构直接管理和委托投资运营，如新加坡；有的国家则建立专门的私营管理投资机构，如智利等南美国家的养老金管理公司；还有的国家则依托已有的市场机构，如美国的401K年金计划。采用市场化方式，使社会保障的灵活性增加，开辟了新的筹资渠道，政府从无限责任转为承担有限责任，但个人要承担一定的投资风险；同时，市场机构因趋利而冒险投资，也会对投保人利益造成损害。因此，各国政府都面临着如何对市场机构强化审查程序、严格监管的问题，力求降低市场风险。

（3）消极保障向积极保障转变。社会保障水平过高容易引发道德风险，如养懒汉等；还容易掉进"福利陷阱"。许多西方政治家看到了这些弊端，但受政党政治和多重利益格局牵制，只能采取微调和渐进的改良方式。这些国家采取的对策是，在保持社会福利总水平不降低的情况下，调整政策取向，把原来消极的保障转变为积极的保障方式。一些老龄化程度高的国家，通过逐步提高领取养老金的法定年龄等措施，延长就业和缴费年限，强化了养老保障的激励和约束机制。

2. 我国养老保险制度的改革与发展趋势

我国在改革开放初期，开始探索以社会保险为重点的社会保障改革，是围绕着国有企业改革、经济体制转轨，探索中国的社会保险制度之路。建立了国家、企业、个人三方共同负担的社会保障制度，中国的养老保险制度是基于庞大的人口和国情基础下的社会统筹与个人账户相结合，这种养老保险制度不同于以往任何国家和地区现收现付制或者基金制，所以中国的养老保险制度是社会保险历史上的创新，也是对世界社会保险制度的贡献。

十七大之后，中国社会养老保险建设从以城市为中心，以职业人群为重点，开始转向对农村养老保险的建设，开始对整个社会所有群体的养老保险做出通盘的设计和考虑。

（1）养老保险保障人群的全覆盖

中国的养老保险制度有60年的历史，但是初期是以劳动保险为主，实施时间从建国初期至改革开放初期，这一历史时期的主要特点是由国家和单位一包到底。但是保障范围很窄，主要是公有制单位的正规就业群体，城市非正规就业人员、农村居民等都被排斥在外，该时期的有些政策一直还沿用至今。以社会保险为重点的社会保障改革是从改革开放初期至党的十六大，这一时期的养老保险制度的建设主要是以城市的职业人群为重点，城市居民和农村居民的养老问题仍然没有做出通盘考虑和设计。十六大以来，以城乡统筹为目标的养老保险制度开始进入了全面发展和制度创新阶段。扩大养老保险制度覆盖面，做到应保尽保。养老保险范围不断扩大，从"窄"到"宽"，养老保险从"部分人群"向"全部人群"的全覆盖推进。养老保险的覆盖范围逐步从国有企业向多种所有制组织、从正式职工向灵活就业人员、从城镇居民向农村居民扩展。城镇基本养老保险参保人数涉及2.57亿人，新型农村社会保险试点838个试点县、4个直辖市，参保1.03亿人，3400多万60岁以上的农民领取了每月至少55元的基础养老金。

（2）养老制度的全面建设

党的十六大以来，中央提出要加快建立覆盖城乡居民的社会保障体系。社会保障被提升到前所未有的地位，开始进入城乡社会统筹发展和制度创新完善的新阶段。解决了一批体制转轨的历史遗留问题，支持了国有企业改革和经济结构调整。但不容忽视的是，随着快速城市化和工业化的发展，城乡结构发生了很大变化，这种快速变化的格局凸显了农村社会保障制度的缺失，这种缺失包括两个方面：一方面是大量在城乡之间流动的农民工，尚缺乏适合其特点的政策安排；另一方面是留守在农村的老人的养老问题。2009年开始实行新型农村社会养老保险试点工作，就是解决农村老人的养老问题。中央财政对中西部基础养老金（55元/月）全额补助，东部50%，地方政府缴费补贴，每人每年不少于30元，集体补助由村民确定。

国家连续7年统一调整企业退休人员基本养老待遇，基本养老金由1998年月人均413元提高到2011年的1500元，此后养老保险待遇的提高从领导重视开始向制度化方面转变，建立了养老保险的正常调整机制。2010 年出台了《社会保险法》，从法律上保障社会养老保险事业的顺利发展，也保障了参加社会养老保险人的各种权益。

（3）社会化管理服务初步建立

把企业事业单位养老保险的社会服务和管理事务向社会化管理服务转变，减轻事业单位的负担。目前，全国社会保险经办服务机构有 7400 多个，街道和乡镇劳动保障事务所有 3 万多个，并建立了社会养老保险的信息化网络管理体系。城镇企业退休人员的养老金实现了由社会服务机构发放，信息联网实现了养老金可以跨地区领取和就近领取，也杜绝了任何单位或者个人挤占或挪用、拖欠养老金的问题。

到目前为止，72% 的企业退休人员纳入街道社区管理服务，老年公共服务和社区服务正在不断地建设和完善，城市的养老服务目前发展比较迅速，但是农村的养老还处在空白阶段，虽然在政策上不断推出，但是实际建设并没有跟上。但城乡社会养老统筹是未来发展目标。

（二）我国社会养老保险面临的新情况新问题

1. 不同利益群体的利益诉求不同

我国的社会养老保障多重新老问题叠加在一起，很多老问题难以在短时间内平衡，但是如果解决不好，又将引发新的社会问题。一个是体制转轨遗留的问题、各类社会无养老保障群体的利益诉求增加，有些"集体"企业职工及家属还没有在养老保险制度之内，有些已成为诱发社会不稳定的因素。二是某些企业、事业单位等存在养老金调整和攀比现象，且日趋普遍，由于体制差异，所以导致企业高级技术人员的退休工资还没有政府编制的司机的工资高，经过几年的调整，出现的问题是企业向事业单位和公务员的退休比待遇，引起不平衡心态，而事业单位又坚持与公务员的退休标准做比较。现在企业退休人员工资调整机制已经建立，但是事业单位退休工作如何调整？如果企业养老金调整，那将来农民的退休金涨不涨？企业养老金涨，那么在职人员的工资涨不涨？现在出现了退休人员和在职人员养老金倒挂问题，这个问题如果不解决，那么会出现新的不公，也不利于养老保险制长期平滑顺利地发展。因为现在社会已经出现不同的利益群体，不同利益群体诉求的利益是不同的，因此单一的政策很难满足不同群体的利益，或者说在满足一部分群体的利益，可能就带来另一利益群体的攀比和不满，所以在新时期下，如何协调这些不同利益，公平、公正和有效率，并且能够解决问题而不是在解决老问题的同时带来新问题，这是需要决策者认真思考的。

2．对社会保障的管理服务提出新要求

改革开放以后，在人口流动、工业化、城市化等过程中，人们的生活方式和工作地点发生了很大变化，这种变化使得公众对社会保障的管理和服务的方式及效率提出了新的要求，如异地养老、异地就医等，原有的社会保障公共服务的方式和项目内容远远落后于新形势下人们对公共服务的内容、方式、项目、效率提出新的要求，特别是在市场化和就业方式多样化的情势下，社会保障管理水平和服务能力不能匹配，这将在很大层次上阻碍社会保障事业的发展。此外，由于现在中国的养老保险的统筹层次是省级统筹，因此如果就业地点发生跨省变动，那么政策衔接问题仍然没有理顺。在"十二五"期间，《社会保险法》提出的国家统筹将对全国的养老保险的发展提出更高的要求，而对养老的公共服务体系也只能遵循从无到有、从弱到强的顺序，把最需要最急迫的项目先做，其他项目稍后做的原则来加强基本公共服务体系建设。

3．全球化对养老保障的冲击和影响

进入 21 世纪以来对养老保障冲击最大的两大因素，一个是人口老龄化，另一个是全球化。资本、贸易和生产的日益全球化促使各国政府制定提高本国经济竞争力的政策，为了降低企业的成本，因而强化市场机制在社会保障领域的作用。对我国来说，经济的外贸依存度很高，国际经济的周期性波动、汇率的变化都可能导致国内一批企业特别是中小企业停产关闭，从而造成社会保障压力。而且由于历史债务原因，我国的社会保障特别是养老保障的收费比例还是很高（总体28%，企业20%，个人8%），从而带到用工成本较高，这在一定程度上使我国人口红利带来的正效应在减少，而负效应在增加，我国的制造业大国的地位正在不断失去，而尚未能充分积累起足够的养老保障基金。此外，由于我国的养老保险筹集机制是部分累积制，所以尚未支付的社会保障基金和个人账户资金面临保值增值的需求。为了将来养老保险基金的支付安全，国家的战备储备资金以及各省的养老保障资金将有大规模进入资本市场的需求，但经济危机、金融危机会增大投资风险。新加坡的养老金投资曾经是世人公认的典范，但是金融危机对其打击，让人们对基金制的养老金筹集方式发生了一些疑问。对我国来说，面对未来庞大的老年人口的支付压力，养老金的安全问题是第一位的。

三、广州市人口老龄化与养老保险的现状

人口老龄化对养老保险基金收支模式具有决定性影响。人口老龄化快速演化，领

取养老金的老年人口增多就是整个社会养老保障支出的最大增长因素，此外预期寿命的延长对养老保险基金也造成一种很大的压力。选择现收现付模式还是部分累积或完全累积模式，是根据人口老龄化的发展程度来决定的。人口老龄化发展的程度不同，采取的养老保险基金的收支模式也不同。

（一）广州市人口情况与人口老龄化

1. 广州市人口基本情况

2000 年第五次人口普查，广州共有常住人口 994.3 万人，2010 年第六次人口普查广州常住人口有 1270.08 万人，十年间人口增长了 27.74%。2010 年第六次人口普查常住人口的年龄结构是 0—14 岁人口占 11.47%，15—64 岁人口占 81.91%，65 岁及以上人口占 6.62%；和 2000 年第五次人口普查相比，0—14 岁人口的比重下降 4.97 个百分比，15—64 岁人口的比重上升 4.37 个百分比，65 岁及以上人口的比重上升 0.6 个百分比。[①]

2. 广州市人口老龄化特点

根据 2005 年全国 1% 人口抽样调查资料（广东省）数据显示广州市人口老龄化问题呈现两个显著特征：（1）老年人口的增长速度快，规模大。广州市 65 岁及以上老年人口为 71.69 万人，比 2000 年人口普查时的 60.62 万人增加 11.07 万人，平均每年增加 2.21 万人，年平均增长 3.41%，占常住总人口的比重从 6.19% 提高到 7.56%。（2）人口老龄化呈现高龄老龄化特征。2005 年人口抽样调查数据显示，广州市 80 岁及以上老年人口已达 11.76 万人，70—79 岁老人有 35.20 万人，65—69 岁老人有 24.73 万人，分别比 2000 年增加了 2.59 万人、7.24 万人和 1.24 万人。80 岁及以上老人在最近 5 年的年均增幅达 5.10%，70—79 岁老人年均增幅为 4.71%，65—69 岁为 1.04%。随着社会经济的发展，医疗卫生水平的提高，高龄老人的数量还将持续增加。另外一组数据也显示了广州市的人口老龄化问题的严重性，广东省人口与计划生育委员会的人口发展战略研究子课题《广州市人口老龄化和城乡社会保障体系研究》成果显示，2008 年广州市 60 岁及以上常住老年人口已达到 112.98 万人，占总人口的 11.18%。在 2008—2050 年间广州市 60 岁及以上常住人口数量将呈现直线上升的趋势，到 2050 年 60 岁及以上常住人口的比重将高达 25.32%。

---

① 据广州市第六次人口普查数据公报的数据。

（二）广州市养老保险的基本情况

1. 广州市养老保险的制度建设

广州社会保险制度的起步是全国最早的城市之一，20 世纪 80 年代初，开始探索和试行国有企业职工养老保险制度。随着经济社会的发展，城市化的进程不断加快，广州市大量被征地农民转成城镇居民，出现新的"农转居"人员的养老问题。2001年，广州开始了"农转居"人员养老保险试点工作。2006 年颁发《广州市"农转居"人员基本养老保险办法》之后，相继出台了《广州市被征地农民基本养老保险试行办法》和《广州市农村社会养老保险试行办法》等，先后出台政策解决了"农转居"人员、被征地农民、农村居民的养老保险问题。2008 年推出的《广州市城镇老年居民基本养老保险试行办法》，解决了 12.7 万名无定期退休待遇城镇老年居民的养老保障问题。2010 年，广州全面实施了新型农村社会养老保险，将农村居民正式纳入养老保险体系，这三项"农保"制度、"城保"制度与企业职工养老保险一起，将全体城乡居民（除 60 岁以下的城镇无业居民外）纳入养老保险体系。加上 2012 年 8 月，《广州市城乡居民社会养老保险试行办法》的实施，使得广州的养老保险在制度上已经覆盖了全体人员，贯彻落实了党的十七大报告提出"加快建立覆盖城乡居民的社会保障体系，保障人民基本生活"的战略决策，在我国经济发展的关键期、社会的转型期、社会矛盾凸显期，注重民生的建设，健全和完善城乡居民的养老保障问题，消除人们的后顾之忧，增加消费，促进社会经济的和谐发展是十分必要的。

2. 广州市养老保险的财政支持

历史隐性债务是我国养老保险制度设计中的一个重大缺陷。在经济转轨前，由于使用计划经济体制的要求，国家在城镇实施低工资，其他福利等由国家和单位一包到底的方针。在现实和国情面前，我国养老保险制度设计的方案是社会统筹和个人账户相结合的方式，也被称为部分累积模式。在实施社会基本养老保险制度改革之前的退休人员个人和企业都没有缴纳养老金，因此这部分"老人"的退休费用就只能由政府财政和正在工作中的在职人员来承担。另外，在实施社会基本养老保险制度开始前就已经工作，但是没有缴费的那部分"中人"的工作年限，目前养老保险制度中称为视同缴费年限，这部分的养老金也没有企业和个人缴纳一分钱，这部分未被缴纳的养老金也将由政府和正在工作中的在职人员来承担。广州是华南地区的工业重地，因此这部分债务是巨大的，政府在今后的财政上给予支持是必不可少的，否则会引发养老金缺口问题。

另一个问题是体制改革带来的历史遗留问题，如早期离开国有集体企业人员的养老保险问题等。2005 年之后，广州市财政每年预算支出 5000 万用于补贴养老保险基金收入；2007 年采用一次性缴费或继续缴费的方法，解决了 6000 多名因缴费年限不足而无法按月享受基本养老待遇人员的养老问题；2008 年着手解决了 1 万多名乡镇企业及街道集体企业超龄人员，以及农（林）场原住民等三类人群养老保险历史遗留问题。[①] 广州财政对养老保险事业发展的有力支持，是广州养老保险事业走在全国前列的重要保障。

3．广州市养老保险基金的基本情况

广州市养老保险基金历年累计结余 198 亿元，但个人账户空账金额为 81 亿元，空账率为 29%。[②] 另一份资料显示，广州市在 2006 年 12 月底，养老保险统筹基金账户结余 -67.21 亿元，空账率为 33.40%。[③] 我们可以从《广东省统计年鉴》2007 年到 2011 年的数据可以看到，养老保险征缴额逐年上升，但是基本养老保险的参保人数却在 2009 年比上年度减少 25 万多人。这一时点产生缴费人数减少的原因，可能是国际金融危机的影响，导致大量的农民工返乡。广州市养老保险抚养比[④] 为 4.28∶1，2009 年 1—5 月，有 3 个月出现当月基本养老金收不抵支的情况。虽然在 2008 年开始广州市通过扩大征缴范围暂时解决了当期支付问题，社会养老保险基金不仅实现当期收支平衡，而且还要在未来长时期内保持收支平衡。人口老龄化将使得养老金的抚养比变得更低，通过简单的扩面征缴虽然能暂时解决当期问题，但是扩面所带来的没有社会统筹部分的人的未来养老金的支付问题也是一个隐形的危机。

表 1　2006—2010 年广州养老保险征缴与参保人数情况

年份	养老保险征缴额（万元）	基本养老保险参保人数（万人）
2006	1169219	215.02
2007	1192342	286.73
2008	1347508	314.52
2009	1504943	289.31

① 崔仁泉. 科学发展 先试先行，广州市全速迈入"全民社保"的新时代［J］. 人力资源管理，2009（5）：5.

② 据广州市人力资源和社会保障局内部资料。

③ 蒋悦飞. 专家指应使养老基金保值增值［N］. 广州日报，2007-09-04.

④ 养老保险抚养比，即缴费人数与按月领取基本养老金人数之比。

年份	养老保险征缴额（万元）	基本养老保险参保人数（万人）
2010	1777531	375

资料来源：2007—2011 年《广东统计年鉴》。

（三）广州市养老保险存在的问题及发展

1. 广州市养老保险存在的问题

广州的养老金保险既有和全国其他地区一样的问题，也有自己独特的问题。全国存在的历史债务问题，广州也存在，并且因为广州是华南工业重镇而使这一问题更加严重，这部分群体的养老金来源到底哪里来？是政府财政补贴还是国有资产填补抑或当代在职人员供养？目前全国对此没有一个明确的说法，各地政府也只负责本届的事情，对于长远的、可能发生重大危机的养老问题尚没有明确说法。但是这一问题，拖得越久越不利于问题的解决。

第二个问题是政策和制度的整合问题。虽然 2010 年《社会保险法》正式出台，但是这部法律遇到的时机不好，欧债危机，美国经济低迷，中国出口下降，国内高房价，物价膨胀，国内实体经济面临产业空心化的局面，内忧外患，面对就业压力，事实上《社会保险法》并没有充分发挥作用。此外，各地不同的社会经济发展水平、不同的发展阶段也造成各地的养老保险事业的发展参差不齐。如何加强统筹城乡社会发展，推进各类别养老保险制度的整合，推动社会保障的良性发展是"十二五"期间的重大课题。

第三个问题是目前的缴费比例偏高，而遵缴率偏低的问题。在整个经济形势不好的情况下，目前社会保障的缴费率偏高，会损害企业的竞争力。笔者在企业调研时，有企业人员很直白地说目前只有国有企业才能真实地缴纳各项费用，对于其他企业如果真的严格按照规定缴纳，那估计大多数的企业都要关门了。而这个问题是和第一个问题相关的，正是因为没有解决"老人"的养老金和"中人"的视同缴费年限的那部分计算的养老金，所以才让企业承担如此高的社会统筹部分（20%），而这部分缴费对员工没有任何利益，所以企业负担，但是员工也没有感激。过高的社会保险缴费加上企业收税和用工成本，对企业的国际竞争力势必造成影响。

第四个问题是广州的公共资源配置在庞大的人口面前显得力不从心。据统计，2009 年 5 月，广州市社保服务对象（五大险种加退管服务人数）达到 1622.63 万人，比 2001 年的 607 万人，增长了 1.67 倍。社会保险经办机构的工作人员与服务对象的比例为 1：50000，远高于国家劳动保障部规定的 1：8000 的工作人员配置标准。[①]

第五个问题是广州虽然建立了覆盖全部群体的养老保险体系，但是公务员、事业单位、企业和城乡居民，这四块的待遇差别还是很大的，特别是城乡居民的养老金待遇。此外，事业单位分类改革还停留在原有的体制中，公务员和事业单位人员的早退、病退等现象虽然不是普遍，但是在体制中仍然出现空白，这点也将为其他群体所诟病。此外，公务员退休前，出现一日处长、一日厅长的现象也必须杜绝，养老金待遇问题不能成为某些人送人的福利，因此这些问题虽然小，但是影响很坏。

2．广州市养老保险未来发展

广州作为中国改革开放的前沿城市，实际管理人口 1600 万，其养老保险的发展还是有很大空间的，特别是国家把社会保障问题上升到"社会保障与人民的幸福安康息息相关，社会保障工作事关改革开放和社会主义现代化事业全局"的高度。今后一段时期，广州市养老保险的发展应该从以下几个方面进行审视：

（1）转变关于社会保险的理念和发展理念

曾经有人说，社会保险不差钱，差观念。有些政府官员始终没有认识到社会保障的重要性，甚至觉得有些社会保障的项目是对公众的恩赐。而且很长一段时间以来，我们过多看重经济增长，看中企业发展所带来的城市繁荣，甚至把低廉的劳动力价格看作是城市发展的竞争力。部分企业为了经济效益忽视普通劳动力的收入增长、社会保险的权益，把劳动者的社会保险权利当成是一种企业的恩赐，只给少量的就业者保险或者减少社会保险的项目，而地方政府有时为了眼前的地方利益也对此睁一只眼闭一只眼。在《社会保险法》出台以后，应该用一种新的眼光和视野来看待社会保险，建立完善的社会保险保障体系可以消除劳动者的后顾之忧，保障劳动者和家人的生活、健康等，消除各种不利风险。

（2）历史债务问题必须解决

现行设计的养老保险制度存在缺陷，应该在广州财政比较雄厚的基础上，每年划拨一部分钱补充历史债务问题，进行多渠道筹集，而不是把债务推给企业和现职的工作人员。如果企业分担问题得不到解决，过多的社会保险缴费会让企业想尽一切办法规避责任，反而造成社会保险的损失，而在人口老龄化背景下，为了弥补缺口，就必

---

① 崔仁泉. 科学发展 先试先行，广州市全速迈入"全民社保"的新时代 [J]. 人力资源管理，2009（5）：8.

须要提高社会保险费率，那么则会让更多的企业逃避，在这种恶性循环下，既不利于企业的发展，也不利于社会保险事业的发展，所以历史债务问题不能这样一直拖下去，越早解决越好。

（3）统筹城乡多层次的社会保障体系

目前中国的社会保险被学术界诟病的是碎片化，我们以养老保险为例：目前养老保险是按人群划分的，公务员一块、事业单位一块、企业人员一块、城市居民一块、农村居民一块。对广州来说，已经整合了城市居民和农村居民的社会养老保险。但是可以看到仍然有四块人员的养老保险，而这四部分养老保险筹集资金的渠道不同，因此带来的问题也是不一样的。应该把所有人员都纳入养老保险体系，广州应该借助事业单位养老改革的契机，彻底建立统一、公平而有效率的养老保险体系。

（4）整合资源，提高服务水平和能力

对于一个人来说，社会保险是伴随一生最重要的记录。而目前的社会保障服务系统还不能满足这个最基本的要求。对于广州来说，应该推进社会保险规范化、信息化、专业化的发展，对社会保障对象"记录一生、管理一生、服务一生、保障一生"的目标，整合资源，把一些服务可以外包，使监管、调控、管理和服务分开，各司其职，提高服务水平和能力，向发达国家的水平看齐。

（5）建立养老金长期平衡的精算方式

全面评估人口老龄化对现行养老保险制度的影响。养老金待遇的提高应该在保险基金系统精算的基础上做出决策，否则有可能导致未来支付缺口的风险；养老保险待遇的刚性特征决定了任何对养老保险进行消减的改革都将面临巨大的政治风险，因而对养老保险待遇的提高要进行审慎的研究和决策。科学严谨的态度才是养老保险基金发展的保证，否则人为的干扰和随意决策将对养老保险基金带来灾难性的打击。

四、广州市人口老龄化对养老保险的影响

养老金基金收入模式可分为现收现付、完全积累（基金制）和部分积累三种，养老保险金支出模式可分为给付确定制和缴费确定制两种。养老保险基金收支模式是基金收入模式和基金支出模式的组合。由于历史原因我国养老保险金筹集模式是从现收现付向部分积累的过渡模式。影响养老基金收支平衡实现的主要因素是人口老龄化和工资增长及利率的变动。

因此，以超大城市广州市为例，探讨人口老龄化背景下养老保险金收入模式和支

出模式平衡问题。合理的基金收支模式有利于基金收支平衡的实现，有利于保障功能的齐全，有利于公平与效率的兼顾以及养老保障基金账户的可持续发展。

（一）人口老龄化对养老保险收支模式的影响

1. 人口老龄化对养老保险收入模式的影响

首先，现收现付制不能应对人口老龄化发展的需要。在 2006 年以前，广州市由于客观存在的巨大的转制成本（即政府的隐性债务所造成的支付负担问题），广州老年人口比重较高及养老保险基金发放过程中存在种种问题，为了确保企业离退休人员养老金按时足额发放，实际运行中采用了"现收现付"模式，将个人账户基金与社会统筹基金全部用于当期养老金的发放。随着生育率的下降，老年人口的增加，现收现付的模式是不可持续的。根据具体国情，目前我国正在从现收现付制向部分累计制过渡。

其次，部分累计制是两害相权取其轻的过渡做法。把现有退休人员的养老金的发放和适应人口老龄化发展的资金积累需要相结合，通胀风险较小，提供了一定的基金的积累，为避免未来基金支付的危机提供资金保证，减小筹资风险。在不能提高企业征缴比率的情况下，为了保证收入资金的良性循环，只需扩大基金收缴的范围。广州市如做实养老保险个人账户，养老保险基金则缺口 64.6 亿元，空账率为 43.3%，当年 50.87 万名离退休人员的基本养老金都按时足额发放。[①] 虽然在试点广州将按 5% 比例做实个人账户，由于广州市参加养老保险的人员数量巨大，如果要求一步到位完全按 11% 的缴费比例来做实的话，这就将动用养老保险基金中的大笔资金前来运作。而目前广州市养老保险当期的收支在保证了养老金的正常发放后，只有少量的节余进入基金累计，一下子动用这样大数量的资金存在着一定难度。

再次，完全累计制不受人口年龄结构的影响。但前提条件是先解决现有退休人员和资金积累不足的未来退休人员养老金的发放问题。但有学者认为随着人口老龄化的不断加剧，当养老保险制度赡养率高于自我负担率，基金投资收益率不低于工资增长率，基金制才会比现收现付制的制度成本更低。[②]

2. 人口老龄化对养老保险支出模式的影响

人口老龄化对养老保险支出的模式的影响包括以下几种：

（1）给付确定制的养老金给付是确定的，通常随职工平均工资的提高或物价上涨

---

① 广州养老保险个人账户 43% 为空 失业率 8 年来最低 [N]. 南方都市报, 2005-12-14.

② 薛惠元, 王翠琴. 现收现付制与基金制的养老保险制度成本比较 [J]. 保险研究, 2009 (11).

而同步调整，具有再分配功能。这导致了"趋富效应"，即在富裕地区参加养老保险的职工不愿意将养老关系转到贫困地区，而贫困地区的职工则会想方设法将养老关系转到富裕地区，争取在富裕地区退休。人口老龄化背景下，这种模式通常和部分积累模式相结合，增加筹资比例在当年缴费收入用于当年发放后还剩有部分积累，用于将来人口老龄化严重时养老金的发放。

（2）缴费确定制的缴费数额是确定的，没有再分配功能，但是具有很强的储蓄功能。缴费制通常以工资为基数按规定的缴费率缴费，缴费进个人账户逐年积累形成个人账户储存额，养老金则根据个人账户储存额的一定比例计发。个人养老金数额取决于其在职缴费水平和个人账户的增值。但目前普遍做法是个人账户空账运行，随着人口老龄化的加深，缴费率趋于提供，这种个人账户的空转现象越来越严重威胁着广州未来长期内基本养老保险基金的收支平衡。为缓解人口老龄化对养老保险制度的影响，做实个人账户是关键手段之一。养老保险个人账户如能在未来 10 年内逐步做实，将能从 2030 年左右大幅度减轻统筹基金支付压力，使统筹基金高峰与老龄化高峰错开，有利于统筹基金收支平衡。

（二）提前退休和预期寿命延长对养老保险的影响

1. 提前退休对养老保险的影响

中国法定的退休年龄男性 60 岁，女性工人 50 岁，女性干部 55 岁。按照很多学者测算，中国实际退休年龄远提前于法定退休年龄，平均大致提前 3—5 年。对养老保险基金来说，实际缴费时间变短，也就是相当于一部分缴费的"税基"的流失，对应的养老基金的池子的收入变少。按照如下公式（1）对于企业员工个人来讲，实际工作年限就是影响个人账户的重要变量，但是对统筹账户来说，公式（2）这部分和企业员工个人没任何关系，是企业在职人员数量决定的，只要员工数量不低于之前，那么对统筹账户基本没影响。

个人账户 = 在职人员（个人）每年缴费金额 ×（法定退休年龄的年份—参加工作时间的年份）　　　　　　　　　　　　　　　　　　　　　　　　　　（1）

统筹账户 = 企业在职人员数量 × 每年缴费金额　　　　　　　　　　　（2）

从理论上看，提前退休对个人来说减少的是个人账户，而对整个社保基金的影响不大。但从整个社保基金来看，实行的是社会统筹与个人账户相结合的方式，但实际运行来看，由于老人没有缴纳个人账户，因此老人这部分的退休金是全部由养老保险基金支付的，但是对"中人"如何发放，现在还没有开始实行，因此养老保险基金的支付压力比较大，这也是企业养老保险缴纳费用较高的原因，过高的缴费率不利于企业对外竞争力。

2. 预期寿命延长对养老保险的影响

直接影响养老保险制度支付的是退休人员和在职人员的比例，该比例决定了养老保险制度的财务压力。退休人员的数量取决于退休年龄和达到退休年龄时的平均剩余寿命。据测算，当全国城镇就业人员中的男性平均预期寿命增加1岁时，男性退休人口增加6.68个百分点，女性增加4.95个百分点。

在国内，理论上法定退休年龄统一，因此达到退休年龄时的平均剩余寿命是影响养老保险基金的重要变量。假如退休人口的预期寿命增加，那么退休以后的消费必然增加。而退休金是为了补偿退休以后的生活，如果预期寿命增加，当养老金缴费不变的情况下，相当于退休者每年能够支配的退休金缩水，预期寿命延期更长，那么为了维持原来设计标准的水平，就需要多缴纳社会养老金费用，即提高养老保险缴费率以增加养老保险资金的积累。

应对退休后平均寿命延长的另外一种途径是在职期间的养老金的缴费率不变，而是降低退休后的消费水平。但是由于福利刚性的特点，所以如果根据（提高后的）平均预期寿命计算的每年领取的养老金的数额，低于退休人员预期的养老金金额（按制度设计的原平均预期寿命计算），会引起很大争议。

（三）非工亡的抚恤金给养老保险支出的压力

《社会保险法》第二章第十七条规定："参加基本养老保险的个人、因病或者非因工死亡的，其遗属可以领取丧葬补助金和抚恤金；在未达到法定退休年龄时因病或者非因工致残为完全丧失劳动能力的，可以领取病残津贴。所需资金从基本养老保险基金中支付。"老年人口比例越高，老年人口的数量越多，死亡率也越高，相应的非工亡的抚恤金的支出也越高，因此基本养老保险基金支付的压力也越大。通货膨胀是对养老保险基金保值最大的敌人，在制度设计的时候如果设计的通胀率低于实际的通胀率，则会发生收不抵支的情况。

此外，按目前的制度设计，军人、公务员、事业单位和企业的员工养老保险基金的支付分属两个部门，军人是民政部主管，公务员、事业单位、企业的退休人员属于人力资源和社会保障部主管。由于两个部门发布的文件各行其政，因此军人、公务员、事业单位和企业的员工会存在制度碎片，特别是军人和公务员的待遇提高，从而造成不同人群的攀比现象，这点应该引起政策制定者的注意，否则在旧问题和矛盾没有解决的情况下，又出现了新的问题和矛盾，不利于社会的稳定与和谐发展。另一个影响是，工亡和非工亡的补贴标准也容易引起攀比和滋生不稳定的因素。工亡抚恤由工伤保险基金提供，非工亡抚恤由养老保险基金提供，其性质是完全不一样的。但是，如果非工亡抚恤补偿高，而非工亡补偿低，也会引起攀比现象，由此可见，涉及养老保险基金的任何一个小问题，或者政策制定者出于善意在制度设计之外提高某项待遇，都会对养老保险基金带来支付风险，应该审慎对待。

五、对策及建议

人口老龄化问题在今后一段时期内长期存在，因此为了应对未来养老基金支付危机，在体现效率和公平的原则基础上，主要应从以下几个方面应对：

（1）吸引外来年轻的就业人口，延缓人口老龄化进程。年轻人口的迁入降低了迁入地的人口老龄化程度，从而缓解了养老保险基金的支付压力。有学者在预测基本养老保险基金支出规模时，如果忽略了人口迁移因素，有可能夸大人口老龄化高峰期的社会保障支出负担，并用陕西数据做了分析证实了这点。[①] 原住居民中的在职人口因此而降低缴费负担，退休人口因此而提高养老金待遇。Juan 等研究了西班牙人口迁移的积极影响，发现每年迁入人口达到 15 万时，养老保险支出就会大幅度降低。[②] Razin 和 Sadka（甚至指出，即使低技术移民的迁入，也会全面提高原住居民（包括高收入、低收入、老年人、青年人）享有的福利水平。[③]

（2）降低养老基金替代率。改革开放以来，我国职工工资增长较快，年均 5.7%，预计今后 20 年仍将以 3%—5% 的速度增长，如此高的增长速度，大大增加了养老金支出负担。实际上，养老金应视为对退休人员在工作期间服务的一种补偿，首先应以其在职时的实际工资为基础，以保值为主要目标，然后才是分享当代职工创造的经济繁荣，所以适当降低养老金替代率在理论上是有根据的。

（3）为了应对未来养老基金支付危机，广州可以尝试把部分职工的"工资税"转移到个人账户中去，即补充部分积累制。

---

① 张思锋，张冬敏，雍岚. 引入省际人口迁移因素的基本养老保险基金：以陕西为例 [J]. 西安交通大学学报：社会科学版，2007（2）.

② Juan F. Del Brio Carretero and M de la Concepcion Gonzalez Rabanal. Projected Spending on Pensions in Spain: A Viability Analysis [J]. International Social Security Associating, 2004 (57): 91–109.

③ Razin, A. and Sadka, E. Migration and Pension with International Capital Mobility [J]. Scand in avian Journal of Economics, 1995 (3): 26–35.

（4）实行弹性退休年龄制度，适当提高女性退休年龄。由于病退以及特殊工种退休等，实际退休年龄要小于男 60 岁，女 50 岁。从医学角度来说，男性和女性之间没有特别大的差距，因此中国男性和女性退休年龄之间巨大差距是需要重新调整的，这也有利于提高女性人力资本投入回报率，减少就业不平等，因此提高女性退休年龄 2 岁是可行的。对于男性来说，由于预期寿命的数据显示，不适合继续提高退休年龄。可根据具体行业特点选择实际退休年龄。人口老龄化背景和人类寿命的延长等因素，适当考虑提高退休年龄是可行的。

参考文献：

［1］Aaron, H. J. The Social Insurance Paradox [J]. Canadian Journal of Economics, 1966, 32 (3): 371–374.

［2］袁志刚，等. 由现收现付制向基金制转轨的经济学分析［J］. 复旦学报：社科版，2003（4）：45–51.

［3］肖严华. 人口老龄化冲击下最优社会保障基金的确定模型［J］. 数量经济技术研究，2004（12）：131–138.

［4］程永宏. 经济增长的就业效应［J］. 甘肃社会科学，2005（3）：207–211.

［5］Barro, R. Are Government Bonds Net Wealth? [J]. Journal of Political Economy, 1974, 82 (6): 1095–1117.

［6］Feldstein, M. Social Security and Saving: New Time Series Evidence [J]. National Tax Journal, 1996, 49 (2): 151–164.

［7］Kotlikoff, L.J., Shoven, J.B. and Spivak, A. The Effect of Annuity Insurance on Savings and Inequality [J]. Journal of Labor Economics, 1986, 4 (3): S183–S207.

［8］李扬. 金融危机下企业养老保险基金缺口预测及实证分析：基于 H 省的调查分析［J］. 财政研究，2009（11）：20–23.

［9］姜永宏. 关于中国隐性养老金债务问题研究［J］. 暨南学报，2006（3）：33–36.

［10］Anderw A. Samwick. New Evidence on Pensions, Social Security, and the Timing of Retirement [J]. Journal of Public Economics, 1998, 70: 207–236.

［11］叶响裙. 中国社会养老保障：困境与抉择［M］. 北京：社会科学文献出版社，2004.

［12］薛惠元，王翠琴. 现收现付制与基金制的养老保险制度成本比较［J］. 保

险研究，2009（11）.

［13］张思锋，张冬敏，雍岚. 引入省际人口迁移因素的基本养老保险基金：以陕西为例［J］. 西安交通大学学报：社会科学版，2007.

［14］Juan F. Del Brio Carretero and M de la Concepcion Gonzalez Rabanal. Projected Spending on Pensions in Spain: A Viability Analysis [J]. International Social Security Associating, 2004 (57): 91–109.

［15］Razin, A. and Sadka, E. Migration and Pension with International Capital Mobility [J]. Scand in avian Journal of Economics, 1995 (3): 26–35.

（选自广州市哲学社会科学发展"十二五"规划 2011 年度课题"人口老龄化对广州市养老保险的影响及对策研究"。课题负责人：刘娟；成员：杨正喜、张开云、曲霞、李倩、李艳丽。）

第二部分　社会篇

加强海外护侨工作对策研究

廖小健（暨南大学）

进入 21 世纪，在中国对外政治和经济关系迅速发展，中国企业"走出去"战略日显成效，中国人移民留学浪潮经久不息等因素的影响下，奔赴世界各国经商、投资、旅游、求学、务工、移民，以及探亲访友和学术交流的中国公民人数急剧上升，出国人次从 1978 年的 20 万增加到 2004 年的 2885 万、2007 年的 4095 万，2011 年更增加到 7025 万。随着海外中国公民的与日俱增，中国公民在海外受侵袭伤害或财产损失的各类事件也随之迅速增加，据中国外交部领事司的透露，2005 年外交部参与处理的各类中国公民海外安全事件高达 29000 起，2006 年和 2007 年则超过 30000 起，之后每年外交部领事司参与处理的各类中国公民海外安全事件均超过 3 万件，如果包括没有报案等原因而不为人所知的各类其他事件，中国公民在海外发生的人身安全与财产安全的事件估计还要多。海外中国公民面临的各种安全威胁由此引起了中国政府和媒体的高度关注。

海外中国公民面对怎样的安全威胁？如何加强海外护侨工作，以更好地维护中国海外侨民的利益？本课题在简单回顾新世纪以来海外中国公民面临各种安全威胁的基础上，结合 2008 年金融危机爆发后国际形势和中外关系的发展变化，着重探讨 2008 年世界金融危机爆发以来，中国公民海外安全面临的新形势与新风险，并针对各种新情况，探讨加强护侨工作，更好地维护海外中国侨民利益等问题，思考及提出相关的工作对策与建议。

一、中国公民的海外安全威胁

进入新世纪，海外中国公民面对的各种安全威胁骤然增加，导致人身、财产等多方面的重大损失。海外中国公民面对的安全威胁种类繁多，大体可分为人身受到伤害、财产遭受损失，以及心理受到侵害等几种情况。

（一）人身安全威胁

对海外中国公民人身安全造成重大威胁的，以武装分子实施的袭击绑架事件最具危害性。这类事件最早发生在菲律宾，2001年6月至8月间，承建菲律宾工程项目的中国公司的4名工作人员被先后劫持，结果2人死亡。2004年起，这类事件突然增加，中国公民在伊拉克、阿富汗、巴基斯坦等地相继被劫持被伤害，随着中外能源合作的不断推进，在一些非洲产油国家的中国公民也陆续遭到袭击，2007年4月的埃塞俄比亚受袭案，导致9人死亡，7人被绑架，震惊全国。袭击绑架风还逐渐蔓延到东南亚地区，2008年4月和6月，印尼和泰国也先后有中国公民被绑架和袭击。

对中国公民人身安全造成严重威胁的，还有海盗袭击、刑事抢劫，以及各种爆炸殃及、自然灾害、意外事故，交通事故，等等。如2003年"福远渔225"号遭海盗炮击沉没，造成15名中国船员失踪或死亡；南非10多名华侨遭抢劫身亡；耶路撒冷市场爆炸、阿尔及利亚首都爆炸、英国莫克姆海难、印度洋海啸、俄罗斯大学火灾、麦加朝圣挤踏、巴黎机场坍塌等事件，都导致海外中国公民的严重伤亡，2008年1月的韩国冷冻仓库爆炸，再导致12名中国劳工丧生。

（二）财产安全威胁

对海外中国公民财产造成重大威胁的，首推当地局势不稳导致的财产巨大损失。例如所罗门群岛、东帝汶、黎巴嫩、汤加、吉尔吉斯斯坦、法国等国家发生骚乱时，不少华侨商铺房屋遭暴徒洗劫焚烧，多年积累的财富往往毁于一旦。因为商业纠纷与经济竞争，在委内瑞拉、西班牙、南非等国哄抢焚毁华侨商店的事件，也使华商经济蒙受很大的损失。

住在国政府的外侨政策，对华商经营也造成严重冲击。如2006年11月俄罗斯颁布的第638号政府令，要求到次年底逐渐禁止外国人从事零售业，据统计当时在俄经商的华商共有10万多人，大部分从事商贸零售和批发，他们纷纷低价抛售存货，撤场返国，损失惨重。同年葡萄牙政府发起针对中国餐馆卫生检查的"东方行动"，西班牙马德里等市对华商店铺的检查，都对华侨商铺开出各种罚单，不少华侨店铺还被勒令关门整顿，甚至被吊销营业执照。

中国公民到海外从事劳务也面临各种安全威胁。合法工作的，普遍存在超时工作、缺乏劳动保护、被克扣工资等情况。如日本的中国劳工，平均每人三年被克扣的劳动所得高达 300 万日元（约合 20 万元人民币）左右。非法在海外务工的中国公民，受到的盘剥更多，还往往要面对被扣押遣送的窘境。

（三）其他安全威胁

中国公民在海外面临的其他安全威胁，还包括旅游歧视、行政刁难以及留学纠纷等等。中国出国旅游受到不同程度的歧视特别多，典型的案例如 2004 年赵燕赴美旅游被殴，2008 年巴黎购物受辱等事件。行政怠慢刁难主要包括随意搜查、扣留、出入境刁难等。影响较大的还有扣留中国船只渔民，如广西北海市渔政站的资料显示，仅 2002 年一年，该市就有 37 艘渔船和 306 个渔民曾经被越南方面抓扣。

海外中国学生受歧视情况也非常令人担忧。美国司法部的资料显示，在美国各地，来自中国的新移民学生经常受到侵犯。近年，随着中国留学生的不断增多，中国留学生与其他学生发生冲突的事件也逐渐增多，如 2007 年 12 月加拿大哈密尔顿市哥伦比亚国际学院的冲突，互相对峙的本校中外学生超过百人。留学生碰到的其他问题，还有上当受骗，"货不对版"，等等，不少通过中介公司赴外国留学的留学生，往往交了 2 万—3 万元中介费，有些还提前交了数万元学费和食宿费，但到达留学目的地后才发现一些学校的教学设施、师资力量、课程安排、校址环境都与中介描述的相差甚远，甚至有些学校根本不存在。

二、金融危机以来的新风险

2008 年以来，由于金融危机的影响持续发酵，欧美等主要留学目的国的经济不断下滑，失业率居高不下，失业、低收入和贫困人口持续增多，贫富两极分化扩大，社会矛盾非常尖锐，各种阶级冲突和族群冲突频频发生，劫盗犯罪也随之不断增加，治安情况呈进一步恶化的趋向，中国公民在海外面对安全形势比金融危机前更严峻。和金融危机前一样，中国公民在海外面对的安全威胁，包括武装袭击绑架、刑事抢劫伤害、海盗袭击、自然灾害、意外事故等导致的严重人身安全威胁，主要由社会骚动、排外哄抢、商业竞争、劳务纠纷，以及居住国的外侨行政与经济措施导致的重大财产损失；还有，中国公民在诸如行政刁难、校园歧视等事件中遭受的严重心理伤害等各种情况。不少安全威胁，几乎都同时导致人身、财产以及人格尊严的伤害、损失与侵害，且呈逐年迅速上升势头。

另外，由于金融危机导致的局势动荡、资金短缺、治安恶化等情况，以及复杂的国际关系，金融危机后的海外公民安全威胁，出现了一些新特点新风险。

（一）驻外中国公司员工频频受袭

据统计，截至 2010 年，我国已在境外设立企业 1.6 万余家。进入 2012 年，中国企业海外投资的活动越来越活跃。商务部最新数据显示，2012 年 1 月，中国境内投资者共对全球 87 个国家和地区的 355 家境外企业进行了直接投资，实现非金融类对外直接投资 43.76 亿美元，同比增长 59.9%。中国境外企业项目和人员不断增加，到 2011 年年底，境外企业已经有 18000 多家，在外人员约 120 万人，资产总量超过 1.5 万亿美元。

金融危机爆发以来，随着中国"走出去"战略实施进入了一个新的阶段，以及一些国家的局势动荡，中国公司及其员工在海外，既面临难得的发展机遇，也面临非常严峻的安全、风险等方面的挑战。其中，非洲最为突出。据联合国（United Nations）的数据，2010 年，中国对外直接投资总额达 680 亿美元，是三年前的三倍还多。中国工人开始走出去的也特别多。根据布罗伊蒂加姆的说法，2010 年，正式在其他国家工作的中国工人的数量是 847000 人。其中约有 229964 人是在非洲。

最明显的例子是利比亚，中国在利比亚有一百几十亿美金的工程项目，绝大部分是在利比亚的城市和城郊建给老百姓的住宅项目，这些项目有的是已经完工需要验收，有的是快接近完工，2011 年初利比亚国内动乱，中资公司的员工驻地频频遇袭。最后中国政府将 3.5 万中国工人全部撤回。

另外如苏丹，苏丹也是中国工人比较多的地方，据分析人士在 2010 年做出的估计，在苏丹（包括苏丹和南苏丹）工作的中国人总共约有 24000 人。中国工人受袭事件时有所闻，如 2011 年 10 月的报道说中国在苏丹的石油工人受到不明袭击，一名工人被开枪打死，还有一名工人受伤。影响较大的是 2012 年 1 月的劫持案，当年 1 月 28 日，中水电集团在苏丹南科尔多凡州西北部阿巴希耶地区的公路项目工地遭到苏丹反政府武装"苏丹人民解放运动"（北方局）袭击，当时工地上共有 40 多名中国员工，其中 17 名员工由于及时躲藏到工地附近而没有被反政府武装发现，29 名员工被反政府武装劫持，另外 1 名员工不幸中弹身亡，直到 2 月 7 日遭劫持的 29 名中方人员才安全获救。劫持案也发生在埃及，2012 年 1 月 31 日，25 名中国人当天乘车返回一中国公司承包水泥厂建设项目工地途中，在埃及西奈半岛阿里什市附近被一伙贝都因人扣押，被劫持人员是一家中方投资的水泥厂工人，他们都是刚刚结束在国内的春节休假而返回工地的。劫持人员 2 月 1 日凌晨被释放。非洲在 1 个月内发生了两起劫持中国员工的大事件，凸显了中国企业"走出去"面临的严酷现实，即随着中国海外投资扩大到世界局势动荡地区，中国人已经成为攻击目标。

（二）海外航运与捕捞风险增大

如 2011 年 10 月，在湄公河泰国段，13 名中国船员在一艘货船上被残杀。

另外中国渔民频频被韩国水警袭击扣留，甚至被起诉，如 2012 年 1 月 10 日，韩国仁川地方检察厅公安部起诉刺死韩国海警的中国渔船"鲁文渔"号船长程大伟（42 岁），用凶器妨碍韩国海警执行公务的李某（46 岁）等 8 名船员，以及故意用渔船冲撞"鲁文渔"号的"辽葫渔"船长刘某（31 岁）。韩国资料认为，程大伟于 2011 年 12 月 12 日侵犯韩国专属经济水域（EEZ），在仁川市瓮津郡小青岛西南方 87 千米海上进行非法捕捞，但在韩国海警进行管制的过程中挥舞凶器，导致李某警长被刺身亡。其余 9 人在韩国海警进行管制时用暴力抵抗，甚至故意用船冲撞被管制渔船，涉嫌妨碍执行公务。

扣留中国渔船及船工的，还包括与中国友好的国家如朝鲜，2012 年 5 月 8 日被朝鲜扣留的船员共 28 人，分别是"辽丹渔 23979 号"船 10 人，"辽丹渔 23528 号"船 10 人，"辽丹渔 23536 号"船 8 人。据"辽丹渔 23536 号"船船长韩刚介绍，5 月 8 日 13 时许，该船正在东经 123° 36′、北纬 38° 18′ 中国黄海 59 区海域进行捕捞作业，一条朝鲜快艇飞奔而来，全副武装的朝方军人上船后二话没说将所有船员打倒后，收缴了手机、对讲机、钱包等，并把船员拖入船头一个 3 平方米左右的杂物间。就是在这个狭小黑暗的空间里，船员们度过了漫长的 13 天。当天夜里，3 艘中方渔船被开到朝方海域的一个海岛码头停泊下来。第二天，朝方准备好一份印有朝文和中文的文件，让船长韩刚在上面签字。当韩刚看清楚上面印有"中国渔船在朝方海域非法捕鱼、罚款 40 万元人民币"等字样时，申辩渔船上的 GPS 卫星定位系统显示的是中国海域，立即遭到一顿拳脚，在斥责和武力威逼下，韩刚不得不在那份文件上签上自己的名字。随后，朝方安排中方船员从渔船上卸载物资，包括网具、工具、箱包、柴油、社会物资等，只留下少量的大米和食用油。卸货时，谁稍稍慢了点，就会挨打。据测算，每艘船被强行卸载的物资多达 30 余万元，不包括各船的渔获。甚至连洗衣粉、洗涤净和船们的换洗衣服都被洗劫一空。直到 5 月 21 日，被朝鲜扣押的三艘大连渔船和 28 名中国船员才返回大连，据船上人员说，很多船员遭到折磨，据一朱姓船长说，船上物质和粮食全部洗劫一空，释放时只留下了够几天吃的粮食，朝方每天只给他们喝两碗粥来维持生命。船员康利军对媒体说，他们遭到朝方人员用木棒、撬棒殴打。另一名船员展示了朝方人员遗留在船上的蓝色木棒，长约 50 厘米。船员原夕文说，他和同伴遭到 10 多名穿制服持枪者的殴打，船上的物资被洗劫一空，渔网、鱼箱都被朝鲜方面扣留，船上的大米也只留了半袋；甚至连手机、衣服、鞋袜，也被朝方人员拿走了。船主表示，初步估计他们一艘船的损失在 30 万元左右。朝鲜方面曾提出 120 万元人民币的赎金要求，后升到 270 万，后降至 90 万元，朝方人员威胁，不交钱就要把船处理掉。除了吃饭和朝方安排一些零活之外，其他时间里，被扣押的船员们被关在各自船上仅仅 3 平方米的大杂物间里。

（三）投资移民风险

进入新世纪，特别是金融危机爆发以来，由于各国争相吸引中国资金，投资移民成了中国新富阶层乃至中产阶层移民海外的重要方式之一，其中美国"投资移民"人数最多，风险也特别明显。

"投资移民"是 1990 年美国推出的职业移民（Employment-Based Immigrant）第五类，Immigrant Investors，简称 EB-5，目的是创造就业机会。当时美国经济陷入衰退，失业率超过 5.5%。EB-5 规定外国投资者在美国投资 100 万美元设立企业，创造 10 个就业机会，投资人和配偶及 21 岁以下单身子女便可申请临时永久居留权（绿卡），两年后该投资仍在正常运转并保有 10 个就业名额，则投资者可获得正式的永久居留权，五年投资期满，投资者获得全额本金退还。其特点是由投资者直接投资创业、通过创造就业机会而取得绿卡。1993 年美国失业率继续攀升到 7% 以上，美国随之放宽投资移民政策，投资者投资 50 万美元于核准的区域中心项目，由区域中心管理资金和项目的运作，自己无须直接办企业和提供 10 个职位，也可获得临时绿卡，投资的 50 万美元 2 年后仍保持 10 个直接或间接工作岗位，申请人便可申请永久绿卡。2004 年美国开始在中国大陆推行投资移民政策，吸引中国大陆的投资移民。美国政府每年拨给 EB-5 移民签证的名额为 1 万个，但核准人数一直不多，如 1998 年有 800 多人，但 1999 年到 2005 年每年不到 400 人，此后逐渐增加，特别是金融危机爆发后，2008 年突破千人，2009 年更达 4218 人，是 2008 年的 3 倍多。同样的，2008 年金融危机爆发后，中国投资人对 EB-5 投资移民的兴趣明显增加，通过率大增，据统计，2009 年中国大陆申请人的获准人数为 1979 人，占美国全年核准投资移民总数准 4218 人的 46.9%，名列首位。以一家三口计算，2009 年中国投资移民获得临时绿卡者近 6000 人，如果有 2—3 个子女的话，人数将在 7000—8000 人以上。2010 年，美国核准投资移民的中国人为 772 人，继续居首位，占移民局全年发放的 EB-5 签证总数的 41%，远超位居第二位的韩国人（295 人）。中国已经成为美国投资移民的最大来源国。

随着投资移民人数的不断增加，投资移民的影响逐渐扩大，投资移民的风险也逐渐显露，并引起关注。投资移民的风险主要包括以下几点：

1. 投资移民是法定的风险投资

中国大陆的投资移民，主要采取投资 50 万美元到区域中心的方式。所谓区域中心，是美国移民局批准的代理投资移民的经济机构，专门吸纳移民投资资金，在偏远地区或失业率高地区开展各种经济发展项目。其性质其实就是投资移民集资公司，通过集资，无息或低息使用外国投资者的资金进行项目开发。区域中心主要有两种方式运作：一是股权方式，即该公司本身有项目，公司将筹集的投资者资金，投入不同的项目中去；投资者把钱投资项目后，成为该中心的股东。二是借款方式，即该区域中心本身没有项目，收取投资者的投资款后，区域中心向其他商业项目贷款。

美国移民法规定 EB-5 投资必须是风险投资，特别规定区域中心项目不允许提供保证回购和还款等承诺。此外，任何人任何公司也不可能保证申请人 2 年后可以获得无条件绿卡，因为只有美国移民局审查投资者参与的 EB-5 项目运作情况后，才能最终决定是否批准永久绿卡。

而且，EB-5 移民法规定，区域中心必须投资经济落后偏远地区或失业率特别高（高于全国平均水平 1.5 倍）地区的经济项目，在这些地区经营，面临的困难和风险可想而知。

2. 投资人必须自担风险

由于美国政府官员经常出席中国国内的 EB-5 项目推广活动，不少申请者以为区域中心都是有政府背景的机构，投资风险有美国地方政府做担保，便放心投资。其实，区域中心只是私营机构，也就是有限责任公司，项目投资由投资者自负盈亏。区域中心和一般有限责任公司的不同之处在于，区域中心要按照规定向美国移民局报批，批准后才能招揽海外投资者。参与投资移民推广活动的美国地方政府官员，仅仅是协助项目推广，政府机构并没有参与有关项目的经营或管理，也不可能对任何项目提供担保。

《广州日报》记者在美国实地采访发现，在美国推广区域中心项目现场，同样也看到美国地方政府官员的身影，如弗利市市长、阿拉巴马州经济发展局局长出席阿拉巴马州"第一 CP 长者屋"项目动工仪式，堪萨斯州 Marysville 市的市长为区域中心项目做广告，在 DV 中向中国投资者推荐相关项目等。但当记者问到，政府是否对这些项目有所支持时，弗利市市长明确告诉记者，政府就是为企业服务的，但作为商业项目，政府是不可能提供任何担保的，商业运营风险要自己（投资者）承担。

因此，区域中心的投资，并没有地方政府兜底或撑腰，全靠区域中心本身经营运作，投资风险将由区域中心本身承担，也就是由投资移民自己承担。

3. 区域中心成败难测

美国是 1993 年推出区域中心政策的，但金融危机前仅约 20 个，2010 年为 99 个，2011 年截至 4 月 18 日，移民局网站上列出的区域中心有 131 个，分布在美国大多数州，数量最多的五个州分别是加州（31 个）、佛罗里达州（17 个）、华盛顿州（8 个）、纽约州（7 个）和德州（6 个）。如果包括还没正式注册，正在积极筹建或等待审批等的，各种区域中心多达 250 多个。

每个区域中心的经营背景、运营能力、管理水平，以及开发的项目都不一样。有些区域中心经营时间较长，经验比较丰富，基础比较扎实，开展的项目也比较成功。但大部分区域中心是金融危机后匆忙上马，基本没有开发 EB-5 项目的经验，有些则是刚刚起步，筹到资金后才启动项目，有些还没获批就提前向投资者宣传推广；有些规模很大，项目很多，有些规模很小，只是一个餐厅或夜总会。它们是否成功，还很难估计。就像美国律师李亚伦指出的，投资区域中心项目就像买卖股票，可涨可跌。事实上，已有一些区域中心因无法实施计划开发的项目而被除名，如南加州维克多维尔一区域中心于 2010 年 10 月被除名，加州埃尔蒙特市一区域中心于 2011 年 11 月被除名。

4. 移民与资金风险

投资区域中心项目的失败，随之是移民失败和资金亏损。投资移民的目的是全家移民，虽然申请一经核准，投资者就可以申请移民，但获得的只是临时绿卡，投资能维持 2 年，并提供 10 个就业岗位，才能转为正式绿卡，才算正式移民美国。根据移民局的统计，从 1991 年至 2011 年 1 月，5787 名此类临时绿卡拥有者中，只有 3203 名拿到永久绿卡，相当于五成五的成功率。

如果投资失败，不仅临时绿卡就不能转为正式绿卡，无法移民美国，投出的资金也可能打了个水漂。例如，2010 年被叫停的南加州的维克多维尔的区域中心，曾从亚洲招募了 200 名投资者，包括来自中国的投资者。这些投资人不仅不能如期拿到永久绿卡，连追回 50 万美元的投资额也将颇费周折。又如中国大连从事贸易生意的梅先生，2010 年 6 月经一位好莱坞华人经纪推荐，出资 70 万元投资电影公司的区域投资项目，后该投资项目融资困难，进展不顺利，梅先生正式移民成为泡影，但若想退出投资，根据投资协议只可返还 5000 元，损失相当惨重。

（四）留学安全威胁

中国目前是世界最大的国际学生输出国，出国留学人数从 2000 年的不足 4 万，提升到 2011 年的 34 万，1978 年到 2011 年底，各类出国留学人员总数达 224.51 万人，截至 2011 年底，以留学身份出国，留在国外的留学人员有 142.67 万人。随着海外中国留学生的不断增加，威胁留学生人身安全的事件也不断增加。

对海外中国留学生人身安全造成重大威胁的，以歹徒实施的袭击死亡事件最具危害性。最新发生的案件有 2012 年 4 月 11 日，两名中国留学生在美国洛杉矶南加州大学附近的车内，遭歹徒枪伤身亡。紧接着同年的 5 月底，一名林姓中国留学生在加拿大蒙特利尔市被人肢解。在这之前，2011 年 4 月 15 日，23 岁的女留学生柳某在加拿大自己的住所遇害。2011 年 3 月 31 日下午 3 时许，留学生陈某在瑞典街头被刀捅身亡。2010 年 5 月 16 日，中国留学生姚某在美国纽约法拉盛闹市区遭奸杀。2010 年 6 月 1 日，新西兰奥克兰警方发现失踪女留学生李某被谋杀藏尸。2009 年 1 月 27 日，留学生杨某在美国大学咖啡厅被杀害。2008 年 10 月 26 日，悉尼 18 岁的留学生魏某，为躲避歹徒攻击而坠楼身亡。2008 年 9 月 2 日，女留学生田某在位于加拿大北约克的寓所内遇刺身亡。2008 年 8 月 9 日，两名中国留学生在英国纽卡斯尔市公寓被害。等等。

不少事件非常残酷血腥。单单桩桩，真是触目惊心，闻之令人毛骨悚然。留学生失踪案也时有发生，有些后来发现尸体，有些则一直不知所终。

其他诸如抢劫殴打、交通事故、溺水、火灾、自杀、自然灾害等，对海外留学生的人身安全也造成很大的威胁。

三、加强海外护侨工作的对策思考

综上所述，金融危机以来海外中国公民面临的安全形势非常严峻，劫持绑架、伤亡事故、财产损失等事件频频发生，导致海外中国公民人身安全和财产风险事件逐渐增加的原因不少，最主要的是海外中国公民迅速增多，发生各种人身安全和财产风险事件的比率也不断增加。另外，由于各种安全威胁的不同，导致风险原因也各不相同，既有外部环境等客观原因，也有自身防范意识不够等主观原因。例如驻外中国公司和员工受袭击的主要原因是当地政局的动荡；中国渔船船员被抓被扣，则主要受中国与周边国家关系的影响；投资移民的风险，与移民中介公司误导，以及申请者对美国情况不了解有关；至于留学安全问题，则与留学国的治安恶化，以及留学生本人安全意识不强有紧密的关系。有些以外部环境等客观原因为主，有些则以自身防范意识不够等为主要原因。外部环境一般无法左右，维护海外中国公民安全的护桥对策，可以从当事人自己加强防范和政府相关部门积极护桥两个方面来考虑。

（一）当事人提高自保防范能力

1. 驻外中国公司和员工的自保对策

避免驻外机构员工受袭方面，主要靠驻外公司制定切实可行的防范海外安全风险的措施与制度，包括对投资环境进行评估，建立境外安全突发事件应急处置机制，制订应急预案等，例如（1）坚持对境外项目承揽和机构设立进行风险评估审查，尤其对高风险国家和地区设立的机构、项目，尽量做到"不评估，不立项"；（2）针对境外机构所在地安全风险状况，制订企业境外安全突发事件应急预案，并定期组织员工就预案内容进行演练，企业要建立并不断健全境外机构突发事件应急响应机制；（3）充分利用保险公司、安保公司、国际组织等资源，通过参加保险、外包保安或成为国际救援组织会员等方式，将海外安全防范工作交由专业权威机构负责实施和保障；（4）及时到公司所在地驻外使领馆报到登记，接受使领馆的指导和管理，与使领馆建立固定联系渠道，境外安全形势异常时，应及时向驻外使领馆报告，以便发生安全事件时得到及时协助；（5）制订派出员工详细的行为守则，发放安全手册，督促驻外员工遵守当地法律法规，尊重当地风俗习惯，提醒员工注意安全，冷静理性处理各种矛盾。

同时，驻外中国公司还应就有关防范海外安全等问题对员工进行培训，驻外中国公司的员工也应该认真看待公司有关防范安全威胁方面的培训，到了驻地之后，时时小心。

2. 投资移民的自保对策

最主要的是，投资人应谨慎选择移民中介公司。如美国 EB-5 投资移民项目，主要选择通过移民中介代理销售项目，募集投资者的方式运作，投资者一般是从移民公司获取 EB-5 项目的各种资料，并通过移民中介公司与美国的区域中心项目开发商签订投资合同。由于一些移民机构，特别是一些"黑中介"在推广 EB-5 项目时，经常出现夸大其词、哄骗欺诈申请者的现象，最终货不对版，让投资人血本无归的情况时有发生。因此，申请者要申请投资移民，首先第一步是选择信誉比较好、有经验有实力的正式注册的移民中介公司。

另外，投资人必须仔细研究投资项目。因为，国内不少移民中介公司本身，对美国的 EB-5 项目公司也不是太了解，它们只是按照对方提供的资料推广项目，通过提供中介服务收取中介服务费。最终签订的投资合同，是投资人与美国的 EB-5 项目公司双方签订的，如果发生投资纠纷和项目失败等问题，移民中介是不需要负任何法律责任的。因此，投资人不能只凭中介公司的宣传，就贸贸然然签订投资合同，而是应该仔细地研究审查拟投资项目的相关资料，选比较有保障的 EB-5 项目。如果有条件的话，投资者最好能亲自到美国，实地调查计划投资的 EB-5 项目的开发情况。

3. 海外留学生的自保对策

留学生出国前，应尽可能通过各种渠道了解留学国家的各种信息，如治安环境、法律制度、文化差异，乃至社会情况、自然环境等，特别是了解在当地留学会遇到什么问题与风险，了解各种安全知识，为出国留学可能面对的安全挑战做好心理准备。有关信息可以从中国外交部、中国教育部以及留学国的相关网站收集，也可以留意国内外的各种新闻网站刊发的相关信息，以及主动地向外国校方索取相关学校的安全资讯。

出国后，就读学校和中国驻外领事馆都会举办迎新活动，派员详细介绍学校周边的安全情况以及维护安全的各种信息。留学生一定要认真聆听和加以重视，了解防范安全威胁的各种方法，如了解报警电话、学校紧急联络电话、中国领事馆教育处电话等，最好制订一份常用通讯录，记录学校、领馆、火警、匪警、医院等机构的联络方式，以备不时之需。

在海外学习和生活时，要注意安全。如注意出行安全。尽量避免深夜单独出门，尤其需要避开那些犯罪高发区，不要在深夜或在偏僻路段滞留。还有，妥善保管钱财和贵重物品。家中贵重物品不要集中放在一处，应当分几处存放规避风险，遵守交通规则，安全驾驶。

（二）政府有关部门的护侨对策思考

1. 对海外企业及员工的对策

保护中国企业在海外投资的财产安全、项目安全，保护中国公民特别是工程施工队伍人员在海外的安全，特别是人身安全，这是中国政府的责任与义务。金融危机以来，海外企业面对频频发生的各种安全威胁，无疑给政府有关部门，特别是商务部提出了更多要求。商务部也为之做了不少工作，如密集发布针对中国企业海外投资的风险预警等。《经济参考报》记者据公开消息初步统计，仅 2012 年 1 月到 2 月，商务部驻亚洲、欧洲、西亚、非洲的机构就发布了相关预警提示信息近 20 条。另外，及时预警和撤离动荡地区的中国公司与员工。

另外，笔者认为，商务部还应根据金融危机以来海外企业面临的安全挑战，尽快推出比较切实可行的完备的海外企业风险防控体系。2012 年初，商务部新闻发言人沈丹阳表示，在指导企业防范安全风险方面，商务部从前几年开始就已经着手构建一套"走出去"风险防控体系。据介绍，这个体系主要有四个内容：一是加强基础工作。商务部开发运行了对外投资合作统计系统，覆盖 90% 以上的在外企业、项目和人员信息。一旦境外出现问题，能迅速掌握信息，为妥善处置境外安全事件提供有效保障。二是建立预警制度。商务部会同有关部门加强对热点地区安全形势的监测分析研判，及时发布预警。三是强化监管措施。对到高风险国家设立企业和实施项目，进行安全审核。四是提供政府公共服务。定期发布对外投资合作国别地区指南、国别贸易投资环境报告，给企业防范境外风险提供指导，组织企业境外有关人员进行境外安全培训，商签双边投资保护协定，帮助企业解决遇到境外风险问题等等。海外企业风险防控体系的尽早构建，对协助海外中国企业防范危险，应该是很有意义的。

还有，当海外发生中国公民被劫持的安全事件后，中国有关部门政府还可注意以下几点：一是应尽快了解事件背景、绑匪动机、具体要求，以便迅速做出最适合、最有利于保障人质安全的选项；二是尽快介入处理事件，争取直接和及时地让劫匪知道我方的主张与态度，双方尽早摊牌，以免各种误导令事件的解决复杂化；三是善用各种关系。特别是在类似非洲那样的部族社会，应该通过部族、宗教、地方上的关系从中周旋；四是依靠当地政府要谨慎，因为，有时中国公民被劫持，实际上是地方和当局之间的矛盾所致，当地政府介入反而使问题更复杂更难处理。

2. 对投资移民的对策

首先要正确对待投资移民。资金流动和人员流动是全球化时代的正常现象，投资移民是全球资金流动和人员流动的众多方式之一，也是我国法律所允许的合法行为。我国政府有关部门要正确对待投资移民，可加强护侨，提供一些相应的协助，帮助海外投资移民防范和减少风险。

其次是告知风险。投资移民存在一定的风险，但受移民中介宣传的影响，不少投资人缺乏应有的风险意识。我国有关部门，包括各级侨务、商务和出入境等部门，如能采取比较有效的措施，向计划投资者告之相关风险，对提高他们的风险意识，减轻他们的风险，都应该是有帮助的。

再次是加强对中介公司的管理。投资移民的风险与区域中心紧密联系，是否选对区域中心是投资经营是否顺利成功的关键。但由于各种条件的限制，中国大陆的申请人对区域中心的情况并不了解，全凭移民中介的介绍，信息非常不对称，个别人有可能上当受骗，进而损失惨重。因此，政府应该加强对中介公司的管理。

还有是提供信息。投资移民的风险，与信息缺乏，上当受骗，有很大的关系，有关部门如能在官方网站经常提供一些相关信息，特别是区域中心及投资项目的具体情况，翻译的中文资料，对申请人将是一个很实际的帮助，将有利于申请人及时评估和防范投资风险。

3. 对留学安全的对策

保护海外中国留学生的安全是中国政府义不容辞的责任，如何保护海外中国留学生的安全？其中重要措施之一，是做好留学预警工作。坦白而言，中国政府已经做了不少留学预警工作，如中国教育部通过教育涉外监管信息网定期发布的"留学预警"信息，至今已有50多期，其中不少涉及留学安全信息，如2008年6月19日颁布的《赴英国留学注意人身安全》，针对当时在英中国学生频发绑架案，指出犯罪分子常在社会交友网站或学生们常去的社交聚会地点寻找绑架对象，并实施绑架。要求中国学生提高安全防护意识，不要公开展示财富。

当然，中国政府的留学预警工作还有进一步提升的空间，比如加强预警信息的送达。目前，有关留学预警的信息发布和信息送达，应该还有一定的距离。笔者在留学咨询会上访问过不少家长和学生，几乎没有人知道教育部的教育涉外监管信息网，更谈不上上网浏览和收集有关留学安全的信息了。留学预警相关预警信息的送达率之低，可想而知。因此，我国相关部门，可以加强一下预警信息送达方面的工作。

同样的，有关部门也可以加强对中介公司的管理，强制中介公司办理留学业务时，向准留学生们介绍海外留学的治安环境、安全事件、防范措施等。让留学生有一定的思想准备。

四、加强领事护侨工作的思考

在海外护桥工作中，领事保护非常重要。何为领事保护？领事是一国政府经另一国政府同意，或根据同另一国政府达成的协议，派驻对方国家的特定城市，并在一定区域内执行领事职务的政府代表。

领事保护，是指派遣国的外交、领事机关或领事官员，在国际法允许的范围内，在接受国保护派遣国的国家利益、本国公民和法人的合法权益的行为。近年，我国领事保护工作确实发展很快，领保能力也不断提高，但随着海外中国公民的急剧增加和安全形势的日趋复杂，领保工作面对的挑战也日益严峻。

（一）我国领事保护面对的挑战与对策思考

有关问题和挑战不少，其中，尽快建立与我国国际地位和海外公民需求相应的领事保护队伍，尤为迫切。按照领保的属国原则，无论是定居国外的华侨，还是临时出国旅游、留学、经商、务工、探亲或访学交流者，只要拥有中国国籍，都可以寻求中国政府的领事保护。金融危机爆发以来，海外中国公民人数急剧增加，据统计，2007年仅大陆出境旅游的中国公民达 4095 万人次，2011 年更增加到 7025 万人次。据统计，截至 2008 年 7 月底，在外各类劳务人员为 79.1 万人。到 2010 年，我国已在境外设立企业 1.6 万余家。中国境外企业项目和人员不断增加，到 2011 年底，境外企业已经有 18000 多家，在外人员约 120 万人，资产总量超过 1.5 万亿美元。2008 年上半年海外留学人员有 89.20 万人。截至 2011 年底，以留学身份出国，留在国外的留学人员有 142.67 万人。另外，据不完全统计，21 世纪初，海外华侨华人约 3975.8271 万，估计 20% 左右或近 800 万人是还没有加入当地国籍的华侨。这几项数据合计高达 8000万！考虑到近十多年的移民潮，香港、澳门、台湾的相关数据，以及非法移民打工等情况，有关数据应高得多。

然而，截至 2007 年 3 月，中国外交部有干部员工共 4800 多名，其中专职的领事工作人员包括领事司的有 140 多人，驻外机构的领事官员有 600 人左右，到 2011 年，有关人数大概是 900 多人。即使按保守的 8000 多万海外中国公民计算，领事官员与领保对象之比竟高达 1：88000 人次！这恐怕是各国最高的比例了！据称，日本仅为1：3500。而且，领事保护仅是领事工作的一部分，领事官员除了应对不定期的领事保护事件外，还有承担多项领事工作。根据《维也纳领事关系公约》第五条的规定，领事职务还包括增进双边友好关系，了解接受国商业、经济、文化及科学等情况；向本国国民或拟赴派遣国旅行人士签发各种证件，等等。有些工作，如办理各种证件的日常工作相当繁重。相对于非常庞大的领保对象，我国的领保人员明显不足，正如国际问题专家庞中英所指出，以中国目前的外交实力、能力、资源，对于维护、保护中国越来越大的公私海外利益来说显然不够，这是领事保护面对的一个严峻挑战。

另外，领保能力还有待提高。领事官员的工作非常复杂，就海外中国公民的领事保护而言，除了前文所提的预警、应急、协调、磋商等大量的工作外，还必须了解领保对象的各种情况。目前我国的领保对象起码包括以下几大类：游客、留学生、劳务人员、没有加入当地国籍的新移民、华侨，以及其他各种出境人员。他们的人数、分布国家、遭受侵害的形式及原因，都各有特点。另外，由于领保必须在国际法和所在国法律允许范围内实施，领保官员还必须了解甚至精通相关的法律法规，只有这样，当中国公民遇到安全威胁时，才能为他们提出各种具体可行的建议，当接受国没有依法公平对待我国公民时，才能及时发现偏差加以纠正。

要深入了解领保对象的各种情况和相关的各种法律，无疑需要长期积累和跟踪研判，付出大量劳动。然而，"国内高校的国际政治专业、外交专业教学，偏重于'高级政治'领域，缺少对侧重实际的领事事务的研究和教学"；承担具体领事工作的驻外使、领官员，则因人手短缺，工作繁重，大部分时间湮没在日常的颁办各种证件的繁杂事务中，很少有人专门负责研究所在国与领事保护有关的法律法规。这些情况无疑会影响我国领事保护的成效。因此，有必要加强领保官员的实务教育与训练，加强领事保护和服务工作的研究，以进一步提高我国领事保护能力。

再有就是加强国民预警效果。由于领事保护在程序上属于事后服务，即使多方努力，也往往不能挽回业已造成的人身和财产损失，因此，各国都把提前预警作为保护海外公民利益的重要一环。同样的，我国外交部也通过官方网站和媒体采访等途径发布各种海外安全信息。如外交部官方网站设立的"走出国门注意事项"、"出国特别提醒"和"海外安全"等栏目，关注几乎所有的国家和主要城市，其内容包括出入境须知，当地治安状况，交通与旅行注意事项，常遇问题的法律咨询意见和建议，紧急联系电话，以及最新的国别局势和治安动态的信息。然而，发布信息和送达信息毕竟还有很大的距离，笔者曾做了一个抽样问卷调查，在收回的 50 份有效问卷中，只有 8 人（16%）上过外交部网站，其中只有 4 个人（8%）看过上述两个栏目，他们分别是国际关系的在读研究生和研究国际问题的高校老师。其他访问者，有些知道外交部网站，但没有想过上去浏览，大部分受访者则根本没有意识到这个网站，信息送达率很低。近几年，外交部领导和驻外使、领馆频频接受媒体采访，介绍领事保护和海外安全的各种信息，但有关报道主要发表在新华网、中新网以及人民日报、中国青年报等官方大小报上，一般国民看得并不多。

预警信息送达率偏低，预警效果自然有限。要提高预警效果，一个很重要的前提，是提高预警信息的送达率。根据我国国民主要从公众网络以及省市报纸、地方电视收集资讯的习惯，可以考虑通过大型网站，以及省市一级的日报和电视频道发布宣传各种海外安全预警信息。我国外交部还可以考虑寻求交通部、航空局、旅游局、公安部的协助，在办理出境手续的旅行社、公安办证处，在开往机场的直达大巴的电视，在出境机场候机室的宣传栏，以及旅行团导游讲解过程中，向出境公民宣传和发放相关的出国警示资料，介绍出境目的地的治安状况与安全保护等信息，估计也能收到较好的预警效果。

其他有关问题和挑战还有经费不足、相应立法滞后、公众服务意识不高、部门协调配合有待加强等，都有必要根据具体情况加以改进。

五、结束语

总而言之，随着中国公民出境与移民大潮方兴未艾，人数与日俱增，世界政治经济局势动荡，海外中国公民面临安全威胁的严峻局面，一时不会有太大的改变。面对复杂的安全形势，海外公民本人、相关机构，以及政府有关部门，均有必要针对安全形势的新发展，针对安全风险的新特点，针对各种安全威胁的具体情况，有的放矢地采取切实可行的对策，以保护海外中国公民的人身安全、财产安全，以及各种合法权益。

参考文献：

［1］刘功宜. 出国人员如何求助：浅说"领事保护"［M］. 北京：中国经济出版社，2005.

［2］邵琪伟在2008年全国旅游工作会议上的讲话（2008-03-05）［J］. 旅游调研，2008（1）.

［3］中华人民共和国国家统计局. 中华人民共和国2011年国民经济和社会发展统计公报［EB/OL］.（2012-02-22）. http://www.stats.gov.cn/tjgb/ndtjgb/qgndtjgb/t20120222_402786440.htm.

［4］石洪涛. 中国将建立五项机制保护海外公民安全：专访外交部领事司副司长魏苇［N］. 中国青年报，2005-12-28.

［5］余潇枫，等. 非传统安全概论［M］. 杭州：浙江人民出版社，2006.

［6］万晓宏. 机遇与挑战并存：世纪之交的南非华人［J］. 南洋问题研究，2007（2）.

［7］沈胡. 俄罗斯"逐客"十万华商大撤退［N］. 经理人日报，2007-02-11.

［8］高英雄. 越南炮艇狂抢我国渔船 北部湾困局引高层关注［N］. 东方早报，2003-10-15.

［9］鑫音，金媛. 中国海外务工人员艰辛历程："外国"不都是天堂［N］.（美

国）侨报，2012-06-14.

［10］孙韶华，王世钰. 中国海外投资风险警报频发 已步入风险高发期［N］. 经济参考报，2012-02-23.

［11］Green Card Through Investment［EB/OL］.（美国）公民与移民署网，［2010-10-12］. http://www.uscis.gov/.

［12］沈玮青. 去年超6000中国人投资移民加美澳［EB/OL］.（新加坡）联合早报网，［2011-06-14］. http://chuguo.zaobao.com/.

［13］中国两留学生在美遭枪杀［N］. 广州日报，2012-04-13.

［14］弗大中国学生朱海洋杀人案追踪［EB/OL］.（新加坡）联合早报网，［2009-02-15］. http://chuguo.zaobao.com/.

［15］李明波. 海外中国人如何保财保命［N］. 广州日报，2012-02-01.

［16］赴英国留学注意人身安全［EB/OL］. 教育部教育涉外监管信息网，［2008-06-19］. http://www.jsj.edu.cn/.

［17］鲁毅，等. 外交学概论［M］. 北京：世界知识出版社，2003.

［18］中国领事保护和协助指南（2010年）［EB/OL］. 外交部网，http://www.fmprc.gov.cn/.

［19］利比亚撤侨全记录［N］. 中国新闻周刊，2011-03-10.

［20］夏莉萍. 美英领事保护预警机制的特点及对我国的启示［J］. 外交评论，2006（1）.

（选自广州市哲学社会科学发展"十二五"规划2011年度课题"加强海外护侨工作的对策研究"。课题负责人：廖小健；成员：张银双、谢峻润。）

海外移民的慈善推动与都市农业的现代化

——以广州为例

陈世柏（广东金融学院）

"都市农业"一词最早由日本经济地理学家青鹿四郎提出，目前学术界对其较为认同的定义是：都市农业是指位于城市内部和城市周边地区的农业，是一种包括从生产（养殖）、加工、运输、消费为城市提供农产品和服务的完整经济过程。都市农业是有别于传统农业的一种新型的现代农业模式，"具有农业产业结构的高度市场化、农业生产方式的集约化、农业经营形式的产业化、农业生产手段的高科技化等特征"[①]。近年来，都市农业已成为我国各大城市农业发展的主题，由于地理位置、自然环境和人文因素不同，不同的都市其农业现代化模式也不相同。与非侨乡相比，侨乡都市农业现代化具有非侨乡不可比拟的优势，本文以我国重点侨乡大都市——广州为例，意图探讨海外移民与都市农业现代化的关系，为其他地区都市农业的现代化道路选择提供借鉴。

一、以"侨"为媒介，抓住都市农业的发展机遇

广州作为全国著名的华侨之乡，其发展都市农业的优势主要体现在以下三方面：一是特殊的地缘。广州是广东省的省会，中国南方的大都市，又毗邻港澳，拥有通向世界的通道，在中国现代化的历史进程中，成了中西文明交流的桥头堡，在发展都市农业上具有优越的地理位置优势。在自然环境上，广州属南亚热带海洋性季风气候

---

① 曹林奎，陆贻通，李亚红. 都市农业的基本特征与功能开发 [J]. 农业现代化研究，2002（4）：270—273.

带，光能充裕，暖热少寒，雨量充沛，可满足高产、优质、高效农业生产的需要。土壤类型多样，土质肥沃，生物种类繁多。广州优越的地理位置和得天独厚的自然环境为都市农业发展奠定了良好的自然物质基础。二是特别的人脉。广州是全国著名的华侨之乡，到 2008 年有华侨华人、港澳同胞 106.08 万人，分布在世界一百多个国家和地区。这些海外移民是中国最早开眼看世界的群体，是中国通向世界的桥梁，他们充满了新思想、新观念，拥有雄厚的资金、技术、人才、市场、信息等独特优势，他们是侨乡都市农业发展的开垦者、助推者、导航者，是都市农业发展的宝贵资源和独特优势。改革开放后，他们积极参与和支持侨乡的现代化建设，据广州市侨务办普查统计，改革开放以来海外移民捐献给广州地区的款物折合人民币达 36 亿多元，为加快广州地区经济社会发展和都市农业的现代化起到了巨大的推动作用。三是独特的机遇。1978 年中国实行改革开放，中共中央把侨乡作为改革开放的先行地区，把发展"海外关系"作为启动机制，为广州都市农业的发展提供了独特机遇。新的历史机遇使广州成为中国改革开放的前沿阵地，成为引领中国现代化建设的排头兵和试验地。广州把"得风气之先"与"开风气之先"理性衔接，在海内外乡亲互动中开创了都市农业现代化的侨乡模式，构成了中国乃至世界各国农业现代化运动的独特范式。可见，与非侨乡相比，侨乡都市农业现代化具有非侨乡不可比拟的优势，这种优势是开放的、世界的，因而是与时俱进的。侨乡都市农业现代化，是侨乡人用世界眼光吸收、创新中西方农业技术的进程。在我国都市农业现代化的进程中，侨乡担当了都市农业现代化的先锋，在侨乡都市农业的现代化进程中，海外移民担当了中西方农业技术传播和交流的主体和媒介。改革开放后，广州正是利用侨乡优势，抓住都市农业发展的独特机遇，以"侨"为媒介，以"侨"引资，以"侨"引智，以"侨"促商，海内外乡亲互动，探索出一条农业现代化的侨乡模式。

二、以科技扶持和创新为突破口，提高都市农业的产业水平

传统农业是粗放式的农业，单纯依靠土地、自然资源、廉价劳动力等传统生产要素投入。"都市农业是城乡、工农差别逐步消失，传统城乡多元结构逐渐解体过程中产生的一种特殊形态的发达农业"[①]。与传统农业相比，都市农业在经济上紧紧依赖于都市经济，受到都市经济的强力支撑，其农业生产力水平更高，在生产要素上依靠良种、化肥、机械等现代科技手段，在组织上实行高度的专业分工与协作，实行集约

---

① 李岳云. 都市农业的理论与实践：兼论南京都市农业发展 [J]. 南京社会科学，2002 (9)：202.

经营和规模经营，在产业特征上属于劳动密集、技术密集的精细型农业。

为了改变农业的增长方式，促进都市农业设施的现代化，改革开放后海外移民首先捐赠支持广州建立了农业科技创新体系。科技创新有三种途径：一是原始创新，独立自主地完成新发现和技术新发明；二是集成创新，把各种已有的相关技术有机融合而创新；三是引进消化吸收再创新，在消化吸收国外先进技术基础上进行创新。改革开放之初，由于原有的农业科技人才缺乏，条件落后，广州都市农业科技进步与创新主要思路是先引进消化吸收再创新，坚持走机械技术与生物化学技术进步相结合的道路，一方面，引进先进的生产资料和机械技术，发展技术资本密集型的设施农业，另一方面，引进先进的农业物种，利用科技创新，走劳动密集型的生物化学技术进步路线为主的农业现代化路径。据不完全统计，改革开放后海外移民对广州工农业生产捐赠为 5.224478 亿元，占其捐赠总额的 14.48%。海外移民捐赠的生产资料科技含量高，品种多样，捐赠的农业机械设备先进，涉及种植业、养殖业、林业、农副产品加工等各个领域。海外移民通过资助广州都市农业科技的创新，提高了都市农业物质技术装备水平，促进了都市农业设施的现代化。

资助都市农业的科技投入。农业科技是都市农业发展的动力源泉和重要支撑，而农业科技的发展需要大量的资金投入，因此，建立农业科技投入体系是都市农业发展的首要条件。1992 年，广州市成立广州科技进步基金会，海外移民大力资助，捐赠总额达到 7550 万港元，占该基金会原始基金总额的 75%。科技进步基金会得到海外移民的捐赠后，在弘扬尊重知识、尊重人才，促进社会科技进步方面发挥了重要的作用，10 多年来，基金会运用每年增值的资金支持科技事业累计 8000 多万元，开创了一条以民间筹集资金支持科技事业发展的新道路。在海外移民的捐赠支持下，广州形成了以政府为主导的民间、企业和海外资金积极参与的多元化的农业科技投入机制。

支持农业科技推广和转化。农业科技推广和转化是农业科技转化为现实生产力的根本路径。改革开放之初，广州农业技术推广队伍普遍存在"有钱养兵、无钱打仗"的局面，农业技术推广进展缓慢。1984 年，香港同胞李发率先捐款 4 万元支持番禺区南村镇农科站建设，拉开了海外移民支持农村科技的序幕。1996 年，广州市荣誉市民曾宪梓"捐资 100 万元，建立了'广东省农科院曾宪梓科技奖励基金'"。该基金用于奖励在科技上有突出贡献的专家、学者，培养农业科技人才，促进农业科技的推广。在曾宪梓的支持下，广东省农科院科技成果硕果累累，"九五"和"十五"期间，该院获国家农业类科技成果奖励 12 项，占全省 1/3；获广东省农业类科技奖 129 项，占全省 39%。据农业部对"十五"期间全国 1077 个独立农业科研机构综合能力评估结果，该院有 8 个研究所进入前 50 名，其中 3 个研究所进入前 10 名，综合实力继续位居全国省级农科院前列。[①] 海外移民的捐资成了广州侨乡农业科技投入的重要来源和农业科技创新的动力源泉，而农业科技投入和创新又大大地促进了科技成果的转化。

三、以优化农业结构为核心，提升都市农业的产业体系

传统农业是以种植业为主的农业，只能满足都市的基本生活需求，而都市农业的本质属性是现代农业产业体系。"现代农业产业体系是由多部门组织的综合体，是农业生产、加工、销售、服务等诸多方面相互作用、相互衔接、相互支撑的，能实现农业产前、产中和产后协调发展的有机整体"[②]。改革开放初期，广州市郊农业以种植业为主，林业、牧业、副业、渔业所占的比例小，为了促进农业发展，广州市开始对农业结构进行调整，其调整历经三个阶段：

第一阶段（1978—1987 年底），主要是打破"以粮唯一"的单一农业生产格局，初步形成农、林、牧、副、渔全面协调发展的农业生产结构。在这一阶段，海外移民积极支持广州兴办种畜场、林果场、养鸡场、奶牛场等农牧林渔场，促使广州经济结构向农、林、牧、副、渔全面发展。如 1978 年，"由香港同胞刘浩清、邓焜共同捐资 30 多万美元，在美国购买全套机械设备以及蛋鸡优良种苗，在广州郊区创办了全国第一家机械化养鸡场，并聘请美籍华人许志俭任技术指导"[③]。除了担任技术指导外，美籍华人许志俭先生本人还向广州市赠送了一批养鸡设备和零配件。此外，生产培育瘦肉型猪，满足人民日益增长的需要成为海外移民支持广州农业结构调整的重要方面。1978 年，"香港中华总商会常务董事黄佩球等 8 位先生捐资港币 30 万元，从英国农场选购长白、大白、杜洛克、汉普夏等 4 个猪品种各 24 头及仪器设备一批送给广州市，同时建立广州市良种猪场，承担繁殖、推广的任务"[④]。广州市良种猪场调整猪群结构，淘汰土种和瘦肉率低的杂种母猪，成了全市良种猪的繁殖基地。该场繁殖的猪种除满足广州市需要外，并供应 21 个省市和香港等地。在海外移民的支持下，广州侨乡农业生产结构发生了显著变化，种植业在整个农业所占比例总趋势是下降的，渔业、牧业、林业在整个农业中所占比例逐步上升。海外移民资助广州侨乡兴办各种农、林、牧、副、渔等产业，调整了农业生产结构，使广州生产出大量的

① 广东省农业科学院简介 ［EB/OL］. (2009–02–09). http://www.gdaas.cn.
② 刘成林. 现代农业产业体系特征及构建途径 ［J］. 农业现代化研究, 2007 (4): 472.
③ 广州市地方志编纂委员会. 广州市志·卷七外经贸志 ［M］. 广州: 广州出版社, 2000: 152.
④ 广州市地方志编纂委员会. 广州市志·卷八农业志 ［M］. 广州: 广州出版社, 1996: 196.

菜、肉、禽、鱼、果、蛋、奶、花等鲜活农副产品，促进了现代都市"鲜活农业"的发展。

第二阶段（1988—1995 年），这一阶段农业结构调整主要是以发展"三高"农业为动力，调整农业产品结构，推动广州农业逐步向基地化、专业化方向发展。这一阶段，白云区的竹料公社畜牧场、增城市镇龙公社逡头养鸡场、番禺区榄核镇蔬菜基地、番禺区沙湾青山湖农场、番禺区化龙镇东溪村荔枝园、番禺区石碁镇石岗东村花场、花都区梯面镇红山村 2 队的鱼塘、黄埔区南岗区公所沙步乡的奶牛场等农牧林渔场在海外移民的捐助下向基地化、专业化方向发展。到 1995 年，广州市农业商品化程度有所提高，农业商品率达 83%。农业生产结构调整步伐加快，优质、高产、高效的"三高"农业有新发展。[①]

第三阶段（"九五"时期以后），这一阶段以市场为导向，调整农业组织结构，实现农业产业化经营，推动农业市场化进程。都市农业是一种复合型的产业，它不仅以第一产业生产农产品，创造农产品的使用价值，还要以第二产业加工农产品，增加农产品的使用价值，以工促农，更要以第三产业构建农产品的流通渠道，实现农产品使用价值与价值的互换，使农民增收，以商富农。创新农业经营组织形式是都市农业产业化经营的重要途径。我们以广州市白云区江村集体养鸡场为例，江村鸡场是白云区江高镇江村属下的一个村办集体企业，后来在美籍华人许志俭先生的技术指导下，江村鸡场组建家禽合作经济组织，以镇办鸡场为依托，联合 8 个村办鸡场和 1000 多家养鸡专业户，为当地农户提供产前（供应优良种苗）、产中（防疫治病）、产后（收购农户产品集中销售）等系列服务，实行专业合作，探索出"公司＋农户"的集约式经济联合模式。"江高模式"实际上就是创新农业经营组织形式，延伸大农业的产业链条，实施"产、供、销、工、农、科、贸"一体化经营，形成以场带户、科研与生产相结合、与外贸部门挂钩、产供销"一条龙"的集团式合作经济组织，它是广州也是我国最早出现的农业产业化的雏形。之后，"江高模式"进一步拓展、创新，提升成"基地＋农户"、"公司＋合作社＋农户"、"公司＋基地＋农户"、"合作社＋农户"、"批发市场＋农户"等农业产业化的"广州模式"。农业经营组织制度的不断创新，改善了农业经济结构，实现了农业的种养加、产加销、农工贸、产学研的一体化，促进了农业产业化和市场化进程。综上所述，在海外移民慈善的推动下，广州农业生产结构、农产品品种结构、农业经营结构、农业投入结构都得到调整和优化，从而提升了

---

① 广州市 1995 年国民经济和社会发展统计公报［EB/OL］.（1995-04-28）. http://www.gz.gov.cn/vfs/content/newcontent.jsp?contentId=134054&catId=4115.

都市农业的产业体系。

四、以城市为依托，拓展都市农业的产业功能

传统农业位于农村或城郊，以第一产业为主，只是满足人们的基本生活需求，关注的是经济与社会效益。与传统农业相比，都市农业既分布在都市外围，又分布在都市内部，是以都市为依托，又服务于都市的现代农业，它不仅注重经济效益，还要求实现经济、生态和社会三大效益的有机统一。改革开放后，城市人们的消费需求的多样化推动了单一功能的传统农业向多功能的都市农业转变。功能多元化已经成为都市农业的主要特征之一。"都市农业是在可持续发展理论指导下建立起来的一种经济、社会、生态协调发展的多功能农业。都市农业的多功能性，被台湾学者表述为'三生农业'，即生产性功能、生活性功能和生态性功能"①。

为了满足人们多样化的消费需求，改革开放后海外移民捐赠支持广州发展"三生农业"，拓展都市农业的功能。"三生农业"的典型代表则是观光旅游农业。观光旅游农业是一种以农村自然环境和乡土文化为基础，包括休闲农业、观光农业、体验农业在内的旅游生态农业。20世纪80年代中期，海外移民就开始捐赠支持广州发展旅游生态农业，把农业的功能从第一产业延伸到第三产业。如1993—2006年何贤社会福利基金会共捐赠844.99万元支持莲花山旅游区的建设和开发。在海外移民的支持下，番禺莲花山旅游区2002年被国家旅游局评定为AAAA级旅游区。还有黄埔区丹水坑风景区在海外移民的支持下，已发展为集观光游览、娱乐健身、休闲度假、旅游购物于一体的广州旅游重点景区。海外移民捐资支持生态旅游农业的发展，使都市农业成了广州市容的美容器，充分发挥了都市农业的生态屏障功能，改善了广州市生态环境，促进了人与自然的协调发展和城乡经济的可持续发展。

在海外移民慈善推动下，近年来广州都市农业逐步形成了"三个圈层"区域的都市农业布局。第一圈层为近郊农业，花卉园艺及绿化园林产业迅速发展；第二圈层为中郊农业，蔬菜、水产、畜牧、林果、花卉等高效精品产业得到发展，现代化水平不断提高；第三圈层为远郊农业，特色农业、生态农业、生态林业、休闲度假农业逐步形成。海外移民以都市为依托，积极支持广州发展"三生农业"，在农业功能上，拓展了都市农业发展的空间，充分挖掘了都市农业的生产功能、生活功能和生态功能，使原有的传统农业从过去主要为保障城市供应的单一生产功能，向同时兼顾生产、生

---

① 王波. 中国都市农业创新论［D］. 四川大学经济学院，2005.

活、生态的三维空间结构转变；在产品形态上使农产品生产从偏重于为城市居民提供鲜活食品的一元结构，向既为国内外市场提供食品，又为工业提供原料，同时也为城乡居民提供精神产品的三元结构转变，从而满足了人民群众生活水平不断提高的多种消费需求，拓展了都市农业的内涵。在海外移民的慈善推动下，广州都市农业的总产值和现代化水平全面提高。据统计，2006年广州都市农业总产值达到了804.29亿元，都市农业总收入1073.36亿元，实现利润6.84亿元，从业人员100.05万人，广州市基本实现农业现代化。①

总之，与非侨乡相比，侨乡都市农业现代化具有非侨乡不可比拟的优势，这种优势是开放的、世界的，因而是与时俱进的。侨乡都市农业现代化，是侨乡人用世界眼光吸收、创新中西方农业技术的进程。在中国都市农业现代化进程中，侨乡担当了都市农业现代化的先锋；在侨乡都市农业的现代化进程中，海外移民担当了中西方农业技术传播和交流的主体和媒介，成了侨乡都市农业现代化的独特优势和重要力量。改革开放后广州正是利用侨乡优势，以侨为媒介，发挥侨力，汇聚侨资，海内外乡亲互动，抓住都市农业发展的产业机遇，以科技扶持和创新为突破口，提高都市农业产业水平，以优化农业结构为核心，提升都市农业的产业体系，以城市为依托，拓展都市农业的产业功能，从而促进传统农业到都市农业的转变，推动都市农业的集约化、科技化、工业化和市场化，探索出一条农业现代化的侨乡模式。广州在海内外乡亲互动中进行的都市农业现代化，构成了中国乃至世界各国农业现代化运动的独特范式。

参考文献：

［1］曹林奎，陆贻通，李亚红. 都市农业的基本特征与功能开发［J］. 农业现代化研究，2002（4）：270–273.

［2］李岳云. 都市农业的理论与实践：兼论南京都市农业发展［J］. 南京社会科学，2002（9）：202.

［3］广州年鉴编纂委员会. 广州年鉴［M］. 广州：广东人民出版社，1997.

［4］广东省农业科学院简介［EB/OL］.（2009–02–09）. http://www.gdaas.cn.

［5］刘成林. 现代农业产业体系特征及构建途径［J］. 农业现代化研究，2007（4）：472.

---

① 广州市统计局农村处. "十一五"广州都市农业发展跃上新台阶［EB/OL］.（2011–07–06）. http://www.gzstats.gov.cn/tjfx/gztjfs/201107/t20110706_25668.htm.

［6］广州市地方志编纂委员会. 广州市志·卷七外经贸志［M］. 广州：广州出版社，2000.

［7］广州市地方志编纂委员会. 广州市志·卷八农业志［M］. 广州：广州出版社，1996.

［8］广州市1995年国民经济和社会发展统计公报［EB/OL］. （1995-04-28）. http://www.gz.gov.cn/vfs/content/newcontent.jsp?contentId=134054&catId=4115.

［9］王波. 中国都市农业创新论［D］. 四川大学经济学院，2005.

［10］广州市统计局农村处. "十一五"广州都市农业发展跃上新台阶［EB/OL］. （2011-07-06）. http://www.gzstats.gov.cn/tjfx/gztjfs/201107/t20110706_25668.htm.

（选自广州市哲学社会科学发展"十二五"规划2011年度课题"改革开放后广州海外乡亲慈善捐赠行为研究"。课题负责人：陈世柏；成员：李云、刘芬华、李保平、吴宝昌、高伟浓。）

·第三部分·
文化、艺术、新闻、教育、语言篇

后亚运时代广州市高雅表演艺术与
城市艺术文化塑造

张　琦（广东财经大学）

艺术是文化的灵魂。迪马吉奥（Dimaggio，1982）认为，在 19 世纪，美国上层阶级通过支配和控制某些文化产品的生产和展出，向下层阶级索取高额门票，限制他们接触这些文化背景，有意制造了高雅文化与低俗文化之间的区分。高雅艺术（high arts）从此也成了与大众艺术相对立的一类艺术形式。最初的阶层标签正随着流行文化的强势传播而日益模糊，然而格调高雅、促发人格情操升华和心灵品格净化的高雅艺术在现代社会文化的建设中理应焕发新的光彩。

本课题立足中国经济发展的前沿、国家中心城市——广州，对当前的高雅艺术演出市场进行了深入调研，探讨在成功举办亚运会之后、广州城市发展进入新的阶段之时，高雅表演艺术的发展带动高雅文化的创意传播策略，以及广州城市艺术文化的转型塑造与文化软实力提升的意义和价值。

一、后亚运时代广州地区的社会特征

2009 年 1 月，国务院颁布的《珠江三角洲地区改革发展规划纲要（2008—2020年）》，从国家战略层面将广州定位为国家中心城市。发展纲要为后亚运时代广州的城市发展确立了新的目标。除了经济、科技等硬实力的提升之外，要着力塑造广州城市特有的文化个性，通过对城市人文精神的培育和提炼，形成一种吸引力、一种辐射力。

（一）广州城市文化的独特性

广州地处珠江三角洲北部，作为岭南行政中枢已经有 2000 多年的历史了。岭南文化的核心内壳、移民文化的活跃表层加之海洋文明的开放浸润和先锋文化的创新传统共同构成了独特的广州城市文化个性。

（二）广州城市艺术文化的特点

"艺术文化"的特征就在于它是以艺术形式、艺术符号、艺术意象来表现人类的文化理念。广州的城市艺术文化同样兼具岭南文化与移民文化的双重气质，并在传统与现代间彰显独特的魅力。其特点主要体现在：清新雅致，温润平和；寓雅于俗，回归百姓；兼收并蓄，注重创新；市场导向，质朴务实；等等。

（三）后亚运时代广州发展高雅表演艺术的契机与优势

2010 年 7 月，广东省政府制定了《广东省建设文化强省规划纲要（2011—2020年）》，力争全面推进文化建设，实现由文化大省向文化强省的跨越，在政策上给予高雅表演艺术发展的巨大空间。广州传统的地缘与人文区位优势，易于发展高雅艺术的创作与交流，高水平的本地演出团体也是核心动力。此外，后亚运时代广州本地的受众人群构成较之以往有了很大的变化，不断提高的人口素质以及外来移民对于地域文化认同的需要，都为高雅表演艺术的传播提供了契机。

二、高雅表演艺术与城市艺术文化塑造的关系

（一）高雅表演艺术的内涵

高雅艺术一般都具有较为复杂的艺术形式，对审美主体的专业素养有一定要求，同时承载着严肃的智能和美学经验。表演艺术是通过人的演唱、演奏或人体动作、表情来塑造形象、传达情绪、情感从而表现生活的艺术。本课题所关注的高雅表演艺术，格调高雅，具有丰富的艺术内涵，主要包括以下几类：

（1）音乐，包括交响乐、室内音乐、合唱独唱音乐会等。

（2）舞蹈，包括芭蕾舞、现代舞等。

（3）戏剧，包括话剧、歌剧、舞剧、音乐剧等。

（4）语言艺术，包括朗诵艺术表演等。

同时，特别需要指出的是，相声、魔术、杂技、戏曲及流行音乐演唱会等艺术形式不是本课题所涉及的范围。

（二）高雅表演艺术与审美主体及社会文化的关系

高雅表演艺术给予受众超越生活的审美判断，引导了积极的审美需要，能够发展审美经验，创造审美主体，同时带动了审美理想在人民中普及。因此，高雅表演艺术是建构和塑造审美主体的重要途径。

高雅表演艺术是形成社会人文化心理的良性基础，是建构社会人文化归属感的重要途径，是文化交流与融合的有力助推器，有助于人际关系的调整、社会文明与进步，对思想道德文化建设、制度文化建设以及消费文化建设都大有裨益。

（三）高雅表演艺术的大众化传播势在必行

传统意义上，我们认为大众媒体广泛传播的文化符号应当促进人们在总体上与社会认同。然而，随着社会开放程度的不断提高，要形成全社会的共识实属不易，但是由于对媒体使用习惯的不同而区分的多种社会群体内部却较易形成共识。大众传播以其日常性、随意性、反复性、高普及率影响或者生成着大众的文化。文化通过传播被人们认识和理解。

高雅表演艺术利用大众传播的方式，借助于报刊、杂志、广播、电视以及网络媒介，不仅使艺术信息传播迅速快捷、全面深入、方便存储，而且受众层次多样，范围更广。一直以来，高雅表演艺术的"高品位、小众化"特征限制了它自身的发展。在当前的多元文化背景下，伴随广播电视等电子媒体的极速发展，高雅表演艺术所承载的格调高雅的文化只有借助于大众传播的网络和形式，在保证其"高品位"的前提下，打破"小众化"的限制，更平民化地影响更为广泛的受众，才能真正发挥高雅表演艺术在提高群体素质、形成高尚雅致的城市艺术文化氛围和推动公共文化建设方面的价值。高雅表演艺术大众化传播势在必行。

当然，在高雅艺术大众化传播的过程中，要保证"高品位"与"大众化"的协调发展需要大众媒体肩负起责任。这与媒体自身的价值判断、美学经验和对受众文化艺术素质的认知与评估密切相关。

三、广州市高雅艺术演出市场现状

（一）2011—2012年度广州市高雅艺术演出市场调查

2011—2012演出季，即为本课题的研究区间（2011年7月—2012年6月）。这一年是《广东省建设文化强省规划纲要（2011—2020年）》实施的第一年，在各项优惠政策和利好措施的鼓舞下，广州的高雅艺术演出市场呈现空前繁荣。虽然就全国演出市场份额上讲，广州还落后于北京和上海，但是至少在增速上已经超过京沪。

1. 演出内容

音乐会呈现出数量多、大腕多的良好态势；话剧则呈现出作品质量良莠不齐、商业话剧经典作品反复上演而本地话剧缺少市场意识的局面；音乐剧在广州还处于起步阶段，世界经典音乐剧中文版《妈妈咪呀！》在广州大获成功仅是个案；其他艺术形式，如歌剧、舞蹈、舞剧、儿童剧、朗诵会等，整体数量不多，有分量的演出更少。

2. 演出场馆

广州的高雅艺术演出主要集中在广州大剧院、星海音乐厅、中山纪念堂、黄花岗剧院等场馆。据不完全统计，2011—2012演出季广州大剧院各类公开发售门票的演出150场次，主要定位于国际化、高品位、高质量的大型演出，其"0补贴"的运营方式决定了大剧院以商业演出为主，公益演出较少；星海音乐厅达到217场次，以公益性、普及性演出为主，2011年公益性艺术演出和艺术普及活动至少有132场，超过全年演出的一半以上；黄花岗剧院以话剧演出为主，也是广州平民化演出场次最多的一个剧场；其他的高雅艺术演出场馆，要不就是定位不明确，场馆虽然新，设施却不够专业，又或者地段偏远、设施老旧，影响了一些演出的投放。

3. 本地演出团体

截至2011年末，全市有各类专业艺术表演团体15个。其中，广州交响乐团以精彩乐季驻场星海音乐厅，品种多样的音乐普及计划彰显其推广高雅艺术的信心和行动；广州话剧艺术中心是广州本土话剧市场化的试验田，以大量风格迥异的原创话剧作品为主，以老百姓喜闻乐见的轻松题材打造的"周末剧场"广受欢迎；其他演出团体总是获奖频频，而市场反应平平。

4. 艺术活动

2011—2012演出季广州演出市场的活跃还得益于艺术活动的带动。第8届金钟奖和首届广州艺术节的举行，不仅带来了大量高水平的演出作品，而且实行了低票价、大量赠票等惠民措施，使高雅艺术真正走入平民百姓中间。

（二）广州市高雅表演艺术受众情况调查

我们课题小组在2011年7月—2012年3月间通过在演出场馆现场、社区、学校以及网络问卷调研的方式，发放问卷350份，收回有效问卷297份，对广州市各个阶层、各个年龄组的普通市民进行了有关高雅表演艺术接触情况的受众调查。

1. 对高雅表演艺术的总体接受情况

（1）对高雅表演艺术的接触频率（包括到专业场馆观看和通过广播电视观看）

调查数据显示，经常观看高雅艺术演出的占总体被调查人群的 13.13%，偶尔观看的占 62.63%，有 24.24% 的人群几乎没有看过高雅艺术演出。问及不看高雅艺术演出的原因包括：票价贵、没时间以及看不懂等。

从受教育程度看，研究生及以上的人群经常观看的比例最高，达到 21.62%，远超平均值；受教育程度越低，几乎没有看过的人群比例越高，高中及以下学历的人群该项目高达 51.35%，超过平均值 1 倍以上。

从收入情况来看，月收入在 2000 元以下的人群几乎没有看过的比例最高，占该收入总人群的 32.31%；月收入在 5001—10000 元的人群偶尔观看的比例最高，达到 71.7%；月收入在 10000 元以上的人群经常观看的比例最高，达到 18.52%。

从职业情况来看，经常观看的人群中，学生和教师最多，分别占 25.64% 和 23.08%。值得关注的是，技术研发人员、自由职业者和企业工人的该项指标均为零。也就是说，在我们调研的这三类职业人群中，没有人能够做到经常观看高雅艺术演出。这或许与他们的职业习惯有关。偶尔观看的人群中，专业人士（包括会计师、建筑师、律师、医护人员、记者等）最多，占 16.67%。几乎没有看过的人群中，其他类（包括退休人员、家庭主妇等）比例最高，占 23.61%。

从接受艺术教育的情况来看，经常观看的人群中有 58.97% 的人有过艺术教育经历，而几乎没有看过的人群中无艺术教育经历的占到 83.33%。

以上数据说明：高雅艺术演出的经常性消费群体还是以年轻未婚人群为主，较高的受教育程度和一定的艺术学习经历为欣赏高雅艺术提供了基本素质和艺术素质，低收入限制了人们接触高雅艺术的机会，职业性思维习惯及兴趣喜好也限定了人们接触艺术的视角。

（2）观看高雅艺术表演的原因

调查数据显示，人们观看高雅艺术演出的原因中，个人爱好占 79.86%，培养孩子的艺术素质占 20.89%，生意应酬占 5.33%，还有其他原因（包括赠票、朋友交往等）占 7.56%。

从年龄上说，各个年龄组都比较明显地呈现出以"个人爱好"为主；但是 31—40 岁以及 41—50 岁的两组人群中，"培养孩子的艺术素质"所占比例明显高于其他年龄组，分别达到 30.26% 和 33.33%；尤其是有 38.32% 的有孩子的已婚人士都以"培养孩子的艺术素质"作为观看高雅艺术演出的主要原因；31—40 岁和 60 岁以上人群中，"生意应酬"的比例也有所增高，分别达到 7.89% 和 9.09%。

从学历上说，学历越高，以"个人爱好"来观赏高雅艺术演出的人群比例越高，但同时我们也发现，在高中及以下学历的人群中，以"培养孩子的艺术素质"为主要原因的人群并不比高学历人群的该项指标低。

以上数据表明，观看高雅艺术演出已经成为人们发展个人兴趣爱好的一种重要渠道，而大多数家长都有通过高雅表演艺术培养孩子艺术素质的意识，即使是低学历人群也有意识地培养孩子的艺术素质。这说明整个社会对于艺术教育的价值认识的趋同。另外，观赏高雅艺术演出也逐渐成为社会交往、生意洽谈的桥梁，文化消费正在成为商业人士沟通交流的润滑剂。

（3）不能到现场观看的原因

调查显示，在样本总体人群关于"不能到现场观看高雅艺术表演的原因"中，"票价高"占 52.44%，"没时间"占 35.56%，"广播电视更直观"占 8.89%，"交通不便"占 3.11%。

从年龄情况来看，"票价高"在各个年龄组都是首要原因，51—60 岁的人群选择"票价高"的最多，占其人群总数的 57.14%，60 岁以上的人群选择"广播电视更直观"的比例远高于其他年龄段，达到 18.18%。

从受教育程度看，研究生及以上学历的人群选择"票价高"的最多，占该人群比例的 56.76%；选择"广播电视更直观"的以专科和大学本科人群为主，分别占各自人群比例的 13.04% 和 7.34%；学历越高，选择"没时间"的比例越高，但总体差别不大。

从收入情况分析，个人月收入在 5000 元以下的群体，普遍认为"票价高"是影响其到现场观看高雅艺术表演的主要因素，尤其是收入在 2000 元以下的群体，该项比例高达 45.45%；收入在 5001—10000 元的群体，认为"没时间"是主要原因；收入在 10000 元以上的人群，票价与时间因素具有同等的影响。此外，选择"广播电视更直观"的人群呈现明显的两极分化，月收入在 2000 元以下的占 9.09%，月收入在 10000 元以上的占 11.1%。

以上数据表明，"票价高"成为限制人们到现场观看高雅艺术表演的最主要因素，尤其对高学历人群（研究生及以上）和有一定家庭负担的中年人；其次是"没时间"，尤其表现在高收入人群（月收入在 5000 元以上）中；广播电视对于高雅艺术传播的人群优势主要体现在行动不便的老年人、中等学历的人群（大学本专科程度）以及没时间的高收入群体与没有钱的低收入群体最为明显。这为利用广播电视媒体推广高雅艺术确立了基本的人群特征。

2. 接触习惯

（1）信息来源

调查数据显示，人们通过多种媒介来了解高雅艺术演出信息，其中通过网络媒体的最多，占被调查人群的 49.33%，其次是广播电视媒体（21.78%）和报纸媒体（16%），手机媒体和移动电视最少，仅占 2.67%。

从年龄上来看，40 岁以下的人群主要从网络媒体获取演出信息，同时年龄组越小，依赖网络的比例越高，18 岁以下人群最高，达到 50%；41—50 岁的人群主要通过报纸来获取演出信息；50 岁以上的人群主要依靠广播电视媒体来获取。

从收入来看，个人月收入在 2000 元以下的人群对网络的利用率最高，有 50% 的人群通过网络媒体获取演出信息，其次是 5001—10000 元的中高收入群体，占 45.28%；收入在 3001—5000 元的人群中有 26.67% 的人通过广播电视媒体来获取艺术演出信息，在各类收入档次中是唯一一个超过网络媒体所占比例的；另外值得关注的是月收入在 10000 元以上的高收入群体中，通过手机媒体获取高雅艺术演出信息的占 11.11%，远远超过其他收入人群该项的比例。

以上数据表明，人们对于高雅艺术演出信息的获取呈现以网络媒体为主的全媒体运用，网络媒体主要针对年轻人群，报纸和广播电视媒体主要针对中老年人，手机媒体格外突出地针对高收入群体。这为制定高雅艺术传播的媒介策略奠定了基础。

（2）传播方式

在关于"更容易接受的高雅表演艺术的传播方式"调查中，62.22% 的人选择"专业场馆现场观看"，31.11% 的人选择"通过广播电视媒体收听观看"，6.67% 的人选择"通过社区教学活动"。

从年龄上看，各年龄组都比较倾向于到专业场馆现场观看，尤其是越年轻越明显，60 岁以上的老年人对专业场馆现场观看和通过广播电视收听收看的使用率相当，51—60 岁的中老年人对社区活动和广播电视收听收看高雅艺术表演的传播方式使用率相当。

从受教育程度来看，学历越高，越倾向于到专业场馆现场观看，尤其是研究生及以上人群占该人群总数的 67.57%。

从收入情况来看，收入水平越高，越倾向于到专业场馆现场观看，如月收入在 10000 元以上人群中，选择该选项的占 74.07%；习惯于通过广播电视媒体收听收看的人群主要集中在中低收入群体，如月收入在 2000 元以下的占 27.27%，月收入在 2000—3000 元的占 35.53%。

从职业情况来看，大多数职业人群都倾向于到专业场馆现场观看。但是唯独企业工人选择通过广播电视媒体收听收看高雅艺术演出的比例高达 44.44%，通过社区教学所占比例为 22.22%，两项都远高于"专业场馆现场观看"的比例。

此外，在经常观看高雅艺术演出的人群中，到专业场馆现场观看依然是主流选择，所占比例高达 74.36%；在偶尔观看高雅艺术演出的人群中，选择通过广播电视收听收看的比例有所上升，达到 33.87%，但依然没有超过专业场馆观看的比例。

以上数据表明，到专业场馆现场观看依然是目前高雅艺术传播的主要方式，但是高票价限制了低收入群体走进专业场馆的步伐。为了提升全民素质，广播电视媒体要利用大众传播的优势填补空缺。但这并不会分流高雅艺术演出市场的稳定受众群体，反而是降低了门槛，在提升人民群众的文化艺术素质的同时，培养了更多的潜在受众。

（3）观看伙伴

在关于"通常跟谁一起观看高雅艺术演出"的调查中，朋友（33.78%）和家人（32.89%）是最主要的选择，其次是恋人（11.56%）、自己一个人（9.78%）和同学（7.11%），人们很少与同事一起观看高雅艺术演出，仅占 4.89%。

从年龄上看，18 岁以下的青少年大多选择跟同学（40%）一起；18—30 岁的年轻人大多选择和朋友（33.13%）一起；30 岁以上的人群中，与家人一起观看高雅艺术表演的比例远远高于其他伙伴，尤其在 51—60 岁的中老年群体中表现更为明显。

以上数据表明，观看高雅艺术演出已经成为人们社会交往、沟通情感、巩固家庭关系的重要方式。这对于形成良好的社会关系、找到自我身份认同都有重要价值。

3. 内容喜好

（1）最为关注的方面

在关于"最为看重演出哪方面的因素"调查中，"演出内容"所占比例最高，达 63.56%，其次是演出团体（24.89%），再次是演出场馆（6.67%）和演出时间（4.89%）。

从年龄上看，各个年龄组都倾向于演出内容的重要性，值得我们关注的是60岁以上群体在"演出时间"方面的关注度（18.18%）明显高于其他群体，51—60岁人群中对"演出团体"的关注度（28.57%）是唯一高于该项目平均水平的。

从收入情况来看，虽然演出内容依然是各收入档次人群首先关注的，但是随着收入水平的提高，对于"演出团体"的关注度急剧上升。

此外，从艺术学习经历情况来看，有艺术学习经历的人群中对"演出团体"的关注度（32.43%）要远高于无艺术学习经历的人群比例（10.75%），但两者对于"演出内容"的关注度基本持平。

以上数据表明，演出内容是决定受众关注度的核心因素，高层次的演出团体对高收入人群以及有过艺术学习经历的人比较有吸引力，对于其他普通大众来说，影响并不明显。这为高雅艺术的市场和推广普及定位提供了很好的分众化价值。

（2）感兴趣的演出类型

在关于"感兴趣的演出类型"调查中，音乐会（包括交响乐、器乐、独唱、合唱等）所占比例最高，达59.11%，其次是话剧（47.11%）和音乐剧（44%），再次是舞蹈芭蕾（28%）、舞剧（22.67%）和歌剧（22.67%），比例最小的是朗诵（15.11%）。

从年龄上看，18岁以下的群体最喜欢音乐剧（40%）；18—30岁的人群对于音乐会（42.59%）、音乐剧（41.72%）和话剧（39.26%）的兴趣较高；31—40岁和41—50岁的人群对音乐会情有独钟，分别为51.32%和56.67%，远高于其他艺术形式；51—60岁的人群对音乐会（57.14%）和音乐剧（57.14%）兴趣最高，对舞蹈芭蕾（42.86%）的感兴趣程度比其他年龄群也高出许多；60岁以上的人群中对话剧（36.36%）最感兴趣。

以上数据表明，在多种高雅表演艺术形式中，音乐会的受众群体最为广泛，且容易吸引高收入、高学历人群，可谓高雅艺术当中的精品代表；话剧和音乐剧的受众群体相对比较平民化，对个体的艺术素质要求不高，最易于接受；而歌剧、舞剧、舞蹈芭蕾因其所需要欣赏者的专业艺术素质较高而使受众面较小；朗诵艺术表演或许是语言障碍，主要吸引师生群体，在广州的推广普及还不够完善。

（3）感兴趣的演出团体

在关于"感兴趣的演出团体"的调查中，国际知名艺术团体最受关注，达到42.22%，其次是国内知名艺术团体（28.44%），也有高达22.67%的人群选择"无所谓什么团体"，而民间自发艺术团体（3.11%）、本地艺术团体（2.67%）和国内一般性艺术团体（0.89%）关注度较低。

从受教育程度来看，学历越高，对国际和国内知名艺术团体越感兴趣；专科及高中学历人群对民间自发艺术团体的关注度高于高学历者；除了研究生及以上学历者，其余人群中选择"无所谓什么团体"的比例都接近1/5，尤其专科和高中及以下学历中这一比例更是超过了"国内知名艺术团体"。

以上数据表明，演出团体的品牌效应对高学历人群的吸引力较大，而对于普通老百姓无所谓什么层次的演出团体，这也更进一步说明了前文所论证的"演出内容"是吸引观众的核心要素。在面向大众的高雅艺术普及推广中，并非大牌的演出才奏效，重视演出内容的宣传、演绎和讲解、引导，美妙的艺术感受才能培养持续的审美兴趣。

4．消费能力

（1）门票来源

在关于"高雅艺术演出的门票来源"的调查中，自己购票的人群占总体的40.89%，其次是朋友赠票，占39.56%，两者基本持平；再次是单位组织，占16.89%，还有2.67%是其他来源。

从收入情况来看，月收入在2000元以上的各组人群，收入越高，自己购票的比例越高，月收入在10000元以下的各组人群，收入越高，朋友赠票的比例越高，月收入在2000—3000元的人群，单位组织的比例最高；特别值得我们关注的是，月收入在2000元以下和月收入在10000元以上的两个极端人群中，自己购票的比例远高于朋友赠票，而2000元到10000元区间的人群中，均是自己购票的比例略低于朋友赠票。

从职业分别情况来看，自己购票为主的主要是学生、公务员、文职办事人员、管理人员、专业人士以及企业工人和其他人群（包括退休人员、家庭主妇等），尤其是企业工人自己购票的比例远高于朋友赠票和单位组织的比例；朋友赠票为主的主要是市场/销售人员、技术/研发人员、教师、自由职业者；公务员和教师群体由单位组织观看艺术演出的最多，企业工人的该项指标最低（除了"其他"类人群）。

同时，在经常观看高雅艺术演出的人群中，自己购票的比例远高于朋友赠票和单位组织，而偶尔观看高雅艺术演出的人群中，朋友赠票的比例最高，超过自己购票的比例，单位组织的比例也大幅升高。

以上情况表明：（1）自己购票的人群集中在中青年群体，他们一方面为了自己的兴趣爱好，但更重要的是为了孩子的艺术素质教育；（2）中低收入群体因为票价高昂不舍得投入，只有等待朋友赠票而被剥夺了一部分艺术熏陶的权利；（3）市场营销人员、科技研发人员去看高雅艺术演出多是因为朋友赠票，也恰好印证了前文提到这两类人群多以高雅艺术演出作为生意应酬、社会交往的新方式；（4）单位组织观看高雅艺术演出在 60 岁以上的退休人员中较多，在以公务员和教师为主的事业单位较好，而在以企业工人为主的企业单位较差；（5）从总体上看，受众观看高雅艺术演出的主动性意愿不强。

（2）门票价格

在关于"能够接受的高雅艺术演出的最高票价"的调查中，280 元的比例最高，占 45.33%；其次是 580 元，占 25.33%；再次是 80 元，占 19.11%；880 元和 1000 元以上的仅占 7.11% 和 3.11%。

从收入情况看，月收入在 5000—10000 元的群体对 580 元（30.19%）、880 元（11.32%）及 1000 元以上（5.66%）的高票价接受能力较强；其他收入群体以对于 280 元票价的接受能力为主；2000—3000 元及 2000 元以下的中低收入群体还有 1/5 左右的人只能接受 80 元的最高票价。

以上数据表明，高昂的演出票价极大地限制了人们接触高雅艺术的机会，尤其是将低收入群体拒之门外。即使是高收入群体对于 1000 元以上的高额票价接受能力也非常有限。280 元是大多数人对高雅艺术演出最高票价的心理价位。

（3）高雅表演艺术年消费

在关于"高雅艺术的年消费"的调查中，500 元以下的占 38.67%，500—1000 元的占 35.56%，1000—3000 元的占 20%，3000—5000 元的占 4.44%，5000 元以上的占 1.33%。

从收入情况看，平均月收入在 2000 元以下的群体对高雅表演艺术的年消费以 500 元以下（41.54%）为主；收入在 2000—3000 元的群体以 500—1000 元（39.47%）为主，也有相当一部分人（30.26%）在 500 元以下；收入在 3001—5000 元的群体从 500 元以下到 3000 元之间不等；收入在 5001—10000 元的群体以 1000—3000 元（33.96%）为主，但是依然有相当高的比例（28.3%）的该人群年消费投入在 500 元以下；10000 元以上的高收入群体年消费大多集中在 500—3000 元不等。年消费在 5000 元以上的很少，仅在中等收入（3001—5000 元）和高收入（10000 元以上）的群体中出现。

以上数据表明，对高雅表演艺术的消费投入直接与人们的收入相关，收入越高，投入越多，高雅艺术对于普通大众来讲还不能成为生活的必需品，而仅仅是奢侈品。高雅艺术产品也像一般商品一样"嫌贫爱富"，"金钱"难道成了人们"高雅艺术鸿沟"的罪魁祸首？这对于提升整个社会的文化艺术素质是一大桎梏。

5. 艺术方面的继续教育

在关于"个人或孩子是否有进行高雅表演艺术学习计划"的调查中，57.78%的人选择"有"，42.22%的人选择"无"。

从收入方面看，月收入在2000—3000元的群体中，有艺术方面继续教育计划的占该人群总数的35.53%，无该计划的占39.37%，有该计划的人略少于无此计划的人；其他收入档次的群体中，有艺术方面继续教育计划的比例均高于无此计划的比例。

从职业分布看，大多数职业人群中，有艺术方面继续教育计划的偏多，尤其是学生（56.6%）和管理人员（61.11%）中有此计划的人群比例远高于无此计划的比例；而公务员、市场/销售人员、企业工人以及"其他"（包括退休人员、家庭主妇）类则无该计划的占多数。

另外，在经常观看高雅艺术演出的人群中，有艺术学习计划的比例占该人群的69.23%，偶尔观看的人群中该比例为55.38%；之前有过艺术学习经历的人有继续教育计划的占66.67%，无计划的占20.72%；无艺术学习经历的人群中，有继续教育计划的占30.11%，无此计划的占37.63%，高于有该计划的人群比例。

以上数据表明，作为提升人口文化艺术素质的途径，高雅艺术演出欣赏是切入口，而后续的相关艺术方面的教育培训计划是更深入的选择。女性对此方面的关注度更高；许多家庭也把艺术教育作为提高孩子文化艺术素质的主要手段；培养持续稳定的高雅艺术欣赏习惯，与艺术方面的继续教育和培训互为补充、互相促进；但是企业工人以及中低收入（2000—3000元）人群因经济实力问题被迫减少艺术教育的机会。

（三）广州市高雅艺术演出市场的问题分析

其一，票价虚高。世界演出市场票价的定价标准是不超过当地居民平均月收入的1%—3%。广州目前的高雅艺术演出门票从180元到2880元不等，一场音乐会的普通座位门票几乎是每月可支配收入的1/10。高票价使得老百姓对高雅艺术望而却步。探及其中原因，主要是高昂的场租、大量的赠票、欠缺合理的税费制度以及演出经纪公司引进项目的巨额费用。

其二，演出营销策略滞后。目前广州高雅艺术演出市场虽然看起来热闹，但市场运作意识和措施都依然较为欠缺。同质化演出扎堆出现，公益性演出资源浪费，团购模式冲击市场，同时又缺少全媒体和具有针对性的推广策略，对各类高雅艺术产品欣赏的引导和真正有力的市场运作行为还只是在初级培育阶段。

此外，本地院团的市场意识和创新能力相对欠缺。市民的高雅艺术消费习惯尚未形成，市民观赏高雅艺术演出的礼仪素质也有待提高。演出场馆的管理运营方式有待创新，服务意识薄弱等也是广州当前演出市场暴露的一些问题。

四、高雅表演艺术与广州城市艺术文化创意传播策略

后亚运时代，高雅表演艺术的普及推广为广州城市艺术文化的塑造提供了新的契机，而传统的推广途径并不能完全适应今天复杂多样的受众心理。就如任何产品的推广一样，我们不求"捞一笔走人"的一锤子买卖，而需要建立、发展和维持与之相关的良好关系。尤其是对于受众来说除了实现物质利益的满足，更需要从与高雅艺术的互动中获得情感的需求满足，形成亲密的伙伴关系。本课题依据高雅表演艺术的传播规律，以广州高雅艺术演出市场现状为基础，借鉴关系营销的相关手段，尝试建立高品位、低门槛、宽层面、窄对位的高雅表演艺术创意传播与推广策略。

（一）本体策略

1. 高雅表演艺术要与时俱进

"作为审美对象的艺术能不能反映审美意识的丰富性，能不能适应、发展、创造审美主体的兴趣，是它自身能不能引起兴趣的根本问题"。固守高雅艺术的"原汁原味"或许能保证其艺术内涵的高品位，但容易失去高雅艺术更为宝贵的再生功能和存在价值。

首先，与时俱进体现在创作理念的不断更新。就拿歌剧艺术来说，在认识到歌剧音乐的基本内涵是一种开放与共融的综合，我们就应当允许它适应工业化和都市化，允许转型，为其创造更广阔的生存空间。其次，与时俱进体现在表现方式顺应时代发展。这并不是说要放弃历史题材、经典大作，而是在具体舞台表现形式以及演员的表演意识方面富有时代气息。此外，与时俱进还体现在文艺创作生产体制机制的不断创新。在市场化运作的大背景下，除了必须保有高雅艺术的高质量高品位，还要顺应文化市场和文化产业发展的需要。我们要想高雅表演艺术能真正适应社会和人民的审美情趣，就必须打破那种封闭的、半封闭的心态，顺应时代的发展趋势而又不随波逐流，在当今多元文化交汇碰撞中寻求新的发展。

2.高雅表演艺术要贴近生活

单纯依靠增加高雅艺术的接触时间和接触频率，并不能提高受众对高雅艺术的兴趣，关键还是要使审美主体在欣赏过程中"找到自己"。因此，普及型的艺术产品要贴近现实、贴近生活、贴近群众。拿话剧来说，创作者要利用市场调查决定剧目的创作内容，然后再将成品投放市场。这才符合基本的文化市场规律。这种"自下而上"的艺术生产方式并不代表低俗、媚俗，日常生活的审美往往比艺术世界中的更感染人心。何况，高雅艺术创作者的分寸把握才是关键。

在广州连续上演32场、票房收入过千万的世界经典音乐剧《妈妈咪呀!》中文版制作方在接受采访时表示："只要在内容上能够打动观众的心、制作上达到国际标准的高品质，广州人不会不买账，甚至还会张开双手拥抱你。这座城市的文化品位和对于新鲜事物的包容度出乎我们的意料。"

3.加速演出市场品牌建设

品牌建设，是目前广州高雅艺术演出市场亟待解决的问题。要打造一些重量级的演出品牌，就必须走自我制作、自己拥有演出版权的道路。

广州话剧艺术中心着力打造的十三号剧院就以"广州话剧精品专卖店"作为明确定位。其推出的"70、80演出季"，用70后导演、80后演员共同演绎针对当今社会情感现象的原创本土话剧，有讲述婚外情的《画皮》，讲述剩女问题的《剩女郎》，还有讲述爱与追寻的《一天零一夜》、《真情勿扰》等。这些迎合社会热点，具有强烈时代特色的话剧作品具有广阔的受众市场与开发潜力，也体现着年轻话剧人深沉的人文情怀。另外，虽然大众对于主旋律话剧的接受程度有限，但是这类作品能得到政府高度重视和官方的大力支持，往往投入资金充足，制作精良，文化品位高，能有效地打造成本地"艺术品牌"。广东省话剧院出品的大型多媒体话剧《与妻书》可谓经典案例。

高雅表演艺术自身的发展，要跟上时代，要接上地气，更要符合文化市场的规律需求，品牌建设是高雅艺术像其他产品立足市场一样必须经历的阶段，也是当前最为重要的发展自身的途径。

（二）受众策略

高雅表演艺术的发展离不开其受众的发展。受众能否发挥其主体性，直接影响其与高雅艺术的关系程度。这里的受众不仅仅是观众、听众，对于现代化全媒体时代的受众，除了被动接受外，更要调动其主动融入和参与意识，培养具有高文化素质和高品位的消费者才能打造高品位的消费文化。

根据我们问卷调查的结果，从总体上可以将受众分为三大类，分别为参与型受众、需要型受众和边缘型受众。针对不同的受众群体，高雅表演艺术的传播推广可以采取相对有针对性的措施。

1. 参与型受众

在我们的受众调查中，有一部分受众经常观看高雅艺术表演，无论是出于个人爱好还是培养孩子的艺术素质，他们往往都是自己购票并主要倾向于专业场馆现场观看。他们重视演出的内容，也重视演出团体的品牌，有一定的艺术教育经历或未来计划，是高雅表演艺术的忠实爱好者。

针对这一类受众，我们的目的不是为了把他们引导到剧场来看演出，而是要维护好他们与高雅表演艺术之间的亲密关系，使之成为他们生活中的"日常用品"。同时，通过这个群体使高雅表演艺术多接地气，汲取艺术创作的生活灵感，同时又使他们从单纯的欣赏者变成参与者，进一步稳定密切关系。

（1）会员制独享专属服务

会员制为主动寻找、培育、发展观众，培育市场起到了很好的作用，并且可以为演出商提前回笼一部分资金。通常会有两种会员，一类是票务公司的会员，票务公司牺牲一部分票务提成拉拢客户；另一类是剧院、场馆的会员，借以会员优惠等方式直接将观众锁定在自己的场馆观赏演出。后者更注重情感因素的提供。

相比较以普及为目的的国家大剧院，目前在广州地区，各演出场馆也都有会员俱乐部，比如星海音乐厅的音乐之友俱乐部提供一些艺术讲座、彩排观摩；广州大剧院根据年费不同分为粉卡、绿卡、银卡和金卡四类会员，享有从 9.8 折到 8.5 折的购票优惠以及分档次的会员活动；广州话剧艺术中心的"话剧之友"优先享有 9 折优惠票价、会员休息区、免费赠饮、免费观摩新剧排练和参与表演培训体验课，等等。

（2）艺术论坛倾听百姓心声

商业性演出，首先得摸清市场脉搏，这就需要站在观众的角度来看看他们的需要。对于那些经常观看高雅艺术演出又有一定艺术评判标准的参与型受众，建立艺术论坛，无论是网络的还是现实的，都是发挥他们的主体性，使他们获得重视和认可并进而稳定亲密关系的有效手段。

上海的话剧人长期有着培养观众的意识。他们成立"戏剧之友"俱乐部；建立网络"戏剧论坛"；邀请戏剧之友为剧本提出建设性建议；甚至在观众群里寻觅生活观点和故事作为剧本创作素材，并加工成话剧艺术作品，真正做到了在创作思路上走进生活并艺术地再现都市生活。

（3）非职演员参与艺术演出

对于那些高雅表演艺术的忠实拥趸，只有让受众由单方的观看者、评价者转化为主动的参与者、创作者，才能真正调动其热爱高雅艺术、传播高雅艺术的主动性，艺术才能真正融于生活。

广州话剧艺术中心2010年1月在U13空间上演了一出由非职业演员演出的小剧场话剧《夜迷宫》。演员们来自社会各行各业，因为喜欢表演而聚在一起，经过短暂的表演培训后，用了近一个月时间排演这部戏。在U13空间演出四天，几乎场场爆满。2012年3月更是拿出了2011的年度大戏——大型音乐电影话剧《望》招募非职业演员参演。

2. 需要型受众

在我们的受众调查中，有一部分受众喜欢观看高雅艺术演出，也有一定的艺术素养，却因为经济原因或者时间问题不能经常观看，但他们对高雅艺术演出的观看要求又比较高，关注演出的内容，喜欢在专业场馆现场观看。高雅艺术演出对于他们而言就像现在的房子一样，有需求却难以消受。

针对这一部分受众，我们所要采取的策略主要是让高雅艺术不再成为他们生活中的"奢侈品"。利用一些给予性的经济优惠措施、志愿者服务以及广播电视媒体传播等，调动他们的观看热情，弥补他们因客观条件限制而产生的遗憾。

（1）经济优惠策略

虽然说低价票不是高雅艺术演出市场的一剂良药，用得不好反而会影响市场的正常发展，但是一定程度的惠民措施确实能够使许多高雅艺术爱好者获得最基本而平等的文化权益。只是，我们在具体实施过程中要把握好对象、时机和方式方法。

比如，低价票或者公益演出的免费票要遴选赠送对象。团购策略要合理运用，票务网站或演出场馆在开票之初就拿出一部分票以低价团购的方式做惠民措施而不是以团购来处理剩票。另外，根据演出活动策划的套票、畅听卡都是采用预支性群体消费方式，既变相降低了票价，又通过一次性支出、持续性获利的方式培养了受众的消费习惯，对于演出机构而言更是提前回收了票款，可谓一举多得。

（2）志愿者计划

志愿者计划是当前社会发展中广泛运用的一种不以利益、金钱、扬名为目的，而是为了他人或其他组织进行贡献的活动。高雅艺术志愿者的工作分类详细，对艺术素养有一定要求，却并不需要达到专业，要求有一定的闲暇时间，关键是要热爱高雅艺术、热爱公益事业。对于需要型受众而言，这是除了花钱去看高雅艺术演出外，另一种接触高雅艺术的有效途径。国家话剧院的"国话之友百人志愿者"，他们当中有学生、白领、公务员、退休人员，每次演出前为观众讲述国话的历史、分发节目单、引导观众、介绍剧目，等等。目前，广州大剧院也在招募志愿者，但课题组成员按照要求投递过简历，却杳无音信。相关的机制和措施有待改善。

另外，对于那些没有时间却又想接触高雅艺术演出的受众而言，通过广播电视媒体收听观看是一个不错的选择。在后文媒体策略中将详细论述。

3．边缘型受众

在我们的受众调查中，有一部分受众只是偶尔观看高雅艺术演出或者几乎没有看过，他们对于高雅艺术并没有专注的热爱和深入的了解，大多受到社会舆论、媒介导向以及周围人群的影响而有所触及。观看演出也比较随机，大多是朋友赠票、单位组织或者通过广播电视媒体收听收看，几乎没有主动的高雅表演艺术消费。他们观看演出大多是受到演出内容的吸引，对于演出团体没有什么要求，艺术素养不高，是游走在高雅表演艺术边缘的一群人。针对边缘型受众，我们要采取的策略主要是从他们拥有或向往的生活方式入手，引导其文化消费的理念和习惯，普及和推广高雅表演艺术。

（1）流行混搭的演出策划

边缘型受众大多是被颇有噱头的演出策划、带有流行元素的展演方式等吸引。但是，混搭也要讲究和谐。比如"海派清口"周立波与著名指挥余隆领衔的中国爱乐乐团同台上演的"欢乐颂·交响音乐'新'赏会"，这种大众审美与古典音乐的结合，并不是给专业的高雅艺术爱好者看，而是入门级，为了满足对流行文化追求的一小撮人的喜好。要捕捉好受众的接收水平和接受心理，才能在普及中娱乐，在娱乐中普及。

（2）分层引导的演出编排

对于边缘型受众而言，他们对高雅表演艺术的了解不多。因此，艺术欣赏的切入除了唤起欣赏欲望外，更重要的是形成审美态度和引起审美注意。它超越了生活本身，是与日常生活的功利、目的无关的一种心境。这就需要独具匠心的演出编排和引导，使那些即使是高雅艺术的门外汉也能一步步领略艺术的魅力。比如音乐会曲目的设计，仅仅提供同一层次的艺术作品并不是真正的观众拓展，在每一层次的音乐会中可安排少数富于挑战性的作品，鼓励观众不断提升欣赏水平，扩展消费空间。

（3）针对社区企业的大众娱乐

在我们的受众调查中，企业工人是一个比较特殊的群体。包括城市的出租车司机、快递人员、建筑工人、工厂职工等都接受过我们的采访调查，高雅艺术与他们的生活几乎是隔离的，即使接触也是通过广播电视偶然听到看到。而这个庞大的群体是我们城市最基础的建设者，文化建设的成果他们理应拥有。因此，用他们喜闻乐见的方式，放下高雅表演艺术的身段，根据受众口味融入其他节目，达到雅俗共赏。

（4）培育高文化含量的生活方式

在边缘型受众中，有不少人属于从众消费、附庸风雅。但是，不管其出发点如何，从生活方式的影响改变其文化消费的习惯对于高雅艺术的普及推广是一种新的有效尝试。比如，广州高德置地广场购物中心结合所处珠江新城区域受众的品位需求，以打造"南中国可以看舞台剧的主题娱乐 Mall"为项目定位，将舞台剧作为企业推广宣传的手段。

但我们也要注意，在想方设法推动高雅表演艺术普及之时，千万不能随波逐流、迷失自我、走向媚俗，从而使推广变成不伦不类的大杂烩。我们始终要有对艺术规律和特征的充分领悟和深刻认识，在宽容变通、大胆创新的同时有自己的坚持。

（三）行政策略

"行政"指的是一定的社会组织，在其活动过程中所进行的各种组织、控制、协调、监督等特定手段发生作用的活动的总称。在高雅艺术传播过程中，政府、学校和社区等一些组织也对其产生不可估量的影响。其目的就是通过高雅表演艺术的推广普及，保障公民基本的文化权益，提高全民文化艺术素质，归根结底就是要建构公平、健康的公共文化。这是当前社会和谐发展、人口素质不断提高的必然要求，也是塑造城市形象、提升城市文化品格的重要基础。

1. 政策引导和规范

高雅表演艺术的传播和推广，既是公益性文化事业发展的需要，也是市场性文化产业发展的组成部分。然而，高雅表演艺术的性质和功能决定了其不能完全以市场为导向。其自我发展能力较弱，容易受到市场环境因素的某些不良影响，市场的发展需要国家政策的鼓励与扶持，其文化事业的发展更需要政策引导和规范。

（1）政府补贴

目前，广州大剧院实施的是"0补贴"政策，票价居高不下；相比来说，星海音乐厅的票价就亲民多了，这就源于广东省政府每年给星海音乐厅600万—800万元人民币的政府补贴。广东省艺术研究所艺术创作中心主任王炜说，大剧院是社会资本，是公益设施，政府应该搭建好这个平台，让演出团体有低场租进去，让老百姓享有高质量的艺术服务，政府所应该做的不是当"甩手掌柜"，而是提供好服务。

政府补贴高雅表演艺术发展在许多国家的文化政策中都有明确规定。比如美国的国家艺术基金会，虽然是公共组织，但由国家提供经费，与政府仅"一臂之隔"；法国每年拿出国家财政总预算的1%投入文化发展，地方政府还要投入两倍于国家预算的资金，用于发展本土文化。

我国也有政府补贴文化发展的传统。每年香港政府都向香港文化中心提供3亿港元的资助，鼓励剧场降低租金、降低票价。当前政府补贴，补在哪儿、如何补才是关键，比如补给消费者、创作团队以及市场主体等。

另外，通过专业评审组织对项目的艺术质量和市场效应进行评估而进行"层级补贴"，使优秀演出项目得到资助，从而促使高雅艺术能获得更好的发展条件，实现演出市场健康、规范、有序发展。这也是多位高雅艺术演出市场的经营管理者共有的呼声。

（2）财税优惠与规范经营

政府还应该以适当的财税优惠政策鼓励社会力量赞助高雅艺术，以弥补政府资金的不足。这是当前国际通行并被证明行之有效的方法。比如，美国提倡私人对文化事业进行捐赠，捐赠的财富不在遗产税的范围之内。2003年珠海市也曾制定了试行的《珠海市扶持高雅艺术演出办法》。此外，政府要制定相关的法律法规，规范演出市场的合法秩序。

（3）提供文艺创作和人才培养优惠政策

要吸引并留住优秀人才，建立适应高雅艺术发展和市场规律的人才培养模式。北京大学中文系教授张颐武提出，文化人才的培养不是孤立的、偶然的，而需要从评价发现、选拔任用到流动配置、推广营销等全流程的系统开发。除了要给优秀的艺术家以创作空间和优厚的经济政策，另外还要发掘和培养文化策划人、演出经理人。文化作品和商品的特性要结合起来，善于向公众推展作品，通过他们有效的营销、对市场精确的把握，使艺术家的作品能够更迅速、直接地到达公众面前。

2．艺术教育的推动

这里所强调的艺术教育，绝不能等同于让孩子拼命练琴的艺术技巧教育，更不以培养专业的艺术人才为唯一标准。文化艺术教育是文化平等的条件。它由最基本的普及教育到相对专业的兴趣、特长教育，始终伴随高雅艺术的发展。

（1）学校艺术教育

学校艺术教育并非是让孩子放弃流行艺术，而是学会以独立的人格、丰富的情感来感知高雅表演艺术中崇高深刻的精神内涵。此外，学校艺术教育要体现一定的公平性。这是建立在对学生实际的艺术理解能力、感受能力和实践能力存在差异的认识基础上，既要引领更多的人走进艺术殿堂，还要使有一定基础的学生在对艺术理解和感知的深度及广度上获得更多的提升空间。从长远来看，培育一批高水平、高素质的青年艺术爱好者也是培养高雅艺术市场明天的购买力和消费群。

（2）社区艺术教育

目前，国家话剧院也在社区艺术教育方面有所尝试。国话之友成立了"国话高校之友"、"国话社区之友"以及"国话儿童俱乐部"等品牌项目，和周边29个社区建立了联系，在"消夏戏剧季"以20—50元的低票价惠及社区居民。同时，采用国外流行的"应用戏剧"教学方法，强调戏剧的功能性和教育性，把戏剧作为一种授课方式，培养孩子的性格，开发想象力。国话还走进幼儿园，让小朋友体会到戏剧的快乐。

（3）社会艺术教育

从学校到社区再到整个社会，艺术教育的范围和受益人群在逐步扩大，艺术教育的实施者和影响因素也更为多元，其间渗透着政府的引导和扶持、高雅艺术团体和演出场馆的公益行为、社会出资的艺术培训以及艺术职业教育，等等。国家大剧院秉承"人民性"的宗旨理念，坚持对公众进行持续、高品位的艺术普及教育，不仅培养未来观众，更以艺术反哺大众。

3．艺术活动的延展

中国音乐金钟奖、广东省艺术节、广州艺术节、广东社区文化节等文化节庆活动，既带来了大量高水平的艺术展演，又以惠民措施使百姓走进剧场观看演出，成为弘扬广州优秀文化、丰富群众文化生活的平台。这些艺术活动落户广州，不仅带旺了本地演出市场，而且为广州赢得了海内外诸多关注的目光，也潜移默化地提升着整座城市的文化品位。

（四）媒介策略

"媒体消费文化是指通过电视、广播、报纸、书刊传播的文化信息和意义以及反映在商品广告中的文化倾向，它以大众传媒为载体来影响人们的生活方式"。"媒体消费文化是用符号调制传递的社会价值观念"。高雅表演艺术的传播和推广，离不开大众媒介的广泛运用。2011年世界经典音乐剧《妈妈咪呀！》中文版在广州演出的大获成功，更见证了大众传播时代媒体对于高雅表演艺术的推广普及以及高雅艺术演出市场运营的强大推动力。

1. 扩大广播电视的有效推广

在我们的高雅表演艺术受众调查中，有31.11%的市民选择"习惯通过广播电视媒体收听收看高雅艺术演出"，有21.78%的市民选择"通过广播电视获取演出信息"。利用广播电视媒体的传播优势，遵循高雅艺术本身的艺术规律，制作满足不同受众需求的节目产品，打造高品位的艺术推广平台，这是高雅表演艺术大众化传播过程中有效利用广播电视媒体的重要途径。

（1）树立频道品牌

从当前国内的电视频道来看，能够打造专业的高雅艺术频道的媒体十分罕见。2004年3月开播的中央电视台音乐频道是目前较为纯粹的艺术频道之一，以央视音乐频道为例，开播之初就以"抛弃"流行音乐为噱头，目标对准高雅音乐迷。从2009年开始调整思路，坚持以"在欣赏性的基础上加大普及音乐知识的力度，引导和提高国民音乐素质和欣赏水平"为频道定位，但是更强化高雅艺术和通俗艺术的融合。而对于广播来说，目前仅有北京音乐广播古典音乐频道是最为完全的严肃音乐频道，它以播放音乐史中300余年来的经典交响乐作品为主。典型的高雅艺术频道较少，这一方面是艺术资源短缺，另一方面也是担心缺少稳定的受众群体。

（2）打造特色节目

频道由节目构成。除了专业化高雅艺术频道之外，一些综合性频道中的高雅艺术类节目更是我们推广传播高雅艺术的攻坚力量。这类节目主要面向的受众基本是两类人群：一部分确实是"痴迷者"，有较强的艺术鉴赏力；而另一部分是"学习者"，带着各种原因包括兴趣和附庸风雅，但终究知之甚少。相应的节目设置要符合这两类人的心理需求，即欣赏型和普及型。欣赏型的栏目要讲求高品位、高水准、专业性，是高雅艺术爱好者心目中的品牌节目。比如《CCTV音乐厅》。普及型的节目就要求既满足高质量的艺术享受，又要满足寓教于乐，低门槛，有兴趣。比如央视综艺频道的《音乐告诉你》。而对于没有明确收听收看目的的潜在受众，则需要依靠视听感受的丰富性和趣味性提高其艺术素养。央视大型智慧型文化节目《谢天谢地你来啦》就是对话剧表演艺术的一种很好普及。此外，在广播电视节目中，增加高雅艺术演出信息的新闻资讯报道也是一计良策。

（3）精心巧妙编排

广播电视强大的传播影响力，除了依靠本身的节目质量，时间性因素也是关注的焦点。要准确定位不同受众群体的收视习惯，把握不同时段的收视群体特征，卡位编排节目。如早间新闻节目插入高雅艺术演出的相关新闻资讯报道正合时宜；日间节目的受众以家庭主妇、老年人居多，收视样态以伴随性居多，此时在各卫视排山倒海的电视剧复播间隙，如果能够卡位编排穿插简短的高雅艺术普及型节目应该是一种巧妙的抢占策略；晚间次黄金时段（21:00—23:00）是人们回归家庭、需要舒缓压力、可以静下心来思考和欣赏的时候，此时收视的主体人群也转变为中青年的社会精英或者初入职场的基层劳动者，欣赏型节目所带来的优越的艺术享受或是乐而不俗的文化型互动性节目成为主角。

而广州目前并没有专业的高雅表演艺术频道，专业的高雅艺术节目也甚少，广播电视对于高雅艺术的推广仅限于演出信息的公告等。这与北京、上海的广播电视媒体有较大的差距。

或许，高雅艺术演出市场的运营者会担心大力发展广播电视推广高雅艺术会抢了真正演出市场的份额。笔者认为，实则不然。调查数据显示，依然有62.22%的人群选择到专业场馆现场观看，在"自己购票"的人群中这一比例达到了66.30%，在"经常观看"的人群中这一比例更高达74.36%。也就是说，愿意掏钱买票和经常观看的人群大多还是选择专业场馆现场观看。

因此，广播电视媒体就是要为那些因为价格或时间因素不能现场观看高雅艺术演出的受众提供更为宽泛和便捷的途径，为那些"没兴趣、看不懂"的受众建立一个了解和感受高雅艺术魅力的台阶，发挥广播电视大众媒体的传播特长，以"低门槛、宽層面、高品位"建构公民的基本公共文化服务体系，提升公民的文化艺术素养，从而提高全民族的文明素质。

2. 拓展网络新媒体互动模式

建立高雅表演艺术的网络社区，开展艺术论坛，团购搭票，组织小型艺术汇演和交流，成为高雅艺术爱好者的网上精神家园；高雅艺术团体利用网络进行艺术知识普及教育；演出场馆将公益性演出、艺术讲座等通过网络发布信息并实现视频直播、录播，建立网络会员专区开展进一步的互动交流，等等，都是针对年轻网络一族的选择。

3. 强化纸质媒体深度品评

在我们的调查中，有16%的受众习惯于通过报纸了解高雅表演艺术信息，并且主要集中在40岁以上的中年人和老年人。纸质媒体没有电子媒体的声画效应，对高雅表演艺术的形象化传播会造成一定的影响。因此，要发挥其持久性、可反复性的优势，以深度品评类、艺术赏析类报道引导受众更深刻地理解高雅艺术的内涵、引发人生哲理的思考、获得更高层次的精神享受。

综上所述，一个城市要发展，文化应该走在前列。高雅表演艺术往往能显示一个城市文化艺术发展的水准，对于丰富人民群众的文化生活，提高人民群众的生活质量以及提升整体人口素质至关重要，应该是优先发展的领域。

广州要建设世界文化名城，高雅表演艺术就不应该成为一次性纸杯。长期、反复的品鉴才能真正提升城市的艺术文化气质。高雅艺术演出市场不应该成为身份、阶层的分割线，反而应该成为普罗大众日常随行的健康生活方式的代名词。高雅表演艺术的大众化、创意化传播，是后亚运时代广州城市文化建设中值得探索的优选途径之一。

经过一年的深入调研和分析论证，我们希望本课题的圆满完成能为广东建设文化强省的时代要求落到实处提供一些粗浅的建议，为广州市在后亚运时代全新的城市文化发展提供一些新的思路，为高雅表演艺术的推广和普及提供一些可行性方案。

参考文献：

[1][德]海因茨·佩茨沃德. 符号、文化、城市：文化批评哲学五题[M]. 邓文华，译. 成都：四川人民出版社，2008.

[2]黄永健. 艺术文化论：艺术在文化价值系统中的位置[M]. 北京：文化艺

术出版社，2008.

［3］［美］坎贝尔·B.蒂奇纳. 艺术评论（第三版）［M］. 万珂，译. 北京：中国时代经济出版社，2011.

［4］［英］维多利亚·D.亚历山大. 艺术社会学［M］. 章浩，沈杨，译. 南京：江苏美术出版社，2009.

［5］杨恩寰，梅宝树. 艺术学［M］. 北京：人民出版社，2001.

［6］王朝闻. 审美基础（下卷 审美心态）［M］. 北京：生活·读书·新知三联书店，2011.

［7］曾耀农. 艺术与传播［M］. 北京：清华大学出版社，2007.

［8］郑新文. 艺术管理概论［M］. 上海：上海音乐出版社，2009.

［9］侯东阳，杨朝娇. 亚运契机下广州城市文化推广策略［J］. 广东广播电视大学学报，2010（4）.

［10］胡小云，丁丹. 来自广东高雅艺术市场的调研报告［J］. 广东艺术，2007（1）.

［11］黄星. 高雅艺术消费：现状分析与建议［J］. 艺苑，2011（3）.

［12］孙秋霞. 中国演出市场发展与展望［J］. 演艺设备与科技，2007（4）.

［13］殷燕召. 文化市场秩序调研［N］. 光明日报，2011-09-02.

［14］孙羽. 中国文化发展改革纪事［EB/OL］. 中国广播网，［2012-05-31］. http://china.cnr.cn/yaowen/201205/t20120531_509753332.shtml.

［15］万一. 国家大剧院艺术普及教育调查：高雅艺术如何惠及大众［EB/OL］. 新华调查，［2011-11-21］. http://news.xinhuanet.com/politics/2011-11-21/c_111182823.htm.

（选自广州市哲学社会科学发展"十二五"规划 2011 年度课题"后亚运时代广州市高雅表演艺术与城市艺术文化塑造"。课题负责人：张琦；成员：贾毅、叔翼健、汤海燕、田丰。）

环境美学视域下的城市景观美学理论研究

廖建荣（广东工业大学）

一、景观美学视域下的名人故居规划

景观美学作为环境美学的核心部分，提出了新的审美对象、审美方式、审美感官。其颠覆了美学只侧重于艺术审美的传统，将重点放在人对景观整体环境的欣赏上。在景观美学的视域下，景观有人文性、历史性，是一个有生命的环境，是欣赏者的知觉、思想积极地参与到环境中去，从而形成了景观这个独特的审美对象。同时在审美方式上也是从静观分离转变为参与介入到审美对象中去，而审美感官除了视觉、听觉，还包括了人的所有感官。

1994 年在芬兰召开了第一届国际环境美学会议，至今已经召开了五届，历年会议主题依次为森林、水、湿地、民居、农业，实际都属于景观美学的范畴，可见其重要性和当下性。景观美学推动了现实中景观的创造与认识，而美国美学家阿诺德·柏林特对迪士尼世界的分析，指出"主题"概念是其成功的最大因素，更是景观美学的经典范例。

作为景观之一的名人故居，是以物质载体的形式，见证了名人的成长或贡献，留下了他们的生活痕迹，承载着历史沉淀与文化内涵，凝聚着人们的情感关注、文化回忆与想象空间。但是在新世纪的今天，大多数名人故居陷入了困境，没有在发展地方特色文化和素质教育上发挥应有的作用。有宣传力度不足、思路落后等原因，还有就是游人没有审美愉悦，欠缺吸引力、感染力，或者是缺乏参与感与个人体验。这与人们的审美情趣和能力随着时代的变迁而发展不无关系。因此借鉴景观美学的"主题"理论、审美方式、审美感官，研究名人故居的综合规划，促进游人的审美方式的转变、开拓游人的审美感官，有其迫切性与可操作性。

1．名人故居整合规划的"主题"

曾任国际美学学会主席、秘书长的柏林特是一位关注现实的美学家，他在分析风靡世界的迪士尼世界这个景观的时候，指出"主题"是其核心。迪士尼世界的成功之处在于把多样性的主题融合成一个巨大的"幻想曲"。迪士尼世界根据主题划分为魔法王国、艾博考特中心和世界橱窗三个区域，分别包含了梦幻、冒险、未来风格和国家文化等类型主题，建构出不同的环境。

不同的主题区域地理上是分开的，以栏杆隔开并有各自的入口，而且以建筑风格和色彩将不同的"主题"区别开来。游人穿行其中，所听所见所感主题营造的世界，再结合了人们的知识、信仰和情感，创造出一个统一的体验环境。游人正是这样陶醉在主题设计的梦幻世界中。如果没有划分这些风格鲜明、类型各异的主题，迪士尼世界只是一个普通的大型游乐场，而不可能成为成千上万儿童向往的乐园。

柏林特的"主题"理论对名人故居规划不无启示。以主题来整合规划这些名人故居资源，以一个个具有知识性、观赏性、趣味性的主题来串联起相关的名人故居，设计故居主题线路，能避免单一故居展示，拓展其文化影响、历史气息，加深印象与认识，还可以将名人、历史立体鲜活起来。

上海市的多伦路文化名人街，在 20 世纪二三十年代有鲁迅、郭沫若、叶圣陶等文学大师在此聚居。虹口区政府在 1998 年开发多伦路，定位为"名人故居、海上旧里、文博街市、休闲社区"，将海派文学家的故居整合开发。这实际就暗含了主题，不过这是局限在一个小区域里，而且只是横向的主题。因此深入思考名人故居的内在联系，以纵横的方式总结出它们的主题，以广阔的视野将这一颗颗散落的珍珠串联起来，就能使其焕发出动人的光彩。

（1）纵向的主题。以某一名人生活的轨迹，将其几个故居联系起来，展示他的生活变迁；或者是跨度较大的某一历史事件，串联历史先后的有关名人故居。英国的苏格兰就是以"诗人之旅"的主题，串联起了民族诗人彭斯在全国各地的故居。彭斯的所有故居都被保留下来，从他的出生的木屋到海边写作的阁楼，甚至仅是停留一夜的旅馆也打上了标志。于是彭斯一生的经历不只是在某个故居里展示，而是存在于各地的城市里，为人们所感知。

以纵向的历史事件为主题，如以禅宗为主题，广州华林禅寺是始祖达摩"西来初地"，而六祖慧能是诞生于新兴，学佛归来后在广州光孝寺传法，圆寂于韶关南华寺，这几个故居能将禅宗的发展历程清晰地展示出来。

（2）横向的主题。名人汇集的历史时刻，如"五四"运动时期的北京，有革命志士与保守派的论争，也是历史的重要时刻。设计名人故居文化路线，将众多文化名人事迹、思想、贡献联结起来，同时在历史背景更真实清晰地还原文化名人的事迹。

当然，确定主题，只是整合规划名人故居的第一步，还需要设定如何更好地展现其关联性，吸引游人去寻找探访主题中的其他名人故居。景观美学所提出参与介入的审美方式，正好是为解决这个难题提供了思路。

2. 游人审美方式的转变

传统美学自审美方式是静观，审美时的心理是直观、不假思索的。这样便忽视了欣赏者拥有的知识和经验在审美中的作用，景观美学则是认为，参与介入的审美方式，是因为欣赏者的知识、经验和态度一同构成审美活动。审美渗透着哲学、心理学、地理、历史等各学科的知识，以及往日的种种回忆。在柏林特看来，正是这些使他可以更好地领略到景观的美。

景观美学的参与介入审美方式，正是名人故居以主题的整合规划得以实现的契机。现在大多数名人故居的展览是孤立的，没有考虑到游人的知识和以往的审美体验，这都是源于传统美学忽视主体知识的审美方式。资料展览、事迹讲解的展示方式，也是基于静观的审美方式。游人在欣赏资料、聆听讲解时，或许会泛起名人的光辉事迹，由衷地赞美。但是游人更多是被动地接受展示的一切。因此每一次游览名人故居，都是一次孤立、被动的审美体验，离开后罕有再次参观，也很少会去探访相关的故居。

用主题将名人故居串联起来，绘制主题地图，息息相关的名人故居所在一目了然，使游人了解内在关联。如果是去过提及的名人故居，能唤起强化以前的审美体验，会以积极的心态来审美。其次是挖掘背后的故事和历史意义，在每一座名人故居都展示出来，提及相关的事件、故居，又留有余地，引起游人的兴趣，激发调动曾有过的知识和审美体验，参与介入到名人故居的审美中。

这需要打破名人故居各自为政的局面，在资料上互通有无，在互相推介上无私合作。在相关的名人故居，重点展览"主题"事件、名人的资料。激起游人的回忆、思索和想象，那段历史与当下的现实有了关联，名人不只是活在过去或者是图片、资料上，他们的音容笑貌涌现在游人的脑海，栩栩如生，有血有肉，有理想，有挫折，有喜怒哀乐。促使游人审美方式转变，并吸引他们展开一次探访历史的旅程。

当然，促使审美方式的转变，除了利用游人的知识和体验，还要营造出还原历史的环境，像景观美学那样全面开发人的审美感官。

3．游人审美感官的开拓

与传统的审美感官只限于视觉与听觉不同，景观美学的审美感官包括嗅觉、触觉等身体所有感觉。如行走在乡间小路上，不仅是愉悦地欣赏美丽的风景，还包括清风、太阳、鸟叫、虫鸣、鲜花、绿草，乃至大地的芬芳。这种审美体验，是人们满心喜悦地投入景观，从中发现美并陶醉于美。柏林特分析迪士尼世界这个人造景观，针对人的所有感官来创造环境，以抹杀现实世界的方式来营造梦幻世界，游人参与介入的审美方式正是源于此。

迪士尼世界除了在视觉上以颜色和建筑风格、听觉上以背景音乐愉悦游人，更侧重游人的感觉。首先是消除了时间和压力。迪士尼世界里很难找得到钟表，特意让人忘记了时间概念，现实的时间紧迫性和时刻表的刻板性在这里消失了。而迪士尼世界到处都是娱乐的设施、笑容可掬的工作人员、干净而休闲的休息室，游人甚至能住在迪士尼世界，完全处于没有压力的情形下。迪士尼世界还消除了现实世界的种种感觉，在里面看不到工业社会普遍存在的摩天大楼，甚至有的迪士尼世界还有禁飞区的特权，游人犹如置身童话乐园。

因此，在名人故居的整体环境上做好规划，还原历史感、真实感和生活感，能给予游人所有感官上的美感，转变审美方式。这包括了展示方式的改进、建筑修缮思路的转变、名人故居功能的多样化，同时尽可能避免过分教育化和过度商业化。

（1）展示方式的改进。展示方式依然是几十年不变，只想到展示资料的收集、解说的完善、展示场地的变更。这种展示方式都是局限于视觉与听觉，游人是被动地接受。对文化名人不了解的，或者是看看热闹或者是走马观花，有较多了解的也只是在阅读资料和聆听讲解的基础上。改进展示方式要还原历史感，不是将资料放在中心地位而是以还原故居本来的摆设为首要。尽可能收集故居的用品、家具、手稿等物品，重点突出名人自身的生活习惯、性格特点和思想特色，还原名人生前的生活情境。物品的风格、摆设位置，都显示了时代特色，创造出让游人多感官感受历史的环境、名人的生活。如北京宋庆龄故居，有宋庆龄书信、字画、家具、衣着、日用品等文物1万余件，能真实全面地还原了宋庆龄二十多年的生活，吸引了众多游人。

资料、图片不能喧宾夺主，变故居为展览厅，应该放在房间一角或过道上。还可以收集有关文章、评论，丰富展示资料。善于利用声光电等科技手段，播放名人的音像资料或者影视作品。如台湾的胡适故居，就有胡适的谈话录音，游人能够聆听他的声音，感受他的魅力。具有巨大价值、资金充裕的名人故居，还可以借鉴还原古罗马城的电脑技术，将故居与周围的街道还原，详细介绍名人在这里的生活情景，让游人犹如走进了历史，多方位、多感官地了解名人故居。

（2）改变建筑修缮思路。名人故居经过漫长的岁月，会有破损甚至是坍塌的可能，修缮不可避免，有些名人故居由于保护不足而消失，事后需要重建。修缮或重建应采用以旧修旧的办法，风格上保留原有风貌，反映出其历史状况。任意变更建筑格局和设施，随意粉饰建筑，甚至加建都是对故居历史的破坏。时下一些成为旅游热点的名人故居，出于经济利益，被重新规划，在旁边扩建了许多不伦不类的伪历史建筑，大煞风景。

游人对名人故居的审美，包含了在斑驳沧桑的建筑中感受历史，缅怀逝去的名人。一座饱经风霜的故居，才能让人产生历史的敬畏感，如果修缮一新，故居与现代建筑一模一样，那么所蕴含的历史感就会消失，破坏了原有的美。

（3）功能的多样化。名人故居功能单一，如果列为文物保护单位，只是开放参观。其实用来举办与名人相关的活动，更能利用名人故居的文化内涵、历史意义，也有助于名人故居的推广。与名人有关的文化交流、文化活动、学术活动，应该多在名人故居举办。如《十月围城》和《建党伟业》等革命影视的新闻发布会可以在革命名人故居举行，人们在这里看着名人留下的物品，想起他们曾在这里生活时的喜怒哀乐，身临其境地回想、思考名人的事迹、思想，更有心灵上的契合。让名人故居充满活力，不是尘封的过往，融合历史与时代，从人生的角度对名人的经历与思想感同身受。

（4）避免过分教育化、商业化。许多人将名人故居视为学校教育的一个校外场所，来到名人故居，就是对学生进行思想教育，目的非常功利和明显，过分教育化。这种场合大多将名人拔高美化，光是以名人的崇高来开展教育，于是学生把名人看得高不可攀，就既敬且畏。从而压抑了学生在名人故居中的审美感官，弱化了美感。避免过分教育化，拿掉后人加上去的耀眼光环，还原名人的真实面貌，有助于对名人故居的审美。

名人故居单靠国家拨款、私人捐款，不能保证长期充足的资金来源，故居需要创收来维持运作。以名人故居为旅游景点，举办文化活动、销售名人相关书籍和纪念品是一个有效的解决办法，但是要防止过分商业化。有些地方视名人故居为生财工具，大打营销牌，过度开发，纯粹以牟利为目的，使人厌恶，审美也无从谈起。

在景观美学的视域下，改善名人故居整体规划松散、展示方式单调、功能单一、过度教育化和商业化的不足，指导名人故居以"主题"串联的整合规划、激发游人参与介入式的审美、展示方式和名人故居利用方式的改进。使名人故居成为感受历史、缅怀名人的场所和欣赏美的景观，为文化建设做出应有的贡献。

二、岭南传统园林景观发展思路探讨：以广州琶洲塔公园为例

（一）历史的园林——岭南传统园林景观的发展与特色

岭南园林作为一种文化现象，其发展和变迁受特定的时代背景和区域环境的影响，特定的区域文化环境造成了它独特的造园艺术风格。岭南园林既具有中国传统园林的基本风格，又在布局形式、建筑装修、植物造景、水石运用和花木配置等方面独具地方特色，构成一种既不似北方园林之壮丽又不似江南园林之纤细的通透典雅、轻盈畅朗的岭南格调。

1. 萌芽阶段

岭南造园的历史可溯源到秦汉时期，于南越萌芽，于南汉形成其初始特征。秦末岭南以至汉代，数十万南下军民带来了中原地区先进的技术和文化，其中也包括园林建筑文化和技术。秦末汉初，南越国以广州为国都，割据一方。其时岭南避开战火，社会相对安定，通过便利的港口开展海外贸易，促进了经济的发展与兴盛，也促使了岭南园林的发端。受古代中原崇神重道思想的影响，五代南汉刘氏的药洲仙湖以水体为主的造园手法突破了秦汉以前重台高阁、宫馆复道的格局。这种强调自然、师法天象的风格特色，既受当时地理环境条件的影响，也受中原文化及"天人感应"思想的影响，奠定了岭南造园异于北方又别于江南的特征，初步形成了岭南山水园林的格局。

2. 发展阶段

岭南园林在宋代有较大的发展，主要是受迁入岭南的官吏、世家大族人士及文人画家的影响。这些客家人不仅带来中原的先进文化，而且寓情于园，直接参与建园活动，促使岭南造园艺术得到较大的发展。这时期无论是官方营建的园林、民间私园还是寺观园林都数量大增，规模扩大。园林构筑手法讲究意趣，善于因借之巧，以花石取胜，如惠州西湖、潮州西湖等园林都是利用城市近郊的自然风景而兴建的半由天然、半由人巧，生产生活两利的州府公共园林。在造园技艺方面，继承了南越造园的精华，将美观与适用融为一体，即结合山林泉流兴诗社书院、精舍幽园、亭台楼阁，

供民众进行游憩、祭祖、文墨诗书等活动。这种造园艺术将具有文化特色的丰富景观与岭南地域的自然特色相结合，发展了有地域性及时代特征的岭南园林。

3. 成熟阶段

明清时期，岭南地区经济文化得到长足发展，岭南园林艺术因此盛极一时，并形成独特的造园风格。受中原移民及文人画家的影响，尤其是富商官僚等的参与，岭南园林始学苏扬，后从实用性与商用性出发，仿效及借鉴西方园林，将中西文化融合在造园技巧中，进一步丰富了岭南园林设计意蕴，在继承传统的基础上自成新面目而发展成熟。此时期的岭南园林，从大的艺术格调上到整体布局乃至装修着色等方面，善以咫尺之地尽收亭阁之趣，尽得玲珑之韵。在园林布局、园林建筑、叠山塑石、植物配置、细部装饰等方面无不精雕细琢、华美独特。

岭南园林走过了从皇家园林、文人士大夫贵族园林到富绅私家园林的发展历程，从通神求仙为主向观赏实用性为主的功能转换，清代园林艺术达到顶峰。岭南园林在形成发展过程中，自然环境和人文环境对其产生了巨大的影响，使得岭南园林既有乡土情浓，又有山水景观，并配置地域植物景观，形成构思独特、精巧秀丽、独树一帜的风格。

（二）危机的园林——城市化发展中岭南园林景观的迷失

城市化的发展、全球化对地域文化的侵蚀、政府开发相对市民大众价值取向上的短视与错位等原因使得园林景观特色逐渐消失并趋向同质性，造成具有传统文化特征及地域性景观特征的岭南园林逐渐被吞噬，"去地域性（deterritorialized）"的景观现象存在。

1. 传统文化断裂

社会经济与文化的巨大变革为传统园林景观的发展带来了各种机遇，也使之面临着各种挑战。许多具有深厚文化底蕴的传统景观在新设计和建设中被忽视，破坏传统文脉、急功近利的现象时有发生，传统景观中所蕴含的丰富的民间建筑艺术文化面临湮灭的危机。对岭南地域传统景观与传统建筑进行调研，就可以看到传统风格感人至深，如体现广府文化特征的各种祠堂、书院、民居及牌楼等等为风景园林增色不少。但这些传统风格和具有浓郁地域特色的景观现象却很少在现代新建筑与景观设计中体现，岭南传统建筑文脉和园林风格已近于消失。

2．景观发展"趋同化"

全球化的发展使得跨文化交流日益广泛，使各国园林景观成为全人类的共同财富，但同时也对地域性园林景观造成极大挑战，导致出现景观"趋同化"现象。某一种景观设计元素或其中的某些重要特征侵入各地园林景观中，成为一种所谓"世界性"的景观文化，使得具有浓郁地域或民族景观特色的传统文化逐渐消失。正如《北京宪章》所言："技术和生产方式的全球化带来了人与传统地域空间的分离，地域文化的多样性和特色逐渐衰弱、消失……建筑文化和城市文化出现趋同现象和特色危机。"

3．场所精神几近消失

场所是生活的空间，它反映了一般性和地方性的具体生活情境。场所正如一个活生生的有机体一样，有可能处于不断地发展、繁荣或衰落乃至消亡的过程之中。受全球化经济体系思潮、资本主义的消费文化与全球化的影响，具有传统文化特征及地域性景观特征的传统园林景观在逐渐被吞噬，其结果是居民失去对地方的认同感，地域场所精神的丧失并造成人们精神上的失根。因此，只有倾心地体验场所中所蕴含的特质，充分揭示场地的历史人文或自然环境特征，才能真正领会地域场所精神，设计出保留原有精神的优秀作品。

（三）转机的园林——延续历史文脉的琶洲塔公园景观设计

任何艺术都讲求文脉，岭南园林艺术亦不例外。与原生的大自然和村镇的乡土环境相同，具有悠长历史的岭南园林，浓缩了该地区的历史、文化和社会特征，积淀了居民的情感和记忆。只有将地域文脉融入岭南园林建设中，才能创造出既有传统品格、地方色彩又有时代特色、艺术品位高雅的城市园林体系，才能保证城市园林建设的可持续发展。

1．公园现状概况

（1）地理位置与用地规模

琶洲岛位于广州市行政区的南部，珠江南北航道的交汇处，与珠江新城隔江相望，成掎角之势，西接赤岗领事区，南隔黄埔涌与广州"南肺"——万亩生态果园融为一体，东与长洲岛、黄埔港一衣带水。其地理环境优越，在规划建设中以会议展览、博览为核心功能，集国际信息系统、国际金融服务、高新技术产业研究、文化旅游、高品质居住等功能为一体的21世纪广州新城市副中心。琶洲塔公园位于广州国际会议展览中心东侧，珠江水道以南，新港东路以北，科韵路以东，总用地面积221029 平方米。琶洲塔公园是广州国际会议展览中心核心功能的附属配套，用地范围内现有广东省文物保护单位。

（2）琶洲古塔简介

琶洲塔是建于明万历年代的楼阁式砖木古塔，距今已有 400 多年历史。相传洲渚外水面时有金鳌浮现，曾名海鳌塔，又因洲渚形似琵琶，故古洲渚名为琶洲岛，塔名琶洲塔。琶洲塔平面呈八角形，外观 9 层，内含 17 层，通高 61 米，塔身外墙粉饰白灰浆，转角置红色倚柱，柱头施额枋，其上叠涩数皮菱角牙砖与挑檐砖而出檐。各腰檐上，叠涩数皮菱角牙砖与挑檐相间出平座。每层四面开门相对如十字形。各层门的位置交互错开。塔腔内设神龛，每层有木楼板与阶梯可上下，可直登塔顶。塔顶为八角攒尖顶，顶端置覆盆、相轮等铁构件组成塔刹，檐角有铁铸雁形角梁。琶洲古塔屹立于珠江中洲渚之上，宛如中流砥柱，在明清时发挥了灯塔航标的导航作用。登上琶洲塔顶，珠江两岸瑰丽景色尽收眼底。

2. 公园设计构思

园林景观应作为体现传统文化与现代文明和谐统一的客观载体，给人提供标识自身社会属性和感受地域场所精神的感官框架。因此，在琶洲塔公园景观设计中，一是对地域传统文化的尊重和延续，通过历史的贯穿和延续，促使地域传统历史文化的"活化"；二是对地域传统形式的借鉴，如岭南传统园林建筑形式的借鉴，达到建筑的形式与功能的完美结合；三是运用体现传统生活方式和社会关系的要素，使景观设计旨在创造一个通商口岸开放型的环境。

（1）意境：未来与历史的会晤

横空出世的国际会展博览中心，像珠江上飘来的一阵风，飘落在古羊城八景之一琶洲塔的西侧。在这神奇的洲渚上，历时四百年的沧桑和等待，传统与新锐彼此交融，历史与未来在此会晤，两个时代的标志，都应在未来悠长的岁月中得到保护。

（2）文化：岭南联系着世界

悠悠古塔、源远流长。琶洲塔（海鳌塔）给人以丰富的历史想象：琶洲古港一片繁忙，商船穿梭往来。那艘看见古塔便知道了广州的"哥德堡号"一定泊在其间，而且满载着丝绸和茶叶准备拔锚起航。此时，真希望看见霞光万道、金鳌浮现。

巍巍会展、盈盈久长。广州作为中国进出口商品交易的窗口，国际商埠文化名城。会展中心不只是建筑的形象和标志，也是当今社会经济运行发展趋势的代表，其时代性、国际化、科技性一定与历史文化一脉相承。

（3）形象："琶韵新晖"

根据琶洲岛、琶洲塔的历史由来及典故，结合项目周边环境条件及考虑国际会展中心主体功能的共同性质，平面构图取材于较规则的琵琶形象。"琵琶"的顶部即公园的正北面设置主入口广场，由北向南设置了一些富有变化和节奏感的景观活动场地，并在中部形成核心活动区，同时将"海鳌"、"琶洲古港"、"哥德堡号"、"水上丝路"等人文题材用现代方式表达出来，以增强公园的人文历史氛围。

（4）生态："山、水、人、生和谐共处"

在人类活动的强度和生态环境之间取得平衡问题，是现代公园设计、建造过程中首先要思考的。琶洲塔公园既有文物琶洲古塔及丰富的历史人文题材，又是相应保留完好的山体植被，在保护中，进行适当的整治，可获得"略成小筑、足征大观"的效果。同时，景观活动功能、场地的设置等，须充分考虑到生态环境的完整性，因此，主体活动区的设置应相应集中。

（5）主导功能："康体健身，生态享受"

园林景观植根于所在地域的自然环境、历史文化环境，植根于当地人民的生活，为当地人民提供健康生活所需的空间环境特征。康体活动、生态游览及改善周边生态环境质量，也是建筑公园的目的。结合现代生活方式，在本公园设计中设置多元化群众康体活动功能的设施及场地，并充分挖掘人文历史题材，塑造丰富的人文活动景点，以提升公园的整体文化品位。

3. 总体布局

以较为规则的琵琶造型进行总体平面、空间构图，形成"一主轴、一环路、一蓝带、五节点"的规划结构。"一主轴"：由主入口联结琶洲塔形成的轴线，这既是一条传统轴也是一条主体景观轴，将传统文化与现代活动方式进行紧密联结，公园的主体景观内容贯穿期间——主入口广场、海鳌雕塑（入口标志）、丝路大道、纳泊湖、琶乐广场、时间之庭小品、牌坊、百步梯及琶洲塔。"一环路"：按公园设计规范设置的，可通行消防车的环路，通过微地形的塑造及两侧植物种植的变化，形成"步移景换"的主园路景观。"一蓝带"：结合规划设置的琶洲涌走向，从生态涓溪景观塑造的角度，进行线型布置和生态护岸体系设计，并在中北部区域放大形成湖面，"琶洲古港"、"水上丝路"及"哥德堡号"人文素材得以现代方式展现。"五节点"：在轴线上设置形成的五个主体景观活动空间，分别为主入口广场、纳泊湖、琶乐广场、牌坊及琶洲古塔。

4．功能组织分析

依据规划结构及人文景观游览、康体健身、生态休闲等功能体系配套，及从生态环境保护、塑造等思想角度出发，将用地有机地划分出以下区块：

（1）主入口广场区

经周边用地功能分析，琶洲塔公园的游人来源主要为会展中心方向，即通过滨江道路进入，因此，公园的主入口设置在地块的北面，在此设置了主入口广场、海鳌雕塑标志及"丝路"景观大道，并配套设置了公园管理服务中心、旅游大巴及小车停车场。

（2）康体运动区

在公园的西北面设置了篮球场、网球场、羽毛球场、林荫健身场等康体运动功能，并在运动区入口部位配套设置一层体育管理房。管理房内配设办公室、乒乓球室及储物室各1间，并设有茶水服务功能。

（3）安静休息区（老人活动区、儿童活动区）

从公园动静分区的角度及主要人流来自东和北入口考虑，在公园的东北角设置老人活动区和儿童活动区，配套设置相关休息、活动设施。

（4）滨水休闲观赏区

在公园"纳泊湖"水面范围，规划设置了多项观景活动内容和配套设施，其中，水中设置了水下品饮咖啡、茶水的"哥德堡号"船体；湖面四周有"水榭"、小游船码头、步行景观桥、亲水活动的"流水平台"、悬挑式的观景平台等景观构筑物。

（5）核心广场活动区

核心广场区范围总命名为琶乐广场，按琵琶的弦、键设置方式，进行规则线型平面构图。广场的中心设置抬升的琶乐舞台，结合地面铺装的设计，布置一系列丰富有趣的韵律构图和"音乐墙"、"音乐廊"、琶乐旱溪、音乐休止符等景点，游览其中仿佛置身于一曲流畅、连贯的琵琶新乐之中。该活动区的另一端为上升的时间之庭广场，广场中心为"航海日志上放置的日晷仪"雕塑，隐喻琶洲古港的概念及海上丝绸之路与过去、现在、未来的时空联结。

（6）岩石趣味观赏区

在山体的西北侧依山设置"石趣园"及"生态水源"景点，不同类型的岩石及生态水系互相渗透，形成不同的休闲、观赏及亲水活动空间，以此丰富游人景观活动内容。

（7）生态涓溪观景活动区

根据琶洲涌规划及水利部门提供的技术参数指标，琶洲涌南、北两端均设置了水闸，稳定的常水位标高为5.8米，为生态性护岸体系设计及生态涓溪景观的营造创造了有利的条件。设计以南段为例：依山段设计成陡崖状及设置临崖步道和观景亭，开敞段设计成多元化的、自然与亲水相结合的生态驳岸，并配种丰富多样的水生、湿生植物。

（8）次入口广场区

本公园为开放性公园，为方便游人进入，在公园的东、西、两面设置次入口及小型入口广场，并就近设置临时性绿地停车场，广场绿地中设置座式"琶洲塔公园"名牌和园区导向牌；因琶洲塔及山体范围现阶段为文化局管理，因此，在南面设置方便车辆进出的小型入口。

5. 绿化系统分析

根据公园总体规划结构及功能布局，结合现状生态条件，公园绿化种植按如下片区划分及种植：

（1）林荫广场区

包括主、次入口广场，时间之门广场、琶乐广场、康体健身广场，以遮阴乔木、部分棕榈植物及整形灌木种植方式为主，其中琶乐广场绿地中自然种植不同时期开花的乔木品种。主要树种有细叶榕、香樟、盆架子、凤凰木、木棉、大叶紫薇、蓝花楹、红花紫荆、宫粉紫荆、大王椰子、蒲葵、散尾葵、大红花、龙船花、杜鹃等。

（2）屏蔽植物种植带

公园的周边，自然群落式密植地方树种及自然形态灌木，以适当屏蔽与周边道路的空间。主要树种有麻楝、尖叶杜英、海南红豆、黄槐、夹竹桃、美国槐。

（3）滨水植物种植区

琶洲涌及纳泊湖岸线范围，种植多样化水生、湿生植物，并与人的景观活动氛围及视线关系充分结合，营造生态涓溪和自然湖面的原生态效果。主要植物以灌木为主，如落羽杉、垂柳、串钱柳、鸡蛋花、风车草、菖蒲、芦苇、水葱等。

（4）疏林草地活动区

在公园主体活动功能的周边区域，通过疏林草地的方式进行生态环境和功能活动的过渡，既不影响植物生态的完整性，又可适当拓展游人的活动区域，该区域除大面积草地外，乔木种植须自然有机，时疏时密，规格按"疏大"、"密小"配置。主要树种有凤凰木、香樟、白兰、非洲桃花心木、蓝花楹、南洋楹、风铃木等。

（5）树荫休息活动区

在老人、儿童活动功能区范围，适当种植大规格、大冠幅树种，既增大林荫休息活动功能空间，又形成观景、科普作用。主要树种有细叶榕、菩提榕、大叶榕等。

（6）岩石趣味园区

以广东典型的岩石类型为元素，展示矿物质和化石演化过程，各种开花植物点缀其间，增强人们的科普文化知识。主要植物有宫粉紫荆、海南菜豆、毛杜鹃、紫雪茄花、澎蜞菊、花叶良姜等。

（7）分类植物种植区

在琶洲塔山体的周边范围，规划为公园功能活动的"静"区，按植物园区的方式，分类群落式种植与人文、地方特色关联的乔木品种，形成植物"园"区。主要分为针叶林区、香花植物区、竹林区、果树区。

针叶林区：以针叶树为主，结合一些观花植物树种，植物品种有南洋杉、马尾松、黑松等。

香花植物区：主要用于愉悦身心，主要品种有广玉兰（淡香）、桂花（甜香）、米仔兰（幽香）、茉莉（清香）等。

竹林区：以清幽的竹类为主，结合景石和其他植物相映衬，营造一片淡雅的环境，以适合老年人的晨运，主要植物有粉单竹、黄金间碧竹、相思竹、青皮竹等。

果树区：体现春华秋实的田园风光，主要树种有龙眼、荔枝、树菠萝、芒果、杨桃等。

（8）山体原生植物保护区

琶洲塔所处的山体范围、地形及植物保持良好，设计以保护和生态修复为宗旨，在疏、散的地方适当进行植物补充，以形成自然、野趣的原生态效果。补充增加的主要品种为菩提树、大叶相思、罗汉松、桂花、铁刀木等。

三、结语

琶洲塔公园在广州海珠区一直扮演着重要的角色，是广州历史的见证和广州地域文化的缩影，更是当地居民归属感的寄托。通过充分挖掘、继承和延续岭南地域文化的精髓，并以发展和变化的眼光看待地域文化，在设计中充分体现延续历史、展现现代、展望未来，将城市发展进程的空间与时间串联起来，用新的功能和面貌适应时代需求，从而使文化脉络得以延续，使琶洲塔公园设计成能充分展现广州"千年的海上丝路商埠文化世界名城"的精神。

参考文献：

［1］阿诺德·柏林特. 生活在景观中：走向一种环境美学［M］. 长沙：湖南科学技术出版社，2006.

［2］阿诺德·柏林特. 环境美学［M］. 长沙：湖南科学技术出版社，2006.

［3］米歇尔·柯南. 穿越岩石景观［M］. 长沙：湖南科学技术出版社，2006.

［4］史蒂文·布拉萨. 景观美学［M］. 北京：北京大学出版社，2008.

［5］卡菲·凯丽. 艺术与生存：帕特丽夏·约翰松的环境工程［M］. 长沙：湖南科学技术出版社，2006.

［6］陈望衡. 论环境美的本体：景观的生成［J］. 学术月刊，2006（8）.

［7］袁南征，主编. 保护与发展：2006年名人故居专业委员会福州年会论文集［M］. 北京：文物出版社，2007.

［8］张明庆. 北京什刹海地区名人故居的现状及旅游开发［J］. 首都师范大学学报，2007（5）.

［9］成志芬. 名人故居保护与利用的比较研究［J］. 北京联合大学学报，2006（5）.

［10］国际建筑师协会. 北京宪章［R］. 北京：国际建筑师协会第20届世界建筑师大会，1999年6月.

［11］吴良镛. 基本理念·地域文化·时代模式：对中国建筑发展道路的探索

［J］. 建筑学报，2002（2）：6-8.

（选自广州市哲学社会科学发展"十二五"规划 2011 年度课题"环境美学视域下的城市景观美学理论研究"。课题负责人：廖建荣；成员：朱艳、范建红。）

后亚运时期广州市建筑户外广告设置的研究

张　斐（仲恺农业工程学院）

　　户外广告是人类最古老的广告媒介之一，是城市景观的重要元素，能反映一个城市的社会经济发达程度，更能体现城市的文化内涵。户外广告以所附着的载体和场所来分，可以分为建筑户外广告、移动公共交通广告、候车亭广告、人行道广告、地铁广告、机场广告、场地广告等等。其中，建筑物是户外广告设置的主要载体，由于此类广告的面积较大，视觉冲击较强，到达率高，会对城市空间、环境和形象产生较大的影响。

　　2010 年，广州成功举办了第 16 届亚运会，这场盛宴对广州市方方面面产生了巨大的影响。其中，广州市政府为了营造良好的市容，对市内许多楼房顶部、街道、珠江两岸等建筑上的户外广告进行大量的清理和拆除。行动之后，广州市面的广告环境得到了一定的整理，但这种一刀切的做法也引发了不少的争议。如何既保留和利用一定数目的户外广告，特别是利用好建筑这一重要的载体，又能和亚运会期间形成的良好的城市风貌更好地结合在一起，延续这种得之不易的建设成果，并创造出更多积极的经济和社会效益，是十分值得探讨的议题。户外广告涉及城市规划、建筑设计、广告制作、管理措施等多方面的内容，本文主要从视觉要素研究方面对此进行分析和提出建议。

一、后亚运时期广州建筑户外广告的状况

　　建筑物户外广告是指依附于道路两侧建筑物而设置的广告设施，其中，按占据建筑物立面的位置又可细分为屋顶广告设施、墙面广告设施、底层广告设施等。在亚运会结束后，广州建筑物户外广告存在着以下一些状况：

（1）经过亚运会的整治，广州市的户外广告杂乱的现象得到一定的改善，但部分建筑户外广告还是存在层次无章、质素参差不齐、制作简陋的现象；在色彩上唯恐鲜艳、醒目不及，纷杂繁乱；广告牌林立，疏密不当，与周边环境协调不够，以致破坏了城市面貌，背离对视觉美感的传达。

（2）建筑屋顶广告、珠江两岸等的广告被大量拆除。亚运会期间，广州市政府颁布了一系列整治户外广告的相关规定，市内大量户外广告被拆除，屋顶和珠江两岸的户外广告首当其冲受到影响。市容是整洁了，但一个没有广告的城市，是没有生气的城市。一刀切的处理手法，会造成社会资源的浪费，影响广州成为国际商贸中心的长远目标。

（3）欠缺创意和人文内涵。市内大部分建筑户外广告缺乏创意和特色、平庸无趣、无震撼力，这也是群众对户外广告产生厌倦的原因之一。公益广告数量也较少，而且制作和设计相对商业广告显得粗糙低劣，缺乏创意，欠缺人文关怀。

二、广州市建筑户外广告设置的建议

（一）重要地段建筑户外广告的设置

城市重要地段的广告设置是展现城市风貌的窗口，也是对户外广告重点规划与整治的地方。而不同的区域都有各自的特点，户外广告的设置应该和这些功能区特点协调统一。

1. 广州商业区代表——岗顶、天河城一带

以岗顶至天河城为代表的广州商业旺区，周边星级酒店和大型商场林立，高科技产品汇聚，高档消费点比比皆是，商业气息浓郁，每天人流非常大，是广州最为活跃、最富有活力的地段。因此这一带的建筑户外广告规模很大，巨幅广告鳞次栉比，而且形式多样，大型广告看板、三面翻、电子屏幕、实物广告同时并存。而且由于聚集了天河城、正佳、维多利、广百、太古汇五大高档广场，广告的艺术性也较高，制作精美，富有美感。而在岗顶一带，太平洋电脑城、颐高数码天地、百脑汇等高层建筑的外墙上，各种数码产品、液晶显示器等高端产品的巨幅广告数量繁多、绚丽多彩。

这一带的建筑户外广告的设置鼓励亮化、高端化，要求具有较强的质感，营造浓厚时尚的商业氛围，塑造丰富多彩、繁华热烈的户外广告环境特色，使整体空间特点与商业功能需求相吻合。

2．步行街代表——上下九、北京路

北京路和上下九路处于广州的老城区，历史风情浓郁，建筑年代较为久远，代表广州的历史文化。来到广州，人们通常会到珠三角地区这两个最著名的步行街一看，领略这里的商业气息和广州文化。因此，此处的建筑户外广告成了展示广州魅力的一张名片。这一带的户外广告特点是：纷繁多样、古色古香、富有特色。此处的户外广告的设置要注意与建筑的融合，不能过多遮挡历史建筑的外墙或破坏其原貌，还要注重历史文化品位的体现。

3．景观代表——珠江两岸地区

珠江两岸是广州市的重要景观，亚运会后，广州塔、海心沙以及江边不同风格的建筑共同组成迷人的珠江景色，特别是晚上，更是广州一道亮丽的风景线。此处户外广告的特点是视距远、无遮挡，广告辐射面大，晚上灯光效果璀璨。但在亚运会前后，珠江两岸的户外广告基本上全被清除。笔者不太认同这种一刀切的做法，香港维多利亚海湾高层建筑楼顶频繁闪动的国际品牌，上海外滩沿岸变幻莫测的霓虹灯，在一定意义上已成为这些城市的象征。可见，只要能在适当的位置按视觉审美规律来进行设置，并严格控制数量和质量，非但不会影响市容，还会为美丽的珠江夜景增添亮丽的色彩。

（二）根据视觉规律来设置建筑户外广告的审美要素

建筑户外广告不应该是城市的破坏者，要让户外广告既能发挥经济效益，又能起到美化城市的作用，关键要使广告与周边环境相协调，达到整体美、和谐美。这就要求设计者要遵循户外广告本身的视觉特点，不能简单延续传统媒体广告的思维，生硬地、直接地、简单地将平面广告放大，注意不同区域户外广告的差别化处理。而视觉要素中包括色彩、图形、文字、版面空间等，本文根据这些视觉要素和户外广告审美规律，结合广州不同功能的重点区域，对建筑户外广告的设置进行分析和提出相关建议。

1．色彩要素

色彩元素在视觉设计中具有先声夺人的作用，当消费者首次接触一件设计作品时，最先攫取其注意力的，就是作品的颜色，其次是图像，最后才是文字。而多数户外广告被阅读的时间只有几秒钟，要在瞬间抓住消费者的注意力，色彩这最直接、最具冲击力的视觉元素起到非常重要的作用。美国有报道称，每增加一种颜色，就比黑

白广告增加 50% 的销售额，而全色广告则比黑白广告高 70% 的广告效益。然而如果用色不当，不考虑怎样与周边的建筑、环境以及同期设置的广告协调起来，孤立地以为用色越丰富、越鲜艳、对比越强烈效果就越好，只会相互干扰、相互抵消视觉效果，并容易造成"噪色"污染，给人以喧闹和紧张的感觉，使行人浮躁莫名，神晕目眩。

（1）户外广告的色彩属性

户外广告色彩的表现要求新颖、醒目、有差异性，要利用色彩的三要素（明度、纯度、色相）之间的对比统一，以及色彩面积的安排来进行设计和协调与周边环境的关系。

例如，周边环境或建筑的主色调是比较深色的、明度较低的，附着其上的广告可以采用高明度、浅色系的配色方案，从而形成一定的对比；反之，周边环境是五彩斑斓的，就可降低广告的纯度和用色的数量，来形成差异性。另一方面，也可以通过色彩设计将广告与周边的环境统一起来。如周边是色彩淡雅的建筑环境，广告的配色也可以采用低纯度的配色来与之进行统一协调。

影响配色效果的还有色之间的面积比，任何广告效果如果离开了相互间的色面积比都将无法讨论，有时对面积的考虑甚至比色彩的选用还显得重要。配色的时候，要注意广告色彩面积的主次安排，不然会形成花乱琐碎的现象，信息会被淹没在一片纷繁复杂的环境中。

（2）与周边建筑、环境色彩的协调性

广州具有不同年代、功能、风格的建筑群，应该在设计户外广告画面色彩的时候，要充分考虑这点，使之与其附着的建筑风格相协调。

在历史商业街区，如北京路、上下九路等，建筑的色彩具有鲜明岭南特色，以青灰色、淡土黄色的墙面为主，还配有五彩的满洲窗，具有质朴、高雅的情调。依附在此类建筑物上的户外广告的色彩，建议用色可以相对单纯一点，注意传统和现代的结合，以大色块以及典雅的色调为主。广告牌中使用不在一个色系的，高明度、高纯度的色彩应该小心运用，与建筑色彩处于一个色系或是补色系的广告牌可以保留。可采用略带跳跃性的色彩但整体仍然要与街区的主色协调。在广告和招牌的边框，可以做一些复古的装饰，以强化该街区古色古香的风貌。

在天河城、岗顶等重点商业地段的建筑，多为蓝灰色、银灰色系，以及在材料上大面积地运用了铝塑板、玻璃幕墙等，风格极具现代感。此处建筑户外广告的用色和灯光效果可以设置得相对大胆、色彩设计风格不限、材料可多样，效果可以五光十色、色彩斑斓，体现出时尚感和都市感，烘托出广州国际商都的繁华面貌。对同时段展出的广告，还要注意相互之间主色调面积大小的对比、互相衬托产生的效果。

在珠江两岸，建筑主色调以红、黄红、黄色为主，两岸的户外广告招牌，应该不能影响滨水沿线的色彩连续性。此处的户外广告可以以高明度的、暖调子的色彩配色为主，以及对应的低明度色系为推荐用色范围，还要考虑夜晚的亮化效果。

2.图形要素

图形是提高户外广告视觉效果的重要手段，它比文字更具体、更直接、更形象化，容易激发视觉注意，具有强大的视觉表现力、感染力和记忆度，它是画面的主体，是传达感性信息的重要载体。由于建筑户外广告的传播特性决定了它需要快速、高效的传播方式，所以户外画面中经常使用比较具象、形象鲜明的图形传递广告信息，内容多为与广告相关的视觉人物形象或产品形象。

户外广告的图像运用要坚持简洁性的原则，要清晰、少而精，如果图形过于繁杂，会给观众的感觉造成紊乱，影响广告的注意值，并对城市环境带来视觉污染。其次，要严禁不雅、品味低俗的图片。

3.文字要素

文字的瞬间传达效果虽然没有图形直接，但设计得当的标题和文案，会起到画龙点睛的作用。户外广告的标题要力求简洁有力，不能过长，以七八个字为佳。特别注意可视性，要减去不必要的装饰变化，要干净、利落、大方、整洁，要给人以清晰醒目的视觉印象。而其他说明文案要注意字体大小的调整与排版，不能喧宾夺主，造成版面的凌乱，影响可读性。

字体的设计与选择也会影响广告信息的传达。不同的设计风格，应该选用不同的字体。如中国风的广告，标题可采用宋体、楷书、隶书等字体；比较现代感的设计，可采用无饰线的字体，如黑体、中线体、准圆体等等。

4.空间疏密的设置

（1）建筑户外广告版面空间的疏密

视觉冲击力是户外广告的设计灵魂。要加强冲击力、扩大注意值，版面一定要单纯、简洁、重点突出，只有这样，广告才能在瞬间抓住过客们的目光，发挥其传播功能。杂乱复杂、主次不清的版面设计也是造成城市视觉污染的一个重要原因。

因此，设计户外广告尤其是巨型的广告牌，在构图时要充分运用视觉中心点，画面元素疏密要安排得当，注意画面空白的合理运用，使重点突出，增强广告的易读性，减轻读者视觉负担，让消费者有从容的阅读空间。中国有句古话："计白当黑"，空白在画面上分配得当，能使画面有透气之处，有虚有实，有疏有密。在现代的广告视觉设计中，画面的空白处理常常占很大的比例，有时甚至大到 80% 以上，而图形与文字则压缩到 10%—20%。这 10%—20% 所占的面积虽然很小，但由于大面积空白的反衬，在画面上显得格外显眼，人们第一眼就比较容易地看到它。如北京路上苹果牛仔裤店面的广告招牌，运用了大面积的绿色留白，使标题和商标显得非常突出。

（2）建筑户外广告设置的密度

户外广告设置的密度，应避免出现广告所占面幅比例过大，抢占过多的建筑外立面，影响其建筑空间和功能的现象。对户外广告密度的控制，是从不同的空间要求来看的，在商业空间，如天河、岗顶等人流量大，商业气息重的区域，除了考虑建筑物自身的功能与形态、道路的流线与空间，对户外广告设置的密度可不做过多的限制，但应避免出现因为密度过大导致空间功能被影响。在历史街区，户外广告不宜太过密集，不能遮盖过多的建筑面积，破坏建筑原貌。广告形式以伸出式的招牌为宜，要注意招牌的尺寸宽度。在珠江两岸，密度可以疏密有别，北岸的商业大厦较多，如海珠广场附近、江湾酒店附近、广州大桥等地，密度相对可以加大。而在沙面、长堤等历史风貌比较突出的区域，广告的数量和面积就要相对减少。

5. 广告创意与内在文化内涵

充满创意的广告会让人眼前一亮或会心一笑，是件艺术品，是每天在都市中来来往往的人们的生活亮点，会让城市活力无限。而户外广告中耐人寻味的文化内涵能体现这个城市的品位和内在精神。因此，户外广告设计者应在版面、材料以及表现手法上大胆创新，借助于各种环境因素和高新技术，使广告活起来。只有不断地探索与创新，才能产生出具感染力、让人过目难忘的户外广告，使户外广告的功能得到更大的发挥。

随着环保观念、人本精神的深入人心，户外广告的发展也要与时俱进，不能仅仅停留在商业功利，而应该注重其文化内涵和审美意义，这样的广告才符合我们消费者的内在要求，才是户外广告发展的方向。

三、结语

正如一位美丽的女子点上适当的容妆，会更具魅力。同样，城市也需要优质的、管理到位的户外广告来为它增添光彩，提升城市品位。按"十二五"规划，国家赋予广州的发展定位是把广州建设成为国际商贸中心和世界文化名城，而建筑户外广告不应该成为广州实现此发展目标的障碍物，因此不应该一刀切地将大量的建筑户外广告拆除。

政府对户外广告的管理，重点应该在于清理无证、违章的户外广告，整治质量粗劣的广告，对于有证合法的户外广告需要严格控制审批过程，引导设计者按照户外广告的视觉规律来进行设计，将广告整体设计思想融于人与环境相和谐的理念之中。同时，要不断提升广告设计者自身的设计水平、审批人员的专业和审美水平，让建筑户外广告为广州城市景观增添更多的亮点，使之成为有利于广州经济发展、有利于提升国际化都市的形象、有利于构建和谐社会的不可或缺的重要因素。

参考文献：

[1] 张越，潘蓉. 户外广告设置规划初探：以杭州市区户外广告设置为例 [J]. 浙江建筑，2009（1）.

[2] 邹宇灵. 隐与现：论色彩交界现象的视觉意义及对平面广告的影响 [J]. 艺术与设计，2008（5）：54-56.

[3] 黄合水. 广告心理学 [M]. 北京：高等教育出版社，2007.

445

（选自广州市哲学社会科学发展"十二五"规划 2011 年度课题"后亚运时期广州市建筑户外广告设置的研究"。课题负责人：张斐；成员：范嘉碧、黄丽燕、凌杰、杨智。）

广州地区粤语电视新闻的现状及
发展策略研究

彭　柳（华南师范大学）

2010 年广州政协委员提议广州台新闻节目播报语种由粤语改为普通话的提案，引发"粤普之争"讨论及"保卫粤语"行动。后虽证实是误读报道，但对粤方言文化及粤语电视新闻的焦虑是真实的。随着近年本土文化热兴起，地方语言在媒体中运用频率增高，粤语以贴近民生的价值普遍应用于电视节目制播。粤语电视新闻既是地方文化载体，又满足粤语人群新闻资讯需求，作为对外传播的重要载体与渠道的功能是国内很多方言所没有的，其覆盖面之广、承载的责任值得重视。

第一章　粤语电视新闻节目传播效果

一、广州地区粤语电视新闻的历史沿革

粤语有特殊历史发展和存在价值，准确地说我国粤语电视新闻不完全属于方言说新闻的范畴。2009 年联合国教科文组织认定粤语——"Cantonese"为日常生活运用的世界通用语言之一，粤语在香港、澳门是官方语言，在广东、广西及海外华人社区被广泛使用，是唯一除普通话外有较完善文字系统、国外大学有独立研究的汉语种类，是岭南文化最重要部分——广府文化的载体。

1928 年 6 月 30 日香港第一家广播电台（香港电台的前身）正式开播并用粤语播送新闻，国内最早粤语新闻自 1929 年 5 月 6 日广州市播音台（新中国成立后更名为

广东人民广播电台）开播始。1957 年 5 月 29 日香港丽的电视台成立，取名为丽的映声（香港亚洲卫视的前身），是香港第一个电视台也是全球华人地区第一个电视台，标志着粤语电视新闻的诞生。我国粤语电视新闻事业始于广州电视台（1959 年成立，1979 年更名为广东电视台），1960 年 7 月 1 日首次播出粤语播报的《电视新闻》，这也是广东电视屏幕上最早的电视新闻节目。①

粤语电视传播区域里尤其是珠三角地区海外媒体包括香港媒体的渗透非常严重，很长一段时间香港翡翠台粤语新闻收视率雄踞第一。为应对香港电视的影响，1988 年国家广电部批准珠江频道、广州频道使用粤语播出节目。2001 年南方电视台成立，广东电视市场形成了两个省级电视台的特殊格局，南方卫视成为国内首个覆盖全球的粤语卫星电视频道。2004 年全省性集团南方广播影视传媒集团成立，至 2005 年南方传媒集团旗下的广东、南方两个电视台收视占有率合起来多次超越香港电视无线与亚视之和。② 尼尔森公司统计 2006 年这两家省级电视台在广东及广州等的收视率已从根本上处于绝对优势地位。③

二、粤语电视新闻的传播范围

粤语电视新闻受众包括使用粤语和接触并认可粤语传播的人群，全世界粤语使用人口约 1 亿，我国大陆约 8000 万，广东省纯粤方言或以粤方言为主的县市 47 个，占全省面积 1/3 以上；广西通行粤方言县市 24 个；香港和澳门特别行政区全境使用粤语，美洲华侨和华裔几乎 90% 以上的祖籍是粤方言区。④ 粤语电视新闻以区域性的语言为纽带达到新闻传播目的，在全世界有广泛受众。港澳传媒多以粤语为播音语言，无线电视翡翠台、亚洲电视本港台、澳广视三个 24 小时播出的粤语新闻台聚集在香港，可见当下的香港处于粤语电视新闻的最发达状态。世界知名的电视广播有限公司（TVB）是香港最早成立的彩色无线电视台，现为世界第二大中文节目制作公司，设有粤语的翡翠台在香港收视最高，在广东也有相当高的收视。

国内粤语新闻传媒集中在珠三角一带，较有代表性的包括广东电台、广州电台、佛山电台等，广东电视台珠江频道、南方电视台第二频道、广州电视台（主频道）、深圳电视台（主频道）等。总部设在北京的中央人民广播电台《华夏之声》（对港澳

---

① 广东电视台大事记［EB/OL］. http://www.gdtv.com.cn/column/tvday/history/002.htm.

② 区念中. 以差异化战略构筑竞争优势：南方电视台的成长之路［J］. 中国记者，2006（2）.

③ 南方广播影视传媒集团概况显示：2006 上半年在境内外电视媒体竞争最激烈的广州地区，境内电视与境外电视的收视市场份额比例为 64.8%∶35.2%，详见 http://www.smc.gd.cn/smc3/smcje/index.shtml.

④ 搜搜百科. 粤语［EB/OL］. http://baike.soso.com/v53767.htm?pid=baike.box.2012-3-22.

台广播）和中国国际广播电台也播出粤语新闻节目。

19世纪70年代以后，随着在国外定居、就业的华人以及大陆亲属移民增多和经济实力增强，海外华语传媒开始崛起，粤语电视新闻是其中重要一支。欧洲第一家华语卫星电视台——东方中文电视（简称"CNE"）1993年元旦在伦敦开播。1999年8月21日，凤凰卫视欧洲台开播，成功进入欧洲主流卫星电视网络SKYDIGIATL以及英国、德国和荷兰等国的主流电视网络，全面覆盖25个欧洲国家，现有粤语节目如《今日广东》、《大地苍弯》等。东南亚地区也有许多说粤语的华侨华人定居，使得新加坡、马来西亚、菲律宾等地华文传媒业发达。20世纪90年代后，在华人聚集的北美、西欧、东南亚逐步形成了三个华语电视传媒中心，粤语电视传播的国际化得以形成。海外粤语传媒的内容供应商大部分来自香港，无线电视（TVB）、亚洲电视（ATV）和有线电视（CABLE TV）等新闻机构均有专业制作团队、成熟的营销网络，把节目推向全世界。它们利用自身的区位优势、市场自由度和信息资源将粤语新闻推进到一个新阶段。①

三、从收视率看粤语电视新闻节目传播效果

"收视率"是判断电视节目传播效果的重要指标，粤语电视新闻节目的传播效果显示它的确为受众所认同和接受，并成为当地（珠三角地区）受众信息生活中不可或缺的一部分。

表1　广州地区内地频道新闻时事类节目收视率排名（2011.3.20—3.26）②

排名	节目名	所在频道	语言类型	收视率（%）	收视份额（%）
1	今日关注	广东电视台珠江频道	粤语	7.06	19.32
2	广视新闻	广州电视台综合频道	粤语	6.24	25.33
3	630新闻	广东电视台珠江频道	粤语	4.68	17.70
4	新闻快讯	广州电视台综合频道	粤语	4.44	11.10
5	新闻简报	广东电视台珠江频道	粤语	3.70	9.33
6	讲开又讲	南方卫视TVS-2	粤语	3.62	9.00
7	今日报道	广州电视台综合频道	粤语	3.36	8.65
8	今日最新闻	南方卫视TVS-2	粤语	3.09	7.81

① 袁泽斌. 全球化背景下的粤语新闻传播［J］. 现代传播，2009（5）.
② 所有收视率数据来源均为央视—索福瑞媒介研究公司。

排名	节目名	所在频道	语言类型	收视率（%）	收视份额（%）
9	新闻日日睇	广州电视台新闻频道	粤语	3.09	8.31
10	新闻最前线	广东电视新闻频道	粤语	2.23	5.62

目前，广东新闻节目收视率排名前十绝大部分是粤语新闻。从本地受众对电视台和电视频道的选择也可看出对粤语电视节目的青睐。

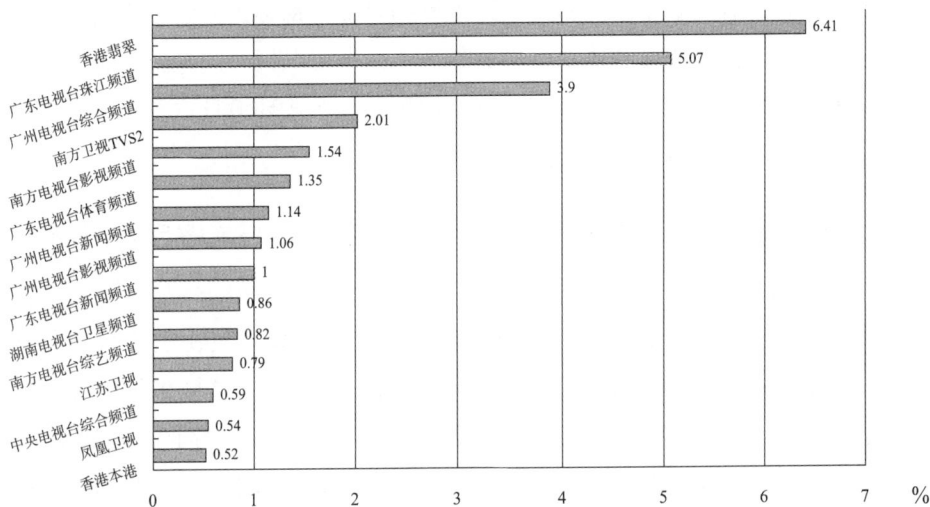

图 1　广州地区 18:30—22:30 黄金时段收视率前 15 名频道（2011.3.20—3.26）

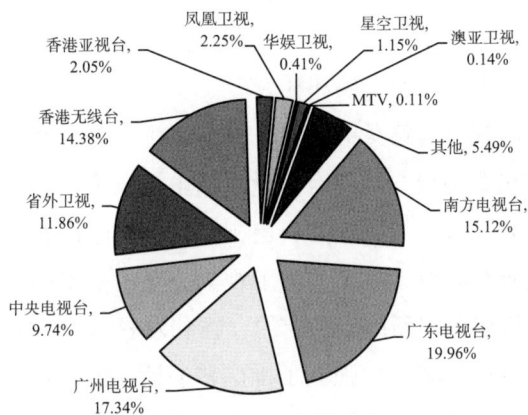

图 2　广州地区境内外电视台收视市场份额（2011.3.20—3.26）

可见本地受众对本地电视媒体以及以粤语为主的电视媒体的偏爱，香港电视台、广东电视台、广州电视台、南方电视台占有了受众黄金时段绝大部分收视率，远远超过央视以及其他卫视，且本地电视媒体以及以粤语为主的香港电视媒体的市场占有率超过了 70%。

第二章 传播环境视角下我国粤语电视新闻现状及发展

近年，方言新闻的崛起与当前激烈竞争的媒体生态有密切关系，成为媒介文化取向本土化、传播话语民本化、内容视角贴近性的表征。每种传播活动都需要在一定的环境中进行，粤语新闻节目的传播也必然如此，而粤语电视新闻媒介与各个社会子系统的关系构成了其所处的生态环境。随着宏观环境和产业环境日益复杂，我国粤语电视新闻只有深入分析及顺应这种变化才能求得更好的生存与发展。

一、粤语电视新闻传播宏观环境分析：基于 PEST 模型的分析

（一）政治环境

客观上同一区域不同语言必然存在竞争，在有限的媒体资源上语言竞争现象更集中。随着语言标准化程度提高，作为低位势的方言运用的领域多集中在日常生活中。国家政策对大众媒体运用方言有一定限制，从国务院 1956 年推广普通话的指示，2000 年《中华人民共和国国家通用语言文字法》，2006 年国家广电总局有关广播影视节目不得擅自使用方言的规定，再到《广东省国家通用语言文字规定》规定 2012 年 3 月起广东省广播电台、电视台及其网络音视频节目以普通话为基本用语，使用方言播音须经国务院广播电视部门或省广播电影电视部门批准，不鼓励方言电视节目的态度一定程度影响了粤语电视新闻的发展和壮大。

另一方面，粤语电视有着悠久的历史、旺盛的生命力，粤语作为有国际影响力的汉语在对外传播中有重要地位，国外有大量粤语电视频道、粤语广播电台、粤语教学机构。虽然国家语言政策大环境限制方言电视热，但由于港澳及统战工作需要，政府对粤语电视没有明确强行限制，批准南方卫视为用粤语播出的上星频道也传达出一定的支持态度，这给了粤语电视新闻较稳定的存在和发展空间。2011 年 12 月 24 日，广东省政府新闻办召开新闻发布会，强调了推广普通话，但表示《广东省国家通用语言文字规定》实施后不会限制使用粤语播音。

（二）经济环境

语言推广与经济息息相关，改革开放后广东经济地位的强势和经济环境的活跃，粤语电视及歌曲唱遍大江南北，这成为粤语电视新闻能广泛传播的基础。广东媒体经

营市场化程度在全国是最高的，在市场经济驱动下广东南方广播影视传媒集团成立，广东成为全国唯一有两套电视台网的省份。电视媒介产业化经营以注意力经济为核心，围绕收视经济制定传播策略是发展规律，所以对受众命中率高的节目自然成为电视媒体首选。微观上来说，粤语电视新闻收视率良好，取得了很好传播效果，成为新闻类节目利润增长点，是电视台重要的经济效益来源。

（三）社会文化环境

粤语电视新闻历史悠久。语言作为社会文化活标本，其兴衰与使用族群生态息息相关。广州乃至珠江三角洲地区长期受港澳和外来文化影响，至今粤语仍是广东社会主要用语。海外华人圈更通行粤语，海外华文传媒中粤语占很大一部分。作为"古汉语活化石"的粤语在我国语言形成历史上有重要地位，至今与汉语演变保持并行格局。粤语人群表现出对粤语极强的情结与身份认同感，2010年广州市政协发起"电视台改用普通话"网上调查，回收问卷超3万，赞同粤语约80%，其坚定的语言态度为粤语新闻传播打下良好的收视基础。当前电视媒体重视区域发展，粤语电视新闻从传播内容到视角、话语都有强烈接近性和易受性。语言亲近感是拉近心理距离的有效传播方法，大众传播向人际传播转化更利于情感传递。

粤语电视新闻传播着粤语文化，在一定程度上是粤文化、岭南文化构成和重要载体。国内粤语新闻的发展见证着粤文化的勃兴过程，语言学者发现广东客家话和闽南话地区也开始使用粤语，"粤语节目收视区域呈扩大趋势"[①]。这使粤语电视新闻扩大了受众群，提升了节目认知度和认同感。但随着城市发展，广东尤其是珠三角外来人口众多，语言背景复杂化。随着中小学教育普及与居民教育程度提高，以普通话为日常生活工作语言的现象日益普遍，尤其是学校普遍要求讲普通话并渗透进原住民的语言习惯，媒体曾报道过广州不少小学"封杀"粤语。粤语电视新闻未来重要收视人群——年轻及年幼者面临萎缩的危险。

（四）技术环境

技术发展为传播沟通技巧提供各种可能。字幕的普遍使用可尽量消除语言隔阂，3G等传输技术的进步使现场直播常态化、新闻实时做到家门口、电视网络或移动宽带网络传送更多来自新闻现场的实时视频信息。三网融合技术背景下新闻报道将更贴近群众、贴近生活、贴近实际，电视新闻节目将有更多"草根特色"和"平民情

[①] 黄升民，宋红梅，等. 广电媒介区域化进程研究：中国城市广播电视媒介区域化生存与发展［M］. 中国国际广播出版社，2009：212.

怀"①，为主打民生与接近性的粤语电视新闻提供了更好的技术条件和发展空间。DV及数码相机的普及，计算机网络与手机媒体的普遍应用，3G技术带来的通信网络传输速率提升等，为观众更多参与电视新闻报道创造了有利条件。粤语新闻节目可达成更多与受众互动，扩大传播覆盖面，提升新闻到达率。

技术发展使传输渠道多样化，也使电视新闻收视多渠道化。三网融合可让用户通过VOD点播等形式实现自助播放、自由选择平台。电视网络双向传输技术使电视新闻节目点对点传送成为现实，能否贴近受众、针对不同用户有选择地传播节目成为电视新闻争取市场的法宝。数字化电视技术极大地改变电视新闻播放和收看模式，给粤语电视新闻带来挑战和机遇。

二、基于"竞争五力"模型的粤语电视新闻产业环境分析

哈佛大学教授迈克尔·波特提出的"五力模型"是一种结构化产业环境分析方法，粤语电视新闻制定发展策略时要考虑各种竞争力量。

（一）业内竞争（Rivalry）分析

广州本地三大台（广东电视台、广州电视台、南方电视台）主频道已分别有两到三档主推粤语新闻栏目，加上香港本港和翡翠台占据收视份额，及省内四级办台格局中各地方电视台粤语新闻节目，各级电视媒体主推的粤语电视新闻数量众多，形成了交叉混合激烈竞争态势。

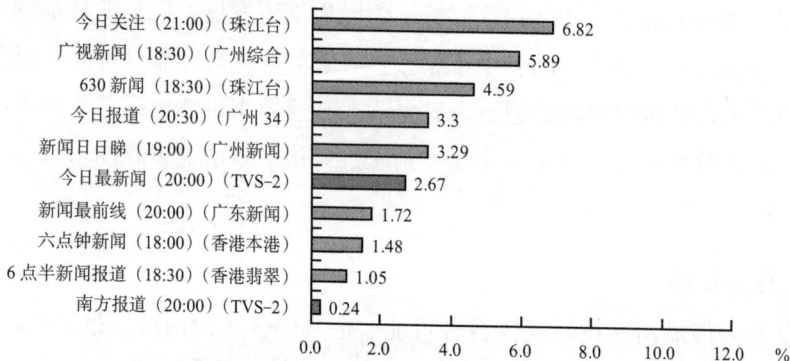

栏目	收视率(%)
今日关注（21:00）（珠江台）	6.82
广视新闻（18:30）（广州综合）	5.89
630新闻（18:30）（珠江台）	4.59
今日报道（20:30）（广州34）	3.3
新闻日日睇（19:00）（广州新闻）	3.29
今日最新闻（20:00）（TVS-2）	2.67
新闻最前线（20:00）（广东新闻）	1.72
六点钟新闻（18:00）（香港本港）	1.48
6点半新闻报道（18:30）（香港翡翠）	1.05
南方报道（20:00）（TVS-2）	0.24

图3 广州地区主要粤语新闻收视比较（2011.2.16—3.15全天，4岁以上）

目前，广州地区影响大的粤语新闻主要有广州电视台综合频道《今日报道》、《广

---

① 吴辉，夏冰. 三网融合与电视新闻节目的创新［J］. 现代视听，2010（6）.

视新闻》、《新闻快讯》，新闻频道《新闻日日睇》、《至经济》、《城市话题》；广东台珠江频道《今日关注》、《新闻简报》、《630 新闻》，新闻频道《新闻在线 / 最前线》、《环球报道》；南方台卫视频道《今日最新闻》、《城事特搜》、《讲开又讲》等。可见，其市场竞争既来自不同行政级别和覆盖范围、境外媒体粤语新闻间竞争，也有同一电视媒体内部频道甚至同频道栏目间的竞争。

当前垄断独家新闻资源已不太可能，栏目细分化、数量众多的粤语电视新闻同质化程度较高，最明显表现是对传播区域同一社会热点事件争相报道，多组采编人员同时采访，场面混乱；粤语新闻节目容易陷入于大体一致的节目类型和风格中，内容重复浅表化，节目风格难以区分。各大媒体设立有偿新闻报料热线，不少报料人为了报酬最大化或希望事件得到更广泛关注而同时向多家新闻媒体提供线索，通讯员也普遍存在"一稿多投"的现象，导致黄金时段粤语电视新闻选题重复，信息同一甚至画面、采访等细节基本雷同。

（二）潜在进入威胁（Entry barrier）

现行电视行业政策使体制外机构进入可能性不大，但同时政策壁垒使电视媒体资本结构单一，融资渠道不通。政府陆续出台的政策对开办方言电视节目提出诸多限制，客观上对新开办粤语新闻节目有一定限制。

（三）替代品威胁（Threat of substitutes）

广东媒体众多，纸质媒体、互联网和手机媒体等新媒体对粤语新闻节目平台——电视媒体的可替代性强。粤语新闻主要收视区域集中在广州及珠三角地区，恰是香港及境外媒体落地区域，威胁很强。随着区域内粤语人群降低、持普粤双语人群上升，以及节目制作中字幕普遍使用，其他语种新闻节目可替代性强。随着各电视台及频道把电视新闻作为主要竞争实力体现而加大了投入和重视，粤语新闻节目的可替代节目越来越多，且这种竞争压力会越来越大。

（四）供应方议价能力（Supplier power）

粤语新闻节目的供应方包括节目产品、信息源、资本、员工等议价压力。当前，广东电视媒体各粤语电视新闻基本是自制的，栏目组都有自己采编队伍，因此粤语新闻节目制作机构与频道资源、播出平台控制者合一，节目供应方大部分环节交易价格由电视媒体所主导。目前，我国粤语新闻节目未完全进入市场流通环节进行买卖，播出和传输渠道单一，故节目供应方基本没有议价空间。粤语新闻节目较集中的压力来自信息源，一是内容资源控制机构如体育赛事、大型活动主办方、政府机构及独家占有资源优势的机构等，二是有偿报料及信息网络在市场化进程中提高了自己议价能力。

（五）购买者议价能力（Buyer power）

产品或服务对客户的重要性以及客户数量是构成购买者议价能力的因素。粤语新闻节目多为非付费电视节目，观众议价能力可理解为观众数量及其忠诚度。粤语电视新闻观众收视市场趋于饱和甚至有下降趋势。"电视观众老龄化是任何一个电视台都无法回避的现实"[①]，加之粤语观众比例不断缩小导致观众对粤语新闻节目忠诚度降低。同时电视观众选择增加，时间、精力和金钱等方面转换成本很低。

广告业生态环境发生变化，粤语电视新闻广告客户竞争力上升。目前，电视产业对广告主及广告代理公司等广告业主依赖性很强，广告业主的重要性使得其在议价中具有较强竞争力；当前国际4A广告公司收购、并购频繁，大广告主对电视广告投放控制力加强，同时广东电视频道众多，广告主选择多，广告客户竞争力自然就提升。这些传播生态对粤语新闻有明显影响。另一方面，广告业主对作为强势媒体的电视相当重视，尤其是粤语新闻这一权威性强、受众稳定的节目仍是广告业主抢夺的投放渠道。同时，网络电视、IPTV、手机电视、移动电视、楼宇电视等强调分众及节目到达率的新型视听传媒形态，为具有接近性优势的粤语电视新闻的传播提供更广阔空间，新增的需求形态成为可开掘的重要购买者。

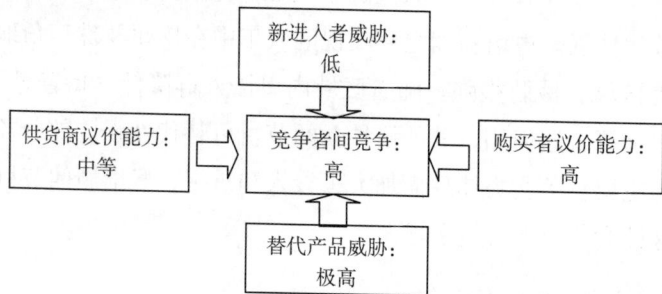

图4 粤语电视新闻的五力分析图

三、小结

任何传播活动和形态都在一定传播环境中开展，粤语电视新闻的发展也要充分考

---

① 杨卓兴，谭天，曾未. 给力"珠江"称雄南粤：关于广东电视台珠江频道的对话 [J]. 南方电视学刊，2011（1）.

虑传播环境各因素。由于大传播环境限制、刚性需求受众渐少，粤语电视新闻不能盲目扩张，在传播广度受限情况下要注重深度挖掘，尤其是发挥粤语文化特点，充分彰显节目接近性价值。粤语新闻传播区域化特点明显，对区域文化及受众市场要有深刻了解，在区域内建立健全的新闻信息网络；发挥语言贴近性特点，立足民生，突出本土特色。面对竞争激烈与同质化问题，粤语电视新闻要定位准确，强调节目区隔，点评型、资讯型各有特色，形成各栏目独特的话语体系。

针对收视人群构成及需求变化，粤语电视新闻充分运用各种技术手段和条件，扩大收视人群和影响力。在全媒体时代，粤语电视新闻充分利用网络、手机等新媒体，发掘各种新型视听传媒形态，抓住三网合一的机会建立新的传输及收视渠道，扩展传播空间，吸引青年受众。

为保持主流、强势媒体地位，粤语电视新闻须积极开拓国际传播市场，成为对外传播的重要一员。在政府强力推行文化强省、挖掘岭南文化内涵的当下，只有加强节目文化意识，成为重要文化载体，粤语电视新闻才能成为主流话语体系的重要构成。

第三章 符号体系视野下的粤语电视新闻节目特征

参照电视新闻的定义，粤语电视新闻是以现代电子技术为传播手段，以声音、画面为传播符号，用粤语对新近或正在发生的事实的报道。[①] 本章借助黄匡宇教授的电视新闻语言符号体系，以南方卫视《今日最新闻》为例研究粤语电视新闻节目特征。

一、粤语电视新闻节目《今日最新闻》分析

南方电视台《今日最新闻》栏目开播于 2009 年 10 月 1 日，在该台自办新闻节目中收视长期位居前列（见图 5），有较大社会影响力，故选取它为个案研究对象。2011年 1 月从 30 分钟延长至 45 分钟，每期节目由三大板块构成：互动环节"今日最争议"，每天选取市政、民生或日常生活等方面最有争议性的一个话题，观众将投票序号及个人评论以手机短信或网络平台发送投票，投票数据将在节目中实时显示，评论将在屏幕下方滚动播出。主体环节"民生最热点"，以"睇片＋评论"形式报道民生事件，如市民投诉、公共事业、意外事故等，新闻简讯"今日之最"盘点每日焦点，

---

① 叶子、刘坚在《电视新闻》（中国广播电视出版社，2008）中对电视新闻定义为："是以现代电子技术为传播手段，以声音、画面为传播符号，对新近或正在发生的事实的报道。"

节奏紧凑明快。压轴环节"发现最新鲜"，搜罗各种新鲜奇趣的人和事，也介绍传统文化、民风民俗、旅游信息等。

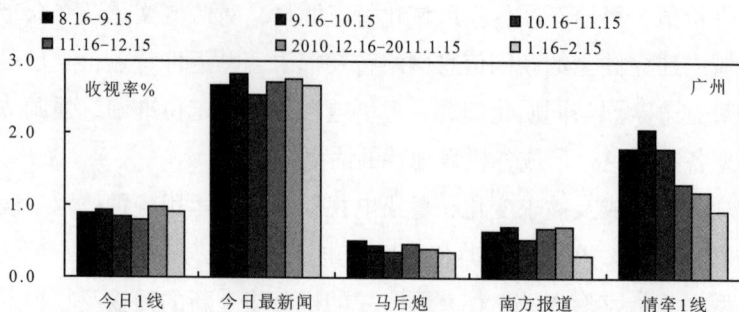

图5　南方电视台5档节目收视率（广州地区，2010.8.16—2011.2.15）

课题组从2010年8月至2012年3月的《今日最新闻》节目中每月随机抽取一期合计共20期节目作为样本，以"电视新闻语言的符号构成系统"为类目，对其进行分析统计。

（一）抽象语言系统

1. 抽象音响语言

（1）播音语言风格是指电视新闻播音员用以传播新闻内容的声音语言。本报告对20期样本中"今日最争议"以及"民生最热点"前3条新闻（共80条新闻）主持人播音语言风格进行统计。代码：A幽默，B讽刺，C轻松，D亲切，E平实，F严肃，G犀利。

表2　样本新闻播音语言风格量化

节目日期	今日最争议	新闻一	新闻二	新闻三
2010.8.4	F G	A C	D F	F G
2010.9.6	A C	E F G	E	C E
2010.10.15	E F	D F	A B	B
2010.11.30	E F	D E	C E	F G
2010.12.23	C D E	F G	F G	D F G
2011.1.1	A C D	B G	F	A C D
2011.2.11	E F	F	F	F
2011.3.8	A C	A C	A F	A C D
2011.4.22	E F	C D	F G	E F

节目日期	今日最争议	新闻一	新闻二	新闻三
2011.5.14	F G	C E	F	A E
2011.6.10	C	D E	B F	F G
2011.7.12	D F	D F	A C D	E F
2011.8.19	F	F	B F	F G
2011.9.29	C E	D E	C E	C D
2011.10.19	B F G	D E F	D E	C D
2011.11.3	F G	F G	A D E	F G
2011.12.14	F	F	F	F
2012.1.12	F G	A B F	D F	F G
2012.2.21	B F	F G	A B F	B F G
2012.3.22	E F	F	A F G	F G

表3　样本新闻播音语言风格统计表

语言风格代码	A	B	C	D	E	F	G
数量	15	10	18	18	21	52	22
百分比	18.75%	12.5%	22.5%	22.5%	26.25%	65%	27.5%

大部分播音语言严肃认真，约1/5新闻播音语言有幽默、轻松或亲切风格，约27.5%新闻有犀利的播音语言风格，约1/8新闻有讽刺的风格。

（2）现场语言是指新闻现场有实质内容的语言声音。对总样本"民生最热点"板块前2条共40条新闻分析统计发现：出现采访新闻占总数97.5%，出现记者叙述新闻占总数40%，记者叙述为粤语的占75%，采访中粤语只占29.13%，采访对象有许多外来人员，另外还有一些非本土新闻的采访使用普通话。

表4　样本新闻现场语言类型及出现频率统计表

现场语言类型	记者叙述	采访	其他
新闻条数（总数40）	16 条	39 条	6 条
占新闻总数的百分比	40%	97.5%	15%
粤语	12 次	30 次	1 次
普通话	4 次	71 次	5 次
粤语现场语言出现的百分比	75%	29.13%	16.67%

2. 文字语言

本报告统计新闻标题和字幕，20期样本中"今日最争议"板块新闻标题显示话题主要以民生话题为主（55%），20%是轻松、有趣味性的话题，25%是时事新闻。对20期节目中"今日最争议"以及"民生最热点"前两条共60个新闻标题语言类型做整理，不少具有粤语文字特征，如"点睇"、"单车"、"点拣"、"鬼佬"、"走鬼"等。

表5　样本新闻标题文字语言类型统计表

标题总数60	含粤语文字	普通话表达	"今日最争议"标题（20条）含粤语文字	其他新闻标题（40条）含粤语文字
新闻标题数	8	52	7	1
百分比	13.33%	86.67%	35%	2.5%

标题文字以普通话表达为主体现了新闻的严谨性和正式性，并使节目影响力覆盖面更广。标题中偶尔出现一些粤语文字凸显本地特征和轻松风格，拉近与受众距离。"今日最争议"的35%标题出现粤语文字，其话题与受众的互动性最强；"民生最热点"含粤语文字较少，以普通话表达为主，表达相对更正式。节目将主持人、记者的粤语播音以及采访对象的不同口音统一成普通话，以同步字幕的方式呈现，扩大受众范围和影响力。

（二）具象语言系统

（1）形体语言：《今日最新闻》节目主持人的形体语言多为肢体动作丰富。数据显示70%为动作幅度小（单手或双手在胸前摆动），30%为动作幅度大（单手或双手动作高度超过颈部或左右摆动远离身体0.3米以上）。新闻节目主持人取坐姿且姿势保持端正，肢体动作受空间及节目类型限制，手部小幅度摆动是其主要动作。主持人的形体语言不但表现出自己个性和主持风格，也表现出节目轻松、随意风格。彭彭以"揸槌"动作串联每个版块和新闻，每期节目平均"揸槌"20次左右，这也是节目标志性的主持人形体语言之一。

（2）表情语言的主体包括主持人、记者、新闻的当事人、旁观者等。《今日最新闻》节目的氛围较轻松，主持人和记者通常以更亲和的表情，以和受众"话家常"的态度来报道新闻。

（3）着饰语言可使画面中的人物个性更突出，信息含量更充盈。样本中主持人穿衣风格较随意，穿着T-shirt、衬衫、毛衫的总数占85%左右，甚至将衣服挽起袖子，随意敞开领口第一颗纽扣，且会重复着同一件服饰。选择黑色、灰色、蓝色等冷色系服装（90%）明显多于暖色系服装，符合电视新闻严肃认真的态度。服装根据季节更替，即夏天着短袖，冬天着长袖，不同于传统电视新闻主持人一年四季都穿正装的特点。甚至节日里会用特殊的着饰，2010年兔年大年初一彭彭穿上喜庆唐装、头上戴兔耳朵让人忍俊不禁。

二、粤语电视新闻节目《今日最新闻》特征总结

（一）板块结构清晰紧凑

决定新闻节目优劣的因素除了好的单条新闻外，还需要结构清晰条理分明的节目编排整体架构的设计。基于新闻的视觉注意习惯和为吸引关注度，《今日最新闻》三大板块之间以配上简洁语言和音乐的节目预告进行连接。这种以多个板块搭建节目框架，主持人在每则新闻播报后做点评的模式，脉络清晰结构紧凑。

（二）采编播报本土化特色

《今日最新闻》以"同声同气自己人"和"今日最新闻，老友一齐品"为口号，主持人和记者都用充满粤语特色的词汇、风格，以讲故事、聊天的口吻和方式展示新闻事件，极富生活气息和人情味。主持人淡化播报色彩，使用谈话式评论，注重情感传达。

《今日最新闻》对本土信息进行"实用化"处理，契合粤语文化中强调实用性的市态特点。其选题不仅要求涵盖本地发生的热点事件和社会热点话题，还要求"有用"，受众能够通过观看新闻获得与自身相关实用的信息。如2011年4月1日广州市垃圾分类条例实施前后，栏目数十条大篇幅报道除了政府举措、市民投诉、社会争议等常规内容外，还推出"如何分类垃圾"等。栏目对非本土信息寻找事件与受众之间的联系点，通过本地化解读进行深挖掘。如一连10天对日本"3·11"大地震进行19次报道，首日对日本当地大篇幅报道后重心逐渐转移到国内，并在3月15日到达首个本地信息高峰，对日本核电站爆炸所造成食品安全、日产商品、辐射粉尘对本地影响情况等进行报道。在重大国际事件报道中，不但起到信息桥梁的作用，还运用本土视角进行信息转化，将受众与事件关联起来，更好地实现议程设置的功能。

（三）精心打造主持与记者特色品牌形象

《今日最新闻》力推主持、记者成为媒体品牌象征符号和形象代言人。栏目以彭彭诙谐辛辣的点评为卖点进行大力推广，先后推出4次以其为主角粤味十足的宣传片，还用他作词作曲的粤语歌曲为节目主题曲。彭彭略显肥胖，从穿衣打扮到说话语

气都是"街坊大佬"的形象定位，以调侃的语气针砭时弊。这种"说"的活生生、原汁原味的百姓话语，亲切的市井生活气息正是粤语电视新闻风格的优势。

《今日最新闻》有意识地以整体形象去包装记者团体，打造号召力和影响力。栏目有一系列规范，如称市民作"老友"，记者以"老友记"为头衔，着力从关键词出发打造"市民的朋友"品牌形象和栏目特色，记者在采访、出镜时都保持与市民朋友般亲近的姿态。为彰显栏目代言人和节目负责人的形象，记者和主持全程负责采访、写稿、画面编辑、出镜。

（四）注重传受互动

设置多样性的互动话题，主要有三种类型：日常生活中有趣味性的轻松话题，如"老公你会挑嘴甜的还是嘴笨的"；与生活密切相关极富争议的民生话题，如"入学择校费能否平衡教育资源"；时事话题，如"干部美国挂职你怎么看"等，吸引受众更多关注和参与。将话语权更多交给市民，大量街头现场采访，并启用微博、网站、手机信息以及 DV 记录等多种参与方式将受众声音直接引到节目中。栏目组积极搭建传受互动平台，设了实名官方微博，建立门户网站发布新闻视频、加入点播、评论投票和活动公布等功能，观众成了新闻的提供者和评论者。

三、广州地区粤语电视新闻特征

（一）注重新闻的本土化解读

粤语电视新闻运用本土语言，侧重于新闻解读的本土化，除了对本土信息的绝对掌握，还有对非本土信息的本土化解读，达成与本土文化的融合，有利于情感的传递，满足受众的心理同归和文化认同。

（二）"亲民"的主持人形象

粤语新闻节目主持人常表现出亲和随意的着装和语言风格。南方卫视《城市特搜》的主持人着装以休闲兼时尚为主，广州电视台《新闻日日睇》原主持人陈扬一副街头大叔的打扮，《今日关注》栏目的男女主播虽均以套装出境，但男主播不系领带，西装也以明亮的浅色为主，有时更以绿色、蓝色出境，女主播着装给观众轻松、自然的感觉。

（三）轻松的节目氛围

粤语电视新闻常常有着轻松的基调，也是拉近与受众距离的手段之一。通过主持人口语化语言、"亲民"形象，节目互动的环节，灵活的时间安排等增加趣味性，带给受众"话家常"一样轻松的感受。《新闻日日睇》节目主持人能在轻松的气氛中将新闻事件转化为聊天的话题，以平等视角、平民语言对新闻进行评价和分析；《城市特搜》节目主持人在无稿状态下用街坊邻居拉家常般的流畅对话将节目内容串联起来。

（四）重视节目的品牌效应

由于粤语电视新闻传播区域的限制，使其尤为重视构建良好的节目品牌，从主持人、记者团队的标志性动作和用语的着力设计，到节目策划和包装，都可看出粤语电视新闻强烈的品牌建构思想。总体来说，粤语电视新闻的品牌打造改变了固有的新闻模式，实行个性化、开放式的直播和长时间的杂志化编排，品牌效应凸显。

（五）努力扩大影响力和收视人群

广州地区各电视台均保持普语和粤语双语混合、"双主流"覆盖的趋势，并实践出多种并存模式，如南方台经济频道（普语）和都市频道（粤语），广州台主频道午间新闻（普语）和早晨、晚间时段新闻（粤语），南方电视台《今日一线》（普语）与《今日最新闻》常共用内容资源，用粤语播报配上滚动字幕，记者采访及画外配音用粤语而尊重采访对象用语习惯。

第四章 广州地区粤语电视新闻发展策略

一、节目本体的质量提升是发展之本

1.节目准确定位

2011年2月，课题组对《今日最新闻》编辑顾铭、褚永生进行了访谈，他们认为如何构建自身特色是关乎栏目发展的重要环节，希望记者们多留意身边新闻资源。粤语电视新闻团队大部分是年轻记者，节目选题容易同质化和模式化，如何形成各自栏目特色，形成粤语与普语电视新闻、不同粤语电视新闻的区隔是当前发展的重点。

2.节目多样化

在电视新闻媒体激烈的竞争形势下，国内粤语新闻节目应呈多样性、层次化发展，形成多种形式新闻节目并存的形态。媒体应不断在自身定位、既有资源优势等方面挖掘特色，给节目注入新鲜血液，拓展新传播空间，以防止受众重复面对同类粤语新闻节目产生审美疲劳，在与相同定位对手的竞争中处于优势地位，能持续发展。

二、"民生"道路上的转型

谭天教授认为，"'民生新闻'并非诞生于江苏而是广东，面对香港电视的民生化新闻，广东电视新闻早在20世纪90年代起就日趋民生，只可惜广东人务实低调，不善于进行理论总结，没有给广东电视新闻贴上'民生新闻'的标签"[①]。本土粤语民生新闻已走过起步期，某些栏目已成为当地乃至全国知名的品牌栏目，但如何在延长栏目成熟期、稳固影响力的同时进一步扩大品牌知名度和美誉度，进而提高媒体公信力是其未来发展方向。

1. 立足民生，做出本土特色

粤语电视新闻优势是新闻语言贴近性、取材本土化、叙述视角民众化，其民生性集中体现在对本土信息的绝对控制和深层挖掘上，对非本土信息进行本地化解读。如《新闻日日睇》不断拓展民生题材范围，适时插播配有新闻照片的本土粤语音乐 MV，主持人将新闻事件转化为拉家常式的聊天话题，以平等视角、平民语言展开解读评说。本土化的内容、服务性理念、"粤味"十足的平民化视角，表现出对草根民生的真实观照和深厚的本土文化情怀。

2. 适应受众群体及需求的变化，朝"公民新闻"转型

强调亲和力和贴近性的粤语电视新闻对传播区域的文化及受众市场要有深刻了解，并形成适应主流受众需求的传播符号和节目形式。由于市民受教育程度提高、国家推普、外来人员增多等原因，节目受众群体和定位须适时调整，培养更多语言背景民众对粤语新闻的接受和忠诚度，目前粤语电视新闻普遍采用双语并行的做法，如粤语播报配上滚动字幕。

因为观念和消费方式多样化，社会阶层分解为不同的"碎片"群体，粤语民生新闻用大民生视角构建公共领域意识，担当社会各群体的沟通桥梁，成为碎片社会的重要黏合剂。随着公民社会初步建设、社会文化多元化、受众媒体素养提高，各粤语民生新闻多次改版，改变初期"报忧不报喜"、充斥大量负面信息的做法，但还不能真正反映百姓全面、完整的生存状态，内容过于灰色，报道取向过于市井甚至庸俗，选

---

① 杨卓兴，谭天. 给力"珠江"称雄南粤：关于广东电视台珠江频道的对话 [J]. 南方电视学刊，2011(1).

题琐碎甚至哗众取宠，对事件解读表层化，这样的节目停留在"小市民新闻"的层次。粤语民生新闻要适应受众心理需求进行调整，提供更丰富深刻的社会热点信息，满足民众更多的社会表达及参与权，"在吃喝拉撒、油盐酱醋茶之外，公民生活囊括了权利表达、权利实现、社会互动、社会参与、公民自治、文化自觉等无比丰富的内容，民生新闻应该把镜头更多地给予这些更为本质的生活领域"[①]。

三、主动加入国际传播语境

1．发展国际视野，服务港澳以及海外粤语观众群

粤语在港澳及海外的重大影响是传媒界不容忽视的事实。现在粤语电视新闻的内容供应商多来自香港新闻机构，独大的格局不利于我国对外传播事业发展，如果不开拓国际传播市场，在一定程度上会影响话语权的平衡。因此，粤语电视新闻在对全球化内容进行本土化解读的同时，注意新闻报道地方化内容的全球化视野，内容本土化但不琐碎，视角民生化但不狭隘，加强节目包装、品牌建设和推广。粤语圈新闻媒体集团化、多媒体的发展趋势，也将使粤语电视新闻保持顽强的生命力和广阔的前景。

2．粤港澳积极互动，联手海外华文传媒为世界粤语人群服务

随着全球化传播深入，香港粤语电视新闻更注重信息量与权威性的统一，地方化与全球化的整合以及节目的品牌和包装，香港将继续领跑粤语新闻界。海外粤语电视新闻发展前景十分开阔，广州粤语电视新闻应联合海外华文传媒，大力促进粤语电视新闻发展和传播，利用自身区位优势、市场自由度及来自香港 TVB、ATV 等内容供应商专业、成熟的机制，将海外粤语电视新闻做大做强，提升国际竞争力。

四、多渠道搭建传受互动平台，扩展粤语电视新闻传播范围

1．充分利用新型传播平台

充分利用网络电视、IPTV、手机电视、移动电视、楼宇电视等新型视听传媒形态，进行节目传播和品牌建构。《今日一线》、《今日报道》、《新闻日日睇》、《今日关注》等众多粤语栏目把新闻上传到官方网站供网友浏览，同时土豆网、优酷网等多个知名视频网站也纷纷转载。《新闻日日睇》"G4 出动"板块在广州公交车移动电视和的士移动数字电视上播放，缩短与"街坊"的距离并让节目家喻户晓。网络、手机等新媒体成为粤语新闻推广节目、与受众互动的重要渠道，扩大节目影响力，拓宽受众

① 王雄．七年之痒：电视民生新闻的转型之路［J］．新闻记者，2009（11）．

面，促使节目品牌可持续发展，对新移民增多、粤语人群渐少、受众老龄化威胁下的粤语电视新闻培养非粤语及青年受众，意义尤为重要。

2. 跳出电视框架，走近受众

多档粤语电视新闻开设实名官方微博，除了与门户网站联动发布视频外，还加入投票和活动公布等功能。《今日最新闻》2011年3月举行的"发现最广州"活动，结合微博宣传，由网友在网站上发表或通过其他方式提出具有主题性的广州游览线路，通过评选和抽签决定免费广州一日游的参与者，和主持人一起穿梭广州大街小巷。《今日最新闻》栏目组跳出电视的框架，通过开展活动走近民众，曾在广州老四区举办多场户外大型宣传活动，和观众做面对面交流，主持人和一众"老友记"以及编辑、监制在现场与受众互动游戏、赠送礼品，还邀请极具本土特色的说书人传播粤语文化、招募栏目 DV 记者以及配音员。

粤语电视新闻是广东电视生存发展博弈的产物，也是电视新闻改革和发展的成果。由于广州地处改革开放前沿，多元文化汇聚，新闻氛围也较宽松，加之粤语特殊地位，广东本地粤语电视新闻具有其他方言电视新闻不可比拟的优势。虽从传播环境来看广州地区粤语电视新闻生存空间有"天花板"限制，不宜继续增加栏目及盲目扩张，但其不断改革创新，走"民生视野、民生情怀、民生态度"的民生道路，形成鲜明节目特征，注重与受众积极互动，同时充分发挥其在海内外粤语人群中的影响力，广州地区粤语电视新闻取得了一定成绩。

（选自广州市哲学社会科学发展"十二五"规划2011年度课题"广州地区粤语电视新闻的现状及发展策略研究"。课题负责人：彭柳；成员：付俊、睢凌、彭斌良、于瑞莹、温黛默、林榆、钟嘉荣。）

虚拟学习社区中的师生交往及其对
学习效果的影响研究

张妙华（华南师范大学）

一、理论概述

（一）概念界定

了解虚拟学习社区的缘起、本质内涵及特征，对研究基于虚拟学习社区中的网络师生交往具有重要的意义。下面遵循社区—虚拟社区—虚拟学习社区的逻辑来解读虚拟学习社区。

1. 社区

"社区"一词的英文表述是 Community，最初指固定生活于同一地域的一群人，该涵义一直持续到 17 世纪左右。在 17 世纪到 19 世纪之间，"社区"一词的含义扩大了，它包含了即使不在同一区域居住，但拥有共同利益或共同认同的一群人。作为社会学基本概念的"社区"，最初是由德国社会学家滕尼斯提出来的，滕尼斯认为"社区"主要存在于传统乡村社会之中，它是人与人之间关系密切、守望相助、富有人情味的社会团体，连接人们的是具有共同利益的血缘、感情和伦理纽带，人们基于情感动机形成了亲密无间、相互信任的关系。

中文的"社区"一词是由德文"Gemeinsehaft"到英文的"Community"，到中文的"社区"辗转翻译而来的。20 世纪 30 年代，费孝通等燕京大学社会学系的部分学生首次将 Community 翻译为"社区"，此后"社区"逐渐成为中国社会学通用术语。

本文对社区的理解是：社区是进行一定的社会活动，具有某种互动关系和共同文化维系力的人类群体及其活动区域。社区中的交往关系是联系社区成员的纽带，在交往中形成的共同文化意识以及亲密无间的交往关系，是社区的实质与精髓。

2. 虚拟社区

虚拟社区（Virtual Community）是多媒体网络技术迅猛发展和应用的产物，其创始者霍华德·莱茵戈德将虚拟社区定义为当足够多的人们在赛博空间中带着饱满的感情，进行长期的公开讨论，以期望形成个人关系网，这时在网络中形成的社会集合。

虚拟社区自从问世以来，备受国内外学者关注，学者们基于不同的视角赋予虚拟社区不同的定义和称谓。有的学者称为"在线社区（Online Community）"、"赛博社区（Cyber-community）"、"网络社区（Network Community）"、"数字社区（Electronic Community）"等，我国学者甘永成博士在罗列了十几种国内外有关虚拟社区的定义以后，认为虚拟社区是由具有共同兴趣及需求的人们，利用网络传播的特性，通过网上社会互动满足自身需求而构筑的新型的生存与生活空间。参与者着重于相互的交流、沟通与互动，进而产生相互之间的紧密和认同关系。

虚拟社区是一种新型的特殊社区，它既具备现实社区的真实性，也具有现实社区无可比拟的交互空间虚拟性。在这个虚拟化场所里，不但人们以往接受、处理和发送信息的方式被改变，信息本身的产生和存在方式也被改变；既拓展了人们的交往空间，也重新调整了人与人、人与社会乃至人与自然的关系，给人们的社会交互关系注入新的生机和活力。

3. 虚拟学习社区

学习型社会的建设，终身学习理念的倡导，多媒体网络技术的快速发展，促使网络教育成为远程教育的重要方式。网络以其跨时空的超越性为人们创造了一个更为自由的、开放的、生态式的学习环境，在这种环境下，虚拟学习社区应运而生。

虚拟学习社区（Virtual Learning Community），简写为"VLC"。早在 1995 年，Schwartz 就认为虚拟学习社区是一个学习者可以不到学校，可以在技术的帮助下访问世界上最好的老师和信息资源的地方。Hiltz 和 Wellman 描述虚拟学习社区是一个学习者和教师共同完成任务的教学小组，又是一个学习者们交流情感、信息，寻找支持和归属感的社区。Russell 将虚拟学习社区定义为："一个采用某些技术手段来协调其成员和集体在学习方面需要的组织。"

事实上，虚拟学习社区的概念非常复杂，其涉及了教育学、哲学、社会学、通讯和计算机科学等领域。我们可以认为虚拟学习社区是指在某一特定的网络空间中，由学习者和助学者（包括教师、专家、辅导者等）共同组成的，相互间具有持续交互关系的学习共同体，其成员之间可以借助社区交流平台或者其他的网络通信工具（如BBS、QQ、MSN、E-mail 等）进行沟通、交流，实现知识、经验和资源共享，共同完成一定的学习任务。成员在交往过程中逐渐形成互相影响、互相促进的人际关系，并且达到一定程度的价值和文化共识。虚拟学习社区是教育类虚拟社区的总称，显然，它是一种特殊的虚拟社区。因此，虚拟学习社区不仅具备虚拟社区的基本特征（虚拟性和社区特性），而且具有自身的独特性。与其他的虚拟社区相比，虚拟学习社区的本质特征就是教育性。因此，虚拟性、社区性和教育性构成虚拟学习社区的基本特征。从教育技术的视角来看，虚拟学习社区就是一种"人造教育信息交互系统"。

（二）虚拟学习社区师生交往的理论基础

1. 交往教学论

（1）交往教学论的内涵

20 世纪 50 年代之后，教学交往研究在国外产生了较大影响，教育理论上专门探讨教学中师生交往并形成体系的当数德国的"交往教学论"学派。这个时期各国产生了一些影响较大的教学交往研究学派，如德国的交往教学论学派、美国的合作学习，这两个学派已成为影响较大的学派。各学派的研究角度虽不同，但都是以改善人际关系为核心目的，通过交往，提升教学质量。国内对教学交往的研究始于 80 年代后对主体性教育的研究。1998 年 5 月全国教学论专业委员会和海安县教育局联合举办的"全国教学交往问题理论研讨会"，标志着教学交往正式成为教学论研究的重要内容。

交往教学论（Communicative Didactic）是 20 世纪 70 年代联邦德国的 K. 沙勒与 K.H. 舍费尔首先提出的侧重探讨师生关系的教学论思想，并和其他一些教学论专家一起把这一思想系统化为交往教学论学派。该理论以"教学过程是一种交往过程"观点为基础，着眼于教学过程中的师生交往关系，十分强调教学的教育性，把"解放"作为学生学习的最高目标，要求学校尽可能发展学生的个性，强调学生个性的"自我实现"。教学过程是教师与学生借助各种中介而进行的认知、情感、态度、价值观念等多方面的人际交往和相互作用的过程。

（2）交往教学论对网络师生交往的启示

交往教学论是交往理论在教学中的应用和发展，交往教学论对网络师生交往的启示有：和谐融洽的师生关系是师生交往的前提，师生都是交往的主体，他们之间是平等对话的相互关系，通过交往实现相互沟通、相互理解、相互影响、相互作用；师生交往的内容是多方面的，包括认知、情感、态度、价值观等方面；理想的师生交往是目的性交往而不是手段性交往，是师生内在需要的交往形态，不是功利使然，也不是理念和规范使然。教学和学习融入了交往过程中，教学和学习中有交往，交往中亦有教学和学习。通过改善师生关系，以"合作、交往"为手段，实现教学质量的提升；交往过程是掌握准则、规范行为的过程，师生交往初期要制定行为规范。

虚拟学习社区建立之初，学习者未形成社区归属感和认同感，缺乏交往，社区凝聚力弱。随着社区的发展，社区成员交往频率逐渐增加，成员之间形成了一定的人际关系。人际关系影响成员对社区的归属感，交往的态度、频度、深度、内容影响人际关系。因此，教师要主动交往，引导交往，为学习者提供交往的机会。

2. 建构主义学习理论

建构主义是由认知主义发展而来的哲学理念，建构主义认为世界是客观存在的，但是对于世界的理解和赋予的意义都是每个人自己决定的，我们是以自己的经验为基础来构建现实，或者至少说是在解释现实。

（1）建构主义的基本论点

建构主义一般强调，知识并不是对现实的准确表征，它只是一种解释、一种假设，它并不是问题的最终答案。建构主义强调学生经验世界的丰富性和差异性，强调学生的巨大潜能，并引导学生从原有的知识经验中"生长"出新的知识经验。学习者可以在一个学习社群之中相互沟通，相互合作，形成对问题的丰富的、多角度的理解。因此，学习者的差异本身便构成了一种宝贵的学习资源。

学习是获取知识的过程，建构主义认为，知识不是通过教师传授得到的，而是学习者在一定的情境即社会文化背景下，借助其他人（包括教师和学习伙伴）的帮助，利用必要的学习资料，通过意义建构的方式而获得的。由于学习是在一定情境下借助其他人的帮助即通过人际间的协作活动而实现的意义建构过程，因此建构主义学习理论认为"情境"、"协作"、"会话"、"意义建构"是学习环境中的四大要素。

（2）建构主义对网络师生交往的启示

建构主义认为获得知识的多少取决于学习者根据自身经验去建构有关知识的能力，而不取决于学习者记忆和背诵教师讲授内容的能力。它对网络师生交往的启示是：虚拟学习社区知识建构过程就是网络师生交往的过程；网络师生交往必须在和谐、协作的情境下进行；师生交往和人际间的协作活动是学习者知识建构的前提。

3. 远程教与学的三种基本相互作用理论

（1）基本观点

学生和内容的相互作用：这主要通过教师从技术媒体设计、开发和发送的各类教育资源实现的。学习者通过与教学内容的相互作用来构建自身的知识体系，从而实现自身认知结构的改变。

学生和教师的相互作用：在远程教育中，大多数学生和教师仍认为师生交互作用是教学过程最根本的属性，并给予高度的期望。在教学中，学生是学习的主体，需要积极主动的学习；教师是教学过程的帮助者、组织者、管理者。

学生和学生的相互作用：即使如今已经具备了众多信息通信技术手段，课堂教学和小组讨论依然是学生间交互作用的主要形式。在涉及培养集体精神、探讨团体功能和协作关系等教学目标和教学内容的课程中，有必要组织学生取得集体相互作用的经验，并以此作为一种学习方式。

（2）远程教与学的三种基本相互作用理论对网络师生交往的启示

远程教育理论强调学生和学习内容、学生和教师、学生和学生的相互作用。这一理论对基于虚拟社区学习社区网络师生交往，师生间的关系、角色和教学交往的形式都具有重要的指导作用。它对网络师生交往的启示是：师生交往是网络教育的根本属性；优质的教育资源是网络教育中知识构建的前提；社区归属感是师生交往的有效保障。

4. 成人学习理论

（1）成人学习理论的内涵

1928 年，美国心理学家桑代克所著的《成人学习》一书的出版标志着西方成人学习理论研究的开始。20 世纪 50 年代末，在国外，尤其是在北美成人教育领域出现了长达半个世纪的成人学习特点研究热，学者们进行了大量的探索、广泛和深刻的研究，提出了成人学习理论，如诺尔斯的成人教育学理论、自我指导学习理论、嬗变学习理论。被尊称为"美国成人教育之父"的马尔科姆·谢泼德·诺尔斯（Malcolm Sheperd Knowles）结合自己的实践和研究，提出了成人教育学理论。其确立理论的四个基本论点是：随着个体的不断成熟，其自我概念将从依赖性人格向独立型人格转化；成人在社会生活中积累的经验为成人学习提供了丰富的资源；成人的学习计划与其社会角色任务密切相关；随着个体的不断成熟，学习目的逐渐从为将来工作准备知识转变为直接应用知识而学。

自我指导学习理论也是比较有影响的成人学习理论。诺尔斯、霍尔等多位学者对这一理论都有贡献，对其贡献最大的是塔夫。很多学者提出了分阶段自我指导学习过程理论模型，最为著名的是格弱（Grow）提出的分阶段自我指导学习模型。该模型揭示了教师可以根据学生所处阶段辅以相应的教学策略，引导学生实现自我指导学习。具体模型如表1所示：

表1　格弱（Grow）的分阶段自我指导学习模型

	学生特点	教师角色	教学例证
阶段一	依赖型	权威，教练	教授并立即反馈结果，练习，非正式的讲座。克服动力不足和抗拒心理
阶段二	兴趣型	激发，指导	启发式讲座和有指导的讨论，目标设立和学习策略
阶段三	参与型	协助	教师以平等身份参加并协助讨论，研讨会，小组作业
阶段四	自我指导型	咨询，建议	实习，论文，个人创作，自我指导的学习小组

（2）成人学习理论对网络师生交往的启示

远程学习中的学生基本上是成人学习者，为了实现有效的师生交往就要考虑成人学习者的学习特点。成人学习理论对网络师生交往的启示有如下几方面：充分了解学习者的先前经验和学习需求，设计的交往主题以实际问题或任务的方式呈现；激发学习者的内在学习动机；在交往过程中，教师充当多种角色，在不同的学习阶段教师充当不一样的角色；成人的学习是自我指导型的学习，师生交往的最终目的是实现学习者自我指导，提高自主学习能力。

二、虚拟学习社区中的网络师生交往现状调研

虚拟学习社区中的人与人交往，是虚拟学习社区教育行为发生的前提，而虚拟学习社区交往的主体就是教师和学生，包括个体和团体，二者是互为主体的交往关系，他们的交往贯彻远程教育的始终，直接影响教学效果。

为了解当前虚拟学习社区中师生交往的现状，本研究对国内一所典型远程教育院校虚拟学习社区的部分师生做了问卷调研，并从师生角色差异的两个视角出发，通过对比分析，了解师生之间的主观认识差距，发现师生交往存在的问题及原因，为重构虚拟社区中网络师生交往策略提供实践基础。

（一）调研说明

本研究分别设计了学生问卷和教师问卷，共回收有效问卷272份，其中教师问卷

99 份，学生问卷 173 份。采用 Excel 软件对调查数据进行统计、分析。利用中值分析法计算师生上网平均时间、访问虚拟学习社区平均时间、登录虚拟学习社区平均次数、师生网络交往平均时间。其中，本研究调查的虚拟学习社区是指包括 BBS、QQ、E-mail 等在内的教学平台的总称。

1. 学生基本情况

学生基本情况如表 2 所示：

表 2　学生基本情况

类别	选项	人数
性别	男生	65
	女生	108
专业	文科	133
	理科	40
年龄	30 岁以下	117
	30—40 岁	55
	40 岁以上	1

2. 教师基本情况

教师基本情况如表 3 所示：

表 3　教师基本情况

类别	选项	人数
教师性质	主讲教师	58
	班主任	1
	辅导教师	39
	其他行政人员	1
专业	文科	78
	理科	21
年龄	30 岁以下	26
	30—40 岁	39
	40 岁以上	34

（二）调研结果及对比分析

1．虚拟学习社区师生交往频率

通过调查统计师生每天上网时间、师生登录虚拟学习社区次数、时间及师生沟通频率、时间等，对师生在虚拟学习社区的交往频率进行统计分析。

（1）师生平均每天上网时间

师生平均上网时间详见表4。采用中值分析法，得出学生平均每天上网时间、教师平均每天上网时间，教师和学生平均每天上网时间没有明显区别。

表4　师生平均每天上网时间分布

每天上网时间	教师		学生	
	人数	百分比	人数	百分比
1小时以下	4	4.08%	26	15.03%
1—3小时	51	52.04%	71	41.04%
3—5小时	26	26.53%	32	18.50%
5小时以上	17	17.35%	44	25.43%

（2）师生平均每周登录虚拟学习社区的次数

通过调查显示，每周登录次数2—3次的学生占43.60%，教师占38.38%，登录次数达4—6次的学生占21.52%，而教师占39.39%。采用中值分析法，可以得出学生平均每周登录虚拟学习社区的次数为3.87次，教师平均每周登录虚拟学习社区的次数为4.63次。结果表明，教师平均每周登录虚拟学习社区的次数略高于学生。详见表5。

表5　师生平均每周登录虚拟学习社区的次数

每周登录虚拟学习社区的次数	教师		学生	
	人数	百分比	人数	百分比
1次或更少	1	1.02%	25	14.53%
2—3次	38	38.38%	75	43.60%
4—6次	39	39.39%	37	21.52%
7次以上	21	21.21%	35	20.35%

（3）师生每周登录虚拟学习社区的时间

通过调查，发现70.35%的学生平均每周登录虚拟学习社区的时间少于5小时，5小时以上的学生比例仅占29.65%。41.41%的教师平均每周登录虚拟学习社区的时间少于 5 小时，登录时间 5—9 小时的教师所占比例为 44.44%，10 小时以上的教师很少。采用中值分析法，计算得出学生平均每周登录虚拟学习社区的时间为 4.8 小时，平均每天不足 1 小时。教师平均每周登录虚拟学习社区的时间为 6.4 小时。调查结果表明教师登录虚拟学习社区时间比学生稍长。详见表 6。

表 6　师生平均每周登录虚拟学习社区的时间

每周登录虚拟学习社区的时间	教师		学生	
	人数	百分比	人数	百分比
少于 5 小时	41	41.41%	121	70.35%
5—9 小时	44	44.44%	36	20.93%
10—19 小时	12	12.12%	10	5.81%
20 小时以上	2	2.03%	5	2.91%

（4）师生通过网络交流沟通的频率

笔者通过"你经常跟学生（教师）通过电脑网络交流吗？"这一问题，调查师生对网络交流沟通频率的主观判断。结果表明，60.12% 的学生和 15.31% 的教师认为交流沟通不是很多，34.10% 的学生和 55.10% 的教师认为交流频率一般，只有 4.62% 的学生和 25.51% 的教师认为比较频繁，1.16% 的学生和 4.08% 的教师认为很频繁。这充分说明，学生对师生交流沟通频率的综合评价远低于教师，尚未达到预期。

表 7　师生通过网络交流沟通的频率

通过电脑网络交流沟通的频率	教师		学生	
	人数	百分比	人数	百分比
不是很多	15	15.31%	104	60.12%
一般	54	55.10%	59	34.10%
比较频繁	25	25.51%	8	4.62%
很频繁	4	4.08%	2	1.16%

（5）师生在虚拟学习社区中交流的时间

通过调查显示，师生社区中交流时间主要集中在半小时左右和几分钟，交流时间 1 小时以上的所占比例很小。55.88% 学生与教师交流的时间在几分钟左右。几分钟的时间内，学生并不能与教师进行深层次交流，这可能与学生与教师交流的内容有关，多数学习者与教师交流的问题集中在管理和学习方面的疑难问题，涉及个体自身方面的深层次交流很少。交流时间 1 小时以上的教师所占比例比学生多。详见表 8。

表 8 师生在虚拟学习社区中交流的时间

在虚拟学习社区中交流的时间	教师		学生	
	人数	百分比	人数	百分比
2 小时以上	3	3.06%	6	3.53%
1 小时左右	33	33.67%	21	12.35%
半小时左右	43	43.88%	48	28.24%
几分钟左右	19	19.39%	95	55.88%

通过分析师生平均每天上网时间、虚拟学习社区登录时间、次数、交流时间、频率可以发现：师生在虚拟学习社区中进行了一定的教学活动和交流沟通，但是并不充分。虽然学生每天上网时间要多于教师，但是教师登录虚拟学习社区的时间、次数，参与交流的时间、频率等都比学生高。笔者分析其中有两方面原因：一方面是由于虚拟学习社区中，学生数量要远高于教师数量，教师只有通过比较频繁的交流才能尽可能顾及更多的学生；另一方面表明教师参与的主动性、积极性要高于学生。许多学生在网上活动的时间要明显高于在虚拟学习社区活动时间，这说明学生参与虚拟学习社区的积极性还有待加强。

2．虚拟学习社区师生交往内涵分析

通过调查，对师生使用虚拟学习社区目的、内容、方式进行分析，进一步了解师生虚拟学习社区交往的内涵。

（1）师生使用虚拟学习社区目的

通过调查，大部分学生使用虚拟学习社区的主要原因是获取学习信息和完成学习任务，大部分教师使用虚拟学习社区的原因除了发布学习信息、查阅学习任务外还有与学生交流。这表明教师、学生交往的原因存在一定差别。学生使用虚拟学习社区的原因主要局限于学习方面，教师使用虚拟学习社区的原因除了学习方面的原因，与学生交流也是很重要的原因，可见教师还是很愿意与学生交流的。选择与教师、同学交流的学生所占比例较小，这体现了学生没有意识到师生、生生交流对于学习、自身发展的意义。

表 9　师生使用虚拟学习社区的目的

教师			学生		
主要原因	人数	百分比	主要原因	人数	百分比
发布学习信息	79	79.80%	获取学习信息	142	82.08%
与学生交流	80	80.81%	与教师交流	57	32.59%
			与同学交流	67	38.73%
查阅学习任务（如作业、讨论等）	87	87.88%	完成学习任务（如作业、讨论等）	148	85.55%

（2）师生虚拟学习社区交往内容

通过对教师和学生网络交流主要内容的调研发现，绝大部分的师生认为专业学习内容是师生交往的主要内容，这是虚拟学习社区在远程教育中的主要作用之一。而有 63.64% 的教师认为"对对方的进一步了解，以及对教学过程提出看法和建议"也是师生交往的主要内容，41.04% 的学生认为"教师对自己今后发展的建议和指导等"是交往的内容之一。可见，虚拟学习社区中师生交往是多方面的，不单单是教学的交往，还存在与学习非直接相关的师生情感交往、社会交往，这些交往帮助学生消除网络学习的孤独感，有利于学生网络学习的发生和发展。

表 10　师生虚拟学习社区交往的内容

教师			学生		
交往的主要内容	人数	百分比	交流的主要内容	人数	百分比
教学内容或相关专业知识	96	96.97%	专业学习	159	91.91%
时事热点话题	8	8.08%	为人处世的技巧	38	21.97%
对对方的进一步了解，以及对教学过程提出看法和建议	63	63.64%	教师自身的生活经验和阅历等	37	21.39%
生活中的困惑或挫折	15	15.15%	生活或感情方面的困难和困惑	22	12.72%
其他	15	15.15%	业余爱好	29	16.76%
			教师对自己今后发展的建议和指导等	71	41.04%
			其他	33	19.08%

（3）虚拟学习社区中师生交往方式

通过调查发现，76.77% 的教师选择使用 BBS 论坛与学生进行交流，而 83.24% 的学生选择 QQ、MSN、飞信等聊天工具与教师交流。师生交流方式存在明显的差异，教师更倾向于选择异步交流工具，而学生更倾向于选择实时交流工具。同时，绝大多数师生都倾向于实名方式进行网络交往。师生都实名能拉近心理距离，增加相互了解，也方便教师对学生提供有针对性的指导。倾向匿名的学生一般很少参与公开交流，对于这类学生教师可采用私下单独交流的方式与其交流。

表 11　师生在网络交流中对隐匿身份的选择

对隐匿身份的选择	教师		学生	
	人数	百分比	人数	百分比
师生都匿名	13	13.13%	13	7.65%
教师实名，学生匿名	16	16.16%	13	7.65%
教师匿名，学生实名	1	1%	7	4.11%
师生都实名	69	69.71%	137	80.59%

通过调查，教与学活动是师生在虚拟学习社区中交往的主要目的和内容，但是更多的教师认为交往内容还应包括情感交往、社会交往的部分。根据 C. Candance Chou 通过研究得出结论，在异步交流中 8% 的讨论内容是关于社会情感的，92% 是关于学习任务的，而同步交流中，33% 的内容是关于社会情感的，67% 是关于学习任务的。可见教师想与学生更多情感方面的交流就需要更多地运用实时交流工具，这些工具属于私人友谊交流工具，教师与学生的交流内容涉及私人友谊，这有助于缩短师生的感情距离，用实名的交往方式，更加有助于拉近师生心理距离，方便教师对学生提供有针对性的指导。

3. 虚拟学习社区中师生交往态度分析

（1）师生对网络交流的态度分析

对于"师生通过网络沟通交流，谁更具有积极性"的调查，发现教师和学生认为自己积极的比例较大，其中教师和学生都自认为自己的积极性比对方的高，也有部分教师和学生表示双方在网络沟通交流的表现都不积极。

表 12　师生参与交流的现实情况分析

谁更具有积极性	教师		学生	
	人数	百分比	人数	百分比
教师	34	34.34%	7	4.14%
学生	14	14.14%	64	37.87%

谁更具有积极性	教师		学生	
	人数	百分比	人数	百分比
两者都积极	35	35.36%	81	47.9%
两者都不积极	16	16.16%	17	10.06%

（2）师生网络交流不理想的原因分析

通过调查问卷，分别调查师生觉得网络交流不理想的原因，结果如表13所示。对于师生网络交往不理想，教师主要将原因归于学生不积极主动，其次是自身的原因。学生主要将原因归于无法联系上教师和自己不积极主动。教师难以亲近、教师不重视的态度也是师生网络交流不理想的原因。也有部分学生没有认识到师生交往的重要性，认为师生交往没必要。

表13 师生网络交流不理想的原因

主要原因排序	教师	学生
1	学生性格害羞，不主动，不敢或不愿和老师说话及提问	教师很忙，很难联系上
2	网络学习平台存在问题，使交流不方便	没有话说，所以没必要
3	没有话说，所以没有必要	教师不重视
4		老师太高高在上，很难亲近

通过对虚拟学习社区中师生交往态度的调查发现，师生对于两者在虚拟学习社区中的表现和态度分析分歧比较大。普遍认为本身角色对于师生交往态度是积极的，均把交往不理想的原因归咎于对方的态度问题。这说明教师与学生在虚拟学习社区中还是缺乏积极的沟通。特别是教师网络教学意识比较薄弱，交互学习过程缺乏指导，参与意识不强，需要加强对网络教师工作的监督。远程教学中，教师主导作用直接影响到学生能否发挥自己的主体作用。教师需要积极参与师生交流，使学生认识到交流的重要性，通过鼓励的方式引导学生积极参与师生交流，帮助学生消除害羞心理。

（三）几点讨论

根据问卷调查结果及分析，结合国内虚拟学习社区师生交往现状、问题，现进行如下讨论。

（1）从虚拟学习社区中师生交往的频率来看，师生在虚拟学习社区中的互动还不是很充分，网络教育的交互优势未得以发挥。而教师参与虚拟学习社区中的频率要明显高于学生，教师参与虚拟学习社区的积极性是否就明显高于学生呢？从教师和学生数目的比例（通常为 1：20 到 1：100）可以看出，教师在虚拟学习社区中还应投入更多的精力，才能满足师生的充分交往。

（2）从虚拟学习社区中师生交往的内涵来看，师生在虚拟学习社区中交往的主要目的和内容在教学方面，属于比较低层次的手段性交往和互惠互利交往。这也是国内众多虚拟学习社区师生交往的现状。但是从虚拟学习社区交往层级塔来看，目的性交往是我们所追求的最高层级的交往。这样的交往不是追求功利，也不是追求理念和规范，而应是交往主体满足"内在需求"的交往。目的性交往是理想化的交往，是建立在手段性交往基础上的。而手段性交往是人们功利性目的实现的手段，是为了实现外在的教育目的（如获得知识、升学、得高分等）而获得知识，提升自己。

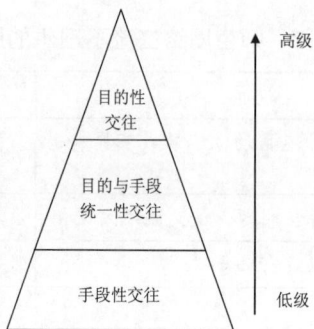

图 1　虚拟学习社区交往层级塔

（3）从虚拟学习社区中师生交往的态度来看，师生均偏向于认为自己在虚拟学习社区交往中表现较为积极，对方不够积极，甚至有部分认为双方都不够积极。哈贝马斯认为："只有主体之间的关系才算得上相互关系，因为主体和客体的关系是分主动和被动的，是单向的，因此不能成为相互关系。"作为虚拟学习社区中的主体教师和学生在交往还欠缺主动性，使交往受阻。而根据调查，交往受阻的原因，主要是教师比较忙，未能及时回复学生造成的。可见，虽然虚拟学习社区是双主体，但是网络教师如何更好地与学生交流、营造网上教学环境对虚拟学习社区中交往顺利完成至关重要。

三、虚拟学习社区中网络辅导现状、问题与发展研究

网络辅导是从属虚拟学习社区师生交往范畴，是网络教学的重要环节，直接影响远程学习的发生及其质量。因此，研究网络教学辅导的一般现状，发现存在问题是对

当前虚拟学习社区师生交往进行深层次的研究。

（一）研究方法

本文采用内容分析法对华南师范大学网络辅导教师 BBS 发帖的数量、时间、内容、类别、响应速度等进行定量统计。研究侧重于对样本特征数据的统计，而非对文本内容的语义分析。

1. 总体的界定

根据研究对象所在学校的网络教育教学计划，每门课程配备 1—2 名网络辅导教师，网络辅导时间为一个学期（通常为 4 个月），因此我们以一个学期为本研究的时间跨度。将华南师范大学网络教育学院 497 门课程（部分课程未开课）论坛中的 2009 年下半年（2009 年 9 月 10 日起至 2009 年 12 月 31 日）所有帖子作为研究的目标总体，来分析一个学期内网络辅导教师在 BBS 上的发帖情况。

2. 抽样方法

本研究采用分层随机抽样方法，以课程为抽样单位，对 497 个课程论坛进行抽样。考虑到专业和层次是课程与课程之间比较明显的区分变量，所以本研究对 497 个课程论坛以学科和层次为标准进行分层。华南师范大学网络教育学院 2009 年下半年共开设 22 个专业层次。在每个专业层次中随机抽取一门课程组成样本，如表 14 所示。

表 14　分层随机抽样情况

层次	专业	样本数量
高起专	学前教育	1
	电工电子	1
	计算机科学与技术	1
	会计学	1
	法学	1
	行政管理	1
	人力资源管理	1
	汉语言文学教育	1
	工商管理	1

（续表）

层次	专业	样本数量
专升本	金融学	1
	英语教育	1
	音乐教育	1
	小学教育	1
	数学教育	1
	教育管理	1
	计算机科学与技术	1
	会计学	1
	法学	1
	行政管理	1
	人力资源管理	1
	汉语言文学教育	1
	工商管理	1
总计		22

3. 编码方案

本研究在制定编码方案时，以每一名教师发帖（含主题帖和回复帖）为编码单位，并综合考虑了适用定量方法分析的研究内容，以及课程论坛的现有数据记录功能。具体编码方案如表15所示。

表15　对课程论坛中帖子进行内容分析的编码方案

项目类别	具体内容及编号
帖子所属课程	课程的名称
属于哪一专题区	1＝专题讨论区；2＝自由讨论区；3＝咨询区
响应时间	主题帖的响应时间为0； 回帖的响应时间为教师发首个回复帖的时间减去学生发主题帖的时间*
帖子内容	1＝课程知识类； 2＝方法技术类：学习方法、技术支持等； 3＝教学管理类：作业管理、学习材料管理、考试管理、教学管理等； 4＝情感社交类：欢迎、问候、鼓励等
发帖时间	每一个帖子的具体提交时间段（用0—23表示）：0代表0:00:00—0:59:59，1代表1:00:00—1:59:59，依次类推。

项目类别	具体内容及编号
发帖月份	分别为：9、10、11、12
主题帖的互动频次	每一主题帖的"回帖数 +1"
帖子长度	S：不超过 20 个汉字； M：21—100 个汉字； L：多于 100 个汉字

注★：为降低研究操作难度，这里仅统计教师对主题帖的首次回复数据。

4. 信度与效度说明

本研究所有数据均来自真实教学平台，且抽样覆盖所有层次、专业，具有较高的可靠性，研究数据在讨论意义上是稳定和一致的，具有较高的信度。

此外，研究编码方案实现了对网络辅导教师发帖内容及特征的唯一量化，能够准确测出研究所需的相关情况，内容与目标相适合，具有高效度。

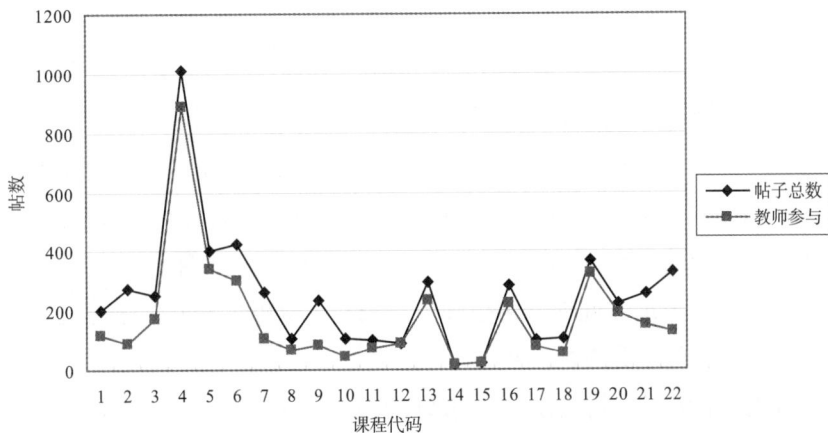

图 2　教师参与帖子讨论情况

（二）研究结果

通过对 22 门课程论坛教师辅导情况的统计、分析，我们发现当前教师参与网络辅导的现状不容乐观，在数量和质量上都有待提高。下面从六个方面展开论述：

1. 发帖总数

从总体来看，因为选课人数不同等原因，单一课程论坛主题帖数从 18 到 1012 不等，其中网络辅导教师发起或回复的数量为 18—887，详见图 2 所示。教师参与课程论坛帖子的总体比率为 68.58%，即还有约 1/3 的学生帖教师没有做出任何回应。抽样课程当中，有 2 门课程的教师参与度为 100%，但遗憾的是这两门课程的论坛非常不活跃，总帖数均在 50 以下。总体说来，汉语言文学教育、教育管理、行政管理等文科类课程教师和学生的互动较多，而电子电工、会计学、计算机科学与技术等理科类课程互动偏少。

2．发帖内容

本研究在参照陈丽对在线学习支持服务分类的基础上，结合课程论坛实际（如关于学习方法的内容通常与平台技术支持相关联），从四个方面对辅导教师发帖的内容进行统计，具体分布情况如表 16 所示。

表 16　课程论坛教师帖的内容分布

类别	主题帖总量	比率	教师参与帖数	教师参与率
课程知识类	1238	22.64%	1187	95.88%
方法技术类	762	13.94%	656	86.09%
教学管理类	2784	50.92%	1711	61.46%
情感社交类	683	12.49%	236	34.55%

从课程论坛主题帖的数量分布来看，关于教学管理类的内容最多，占到了一半有余，内容涉及平时成绩累计、作业提交及成绩、考试相关安排等，其中尤以作业、考试相关的帖子数量最为突出。课程知识类次之，方法技术类再次，情感社交类最少。从主题帖的内容分布来看，师生交互主要集中于课程教务管理类内容，而课程知识类、方法技术类略显不足。此外，多数师生并未利用课程论坛开展学习之外的情感互动，以弥补远程教育师生分离的不足。

另外，面对不同内容的学生发帖，教师的参与 / 回应情况不同。其中，对课程知识类帖子的回复最高，达 95.88%，对学习方法类的参与次之，对教学管理类再次，对社交类帖子的回复最低，仅 34.55%。这也反映了目前教师对课程论坛及网络辅导职责的认识现状停留于学生问题解答、学习方法指导，而忽略了与学生的其他交往。对于教务管理类帖子，由于教师对网络辅导职责的理解差异，部分教师没有做出回答，或重复问题未做一一回答。

3．响应速度

本研究使用教师对学生主题帖做出回复的时间间隔来表征教师的响应速度。时间越短，响应速度越快，表示学生发帖越早得到教师回复，这关系着学生的网络学习感受，并直接影响着学生的远程学习积极性、主动性。教师对学生发帖的响应时间详见

表 17 所示。

表 17　课程论坛教师响应时间

回复时间	数量	比率	是否符合学校规定
0—0.5 天	398	10.50%	是
0.5—1 天	698	18.42%	是
1—1.5 天	1054	27.81%	是
1.5—2 天	897	23.67%	是
2—7 天	546	14.41%	否
>7 天	197	5.20%	否

从样本统计来看，大多数教师都是在学生发帖后的 2 天内做出回复，约占教师发帖总量的 80.40%（其中包含教师所发的主题帖），符合学校对辅导教师工作的基本要求。但另有 14.41% 的帖子在 2—7 天内回复，5.20% 的帖子在一周后回复。

必须说明的是，这里的统计并未包含学生发主题帖，而教师始终未回复的情况，这类情况占主题帖总数的 30.67%。由于教师未回复的情况较为复杂，比如学生发帖内容与教学无关、重复等，在此不做讨论。

4．发帖长度

从样本统计来看，辅导教师发帖长度情况如表 18 所示。多数帖子为 21—100 个汉字的中帖，不超过 20 个汉字的短帖次之，大于 100 个汉字的长帖最少。

表 18　教师发帖的长度

帖子长度	数量	比率
长帖（多于 100 个汉字）	874	23.06%
中帖（21—100 个汉字）	1736	45.80%
短帖（不超过 20 个汉字）	1180	31.13%

其中，长帖的集中度很高，主要是"远程学习方法"、"中国古代文学作品导读"等课程。这些课程教师参与度高，回答深入，并把大量的讨论主题、学习材料以帖子的形式发表。而其他课程的网络辅导教师多以中帖和短帖与学生交流。从总体上讲，辅导教师在 BBS 论坛中的语言交流比较简短，缺乏对交流问题的深度分析和不断推进。

5.发帖时间

发帖时间客观反映了网络辅导教师工作的时间分布，从样本统计来看，如图 3 所示，在一天中，总共出现过 3 次工作高峰。分别是上午 10—11 点、下午 5 点左右、晚上 10 点左右。

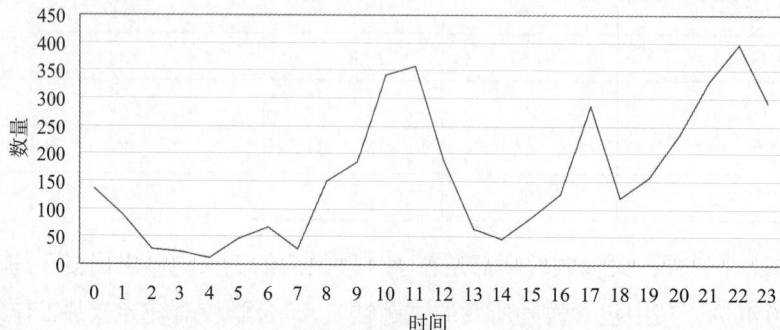

图 3　网络辅导教师发帖时间分布

尽管不同教师有不同的工作习惯，但从统计数据推断，大多数教师主要使用业余时间、零散时间进行网络辅导。这与远程学习者的学习时间规律大体相同，有利于师生及时交互的发生。从发帖的月份来看，9 月即开学初师生发帖量均较少；10 月至 12 月发帖量呈递增趋势。

6.互动频次

从样本统计来看，在教师参与的课程论坛交互中，主题帖的互动频次以 6—10 帖最多，占到总数的 43.98%；互动频次为 2，即一问一答的占 30.03%，3—5 帖和 10 帖以上的依次次之，详见表 19 所示。结合帖子内容，互动频次越高，通常师生交互的信息会更充分，内容不断延展，参与人数也往往增加。

表 19　课程论坛中教师参与主题帖的互动频次

互动频次	1	2	3—5	6—10	>10
数量	0	1138	598	1667	387
比率	0.00%	30.03%	15.78%	43.98%	10.21%

另外从统计可见，教师发起的主题帖都有学生跟帖，因此互动频次为 1 的数量为 0。这反映了学生对教师发帖的关注和重视。即便是教师发布的与教学无关的帖子，如节日问候，也有不少学生跟帖。

（三）几点讨论

根据以上量化研究结果，并结合研究中对教师发帖内容的质性认识，下面对本研究及国内网络辅导的现状、问题进行综合讨论，并对如何改进网络辅导工作提出一些策略性建议。

（1）从网络辅导教师发帖数量，以及学生发帖数量来看，当前中国网络教学基于课程论坛的师生互动还很不充分，网络媒体的互动优势尚未发挥。技术上的使然，并没有转化为必然。尽管如詹姆斯·泰勒的研究，远程学习者可以划分为积极者、周边参与者、极少参与者三类，且后两者占到 2/3，但国内网络互动参与的人数和频次与国外相比也都极为不足，积极者甚少，大量学生游离于课程论坛之外，或仅仅旁观。基于本研究数据的粗略估计，各课程平均仅有约 1/15 的学生在论坛直接发言。

师生互动的贫乏在学期初更为明显，而教师多未采取引导措施。更为窘迫的是，网络辅导教师面对学生的非积极参与，几乎束手无策，甚至不以为意。不少老师对网络辅导的认识仅停留在回答学生提出来的学科问题层面，而没有意识到应当积极引导学生参与网络研讨，加强交互，以使学生从师生、生生交互中受益。

（2）从网络辅导教师发帖的内容来看，当前网络辅导教师片面强调对学科问题的回答，而未重视对学习方法的指导，更加没有积极利用 BBS 平台与学生建立情感联系，通过非教学交互促进学生的学习，使之产生归属感，最终提高学习效率和效果。Tait 所倡导的有利于教与学的师生间亲密人际关系未能建立。如有学生在论坛中提到"网络学习时易受网络新闻、QQ 等干扰，容易分心，集中不了注意力，期望老师分享好的方法，以改变现状"。而教师只是简短回答"一定要有克制力！"，而没有结合切身感受与学生进行平等交流，从而使一个本来很具启发、借鉴价值的互动机会流失，学生的学习热情和积极性也必然受到影响。

此外，从教师发帖的内容和语言表达方式来看，由于没有相关的指导和培训，当前教师尚未掌握规范、有效的网络辅导方法，大多数教师并未在学期初发布"欢迎辞"，也没有实施分组策略，没有对常见问题进行整理发布，没有有计划地组织专题讨论等。可以说，当前我国网络辅导教师工作处于原生态，不同教师依据自己对网络教学的理解开展工作，具有一定的随意性。

（3）从网络辅导教师的角色来看，尽管学生拥有课程论坛的绝对话语权（学生帖数量远多于教师），但教师在网络互动中具有明显优势，其帖子的关注度、回复频次都较高。教师在远程教育中是学生学习的指导者、引领者、学习伙伴和助手。学生并非随意控制学习进度，而是在教师引导下一步步完成任务。但遗憾的是，当前网络辅导教师并未充分认识到自身的重要职责，大多数教师对自身工作的要求仅停留在"回复问题"或"及时回复"。

此外，网络为师生营造了相对自由、平等、民主的对话空间，辅导教师的工作态度和工作质量都暴露在学生面前。尽管学生对教师的不足多予以包容，但相对传统教育，网络学生对辅导教师的赞许、不满、批评更加直接，而且容易形成无组织的组织力量。这也给辅导教师的工作带来了些许压力。

四、虚拟学习社区网络师生交往策略研究

相对传统面授教育而言，网络教育师生交往是虚拟交往，它具有平等性、非线性、开放性、高效性等优势，然而，通过以上的调研表明，当前虚拟学习社区中师生交往依然缺乏，尤其是社会交往不足，影响教学效果，成为网络教育发展的瓶颈。

（一）影响虚拟学习社区中网络师生交往的主要因素

了解影响虚拟学习社区师生交往的主要因素是制定改善并促进师生交往的依据。根据调研，我们认为影响虚拟学习社区师生有效性的主要因素有：

1. 教师因素

研究结果虽然表明教师较之学生更愿意进行师生交往，但都是基于手段性交往，交往层级比较低，对虚拟学习社区师生交往的重要性和意义了解不够。表现在：教师在交往过程中，对制订学习计划、学习内容及学习方法等缺乏引导；教师不能及时回复学生的帖子，对学生的讨论参与较少，也使学生在心理上与教师产生了距离，影响着学生对教师的信任与情感；有些教师的信息驾驭能力不强；或者教师身兼几职，或者是学生人数过多，造成老师精力不足等因素都会影响师生的有效交往。

2. 学生因素

研究结果表明，大多数学生交往意识淡薄，他们很少主动与老师交往，有也仅仅限于学习内容，旨在完成学习任务而已。因为对于大多数早已习惯"老师讲什么我就听什么"的学生而言，对通过虚拟社区自主学习的方式有所不适。他们在虚拟社区学习中没有明确的学习目标或者是目标太过肤浅，学习过于被动，还有自身的知识基础、自我效能感、信息素养和学习者之间的信任关系等因素，影响了虚拟学习社区师生有效交往。

3.社区文化因素

一方面，社区的教学资源比较单一，呈现方式不够多元化，社区的交流平台简单，缺乏人性化的交流和搜索工具，影响了学生的学习和交流。另一方面，社区的文化氛围未能有效形成，例如社区行为规则、社区的归属感，也就是说没有能把现实校园里的文化移植到虚拟学习社区中来，容易让学习者产生孤独感和学习无助感，从而对社区失去信任，影响了虚拟学习社区师生的有效交往。

（二）虚拟学习社区网络师生交往策略框架

师生交往策略是实现教学效果的手段和谋略，在虚拟学习社区中起着决定性作用，同时不具主观随意性，必须是指向一定的目标。本研究将虚拟学习社区中的网络师生交往策略分为宏观、微观两个层次。

1.宏观策略

（1）加强师生教育引导，树立正确的师生交往观念

要求习惯于传统教育模式的师生马上适应具有跨时空性的虚拟学习社区的教学模式，积极主动展开有效的师生互动，不是一蹴而就的事情。培养师生正确的虚拟学习社区的交互观念是网络院校开展网络教育的首要任务。

首先，让师生了解注重虚拟学习社区师生交往的理论意义。让师生充分理解教学过程的本质就是师生交往互动的过程，没有有效的师生交往，教育就根本没发生，更谈不上教学目标完成与否。其次，让师生亲自感受虚拟学习社区师生交往的实践意义。最后，对于交互积极性不高的问题，网络学院既要给予支持和辅助，又要加以引导，必要的时候还要强制进行交互。

（2）完善学习支持服务系统，搭建良好的师生交往平台

网络学习最大的特点就是师生之间在时空上是分离的，完善的学习支持服务系统是网络学习的前提。因此网络教学平台应及时提供辅导、答疑、讨论和作业评比等动态教学资源和信息，还要提供远程学习咨询以及能够实施导航、内在浏览、查询、实时和非实时交互的教学，能够实施网上教务、考务管理等，构成完善的学习支持服务系统，为学生自主学习提供多样化的选择。在此基础上，增加教师对网络学习的参与度，使教师从目标的确定、路径的选择到减少学生困惑、如何获取相应的学习资源、搜索引擎的选择、培养和激发学习者的自主学习动机等方面，提供充分的在线及时交流和异步交互，使学习者处于积极的情感状态中。

（3）加强师资队伍建设，营造积极的师生交往氛围

从教学过程讲，一门具体的网络课程教学不是由单名教师自己完成的，而是由一个团队的教师共同合作承担的。因此，加强网络教育教师的网络教育意识、网络教育业务能力和网络教育理论研究能力等素质教育，对虚拟学习社区中的网络师生交往起到举足轻重的作用，也是网络教育赖以蓬勃发展的根本保证。

加强业务培训，提高网络教育教师的网络教育业务能力。网络教育院校要加强网络教育教师，尤其是网络辅导教师的业务培训，使所有网络辅导教师充分了解网络辅导的意义、作用、要求，迅速掌握在虚拟学习社区进行辅导、交流的相关技能、技巧。

增加人员编制，解决僧多粥少的网络师生交往现象。当前由于师生比很大，造成虚拟学习社区师生交互不充分，教师只能疲于应付学生学业问题的基本需求，师生双方缺乏深层次交往。因此，网络教育院校要适度增加网络辅导教师的配备。

加强对网络辅导的应用性研究，推动理论向实践转化。网络院校要组织一支应用性研究的队伍，经过设计、实施、完善，形成一套可模仿、可复制，切合国内网络教学实情，符合东方学习者特征的网络辅导策略。

（4）构建健康、和谐的网络校园文化，满足学生的情感需求，促进师生交往

网络学习环境容易使成员产生孤寂的心理，因此，虚拟学习社区的教师应当开展社区成员之间的情感交流活动。教师要注重运用教学艺术消除网上教学环境的疏离感与隔阂感，化虚拟的网上教学环境为现实教学环境，给学生营造校园氛围，创设一种良好的学习环境，使学生来网上课堂，就能感受到浓浓的校园文化气氛，置身在一种虽然虚拟但是又很现实的环境中。具体措施可以是：定期举行辩论赛、视频会议，定期组织师生"见面会"，举办真实的校园文体活动等。

（5）引入评价激励机制，保证网络师生交往的长效发展

一个合理的评价激励机制，是一个措施或者策略得以长久良性贯彻的保证。因此，网络教育院校要建立面向学生和辅导教师的评价、激励机制，引导学生和教师共同积极投入到网络互动中来。对于学生的评价主要体现于将学生参与网络互动作为课程平时成绩的一部分。对于教师的激励机制主要是将网络辅导的数量和质量予以量化，并根据实际辅导工作量给予差异化的物质和精神奖励（或处罚），从而加强对学生网上学习行为的监督，鼓励学生更加积极参与到虚拟学习社区交往中来。

2.微观策略

微观层次的交往策略包括教学性交往策略、社会性交往策略、认知性交往策略。Gilly Salmon 对自己在英国开放大学积累的师生在线互动内容加以分析，提出了"在线学习五阶段模式"，五个阶段分别是：访问课程与学习动机的激发、在线社交、信息交流、知识建构、自立发展。本文根据 Gilly Salmon 的在线学习五阶段模式和师生交往的阶段性特点，将微观层次的策略分三个阶段来设计。

第一阶段：虚拟学习社区形成阶段。

这一阶段的特点是通过三类交往策略建立融洽的师生人际关系，营造良好的师生交往氛围，使学习者开始参与虚拟学习社区，这个阶段结束的标志是学习者开始发布帖子。这个阶段主要是发展社会性交往、激发学习者的学习动机，教师是课程组织者、信息咨询者、情感支持者。这个阶段的三类策略如下表所示：

表 20　虚拟学习社区形成阶段策略

	教师	学生
社会性交往策略	发布课程欢迎辞 公布教师个人信息，引导学习者自我介绍（可提供自我介绍模版，如介绍自己的职业、学习动机、对课程的期望、兴趣爱好） 分组（适合人数较少的学习社区） 公布其他的交往方式如课程 QQ 群，辅导教师电子邮箱 解答技术、管理方面的问题	阅读课程欢迎辞 回应自我介绍，通过自我介绍寻找学习伙伴 分组 通过各种方式与教师交往 使用交际应酬类交流比如问候、打招呼等 发布技术、管理方面的问题 发表一些闲聊的帖子 帖子中使用一些人称代词（如我们）
认知性交往策略	引导学生制定课程学习计划 课程学习方法指导	制定课程学习计划 掌握课程学习方法
教学性交往策略	公布课程学习目标和课程学习重难点 公布课程学习任务、考试方法、求助方式	明确学习目标、学习重难点 明确课程学习任务、考试方式、求助方式

第二阶段：规范交往阶段。

这一阶段主要是制定交往规则，规范学习者的交往行为，使学习者明确交往目的，学会交往技巧和方法，并在以后的学习中应用这些技巧和方法。将交往纳入评价，促使学习者参与交往，这个过程的交往以认知性交往和教学性交往为主，以促进学习者的认知能力发展为目的。这个阶段教师的角色是课程组织者、助学者、社区协调者、学习监控者。这个交往阶段结束的标志是学习者开始分享自己的观点。

表21　规范交往阶段策略

	教师	学生
社会性交往策略	发布节日祝福语 感谢大家的参与和支持 说明发帖和回帖要求 说明帖子类型标记意思（如专题讨论帖子的颜色是红色），设置置顶帖子和精华帖子 鼓励学习者进行常规、非常规的情感表达 鼓励学习者披露生活细节 鼓励学习者参考他人的发帖 鼓励学习者评价他人的帖子 鼓励学习者提问	回应节日祝福语 回复教师、其他学生的帖子 引用或参考他人的信息回帖 使用帖子的"引用回复"功能 遇到问题，提问 对帖子的观点表示赞同或反对并提供依据 相互鼓励 发表内容的时候提到他人名字 称赞优秀言论
认知性交往策略	让学生明白参与交往的原因 质与量相结合评价交往 精心设置讨论话题（话题要具有争议性，能引发学生辩证思考，能引起学生进行深入对话，结合学习者的经验和职业特点） 给每位学生发 E-mail 说明讨论时间、主题、目的 讨论过程中提供必要的指导，如帮助学生深化延伸群体的观点和思维 明确规定学生参与讨论的行为（如联系实际举例说明，提出自己的见解、对他人的帖子进行评价） 及时反馈（可一次回复若干学生的帖子，也可将常见问题整理成 FAQ） 鼓励学习者提出自己的问题、质疑、迷惑 鼓励学生发表自己的观点，思考和质疑他人的观点，提出问题，结合他人的观点反思修改自己的观点 鼓励学生在群体信息交换的基础上，整合多种观点 鼓励学习者之间进行批判性对话 教师指出错误，评价学生的发言 感谢参与者，总结讨论结果 鼓励学习者总结讨论，形成解决方案	明确参与交往的原因 明确讨论要求和规则 积极参与讨论 发表自己的观点并提供论据，评价他人的观点 提出问题、疑惑和质疑 结合他人的观点，修改完善自己的观点 与其他学习者、教师进行对话 与其他学习者交换信息，整合多种观点 总结讨论，得出解决方案 将解决方案应用与实践
教学性交往策略	回答学生的问题 对赞同、反对的鉴别 寻求达成共识与理解 鼓励、赞同或补充学生的贡献 使用一些言论如反问或直接鼓励学生参与讨论	提出课程学习中的问题 发表观点和认识 评价他人的观点

教师	学生
对讨论过程进行评价 提出问题引导进一步讨论 指出学生错误的观点或行为 提醒学生关注有见解的帖子 设置问题或情境创设学习氛围	

第三阶段：目的性交往阶段。

这一阶段的目的是实现学习者的自我指导学习和学习社区良好的自组织氛围，学习者有较强的社区归属感，特点是学习者主动参与交往，与其他学习者分享自己的观点，通过交往解决遇到的问题。这一阶段教师主要担任助学者、学习监控者的角色。

表 22　目的性交往阶段策略

	教师	学生
社会性交往策略	感谢大家的参与和支持	发布情感表达类的帖子 回复其他学习者的帖子 引用他人的信息回帖 使用帖子的回复功能 遇到问题，提问 对帖子的观点表示赞同或反对并提供依据
认知性交往策略	发布讨论问题 中途加入讨论 总结讨论	明确参与交往的原因 明确讨论要求和规则 积极参与讨论 发表自己的观点、评价他人的观点 提出问题、疑惑和质疑 结合他人的观点，修改完善自己的观点 与其他学习者、教师进行对话、交换信息 整合多种观点 总结讨论，得出解决方案 将解决方案应用与实践
教学性交往策略	回应学习者提出的问题、疑惑 解答与考试相关的问题 引导学习者进行复习	提出课程学习中的问题 发表观点和认识 评价他人的观点 发表与学习内容相关的问题、疑惑 与教师、同学交流和考试复习相关的问题

五、总结与展望

本研究对交往、交互、虚拟学习社区等与网络教育相关的概念进行了界定，运用文献等方法对国内外虚拟学习社区师生交往研究现状进行深入的研究和分析；对支持虚拟学习社区师生交往的理论进行梳理和总结；以遵循社区—虚拟社区—虚拟学习社区的逻辑解读网络教育学习环境的内涵、特点与功能等；运用调查研究法、内容分析法对当前虚拟学习社区师生交往和网络辅导的现状和存在问题进行实践研究，探讨虚拟学习社区师生交往的内在规律，并分析总结存在问题的根源；最后，制定促进虚拟学习社区师生交往的可行性策略，以期改善网络教育师生交往不足的局面，从而实质性地提高网络教育的教学效果。

参考文献：

［1］［美］内尔·诺丁斯. 学会关心：教育的另一种模式 ［M］. 于天龙，译. 北京：教育科学出版社，2003：154.

［2］甘永成. 虚拟学习社区多重内涵之解析与研究 ［J］. 现代远程教育研究，2005（5）：10-15.

［3］甘永成. 虚拟学习社区中的知识建构和集体智慧发展 ［M］. 北京：教育科学出版社，2005.

［4］胡凡刚. 教育虚拟社区交往研究 ［D］. 华南师范大学，2006.

［5］刘丽娟. 网络教学中促进师生交互的策略研究 ［D］. 上海师范大学，2009.

［6］王陆. 虚拟学习社区中的师生行为分析：面向信息化的教师专业发展个案研究 ［J］. 电化教育研究，2004（4）：32-37.

［7］王陆. 虚拟学习社区原理与应用 ［M］. 北京：高等教育出版社，2004.

［8］汪明东. 网络教育师生交往研究 ［D］. 西南大学，2007.

［9］徐秀红. 高校网络教学中师生情感交流的问题与对策研究 ［D］. 西南大学，2010.

［10］臧晶晶. 虚拟学习社区中的师生交往分析与设计 ［M］. 沈阳师范大学，2007.

［11］张红艳. 基于教育虚拟社区的教学交往策略研究 ［D］. 曲阜师范大学，2007.

［12］Berge, Z (1995). The Role of the Online Instructor/Facilitator [J]. Educational Technology, 35 (1): 22-30.

［13］Brigitte D., Philip W., Sébastien P. and Nathalie V. (2004). Roles and Competencies of the e-Tutor [EB/OL]. Retrieved from http://www.networkedlearning

conference.org.uk/past/nlc2004/proceedings/symposia/symposium6/denis_et_al.htm.

［14］Joan Sargeant, Vernon Curran, Kendall Ho (2006). Facilitating Interpersonal Interaction and Learning Online: Linking Theory and Practice [J]. The Journal of Continuing Education in the Health Professions, 26: 128–136.

［15］Kirk, J.J &Orr, R.L. (2003). A Primer on the Effective Use of Threaded Discussion Forums [Z]. ERIC Document Reproduction Service.

［16］Roger N. Conaway, Susan S. Easton, Wallace V. Schmidt (2005). Strategies for Enhancing Student Interactions and Immediacy in Online Courses [J]. Business Communication Quarterly, 68 (1): 23–35.

［17］Rourke, L. and Anderson, T. (2002). Using Peer Teams to Lead Online Discussions [J/OL]. Journal of Interactive Media in Education (1). Retrieved from http://www-jime.open.ac.uk/2002/1/rourke-anderson-02-1.pdf.

［18］Swan, K, &Richardson, J. C. (2003). Examining Social Presence in Online Courses in Relation to Students' Perceived Learning and Satisfaction [J]. Journal of Asynchronous Learning Networks, 7: 68–82.

（选自广州市哲学社会科学发展"十二五"规划 2011 年度课题"虚拟学习社区中的网络师生交往及其对学习效果的影响研究"。课题负责人：张妙华；成员：武丽志、李俏丽、刘春华、欧阳艳妮、赖显明、黄旖旎、卢和琰、陈小兰。）

493

第三部分 文化、艺术、新闻、教育、语言篇

广州地铁标示语英译研究

程华明、何伟青（华南师范大学增城学院）

广州作为改革开放的前沿阵地，经历了30来年的发展，已逐步迈向国际性大都市的行列。作为大都市的一个特征，便是广州随处可见汉英标示语。标示语，与其相近的意思有"标志语"、"标识语"、"公示语"、"标语"等。其应用范围之广，几乎涉及日常生活的各个方面，如路标标示语、广告牌标示语、商店牌标示语、旅游景区标示语、宣传标示语、警告牌标示语、地铁站标示语，等等。广州地铁是人们外出交通工具当中的一个重要组成部分，其汉语标示语已多数附上英译，但是其翻译的质量存在着种种问题。有些地铁站的标示语翻译水平参差不齐，漏洞百出，在西方人的思维方式中看来，会产生许多误解。所以，有必要对广州地铁标示语翻译的失误问题做进一步的调查与研究，以促进广州地铁标示语的英译规范化。

一、标示语的特点

标示语是一种较为独特的应用文体，对比汉英两种语言的公共标示语，我们不难发现两者都具有短小精悍、言简意赅等特点。在今天这个快节奏的社会里，我们想要跟上时代的步伐，就必须传达简便快速的信息。而广州地铁作为广州便捷的交通工具之一，为乘客们提供简洁明了的信息显得非常重要，地铁标示语的表达方式也更应显得相对简洁明了。标示语作为一种交际的工具，它用寥寥文字、简明易懂的图标或文字与图标相结合等方式把必要的、有用的信息传达给大众，是人们生活不可或缺的帮手（原伟亮，2007：68）。地铁标示语所传达的信息一般具有告知、提醒、警告、约束、监督、要求公众的行为等作用。简洁明确、形式多样、语体丰富是地铁标示语的主要特点。简洁明确主要针对其传达的信息足以醒目而又明确地引起人们的注意，达到传播的效果。形式多样侧重于文本语言，表现为使用缩略形式、词语形式、短语形式、简短句型形式等（蓝红军，2008：105）。语体丰富则是指所使用的语体灵活多样，在不同的场合使用不同的语体，常见的类型包括：口语体、说明语体、广告语体等。

二、标示语的社会性功能

标示语是一种具有感召社会性功能的文本，以唤起公众的行为为目的。它或给公众提供信息，指示其行动；或给公众以警示，约束其行为；或给公众以劝告，促使其行动等。标示语的这种语言功能就是感召的社会性功能。（任凤梅，2009：163）只有那些能够让读者产生反应的标示语才能真正发挥标示语的社会性感召功能，尤其是在地铁站的标示语运用当中。因此，标示语具有提示性功能、信息性功能、警告性功能、限制性功能、强制性功能。地铁是方便乘客的一种快速便捷的交通工具，地铁站的标示语也应该为乘客起到以下五种社会性功能作用：

（一）提示性功能

提示性标示语没有任何特指意义，一般用来起提示作用，通过标示语提供的信息使人们明白应该做什么，或要怎样去做，从而达到方便受众或让受众感受到人文关怀的目的。提示性标示语随处可见，使用广泛，例如：

停用 OUT OF SERVICE

正在维修 REPAIR IN PROGRESS

当心路滑 Caution! Wet Floor

（二）信息性功能

纽马克把语言的功能分为三类：信息功能、表情功能和呼唤功能。信息性功能在于向读者提供真实世界的客观事物和现象。（蓝红军，2008：108）地铁标示语的信息性功能为人们提供了周到的服务信息，传达了即时有效的消息，例如：

出口资讯 Exit Information

退票口 Ticket Refund

灭火器位于座位下 Fire Extinguisher Under Seat（用于告知人们，当发生火灾时，可使用座位下方的灭火器具。）

（三）警告性功能

警告性功能是指提醒人们注意可能发生的危险。一般用于提高人们的警觉，加强人们的安全防范意识。这方面的警告性标示语广泛应用于广州各地铁站，例如：

冲门危险 顾己及人 Never force your way into the train. Be safe and considerate.

禁止拉扶 小心夹伤 No Holding Care Your Hands

请勿阻止车门关闭 Do not stop a closing door.

（四）限制性功能

限制性功能是指对相关公众的行为指出限制、约束要求，要求人们应该做什么，该怎么做。语言应用直截了当，开门见山，但不会使人有生硬、粗鲁的感觉，语气较为微弱。（刘金楣，2009：25）虽然表达的语气较弱，但是限制性标示语集中在使人身临其境当中必须立刻采取行动，或者即将采取行动的一种趋势，例如：

乘客止步 Authorized Personnel Only

紧急时使用 For emergency use only

涉亚工作人员、运动员、志愿者等专用车厢 Reserved compartment for staff members, athletes, etc. involved in Asian Games.

（五）强制性功能

强制性标示语语言直白，口气强硬，用于要求相关公众必须采取或不得不采取某种行动（蒋侠，2010：153）。例如：

禁止吸烟 No Smoking

请勿攀爬 No Climbing

请勿随地吐痰、乱扔果皮纸屑 No Spitting or Littering

三、地铁标示语英译现状错误分析

翻译是跨语言、跨文化之间的交际活动。当不同文化的两种语言进行交际时，将会产生语言上的差异。这些差异会对交际造成影响，严重时会对信息产生误导，对信息交流产生障碍。标示语英译时要恰当地表达原文的意思，尽量传达原文的文化底蕴。由于中西方思维方式上的差异，汉语表达言语行为的方式和英语表达言语行为的方式也存在很大的差异性，所以译文也很难原汁原味地传达原文的意思。而良好的城市语言形象是城市外感的物质形象和内在的精神文化形象的统一。良好的城市语言形象不仅可以提高城市的知名度，而且可以产生巨大的凝聚力和辐射力。（韩国军，

2007：107）然而，标示语翻译失误，不仅对当地的国际形象造成影响，也会潜移默化地对当地居民正确使用外语造成影响。标示语英译时，往往会出现很大的偏差，广州地铁标示语英译也不例外，现就其中发现的标示语英译失误问题进行探讨。

（一）常识错误

暂且不论其翻译的准确与否，单词的拼写就漏洞百出。例如，广佛线中的"普君北路"的英译为"Pujun Beilu"，这是属于常识性错误的问题，在分词上不准确，正确的译法是"Pujunbei Lu"，应该把"普君北"作为一个整体，而不是将其词语分为"普君"和"北路"。另外，广州地铁1号线的岗顶站，有一信息牌中的"太平洋数码广场"的译文是"Pacific Digital Plaza"与"KB展望数码广场"的译文"KB ZhanWang Digital plaza"中的"Plaza"大小写不一，前者的首字母为大写，而后者却没有大写。此处是属于大小写错误。

（二）用词失误

经过考察研究广州地铁站各站名的翻译，我们发现，广佛线中的千灯湖站被翻译成"Qiandenghu Lake"，"hu"与"lake"属于重复翻译，亦有人认为应将其翻译成"Thousand Lights Lake"，这更能体现意境。其实两种翻译都并不恰当，千灯湖本来就是一个地名，用"千灯湖"来标志一个地铁站的站名，就更应该发挥一个地名的作用。因此，将"千灯湖"译成"Qiandenghu"或"Qiandeng Lake"即可。

还有，在地铁站到处都可以看到"禁止倚靠 Leaning on the Door Prohibited"的标示语，这里的"lean on"使用错误，应该改为"lean against"。因为"lean on"一般指倚靠某人，等同于"rely on"或"depend on"，而"lean against"才是指倚靠着某物体，或者将其改为"No Leaning"。

（三）指示不明

在广州地铁站内的候车区，经常会看到这句地铁标示语：注意站台与列车之间的高度差及空隙，小心慢行。其附上的译文是：Please mind the gap and height difference between train and platform. Please watch your step. 其中的高度差指示不明，是站台与列车轨道之间的高度距离还是指当乘客进入列车时人与列车之间的高度呢，此处会使人产生疑惑。再如：前方轨道危险，严禁跳下轨道！The track ahead is dangerous. Jumping onto the track is prohibited! 此处的前方轨道指示不明，给人产生疑惑，难道后方的轨道没有危险，正确的译法应该是：To stay in track is dangerous. Jumping onto the track is prohibited!

（四）译名不统一

译名不统一主要体现在同一类型标示语翻译的版本太多，显得有点五花八门。比如在天河客运站的地铁站内有一信息牌为"元岗村"，译成"Yuangang Village"，这里的"村"翻译成"Village"，但有些地铁站名中的"村"却是音译成"cun"。有些站名中涉及"路、街、巷和大道"的翻译也不统一，有的翻译成"Road"，有的翻译为"Dadao"，有的却直接翻译成"Lu"。

有关东南西北方位的翻译也存在不统一的现象。例如，在广州地铁 1 号线岗顶站有一信息牌中的"中山大道西"被译成"Zhongshan Dadao W"，但在地铁站"黄埔大道东"却翻译成"Huangpu Dadao Dong"，有些用音译，而有些用意译，这就明显存在差别。除此之外，有关"广场"的翻译也存在不统一的现象，有些翻译成"plaza"，而有些却翻译成"square"。

（五）缺少目标语的文化底蕴

有些译文忽视传统，翻译质量丧失内涵，使原有的文化信息丧失殆尽。例如，"烈士陵园"翻译为"Martyr's Park"，"Martyr"只能表明其含有宗教的意味，但是并不能够体现广州起义这一历史文化。将"烈士陵园"翻译为"Martyrs' Memorial Park"更为准确，既能体现当时广州起义的文化底蕴，又可以纪念广州起义的历史事件。

世界上任何一种语言都是植根于特定的文化背景之中，反映着特定的文化内容的。（龚艳，2007：59）例如，广佛线中的一站名为"祖庙"，其英文翻译直接译成"Zumiao"。经过查阅文献资料，屈大均的《广东新语》载："吾粤多真武宫，以南海佛山镇之相为大，称曰祖庙。"祖庙的来历具有一定的文化背景，而将其直接音译即不能传达所具有的文化色彩，也不能更好地向外国人士宣扬我国的文化色彩。或将其译为"Zu Temple"更为妥当。

（六）强行音译或直译

经过调查分析站点英译，我们发现广州地铁 8 号线中一站名为"晓港"的英译是采用拼音翻译的，译文是"Xiaogang"。而在 2 号线有一个站名是"萧岗"，也是采用拼音翻译为"Xiao-gang"，只不过是中间加了一个连字符。报站时，对一点都不懂中文的外国人士，将会带来很大的不便，所以采用这种强行音译的方法并不可靠。

（七）直译与意译混用

对于地铁站点中的专有名词，英文名上出现了直译和意译混用的情况，有点混乱。例如"千灯湖"译为"Qiandenghu Lake"，直接译为"Qiandenghu"即可，此处不必加"Lake"。"珠江新城"翻译为"Zhujiang New Town"，在外国人士看来，也有点混乱，其正确翻译应译成"New Pearl River Town"。"京溪南方医院"译文是"Jingxi Nanfang Hospital"，"京溪"是一个地名，"南方医院"又是一个单位名称，其组合翻译显得有点混乱，在不懂中文的外国人士看来，会以为这只是一个机构名称。

四、地铁标示语英译的顺应性理论分析原则

语言的顺应性是指能够让语言使用者从可供选择的项目中做出灵活的变通，从而满足交际需要的特性。设立汉英标示语的目的是给外国朋友或游人提供便利，我们除了要遵循外国思维的表达方式之外，还要注意宣传中国的特色文化，这样才能真正地做到与国际接轨。以下从习惯表达、语境功能和文化底蕴三个方面探讨标示语英译的顺应性理论分析原则，并结合广州地铁的实例进行分析。

（一）习惯表达

常用的标示语首先要考虑语言结构的顺应，恰当使用语体和表达方式的架构。标示语英译时要尽可能采用英语中固有的表达方式。避免产生歧义和礼貌问题上的不对等而导致交际失误。只有恰当地套用英语固有表达方式的汉英双语标示语，才能让来自英语国家的朋友轻松地领悟并乐意地接受，最终顺利地达到目的。（邱玉冰，2009：149）在广州地铁中经常会见到诸如"乘客止步 Authorized Personnel Only"、"请勿在车内吃喝 No Eating or Drinking"、"小心夹伤 Care Your Hands"、"小心夹手 Mind Your Hand! "等例子。这些例子都是遵循了英语国家思维模式下的表达方式。

当我们搭乘电梯时，经常会看到这句标示语："搭乘扶梯时，请注意安全，站好扶好 While taking the escalator, please hold the handrail"，其实翻译成"While taking the escalator, please be more careful"就可以了，这是一种习惯性的表达，因为在西方人士的思维模式中看来，这是一个提醒别人注意安全的提示语，不必具体到说搭乘扶梯时要抓紧扶梯，站好站稳，这样会显得有点啰嗦，多此一举。本来搭乘电梯时的一个很自然的动作就是站好扶好，这是一个很自然的安全防范意识。就好像是当家里人开车出门时，告知家里人开车时注意安全一样，一般的提醒都是 Drive more carefully，而不必说，开车时要抓紧方向盘，踩稳脚踏板。因此，根据标示语英译的顺应性理论分

析原则，应该遵循语言的习惯表达。

（二）语境功能

语境功能是指在某一特定语境当中为人们传达信息，以引起公众的关注。例如：冲门危险 顾己及人 Never force your way into the train. Be safe and considerate。这种表达方式往往使叙述显得客观、公正，起到文明礼让的效果。当言语双方处于某种特定的社交语境时，不同文化在实施同一言语行为时所采用的语言形式也存在差异。例如"小心别碰我 Please don't touch me! "，增加了"please"一词，语气更温和，简练达意，能够满足语境的需要。

（三）文化底蕴

不同民族文化必然形成不同的民族心理，这种民族心理的差异在潜移默化中影响着人们的思维、情感、言语和行为。（陈淑莹，2006：119）在广州地铁 1 号线的天河客运站站点中，我们发现一块文明乘车标示牌中写道：为老人、小孩、孕妇、残疾人等有需要的乘客让座是中华民族传统美德。Please offer your seats to those in need. It is a traditional virtue of the Chinese Nationality. 当外国人士深感其中的时候，会产生一种文化氛围的熏陶，也会感受到中国的精神文明文化。此外，2010 年广州举办亚运会，广州地铁中的亚运标示语随处可见，例如：一起来更精彩! Together we can make it better! 这也是一种传承中国团结的精神文化美德。

五、地铁标示语英译策略

标示语翻译质量的提高是一个漫长而艰辛的过程，这不仅需要规范标示语的英译标准，还要提高翻译机构的水平，实现标示语翻译的标准化、规范化。

（一）保障标示语规范，采用国际标示语通用标准

为提高标示语的翻译质量，就必须有一个专门的机构来统一规范。随着世界各地的不断接轨，标示语翻译也应相应地国际化。因此，标示语翻译应由统一的国际语言使其生效通用。就广州地铁标示语翻译而言，广州市政府新闻办召开"迎亚运"广州贯彻实施《公共标志英文译法规范》新闻发布会，该新规范具有"更地道、更准确、更实用"三大特点。其次，广州市质监局也正式出台了《公共场所双语标识英文译法规范》，参照国际标准翻译策略，遵循标示语翻译的规范性、标准性和沿袭性。

（二）加强翻译队伍建设，成立标示语翻译研究组

从目前来看，广州市基本上没有一个真正专业的标示语翻译机构，所以为提高标示语翻译质量，有必要加强翻译队伍建设，成立专门标示语部门研究组。标示语翻译作为一个不同于一般翻译的特殊领域，应当有自己的行业标准，国家对此应该不断加强翻译队伍建设，不断壮大翻译人员，通过专门的标示语翻译研究组不断地提高翻译质量。也可充分利用广东省几所出名高校的资源，充分利用其中的外国语专家组成智囊团，齐心协力研究公示语翻译策略与方法，反馈生活中所发现的问题并及时改正。除此之外，还可派出专家、学者出国考察，提高译者外语水平，采纳国外惯用标识、约定俗成的标示语。

（三）成立标示语翻译论坛，加强舆论监督

标示语涉及社会生活的方方面面，加之英汉两种语言存在较大的区别，紧紧依靠国际通用标准翻译技巧和专门研究组是不够的，应该发动群众，集思广益，成立一个完整的标示语翻译论坛体系，鼓励市民和国外朋友对标示环境进行舆论监督，共同建设良好的国际化语言环境。

六、结语

标示语是一个城市的对外形象，其译文的质量不容忽视。随着中国与世界的接轨，越来越多国家的人们走进中国，不管是从商、旅游、留学，他们都希望了解中国。汉英标示语充当了无与伦比的角色，特别是地铁标示语给外国人士的出门交通指示带来了极大的便利。为了全面提高标示语翻译的质量，首先，要认真研究标示语英译的语言特点，了解标示语英译在社会生活中的语用功能，掌握标示语的翻译原则及翻译方法。其次，要合理规范标示语翻译标准，通过专门的标示语翻译研究组，不断加强舆论监督，这样才有利于提升一个城市的国际化水平，提高城市竞争力，打开更广阔的对外交流空间。

参考文献：

[1] 陈淑莹. 标示语英译的语用失误探析 [J]. 四川外语学院学报，2006（1）：117-120.

[2] 龚艳. 英译标示语错误探析 [J]. 牡丹江教育学院学报，2007（6）：59-60.

［3］韩国军. 安阳双语标示语的翻译［J］. 安阳师范学院学报，2007（3）：107-108.

［4］蒋侠. 目的论视角看公共标示语的英译［J］. 和田师范专科学校学报，2010（6）：153-154.

［5］蓝红军. 标示语的语用功能和翻译［J］. 江苏技术师范学院学报，2008（1）：105-109.

［6］刘金楣. 浅谈中文标示语的英译［J］. 胜利油田职工大学学报，2009（3）：25-27.

［7］邱玉冰. 汉语标示语翻译的文化语境顺应［J］. 广西民族大学学报，2009（2）：148-151.

［8］任凤梅. 标示理论的语用功能阐释［J］. 河南社会科学，2009（6）：163-165.

［9］原伟亮. 汉英公共标示语的对比分析及其交际翻译策略［J］. 四川教育学院学报，2007（9）：68-70.

（选自广州市哲学社会科学发展“十二五”规划2011年度课题“广州地铁标示语英译研究”。课题负责人：程华明；成员：胡光忠、黄国都、左灵芝、吴实莲、唐丽峰、何伟青。）